MANUEL
DE PHILOLOGIE
CLASSIQUE

D'APRÈS LE *TRIENNIUM PHILOLOGICUM* DE W. FREUND

ET LES DERNIERS TRAVAUX DE L'ÉRUDITION

PAR

SALOMON REINACH

ANCIEN ÉLÈVE DE L'ÉCOLE NORMALE SUPÉRIEURE
AGRÉGÉ DE L'UNIVERSITÉ

PARIS
LIBRAIRIE HACHETTE ET CIE
79, BOULEVARD SAINT-GERMAIN, 79

1880

Tous droits réservés

MANUEL

DE PHILOLOGIE

CLASSIQUE

24 533. — PARIS, TYPOGRAPHIE A. LAHURE
9, Rue de Fleurus, 9

A M. HENRI WEIL

MAITRE DE CONFÉRENCES A L'ÉCOLE NORMALE SUPÉRIEURE

Témoignage de reconnaissance et d'affection

PRÉFACE

J'étais élève de l'École Normale, et, dans la position privilégiée où je me trouvais, à portée d'une bibliothèque classique admirablement composée où d'éminents érudits provoquaient et dirigeaient mes recherches, je songeais souvent aux maîtres d'études de nos lycées, aux professeurs de nos collèges communaux, à tant de jeunes gens laborieux qui, leurs années scolaires terminées, sont arrêtés au seuil d'études nouvelles, moins par le manque de connaissances premières que par l'ignorance des sources où la science se puise et des recueils où ses résultats s'accumulent. C'est pour eux que j'ai travaillé, pendant les heures de loisir de mes deux dernières années d'École ; c'est à eux surtout que je m'adresse, et c'est leur approbation qui sera ma meilleure récompense. Je ne prétends pas leur apporter la science : je dis où elle est et où elle en est ; je ne leur offre pas les matériaux, mais les instruments de leurs travaux futurs[1].

---

1. M. Fustel de Coulanges a dit très justement : « La science ne se transvase pas d'un esprit dans un autre ; il faut qu'elle se fasse dans chaque esprit. C'est chaque esprit qui est le véritable auteur de sa science. » (*Revue des Deux-Mondes*, 15 août 1879.) On a souvent besoin de protester contre cette illusion puérile, qu'il suffit, pour être un grand savant, d'avoir des cahiers bien tenus et un nombre incalculable de notes. Assurément, la science est tout autre chose que cette *suffisance purement livresque* dont s'est moqué Montaigne ; mais la science se fonde sur une réunion de faits et de textes, et, pour épargner à chaque esprit de refaire à grand'peine le travail des siècles passés, il est toujours utile de lui faire connaître quels sont les résultats déjà acquis, et à l'aide de quels instruments il peut en acquérir de nouveaux.

J'ai parfois regretté, au cours de mes études, de n'avoir pas sous la main, à côté de mes lexiques et de mes grammaires, un manuel de philologie, une *grammaire des sciences philologiques*. Il est vrai que j'avais des dictionnaires, dont quelques-uns ne manquent pas de mérite : mais un manuel, même médiocre, a toujours sur un dictionnaire, même excellent, l'avantage d'être en même temps un *memento*. On ne lit pas un dictionnaire, on le consulte : un manuel peut se lire, et, s'il est bien fait, il doit pouvoir se relire avec plaisir. Le manque d'un recueil de ce genre m'a causé autrefois quelques ennuis, dont je me console en pensant qu'ils seront peut-être épargnés aux jeunes gens qui profiteront de mon labeur.

La difficulté de composer un précis embrassant tout l'ensemble des sciences philologiques aurait sans doute découragé mon bon vouloir si je n'avais trouvé, pour me servir de guide et de modèle, l'excellent manuel du docteur Wilhelm Freund, le *Triennium Philologicum*. Pendant la seconde année de mon séjour à l'École Normale, mon attention fut attirée sur ces six volumes remplis de science, qui ont paru à Leipzig de 1874 à 1876. Je pris tant d'intérêt à les lire que j'eus l'idée d'en rédiger à mon usage un résumé substantiel en 500 pages ; ce résumé tomba sous les yeux de mes camarades, qui voulurent bien m'en envier la possession. C'était là le cadre tout trouvé du manuel que je croyais nécessaire. J'écrivis à M. Freund, à Breslau, pour l'entretenir de mon dessein. Il me répondit avec infiniment de bonté qu'il me concédait tous les droits possibles sur le *Triennium Philologicum*, et qu'il serait heureux que j'en pusse tirer parti pour écrire un livre utile aux progrès des études classiques en France. Je veux répéter ici à M. Freund, dont notre public universitaire a déjà tant eu à se louer[1], combien

---

1. M. Freund est l'auteur de l'excellent *Dictionnaire latin-français*, trad. en français par M. Theil, 3 vol. in-4°, 1865.

j'ai été touché de sa bienveillance ; il n'est rien de plus digne d'un vrai savant ayant fait ses preuves que de seconder ainsi les efforts d'un jeune homme qui veut rendre service à des jeunes gens [1].

Je ne saurais trop dire, en effet, tout ce que je dois au travail de M. Freund. En général, j'ai fait effort pour donner au mien une forme plus vive : je n'ai pas craint parfois d'écourter le développement de faits bien connus, pour insister sur des détails moins familiers à la plupart des lecteurs. J'ai traité avec complaisance les matières qui n'avaient pas encore été exposées sous une forme élémentaire, du moins en français. L'épigraphie, la numismatique, le droit privé des Grecs, la bibliographie générale[2], surtout la grammaire et la mythologie comparées, ont reçu ici des développements dont j'espère qu'on ne se plaindra pas. Par contre, j'ai dû sacrifier complètement l'histoire littéraire et l'histoire politique, qui ne peuvent être résumées d'une manière convenable en un petit nombre de pages. Toutefois, j'ai pris soin d'indiquer les livres vraiment sérieux auxquels on peut demander avec confiance une connaissance exacte de ces deux branches de la philologie. Je cite de préférence les derniers ouvrages parus, et je les accompagne souvent d'une courte appréciation.

Outre les étudiants avancés et les jeunes maîtres, à qui j'ai pensé tout particulièrement, j'ai voulu que ce Manuel pût servir aux gens du monde, et même aux jeunes filles, le jour où la France sera dotée de *höhere Töchterschulen* dignes d'elle. Pour cela, j'ai

---

1. Je profite de l'occasion pour exprimer ma reconnaissance à M. Benoist, professeur à la Faculté des Lettres, qui m'a soutenu à diverses reprises de son crédit et de ses conseils. C'est aussi pour moi un plaisir et un devoir de remercier M. Henri Rouch, dont l'érudition obligeante et sûre m'a été d'un perpétuel secours dans la correction des épreuves de ce livre.

2. Pour cette partie de mon Manuel (principalement le livre II), j'ai tiré grand parti de l'*Encyclopédie des sciences philologiques* publiée en 1877 par Bratuscheck d'après les cours de l'illustre Bœckh, et où la partie bibliographique a été mise au courant par les meilleurs savants de l'Allemagne.

presque toujours relégué dans les notes la partie philologique, les discussions, les renvois aux sources, les complications de tout genre. Le texte, qu'on peut lire seul, comprend deux parties : l'une, imprimée en petit caractère, traite des questions plus difficiles ou moins importantes ; l'autre est une sorte de *memento*, un aperçu de l'ensemble, pouvant servir de programme à des développements oraux dont les notes et le petit texte fourniraient la substance. Je m'assure que les lecteurs plus instruits trouveront encore à glaner dans les notes, où j'ai comme déversé (peut-être avec trop d'abondance) le résultat de plusieurs années de lectures. Mais, là encore, je n'ai pas oublié que mon ouvrage est élémentaire, qu'il ne doit pas remplacer les livres savants, mais leur servir de préface ; et je me suis tenu en garde contre beaucoup de nouveautés, qui auraient pu paraître à plusieurs ou mal autorisées, ou prétentieuses, ou l'un et l'autre.

Malgré l'exemple de M. Leconte de Lisle, j'ai conservé aux noms grecs leur forme latine : l'inconvénient du système contraire est qu'on ne sait pas au juste où s'arrêter, et qu'à prodiguer sans besoin des noms en *os* et en *ès*, les moins pédants risquent un peu de le paraître.

Je donne les titres des ouvrages en abrégé, toujours en français ou en latin, mais assez explicitement pour qu'un libraire expérimenté ne s'y trompe pas. Les abréviations *all.* ou *angl.* signifient : écrit en allemand ou en anglais. Quand ces indications manquent, le livre est en latin, en italien ou en français. Je mentionne en général les traductions françaises ou anglaises, quand elles offrent des garanties d'exactitude. Dans les notices bibliographiques sur chaque science, j'ai surtout songé aux exigences et aux ressources de la classe de lecteurs la plus nombreuse. Je ne crois pas avoir oublié de grand ouvrage reconnu excellent ; mais j'ai conscience d'en avoir cité beaucoup d'un mérite moyen, par la seule raison qu'ils m'ont semblé commodes et qu'ils sont courts. Les philologues écrivent tant et il est si difficile de rester bien informé, qu'on ferait sagement peut-être d'accorder aux résumés bien faits un peu de la considération trop exclusivement réservée aux livres savants.

J'appelle sur ce petit volume toutes les sévérités de la critique. S'il vaut quelque chose dès à présent, c'est à cause du respect que j'ai pour elle ; s'il doit devenir plus tard un ouvrage solide, c'est grâce aux rigueurs salutaires qu'elle aura pour lui. Je profiterai avec plaisir de tout compte rendu sérieux, de toute lettre où l'un de mes lecteurs me signalerait une omission ou une faute. J'attends ces communications de la part des professeurs et des élèves de nos lycées. Comme j'ai beaucoup travaillé pour eux, il n'est que juste qu'ils travaillent un peu pour moi : et je les remercie d'avance de toute observation que l'intérêt de nos chères études leur dictera.

Le savant Walckenaer disait qu'il y a aujourd'hui trop de choses pour qu'on puisse les connaître toutes, mais qu'on peut savoir où elles se trouvent[1]. J'ai écrit ce Manuel dans l'espoir de faciliter à quelques-uns l'acquisition de cette science indispensable dont parlait Walckenaer. On pourrait même, sans prétendre à l'impossible, demander aux hommes lettrés un peu plus qu'une bibliographie. Les esprits encyclopédiques paraissent dans les civilisations primitives et reparaissent dans les civilisations très complexes : Homère et Ératosthène, Jean de Meung et Diderot, sont, à leur façon, des génies encyclopédiques. Notre temps exige à la fois que les études spéciales soient approfondies, et que des connaissances générales précises ne fassent défaut à personne. Il

---

1. Je tiens ce joli mot de mon excellent maître, M. Ernest Desjardins.

me semble que le génie français, si on lui vient en aide, est tout à fait propre à recevoir cette double culture. Savoir beaucoup d'une chose et un peu de tout, voilà ce qui devrait s'appeler aujourd'hui : *Savoir à la française.*

S. R.

P. S. Ce livre était imprimé, lorsque l'École Normale a vu mourir le meilleur et le plus aimable des hommes, le sage qui la dirigeait depuis neuf ans, M. Ernest Bersot. Qu'il me soit permis d'inscrire ici un suprême hommage au maître vénéré qui m'a encouragé dans mon travail, qui a souri à mes espérances, et dont le souvenir reste un lien indissoluble entre tous ceux qui l'ont connu et admiré.

TABLE DES MATIÈRES

LIVRE PREMIER

OBJET ET HISTOIRE DE LA PHILOLOGIE.

Place de la Philologie parmi les sciences. — Archéologues, grammairiens. — La Philologie classique. — Divisions de la Philologie. — Histoire de la Philologie. — La Philologie dans l'antiquité : Aristarque, Varron, Isidore. — La Philologie moderne : les quatre périodes. — Période italienne : Pétrarque Érasme. — Période française : Henri Estienne, Du Cange, Juste Lipse. — Période anglo-néerlandaise : Bentley, Heyne, Tillemont. — Période allemande : Hermann et Bœckh, Karl-Otfried Müller, Pott, Ritschl, Mommsen, Corssen. — Savants anglais : Grote. — Savants hollandais : Peerlkamp, Cobet — Savants italiens : Inghirami, Maï. — Savants danois : Madvig. — Savants grecs : Rangabé, Mynas. — Savants français : Letronne, Raoul-Rochette, Patin, Didot. . . . . pages 1-22

LIVRE II

BIBLIOGRAPHIE DE LA BIBLIOGRAPHIE.

Bibliothèques publiques : Paris, Oxford, Heidelberg. — Musées : Vatican, Louvre, Musée Britannique. — Répertoires, Manuels, Encyclopédies. — Répertoires bibliographiques, Revues, Collections de Textes et de Traductions. . . . . pages 23-30

LIVRE III

ÉPIGRAPHIE, PALÉOGRAPHIE, CRITIQUE DES TEXTES.

Développement de l'alphabet grec. — Principes d'épigraphie grecque. — Systèmes d'écriture. — Manière de dater une inscription : étude des formules. — Classification des inscriptions grecques. — Principes d'épigraphie latine. — Classification des inscriptions latines : Inscriptions célèbres. — Paléographie. — Matière subjective : Papyrus, Parchemin, Papier de chiffe, Encres, Plumes. — Forme des manuscrits. — Prix du papier dans l'antiquité. — Palimpsestes. — Copistes. — Écritures grecques : Capitale, Onciale, Cursive, Minuscule. — Écritures latines. — Sigles, signe de correction, d'exponction, etc. — Age des écritures. — Le Destin des livres. — Manuscrits célèbres. — Histoire de la critique des textes. — Critique et tradition. — L'hypercritique : Peerlkamp, Lehrs. — Comment se prépare une édition. — Classement des manuscrits. — Étude des erreurs. — Confusions paléographiques . . . . pages 31-52

LIVRE IV

L'ART ANTIQUE ET SON HISTOIRE.

ALPHABET DE L'ART : Architecture. — Matériaux. — Supports : piliers, pilastres, colonnes. — Ordres Dorique, Ionique, Corinthien, Toscan, Composite. — Arc, Voûte. — Différentes sortes de Temples. — Édifices profanes : Théâtre, Odéon, Stade, Hippodrome, Amphithéâtre, Gymnases, Thermes. — Maisons privées. — Hôtels et Auberges. — Arcs de triomphe. — Tombeaux, Mausolées, Colombaires. — HISTOIRE DE L'ART ANTIQUE. — La critique d'art chez les Anciens. — Divisions de l'histoire de l'art : Les cinq périodes. — Première période : Découvertes à Troie, à Mycènes, à Chypre. — Murs Cyclopéens, Labyrinthes, la Niobé du mont Sipyle. — Deuxième période : premiers sculpteurs, premiers peintres. — Écoles d'Égine, de Sparte, de Sicyone, d'Argos, de Corinthe. — Fronton d'Égine, Tombeau des Harpyes. — Troisième période, ou de la perfection : École Attique, école Argivo-Sicyonienne. — Les vieilles écoles : Phidias, Polyclète, Myron, Polygnote, Alcamène, Paeonios. — Monuments conservés : le Théséion, le Parthénon, les Propylées, l'Érechthéion, le Temple de la Victoire Aptère. — Temple de Jupiter à Olympie : Fouilles récentes. — Les jeunes écoles : Scopas, Praxitèle, Léocharès, Euphranor, Lysippe. — Groupe des Niobides, la Vénus de Milo. — Peintres : Zeuxis, Parrhasius, Apelles, Protogène. — Monuments célèbres : le Mausolée d'Halicarnasse. — Quatrième période ou de l'art hellénistique : écoles de Rhodes et de Pergame. — Le Colosse de Rhodes, le Laocoon, le Taureau Farnèse, l'Apollon du Belvédère. — Cinquième période : art étrusque, art romain, art gréco-romain. — Architecture et plastique romaines primitives : le Cloaque Maxime, le Capitole, la Ciste de Ficoroni. — Transfert à Rome des chefs-d'œuvre de la Grèce. — Architecture impériale : le Panthéon, le Colisée, la Colonne Trajane — Pompéi et Herculanum. — École de sculpture néo-attique, classiques de la décadence. — Le Torse du Vatican, la Vénus de Médicis, le Lutteur Borghèse, l'Apothéose d'Homère. — La peinture en Italie et à Rome : Noces Aldobrandines. — Mosaïque : Bataille d'Alexandre. — Perspective et Scénographie. — CÉRAMIQUE : Vases grecs, vases d'Étrurie. — Vase de François, Coupe de Sosias, Vase de Locres. — Vases murrhins. — Vases de verre : Vase de Portland. — GLYPTIQUE ET TOREUTIQUE : Scarabées, Sceaux, Camées. — Destin de l'art antique au moyen âge . . . . pages 53-96

LIVRE V

NUMISMATIQUE.

Désignation de la monnaie. — Métal des monnaies : argent, or, bronze. — La loi dans les monnaies antiques. — Unions monétaires grecques. — Origine de la monnaie impériale romaine. — Graveurs des monnaies. — Progrès et décadence du monnayage. — Types monétaires. — Légendes. — Sigles. — Fausse monnaie : faussaires anciens, faussaires modernes. — Art de reconnaître les monnaies fausses. . . . . pages 97-107

LIVRE VI

GRAMMAIRE COMPARÉE DU SANSCRIT, DU GREC ET DU LATIN.

OBJET DE LA LINGUISTIQUE : Origine du langage. — Développement naturel du langage. — La Linguistique et l'Ethnographie. — HISTOIRE DE LA GRAMMAIRE GRECQUE ET LATINE. — Premiers grammairiens grecs : les Sophistes, Platon, Aristote, les Stoïciens. — Grammairiens d'Alexandrie : Zénodote, Aristophane de Byzance, Aristarque. — Grammairiens de l'époque romaine et byzantine. — Lexicographes, Scholiastes. — Grammairiens latins : Attius, Stilon, Varron, Verrius Flaccus, Charisius, Priscien. — La grammaire latine au moyen âge. — HISTOIRE DE LA GRAMMAIRE COMPARÉE : Leibnitz, Schlegel, Bopp. — Découverte de l'unité indo-européenne. — CLASSIFICATION DES LANGUES : Langues isolantes, agglutinantes et à flexion. — Langues sémitiques et aryennes : déflexion et flexion. — Langues aryennes et romanes : la synthèse et l'analyse. — PRÉCIS DE GRAMMAIRE SANSCRITE : Racines, Déclinaisons, Conjugaisons, Dérivation des mots. — DIALECTES GRECS : l'éolien, le dorien, l'ionien, l'attique. — *La langue commune.* — Prononciation du grec ancien : étacisme et iotacisme. — DIALECTES ITALIQUES : l'ombrien, l'osque, le latin, la langue iapyge. — L'étrusque : tentative de Corssen pour l'expliquer. — L'ACCENT : caractère général de l'accentuation antique. — Accentuation sanscrite. — Accentuation grecque. — Règles générales de l'accent latin. — Ancienne accentuation latine. — Lutte de la quantité et de l'accent : triomphe final de l'accent, victoire du principe abstrait. — PHONÉTIQUE INDO-EUROPÉENNE : alphabet sanscrit. — Correspondance des voyelles et des consonnes en sanscrit, grec et latin. — Le Digamma et ses transformations. — GRAMMAIRE COMPARÉE : principes généraux. — Théorie comparée de la déclinaison. — Adjectifs, degrés de signification. — Noms de nombre. — Pronoms. — Article. — Infinitif, Participe. — Théorie comparée de la conjugaison. — Analyse des désinences actives et moyennes. — Les dix classes de verbes. — Formation des temps simples et des temps composés. — Formations propres au grec. — Formations propres au latin. — Adverbes, prépositions, conjonctions. — Syntaxe comparée et Sémasiologie. — Ordre des mots : constructions ascendante et descendante. . . . . pages 108-155

LIVRE VII

HISTOIRE POLITIQUE ET LITTÉRAIRE, PHILOSOPHIE ET SCIENCES DE L'ANTIQUITÉ (BIBLIOGRAPHIE).

Histoires générales : histoire politique de la Grèce et de Rome. — Travaux de détail sur l'histoire grecque, byzantine, romaine. — Histoire littéraire de la Grèce et de Rome : travaux de détail. — Travaux sur l'histoire de la philosophie ancienne : Zeller, Grote. — Travaux sur l'histoire des sciences naturelles, physiques et mathématiques dans l'antiquité : Th. H. Martin, Montucla, Chasles. . . . . pages 156-163

LIVRE VIII

MUSIQUE ET ORCHESTIQUE DES ANCIENS.

LA MUSIQUE. — Commencements de la musique grecque. — Instruments de musique chez les Grecs : la lyre, la cithare, la flûte, la trompette. — Instruments de musique chez les Romains : la flûte, la trompette, la corne, le clairon. — Modes, Genres, Tons. — Notation musicale des Grecs. — Restes de la musique grecque : la première Pythique, les hymnes de Denys et de Mésomède. — La musique dans le drame grec. — La musique du théâtre à Rome. — L'ORCHESTIQUE. — La danse et le chant. — Danses grecques. — Danses romaines. — La danse au théâtre en Grèce et à Rome. — La Pantomime. . . . . pages 164-175

LIVRE IX

MÉTRIQUE DES ANCIENS.

Rhythme, Pied, Mètre. — Genres de Rhythme. — Quantité et Accent. — Côla, Périodes. — Vers catalectiques, tenues. — Mètres du genre égal : dactyle, anapeste. — Hexamètre. — Pentamètre, distique élégiaque. — Anacruse. — Vers anapestiques : anapestes militaires, vers parémiaque. — Mètres du genre doublé : trochée, iambe. — Vers trochaïques et iambiques : trimètres et tétramètres. — Iambique sénaire, sénaire boiteux ou choliambe, iambique octonaire. — Vers saturnin. — Vers politique. — Mètres du genre sesquialtère ou péonique : péon crétique, bacchius. — Mètres des rhythmes mixtes : dochmiaques et choriambes. — Rhythme ionique. — Vers logaédique : glyconique et phérécratien. — Métrique des chœurs. — Développement de la poésie chorique d'Archiloque à Pindare. — Lyriques éoliens et lyriques doriens. — Le chœur tragique. — Le chœur comique. — Stichomythies. — Symétrie : découvertes de Weil. — Métrique des Comiques latins : l'hiatus dans Plaute. . . . . pages 176-194

LIVRE X

LES ANTIQUITÉS DE LA GRÈCE.

La Cité antique. — La famille et la cité. — Anciennes croyances. — Religion domestique. — Mariage. — Droit domestique. — Parenté, agnation. — Propriété. — Succession. — Puissance paternelle. — La *gens*. — Phratrie, Curie, Tribu, Cité. — Les dieux de l'Olympe. — La Ville. — Religion de la cité. — Autorité royale. — Les magistrats. — Omnipotence de l'État. — Les Révolutions : règne de l'aristocratie, disparition de la clientèle, avènement de la plèbe. — Règne de la richesse. — Nouvelles croyances. — La Conquête romaine. — Le christianisme. — Division du temps, chronologie. — Calendrier grec : Cycles, ères, calcul des olympiades. — La Grèce homérique. — Grèce préhistorique. — Influences orientales. — Époque d'Homère : gouvernement, lois. — Les états doriens : caractères généraux. — Population de la Laconie. — Constitution de Sparte : Rois, Sénat, assemblée. — Éphores, Pythiens, Proxènes, Agathoerges. — Lois pénales. — Éducation des Spartiates : l'armée. — Repas communs. — Constitution de la Crète. — Constitution d'Athènes. — Divisions de la population en Attique : citoyens, métèques, isotèles, esclaves. — Sénat des Cinq-Cents. — Assemblée du peuple. — Magistrats et fonctionnaires. — Les neuf Archontes. — L'Aréopage. — Éphètes, Héliastes, Diètètes. — Officiers des Finances. — Officiers militaires : stratèges. — Organisation judiciaire. — Actions et procédure. — Organisation fiscale. — Impôts et revenus de l'État. — Liturgies : la *Proeisphora*, la Triérarchie. — Budget d'Athènes. — Organisation militaire : durée du service. — Armée d'Athènes. — Marine. — Colonies, clérouquies. — Assemblées Helléniques. — Amphictyons. — Unions provinciales, *Koina*. — Droit civil et criminel d'Athènes. — Droit civil : la maison, le mariage, les enfants, le droit de succession. — Filles épiclères. — Propriété, contrats. — Droit criminel : l'eisangélie. — La famille. — Éducation des enfants. — Éphébie. — Les Esclaves. — La maison, les meubles, l'habillement. — Sièges, vêtements des hommes et des femmes, coiffures, chaussures. — Repas, jeux, voyages. — Banquets et festins : scolies. — Industrie et négoce des Grecs. — Jeux des Grecs : *petteia, cubeia*. — Voyages, hospitalité. — La maladie et la mort : médecins, cérémonies funèbres. — Lieux du culte : temples, autels. — Cérémonies, mystères, fêtes. — Sacrifices et offrandes. — Prières. — Jeux publics, concours dramatiques. — Purifications. — Mystères, thiases, érancs. — Fêtes périodiques : Olympiques, Pythiques, Néméennes, Isthmiques. — Panathénées. — Éleusinies. — Thesmophories. — Apaturies. — Lénéennes. — Dionysies. — Thargélies. — Hyacinthies. — Carnies. — Les prêtres, les oracles, la magie. — Prêtres et Prêtresses. — Oracles : Dodone, Delphes. — Devins, Sibylles. — Divination indirecte, présages. — Enchantements, fascinations . . . . pages 195-254

LIVRE XI

ANTIQUITÉS ROMAINES.

MESURE DU TEMPS. CALENDRIER. — Année de Numa. — Réforme des décemvirs. — Réforme de Jules César. — Calendes, nones et ides. — Ère de Rome, supputation des dates. — ANTIQUITÉS POLITIQUES DE ROME. — Rome sous les Rois jusqu'à Servius. — Tribus, Curies. — Assemblées. — Roi, Interroi. — Sénat. — Fonctionnaires royaux. — Clients et plébéiens. — Constitution de Servius : division administrative, territoriale, militaire, censitaire. — Droit public de Rome sous la République. — Pouvoirs publics, magistrats. — Le Consulat. — La Préture. — La Censure. — Le Cens. — Le Tribunat du peuple. — L'Édilité. — La Questure. — La Dictature et la maîtrise de cavalerie. — L'interroyauté. — Le Décemvirat. — Le Tribunat consulaire. — Vigintisexvirat et magistratures mineures. — Employés, appariteurs. — Les assemblées sous la République : Comices curiates, calates, centuriates, tributes. — Le Sénat. — Droit politique de Rome sous l'Empire. — Pouvoir impérial. — La religion romaine et les Empereurs : l'apothéose. — Comices. — Consuls. — Institutions nouvelles. — Centralisation administrative. — Histoire de l'administration impériale : lutte entre le principat et le Sénat. — Progrès continuels de l'ordre équestre. — Administration du Bas-Empire : règne de la bureaucratie. — L'ITALIE ET LES PROVINCES. — Divisions territoriales. — L'Italie avant la loi Julia. — L'Italie depuis la loi Julia jusqu'à Auguste. — L'Italie sous les Empereurs. — Les Provinces sous la République. — Les Provinces sous l'Empire : Provinces impériales et proconsulaires. — Défenseurs des cités. — La vie municipale et les assemblées provinciales — Concile des Gaules et Monument de Thorigny. — Curiales, Curateurs. — Bienfaits de la domination romaine. — CONDITION DES PERSONNES : esclaves et hommes libres. — Citoyens, latins, pérégrins. — Droit de Cité. — La Noblesse. — HISTOIRE DU DROIT ROMAIN. — Droit papirien. — Droit décemviral. — Ancienne procédure. — Ancien droit familial. — Droit prétorien ou honoraire. — Réponses des Prudents. — Les jurisconsultes sous l'Empire. — Constitutions impériales, rescrits. — Édit perpétuel de Salvius Julien. — Abolition du système formulaire. — Les Codes. — Code Grégorien et Code Hermogénien. — Code Théodosien. — Le Digeste. — Les Institutes. — Les Nouvelles ou Authentiques. — Le droit byzantin. — LES FINANCES ROMAINES. — Revenus de l'État. — Les dépenses. — L'ARMÉE ROMAINE. — Armée de Romulus. — Armée de Camille. — Armée de Marius. — Armée impériale : prétoriens. — Décadence de l'armée sous le Bas-Empire. — Camps, machines de guerre. — LA FAMILLE ET LA VIE PRIVÉE. — Fiançailles, mariage. — Les enfants. — L'éducation. — Les noms romains. — Les Esclaves. — La Maison romaine : le vestibule, l'atrium. — Les Meubles. — Vêtements des hommes et des femmes. — Repas des Romains. — Occupations et jeux des Romains : jeux des Latroncules. — Médecins et cérémonies funèbres : crémation, ensevelissement. — ANTIQUITÉS RELIGIEUSES DES ROMAINS. — Édifices du culte. — Prières, sacrifices, fêtes.

— Jeux publics. — Jeux du cirque, Jeux scéniques, Jeux de gladiateurs. — Prêtres et Prêtresses. — Pontifes, Flamines, Vestales. — Augures, Saliens, Féciaux. — Collèges, confréries. — Collège des Arvales. . . pages 255-338

LIVRE XII

MYTHOLOGIE.

Objet de la Mythologie comparée. — Nécessité de l'exégèse mythologique chez les Anciens. — Systèmes d'exégèse : allégorie et évhémérisme. — Travaux de Dupuis, Creuzer, Otfried Müller. — Théories d'Adalbert Kuhn et de Max Müller. — Naissance des mythes. — Panthéon Indo-Européen. — Mythe d'Hercule et Cacus. — Mythe d'Œdipe. — Caractères généraux du polythéisme grec. — Dieux et déesses. — Mythologie et religion romaine. — Histoire de la religion romaine. — Invasion des cultes Orientaux. — Division des anciens dieux romains. — Genèse du christianisme. — Le Christianisme et l'Empire Romain. — Les Persécutions. — Victoire du christianisme. — Renaissance de l'esprit aryen . . . . pages 339-358

MANUEL DE PHILOLOGIE

LIVRE PREMIER

OBJET ET HISTOIRE DE LA PHILOLOGIE

§ 1. — NATURE ET OBJET DE LA PHILOLOGIE.

Place de la Philologie parmi les sciences. — L'homme apporte en naissant un besoin insatiable de connaître, dont la raison dernière lui échappe[1], mais auquel on l'a vu de tout temps sacrifier sa santé, son repos et même sa vie. Il sait d'instinct que la vérité est *une* et qu'il n'est point de vérité particulière qui soit indigne de lui. C'est en s'élevant, par des sentiers différents, à la conquête de la vérité une et éternelle que Socrate est mort dans sa prison, Pline au Vésuve, et Otfried Müller dans Athènes.

La science humaine peut se proposer un triple objet : Dieu, la nature et l'homme. Le premier appartient à la théologie, le second à la physique, le troisième à la psychologie, dont la philologie n'est que la servante. La philologie embrasse l'étude de toutes les manifestations de l'esprit humain dans l'espace et dans le temps ; elle se distingue ainsi de la psychologie proprement dite qui étudie l'esprit au moyen de la conscience, indépendamment de l'espace et du temps, dans son essence et non dans ses œuvres.

Toute recherche qui n'aboutit pas à la connaissance de Dieu, du monde

---

1. Cf. Bossuet, *Traité de la Concupiscence*, t. VII, p. 428 (Vivès), et Malebranche, *Recherche de la Vérité*, IV, 5, 4.

ou de l'esprit, est une fatigue stérile et vaine. Si l'étude de l'antiquité et de l'histoire mérite de nous occuper, c'est qu'elle nous fait connaître à nous-mêmes[1]. Dans les sciences philologiques, le critérium de l'utilité d'une connaissance n'est autre que sa valeur psychologique. L'esprit n'y doit chercher que l'esprit.

Archéologues, grammairiens. — Ce but commun de la connaissance de l'homme réunit en faisceau les sciences philologiques, toutes également utiles, toutes également légitimes. Rabaisser les unes au profit de telle autre est le fait de ces esprits jaloux qui mesurent l'importance d'une science à la connaissance qu'ils en ont. Les querelles des grammairiens et des archéologues ressemblent à la dispute fameuse entre les maîtres de M. Jourdain. Et de même qu'au temps de Molière la grammaire, la philosophie, la musique et le danse étaient également nécessaires au parfait gentilhomme, de même la mythologie, la grammaire, l'archéologie, l'histoire, sont indispensables au véritable philologue.

Est-ce là contester l'utilité des savants spéciaux, nier la condition du progrès moderne, la division du travail? Non, certes; le champ du connaissable est trop vaste pour un seul homme; il faut que chacun s'applique à défricher son coin de terre, qu'il l'explore et le remue dans tous les sens. Mais nous pensons qu'il ne remplira parfaitement sa tâche que s'il ne dédaigne pas de lever parfois les yeux pour s'enquérir de ce qui se fait autour de lui. Personne, je le veux bien, ne peut exceller en toutes choses; encore est-il permis d'être supérieur dans quelques-unes, et de ne pas ignorer les autres. A combien de méprises ne s'expose-t-il pas, que de découvertes renonce-t-il à faire, celui qui, enfermé dans une science spéciale, est trop peu instruit des autres pour apercevoir les rapports, les analogies qui éclairent la sienne! Acquérir des résultats nouveaux n'appartient qu'à ceux qui approfondissent une science : il appartient à tous de profiter des résultats acquis.

Comme il n'est pas de petit insecte pour le naturaliste qui veut connaître les lois de la nature, il n'est pas de fait historique ou grammatical sans valeur pour le philologue qui sait chercher et trouver partout le reflet de l'esprit humain. La noblesse du but supérieur qu'il poursuit communique sa dignité aux moindres recherches partielles[2]. — On a grand tort de dire que les grammairiens ne s'occupent que des *mots*, que les archéologues s'occupent des

---

[1]. Ainsi se justifient, par exemple, les minuties de la critique verbale. Une correction qui fait mieux comprendre Sophocle éclaire en même temps un des plus beaux monuments de l'esprit humain, et c'est à la lumière de ses chefs-d'œuvre que l'esprit humain peut apprendre à se connaître.

[2]. « Non sunt contemnenda, quasi parva, sine quibus magna constare non possunt. » (Saint Jérôme, *Epist. ad Laetam.*)

choses. Le grammairien et l'archéologue cherchent tous deux les *choses*, ou plutôt ils cherchent une même chose, l'ESPRIT, les uns dans les monuments de l'art ou de la vie politique du passé, les autres dans les mots, qui pour celui qui les dissèque offrent chacun, comme en raccourci, l'image de l'esprit humain.

La Philologie classique [1]. — La philologie classique est la science de la vie intellectuelle des anciens, et particulièrement des Romains et des Grecs. On raconte en Allemagne que Wolf fut le premier, parmi les modernes, à se donner le titre de *studiosus philologiae*, lors de son *immatriculation* à Gœttingue, le 8 avril 1777. On a nommé ce jour-là le jour de naissance de la philologie.

Les savants ont longtemps identifié la philologie avec les études grammaticales [2] : mais depuis Wolf on donne à ce mot une acception plus étendue. La philologie classique s'occupe particulièrement de l'étude de la Grèce et de Rome, dont la littérature, la philosophie et l'art sont les sources toujours vives de la culture moderne [3].

Depuis Wolf, qui conçut le premier l'idée d'une *Encyclopédie de la philologie*, plusieurs études, peu cultivées de son temps, ont pris une telle impor-

---

1. Fr.-Aug. Wolf, Encycl. de la Philol. Cours de 1798-99, 1845 (all.). — Bernhardy, Esquisse d'une Encycl. de la Philol., 1832 (all.). — Art. *Philologie* par Haase dans l'Encycl. d'Ersch et Gruber, 1847 (all.). — Clemm, la Philol. classique et la gram. comp., 1872 (all.). — Le mot φιλολογία se trouve d'abord dans Platon au sens d'amour de la conversation (*Théétète*, 146 a). Dans les *Lois* (641 e), Platon oppose la *philologie* des Athéniens à la brachylogie des Spartiates. Le grammairien Ératosthène (Suét., *de Illustr. gram.*, 10) est le premier qui ait pris le titre de *philologue* : à Rome, ce surnom fut porté par le grammairien Atéius Praetextatus, ami de Salluste et de Pollion. A l'époque de Sénèque (lettre 10 8, 30), le *philologus* était opposé au *grammaticus* à peu près comme aujourd'hui l'archéologue au grammairien. Mais, dans l'ouvrage de Martianus Capella (*de Nuptiis Philologiae et Mercurii*), le mot *philologie* désigne déjà tout l'ensemble des connaissances supérieures.

2. Les grands savants allemands de ce siècle, Bœckh et Otf. Müller surtout, ont réagi contre cette manière de voir, représentée avec éclat par God. Hermann et qui n'est que trop généralement admise chez nous. O. Müller écrivait en 1836 : « La philologie ne se propose ni d'établir des faits particuliers ni de connaître des formes abstraites, mais d'embrasser l'esprit antique tout entier dans les œuvres de la raison, du sentiment et de l'imagination. » Wolf disait : « Reconnaître dans la nationalité grecque l'homme et ce qui est humain, voilà le point central vers lequel doivent converger toutes les études d'antiquité. » Citons encore Müller : « Le propre de la science est de se proposer l'intelligence d'un système entier. Limiter la philologie à l'exégèse des auteurs anciens serait tout aussi arbitraire que de borner la botanique au classement d'un herbier. » Voy. d'autres textes dans Hillebrand, Préf. à la trad. d'Otfr. Müller (morceau capital). Ce que Michelet disait de l'histoire est vrai de la philologie tout entière : elle est une résurrection.

3. Gœthe : « Puisse l'étude de l'antiquité grecque et romaine demeurer toujours à la base de toute culture supérieure! Les antiquités de la Chine, de l'Inde, de l'Égypte, ne seront jamais que des curiosités ; on fait toujours bien d'en prendre connaissance et de les révéler aux autres : mais elles ne porteront jamais que bien peu de fruits pour notre culture morale et esthétique. » — Bœckh : « Si paucas aliquot naturalis potissimum scientiae particulas exceperis, omnium disciplinarum fontes ex antiquitate scaturiunt. »

tance, qu'il n'est plus permis au philologue de les ignorer. Telles sont surtout la *grammaire comparée* et l'*épigraphie*, qui reconnaissent pour leurs maîtres Bopp, Borghesi et Aug. Bœckh. Le temps a donné tort[1] aux railleries d'Hermann[2], le représentant par excellence de l'*esprit conservateur* en philologie, contre la linguistique et ses adeptes. Cette science méprisée par Hermann nous a révélé, suivant l'expression de Bréal, comme un nouveau règne de la nature. — L'épigraphie (Bœckh était le premier à l'affirmer) n'est qu'un *instrument*, non une science distincte, comme le pensait Wolf, qui la plaçait, avec la numismatique, à l'avant-dernier rang dans sa liste des vingt-quatre sciences philologiques. Le secours de l'épigraphie est tout à fait indispensable à l'historien, au grammairien et à l'archéologue proprement dit.

Division de ce Manuel. — On a distribué ici les sciences philologiques en 12 livres, savoir : I. Histoire de la Philologie. — II. Bibliographie de la bibliographie, musées, bibliothèques, répertoires. — III. Épigraphie, Paléographie, Alphabets. — IV. Grammaire et Histoire des arts plastiques. — V. Numismatique. — VI. Grammaire comparée du sanscrit, du grec et du latin. — VII. Histoire, Littérature, Philosophie et Sciences de l'antiquité classique (bibliogr.). — VIII. Musique des Anciens. — IX. Métrique des Anciens. — X. Antiquités grecques. — XI. Antiquités romaines. — XII. Mythologie comparée; mythologie italique; le christianisme.

§ II. — HISTOIRE DE LA PHILOLOGIE.

Cette histoire est encore à écrire dans son ensemble[3].

---

1. « Dans l'état actuel de la science des langues, la grammaire des langues classiques ne peut plus se tenir à l'écart de la grammaire comparée des langues indo-germaniques. » (Bœckh, 1850.)
2. Il riait de ceux qui « ad Brachmanas et Ulphilam confugiunt atque ex paucis non satis cognitarum linguarum vestigiis quae Graecorum et Latinorum verborum vis sit explanare conantur ». Cette crainte de la linguistique reste si vivace, qu'à Berlin même, après la mort de Bopp, plusieurs professeurs écrivirent qu'il était *inutile et même dangereux* de lui donner un successeur.
3. Travaux partiels: Voigt, la Renaissance, 1859 (all.). — Egger, l'Hellénisme en France, 1869. — L. Müller, Hist. de la Philol. dans les Pays-Bas, 1869. — Hirzel, Esquisse d'une Hist. de la Philol., 1875 (all.). — Eckstein, *Nomenclator Philologorum*, 1875. — Benfey, Hist. de la Linguistique (all.). — Graefenhan, Hist. de la philol. class. dans l'antiquité (all.). — Bernhardy, Hist. de la philol. grecq. dans son Manuel de littérature (all.), 3e éd., t. I, p. 187, et *Philologus* (all.), II, p. 552-78. Cf. d'ailleurs une note très savante de Hillebrand, Préf. à la trad. d'Otfr. Müller, p. xxx, et Hübner, Esquisse de l'histoire de la philologie classique (all.), 1875. — [Dans les renvois, *R.C.* signifie *Revue critique*; et *R. D-M.*, *Revue des Deux-Mondes.*]

LA PHILOLOGIE DANS L'ANTIQUITÉ.

Elle naquit à Alexandrie au troisième siècle avant Jésus-Christ, et eut pour premiers représentants les célèbres bibliothécaires des Ptolémées, Callimaque, Ératosthène, Aristophane de Byzance et surtout Aristarque[1]. L'école rivale de Pergame produisit Cratès de Mallos (en Cilicie), qui vint à Rome, 167, où il introduisit la philologie. Praetextatus, surtout Varron, et, à l'époque impériale Verrius Flaccus (Ier s.), Valérius Probus (sous Néron), Aulu-Gelle (sous Marc-Aurèle), Donat et Servius (IVe s.), Capella (IVe s.), Priscien (VIe s.), et Isidore de Séville cultivèrent la philologie latine d'après les principes des Grecs.

A Byzance, la philologie grecque continua à être représentée, non sans éclat, par Photius (IXe s.), Céphalas, Suidas, Eustathe, Tzetzès et beaucoup de compilateurs laborieux. Dans le reste de l'Europe, la littérature grecque était presque ignorée, et la littérature classique de Rome très négligée en dehors des couvents[2]. Dante ne connaît qu'une faible partie des œuvres de Cicéron, dont Pétrarque révéla la correspondance à l'Italie[3].

LA PHILOLOGIE MODERNE.

On distingue 4 périodes, caractérisées par 4 grands noms : 1° *Période italienne*, ou de l'*Imitation* : PÉTRARQUE[4]. 2° *Période française*, ou de la *Polyhistorie* : JOSEPH SCALIGER[5]. 3° *Période anglo-néerlandaise*, ou de la *Critique* : BENTLEY[6]. 4° *Période allemande*, ou *École historique* : BŒCKH[7]. Voici les noms les plus célèbres de ces quatre phases de la science[8] :

---

1. Pour plus de détails, voy. l'*Index*.
2. Corvey, Fulda, Saint-Gall, Reichenau, Bobbio, et nos couvents de la Loire.
3. Thurot, Doctr. gramm. du moy. âge, 1869. — Haase, *de Med. aev. studiis philol.*, 1856.
4. On veut revivre de la vie de l'antiquité, on ne veut connaître les anciens que pour faire comme eux. De là le cicéronianisme, l'abandon de l'art du moyen âge, etc. Peu de critique et beaucoup de faussaires (Sigonius) : Annius de Viterbe, † 1502, a publié 18 volumes de textes anciens, tous apocryphes.
5. « Les plus profonds penseurs de l'époque florissante de la philologie française, les Scaliger et les Casaubon, ne connaissaient pas encore la malheureuse séparation de l'histoire et de la philologie. » (Otfr. Müller.)
6. Règne de la philologie formelle : l'esprit de l'antiquité est méconnu.
7. La science allemande de ce siècle ne renia pas l'antiquité, mais elle n'essaya pas de lui ressembler. Comme Iphigénie, la prêtresse contrainte de Diane, elle aurait voulu « que sa vie fût consacrée au culte libre de la divinité. » C'est ce qui la distingue de la science de la Renaissance, où l'esprit s'enrichit pour s'enchaîner. (Hillebr., *passim*.) — « L'influence de la philosophie allemande sur la philologie est incontestable : elle lui a donné l'habitude et le besoin des vues d'ensemble. Les systèmes de Fichte, Schelling, Hegel, ne seront plus que des *curiosa* de l'histoire littéraire, que leur esprit vivra dans les sciences auxquelles ils l'ont communiqué. Les vues d'ensemble qui caractérisent aujourd'hui la philologie sont dues principalement à cette infusion d'esprit philosophique. » (Hillebr., Préf., p. LXXXIII, sq.)
8. Pour les jugements sur les œuvres, voy. en général les livres suivants.

Période italienne. — PÉTRARQUE, † 1374, éditeur des *Lettres* de Cicéron, auteur d'une épopée latine, *Africa*[1], et d'une Histoire de César[2]. BOCCACE, † 1375, fondateur des études de mythologie[3]. LEONARDUS BRUNI, dit *Aretinus*, traduisit en latin Aristote, Démosthène et Plutarque. FRANCISCUS POGGIUS, † 1459, dit *le Pogge*, élève de Chrysolaras à Florence, découvrit un grand nombre de manuscrits d'auteurs latins, entre autres Quintilien, une partie de Cicéron et de Lucrèce. VARINUS (*Guariño*) et AURISPA enseignèrent à Florence le grec, qu'ils avaient appris à Byzance. NICCOLÒ DE NICCOLI exécuta de très belles copies d'anciens manuscrits, aujourd'hui à Florence. CYRIAQUE D'ANCÔNE rassembla des inscr. dans le Levant. LAURENT VALLA, † 1457, traduisit Hérodote et Thucydide en latin. POMPONIUS LAETUS, élève de Valla, enseigna à Rome, où il fit imprimer le premier Virgile (1467). ANGE POLITIEN, † 1494, auteur de poésies latines exquises; MARCILE FICIN, † 1499, traducteur de Platon et de Plotin, qu'il commenta; PIERRE BEMBO, † 1547, le plus illustre de ceux qui prétendaient n'écrire qu'avec des mots de Cicéron[4]. Il était cardinal et ne voulait pas lire saint Paul[5] de peur de gâter son style. SADOLET, ami de Bembo et cicéronien comme lui. NIZOLIUS, auteur d'un *Thesaurus Ciceronianus* qui fit loi[6]. PAUL MANUCE, † 1574, fils d'Aldé Manuce, le premier imprimeur de Venise, édita les classiques latins et surtout Cicéron. SIGONIUS, de Modène, † 1584, écrivit de grands ouvrages sur les antiquités, et publia, comme authentique, un pastiche de la *Consolation*, de Cicéron. Muret découvrit la fraude, et Sigonius mourut de dépit. MARC-ANTOINE MURET, † 1585, le plus grand humaniste français, professa à Poitiers, Bordeaux, Paris et Toulouse. Ses discours sont des chefs-d'œuvre de style cicéronien[7].

A ces savants, il faut joindre les érudits de Byzance que les malheurs de l'Empire firent affluer en Italie et qui enseignèrent le grec à l'Occident[8].

CHRYSOLARAS, envoyé en Italie et en Angleterre par Jean Paléologue, 1390,

---

1. Nouv. éd. par Pingaud, 1872.
2. Longtemps attribuée à Julius Celsus, savant de Constantinople au septième siècle, K. Schneider a prouvé qu'elle était de Pétrarque (1827). [Mézières, 1867, et Geiger, 1874 (all.).]
3. *De genealogia deorum, lib.* XV.
4. Ses *Lettres* et son *Hist. de Venise* sont des modèles de latinité. Sur le cicéronianisme, Lenient, 1855. VIDA, † 1566, et FRACASTOR, † 1555, imitaient Virgile comme Bembo Cicéron.
5. *Epistolaccie*, disait-il.
6. Réimprimé par Facciolati, 1734.
7. On y trouve une apologie de la Saint-Barthélemy. — Ajoutez les savants italiens : PHILELPHE, † 1481, élève de Chrysolaras à Constantinople, professeur de grec à Florence, humaniste célèbre par ses querelles violentes avec Pogge, Mérula, etc.; PIC DE LA MIRANDOLE, † 1494; MÉRULA, † 1494, 1er éd. de Plaute, de Martial et d'Ennius; PONTANUS, † 1505, éd. de Virgile; URCEUS CODRUS, † 1500, éd. de Plaute; PETRUS CRINITUS, † 1504; CALEPIN, † 1511, le 1er lexicographe; LILIO GIRALDI, † 1552. TONELLI, ACCURSE et ALCIAT renouvellent la science du droit romain.
8. Les livres grecs (Aristote, Galien, Hippocrate) n'étaient connus que par des traductions latines faites par les juifs d'Espagne sur des traductions arabes, œuvres elles-mêmes des chrétiens de Syrie au huitième siècle. — Gidel (Nouv. études sur la Litt. grecq. mod.) a essayé de réhabiliter les études grecques du moyen âge.

pour demander des secours contre Bajazet, se fixa à Florence. Théodore Gaza de Thessalonique, † 1478, enseigna, après la ruine de sa patrie par les Turcs, à Florence, Ferrare et Rome. Sa Grammaire grecque, 1495, a été très répandue au quinzième siècle. Il traduisit en grec plusieurs ouvrages de Cicéron. Georgius Trapezuntius, de Candie, vint en Italie, 1428. Il soutint contre les platoniciens la supériorité d'Aristote. Bessarion, de Trébizonde, élève du platonicien Gémiste Pléthon, traduisit la *Métaphysique* d'Aristote, mais soutint, dans la lutte alors engagée, la supériorité de Platon[1]. Chalcondyle vint en Italie après 1453, et enseigna à Florence. On lui doit les premières éditions d'Homère[2] et d'Isocrate. Constantin Lascaris, protégé de Bessarion. Sa Grammaire grecque est le premier livre grec imprimé en Italie, 1476. Beaucoup de ses manuscrits sont à l'Escurial[3]. Il eut pour élève Musurus, collaborateur des Aldes. Agricola de Groningue, † 1485, enseigna à Heidelberg et à Rome[4]. Reuchlin (en grec, *Capnion*), introduisit en Allemagne la prononciation vulgaire du grec (itacisme), opposée à celle d'Érasme (étacisme)[5]. Désiré Érasme (en holland. *Gert-Geert's*) de Rotterdam, † 1536. A douze ans, il arrachait à son maître Agricola le cri prophétique : *Tu eris magnus!* Il savait par cœur Térence et Horace, et écrivait le latin avec une rare finesse; toutefois, il combattit le cicéronianisme. Ses *Adages* (recueil de 800 proverbes), son *Éloge de la folie*, sont justement célèbres. Il a conquis l'Allemagne à l'humanisme[6]. Conrad Peutinger, d'Augsbourg, éditeur de la carte routière romaine qui porte son nom. Guill. Budé, † 1540, fondateur du Collège de France, 1530, le plus grand helléniste de son temps[7]. Jules-César Scaliger, † 1558, vécut à Agen où il exerça la médecine. Sa *Poétique*, en sept livres, contient beaucoup d'érudition et d'extravagances[8]. Étienne Dolet, † 1546, latiniste éminent, défenseur du cicéronianisme avec Scaliger contre Érasme. Denys Lambin, † 1572, une des gloires de la philologie française. Son édition de Lucrèce est un chef-d'œuvre. Son *Horace*, son *Plaute*, son *Cicéron*, ont servi à tous les commentateurs. Robert Estienne, † 1559, imprimeur du roi depuis 1539, célèbre par son *Trésor de la langue latine* (1531)[9]. Turnèbe, † 1565, professeur au Collège de France, helléniste; Linacer, † 1524, professeur de grec à Oxford; Buchanan, né en Écosse, 1506, enseigna à Paris, Bordeaux, Coïmbre et Édimbourg : le meilleur poète latin moderne, selon Scaliger. Camérarius, † 1574, réformateur et professeur de grec à Nuremberg, champion

---

1. Thèse de Vast, 1878. Ses mss, au nombre de 800, ont formé la bibliothèque Saint-Marc.
2. Milan, 1488. Il en reste six exemplaires, dont un à la Bibliothèque nationale, payé 3600 fr. en 1806.
3. Villemain, Lascaris, 2 vol., 1825. Sur Musurus, voy. Dindorf, Préf. des *Poetae scenici*.
4. Mélanchthon a écrit sa vie, *Corp. Reform.*, t. XI.
5. Geiger, 1871 (all.).
6. Feugère, 1874 (donne toute la bibliogr. antérieure). Cf. *R. C.*, 1877, p. 259. — Reuchlin, Hutten, Érasme, Œcolampade, forment l'école dite des *humanistes*, dont Conrad Celtes, † 1508, sorte de philologue errant, est le fondateur.
7. *De Asse*, sur les monnaies et mesures antiques; *Commentarii linguae graecae*. Rebitté, 1846; Saint-Marc Girardin, *Débats*, 27 déc. 1833.
8. Adolphe Magen, 1873. Cf. *R. C.*, t. XVIII, p. 224.
9. En tête de ce chef-d'œuvre, Rob. Estienne écrivit : *Ingenue fateor nihil hic inesse de meo, praeter laborem et diligentiam*.

de l'humanisme en Allemagne. Vivès, † 1540, un des rares savants espagnols, édit. de saint Augustin [1].

Période française. — Elle commence sous François Ier et finit avec le dix-septième siècle. Par ses tendances encyclopédiques, elle se rapproche de l'école allemande moderne [2].

Savants français. — Henri Estienne, fils de Robert, le plus grand imprimeur et le plus grand helléniste français, mort à l'hôpital de Lyon en 1598 [3]. Jean Passerat, professeur au Collège de France, l'un des auteurs de la *Satire Ménippée*. Hotman, jurisconsulte protestant, † 1590 [4]. Brisson, † 1591, étudia le droit civil et politique de Rome [5]. Mercier, † 1626, beau-père de Saumaise, helléniste [6]. Pierre Pithou, † 1596, jurisconsulte, donna la première édition de Phèdre, d'après un manuscrit qui ne s'est retrouvé qu'en 1830 [7]. Jacques Cujas, † 1590, le plus savant interprète du droit romain [8]. Joseph-Juste Scaliger (*della Scala*), fils de Jules-César, né à Agen en 1540, élève de Muret, Turnèbe, Buchanan et Cujas, mort à Leyde où il avait succédé à Juste Lipse, 1609, le prince des philologues français [9]. Isaac Casaubon, † 1614, né à Genève, appelé à Paris par Henri IV, helléniste de premier ordre [10]. Didier Hérault (Heraldus), professeur de grec à Sedan [11]. Palmerius (J. Paulmier) étudia le grec à Sedan et vécut à Caen [12]. Vigier (*Vigerus*), grammairien de Rouen [13]. Peiresc, † 1637,

---

1. Ajoutez l'épigraphiste Don Agustin, † 1586, le polygraphe Chacon, † 1581, surtout le grammairien Ant. Nebrissensis, de Lebrija, † 1522. Le Portugais Ach. Statius a donné un grand commentaire de Catulle, 1566.
2. « Les ouvrages de la période française restent toujours le vrai *thesaurus eruditionis*. » (Bœckh.) Au dix-septième siècle, les progrès du jésuitisme, dus aux guerres de religion, tuèrent la philologie en France. (Hillbr.) — L'esprit voltairien fit le reste au dix-huitième.
3. Éd. de Platon : la pagination d'Estienne a passé dans toutes les éditions postérieures. — *Trésor de la langue grecque*, 1572, chef-d'œuvre de l'érudition, réédité en 1856 par Didot, l'Estienne moderne. — Notice par Didot, 1824. — « A lui seul, en trois langues, Henri Estienne fait l'honneur de trois littératures. » (Nodier.) Balzac appelle « triumvirs de la république des lettres » Henri Estienne, Juste Lipse et Joseph Scaliger. — H. Estienne combattait Nizolius et les cicéroniens : *Eia, metum et linguam solve, Latinus eris*. Devançant Lipse, il protestait contre l'exclusion des mots non cicéroniens (de là son livre *de Latinitate falso suspecta*).
4. Dareste, 1850. Ses *Observationes juris Romani* ont joui d'une grande célébrité.
5. *De formulis et solemnibus pop. Rom. verbis*, 1583.
6. Éd. d'Aristénète, Nonius, etc.
7. Voy. la Préf. de Phèdre. (Collect. Nisard.) Perotti, † 1580, auquel on a attribué ces fables, en avait publié quelques-unes.
8. *Margarita jurisconsultorum*, disait Scaliger.
9. Nisard, 1851; J. Bernays, 1855 (all.). — *De emendatione temporum*, 1583 (fondement de la chronologie ancienne). *De re nummaria*, 1605. J. Scaliger collabora au recueil d'inscr. lat. de Gruter, 1603. (« *Josephus Scaliger videtur mihi paene perfecti critici imaginem referre.* » Cobet.) « On se sent découragé en présence de l'esprit gigantesque de Scaliger. » (Bœckh.) Il traduisit en vers grecs les Distiques de Caton, Publ. Syrus et un choix de Martial.
10. Commentaire sur Athénée (un chef-d'œuvre). — La satire chez les Grecs et les Romains. — Éd. de Théophraste et de Perse. (Dans le Perse de Casaubon, la sauce vaut mieux que le poisson, disait Scaliger.) — V. Pattison, 1878 (angl.).
11. *Observationes ad jus Atticum et Romanum.* Il est le chef de l'école dite *de Sedan*.
12. *Observ. in auctores Graecos*, 1668.
13. *De praecipuis Graecae dictionis idiotismis*, 1627, commenté par Zeune et God. Hermann.

rassembla des mss à Aix et protégea les savants. SIRMOND, † 1651, confesseur de Louis XIII, chronologiste et exégète. DENIS PETAU, † 1652, chronologiste, professeur de théologie à Paris[1]. GUYET, † 1655, comment. d'Hésiode et d'Horace, devança Hardouin dans l'*hypercritique*. HENRI DE VALOIS (*Valesius*), historiographe du roi, 1660, éditeur de l'*Histoire ecclésiastique* (Eusèbe, Théodoret, etc.) et d'Ammien. Son frère ADRIEN est l'auteur de l'*Histoire des Francs*[2], et son second frère CHARLES fut un numismate très savant. TANNEGUY-LEFÈVRE (*Faber*), † 1672, helléniste distingué, père de Mme Dacier. DU CANGE, † 1688, auteur des Glossaires de la *basse Latinité* et de la *basse Grécité* qui sont des chefs-d'œuvre, et de belles éd. des Byzantins. MÉNAGE, † 1692 : son commentaire sur Diogène Laërce est encore très estimé. JEAN HARDOUIN, jésuite, † 1729, célèbre pour avoir soutenu, au plus fort de la querelle des anciens et des modernes[3], que, sauf Cicéron, Pline l'Ancien, les *Géorgiques* et les *Satires et Épîtres* d'Horace, *tous les ouvrages de l'antiquité* étaient dus à des moines du treizième siècle[4]. BERNARD DE MONTFAUCON, † 1741, illustre bénédictin de Saint-Maur. Tous ses travaux sont des chefs-d'œuvre[5]. MABILLON, † 1707, du même ordre, a laissé une *Diplomatique* admirable et d'étonnants travaux sur le christianisme primitif.

Savants hollandais. — DOUSA, premier curateur de l'université de Leyde, 1575, poète latin[6]. JUSTE LIPSE, † 1606, le plus grand philologue des Pays-Bas, professeur à Leyde. Il étudia surtout l'antiquité romaine et édita Sénèque et Tacite[7]. MEURSIUS, professeur de grec à Leyde, 1611, collabora au *Trésor des antiquités grecques* de Gronovius[8], où figurent les grands travaux de SIGONIUS et d'UBBO EMMIUS, † 1626, recteur de Groningue. HUGO GROTIUS, † 1645, nommé par ses contemporains « l'oracle de Delphes ». Docteur en droit à quinze ans, jurisconsulte, latiniste et helléniste, il est surtout connu par son *du Droit de paix et de guerre*, 1625, et ses éditions de Capella et de Lucain. D. HEINSIUS, † 1665, élève de Scaliger, grand helléniste. GÉRARD VOSSIUS, professeur à Leyde, un des fondateurs de la grammaire latine[9]. Son fils ISAAC vécut auprès de Christine de Suède[10], ainsi que Nic. Heinsius, fils de Daniel, éditeur de Claudien, d'Ovide et de Virgile.

Savants allemands. — GRUTER, bibliothécaire à Heidelberg, 1602. Il publia

---

1. *Rationarium temporum*, 1630.
2. *Notitia Galliarum*, 1675.
3. Thèse de Rigault, 1857.
4. Dans sa critique des *Odes* d'Horace, il a devancé Peerlkamp, comme son contemporain d'Aubigné annonçait les *Prolégomènes* de Wolf.
5. Paléographie grecque, 1708; l'Antiquité expliquée, 1715-24 ; *Bibliotheca bibliothecarum mss*, 1739, le seul ouvrage complet en ce genre.
6. Il recueillit le premier les fragm. de Lucilius. Luc. Müller compare Dousa, faisant sortir du sens de cet amas de ruines, à Moïse faisant jaillir l'eau d'un rocher.
7. Ch. Nisard, 1855. — *De militia Romana*. Son style latin, mélange de la langue classique avec celle d'Apulée et de Tertullien (*stylus Lipsianus*), exerça une fatale influence sur le latin de l'école néerlandaise.
8. « Parmi les savants de la Renaissance, il n'en est pas qui ait rassemblé plus de faits que Meursius : il n'en est pas non plus qui ait moins montré de pénétration et de critique. » (Perrot, *R. C.*, 1877, p. 139.)
9. *Aristarchus, sive de Arte gramm. lib. VII*, 1635.
10. Éd. célèbre de Catulle, 1684.

avec Scaliger le premier grand recueil d'inscriptions latines, 2 vol., 1603. Scioppius, grand latiniste¹, violent et excentrique. Cluverius, † 1623, géographe. Pareus, † 1648, éditeur de Plaute. Barth, † 1658, éditeur de Stace et de Claudien. Jean Freinshemius, † 1660, publia Quinte Curce et Tite Live avec des suppléments d'une latinité trop vantée. Spanheim, ministre d'État en Prusse, 1702, numismate et géographe.

Savants italiens. — Leo Allatius, bibliothécaire de la Vaticane en 1661, un des connaisseurs les plus érudits de la littérature byzantine. Fabretti, † 1700, archéologue éminent².

Savants anglais. — Stanley, éditeur d'Eschyle, 1663. Barnes, éditeur d'Homère et d'Euripide, 1693.

Période anglo-néerlandaise. — Elle s'étend depuis Bentley jusqu'aux commencements de Wolf, 1691-1790. C'est l'époque critique : *criticus* y est synonyme de *philologus*³.

Savants anglais. — Richard Bentley, 1662-1742, professeur à Cambridge, très grand latiniste, mais dépourvu de goût et de sens poétique⁴. Potter, archevêque de Cantorbéry, collabora au *Trésor* de Gronovius et édita Lycophron, 1697. Markland, † 1776, le plus grand critique anglais ⁵. Musgrave, † 1780, critique éminent, édita Sophocle et Euripide. Wakefield, † 1801, édita les tragiques grecs, Virgile et Lucrèce (comment. classique). Richard Porson, † 1808, critique de génie ⁶. Dobrée, † 1825, auteur d'*Adversaria* re-

---

1. Barth, *Cave canem, s. de vita, moribus, reb. gestis Scioppii*, 1612.
2. La colonne Trajane, 1685 ; Sur les aqueducs de Rome, 1680. — Un jésuite de Tolède, La Cerda † 1643, a publié un commentaire sur Virgile resté classique.
3. « En *nettoyant* les ouvrages des anciens, les savants d'alors préparèrent les travaux de l'école moderne. » (Haase.) L'esprit historique et le sens esthétique sont à peu près nuls. Niebuhr reproche à cette école « de la localité et de la partialité ». L. Müller dit qu'elle commence avec la fondation de l'Univ. de Leyde, 1575 ; la première période est celle des latinistes, la seconde des hellénistes ; mais tous furent plutôt humanistes que grammairiens, la connaissance théorique du grec et du latin ne datant que de notre siècle, d'Hermann.
4. Bentley inaugura avec éclat une méthode de corriger (?) les textes, la *critique subjective*, dont il donne ainsi la formule : « Nobis et ratio et res ipsa centum codd. potiores sunt. » (Ad Hor. *Carm.*, 3, 27, 15.) Son Horace (1711), où il applique ces principes, fait époque dans l'histoire de la critique. Rigault (*Querelle*, etc.) a raconté avec charme sa polémique contre Boyle au sujet des prétendues *Lettres de Phalaris*. Outre beaucoup d'éditions importantes (Térence, Lucrèce), on a de lui des notes marginales, en partie inéd., à la bibl. de Cambridge, qui témoignent d'une rare perspicacité (*Rhein. Mus.*, 1878). — « Bentley est un critique plus digne d'admiration que d'imitation. Il avait infiniment d'esprit et de lecture, mais moins de goût et de jugement. » (Thurot.) Bentley a fait sur Horace plusieurs centaines de conjectures dont une demi-douzaine ont été acceptées (Voy. Long, préf. de l'Horace-Macleane). Et Bentley parlait lui-même de la *prurigo corrigendi* de Daniel Heinsius ! Mais il me semble que Wagner dit bien : « Quid ! nonne magnum est tales errores committere quales sunt Bentlei ? »
5. Éditeur de plusieurs tragédies d'Euripide. Dissert. célèbre sur la corresp. de Cic. et de Brutus, dont il nia l'authenticité.
6. Il découvrit la règle de métrique qui porte son nom (voy. l'*Index*). Très beaux travaux sur Eschyle et Euripide.

marquables, 2° édition 1875[1]. ELMSLEY, † 1825, excellent éditeur de la *Médée* et des *Iphigénies* d'Euripide.

Savants hollandais. — GRONOVIUS, † 1716, professeur à Pise et à Leyde, éditeur du grand *Trésor des antiquités grecques* (12 volumes, Leyde, 1697-1702), recueil immense qui ne cessera jamais d'être utile. — LAMBERT BOS, † 1717, grammairien[2]. CLERICUS, † 1736, bon critique. BURMANN, élève de Graevius et de son père BURMANN L'ANCIEN, successeur de Périzonius à Leyde, 1711; éditeur d'Ovide, de Lucain et des *Poetae minores*. DRAKENBORCH, † 1748, éditeur de Tite Live. WESSELING, † 1764, éditeur de Diodore et de Strabon. OUDENDORP, professeur à Leyde, 1740, éditeur de Lucain, Frontin, César, Suétone, Apulée. TIBERIUS HEMSTERHUSIUS, † 1766, professeur à Leyde, le plus grand helléniste hollandais, supérieur, selon Ruhnken, à Casaubon lui-même[3]. VALCKENAER, † 1785, élève d'Hemsterhuis, éditeur de Théocrite, des *Phéniciennes* et d'*Hippolyte* d'Euripide. DAVID RUHNKENIUS, † 1798, élève d'Hemsterhuis, le plus grand humaniste hollandais. WYTTENBACH, † 1820, éditeur des *Moralia* de Plutarque. Il écrivit en grec dans le style de Xénophon[4].

Savants allemands. — FABRICIUS, † 1736. Ses grands recueils bibliographiques (Biblioth. grecque, Biblioth. latine, Biblioth. de la moyenne et basse latinité) restent la base de tous les travaux d'histoire littéraire. GESNER, † 1761, auteur d'une 2° éd. du *Trésor latin* d'Estienne, et d'une *Introd. à l'érudition universelle* qui répandit beaucoup de connaissances philologiques. ERNESTI, † 1871, continua les traditions de Gesner[5]. REISKE, † 1774, helléniste éminent[6]. JEAN-JOACHIM WINCKELMANN, assassiné à Trieste, le 8 juin 1768, rénovateur des études sur l'art antique où il introduisit l'esprit historique[7]. ZOËGA, † 1809, Danois, excellent archéologue[8]. HEYNE, † 1812, critique illustre, qui ne sépara pas de l'étude des textes l'appréciation de leurs beautés littéraires[9]. ECKHEL, † 1798, le père de la numismatique[10], enseigna à Vienne. HARLESS réédita la *Biblioth.* de Fabricius. SCHÜTZ, † 1832, édita Eschyle et Cicéron. JEAN VOSS, † 1826, célèbre par ses traductions d'Homère et de Virgile, en vers

---

1. Il était ami intime de Porson. « Ses critiques posthumes placent leur auteur au premier rang des hellénistes. » (Thurot, *R. C.*, t. XVIII, p. 521.)

2. *Mysterium ellipseos Graecae*, 1712.

3. Éd. de Pollux, Lucien, etc. Son éloge, par Ruhnken, est un modèle du genre. — Grucker, 1866.

4. Sa *Vita Ruhnkenii* vaut le *Elogium Hemsterhusii* de Ruhnken.

5. Excellente éd. de Cicéron, Tacite et Homère. Il a fondé l'exégèse du Nouveau Testament en assimilant, pour l'interprétation, le texte sacré aux textes anciens.

6. Éd. de Plutarque.

7. Il composa ses grands ouvrages à Rome, dans l'intimité de Raph. Mengs. — Hist. de l'art dans l'antiquité, 1764; *Monumenti antichi ined.*, 1768; Lettres à Heyne, 1780. — Lors de la Renaissance, l'amour de la beauté est extrême, l'intérêt historique est nul : de là les restaurations si nombreuses. Aux dix-septième et dix-huitième siècles, les antiquaires classent les monuments; au dix-neuvième seulement, on les étudie, grâce à l'impulsion de Winckelmann, qui introduisait l'histoire dans l'archéologie de l'art comme Wolf dans la critique littéraire.

8. *Bassirelievi antichi*, 1802.

9. Ses éd. de Virgile, 1767, et d'Homère, 1802, sont des chefs-d'œuvre.

10. Sa *Doctrina nummorum veterum*, 8 vol., est le point de départ de toutes les études postérieures.

allemands, et parson *Antisymbolik*, 1824-26, dirigée contre Creuzer. SCHNEIDER, † 1822, « le père de la lexicographie »[1]. SPALDING, † 1811, auteur de la meilleure édition de Quintilien. JACOBS, †1847, édit. de l'*Anthologie grecque*.

Savants français. — LENAIN DE TILLEMONT, † 1698, auteur d'une *Histoire des empereurs romains*, merveille d'érudition consciencieuse[2]. NICOLAS FRÉRET, † 1740, mis à la Bastille pour son mémoire sur l'origine des Francs, auteur de travaux marquants sur la géographie et la chronologie ancienne[3]. BANDURI, † 1743, bénédictin, auteur de l'immense ouvrage *l'Empire d'Orient ou les antiquités de Constantinople*. CAYLUS (comte de), † 1765, archéologue, visita l'Italie et l'Orient et protégea les arts[4]. LEBEAU, † 1778, historien du Bas-Empire (en 22 vol.), plus consciencieux, mais moins séduisant que l'Anglais GIBBON, † 1794 (*Décad. et chute de l'Emp. romain*). DANVILLE, † 1782, géographe du roi, le premier grand cartographe, un des fondateurs de la géographie ancienne[5]. BARTHÉLEMY, † 1795, numismate et archéologue, auteur du *Voyage du jeune Anacharsis*, chef-d'œuvre d'érudition et de bon style, traduit dans toutes les langues. BOUHIER, † 1746, jurisconsulte et latiniste. FOURMONT, † 1746, rapporta d'Orient 8 vol. d'inscript., qui ne sont pas toutes authentiques (Bœckh). BURETTE, † 1747, fournit pendant 50 ans au *Journ. des Savants* d'importants travaux sur les arts et la musique grecques. SÉGUIER, † 1784, antiquaire de Nîmes. OBERLIN, † 1806, de Strasbourg, archéologue, géographe et critique. LARCHER, † 1812, traduisit et commenta Hérodote. BRUNCK, † 1803, helléniste d'un goût délicat, critique téméraire[6]. BURIGNY (Levesque de), nommé en 1773 professeur à Pétersbourg sur la recommandation de Diderot. Traducteur de Thucydide, il a publié de bons ouvrages critiques sur l'hist. ancienne. D'ANSSE DE VILLOISON, † 1805, découvrit, à Venise, les Scholies d'Aristarque sur l'*Iliade* et publia, à 20 ans, le *Lexique* d'Apollonius. Son édition de l'*Iliade* (1788) a fait époque dans la constitution du texte. C'est le Wolf français[7]. SAINTE-CROIX, † 1809, auteur de l'*Examen des historiens d'Alexandre* et des *Recherches sur les mystères*, deux ouvrages encore excellents. GAIL, † 1829, éditeur de Thucydide et de Xénophon. SCHWEIGHAEUSER, † 1830, bon helléniste[8]. ADAMANTIOS CORAY, helléniste philhellène, né à Smyrne, 1748, étudia la médecine à Montpellier et propagea l'étude du grec moderne en France par ses éditions des auteurs grecs avec commentaires en romaïque[9].

Savants italiens. — FACCIOLATI, † 1769, collaborateur de son élève FORCELLINI, dont le célèbre Dictionnaire latin (1771) parut par ses soins après la

---

1. Grand Dictionnaire latin-allemand, 1798.
2. ROLLIN, † 1741 (Hist. grecque et Hist. romaine) et son élève CREVIER (Empereurs romains) n'ont guère travaillé d'après les textes.
3. Mesures des itin. romains, vol. XIV de l'Acad. des Inscr. Observations générales sur la géogr. ancienne, publiées en 1850.
4. Recueil d'antiquités égyptiennes, étrusques, grecques, romaines et gauloises, 7 vol. Pierres gravées du cabinet du roi. Recueil de peintures antiques trouvées à Rome, 3 vol.
5. Géogr. ancienne abrégée, 1768. Danville ne savait pas le grec.
6. Éd. de Sophocle; *Analecta Poetarum Graecorum*.
7. *Longo intervallo*, quoi qu'en dise Perron.
8. Très belles édit. d'Appien, Polybe, Athénée, Hérodote. Éloge de Schw. par Cuvier.
9. Couguy a publié sa correspond. inéd. (*Ann. de l'assoc. des études grecques*, 1876).

mort de Forcellini. SCIPION MAFFEI, † 1755, poète et archéologue illustre [1]. BANDINI, † 1803, dont le catalogue de la bibliothèque Laurentienne est le modèle du genre. MORELLI, de Venise, † 1819, publia pour la 1re fois le discours d'Aristide *contre Leptine* et les *Éléments de Rhythmique* d'Aristoxène.

Période allemande. — Elle commence avec les leçons de Wolf sur la science de l'antiquité, faites à Halle, 1783, et dure encore. A côté d'un nombre presque infini d'érudits spéciaux, elle présente quelques hommes, comme Wolf, Bœckh, Otfr. Müller, K. Fr. Hermann, dont la vaste intelligence a su embrasser toute l'antiquité. Malheureusement, les esprits de cette étendue font aujourd'hui défaut, et la philologie allemande tend à se perdre dans le détail [2].

Parmi les philologues français de cette époque, qui comprend notre temps, je m'abstiens de mentionner les vivants, dont les noms reviennent assez au cours de ce travail [3]. Depuis la fondation de l'École des hautes études, due à notre grand historien V. Duruy, la publication de la *Revue critique* (1866) [4] et des premières éditions savantes de Hachette (le Virgile de Benoist est de 1867), une renaissance des études classiques s'est manifestée chez nous [5]. Elle ne peut manquer de produire d'excellents résultats, si nos jeunes savants veulent conserver leurs qualités propres, et porter dans leurs travaux, même les plus érudits, la méthode et la lucidité qui font honneur à l'esprit français.

Savants allemands. — FRÉD.-AUG. WOLF, professeur à Halle, 1782-1806, époque où Napoléon ferma cette université. Il contribua alors à fonder l'université de Berlin, l'instrument de propagande le plus puissant au service de l'unité germanique. Les premiers volumes de son *Iliade* et les *Prolégomènes*, manifeste de l'*athéisme homérique*, sont de 1794, et provoquèrent un

---

1. Recherches sur les pierres gravées, 1746-1765.
2. Hillebrand place entre 1837-48 la naissance d'une nouvelle école de philologie allemande moins désintéressée, moins *objective*, plus préoccupée des intérêts pratiques et politiques. L'ère des monographies est passée : celle des *compendia* commence (Schœmann, Bernhardy Lange, Brunn, Preller). La science allemande fait son bilan. — Aujourd'hui les travaux spéciaux ont repris faveur.
3. Cf. Egger, l'Hellénisme en France; *Annuaire de l'Assoc. pour l'avancement des études grecques*, contenant des rapports annuels très complets; *Mémorial de l'École normale supérieure*, avec des nécrologies.
4. La *Revue critique* a porté le dernier coup à l'école des rhéteurs, pâles imitateurs de Villemain († 1870). Ses premiers rédacteurs, Paris, Meyer, Bréal, Morel, Thurot, Weil, Reuss, donnant et faisant des exemples, ont bien mérité de l'érudition française. Aucune revue n'a rendu plus d'arrêts ni rendu plus de services. — Il n'y a pas de chapitre de ce Manuel qui ne doive quelque chose à la *Revue critique*.
5. Cobet, *Mnémosyne*, 1877, et *Rev. de Philol.*, II, p. 189, lettre à Tournier. La pire époque pour nos études a été le premier Empire. « La Philologie, qui est la base de toute bonne littérature, et sur laquelle repose la certitude de l'histoire, ne trouve presque plus personne pour la cultiver. » (Dacier, Rapport à Napoléon Ier.)

mouvement d'érudition immense [1]. Böttiger, † 1835, archéologue illustre [2]. Buttmann, † 1829, esprit solide et délicat, auteur d'une grande Grammaire grecque qui a fait loi [3]. K. W. de Humboldt, † 1835. Ses deux livres : *Sur la langue kawie de Java*, 1836 et *Sur le Duel*, 1828, le mettent au rang des maîtres de la linguistique [4]. Schleiermacher, † 1834, helléniste et philosophe, traducteur et commentateur de Platon. Creuzer, † 1858, mythologue illustre, chef de l'école du symbolisme [5]. Godefroy Hermann, † 1848, le « despote de Leipzig », fondateur de la syntaxe et de la métrique grecques, adversaire violent de Bœckh [6] et de l'école historique. Comme critique, il ressemble à Bentley [7]. Eichstædt, † 1848, latiniste, éditeur de Lucrèce. Barthold Niebuhr, † 1831, né à Copenhague (fils du célèbre voyageur Karsten Niebuhr), immortel par son *Histoire romaine* et la publication des *Institutes* de Gaïus, d'après un palimpseste. Il a dirigé la collection des *Historiens byzantins* de Bonn, 1828, faite avec trop de précipitation et encore inachevée [8]. Lobeck, † 1860, grammairien illustre et adversaire acharné du symbolisme [9]. Thiersch, † 1860, auteur d'une Grammaire grecque célèbre, spécialement de la langue d'Homère. Welcker, † 1868, savant presque universel [10]. Auguste Bœckh [11], 1785-1867, le plus universel des philologues allemands, « le maître de tous ceux qui étudient l'antiquité » (Weil) [12]; épigraphiste, métricien, archéo-

---

1. Cf. en général, Hillebrand. Préf. à la trad. fr. d'Otfr. Müller.— Extr. des Prolégomènes dans l'*Iliade* de Pierron; Kœrte, 1833 (all.). « Un jour d'entretien avec Wolf vaut une année d'étude. » (Gœthe.)
2. Amalthea, ou Musée de la mythologie de l'art (all.).
3. L'abrégé (all.) a eu 21 éditions, de 1792 à 1863.— *Lexilogus*, étude sur les mots difficiles d'Homère.
4. « Les écrits de Humboldt, malgré tous leurs défauts, resteront pour le linguiste comme une source inépuisable de sagesse, et pour ainsi parler d'édification. » (Benfey.)
5. Éd. magnifique de Plotin, 1835; Symbolique ou Mythol. des peuples anciens, traduite et très augmentée par Guigniaut.
6. Partout de grandes luttes fécondes au commencement du dix-neuvième siècle : les symbolistes sous Creuzer contre les antisymbolistes sous Voss; les wolfiens purs (Lachmann) contre le parti d'Homère, Nitzsch, Ritschl, Creuzer.
7. *Elem. doctrinae metricae*, 1816; *De emendanda ratione Graecae gramm.*, 1801; *De particula ἄν lib. IV* 1831. Ed. posthume d'Eschyle. Il écrivit le latin avec une pureté admirable dont l'Allemagne a perdu le secret. Madvig : « Hermannus non maximum numerum bonarum emendationum obruit innumerabili inanium et levium opinionum festinanter jactarum multitudine. » — Hermann joue un rôle isolé dans ce siècle, dont il n'a pas les qualités distinctives. Les vrais héritiers de Wolf furent Niebuhr, Müller et Bœckh, dont l'*Économie politique* fut inspirée par les prolégomènes de la *Leptinienne* de Wolf.
8. Niebuhr a détruit, puis reconstruit l'histoire romaine : l'édifice a croulé, mais les matériaux sont encore bons. Le premier, il a su distinguer les clients des plébéiens. C'était un poète, ami des mythes et des légendes, impatient de créer et de construire. « Celui qui rappelle à l'existence des choses anéanties, disait-il, goûte toute la félicité de la création. »
9. *Pathologiae sermonis Graeci Elementa*. 3 vol., 1843; *Aglaophamus s. de theolog. mysticae Graecorum causis*, 1829; édit. excellente de Phrynichus, 1830.
10. Le cycle épique, 1835-49 (all.); Hist. de la tragédie grecque, 1839 (all.); Mythol. grecque, 1857; édition célèbre de Théognis, 1826, avec une biographie du poète qui est une révélation.
11. Cours de B. sur l'Encycl. de la Philol. publié par Bratuscheck, 1877 (Stark prépare une biogr. complète de son maître). Ed. de Pindare, 1811-1821; l'Écon. politique des Athéniens, 2ᵉ éd. 1851 (all.); Marine des Athén., 1840 (all.); *Corpus Inscr. Graecarum*, 4 vol. 1824-1862
12. Weil et Benloew ont introduit en France l'enseignement de Bœckh.

logue, métrologiste, il représente l'union de la grammaire et de l'archéologie contre God. Hermann : la lutte de ces grands hommes est l'époque héroïque de la philologie allemande. EMMANUEL BEKKER, 1785-1871, un des premiers paléographes de notre siècle, édita, souvent avec précipitation, un grand nombre d'auteurs grecs, dont beaucoup inédits[1]. Il a publié 24 volumes de la *Byzantine* de Bonn. PASSOW, † 1833, auteur d'un excellent Dictionnaire grec-allemand. HAND, grammairien, élève d'Hermann[2]. ORELLI, de Zurich, † 1849, éditeur de Cicéron, Tacite et Horace. Sa collection d'inscriptions latines[3] est d'un excellent usage. BUNSEN, † 1860, homme d'État, archéologue et exégète. NITZSCH, † 1861, helléniste *homérisant*[4]. MEINEKE, † 1870, très grand critique, rassembla le premier les fragments des Comiques grecs et des alexandrins. FRANZ BOPP, 1791-1871, l'immortel fondateur de la gramm. comparée[5]. DŒDERLEIN, † 1863, grammairien et latiniste[6]. KARL ZUMPT, † 1849, rival et ennemi de Mommsen, est célèbre par ses études sur le Droit criminel à Rome, 1865 et 1871[7]. REISIG, † 1829, auteur d'une belle édition d'*Œdipe à Colone* et de *Leçons sur la langue latine*. KARL LACHMANN, † 1851, également illustre comme germaniste et comme latiniste, éditeur de Catulle, Tibulle, des *Gromatici Veteres* et surtout de Lucrèce. Cette édition a fait époque malgré des témérités et du mauvais goût[8]. STALLBAUM, † 1861, auteur d'une célèbre édition critique de Platon[9]. SCHŒMANN, né en 1793, archéologue illustre, auj. doyen de la science allemande[10]. POPPO, † 1866, éditeur laborieux de Thucydide[11]. ÉDOUARD GERHARD, † 1867, grand archéologue, un des fondateurs de l'Institut archéologique de Rome, 1828[12]. BECKER, 1846, auteur d'un Manuel classique des antiquités romaines, continué par Marquardt et refondu par Mommsen. KARL-OTFRIED MÜLLER[13], né en 1797, mort à Athènes le 1ᵉʳ août 1840, d'une fièvre contractée à Delphes, le prince des philologues allemands. Son maître Bœckh disait dès 1822 que son élève irait plus loin que lui. Impatient de tout connaître, doué d'un génie systématique servi par une santé de fer, Otfried, mort à 43 ans, a laissé des livres immortels, qui sont en même temps des modèles de style et de clarté[14]. BÆHR,

1. *Anecdota Graeca*, 3 vol. Ses *Orateurs grecs* ont fait autorité.
2. *Tursellinus, s. de particulis Latinis* (ouvrage capital).
3. 2 vol., 1828, continués par Henzen.
4. Comment. des 12 premiers livres de l'*Odyssée*, 5 vol.
5. Guigniaut, 1869 ; préf. de la trad. de Bréal. — Gramm. comp., 2ᵉ éd. 1857.
6. Synonymes latins, 6 vol.
7. Voy. Padeletti, *Annales de Philol.* Supplém., 1878.
8. Lachmann est déclaré surfait par Luc. Müller.
9. 12 vol., 1821-25.
10. Antiquités grecques, 3ᵉ éd. 1868 (all.). Le Procès attique, avec Meier, 1824 (all.). Examen de l'histoire du gouvernement d'Athènes d'après Grote, 1854 (all.). Droit public en Grèce, 1858 (all.).
11. 11 vol., 1821-40. « Poppo qualis sit criticus dicere nolo. » (Cobet.)
12. Travaux sur les vases, statues, miroirs, coupes, etc. de Grèce et d'Étrurie.—Otto Jahn, 1848 (all.). Vinet, *Débats*, sept. 1847, et *Rev. Europ.*, 1860.
13. Gallus, ou Rome au temps d'Auguste, 1838 (all.) ; Chariklès (l'Anacharsis allemand), 2ᵉ éd. par K. F. Hermann, 1854 (all.).
14. Ranke, 1870. — Sur les races de la Grèce : Minyens, 1820 (all.) ; Doriens, 1824 (all.) ; les Étrusques, 1828 (all.) ; Manuel de l'Archéol. de l'art, 2 vol., 3ᵉ éd., 1848 (all.). Ed. de

† 1873, a laissé d'utiles travaux sur la littérature latine[1]. BERNHARDY, † 1874, l'un des collaborateurs les plus féconds de la grande Encyclopédie d'Ersch et Gruber, grammairien et critique distingué[2]. BAITER, de Zurich, éditeur de Cicéron et de Platon avec Orelli, et des *Orateurs grecs*. GUILL. DINDORF, collaborateur de Haase pour la nouvelle édition du *Trésor grec* d'Estienne[3], helléniste éminent comme son frère LOUIS, † 1869. LEHRS, célèbre par son livre sur Aristarque[4], 1830. POTT, élève de Bopp, le plus grand étymologiste de notre temps[5] (Bréal). GUILL. FREUND, né en 1806, éminent latiniste et polygraphe, auteur d'un grand Dictionnaire latin-allemand traduit en français par Theil, du *Triennium Philologicum*, 1874-76 (all.), et de beaucoup d'ouvrages d'enseignement devenus classiques. STENGEL, connu par des écrits sur la rhétorique des anciens[6]. K. FR. HERMANN, † 1855, digne successeur d'Otf. Müller à Gœttingue[7]. FR. RITSCHL, † 1877, illustre latiniste, élève d'Hermann et de Reisig, professa à Bonn et à Leipzig avec un succès inouï. Il a renouvelé la critique du texte de Plaute, fondé la grammaire historique du latin, et signalé le premier l'importance des inscr. lat. pour l'étude scientifique de la grammaire. Ritschl, jetant à pleines mains les vérités, a mis une extrême violence à défendre ses paradoxes[8]. WESTERMANN, édit. de Démosthène. HALM, auteur de la 1re éd. critique de Quintilien, 1868. SAUPPE, a dirigé avec M. HAUPT la Collection des classiques grecs dite de Weidmann (Berlin). PRELLER, † 1861, excellent mythologue[9]. FORCHHAMMER, Danois, a écrit sur la topographie d'Athènes, 1841, et un très important ouvrage de mythologie[10]. SCHNEIDEWIN, éditeur de Sophocle et des Élégiaques grecs. BERGK, éditeur des Lyriques grecs, a commencé une Histoire très détaillée de la littér. grecque[11] (all.). OTTO JAHN, † 1869, élève

---

Varron et de Festus (deux chefs-d'œuvre); Hist. de la littér. gr. jusqu'à Alexandre (angl., all.). On a de lui une tragédie inéd., *Manoah*. — A propos du Pindare de Dissen, ami de Müller, dont Hermann avait fait une critique acerbe, Müller répondit très vivement dans la préface de ses *Euménides* (1833) : de là une querelle violente, qui n'empêcha pas Hermann, en 1840, de prendre la parole sur la tombe de Müller (Hillebr., Préf., p. cxxv. sqq.). Müller appelait Bœckh (le rival d'Hermann), *le père de ses études*.

1. Excellente éd. d'Hérodote, 1852-5; Hist. de la litt. latine, 3 vol. (all.); Poètes chrétiens (all.); Théologie christ.-romaine (all.); Litt. rom. à l'époque carlovingienne (all.).
2. Syntaxe grecque, 1829 (all.); Hist. de la litt. grecque (all.) et de la litt. romaine; Éd. de Suidas et des *Geographi minores*.
3. Éd. de Démosthène, Athénée, Procope, les Tragiques, etc. Madvig lui reproche d'avoir abusé de l'athétèse dans ses *Poetae Scenici*.
4. Éd. d'Horace, très hardie, avec un grand abus de l'athétèse, 1869.
5. Recherches étymologiques, 2e éd. 1859 (all.).
6. Collection des Τέχναι des anciens rhéteurs, 1828.
7. Manuel des Antiq. grecq., 4e éd., 1855 (all.); Hist. de la philosophie platonicienne, 1839 (all.); Édit. de Platon (Teubner).
8. Ribbeck, 1879. L. Müller, 1878. Benoist, *Rev. de Phil.*, 1877. — Éd. crit. de Plaute (inach.) *Parerga Plaut. et Terent.*; *Priscae latin. monum. epigraphica*, grand in-folio avec planches magnifiques; la Biblioth. d'Alexandrie (all.); *Petits écrits*, recueil d'articles. Il avait débuté par une éd. de Thomas Magister. Dans la querelle des *formels* et des *réels*, Ritschl a pris une position intermédiaire, en accord avec la nature variée de ses travaux (Nature de la Philol., 1833). Cf. Schottmüller, *Journal p. les gymnases*, 1877 (all.). Ritschl disait : γεράσκω δ'αἰεὶ πολλὰ διδασκόμενος. (Ribbeck, *Rhein. Museum*, XXXII.)
9. Mythol. grecque (all.), et Mythol. romaine (all.), deux manuels classiques.
10. *Daduchos*, 1877. Voy. plus loin l'analyse des idées de ce philologue.
11. 1er vol., 1872, Homère et Hésiode (600 p.).

d'Hermann, Bœckh et Lachmann, un des savants universels de l'Allemagne[1]. ERNEST CURTIUS, né en 1814, élève d'Otf. Müller, archéologue et historien. Son Histoire grecque, 4ᵉ édit., 1874, 3 vol. (all.), est un chef-d'œuvre[2]. ÉDOUARD ZELLER, né en 1814, l'illustre auteur de *la Philosophie des Grecs*, 4ᵉ éd., 1877. BONITZ, auteur d'études remarquables sur Platon et Aristote[3]. KÖCHLY, † 1876, écrivit avec RÜSTOW, † 1877, l'*Histoire de l'art militaire chez les Grecs*. THÉODORE MOMMSEN, né en Schleswig, 1817, professeur à Berlin depuis 1858. Histo ien, linguiste, épigraphiste, numismate consommé, Mommsen est auj. la plus haute autorité philologique de l'Allemagne. Il est le plus grand jurisconsulte qui ait écrit l'histoire romaine : de là sa supériorité comme peintre des institutions. Ses écrits, aussi agréables que savants, sont remplis pourtant de personnalités, d'anachronismes voulus, parfois de violences. Mommsen ne hait ni n'aime médiocrement[4]. WATTENBACH, excellent paléographe, auteur de deux précieux manuels de paléographie grecque, 1867, et latine, 1872. G. CURTIUS, frère cadet d'E. Curtius, né en 1820, auteur d'une célèbre Gramm. grecq. classique[5]. CORSSEN, 1820-76, illustre latiniste, mort de dépit, dit-on, après sa gigantesque et vaine tentative pour expliquer l'Étrusque[6]. W. S. TEUFFEL, 1820-76, auteur de très nombreux articles dans l'Encyclopédie classique de Pauly, et d'une excellente Histoire de la littér. latine (all.), 3ᵉ éd., 1875. FLECKEISEN, né en 1820, éditeur de Plaute et Térence, et du recueil des *Annales de Philologie*. KIRCHHOFF, épigraphiste, éditeur du *Corpus inscript.*

---

1. Travaux sur l'art grec et les vases antiques de Munich; Éd. de Juvénal, Perse, Florus, le *Brutus*; trav. très important sur les *subscriptiones* des mss lat.; v. l'*Index*.

2. « Exposition approfondie sous une forme belle et idéale. » (Bœckh.) Le Péloponnèse (all.), 2 vol.; Études attiques, 1865 (all.).

3. *Métaphysique* d'Aristote, 1848 (all.).

4. Cf. Boissier, *R. D-M.*, 1872. — Hist. romaine (all.); *Corpus inscript. Latin.* (par Mommsen, ou sous sa direction), le 1ᵉʳ vol., 1865; Chronologie romaine, 1859 (all.); Droit public à Rome, 1875 (all.); Hist. de la monnaie à Rome, 1860 (all.); Dialectes de l'Italie inférieure, 1850 (all.); Édit. du monument d'Ancyre, du Digeste, de Solin, etc. — Mommsen, surtout quand il est en colère, peint le passé avec les couleurs du présent. César est comparé à Napoléon, Sylla à Cromwell, Scipion à Wellington; les Étoliens sont les lansquenets de la Grèce, les légions levées à la hâte sont la Landwehr de Rome; les chefs numides sont des cheiks contre lesquels les Romains opèrent des razzias; le sénat a une politique de garde national, Pompée est un caporal, et Caton un Don Quichotte dont Favorinus est le Sancho. Enfin, Hamilcar Barca est Scharnhorst, Hannibal devant Sagonte le général Yorck. — Mommsen aime la force, surtout quand elle se pare d'ironie, comme chez Sylla. Il est très sévère pour la littér. romaine, parce qu'en la frappant il croit frapper la nôtre. Économiste et légiste, manquant du sens poétique, il méprise les mythes, « feuilles desséchées agitées par le vent », dont Niebuhr faisait si grand cas.

5. Principes de l'Étymologie grecque, 1873 (all.); le Verbe de la langue grecque, 1873-76 (all.). Curtius dirige la collection de mémoires intitulée *Études sur la grammaire latine et grecque*. Voyez, *ridendi causa*, les pamphlets de Krüger contre Curtius, à la fin de la Grammaire grecque (5ᵉ éd.) de Krüger.

6. Prononciation et vocalisme du latin (all.); la Langue étrusque, 2 vol., 1875 (all.). Bréal, *R. C.*, t. XIX, p. 81 : « Le nom de Corssen restera attaché d'une façon indissoluble au progrès des études latines : le *Vocalisme* et les *Krit. Beiträge* ont introduit dans la grammaire comparée un degré de finesse et de précision inconnues avant lui. Elevé dans la discipline de la philologie classique, Corssen a contribué pour une large part au rapprochement de deux sciences faites pour se compléter et pour s'éclairer l'une l'autre. Ce sera un titre d'honneur qui ne périra pas. »

Atticarum, Ier vol. 1873, avec KŒHLER, savant diplomate auj. directeur de l'Institut allemand à Athènes, DITTENBERGER, etc. OTTO RIBBECK, élève de Ritschl, auteur d'une excellente éd. critique de Virgile et de très bons travaux sur le théâtre ancien [1]. BURSIAN, géographe [2] et archéologue très érudit [3].

Savants anglais. — L'histoire ancienne et l'archéologie sont bien représentées : mais les éditions qui se succèdent ne sont guère que des *variorum* imprimées avec luxe d'après les travaux allemands. La critique proprement dite y est sacrifiée à l'explication (herméneutique). La linguistique est négligée.

LEAKE, ami de Byron, savant explorateur de l'Asie Mineure et de la Grèce. TH. GAISFORD, † 1855, éd. de Suidas, du *Grand Étymologique*, de Stobée. BLOMFIELD, † 1857, éd. de cinq tragédies d'Eschyle, un des grands critiques anglais. GEORGE GROTE, 1794-1876, auteur d'une *Histoire de la Grèce*, 12 vol., et de deux grands ouvrages sur Platon et Aristote, tous plus remarquables par l'étendue du savoir et le bon sens, que par la force de la pensée [4]. GEORGE LONG, † 1879, excellent latiniste, éditeur de Cicéron et l'un des rédacteurs du Dictionnaire classique de Smith. MAX MÜLLER, illustre linguiste et philologue, né allemand, auj. professeur à Oxford [5].

---

1. La Tragédie romaine, 1875 (all.); Fragments des Tragiques rassemblés au complet pour la première fois, 1871. Ses éd. de Juvénal et de *l'Art poétique* sont des spécimens curieux de l'intempérance dans la critique.

2. Géographie de la Grèce, 2 vol. 1862-72 (all.); *Comptes rendus des travaux philologiques de l'année*, depuis 1873.

3. Il faudrait ajouter encore bien des noms : les archéologues, jurisconsultes et polygraphes Ambros, Bellermann, Savigny, Brunn, Conze, Bethmann-Hollweg, Friedlaender, Friedreich, Hirschfeld, Hübner, Ideler, Ihering, Kékulé, Lasaulx, Lübke, Michaëlis, Aug. Mommsen, Ed. Müller, Nissen, Overbeck, Panofka, Philippi, Rudorff, Sallet, Schliemann, Stark, Wachsmuth. — Les grammairiens Bücheler, Dräger, Krüger, Kühner, Lübbert, Matthiæ, Nägelsbach, Neue, Ramshorn, Schuchardt, Schweizer-Sidler, Seyffert. — Les linguistes Aufrecht, Benary, Benfey, Delbrück, Dieffenbach, Heyse, Jolly, Kuhn, Ludwich, Merguet, Leo Meyer, Savelsberg, Schleicher, Steinthal, Wilhelm, Windisch. — Les métriciens Brambach, Christ, Drobisch, Fortlage, L. Müller, Prien, Rossbach, Schmidt, Weissenborn, Westphal. — Les hellénistes Ahrens, Ameis, Ast, Bode, Blass, Classen, Dissen, Franke, Frohberger, Heimsöth, Heitz, Hercher, Karsten, Lenz, Munk, Pape, Rohde, Schaefer, Mor. Schmidt, Spitzner, Stein, Vömel, Wilamowitz. — Les latinistes Bährens, Bernays, Ebert, Ellendt, Eyssenhardt, Georges, Gruppe, Hartung, Hertzberg, Jordan, Keller, Klotz, Ladewig, Leutsch, Nipperdey, Reifferscheidt, Riese, Schwabe, Vahlen, Vömel, Wagner, Wernsdorff, Wölfflin. — Les historiens Droysen, Flathe, Göttling, Hertzberg, Ihne, Imhof, Krause, Müllenhoff, Lange, Peter, Schlosser, Schwegler, Stahr, Volquardsen, Weber. — Les philosophes Brandis, Michelet, Prantl, Ritter, Rose, Süsemihl, Tennemann, Ueberweg. — Les paléographes ou épigraphistes Bast, Franz, Gardthausen, Gomperz, Henzen, Kopp, Mone, Schanz, Studemund, Tischendorf, Wilmanns, Zangemeister, Zell. (Voy. l'*Index général* avec les renvois aux œuvres de presque tous ces philologues.)

4. Max Müller reproche à Grote « le manque de courage scientifique. » Il ne sait pas se décider, surtout dans l'histoire des origines.

5. Nommons encore, en indiquant brièvement leurs travaux : les archéologues et géographes Chandler, † 1810 (éd. des marbres d'Arundel et explorateur de l'Asie Mineure); Fellows (la Lycie); Layard (Mésopotamie, etc.); Newton (Mausolée d'Halicarnasse); Rennell (Géogr. de l'Asie Mineure et d'Hérodote); Wood (Éphèse). — Les hellénistes Arnold (éd. de

Savants hollandais. — La Hollande est toujours la patrie de la critique savante et ingénieuse [1].

VAN LENNEP, † 1853, éd. de l'*Anthologie grecque*, de Terent. Maurus et d'Hésiode. HOFMANN PEERLKAMP, d'une famille de réfugiés français nommés Perlechamp, 1786-1865, professeur à Leyde, 1822-1849, critique novateur et ingénieux à l'excès, pratiqua avec audace la *critique subjective*, et, comme Bentley, aux dépens du texte d'Horace, dont il dénonça une grande partie comme interpolée. Son éd. de l'*Énéide* est pleine de rêveries. Peerlkamp a fait école en Allemagne [2]. GEEL, † 1862, élève de Lennep, éditeur de Théocrite, 1820, des *Phéniciennes* d'Euripide, etc. GABRIEL COBET, professeur à Leyde depuis 1847, le prince de la critique verbale [3]. Ses idées à ce sujet sont exposées dans le *de Arte interpretandi*, 1847 [4].

Savants italiens. — MARINI, † 1815, épigraphiste, l'historien des *Arvales*. VISCONTI, † 1818, archéologue, administrateur du Louvre (sous le premier Empire,) dont il décrivit la collection d'antiques. FEA, † 1834, traducteur de Winckelmann et éd. d'Horace [5]. INGHIRAMI, † 1846, archéologue [6]. BARTOLOMEO BORGHESI, 1780-1860, vécut depuis 1821 à Saint-Marin, occupé de ses merveilleux travaux d'épigraphie et de numismatique [7] qui ont renouvelé l'histoire de l'Empire. ANGELO MAÏ (le cardinal), 1781-1854, paléographe heureux, découvrit sur un palimpseste de la Vaticane la *République* de Cicéron, des fragments de ses discours, de la *Vidularia* de Plaute, la Correspon-

---

Thucydide); Blaydes (éd. de Sophocle); Shilleto, † 1876, dont l'éd. du *de Falsa legatione* est un modèle; Bloomfield (éd. de Thucydide); Cramer (textes grecs inéd.); Donaldson (trad. et suite de la Littérat. gr. d'Otfr. Müller); Gladstone (Homère et son temps); Mure (Hist. de la litt. grecque); Paley (éd. d'Homère, Hésiode, Eschyle); Badham « le seul Anglais qui de nos jours se soit élevé à la hauteur de Porson et de Dobrée. » (Dübner.) — Les latinistes Conington (éd. de Virgile); Dunlop (Littér. lat.); Ellis (éd. de Catulle); Henry (notes sur Virgile); Macleane (éd. d'Horace); Munro (excellente éd. de Lucrèce); Sellar (les Poëtes latins). — Les historiens Clinton (Fastes helléniques); Cornwall-Lewis (Crédibilité de l'hist. rom.); Cox (Hist. gr.); Finlay (Hist. byzantine); Merivale (Hist. des empereurs romains); Mitford (Hist. grecque); Thirlwall (id.). — Enfin, les philosophes Grant (Aristote); Bywater (Héraclite), et les linguistes Whitney, Sayce et Taylor; les grammairiens Goodwin (Américain); Roby, etc.

1. Ce qui n'empêche pas Luc. Müller de dire que des philologues aux Pays-Bas auj., c'est *rari nantes in vasta palude*.
2. Lehrs, Gruppe, Ljungberg (Suédois), etc. Voy. la préf. de la 2ᵉ éd. des *Odes*, 1865; L. Müller, Philol. aux Pays-Bas, p. 110-17; Boissier, *Rev. de Philol.*, 1878. Orelli disait de Peerlkamp : « Horatium ex Horatio ipso expulit. » Madvig : « Pravitas et libido H. Peerlkampii. » Cf. *Advers. crit.*, t. II, p. 50 (inanier et proterve ludens).
3. *Novae lectiones*, 2 vol. Le périodique *Mnémosyne*, revue de critique verbale; Rem. sur Lysias, 1847; éd. de l'Anabase, 1859; Diog. Laërce, 1840. « Le premier helléniste moderne. » (Thurot, Tournier.) « Codicum judex peritissimus. » (Dindorf.) Il est vivement attaqué en Allemagne, mais on ne conteste pas son génie.
4. Ajoutez de savants élèves ou imitateurs de Cobet, Pluygers, Herwerden, Hirschig, Bischop, Naber, etc.
5. Descr. de Rome, 3 vol.
6. Monum. étrusques, 10 vol. 1820-7; *Pitture dei vasi fissili*, 1831-57.
7. Réunis en 1862, aux frais de Napoléon III, dans une belle édition brûlée presque tout entière au Louvre en 1871. « Le Champollion de la science épigraphique. » (Desjardins.)

dance de Fronton, etc.[1]. Sestini, † 1832, Avellino [2], † 1850, et Cavedoni [3], † 1865, numismates. Luigi Canina, † 1856, auteur de beaux travaux sur l'architecture ancienne [4]. De Rossi, né en 1824, illustre archéologue [5] et exégète. Fiorelli, directeur actuel des fouilles d'Italie [6].

Savants danois. — Bröndsted, † 1842, auteur de *Voyages archéol. en Grèce,* 1826-30. Madvig, né en 1804, critique et latiniste hors de pair [7].

Savants grecs. — Rangabé, diplomate, épigraphiste et archéologue, traducteur de Plutarque et des Tragiques grecs en romaïque [8]. Minoïde Mynas, † 1860 [9], découvrit, au mont Athos, Babrius et les *Philosophumènes* attribués à saint Hippolyte, deux des plus importantes trouvailles de ce siècle [10].

Savants français. — Le Bas, 1794-1843, précepteur de Napoléon III, épigraphiste très distingué [11]. Clarac, † 1847, conservateur des Antiques du Louvre, publia le catalogue du musée et le *Musée de sculpture,* 6 vol. avec planches, répertoire des monuments de la sculpture antique. Letronne, 1787-1848, épigraphiste et numismate de premier ordre [12]. Ses mémoires, dans la Coll. de l'Acad. des Inscr. (sur la statue de Memnon, sur Ératosthène) sont des morceaux achevés. Walckenaer, † 1852, polygraphe agréable et très fécond [13]. Burnouf (Eugène), 1801-52 (fils de Jean-Louis B., auteur d'une gr. gr. célèbre et trad. de Tacite) s'est immortalisé par la découverte du zend et ses travaux

---

1. Auteurs classiques inédits du Vatican, 10 vol. 1828-38; Nouv. collection d'anciens auteurs, 10 vol. 1825-38; Spicilège romain, 10 vol. 1839-44. Maï n'est pas un grand critique.
2. Directeur du musée Bourbon de Naples. L'*aes grave* du musée Kircher (ital.), 1859.
3. Essai sur les médailles des familles romaines (ital.), 1829.
4. *L'architettura antica,* 9 vol. 1844; *Edificj di Roma,* 2 vol.
5. *Roma sotterranea cristiana,* le Ier vol. en 1864; Inscr. chrét. de Rome avant le septième siècle, 1857 sqq. Voyez Paul Allard, *Rome souterraine,* 1872.
6. Hist. des Antiq. de Pompéi, 1860, 3 vol. — Fouilles de Pompéi (ital.), 1873. Voy. Boissier, *R. D-M.,* 1878.

Nommons encore les archéologues Serra di Falco (Fouilles en Sicile); Rosa (Fouilles du Palatin, aux frais de Napoléon III); Conestabile (Antiq. Étrusques); l'historien Cantù (Hist. univ.); le latiniste Comparetti (Virgile au moy. âge); et les deux éminents linguistes Gubernatis (Mythol. des plantes) et Ascoli (Phonétique indo-europ.).

7. Comment. sur le *de Finibus* de Cicéron; petits écrits philologiques, 1873 (all.). *Adversaria critica,* 2 vol., 1871-3; *Emendationes Livianae;* Grammaire latine. Auj. presque aveugle, Madvig travaille à un grand ouvrage général sur le latin. « Le premier des latinistes modernes. » (Thurot.) Cobet (Var. Lect., II, p. 405) dit de Madvig : « Quam vellem poetas Graecos et praesertim Atticos non attigisset! » Munro ajoute (*Journ. of Philol.,* VI, p. 78) *et Romanos.* Ritschl lui a sévèrement reproché quelques erreurs de métrique (*natasse* substitué à *mulasse,* Ov. de, Métam., IV, 46).
8. Antiquités helléniques (1400 inscript.), 1842-5.
9. *Vir et Graecus et doctus.* (Boissonade.)
10. Il faut ajouter les paléographes Sathas (édit. de la *Bibl. gr. du moy. âge,* avec Émile Legrand), Sakkhélion (Biblioth. de Pathmos); Lambros (éd. d'Acominat); les épigraphistes Kumanudis et Pittakis; l'éminent historien de l'hellénisme, Paparrigopoulo, etc. Voy. Moraïtnis, *Grèce telle qu'elle est,* et l'*Ann. assoc. études grecq.,* 1868, sqq.
11. Inscript. grecq. et lat. de Morée, 1835-7; Voyage archéol. en Grèce et en Asie Mineure, 1847-65, continué par Foucart et Waddington.
12. Inscript. grecq. et latin. de l'Égypte, 1843; Monnaies grecq. et rom. 1817; Périple de Scylax, 1836. On ferait bien de réunir ses travaux et articles des *Débats.* Voy. Egger, *Mém. de philologie.*
13. Géogr. des Gaules, 1839; Vie d'Horace, 1840.

sur le bouddhisme. Il appartient à la philologie classique par ses *Observ. sur la grammaire de Bopp*, 1833[1]. RAOUL-ROCHETTE, archéologue, † 1854, successeur de MILLIN, † 1838, au cabinet des médailles, fit partie de l'expédition de Morée[2]. BOISSONADE DE FONTARABIE, 1774-1857, homme d'esprit et très bon helléniste plutôt que grand philologue, a publié des auteurs byzantins, dont il aimait le style précieux ; la première édition de Babrius, 1844, des *Anecdota* (inédits) en 5 vol., et une collection des poètes grecs spirituellement annotés[3], (24 vol. 1824-32). LENORMANT (Charles), archéologue, † à Athènes, 1859[4], maître de François L., son fils, numismate, orientaliste et historien. MARCELLUS (le comte de), 1795-1861, traducteur des *Dionysiaques* de Nonnus, 1855, rapporta au Louvre la *Vénus de Milo*. DÜBNER, 1802-67, né en Allemagne, un des éditeurs du *Trésor grec* de Didot, avec HAASE, † 1864, a publié beaucoup d'auteurs grecs dans la coll. gr.-lat. de Didot, un Virgile et un Horace, deux merveilles typographiques (Didot), un César pour Napoléon III, etc. LUYNES (duc de), † 1867, archéologue et numismate très distingué[5]. VICTOR COUSIN, 1792-1867, traducteur (?) de Platon et éditeur de Proclus. DEHÈQUE, † 1870, éd. et traducteur de Lycophron, 1833, maître d'É. Egger. ALEXANDRE, † 1870, auteur d'un excellent dictionnaire gr.-français et éd. des oracles sibyllins, gr.-lat.[6]. MÉRIMÉE, † 1870, écrivain supérieur, historien clair et précis, a collaboré à l'*Histoire de César* et donné 2 vol. sur Catilina et la *Guerre sociale*. NAPOLÉON III, 1808-73. Son *Histoire de César* (2 vol. 1864, inachevée) présente, dans un style précis qui n'appartient qu'à l'auteur, le résultat d'un vaste travail collectif de critique et d'érudition[7]. THIERRY (Amédée), † 1873, frère d'AUGUSTIN, a étudié les commencements du Bas-Empire[8]. BRUNET DE PRESLE, 1809-75, cultiva particulièrement le grec moderne ; à 19 ans, il traduisit la Rochefoucauld en romaïque[9]. BEULÉ, † 1875 ; écrivain brillant, savant, parfois superficiel, il a rendu de grands services comme vulgarisateur[10]. GUIGNIAUT, 1794-1876, traducteur de la *Symbolique* de Creuzer, dont son érudition modeste et sûre fit un ouvrage nouveau (10 vol., 1825-51). PATIN, 1692-1876, auteur d'*Études sur la poésie latine* et surtout des célèbres *Études sur les Tragiques grecs*, 4 vol., 1841-3, livre admirable par l'érudition et la sûreté du goût, d'un style parfois traînant, mais, dans le détail, conforme à l'usage classique[11]. AMBROISE-FIRMIN DIDOT,

---

1. Sur les deux Burnouf, Voy. Naudet, *Acad. des inscr.*, 1851.
2. Hist. crit. des colonies grecq. ; Antiq. du Bosphore Cimmérien ; Cours d'archéol., etc.
3. Notices sur Boissonade par Le Bas, Naudet, Egger, Sainte-Beuve, 1857.
4. Trésor de numismatique et de glyptique, magnifique ouvrage, 5 vol. ; Élite des monuments céramographiques, 3 vol.
5. Métaponte, 1836 ; Numismat. des satrapies, 1846. En 1862, il a légué ses médailles, valant 2 millions, à la Bibliothèque nationale.
6. Notice par Guigniaut, *Acad. des inscr.*, t. XXIX.
7. Voy. Nisard, les Historiens latins, *César*.
8. Rufin, Stilicon et Eutrope ; saint Jérôme ; saint Jean Chrysostome.
9. Recherches sur les établissements des Grecs en Sicile, 1842 ; la Grèce depuis la conquête romaine, 1859.
10. L'Acropole d'Athènes, 1854 ; Auguste et sa famille (pamphlet célèbre où Auguste est Napoléon III, Mécène Morny, etc.) ; le Péloponnèse, 1855 ; les arts à Sparte, 1855 ; les Monnaies d'Athènes, 1858 ; l'Art grec avant Périclès ; Phidias.
11. Voy. Boissier et Legouvé, Discours à l'Acad., et Caro, *Journ. des Savants*, 1876.

†1876, imprimeur et helléniste, l'Henri Estienne moderne [1]. Roulez, †1876, le premier antiquaire belge du siècle avec de Witte. La Belgique possède encore d'excellents philologues, Willems, Thonissen, Gantrelle, etc. Alexis Pierron, † 1878, traducteur de la *Métaphysique* d'Aristote, de Marc-Aurèle, d'Eschyle et de Plutarque, éd. de l'*Iliade* et de l'*Odyssée* dans la coll. Hachette [2]. De la Berge, 1837-78, arrière-petit-fils de Carle Vernet, un des premiers fondateurs de la *Revue critique*, à laquelle il a donné de beaux articles sur l'archéologie de l'Empire [3]. Naudet 1786-1878, latiniste et archéologue [4], un de ceux qui ont le mieux connu les institutions romaines.

1. Éd. du *Trésor grec* d'Estienne; Biblioth. grecque-latine; Musurus; éd. et trad. de Thucydide; Essais sur Estienne, sur Anacréon, etc.
2. Histoires de la littérat. latine et de la littérat. grecque, nouv. éd. 1879, 2 vol. Voy. Fr. Bouillier, *Rev. de l'Instr. publ.*, janv. 1879.
3. Essai sur le règne de Trajan, 1877; Etude sur la flotte romaine (sera publiée par Léon Renier). Voy. *R. C.*, t. XXIII, p. 252.
4. Trad. et édit. de Plaute. Administr. rom. de Dioclétien à Julien; Postes chez les Romains; la Noblesse chez les Romains. — Il faut ajouter les noms suivants, dont plusieurs sont illustres : les archéologues Em. David († 1839, Jupiter Olympien); Dezobry (Rome au siècle d'Auguste); Hittorf (Archit. polychrome); Texier (la Lycie); d'Avezac, Daremberg, éd. d'Oribase, Hist. des sciences médicales, Dict. des Antiq. avec Saglio); Vitet, critique d'art; Ortolan, jurisconsulte; — les humanistes J.-V. Leclerc, doyen de la Faculté de Paris, éd. et trad. de Cicéron; Gibon, maître de conf. à l'École normale; Daveluy, lexicographe; Moncourt, éd. et trad. de Salluste; Garsonnet; — les hellénistes Berger (éd. de Sophocle); Stiévenart (trad. de Démosthène); Fix, Sommer, Blondel (rapporta Macarios Magnès du mont Athos); — les linguistes Chavée, Fr. Meunier (Composés syntact. en grec), etc.

LIVRE II

BIBLIOGRAPHIE DE LA BIBLIOGRAPHIE

BIBLIOTHÈQUES, MUSÉES, RÉPERTOIRES

Je me propose de traiter ici des bibliothèques, des musées et de leurs catalogues : je terminerai par une esquisse générale de la bibliographie classique, en indiquant l'usage des répertoires qui sont des instruments de travail indispensables.

§ I. — BIBLIOTHÈQUES [1].

Les manuscrits importants appartiennent aux grandes bibliothèques de l'Europe ; le catalogue est loin d'en être fait. Il y a plus d'un siècle, Montfaucon l'essaya, et sa *Bibliothèque des bibliothèques des manuscrits*, 1739, est encore aujourd'hui le meilleur guide. On peut le compléter et le contrôler à l'aide de Haenel, *Catalogue des Bibliothèques de France, Suisse, Espagne, Belgique et Angleterre*, 1830.

L'histoire des manuscrits de l'Italie est exposée dans Blume, *Iter Italicum*, 1824. Le catalogue de la Laurentienne de Florence (fondée en 1444), par Bandini, est le modèle du genre (11 vol. 1764-93.) Les mss de cette bibliothèque sont désignés par leurs n°ˢ d'ordre dans chaque pupitre ou *pluteus*. Ainsi, le mss cru archétype d'Eschyle est coté *Laurentianus plutei* XXXII *cod.* 9.

La Biblioth. Vaticane, à Rome, créée par Nicolas V (1447-1455), renferme des trésors en partie peu explorés. C'est là que se trouvent la plupart des mss du couvent de Bobbio, fondé par saint Colomban en 612, et qui était, au moyen âge, avec ceux de Fulde et de Corvey, le plus riche en mss anciens[2]. Là aussi, sont 3000 mss de la biblioth. d'Heidelberg, enlevés en 1623. A défaut de catalogue général, on se sert de Montfaucon.

Même absence de catalog. à l'Ambroisienne de Milan, ouverte en 1609, par le Cˡ Borromée, également fort riche en mss de Bobbio (palimps. de Plaute, etc.).

---

1. Je ne parle que de leurs mss. Pour les imprimés, v. les ouvr. généraux cités plus loin.
2. Beaucoup sont palimpsestes, comme la *Républ.* de Cicéron, déchiffrée par Maï, 1822.

La Biblioth. de Venise, fondée par Bessarion en 1468 (*Biblioth. Marciana*), a été cataloguée par Morelli, 1802, et par Valentinelli (mss latins), 1875.

A Naples (*Biblioth. Borbonica*), où Pertz découvrit en 1822 des palimpsestes de Lucain et du Digeste originaires de Bobbio, on remarque surtout les 3000 *volumina* d'Herculanum, dont le déchiffrement a donné bien des déceptions.

Sur les Biblioth. de l'Europe occidentale, voy. Haenel, *op. cit.* Le catalogue de la Biblioth. nationale de Paris, une des plus riches en mss latins (voy. la fin du liv. III), a été médiocrement fait par Anicet Mellot, 1739-44 : mais Léop. Delisle a donné un très bon catalogue des mss latins.[1]

En Angleterre, à côté de la Biblioth. modèle du musée Britannique[2], la Biblioth. d'Oxford, dite *Bodléienne* du nom de son fondateur sir Bodley, †1612, contient 22 000 mss catalogués en dernier lieu par Kitchin, 1867. — Quelques collections privées (lord Ashburnham) sont très importantes.

En Espagne, les Biblioth. sont presque dépourvues de catalogues[3]. Celui de l'Escurial a été fait par un Français, Miller, de l'Institut. Madrid, Tolède, très riches en mss grecs[4], ont été explorées par Graux[5].

Parmi les Biblioth. allemandes, la plus importante était autrefois la Palatine d'Heidelberg, fondée en 1390, qui avait hérité de 1000 mss appartenant aux Fugger[6]. Mais pendant les campagnes de Tilly dans le Palatinat, Grégoire XV se fit promettre par le duc Maximilien de Bavière qu'après la prise d'Heidelberg les 3500 mss de la biblioth. seraient envoyés à Rome. En octobre 1622, Léon Allatius emmena la Palatine dans *la Captivité du Vatican*. Après Tolentino, 1797, 38 de ces mss vinrent à Paris, et furent restitués à Heidelberg en 1815, sauf 48 feuillets de l'*Anthologie grecque*, contenant les *Anacreontea*, qui sont restés à Paris. En 1816, la Vaticane rendit à Heidelberg les mss *germaniques*, mais garda les autres[7].

En Russie, en Turquie (particulièrement au mont Athos, exploré par Mynas, Miller, Duchesne, etc.), à Pathmos[8], en Asie Mineure (Trébizonde), beaucoup de couvents renferment des bibliothèques dont le contenu est mal connu.

La bibliothèque la plus riche en imprimés est celle de Paris; mais c'est à Gœttingue et à Berlin qu'il faut chercher les travaux de détail allemands[9]. — Les cabinets les plus riches en médailles sont ceux de Paris (hors ligne), Rome, Florence, Londres et Vienne.

1. De 1849-72 ont paru 4 vol. du Catalogue des biblioth. départementales de France.
2. Catalogue de Smith, Nares et Forschall.
3. Iriarte, *Mss grecs de Madrid*, 1769.
4. Plus de mille mss grecs en Espagne, mais copiés fort tard : aucun ne provient des Arabes. (Graux.)
5. *Arch. des Missions*, t. V; rapport, avec l'inventaire de 450 mss.
6. Jos Scaliger écrivait à Gruter, bibliothécaire de la Palatine : « Indicem biblioth. vestrae sedulo legi : *completior est et meliorum librorum quam Vaticana.* »
7. Bähr, Transfert de la Biblioth. d'Heidelberg, 1845. — Il faut encore nommer celles de Leyde (Catal. 1716, complété par Geel, 1852), Berne (Hagen, 1875), Cologne (Jaffé et Wattenbach, 1874), Munich (*Monacensis*, Halm, 1876), Vienne (Lambecius, Endlicher), Saint-Gall, Bamberg, Copenhague (*Hafnia*), Moscou (Matthaei).
8. Sakkhélion y a fait récemment d'importantes trouvailles (Scholies de Démosthène).
9. Les Bibl. de l'Institut, de la Sorbonne, de l'École normale, sont beaucoup plus riches en ouvr. classiques étrangers que la Nationale.

§ II. — MUSÉES [1].

La Grèce ne possède pas le plus grand nombre des chefs-d'œuvre qu'elle a produits et que Paris, Rome, Florence, Londres, Munich, etc., se sont partagés. Le musée d'Athènes, toutefois, s'est beaucoup enrichi depuis quelques années : Bernardakis a fait les frais d'un bel édifice où l'on a transporté les objets du Théséion (*Sirène ailée*; *bas-relief de Triptolème*, trouvé à Éleusis en 1860 par Lenormant; un grand *Apollon*, etc.)[2]. Les *Tombeaux du Céramique* forment une belle collection de bas-reliefs funèbres. — Il y a des musées provisoires mal installés à Olympie, Argos, Marathon, etc.

A Rome, les musées les plus riches en objets d'art anciens sont le *musée Capitolin* (bustes antiques); le *musée Pie-Clémentin* [3] (*Apollon du Belvédère*, *Laocoon*, *Sarcophage de Scipion Barbatus*, *Discobole de Myron*, etc., catalogué par Visconti); le *musée Chiaramonti*; le *Bras nouveau* (Braccio Nuovo), ouvert en 1820; le *musée Grégorien étrusque*, surtout riche en vases et en sarcophages; le *musée Kircher*, fondé par le jésuite Athan. Kirchner, † 1680; le *musée du Latran profane*, et les collections particulières des villas Albane, Borghèse [4], Ludovisi [5], etc.

A Naples, le *musée royal Bourbon* possède, outre un nombre immense d'objets provenant de Pompéi et d'Herculanum, la collection Farnèse (*Taureau Farnèse*, *Hercule de Glycon*)[6].

A Florence, la *galerie des Offices* contient (dans le petit salon appelé *Tribune*) la *Vénus de Médicis*, l'*Apollino*, les *Lutteurs*, le *Satyre*, le *Rémouleur* (peut-être de Michel-Ange, selon Kinkel); et, dans une salle spéciale, le groupe des *Niobides*.

Le *Louvre*, qui doit sa richesse à François Ier et aux deux Napoléons (marbres de la villa Borghèse, achetés en 1806; *collection Campana*, acquise en 1864) contient, outre un grand nombre d'inscriptions, parmi lesquelles les célèbres marbres de *Choiseul* et de *Nointel* [7], la *Vénus de Milo*, la *Vénus Falerone*, la *Diane à la biche*, la *Diane de Gabies*, la *Polymnie*, la *Melpomène*, l'*Hermaphrodite*, le *Lutteur Borghèse*, la *Victoire de Samothrace*, le *Tibre*, l'*Autel des douze dieux*, des fragments des sculptures du Parthénon, du temple d'Olympie, du temple d'*Assos en Mysie* (style grec oriental), etc.; une remarquable collection de terres cuites (Tanagra) et de vases peints grecs

---

1. « Les *Musées* demeurèrent presque inconnus à l'antiquité; tant l'art se trouvait alors intimement uni au reste de la vie. » (Otfr. Müller.)
2. Bon catalogue de Kékulé.
3. Le plus riche du monde, avec le musée Britannique.
4. Reste de la collection acquise par Napoléon en 1806.
5. Contenant la fameuse *Tête de Junon*.
6. Voy. les excellents travaux de Gerhard et Panofka, *Monum. fig. de Naples*, 1828 (all.); Piranesi, *Antiq. d'Herculanum*, 1804-6, 6 vol.; Zahn, *Ornem. et Peintures de Pompéi*, 300 planches, 1828 (all.), et les livres récents auxquels renverra l'*Index*.
7. Compte des dépenses faites en 410-9 par les trésoriers du Parthénon, et liste des guerriers de la tribu Érechthéide tombés à la guerre en 456.

et étrusques [1]. — Le *musée de Marseille* contient beaucoup d'antiquités grecques.

Le *musée Britannique* à Londres [2] renferme les *marbres Phigaliens* (du temple d'Apollon à Phigalie), acquis en 1815; les *marbres d'Elgin* [3], parmi lesquels soixante bas-reliefs du Parthénon; les marbres *Xanthiens* ou *Lyciens*, rapportés par Fellows; les marbres d'*Halicarnasse*, provenant du *Mausolée*. (Newton.) Millingen, Ellis, Fellows et Newton ont consacré d'excellents travaux aux diverses parties de cette collection, la première du monde après celle du Vatican. (Cf. Perrot, *R. D-M.*, 1877.)

La *Glyptothèque* de Munich possède les fameuses statues d'Égine, et une collection de 1300 vases très importante. (Catalogue de Brunn.)

Le *musée des Antiques* de Berlin est surtout riche en vases (de Vulci) et en terres cuites, étudiés par Gerhard, Levezov et Panofka. — Dresde et Cassel renferment quelques marbres estimés; Vienne est d'une richesse particulière en bronzes [4]. (Sacken, 1871.)

Le *musée Métropolitain* de New-York s'est accru des découvertes de Cesnola à Chypre, et, récemment, de beaucoup de marbres et de terres cuites.

§ III. — RÉPERTOIRES.

Lorsqu'on entreprend une étude sur un point spécial de philologie, il est nécessaire, ne fût-ce que pour s'épargner de refaire des découvertes anciennes, de se *mettre au courant* des travaux déjà publiés sur ce point. Le grand nombre de Revues savantes qui ont paru dans notre siècle, la multitude des centres universitaires en Allemagne, ont eu pour résultat d'éparpiller à l'infini une innombrable quantité d'études de détail, presque toujours utiles à connaître comme *réunions de textes*, souvent d'une importance capitale. Pour se guider dans un tel labyrinthe, il faudrait un catalogue méthodique et complet, tâche immense réservée aux bénédictins de l'avenir [5]. Mais, en attendant, il existe d'utiles recueils qui, consultés comme je vais l'indiquer, peuvent renseigner en quelques heures sur la *littérature* d'un sujet donné; ceux que je marque de l'astérisque méritent de figurer dans toute bibliothèque de collège.

1. Catalogues soignés, par Frœhner; gravures au trait par Visconti et Clarac. Sous le premier Empire, le Louvre contenait, en outre, les trésors de la *Tribune* et du *Vatican*, repris aussi déloyalement qu'ils avaient été brutalement conquis.
2. Réunion des coll. Sloane (fondateur de la Biblioth.), Hamilton, Townsley, Elgin, etc.
3. Un des vaisseaux d'Elgin, *chargé de marbres antiques*, fit naufrage près de Cerigo, et sa cargaison se perdit. Toute la coll. fut vendue au musée pour 800 000 fr. Il faut reconnaître que la frise du Parthénon était plus en sûreté à Londres qu'à portée des boulets turcs, et qu'il serait facile, à Athènes, de remplacer les objets enlevés par des moulages.
4. La table de bronze du sénatus-consulte des Bacchanales, etc.
5. « Les communications intellectuelles sont moins avancées que les communications matérielles, et notre réseau scientifique est loin d'être achevé encore. » (G. Paris, *R. C.*, II, 88.)

Ces recueils sont de quatre sortes : des *Manuels*, des *Encyclopédies*, des *Tables* et des *Ouvrages bibliographiques spéciaux*[1].

Les MANUELS *à consulter tout d'abord* sont, outre celui de Freund* et l'*Encyclopédie philologique* de Bœckh, les manuels spéciaux d'Overbeck (*Plast. grecque*, voyez les renvois de mon *Index*); Müller (*Archéol. de l'art*); Teuffel* (*Litt. lat.*); Nicolaï (*Litt. gr.*); Lenormant (*Numism.*); Decharme*(*Mythol.*); Maury (*Relig. gr.*); Ueberweg.* (*Philosophie*); Hermann *(*Antiq. grecques*); Becker et Marquardt, avec la refonte de Mommsen*(*Antiq. romaines*); Kiepert* (*Géogr. anc.*) ; Gardthausen (*Paléographie*) ; Kühner (*Gramm. grecq. et Gramm. lat.*, amples compilations)[2].

Parmi les ENCYCLOPÉDIES, nommons d'abord celles qui ne sont pas exclusivement réservées à l'antiquité : le *Dictionnaire* de Bayle (toujours utile); l'*Encyclopédie moderne*, publiée il y a trente ans sous la direction de Léon Renier, en partie très soignée; la *Biographie* Didot; la dernière édition de la *Biographie* Michaud ; l'*Encyclopédie des gens du monde*, du *Dix-Neuvième siècle*, le *Dictionnaire de la conversation*, trois ouvrages à consulter avec précaution; enfin l'immense *Dictionnaire de Larousse*, dont quelques articles (*Art*, *Droit*, *Mythologie*, etc.) témoignent de recherches personnelles : la bibliographie est parfois excellente, souvent nulle. — En Angleterre, la *Cyclopédie anglaise*, dont la dernière édition est très remarquable. — En Allemagne, la vaste *Encyclopédie* (inachevée) d'Ersch et Gruber, où des savants illustres (Lassen, Otf. Müller, Bernhardy, Bergk) ont inséré quelques articles de premier ordre (*Grèce*, formant 4 vol. in-4°! *Indo-germaniques* (langues), *Attika*, *Art grec*, etc.); les *Dictionn. de la conversation* de Meyer et de Brockhaus, ce dernier bien supérieur à nos livres du même genre.

La France a des dictionnaires de biographie et d'antiquités par Bouillet, Grégoire, Dezobry et Bachelet, Rich (trad. de Chéruel), surtout le bel ouvrage (inachevé encore) de Daremberg et Saglio*, dont la rédaction est confiée à des savants spéciaux et la partie bibliographique tout à fait au courant ; il faudra toujours y recourir. — L'Allemagne a l'excellente *Encyclopédie réelle* de Pauly, deuxième édition (le Ier vol. seul) par Teuffel, 1864, remplie de faits, mais d'une lecture pénible. — L'Angleterre, en ce genre, a produit de vrais chefs-d'œuvre : la collection des *Dictionnaires classiques de Smith** (Biogr. et mythol., 3 vol., Géogr., 2 vol. les meilleurs; Antiquités, 1 vol.); et le *Dictionnaire de Rich* (dern. éd.), avec de bonnes figures et d'un prix accessible. La bibliographie est défectueuse dans tous ces ouvrages, écrits avec agrément et imprimés avec luxe.

Pour Byzance et les commencements du christianisme, voyez Martigny, *Antiquités chrétiennes;* Lichtenberger, *Dictionnaire de théologie* (inachevé) ; et surtout Smith*, *Dictionnaire des antiquités chrétiennes*, et de *Biographie chrétienne*, qui doit beaucoup à Martigny, son devancier.

---

1. Voy. une revue générale de la littérat. bibliographique dans Petzhold, *Index crit. de Bibliogr.* 1866 (all.).

2. Les quatre livres de Hübner (all.), *Esquisses d'une Encycl. de la Philologie, de la gramm. latine, de la littérature latine* (en anglais et mis au courant par Mayor, 1875) et de l'*épigraphie romaine*, donnent des bibliographies presque complètes et très bien disposées.

Les TABLES les plus importantes à consulter sont : le *Catalogue des thèses de doctorat**, par Dellour et Mourier, 1868 ; la table du *Journal des savants*, par Cocheris, 1860 ; la table de la *Revue des Deux-Mondes*, 1874* ; de la *Revue archéologique*, 1870 ; les tables du *Classical journal* [1] ; de l'*Academy*; les index décennaux de la *Revue d'Edimbourg*; les tables du *Musée Rhénan*, des *Nouvelles annales de philologie et de pédagogie*, 1826-75 (capitales).

Je ne fais que nommer les RÉPERTOIRES BIBLIOGRAPHIQUES tout à fait généraux de Kayser (ouvrages parus de 1750-1870, 18 vol.) [2], de Lorenz (Catal. de la librairie française) [3], de Lownes (Catal. de la librairie anglaise), dont l'usage est le plus souvent difficile. Pour les recherches concernant l'*histoire littéraire*, il faut *toujours recourir* à la *Biblioth. des auteurs classiques*, par Engelmann* (1700-1858), continuée par Herrmann* jusqu'en 1869 [4], par Klussmann* jusqu'au milieu de 1873 [5]. Pour la fin de 1873, il faut se procurer les livraisons 1873-74 de Muldener et Ruprecht [6], dont le recueil, un peu long à manier, paraît depuis 1848. Avec 1874 commence la *Biblioth. classique*, de Calvary*, contenant l'indication des moindres articles de Revues ; et avec 1876, la *Revue des Revues* [7], dirigée par Graux et Tournier, qui donne non seulement les titres, mais des analyses de tous les périodiques français et étrangers, et peut tenir lieu de tous les autres livres analogues [8].

En dehors de ces recueils, qui forment une *chaîne* bibliographique ininterrompue depuis 1700, il faut citer, pour le contrôle ou pour la commodité des recherches méthodiques : Œttinger, *Biographie bibliographique*, 1854, d'une grande valeur pour les historiens [9] ; la *Bibliographie universelle*, par Denis*, œuvre de mérite [10] ; le *Catalogue universel des livres d'art*, publié

---

1. A cessé de paraître en 1840. On y trouve un très grand nombre de ces vers grecs composés en Angleterre dont Cobet a dit : *Carmina graeca, quae neque graeca sunt, neque carmina*.
2. Voy. aussi Heinsius, *Catal. de la librairie allem.*, 1700-1874, 15 vol. Cf. Ebert, *Lexique des Livres* (all.), 1821-30. Les livres anglais analogues (Watt, Darling) sont défectueux.
3. 1810-77, 80 mille notices, mais pas de tables.
4. Je cherche *Nonnus*, je trouve 1 édition et 6 dissertations. Dans Engelmann, au même mot, 7 éditions ou traductions, 11 dissertations.
5. Consultez aussi Hoffmann, *Lexique bibliogr. des auteurs latins et grecs*, 1833. Je cherche *Nonnus*, je trouve 59 éditions, 12 dissertations, etc. — Schweiger, *Manuel de bibliogr. classique*, 1834, est également très utile, quoique ancien.
6. *Bibliothèque philologique*, Goettingue. Les mêmes auteurs publient des *Biblioth. Théologique, Historique et Géographique*, 1848, sqq., 1853, sqq.
7. Je cherche 1874, 1er semestre, *Homère*, je trouve 48 travaux et les renvois aux comptes rendus dans les différentes Revues.
8. Des savants *allemands* ont cité des travaux *allemands* d'après les analyses données dans la *Revue des Revues*. « Prenons garde maintenant à l'érudition trop facilement acquise ! » (Bréal.) — Un catalogue des livres relatifs au grec se trouve à la fin de chaque *Annuaire de l'Assoc. pour les Études grecques*, 1867, sqq.
9. Pour les travaux sur les historiens de la décadence latine et byzantine, voy. Potthast, *Biblioth. historique du moy. âge*, 1862-8. Les *Archives historiques* d'Œttinger, 1841, sont une utile revue de l'histoire par sources. Je cherche *Hist. grecque*, Thèbes, je suis renvoyé à deux ouvrages sur Epaminondas. — Mais la bibliographie biographique est encore très défectueuse, excepté en ce qui concerne les écrivains et les artistes (Engelmann et le Catalogue de Kensington).
10. Je cherche *Étrusques*, je suis renvoyé à 25 travaux. Je cherche *Paléographie*, je suis renvoyé à 15 ouvrages, et à Namur, *Bibliogr. de la Paléographie*.

par le musée de Kensington, 1869[1] ; le *Manuel du Libraire* de Brunet, unique pour la connaissance des livres rares et précieux, mais dont la *Table* indique également les livres *utiles* (1865)[2].

Avec ces secours, qu'il est inutile de multiplier[3], les jeunes érudits se mettront, sans beaucoup de peine, à l'abri du reproche banal de *n'être pas au courant*. Faire systématiquement abstraction de tous les ouvrages antérieurs pour ne travailler que d'après les textes, est une méthode dangereuse, qui suppose presque le génie, mais n'y supplée pas. Il faut aussi se mettre en garde contre *le culte de l'imprimé*, qui fait rechercher comme un trésor telle dissertation de docteur allemand, copiée sur une autre qui elle-même ne sera souvent qu'une copie. Mommsen dit avec autorité : « On ne sait pas assez combien de gens se démènent pour remuer et entasser poutres et briques, sans cependant augmenter le matériel utile et sans édifier[4]. »

PÉRIODIQUES. — Les principaux journaux philologiques qui paraissent en 1879 sont : En Allemagne, les *Annales de Philologie et de Pédagogie*, le *Musée Rhénan*, le *Philologus*, complété par le *Moniteur philologique* (Anzeiger), le *Journal de littérature d'Iéna*, le *Journal Central*, l'*Hermès*, le *Compte rendu annuel* (Jahresbericht) de Bursian, le *Journal de Grammaire comparée* (Kuhn)[5], le *Journal archéologique* ; — en Angleterre, le *Journal de Philologie*, l'*Académie* ; — en France, le *Journal des Savants*, la *Revue archéologique*, la *Revue critique*, le *Polybiblion*[6], la *Revue de Philologie*[7], la *Gazette archéologique* ; — en Grèce, l'*Éphéméride archéologique*, l'*Athénaion*, le *Bulletin français de correspond. hellénique* ; — en Italie, la *Revue de Philologie*, le *Journal de Pompéi* (Fiorelli), le *Bulletin d'archéol. chrétienne* (Rossi) ; — dans les Pays-Bas, le *Mnémosyne* (Cobet), la *Revue de l'Instr. publique belge* ; — en Danemark, le *Journal de Philologie et de Pédagogie*.

---

1. 68 000 notices. Cf. Vinet, *Bibliogr. des beaux-arts*, 1re livr., 1874.
2. Une table-préface renvoie aux titres généraux. Par ex. si je cherche *Histoire, auteurs modernes qui ont traité de l'hist. grecque* (22 819-22 872), je trouve l'indication de 5 travaux sur Alexandre. De même, le titre *Monuments de Pompéi et Herculanum* contient 28 n°. Le *Manuel* lui-même (5e éd. 1860) a été complété par Deschamps et Brunet jusqu'en 1878. — Le *Brunet allemand* est le *Trésor des Livres* de Graesse, 1867.
3. Le 1er essai de catalogue est d'Alde l'Ancien, *Libri graeci impressi*, 1498. Le 1er Répertoire bibliographique est la *Bibliothèque universelle* de Gesner (1545) qui comprend tous les ouvrages grecs, latins et hébreux parus jusqu'à cette date.
4. Par suite, il n'est pas vrai que TOUT A ÉTÉ DIT, *sophisme paresseux* que veut combattre Mommsen.
5. Vanicek a publié l'index des dix premières années du *Journal* de Kuhn et des *Études sur la grammaire latine et grecque* de Curtius. Ces deux recueils n'en font plus qu'un depuis janvier 1876.
6. La plus complète de toutes les Revues bibliographiques, avec des tables excellentes, paraît depuis 1868.
7. Voy. la table de la *Revue des Revues*, 1879.

La *Revue critique*[1], l'*Academy* ou le *Centralblatt* peuvent suffire pour faire connaître le mouvement philologique en général.

COLLECTIONS DE TEXTES, TRADUCTIONS. — Les auteurs grecs ont été réunis par Didot, avec des trad. latines, parfois faites sur un texte autre que le grec en regard (Thucydide), ou obscures (Démosthène de Vœmel), ou inintelligibles (Eschyle d'Ahrens). Il faudrait une bonne fois renoncer à ces trad. latines, qui permettent d'imprimer et de traduire ce qu'on ne comprend pas, en rendant *obscurum per obscurius*. Nous attendons une collection d'auteurs grecs comme le *Dion Cassius grec-français* de Gros (Didot). — Les trad. françaises d'Homère par Giguet, de Thucydide par Zévort, de Démosthène par Dareste, méritent les plus grands éloges. La dernière édition du Sophocle-Artaud est assez exacte, et l'Eschyle de Pierron plaisait à Victor Cousin, par sa *saveur Eschyléenne*.

Les écrivains byzantins traduits, très librement, mais en bon langage, par le président Cousin, ont été réunis (gr.-lat.) dans la *Byzantine du Louvre* et, plus complètement, dans la *Byzantine de Bonn*, « honte durable de la philologie allemande », avec des trad. latines souvent misérables. On les trouve, ainsi que tous les écrivains ecclésiastiques latins et grecs, dans la *Patrologie* de Migne, immense recueil fait par un travailleur intrépide, qui eut la douleur, son œuvre presque achevée, de voir un incendie dévorer ses collections (1868). La plupart des 500 vol. de Migne sont des réimpressions, assez incorrectes parfois, mais bien moins qu'on ne l'a dit : les trad. latines sont celles des anciens éditeurs, et quand ces éditeurs sont les bénédictins (édit. de saint Basile, saint Chrysostome), on ne s'étonnera pas de les trouver admirables.

Pour traduire un texte ou pour le citer, il faut avoir recours à la collection de textes grecs et latins *sans notes* publiés par Teubner; la plupart sont excellents. L'ancienne collect. C. Tauchnitz, du même genre, est bien moins bonne. — Weidmann, à Berlin, et Bell, à Londres, publient deux collections annotées de classiques latins et grecs.

Deux collections complètes des auteurs latins, avec commentaires en latin, ont été publiées en France : la première *ad usum Delphini*, très bien réimprimée à Londres, 1821, 178 vol.; la seconde, entreprise par Lemaire, sur les conseils de Louis XVIII, et dont on n'a pas assez reconnu les grands mérites (154 vol.). Il existe deux autres collect. avec trad. françaises en regard, la première, dite *Collect. Panckoucke*, 174 vol. la plupart très médiocres (excepté Lucilius, Horace, Ausone, et quelques vol. de Cicéron et de Tacite); la seconde dite *Collect. Nisard*, 25 vol. d'un prix plus accessible, et bien supérieure à la précédente. — Le Salluste de Moncourt, le Tacite de Burnouf, le Lucrèce de Crouslé, sont des spécimens de traduction fidèle et élégante. Mais ces modèles ont été très peu imités. Il serait à souhaiter qu'au lieu de retraduire Horace, et surtout de le mettre en vers, les latinistes employassent leurs loisirs à faire passer dans notre langue beaucoup d'écrivains de la littérature chrétienne (saint Paulin, Fortunat, etc.,) plus dignes qu'on ne pense de cet hommage qui leur reste encore dû.

---

[1] Elle publie sur la couverture des analyses des périodiques étrangers.

LIVRE III

ÉPIGRAPHIE, PALÉOGRAPHIE, CRITIQUE DES TEXTES

L'ÉPIGRAPHIE est l'ensemble des règles qui président à la lecture des inscriptions[1]. La PALÉOGRAPHIE est la science du déchiffrement des mss. La CRITIQUE DES TEXTES est la science des altérations auxquelles les textes sont sujets, des moyens de les reconnaître et d'y remédier.

1. BIBLIOGRAPHIE. — **Épigraphie.** Les premiers recueils sont l'œuvre de moines (*Anonyme* d'Einsiedeln) ou de marchands voyageurs (Cyriaque d'Ancône) : le premier *Corpus* latin, publié par Gruter à l'instigation de Scaliger, est précieux, malgré un manque de critique qui jeta le discrédit sur l'épigraphie. Jusqu'à Bœckh, on ne trouve plus que des collections partielles, publiées par des voyageurs, souvent très négligents, comme Pococke, ou pis encore (c'est l'opinion de Bœckh), comme Fourmont.

Ajoutons que les faussaires ont bien travaillé, surtout en Espagne et en Italie (l'architecte Ligorio, † 1583). En Espagne, le patriotisme local fabriqua tant d'inscr. qu'Orelli-Henzen n'en voulaient admettre que 300. Hübner (C. I. L., t. II) en a accueilli 5000 (R. C., t. IX, 128). — Bœckh connaissait 10 000 inscr. grecques ; il y en a auj. plus de 15 000, et 120 000 inscr. latines.

Inscriptions grecques. Recueils partiels (gréco-lat.) de Smet, Reinesius, Fabretti, Fourmont, Muratori, Maffei (auteur de l'*Ars critica Lapidaria*), Pococke, Chandler, Osann, etc.— *Corpus inscr. gr.* (C. I. G.) publié aux frais de l'Acad. de Berlin par Bœckh, Franz, Curtius, Kirchhoff, 4 vol., 1828-58. Excellent ouvrage, mais incomplet auj. ; l'index a paru, 1877.

Corpus inscr. Atticarum (C. I. A.) publié aux frais de l'Acad. de Berlin par Kirchhoff, Köhler, Dittenberger : 3 vol. parus. — Recueils d'épigr. : les périodiques Ἀρχαιολογικὴ ἐφημερίς, 1857-60 et 1862 sqq. ; L'Ἀθήναιον ; Rangabé, *Antiquités helléniques*, 1500 inscr., 1842-45 ; Letronne, *Inscr. gr. et lat. de l'Égypte* ; Le Bas, *Voy. archéol. en Grèce et en Asie Mineure*, 1843-44, publication continuée par Waddington et Foucart ; le tout formera 11 vol. (R. C., t. XIII, p. 167) ; Wescher et Foucart, *Inscr. de Delphes*, 1863 ; Newton, *Inscr. gr. du musée Britannique*, 1874 ; Kumanudes, *Inscr. tumulaires* de l'Attique, 1871.

Voyages et fouilles de Leake, Conze (les îles grecques), Curtius (le Péloponnèse, Delphes, Olympie), Homolle (Délos), Carapanos (Dodone), Wood (Éphèse), Newton (Halicarnasse), — Voyages archéol. de Fellows (Asie Mineure), Hamilton (id.), Ulrichs (la Grèce) et Ross (la Grèce), tous d'un grand intérêt. Voy. le *Compte rendu annuel* de Bursian (all.), la *Revue archéol.* de Paris ; les *Archives des missions* et le *Bulletin de corresp. hellénique* (Athènes et Paris).

Inscriptions latines. Recueil d'Orelli, continué par Henzen, 3 vol., 1828-56 (très commode). Après de vains efforts d'Egger pour décider notre Acad. des inscr. à publier un *Corpus* latin, l'Acad. de Berlin entreprit ce grand travail qu'a conduit Mommsen, secondé par Ritschl, (*Priscae latinit. monumenta*, fac-simile, 1862), Hübner, Zangemeister, Schöne, Henzen, Wilmanns, et qui est presque achevé, à l'éternel honneur de Mommsen (C. I. L. de Berlin ; 1ᵉʳ vol. contenant les inscr. avant César, publié par Mommsen avec copieux commentaires

Les Alphabets anciens[1]. — L'Alphabet, qui est devenu commun à tous les peuples indo-européens[2], est d'origine sémitique, et dérive de l'écriture égyptienne par l'intermédiaire de l'alphabet phénicien. Il a subi des modifications nombreuses.

Alphabets grecs[3]. — **Alphabet de Théra.** Dans les inscriptions très archaïques de l'île de Théra et de Mélos, les caractères grecs sont encore presque phéniciens[4]. Le ⊟, correspondant au *chet* phénicien, sert d'esprit rude au commencement des mots et s'emploie pour l'*epsilon* long, là où les Ioniens et les Attiques mettront plus tard l'*éta*. L'*oméga* s'écrit *o*, les lettres doubles Ξ,

---

en latin, 1863. Les autres vol. contiennent les inscr. classées par pays : t. II, inscr. d'Espagne ; t. III, Asie, Grèce, etc. On a abandonné la disposition par matières, *Tituli sepulcrales, magistratuum*, etc., suivie dans Orelli). Les découvertes postérieures à la publication de chaque vol. sont consignées dans un périodique nouveau, *Ephemeris epigraphica*. — Il faut citer encore : Boissieu, *Inscr. antiques de Lyon*, 1846-54 ; Mommsen, *Inscr. du roy. de Naples* (spécimen du Corpus), 1852 ; L. Renier, *Inscr. de l'Algérie*, 1855-60, et *Mélanges d'épigr.*, 1854 ; Borghesi, *Œuvres* (vol. I-IV, Inscr.) ; Robert, *Epigr. gallo-rom. de la Moselle*, 1809-1875 ; Desjardins, *Monum. épigr. du musée de l'esth*, 1875 (« le plus beau recueil d'inscr. lat. publié par un Français. » [L. Renie]).
Conestabile, *Inscr. étrusques de Florence* ; Lepsius, *Inscr. ombriennes et osques* ; Aufrecht et Kirchhoff, *Monuments ombriens* (all.) ; Bréal, *Tables Eugubines*, 1875 ; Kirchhoff, *Loi de Bantia*, 1853 (all.) ; Fabretti, *Inscr. et glossaire italiques*, 1867 ; Corssen, *Inscr. étrusques*, dans le 2ᵉ vol. de ses *Étrusques*, 1876.
Voy. le *Compte rendu* de Bursian, le *Bulletino di Corrispondenza archeologica* de Rome, et Hübner, *Esq. de leçons sur l'épigr. rom.*, 1877 (all.) (bibliogr. excellente).

1. Voy. l'art. ALPHABET dans Saglio, par Lenormant, avec des planches très utiles, résumé de son grand ouvrage sur l'alph. phénicien, 1863. — D'hiéroglyphique, l'alph. égyptien devint idéographique et puis phonétique (le *rébus*). Quand les signes servirent à représenter la syllabe initiale de leur prononciation au sens figuratif, le syllabisme naquit du rébus ; et comme les voyelles, en égyptien, sont fort incertaines, les signes syllabiques vinrent bientôt à figurer des consonnes : l'alphabétisme était trouvé. Les Phéniciens furent les vulgarisateurs de l'alphabet simplifié, ce qui fit qu'on leur en attribua l'invention (Lucain, III, 220). Les caractères phéniciens, comme l'a démontré de Rougé, dérivent de la tachygraphie hiératique. — La théorie de l'alphabet grec est due à Mommsen, *Dial. de l'Italie* (all.) et Kirchhoff, *Études sur l'hist. de l'alphab. grec* (all.), 3ᵉ éd., 1875.

2. L'alphabet *devanâgari* (sanscrit) dérive de l'alphabet sémitique : voy. Weber, *Esquisses indiennes* (all.), 1857. Les plus anciennes inscr. datent du troisième siècle avant J. C. (inscription d'Açoka).

3. Il existe beaucoup d'inscr. LYCIENNES, dont quelques-unes bilingues, écrites en caractères voisins du grec, mais jusqu'à présent inintelligibles. La langue paraît iranienne. (Savelsberg, 1873.) — A Chypre, outre beaucoup d'inscr. phéniciennes (de Vogüé, Ross, Ceccaldi, Cesnola), on a trouvé des inscr. en caractères syllabiques, d'origine cunéiforme, où Smith et Deeke ont reconnu du grec. (Voy. un mém. de Bréal, *Acad. des inscr.*, 1ᵉʳ juin 1877). C'est un des beaux triomphes de la science moderne. Jusqu'en 1855, on ne connaissait le cypriote que par des monnaies, époque à laquelle Luynes publia une tablette de bronze d'Idalium écrite avec ces lettres. Une inscr. bilingue, phénicienne et cypriote, permit d'entreprendre le déchiffrement. Smith, l'illustre assyriologue, *qui ne savait pas le grec*, reconnut qu'un même mot, signifiant *roi*, était écrit de même, à une seule lettre près, en deux endroits différents : il conclut que les deux mots devaient être un nominatif et un génitif grec, βασιλεύς, βασιλέως. La langue était donc le grec : on retrouva peu à peu beaucoup de mots cypriotes conservés dans les anciens lexiques, et l'on reconnut que la table d'Idalium était un contrat conclu par le roi et la cité avec des médecins qui s'engagent à soigner les habitants, malades à la suite du siège de la ville par les Mèdes.

4. *Alphabet cadméen*. (Lenormant.)

φ, χ, s'écrivent κ M = (ΚΣ), ΠΘ (= Πh), et Κ Θ (= Κh). Le *koppa* phénicien est représenté sous la forme Ϙ (le Q romain), restée le symbole numérique de 90. L'écriture va tantôt de droite à gauche, tantôt de gauche à droite, tantôt elle est *boustrophède*, c'est-à-dire allant alternativement de droite à gauche et de gauche à droite, les caractères étant tracés sur la pierre comme le sillon de la charrue sur un champ.

Alphabet corcyréen. C'est l'écriture d'anciennes inscriptions de Corcyre et de vases archaïques de Corinthe, Capoue, Nole, etc.; U s'y représente par V, σ par M [1], χ par ↓.

Alphabet vieux-dorien. Il se rencontre surtout dans les inscriptions de Béotie et des colonies doriennes et chalcidiennes de la Grande-Grèce : ξ, φ, χ, y ont les formes X, Φ, ↓ ; ξ s'écrit souvent ↓ Σ (= χσ). C'est l'écriture de la fameuse inscription du casque d'Hiéron de Syracuse, offert à Jupiter Olympien par Hiéron, vainqueur des Tyrrhéniens à Cumes, et retrouvé en 1817 à Olympie.

Alphabet vieil-attique, en vigueur depuis les guerres Médiques jusqu'en 402. On y trouve encore Θ et H figurant l'esprit rude, ξ et ψ écrits ΧΣ et ΦΣ [2].

Alphabet ionien, introduit dans l'épigraphie officielle d'Athènes sous l'archontat d'Euclide par la loi dite d'Archinus [3]. Il distingue les lettres ε et η, ο et ω. On dit (à tort) que les quatre lettres η, ω, ξ, φ, ont été introduites dans l'alph. attique par Simonide et Épicharme [4]. — Même après la loi d'Archine, les formes attiques du γ et du λ (L et Λ) persistèrent encore quelque temps.

Alphabet latin. — Il ne dérive pas directement de l'alph. phénicien, comme l'alph. grec, mais des alph. en usage dans la Grande-Grèce, surtout à Cumes [5]. Aussi l'alph. romain est-il presque identique à l'alph. chalcidien : H correspond à Θ (esprit rude), Q au koppa, R se distingue du P grec par une queue qui se trouve dans les inscriptions grecques très anciennes [6].

L'alphabet latin se modifia peu : de 21 lettres au début, il s'enrichit plus tard de Z, Y et G [7].

---

1. Σ et M, dérivant de deux sifflantes phéniciennes, sont, à l'origine, des lettres différentes. Les musiciens, du temps d'Aristoxène, distinguaient encore le *san* et le *sigma*. Même observation pour les deux formes du χ.

2. Le digamma (F) a disparu. Sur cette lettre, voy. la *Phonétique*.

3. Cet alphabet était déjà répandu en Béotie (inscr. d'Orchomène, C. I. G., 1569).

4. Cf. Lenormant dans Saglio, *Dict. Ant.* p. 209. Bien avant Archinus, Euripide s'était servi de l'η comme voyelle dans son *Thésée* (frag. 5).

5. L'alphabet étrusque dérive de l'alph. grec. Il fut la souche des alph. ombrien, sabellique, osque, euganéen et rhétien (voy. les tableaux dans Saglio, *ib.*, p. 212, 214 sqq.). Mais l'alph. latin, comme l'a montré Otfr. Müller, vient directement du grec : la preuve, c'est que pour exprimer le son F, propre aux langues de l'Italie, les Romains n'ont pas employé la lettre 8 inventée par les Étrusques et adoptée par les Ombriens, mais ont emprunté le digamma grec. L'alph. falisque est à la fois étrusque et latin.

6. Tac., *Ann.*, 11, 14; *Forma est litteris latinis, quae veterrimis Graecorum.*

7. Voy. les modifications des formes des lettres dans Ritschl, *Monum. de l'anc. Latinité* (fac-simile). — Le latin archaïque isole les différents traits d'une lettre : II = E, IIII = M, etc.

§ 1. — ÉPIGRAPHIE.

Principes d'Épigraphie grecque. — Nous avons une longue inscription attique contemporaine d'Eschyle : mais le plus ancien manuscrit d'Eschyle que nous possédions ne remonte qu'au onzième siècle après Jésus-Christ. La pierre a été gravée par un Athénien parlant la langue attique : le manuscrit a sans doute été écrit par un Byzantin parlant un grec corrompu. On conçoit dès lors l'importance des textes épigraphiques comme documents historiques et grammaticaux.

L'étude de l'épigraphie a renouvelé l'archéologie et l'histoire. Les livres ne nous font connaître, de la vie antique, que les côtés extérieurs, les guerres, la vie des grands hommes : quant aux institutions, à la vie sociale de tous les jours, les historiens anciens n'en parlent guère, parce qu'ils supposent que leurs lecteurs en sont informés. Or c'est là précisément ce qui nous est le moins connu dans l'antiquité, et ce qui mérite le plus de l'être : car l'esprit humain se peint mieux dans les lois et les mœurs d'un peuple que dans les accidents de son histoire militaire [1]. — Les anciens n'avaient ni *journaux officiels* ni *livres jaunes* : au lieu d'écrire leurs annales législatives, diplomatiques, religieuses, ils les gravaient. Le recueil de toutes les inscriptions attiques que l'on conservait au *Métroon* serait pour nous l'équivalent du *Journal officiel* d'Athènes. — Presque tout ce que nous savons des corporations religieuses et industrielles, de l'*éphébie*, du gouvernement des provinces romaines, des dialectes italiques et grecs [2], nous a été révélé par les inscriptions. Ce serait une grande marque d'ignorance ou de présomption de vouloir écrire aujourd'hui l'histoire ancienne sans tenir compte de l'épigraphie [3].

A l'origine, l'alphabet latin se composait de 21 lettres (en comptant un Z placé entre F et H, à la place où l'on introduisit plus tard le G) et s'arrêtait à l'X, que Quintilien appelle *ultima nostrarum*. Le Z = ζ disparut de bonne heure du latin : mais il se trouve dans le chant des Saliens et les inscr. Marses. Le Z reparut après Accius dans les mots tirés du grec, et du temps de Cicéron on lui rendit une place à la fin de l'alphabet. — Anciennement, le C se prononçait G. Par suite de l'influence de l'étrusque, la gutturale C devint dure, et le K, faisant double emploi, disparut. Plus tard, le son G reparaissant dans la langue, on réserva le C pour le son K, et l'on donna à G le son moderne (réforme dite de Spurius Carvilius, vers 500 de Rome). L'Y *grec* fut introduit à Rome en même temps que le Z nouveau.

1. Franz : « Nescio quo pacto propinquiores mihi veteres Graeci videbantur, quotiescumque ad marmora eorum accesseram. »

2. Voy. Cauer, *Choix d'inscriptions grecques remarquables pour le dialecte*, 1877. Il faudrait une chrestomathie italique du même genre.

3. Cf. en général, Le Bas, *Utilité de l'épigraphie*, 1829 ; Desjardins, *Rev. politique et litt.*, 1879. — Les anciens, surtout Timée de Locres, ont déjà reconnu l'importance des inscriptions pour l'histoire. Parmi les épigraphistes anciens, il faut citer Philochore (ἐπιγράμματα Ἀττικά), Polémon Stélocopas, collectionneur [presque maniaque (Cf. Egger, *Mém. d'hist. anc.*),

Systèmes d'écriture [1]. — Les inscriptions sont le plus souvent gravées sur marbre [2], sur airain [3], plus rarement sur plomb, etc. [4]. L'écriture est ou rétrograde, ou boustrophède, ou *stoïchédon* [5], ou en colonnes [6] : le plus souvent, elle est disposée comme dans nos livres, mais la ponctuation est absente ou capricieuse, les accents manquent toujours, et les mots ne sont pas séparés.

Manière de dater une inscription. — Examiner avant tout la forme des lettres, surtout du σ, qui n'est jamais lunaire à l'époque classique, et qui, jusqu'à l'olymp. 85, se présente sous la forme ϟ. Les inscriptions très archaïques ne doublent pas les consonnes, et la diphthongue ου s'écrit ο avant 400 et dans beaucoup de textes attiques jusque vers 350. Après cette date, ε simple pour ει est très rare : mais cette substitution est fréquente avant 350 lorsque ει résulte d'une contraction. — A l'époque romaine, surtout depuis Septime Sévère, les lettres se chargent d'ornements ; ω, σ, μ, affectent des formes capricieuses. ου, depuis Septime Sévère, s'écrit ȣ, et les consonnes simples sont souvent doublées sous l'Empire : Αὔγουσστα, πόλλις.

D'autres moyens de dater sont dérivés de l'étude des formules. Le nom du secrétaire paraît en 435 ; celui de l'archonte éponyme se rencontre pour la première fois en 433 dans un décret publié par Foucart. A partir de 349, on ajoute au nom de l'orateur celui de son dème et de son père. Vers 378, la présidence de l'assemblée est transportée de la tribu prytane aux proèdres. Les symproèdres paraissent vers 318. La formule ἀγαθῇ τύχῃ (A la bonne fortune !) est développée au quatrième siècle [7]. A la fin du quatrième siècle, on la place en tête des décrets. — Jusqu'en 306, il n'y a que 10 tribus, et la 5ᵉ prytanie correspond au 6ᵉ mois. A partir de 306, il y a 12 tribus, et les chiffres des mois et des tribus se correspondent [8].

Aristodème, Alcétas (περὶ τῶν ἐν Δελφοῖς ἀναθημάτων), Héliodore, surtout Cratère, qui avait fait un recueil de décrets en neuf livres (συναγωγὴ ψηφισμάτων).

Il n'existe pas de bon manuel d'épigraphie grecque. Les *Elementa* de Franz, 1840, ne sont plus au courant. Le mieux est de se préparer avec le 1ᵉʳ vol. du *Corpus inscr. Atticarum* et le livre de Kirchhoff sur l'alphabet grec, 1877 (all.), 3ᵉ éd. Le catalogue des inscriptions du Louvre, par Frœhner, est bien fait et pourra servir. (Voy. aussi Pauly, art. *Inscriptiones*, [all.]). — Textes épigr. choisis dans Egger, 1844. — Ceux qui voyagent en Orient doivent se munir, pour prendre des estampages, de feuilles de papier d'impression : mouiller le papier, l'appliquer sur la pierre, et frapper avec une brosse dure. Cf. Isambert, *Guide en Orient*, 1873.

1. Ceci s'applique également aux inscriptions grecques et latines, ainsi que quelques autres détails inutiles à dire deux fois.
2. λίθος, λευκὸς λίθος. Cf. *C. I. G.*, 5059 : ἀναγραφῆναι εἰς στήλην λευκόλιθον.
3. Χαλκός, στήλη χαλκῇ.
4. On trouve des inscriptions romaines de l'Empire sur or, argent, ivoire, etc. Les tables de plomb osques sont fréquentes. On connaît des plaques de bronze qui étaient suspendues au cou des esclaves fugitifs, et qui ont remplacé, après Constantin, la marque au fer rouge, qu'il proscrivit (ex. : *Tene me quia fugi, et revoca me in Celimontio, ad domum Elpidii viri clarissimi*).
5. στοιχηδόν, chaque lettre étant placée sous la lettre correspondante à la ligne supérieure (inscriptions attiques de la bonne époque)
6. Κιονηδόν.
7. Τύχη ἀγαθῇ τῆς βουλῆς, τοῦ δήμου.
8. PRINCIPALES FORMULES. — Jusqu'à l'archontat d'Euclide, la formule des décrets est la

Classification des inscriptions grecques. — On peut adopter la suivante :
1° Actes du sénat, du peuple, des corporations religieuses et autres. 2° Traités de paix, etc.[1]. 3° Actes, documents et listes relatifs aux magistrats et aux fonctionnaires; comptes financiers, inventaires, titres honorifiques, éloges (souvent en vers). 4° Inscriptions et catalogues relatifs aux jeux et aux fêtes, inscriptions éphébiques, tessères[2]. 5° Inscriptions en l'honneur de généraux, de princes, d'empereurs, de guerriers morts, etc. 6° Inscriptions sur des statues et œuvres d'art, dédicaces, consécrations, médailles, etc. 7° Donations, contrats[3], inscriptions rappelant l'achèvement d'un monument, actes d'affranchissement, diplômes. 8° Ex-voto, imprécations[4], actions de grâces, demandes et réponses d'oracles[5]. 9° Inscriptions tumulaires (souvent en vers[6]). 10° Termes, frontières, etc.

suivante : ἐπὶ τοῦ δεῖνος ἄρχοντος καὶ ἐπὶ τῆς βουλῆς; ἦ ὁ δεῖνα πρῶτος ἐγραμμάτευεν· ἔδοξε τῇ βουλῇ καὶ τῷ δήμῳ, ἡ δεῖνα φυλὴ ἐπρυτάνευεν, ὁ δεῖνα ἐγραμμάτευεν, ὁ δεῖνα ἐπεστάτει, ὁ δεῖνα εἶπεν. Plus tard, il s'introduit une certaine variété. A partir de 350, la formule la plus complète est celle-ci : ἐπὶ τοῦ δεῖνα ἄρχοντος, ἐπὶ τῆς δεῖνα φυλῆς ἑβδόμης (*vel aliter*) πρυτανείας, ἦ ὁ δεῖνα ἐγραμμάτευεν, δεῖνα μηνὸς ὀγδόῃ ἱσταμένου (*vel aliter*), ὀγδόῃ τῆς πρυτανείας, βουλὴ ἐν βουλευτηρίῳ· τῶν προέδρων ἐπεψήφισεν ὁ δεῖνα καὶ συμπρόεδροι· ἔδοξεν τῇ βουλῇ καὶ τῷ δήμῳ· ὁ δεῖνα [Ἀρτίμωνος Ἁλαιεὺς, *vel alius*] εἶπεν· ἐπειδὴ κ. τ. λ. Suit le texte de la proposition adoptée. (Pour les prytanies, proèdres, etc., voy. l'*Index*.)

La formule des amendements est la suivante : ὁ δεῖνα εἶπεν· τὰ μὲν ἄλλα καθάπερ τῇ βουλῇ (sc. δοκεῖ); ou καθάπερ ὁ δεῖνα. Les considérants sont annoncés par ἐπειδή.

Dans les inscriptions d'*ex-voto*, les verbes employés le plus souvent sont ἔθηκε, ἀνέθηκε; œuvres d'art, statues, ἐποίησε, ἐποίει (l'imparfait, selon Pline, indiquant que l'artiste juge son œuvre imparfaite!); traités de paix, etc. : τάδε συνέθεντο; actes d'affranchissement d'esclaves : ἀφῆσιν, ἀνατίθησιν, ἀπέδοτο; comptes publics : ἀνήλωσαν, ἀπέδωκε; décrets pour *honorer* un citoyen : εἶπεν στεφανῶσαι τὸν ἄνδρα καὶ ἐπαινέσαι φιλοτιμίας ἕνεκα, ἀναγράψαι δὲ τόδε τὸ ψήφισμα ἐν στήλῃ λιθίνῃ. — ἐτίμησε ταῖς πρώταις τιμαῖς. — δεῖνος τὴν εὐεργεσίαν ἀναγράψαι ἐν στήλῃ λιθίνῃ εἰς ἀκρόπολιν, καλέσαι δὲ αὐτὸν ἐπὶ ξένια εἰς αὔριον. — ἀναγράψαι τὸν δεῖνα πρόξενον καὶ εὐεργέτην, αὐτὸν καὶ τοὺς ἐκγόνους.

Frais de gravure. — Au cinquième siècle, on faisait payer les frais de gravure (ἀναγραφὴ τῆς στήλης) aux peuples et aux particuliers que la loi concernait. Plus tard, ce fut la république qui en chargea (en son nom), jusqu'en 368, les trésoriers de la déesse; de 368-304, ceux du peuple; de 290-240, on trouve le surveillant général (ὁ ἐπὶ τῇ διοικήσει) pourvoyant à cette dépense. — Les décrets gravés sur marbre étaient exposés dans un lieu public, ἐν γυμνασίῳ, ἐν ἀκροπόλει, ἐν ἐπιφανεστάτῳ τῆς ἀγορᾶς τόπῳ, ou bien ὅπη κα δοκῇ προσοῦλοις καλῶς ἔχειν.

1. Le plus ancien est le traité entre les Héréens et les Éléens, « en tout dix lignes de vieux-dorien, laborieusement gravées sur le métal. C'est le plus ancien document de la diplomatie européenne ». (Egger, *Traités publics chez les Romains et les Grecs*).
2. Parmi les *plombs* d'origine attique, on a retrouvé un certain nombre de jetons d'entrée gratuite au théâtre; plusieurs portent en abrégé le nom des tribus athéniennes, ce qui prouve que le peuple était rangé au théâtre par tribus. (Dumont, *de Plumbeis ap. Graec. tesseris*, 1870.)
3. Cf. *R. C.*, t. XVI, p. 357, et Caillemer, *Contrat de louage à Athènes* (Contrat des Exonéens, *C. I. G.*, 93; de Munychie, *Rev. archéolog.*, 1866).
4. *Dirae* (cf. Egger, *Textes choisis*, n° 11, *Imprecatio Teiorum*). — Pour se venger d'un ennemi, on dévouait son nom aux divinités infernales et l'on consiait cette *devotio* à un tombeau. Newton en a trouvé à Cnide dans le sanctuaire de Déméter; une table osque, communiquée par Duhn à Bücheler (1877), est une *devotio* du même genre. Voy. la bibliogr. dans le *Mus. rhénan*, 1878, et Bréal, *R. C.*, t. XXIII, 88.
5. Carapanos, *Dodone*, t. I, p. 70 sqq. (plaques de plomb).
6. Hexamètres, distiques; plus rarement l'iambe et les mètres lyriques. Voy. Kaibel, *Recueil des 1250 inscriptions métriques grecques;* en général très faibles.

Principes d'Épigraphie latine[1]. — Les inscriptions latines, sauf quelques *graffiti* de Pompéi, sont écrites en capitale. Les lettres allongées *et creusées profondément* indiquent l'antiquité[2]. (Pour les accents, voy. liv. VI.)

La principale difficulté de l'épigraphie latine consiste dans les abréviations ou *sigles*, dont la liste fort longue se trouve dans le troisième volume du recueil cité d'Orelli, dans Pauly (art. *Notae*), dans les Grammaires de Prompsault et de Guardia, etc[3]. Je donnerai les plus fréquentes, liv. V.

Classification des inscriptions latines. — Les inscriptions sont *sacrées* ou *profanes*. Parmi les premières, il faut citer : 1° les dédicaces de temples, d'autels, d'ex-voto[4], les inscriptions rappelant des sacrifices, les actes des corporations[5], les rituels[6], les calendriers[7] ; 2° les inscriptions relatives aux jeux publics ; 3° les sortilèges, imprécations, et les très nombreuses inscriptions tumulaires[8] ; 4° les diptyques consulaires et ecclésiastiques.

Parmi les inscriptions profanes, on distingue : 1° les inscriptions sur les monuments, aqueducs, colonnes[9], pierres terminales, poids et mesures ; 2° les actes du pouvoir public, de l'empereur[10], des magistrats, des municipalités ;

---

1. Les Grecs laissent bavarder la pierre : le style lapidaire romain est d'une noble et sévère beauté. (*Domi mansit, lanam fecit*, dit l'épitaphe d'une matrone. Cf. celle de Cornélie.) — Les historiens décrivent la Rome impériale : les inscriptions font seules connaître les provinces, les armées, les flottes, les municipalités. Voy. Desjardins, *R. D-M.*, 1874, *Trajan d'après l'épigraphie*.

2. Le livre de Zell, Epigr. rom., 1850-57 (all.), est peu satisfaisant. Un précis composé sous la direction de Desjardins est annoncé comme devant paraître bientôt. Jusque-là, prendre l'art. de Zell dans Pauly et le recueil de Wilmanns, *Inscr. lat. in usum academicum*, 1873.

3. Dans les inscriptions osques on trouve un D barré ressemblant à un P, qui paraît représenter un D sifflant comme le D roumaïque.

4. V. S. L. M. ou V. L. L. S. = *Votum solvit libens merito*, ou *votum libens laetus solvit*.

5. Actes des frères Arvales, etc. Voy. l'*Index*.

6. Par ex. les fameuses tables Eugubines, trouvées dans un souterrain à Gubbio en 1444. Elles sont écrites les unes en caractères latins, les autres en lettres étrusques (proches du grec). Sur 9 tables, 2 ont été perdues. Après des essais de déchiffrement mémorables par le ridicule (voy. Bréal, *R. D-M.*, 1876), Lanzi (1789), puis Otfr. Müller (1828), firent faire un pas à la question en montrant que la langue des inscriptions n'était pas étrusque. Lassen, Grotefend, Kirchhoff, Corssen, Bücheler, Bréal, y ont reconnu l'ombrien : ces deux derniers ont expliqué les textes presque entièrement. (*Ann. de Philol.*, 1873 ; *Biblioth. des Haut.-Etud.* 1876.) Ce sont les actes et le rituel d'une corporation des frères Attidiens siégeant à Iguvium et analogue aux Arvales. La langue est parente du latin, avec des apocopes nombreuses, (*poplum, utur = auctor*) et un ancien optatif en *aia*. Les tables actuelles (copies ?) ne sont pas antérieures au sixième siècle de Rome.

7. On appelle ainsi soit des registres d'emprunt des particuliers et des villes, soit des *ménologes*, dont le plus important a été découvert à Préneste (voy. *C. I. L.*, p. 293 sqq.; Saglio, *Dict. Ant.*, p. 836).

8. Voy. de jolies pages dans Boissier, *Religion romaine*, t. Ier, p. 296.

9. Ces inscriptions sont de deux sortes : 1° les *tituli honorarii*, relatifs à des contemporains ; 2° les *elogia* relatifs à des personnages historiques. Borghesi pensait que les *Vies* d'Aurélius Victor sont une collection d'*elogia* copiés sur les monuments.

10. Monument d'Ancyre, compte rendu par Auguste des actes de son gouvernement, publié par Mommsen d'après les originaux découverts par Perrot et Guillaume, 1864. — Honneurs rendus à des gouverneurs, des princes. Voy. le marbre de Thorigny, *Index*.

les traités, testaments, lois[1], plébiscites[2], sénatus-consultes, discours de l'empereur[3], édits impériaux[4]; 3° les fastes consulaires[5]; 4° les actes diurnes, sorte de journal officiel quotidien[6]; 5° les donations, quittances[7], et actes hypothécaires[8]; 6° les inscriptions sur objets d'arts, meubles, boucliers; les tessères ou billets de théâtre[9]; 7° les inscriptions des balles de

1. Les lois les plus importantes que l'on ait conservées sont : le *S. C. de Bacchanalibus*, la loi dite (à tort) *Thoria*, la loi *Galliae Cisalpinae*, la table de Bantia, la loi *Julia municipalis*, les tables de Salpensa et de Malaga, la loi *Regia de imperio* (voy. *Index*), etc. Le S. C. de Bacch. (176 av. J.-C.) est une table de bronze conservée à la Bibl. de Vienne; la loi faussement dite *Thoria* est une loi agraire. (Saglio, *Dict. Ant.*, t. Ier, p. 163; Comment. de Mommsen, *C. I. L.*, 198, 200.) La table de Bantia est une table de bronze trouvée en 1790 à Oppido, en Lucanie, près de l'anc. Bantia : elle contient deux textes de lois, l'un latin, l'autre osque, qui ne sont pas la trad. l'une de l'autre. La loi osque (de l'époque des Gracques) est une loi *per saturam*, traitant de matières diverses (intercession, cens, etc.). Voy. le mém. de Bréal, *Acad. des inscr.*, mai 1879. La loi *Julia municipalis*, le plus grand acte de la vie publique de César, n'a été mentionnée par aucun historien ancien. Elle donne à toute ville une assemblée du peuple, un conseil municipal de décurions nommant des censeurs municipaux (*quinquennales*), des édiles, etc. Ce texte a été retrouvé à Héraclée du Bruttium, sur une table de bronze. Les tables de Salpensa et de Malaga sont deux lois municipales, dont l'authenticité a été combattue, à tort, par Laboulaye (découv. en 1851). Rédigées sous Domitien, en 82 et 84, elles constituent le droit de latinité accordée à ces cités, qui possèdent des assemblées publiques, des magistrats particuliers, un conseil municipal de décurions, veillant à la police, aux travaux publics, à la justice, sans l'intervention du pouvoir central.

2. *Plebiscitum de Thermensibus*, conférant le titre d'alliés et amis aux habitants de Thermesse en Pisidie.

3. Discours de Claude sur le droit de cité des Gaulois, retrouvé dans la Saône (bronzes de Lyon). Voyez. (p. ex. dans le *Conciones* de Girard) la comparaison du discours authentique avec celui qu'a composé Tacite.

4. Édit du *maximum* de Dioclétien, fixant le prix des vivres et des salaires (*de Pretiis rerum*).

5. Des fragments des fastes consulaires officiels ont été retrouvés à Rome aux XVIe et XIXe siècles, et étudiés par Borghesi, 1820.

6. *Acta Diurna*. Voy. Leclerc, *Journaux chez les Romains*, 1838; Boissier, *Rev. de Philol.*, 1879, p. 15. Les *Acta Diurna* étaient rarement publiés sous forme de *libelli* et répandus dans le public; le plus souvent, depuis César (Suét., *Caes.*, 20), on les affichait, comme l'*Officiel* à la porte des mairies. On en faisait des copies qu'on envoyait aux absents : Cicéron, proconsul, était informé de cette manière par Caelius. Outre des documents officiels, les *journaux* contenaient les scandales et bruits du jour (*fabulae, rumores*). Cf. Cic., *ad Fam.*, 8, 1; 7; 2, 15. Dans Juvénal (7, 104), *acta legens* est celui qui rassemble ces faits divers, *reporter* (Boissier, *l. c.*).

7. En juillet 1876 on a retrouvé à Pompéi tout le portefeuille commercial du banquier Cécilius Jucundus, 127 quittances sur cire délivrées à Cécilius soit par des particuliers pour lesquels il avait fait procéder à des enchères, soit par la commune de Pompéi dont il avait pris à ferme des biens-fonds. (Mommsen, *Hermès*, t. XII.)

8. Par ex. la plus grande table de bronze connue, dite *Table alimentaire* de Trajan, trouvée à Véleia en 1747, auj. à Parme (*R. D-M.*, 1874). Une semblable fut trouvée à Campolattaro, en 1842. — Trajan prête sur sa cassette privée 1 044 000 sesterces contre hypothèque pour que l'intérêt annuel de cette somme subvienne à la nourriture des enfants pauvres de Véleia; il fait ce prêt à cinquante-deux propriétaires qui en verseront les intérêts au trésor de la cité, laquelle l'emploiera à nourrir les enfants. A Véleia, l'empereur prête à 5 p. 100; à Campolattaro, où la terre est moins riche, à 2 1/2 p. 100 (l'intérêt commercial était 12 p. 100). L'institution trajane est donc une admirable combinaison du crédit foncier avec l'assistance publique; l'empereur, tout en soulageant la misère, venait en aide à la petite propriété. (Desjardins, *R. D-M.*, 1879.)

9. La plus connue, portant le nom de la *Casina* de Plaute, est de fabrication très moderne. Les *tesserae gladiatoriae* sont des décorations décernées aux gladiateurs qui se

fronde[1] ; 8° les feuilles de route des légionnaires ou *diplômes militaires* [2]; les inscriptions constatant le séjour des légions, des flottes, et permettant de refaire leur histoire[3]; 9° les inscriptions sur les maisons privées[4], sur les murs (*graffiti* de Pompéi, du Palatin)[5], les réclames et affiches électorales Pompéi)[6], etc.

§ II. — PALÉOGRAPHIE [7].

La **Paléographie** proprement dite se distingue de la *Diplomatique* en ce qu'elle étudie les *caractères extrinsèques* des manuscrits, tandis

sont distingués. Légende : *Spectatus*, le nom des consuls, le nom de l'esclave, le nom du maître au génitif. — Parmi les objets d'art portant des inscriptions, les plus curieux sont des gobelets d'argent trouvés à Vicarello (50 milles S. O. de Rome), l'ancienne station thermale *Aquae Apollinares*. Quatre de ces gobelets ont été fabriqués et vendus à Cadix : ils servaient de *livrets-poste*, car ils portent gravés à l'extérieur les noms de toutes les stations postales de Cadix à Rome avec la distance en milles. Ce sont des ex-voto. (Desjardins, *R. D-M.*, 1874, p. 627.)

1. *Glandes missiles* d'Ascoli. Ces balles ont été trouvées à *Asculum* (Picenum) dans la vase du Tronto. Plusieurs sont palimpsestes, en caractères latins ou samnites, et se rapportent à la guerre Sociale, la guerre Servile, la guerre de Pérouse. Desjardins en a publié 600 (1872) que le musée de Berlin a achetées. Aussitôt l'authenticité en a été violemment niée par Zangemeister et Bergk, contre lesquels Desjardins, Longpérier et Mommsen ont fini par avoir raison. Les légendes des balles sont très expressives : *Feri Italos, Fricat Romanos, Pete c...m Octaviani, Peristis servi!*. etc. D'autres, comme *Debellare superbos, M. Coriolanus*, expliquent les soupçons de quelques archéologues. (Garucci en croit la moitié fausses.)

2. *Tabulae honestae missionis*, dont une belle collection a été publiée par L. Renier. Dans les camps romains du Rhin et du Danube, on a souvent trouvé dans les tombes deux plaques de bronze accouplées portant l'extrait d'un décret impérial qui accorde aux soldats leur congé légalisé, le droit de cité et la faculté de communiquer ce droit, en épousant des étrangères. Ces copies sont des extraits des originaux, qu'on expédiait aux intéressés. Les *tables de congé* sont autant de témoignages d'une institution ayant pour but de romaniser les frontières militaires de l'Empire pour les rendre plus fortes contre les Barbares C'est ce qui explique que la Dacie, après deux siècles d'occupation, était assez assimilée, pour avoir conservé, dans le roumain, la langue de ses vainqueurs. Cf. Desjardins, *art cité*.— Les *diplômes pédestres* sont des sortes de passeports que recevaient les *tabellarii* ou coureurs à pied.

3. Notamment celle de la flotte de Misène (de la Berge). Les inscriptions ont fait connaître les *canabae*, petits établissements commerciaux établis près des camps aux frontières, qui ornaient le noyau d'un municipe et servaient ainsi à propager l'influence romaine.(*R. C.*, I, 170.)

4. Pancartes, annonces commerciales.

5. On trouve à Pompéi beaucoup de vers d'Ovide, de Properce, pas un d'Horace. Le plus fameux *graffito* du Palatin est celui de la salle des gardes du palais, représentant un âne en croix, *adoré* par un personnage debout avec la légende : « Alexamène adore Dieu. » — Il y a là sans doute un blasphème contre le roi des Juifs, les Juifs passant pour adorer l'âne. (Tac., *Hist.*, 5, 5). Cf. Aubé, *Persécut. de l'Église*, II, p. 96.

6. Un maître d'école recommande un candidat, etc. (Voy. Boissier, *R. D-M.*, 1878.) — Il est assez difficile parfois de reconnaître les documents faux. En général, les grands noms (Sertorius, César, etc.) sont rares dans les inscriptions, et il ne faut admettre qu'après examen celles qui en contiennent. Les faussaires espagnols ont prodigué le nom de Sertorius. (*R. C.*, 1866, t. II, p. 267.) Les tessères et diplômes militaires ont été l'objet de falsifications nombreuses.

7. BIBLIOGRAPHIE. — Montfaucon, *Paléographie grecque*, 1708; Bast, *Commentatio pa-*

que la *Diplomatique* se préoccupe surtout de leurs *caractères intrinsèques*, de la critique des documents, des chartes, etc. La *Diplomatique* est la province des médiévistes.

Matière subjective. — On appelle ainsi la substance sur laquelle on écrit, les instruments dont on se sert pour écrire.

Les substances sont le Papyrus, le Parchemin, le Vélin, le Papier de coton et le Papier de chiffe [1] : les instruments sont les encres, les plumes, etc.

Le PAPYRUS [2] est un roseau dont la tige est recouverte d'une enveloppe membraneuse. En superposant transversalement deux de ces membranes, on obtenait un tissu assez compacte [3]. Le roseau s'élevant à plus de deux coudées au-dessus de l'eau, les manuscrits en papyrus peuvent avoir de grandes dimensions (5 pieds et plus). L'usage en est fort ancien [4] : on montra au consul Mutianus, en Lycie, une lettre écrite sur papyrus par Sarpédon au temps de la guerre de Troie! (Pline.)

2. Le PARCHEMIN [5], fait avec des peaux préparées, a été perfectionné à Per-

---

laeographica, dans l'édit. de Grégoire de Corinthe par Schæfer, 1811 (Cobet : *Quicumque Bastii scripta novit non iisdem quibus vulgus eruditorum oculis codd. scripturas et criticorum sententias spectare solet*); Kopp, *Palaeogr. critica*, 4 vol. 1817-29; Silvestre, *Paléogr. univ.* 1841 (grand luxe); Gardthausen, *Paléogr. grecque* (all.). 1879 (très bon). — De Wailly, *Paléogr. latine*, 1858; Chassant, *Dict. des Abrév. latines* 1846; Sickel, *Monum. graphica medii aevi* (tirés des archives de Vienne), 1858 (magnifique publication); Tischendorf, Préf. au *Nouv. Testam.*, 1859. (« Si la science de la minuscule a été fondée par Montfaucon, l'histoire de l'onciale n'est contenue que dans les publications de Tischendorf. » [Graux.])

Il y a deux excellents manuels: Wattenbach, *Paléogr. grecque*, 2e éd. 1872 (all.); *Paléogr latine*, 1874.— *Tableaux pour apprendre soi-même*, par Arndt, 1874 (all.). — L'habitude de la lecture étant indispensable, on recommande de déchiffrer quelques manuscrits d'auteurs anciens en s'aidant des textes imprimés.

1. On possède quelques tablettes d'ivoire appelées *diptyques* ou *polyptyques* suivant le nombre des feuilles.

2. *Cyperus papyrus*. (Linné.)

3. χάρτης, *codex chartaceus*.

4. Depuis Alexandre, l'usage s'en répandit en Grèce. Pline en compte huit espèces, dont la plus fine s'appelait *charta Claudia* et la plus grossière *charta emporetica* (papier d'emballage). La fabrication diminua peu à peu, et dès le septième siècle le papyrus ne sert plus que pour la correspondance. — Il nous reste beaucoup de papyrus grecs, surtout les *volumina* trouvés à Herculanum, et qu'on déroule avec peine et sans grand profit (vers de Rabirius; œuvres de Philodème, épicurien du temps de Cicéron; quelques fragments d'Épicure, etc.) depuis un siècle ; les premiers ont été découverts en 1753. (Voy. Murr, *Comment. de Papyris*, 1804; Jorio, *Real Museo Borbonico*, 1825; Castrucci, *Tesorio litterario di Ercolano;* Villemain, Préf. de la trad. de *la République* de Cicéron.) En 1821, Bankes a trouvé dans l'île d'Éléphantine un rouleau de papyrus contenant le XXIVe ch. de l'*Iliade* en onciale grecque, de 8 pieds de long sur 10 pouces de haut. Le Louvre possède, sur un papyrus semblable, l'ouvrage astronomique d'Eudoxe ; le revers est occupé par des actes de 164 et 165. Il faut ajouter les discours d'Hypéride, trouvés en Égypte (1847), des fragm. d'Alcman (1855), etc. Weil vient de révéler, à l'Acad. des Inscr. (1879), 40 vers inéd. d'Euripide et plusieurs d'Eschyle, lus par lui sur un papyrus de Didot. Cf. en général, Egger, *Mém. de philol.*, p. 141. — Le papyrus était si nécessaire aux anciens, qu'une mauvaise récolte, sous Tibère, fit craindre des désordres. (Pline, 13 89 : au lieu de *in tumultu vita erat*, qui me semble absurde, je propose *in t.* CIVITAS *erat*.)

5. δέρμα, διφθέρα, περγαμήνη; plus tard, d'après le nom latin, μεμβράνα (*membrana, pergamena*).

gamme du temps d'Eumène[1]. En cousant ensemble plusieurs peaux, on formait, même au moyen âge, des rouleaux énormes : l'enquête contre les Templiers a 70 pieds de long. La blancheur, jointe à la finesse, indique un parchemin antérieur au douzième siècle. Les parchemins pourprés[2] étaient fabriqués dès le temps de Pline : le secret s'en est perdu au neuvième siècle. — Le vélin n'est qu'un parchemin plus fin, préparé avec des peaux de veaux.

Le PAPIER DE CHIFFE, introduit au treizième siècle, devient d'un usage courant au quatorzième. Le PAPIER DE COTON se montre dès le dixième.

ENCRES. L'encre pâle n'indique pas toujours un manuscrit ancien : les lettres de Voltaire sont jaunes, et l'encre de Pascal n'a pas changé. L'encre d'argent et l'encre d'or s'employaient souvent sur les vélins pourprés[3].

INSTRUMENTS. Pour espacer les raies horizontales qui portent l'écriture, le scribe se sert d'un compas à l'aide duquel il perce dans le parchemin des trous qui fixent la position de la règle ; deux raies verticales marquent les extrémités des lignes. Les raies se traçaient avec le *style*, plus tard au crayon ou à l'encre. L'*encrier*[4], le *pupitre*, le *canif*, la *pierre à aiguiser*, la *boîte à poudre*, l'*éponge*[5] (pour enlever l'encre encore humide) n'ont pas besoin d'être décrits.

On écrivit d'abord avec la canne (*calamus*) ou le roseau (*arundo*, *juncus*)[6]. Les plumes d'oie, de paon, etc., remontent aux premiers siècles de notre ère[7].

Forme des manuscrits. — La forme la plus ancienne est le rouleau. L'écriture est divisée en colonnes parallèles aux longs côtés. Dans la colonne du titre ou à la fin du rouleau, on écrit le nombre des lignes[8], sans doute pour servir à fixer le prix dû aux copistes. Les scribes postérieurs ont répété ces chiffres, ce qui est fort important pour découvrir les interpolations.

1. Pline raconte (13,70) que lorsque Eumène II, roi de Pergame (197-159) formait sa bibliothèque en concurrence avec Ptolémée, celui-ci, par jalousie, défend d'exporter le papyrus. Alors, selon Varron, le parchemin fut inventé ; ce n'est pas exact, car l'habitude d'écrire sur des peaux d'animaux était ancienne en Perse et en Ionie (Hérod., 5, 58). Cf. Peignot, *Hist. du Parchemin et du Vélin*, 1812, et Géraud, *les Livres dans l'antiquité*, 1840. — Le parchemin avait sur le papyrus l'avantage de recevoir l'écriture des deux côtés. Par là, on pouvait réunir dans un seul tome (τεῦχος, *codex*) des ouvrages considérables. (Martial, 14, 90). Ces cahiers remplacèrent de bonne heure les anciens rouleaux.

2. Surtout en vogue à l'époque impériale. Capitolin raconte (*Maxim.*, 4) que lorsque Maximin fut confié à son premier maître, une parente lui fit don d'un exemplaire d'Homère écrit en lettres d'or sur parchemin pourpré. On montre à Vienne une partie de la *Genèse* sur parchemin pourpré, en lettres grecques capitales d'or et d'argent, avec 48 images. Le *Codex argenteus* (Upsal), contenant une partie de la traduction de l'Évangile par Ulphilas, est écrit de même en caractères d'argent sur parchemin pourpré. Il a été relié en argent massif.

3. L'encre est généralement noire (μέλαν, *atramentum librarium*) et d'une très bonne composition jusqu'au XIIIe siècle, où elle pâlit souvent. L'encre rouge (μελάνιον κόκκινον, *minium*) servait d'abord pour l'ornementation des manuscrits et les initiales.

4. μελανοδόχον, βροχίς, *atramentarium*.

5. σπόγγος, *spongia deletilis*.

6. κάλαμος, δόναξ, γραφεύς, σχοῖνος. Le *calame* était un roseau que l'on taillait comme une plume d'oie avec le *scalprum librarium*. — Pour polir le parchemin, on se servait de la pierre ponce, κίσηρις, *pumex*.

7. Toutefois, l'usage des plumes d'oie est mentionné pour la première fois dans Isidore.

8. στίχοι. Voy. sur la *Stichométrie*, Ritschl, *Opusc.*, et Graux, *Rev. Philol.*, 1878.

Le bord de la dernière feuille est collé sur une mince baguette[1] autour de laquelle on roulait le volume à mesure qu'on le lisait. — Le format des livres était en général l'in-quarto[2].

Palimpsestes[3]. — On grattait déjà les manuscrits dans l'antiquité[4]. Après la conquête de l'Égypte par les Arabes, le parchemin renchérit, et l'usage de gratter les manuscrits pour y récrire de nouveaux textes se répandit de plus en plus, surtout dans les cloîtres de Bobbio et de Grotta Ferrata, d'où proviennent la plupart de nos palimpsestes. Mais voir là, avec Michelet, une « Saint-Barthélemy des chefs-d'œuvre de l'antiquité » faite au profit de la littérature de l'Église, c'est déclamer : car l'on trouve aussi des textes classiques récrits par-dessus des textes ecclésiastiques grattés[5].

Au dix-huitième siècle, le théologien Knittel découvrit sur un manuscrit de Wolfenbuttel des fragments de la Bible d'Ulphilas.

1. ὀμφαλός, *umbilicus*; de là l'expression *ad umbilicum adducere* = lire jusqu'au bout.
2. A la fin de beaucoup de manuscrits latins et grecs on lit le mot *Explicit* (abréviation de *Explicitus*) signifiant que le vol. est complètement *déroulé*. D'autres fois, on trouve *Feliciter*, *Amen*, etc.
  Prix des livres dans l'antiquité. (Lettres d'Egger et Didot, *Rev. contemp.*, 15 sept. 1856.) Rangabé a publié en 1842 l'inventaire des dépenses de l'Érechthéion, où sont mentionnées deux feuilles de papier au prix de 1 drachme 2 oboles (1 fr. 20), destinées à recevoir des copies des comptes officiels, que l'on transcrivait au jour le jour sur des tablettes de bois blanchi, et, définitivement, sur du marbre du Pentélique. En valeur actuelle, la feuille de papyrus achetée en 407 vaut 4 fr. 80, prix d'une feuille de peau vélin auj., et 500 fois le prix d'une feuille de *papier couronne*. On comprend dès lors la cherté des livres anciens. Caton paya 9000 fr. trois traités de Philolaüs ; Aurélien imposa à l'Égypte un tribut de *papier* et de *verre*. (Vopisc., *Aurél.*, 41.) Le prix du papier de chanvre et de lin fut d'abord si élevé, que les premières impressions se firent sur vélin. — Didot ajoute, en 1856, qu'avec ses seules machines de Sorel et du Mesnil, il se charge en moins d'un an d'envelopper la circonférence du globe d'une feuille de papier de deux mètres de large !
3. Cf. Préf. de l'édit. de *la République* par Maï, 1822 (très curieuse); Fréd. Monc, *de Palimpsestis*, 1856, bien résumé dans l'*Encyclop. moderne* de Didot. — J. V. Leclerc, Préf. du XXXV° vol. de l'édition de Cicéron.
4. Cicéron écrit à Trébatius, qui lui avait écrit sur un papyrus gratté : « J'espère que vous ne grattez pas mes lettres pour récrire les vôtres par-dessus. » Cf. Catulle, 22, 4. — En 691, un synode défendit expressément de gratter les écrits des Pères et les Écritures.
5. Par ex. l'*Iliade* de Breslau, écrite sur un opuscule de théologie byzantine, et bien d'autres. Je ne veux pas nier cependant que les moines du Mont-Cassin et de Bobbio n'aient détruit quantité de textes anciens : au quatorzième siècle, un chroniqueur (ap. Michelet) dit des moines du Mont-Cassin : « Ils grattaient un quaternion et en faisaient de petits psautiers qu'ils vendaient aux enfants. » Mais, en général, les manuscrits que l'on grattait étaient déjà fort endommagés. — Beaucoup de nos palimpsestes sont *bis rescripti* (Granius Licinianus, Gaïus). — Lorsqu'il existe dans la marge d'un manuscrit des points autres que ceux qui fixent la direction des lignes de l'écriture actuelle, il y a de fortes présomptions que l'on a sous les yeux un palimpseste. Il faut alors, si la seconde écriture est trop effacée, recourir à des réactifs chimiques, ce qui n'est jamais sans dangers. Wattenbach (*Écriture au moyen âge* [all.]) remarque que les modernes, avec leurs réactifs, ont proportionnellement plus détruit de manuscrits que les pauvres moines si décriés. Ritschl accuse Angelo Maï d'avoir presque abîmé le précieux Plaute palimpseste de Milan. — Pour faire revivre les anciennes écritures, enduire le papier de tannin dilué, arroser d'eau et faire sécher à 50°, à 60° Réaumur (Bibra, *Journal de chimie prat.* [all.], 1878).

Depuis 1814, Angelo Maï, Niebuhr, Peyron (à qui l'on doit un catalogue des manuscrits de Bobbio) ont retrouvé sur des palimpsestes des textes de grande valeur, entre autres, à la Vaticane, la *République* de Cicéron et des fragments de ses *Discours*, la *Correspondance* de Fronton et de Marc-Aurèle, des morceaux de Tite Live, les *Institutes* de Gaïus (Vérone); des fragments d'Euripide, Granius Licinianus (Pertz, au mus. Britannique); un texte de Plaute très-ancien (Milan), des manuscrits précieux de Tite Live (Vérone), Strabon (Grotta Ferrata), etc.

Des Copistes[1]. — Pendant le moyen âge, les copistes étaient généralement des moines, d'une habileté de main parfois extraordinaire. A Rome, il y avait des écoles de scribes ou *libraires*, et aussi de sténographes[2]. Des entrepreneurs de librairie, comme Atticus, l'ami de Cicéron, avaient à leur solde un grand nombre de copistes auxquels on pouvait dicter à la fois un seul ouvrage : ainsi devinrent possibles des éditions à mille exemplaires[3]. Les anciens se plaignent déjà de l'incorrection des manuscrits[4]. Martial corrigeait de sa main les copies de ses œuvres à l'usage de ses amis les plus intimes[5]. A la fin de l'Empire, des grammairiens romains entreprirent des *recensions* des classiques latins comme celles des classiques grecs faites par les érudits d'Alexandrie[6]. Au quatrième et au cinquième siècle, on voit de grands personnages, des hommes d'État, comme les Symmaque, attacher leurs noms à des éditions de ce genre[7]. Les copistes postérieurs répétèrent ces *attestations* placées en tête des éditions corrigées, avec les noms des réviseurs ou *émendateurs*, dont le plus grand nombre sont des hommes considérables, Nicomachus, Prétextat, Symmaque, Astérius[8] (éditeur de Virgile), Mavortius[9] (éditeur d'Horace). A très-peu d'exceptions près, ces *en-tête*, que Jahn a rassemblés, indiquent des recensions

---

1. Les scribes publics s'appelaient γραμματεῖς; et, à la basse époque, νοτάριοι; lat. *scriba, notarius*. Les scribes particuliers se nommaient βιβλιογράφοι, καλλιγράφοι, *librarii, scriptores*; sous l'Empire, *antiquarii*.
2. Mart., 14, 208 : *Currant verba licet, manus est velocior illis*. — Sur leurs abréviations, *Notae Tironianae*, voy. Kopp, *de Tachygr. veterum*; Gardthausen (*Hermès*, XI, 443-57) démontre que certains mots indéchiffrables d'un papyrus grec de Leyde se résolvent par l'application de l'alphabet tachygraphique, issu de la cursive minuscule des papyrus. — Un manuscrit latin du Vatican (1809) contient quarante pages de sténographie; avec quelques lignes à Paris et à Londres, c'est tout ce qui reste d'écriture de ce genre.
3. Pline le Jeune, *Epist.*, 4, 7, 2.
4. Cic., *ad. Quint. Fr.*, 3, 5, 6; Aulu-Gelle, 6, 20, 6.
5. « O quam me nimium probas amasque — Qui vis archetypas habere nugas! » (7, 10).
6. On trouve dès le II° siècle une recension de Cicéron par le grammairien Statilius Maximus.
7. Voy. un travail très important de Jahn, *les Suscriptiones des manuscrits latins.* (*Mém. de l'Acad. de Saxe*, 1851 [all.])
8. Consul en 494.
9. Consul en 527.

faites du quatrième au milieu du sixième siècle, c'est-à-dire à une époque où le paganisme mourant, mais soutenu par une aristocratie lettrée et fière de ses traditions, livrait au christianisme vainqueur un dernier combat, derrière son rempart le plus puissant, la littérature profane.

Écritures grecques. — Il y a quatre sortes d'écritures grecques : la *capitale*, l'*onciale*, la *cursive* et la *minuscule*.

CAPITALE. — C'est l'écriture des inscriptions, des monnaies, des titres et des lettres initiales dans les manuscrits.

ONCIALE [1]. — C'est l'écriture de nos plus anciens manuscrits : elle se rapproche de la capitale moderne. Les esprits et les accents sont généralement omis [2] : l'*iôta* n'est pas *souscrit*, mais *ascrit* (en bas, à droite de la lettre [3]).

CURSIVE. — Au début assez semblable à l'onciale, elle s'en éloigne de plus en plus. On la trouve usitée dans des manuscrits du deuxième siècle avant Jésus-Christ, jusqu'au septième siècle de notre ère. Le Louvre possède les plus anciens de ces documents, provenant de l'Égypte.

MINUSCULE. — C'est l'écriture dominante depuis le neuvième siècle. Elle ressemble à l'écriture des éditions grecques du quinzième et du seizième siècle, mais elle admet encore plus de ligatures surtout depuis le treizième [4].

Écritures latines. — On en distingue quatre principales : la *capitale*, l'*onciale*, la *cursive*, la *minuscule*.

CAPITALE. — C'est l'écriture des monnaies. Un poème sur Actium (de Rabirius?), trouvé à Herculanum, est en capitale. Le Prudence de Paris (VIᵉ s.), les Virgiles de Florence (vᵉ s.) et du Vatican, appartiennent à cette classe. La capitale reparaît dans quelques manuscrits carlovingiens [5].

ONCIALE. — Elle se développa de bonne heure à côté de la capitale. On la reconnaît aux formes rondes des caractères, notamment de l'U. Elle dura jusqu'au neuvième siècle et atteignit sa perfection au quatrième siècle, date du palimpseste de Tite Live à Vérone.

CURSIVE. — C'est l'écriture des inscriptions populaires tracées sur les murs de Pompéi [6]. En se transformant avec le temps [7], elle donna naissance à plusieurs

---

1. Les mots *unciales litterae* (mot à mot, hautes d'un pouce) paraissent pour la première fois dans saint Jérôme : c'est peut-être une mauvaise lecture de *initiales litterae* qui a donné à la paléographie ce terme bizarre. — Il reste quelques papyrus en onciale de l'époque alexandrine, notamment le XXIVᵉ livre de l'*Iliade* découvert à Éléphantine ; un fragment d'Alcman, trouvé entre les jambes d'une momie et édité par Egger, 1863 ; et les papyrus d'Herculanum, dont 11 vol. (en très grande partie inintelligibles) ont paru, 1793-1855. Notre cabinet des médailles possède des tablettes de cire trouvées sur une momie contenant des comptes écrits en onciale.
2. Les textes d'Herculanum sont tout à fait *nus*.
3. Formes à noter : C (sigma lunaire) ; Є (ε) ; IC (κ).
4. Copier la liste de ces abréviations et ligatures dans Montfaucon, *Pal. grecq.*, p. 341. La ponctuation est très irrégulière. Le ; n'est employé qu'à partir du IXᵉ siècle ; le ! a été introduit par Wolf dans son édition d'Homère. Auparavant, on le remplaçait par un ;.
5. Quand les lettres sont lourdes et négligées, elle est dite *cap. rustique*.
6. Zangemeister, *C. I. L.*, t. IV.
7. Les bénédictins distinguent une variété de la cursive plus proche de la minuscule,

sortes d'écritures de même famille, dites cursive *lombarde*, *wisigothique*, *mérovingienne*. L'écriture *irlandaise*, transportée plus tard à Wurzbourg, Fulda, Luxeuil et Bobbio, s'est développée de l'onciale parallèlement à la cursive.

Minuscule. — Elle se forma vers la fin du huitième siècle dans l'école d'Alcuin à Saint-Martin de Tours et atteignit sa perfection au douzième siècle. Très régulière, avec peu d'abréviations, elle a servi de modèle aux premiers fondeurs de caractères en Italie.

Sigles, signes de correction, exponction, etc. — 1. Les sigles (pour *sigilla*, dimin. de *signa*), fréquents surtout dans les manuscrits ecclésiastiques, sont la grande difficulté de la lecture. Un M initial peut signifier jusqu'à 90 mots différents [1]. Les abréviations sont plus rares dans les très anciens manuscrits [2].

2. Les *notes tironiennes* servaient à transcrire des livres entiers ; on les trouve surtout avant le dixième siècle, époque à laquelle les abréviations proprement dites se multiplient dans l'écriture ordinaire [3].

3. La *ponctuation* est très capricieuse. Les copistes s'en déchargeaient sur les correcteurs, qui la négligeaient souvent. Au sixième siècle, on commença à séparer les mots et à placer les points suivant les règles d'Aristophane de Byzance [4]. On trouve la virgule, le point, le triangle de points ; le point a souvent la valeur de la virgule, et inversement.

4. Quand le copiste ne pouvait plus effacer avec l'éponge, il barrait le mot à supprimer ou plaçait deux points en dessous ou au-dessus. Deux points perpendiculaires marquent qu'un mot omis est renvoyé à la marge ou en interligne. La diplé (<) signale un passage remarquable [5]. L'*obèle* (petite pique) est un signe de critique indiquant une interpolation, un passage réprouvé [6]. — On nomme *réclame* un mot qu'on voit au bas d'une page et qu'on réitère au commencement de la page suivante pour faire connaître l'ordre des feuilles, et *signature* une lettre ou un chiffre que l'on met au bas du verso du dernier

---

l'écriture mixte ou *demi-onciale*. — L'écriture gothique ou scolastique paraît au XIIIe siècle. Elle est facile à lire, et se reconnaît à ses formes anguleuses.

1. Wailly, *Élém. paléogr. lat.*, I, p. 415. — X signifie *Christus* même dans les manuscrits latins. En général, un petit trait tient lieu des lettres supprimées.

2. Dans le Virgile-Médicis (Ve s.) on trouve déjà Q pour *que*, etc. Voy. Wattenbach, Chassant et Wailly, qui donne environ 1500 sigles. Le *Lexique diplomatique* de Walter contient 220 planches d'abréviations. Beaucoup sont personnelles aux copistes.

3. Carpentier, *Alphab. Tironianum*. L'étude des lettres monogrammatiques, enclavées, etc., peut se faire dans Wailly, *ib.*, t. II., ou Silvestre, *Paléographie*.

4. Point en haut, point en bas, deux points. — Dans le fragment de Rabirius (*Vol. Hercul.*), les mots sont séparés par des points comme dans les inscriptions. Même après le VIe siècle, les mots, en général, ne sont pas séparés (*scriptio continua*), ce qui rend le déchiffrement assez pénible.

5. De même, une ancre, ou ∴ ou X (χρηστός) ou Ω (ὡραῖος). L'ancre renversée désigne un passage inconvenant.

6. La *cruphia*, demi-cercle avec un point au milieu, indique un passage obscur ou incompris. L'astérisque, dans les manuscrits de Platon, marque la conformité des dogmes : une *l* cursive en marge traversé par un *s* en forme de croix, indique des choses qu'il faut prendre au sens mystique. — Toutes ces notions sont dues aux bénédictins, *Traité de Diplomatique* (un chef-d'œuvre).

feuillet de chaque cahier pour indiquer l'ordre et s'assurer que les cahiers sont au complet[1]. Un cahier peut renfermer 12 feuillets, plus souvent 2 (*binio*), 3 (*ternio*), 4 ou 5 (*quaternio, quinio*). Dans l'antiquité, le grand format était réservé aux ouvrages d'histoire, le petit aux poésies et aux lettres.

Age des écritures. — Si le manuscrit (latin) est tout entier en capitale, il est antérieur au huitième siècle, et si les mots ne sont jamais séparés, au septième siècle[2]. Les manuscrits en onciale sont généralement antérieurs au huitième siècle. La capitale paraît dans les *titres* au huitième siècle. Les formes raides dénoncent une basse époque, où les scribes avaient déjà perdu l'habitude de l'onciale. La minuscule domine après le neuvième siècle : le grand nombre d'abréviations indique le onzième siècle[3]. Au quinzième siècle, la minuscule italienne est toute semblable aux caractères d'impression. Dans la cursive, la hardiesse et l'aisance des ligatures indiquent l'antiquité (*cursive romaine*). La *cursive mérovingienne* est pénible.

Le destin des livres. — Les manuscrits grecs et latins que nous possédons sont presque tous postérieurs à l'ère chrétienne et même à la chute de l'empire d'Occident. La littérature grecque nous a été conservée par les Byzantins, à qui l'on néglige trop souvent de rendre justice. Pendant les siècles les plus sombres du moyen âge, Byzance apparaît comme un centre de culture intellectuelle où se transmettent les enseignements de l'époque gréco-romaine et le culte de l'ancienne littérature attique. Nos scholies, nos lexiques, dont beaucoup témoignent d'une réelle science, datent de la période byzantine. Malgré la corruption de la langue écrite et parlée, Thucydide et les Attiques trouvent jusqu'à la fin des imitateurs. Anne Comnène connaît Platon, Homère, Sapho, et recherche la manière de Xénophon. Des écrivains récents, Rambaud, Paparrigopoulo, Bikélas, ont fait d'intelligents efforts pour défendre contre des préjugés ignorants cette civilisation orientale si calomniée.

Quant à la littérature latine, on peut dire que c'est à Charlemagne que le monde doit de l'avoir conservée. La plupart de nos manuscrits, ou les archétypes de ces manuscrits, datent de l'époque carlovingienne, et ont été copiés sous l'influence de cette renaissance passagère, mais bienfaisante, à laquelle est attaché le nom d'Alcuin[4].

---

1. Depuis le IXe siècle, on les néglige souvent.
2. Virgile-Médicis, Prudence-Paris.
3. L'écriture *mixte* se rencontre du VIe au IXe siècle.
4. Je crois utile de donner ici l'indication des manuscrits grecs et latins les plus importants, dont les noms se rencontrent souvent dans les ouvrages d'érudition.
  MANUSCRITS GRECS. — Homère, *Venetus A, saec.* X (Scholies d'Aristarque), et *Townleianus*, au mus. Britannique. Un palimpseste gréco-syriaque au même musée contient plusieurs milliers de vers de l'*Iliade* en onciale. — Eschyle et Sophocle, *Laurentianus plutei* XXXII, 9, *saec.* X. — Euripide, *Marcianus, saec.* XII. — Aristophane, *Ravennas*,

§ III. — CRITIQUE DES TEXTES[1].

La critique des textes naquit, en Grèce, par la nécessité de ramener à l'unité les différentes rédactions des poèmes d'Homère. Elle fleurit à Alexandrie, où Zénodote et Aristarque soutinrent des doctrines contraires[2]. A Rome, Stilon, Varron, inaugurent la critique de Plaute. Sous l'Empire, à Byzance, et pendant le moyen âge, tous les grammairiens s'occupent de critique, et constituent, avec plus ou moins de bonheur, ce qu'on appelle les *vulgates* des textes classiques. La critique moderne se développe surtout dans les écoles de Scaliger et de Bentley, dont Hermann est le disciple. Bentley donna la formule de la *critique subjective* que Zénodote[3]

---

saec. IX. — Thucydide, *Laurentianus plut.* LXIX, 2. — Isocrate, *Urbinas* I°. — Démosthène, *Parisinus* Σ, *saec.* X, à Paris, un des meilleurs manuscrits grecs connus. — Platon, *Parisinus A*. — Const. Céphalas, Anthologie grecque, *codex Palatinus* (Heidelberg et Paris).

MANUSCRITS LATINS. — Plaute, *Ambrosianus palimpsestus*, 256 feuilles de parchemin, à Milan, peut-être *saec.* V. — Térence, *codex Bembinus*, ayant appartenu à Bembo, en onciale. — Cicéron, *de Re publica*, palimpseste du Vatican, *saec.* V. — César, *cod. Bongarsii primus*, *saec.* IX (*Bell. Gallic.*); *Parisinus saec.* XI. — Salluste, *Vaticanus*, *saec.* IX, *Parisinus*, n° 500. — Catulle, *Sangermanensis*, *Oxoniensis*. — Tite Live, *Palimpseste de Vérone*; *Laurentianus plut.* LXII, 19 (enluminures admirables). — Lucrèce, *Leidensis primus* (*oblongus* de Lachmann). — Virgile, 7 mss en onciale, dont les *fragm. du Vatican* (*Augusteus* de Pertz, selon lui du I° s.), le *Mediceus plut.* XXXIX, 29, *saec.* V (ms. de premier ordre), *Vaticanus*, *saec.* V. — Horace, *Bernensis*, *saec.* VIII-IX. Le philologue hollandais Cruquius a connu (?) deux mss dits *Blandiniens* (de l'abbaye de Blandin) qui ont disparu depuis et ne sont connus que par son édition; ils étaient vraisemblablement fort anciens, mais on doit faire bien des réserves sur l'exactitude de Cruquius. Cf. Teuffel. — Pline le Jeune, *cod. palimpsestus Ambrosianus Bobiensis*, *saec.* VI-VIII. — Quintilien, *Bernensis*, *saec.* X. — Sénèque, *Mediolanensis*, *saec.* IX; les tragédies, dans un *palimps. Ambrosianus* (Milan), *saec.* V. — Pline l'Ancien, *Bambergensis*, *saec.* X; *Parisinus*, *saec.* VII-VIII. — Phèdre, *Parisinus (Pithoeanus)*, *saec.* X. — Perse et Juvénal, *Pithoeanus*, à Montpellier. — Lucain, *Palimps. Bobiensis fragm.*, à Naples, Vienne et le Vatican. — Martial, *Thuaneus*, *saec.* X; *Puteanus*, *saec.* X. — Fronton, *Palimps. Bobiensis fragm.*, à l'Ambroisienne et au Vatican.

1. A défaut des manuscrits, les éditions *principes* ont souvent une grande importance; ainsi les manuscrits de Velleius et de Terentianus Maurus ne nous sont plus connus que par les éditeurs du XV° siècle. Les meilleurs manuscrits d'Horace, de Thucydide se sont perdus depuis l'invention de l'imprimerie. On désespère de retrouver le manuscrit du *de Gloria* de Cicéron que Pétrarque prêta à son vieux maître d'école et qui n'a jamais été revu. — Le Mont-Athos, le Mont-Cassin et la *Vaticane* ayant été plusieurs fois explorés les chercheurs de manuscrits ne doivent plus attendre de surprises que des momies d'Égypte, des couvents d'Asie Mineure, et surtout d'Herculanum, dont une très petite partie a été visitée, et où il semble impossible qu'on ne rencontre pas un jour quelque bibliothèque d'auteurs classiques. *Usque juvat sperare.*

1. Cobet, *de Arte interpretandi*, 1847; Tournier, Préf. des *Exerc. crit. de l'École des Hautes-Études*, 1875.

2. Voy. Düntzer, Lehrs, et Pierron (Préf. de l'*Iliade*), qui *exécute* Zénodote. Il paraît cependant (Brugman, Critique du texte homérique, 1876) qu'Aristarque ne se piquait pas de fidélité. Nauck dit qu'il ne savait pas le grec (*linguae graecae minus gnarus*), ce qui fait sourire.

3. Il supprimait et changeait διὰ τὸ ἀπρεπές. Une correction de ce genre, faite récemment par Dreykorn, semble excellente: πτύξας πρόσωπον au lieu de πτύσας πρόσωπῳ, qui est si choquant (Soph., *Antig.*, 1232).

et bien d'autres avaient déjà pratiquée. Toutefois, la véritable méthode critique, celle qui classe les manuscrits avant de les dépouiller et se préoccupe plus de la valeur des témoins que du nombre des témoignages, est un progrès de date récente : Bekker et Dindorf ont le plus contribué à la propager[1].

CRITIQUE ET TRADITION. — Avant d'expliquer un texte, il faut le *retrouver*[2], c'est-à-dire le reconstituer tel qu'il a dû être, en le débarrassant des interpolations, erreurs d'écriture ou autres, qui peuvent s'y être glissées. C'est la tâche de la *critique*, à laquelle la paléographie sert d'instrument, et qui est elle-même la base de l'*herméneutique*, science de l'*explication* des textes[3]. « Sans la critique, a dit Schleiermacher, le monument philologique est édifié sur du sable, et la science philologique est un pur dilettantisme. »

Bœckh a très bien signalé le cercle vicieux auquel n'échappe pas la critique philologique. Pour expliquer un texte, il faut le lire sous une certaine forme, et pour le lire sous cette forme *et l'y laisser*, il faut pouvoir l'expliquer et le comprendre. De là, chez bien des savants, la tendance à corriger ou à supprimer tous les passages qu'ils ne comprennent pas. Il est curieux de voir avec quel plaisir les meilleurs hellénistes se déclarent parfois arrêtés par les choses du monde les plus simples. D'autres se donnent ainsi un air de connaisseur qui ne messied pas[4].

Quelques-uns, tourmentés en outre par l'esthétique (Peerlkamp, Lehrs, Nauck), se forment *a priori* une idée des qualités littéraires de tel écrivain, par exemple, d'Horace ; et ils suppriment comme apocryphe tout ce qui ne répond pas à l'idéal qu'ils ont rêvé[5]. On reconnaît là les vieux procédés sommaires de Procruste. Une école opposée, école conservatrice, voudrait attribuer aux copistes une sorte d'infaillibilité ; elle aime mieux outrager le

---

1. Hermann a comparé la philologie critique à la médecine : Tournier l'appelle la *pathologie des textes*. « Peut-être la philologie critique n'est-elle encore qu'un art, mais elle aspire à prendre rang parmi les sciences. » Ce ne doit pas être l'avis de Cobet, qui déclare que l'on naît critique comme on naît poète. Ruhnken en disait autant.
2. « Interpretationem praecedere debet emendata lectio. » (Quint.)
3. La critique conjecturale joue un certain rôle même en épigraphie, surtout lorsque l'on ne possède que des copies de voyageurs ignorants. Les lapicides, du reste, se sont plus d'une fois trompés, comme l'attestent leurs corrections mêmes (colonne Duilienne).
4. C'est là proprement « l'art de ne pas comprendre les textes », comme a dit un maître de la critique. — Il est d'ailleurs certain que l'antiquité nous est très mal connue, et qu'il est force expressions poétiques, force allusions à des usages perdus, dont le sens nous échappera toujours. Ce n'est pas une raison pour massacrer les textes et leur faire porter la peine de nos ignorances. — Cf. Quint., 9, 7, 39 : *In veteribus libris reperta mutare imperiti solent, et dum librariorum insectari volunt inscientiam, suam confitentur.* On voit à quoi s'expose un critique qui a le dédain de l'archéologie, ou de la linguistique, qui fait deviner les anciennes formes.
5. Nauck, dans le Sophocle de Schneidewin, 7ᵉ éd. : « La conjecture qui peut prétendre à la vraisemblance est celle qui, à tous les points de vue, réalise le mieux ce que l'esprit le plus exigeant veut trouver chez un tragique grec. » On dirait que c'est pour lui que Bœckh a écrit : « Les Athéniens avaient interdit, sur la proposition de Lycurgue, d'altérer le texte des tragiques : on voudrait presque que les anciens classiques fussent protégés aujourd'hui par une défense analogue. »

bon sens en expliquant ce qui est absurde, que de changer la lettre des manuscrits supposés les meilleurs [1]. Ce qui fait le fonds de cette doctrine, c'est l'indifférence à l'égard de la vérité. Aussi faut-il savoir gré aux peerlkampiens, malgré leurs folies [2], d'avoir combattu ce culte des « contre-sens vénérables », des explications « quand même », chères à ces interprètes à outrance dont Cobet a dit qu'ils n'ont jamais compris ce que c'est que de comprendre.

Enfin, il faut convenir que la démangeaison de dire du nouveau, le *pruritus emendandi*, arme beaucoup de philologues contre les textes généralement reçus, en leur faisant prendre pour nécessaire une leçon qui n'est que possible, et nous vaut ce déluge de conjectures [3] dont un si petit nombre sont *palmaires* [4].

Comment se prépare une édition. — La tâche de l'éditeur, dit Tournier [5], comprend trois parties : le classement des manuscrits, le choix des leçons, la restitution conjecturale des passages altérés [6].

La détermination de la parenté des manuscrits est le fondement de la méthode *ecdotique* moderne. Collationner tous les manuscrits d'un auteur, accumuler une énorme quantité de variantes puisées indifféremment à toutes les sources, puis choisir celle qui paraissait s'adapter le mieux au contexte, c'était la

---

1. C'est la tradition classique en France, surtout dans les éditions des jésuites, sans cesse reproduites, qui excellent à expliquer l'inexplicable. Cette méthode enseigne à ne douter de rien, jusqu'au jour où l'on doutera de tout. Peerlkamp, après avoir expliqué Horace pendant vingt ans en répétant ce qu'avaient dit ses maîtres, finit par se demander s'il était trompé ou trompeur : et, de ses loyaux scrupules, naquit l'édition des Odes que l'on sait, où il chassait Horace d'Horace lui-même, comme dit Orelli. (Voy. sur la méthode de Peerlkamp, Boissier, *Rev. de Phil.*, 1878.) Pour ce qui est des morceaux faibles ou plats que l'on relève dans un poète qu'on croyait jadis parfait, on a dit justement qu'il y a des défauts dans Horace, mais que ces défauts sont bien à lui, et qu'il faut les lui laisser. Si l'on appliquait à Corneille la méthode essayée sur Horace (qui n'est qu'un esprit bien médiocre auprès de Corneille), on ne laisserait pas subsister entière une seule tragédie.
2. Le comble du genre a été atteint par le Suédois Ljungberg, *Q. Horatii Flacci Carmina lyrica, ex intimae artis criticae praesidiis ed.*, 1872. Il reste à peine soixante vers intacts. Voici comment il arrange *Od.*, 1, 28, 21 : « Me, quae aqua te vexit, rapuit commissum, ô Arion ! — Nans lyricus novus obruor undis! » — Les ennemis de Bentley n'ont pas mieux trouvé pour le railler. (Voy. Rigault, *Querelle*, etc.)
3. Bockemüller en a fait 1200 sur Lucrèce, dont six ou sept seulement ne sont pas invraisemblables (1873).
4. Se livrer à la conjecture sans avoir reçu une éducation grammaticale très solide, c'est perdre sa peine et braver le ridicule. — Cobet : « Ea vero est praeter ceteras palmaris appellanda emendatio, quae una duabusve litteris mutatis aut transpositis novum sententiae lumen, novam orationis formam profert, et ex dissolutis et perturbatis apta et recta efficit. » Cobet a donné beaucoup de corrections répondant à cette formule.
5. *Exercices critiq.*, IX.
6. Constater l'altération est plus aisé que de découvrir le remède; Scaliger disait : *Morbos melius novimus quam remedia.* Cependant Cobet trouve, avec raison, que l'on passe encore trop facilement à côté de passages altérés : *Nil suspicamur mali, et sic stomacho duro plerique sumus ut lapides et saxa concoquamus.* — L'éditeur, d'un texte inédit surtout, ne doit pas craindre d'avouer son ignorance : « Il n'est jamais permis à un éditeur d'imprimer des choses inintelligibles, ou il doit appeler sur les passages qu'il ne comprend pas et qu'il n'a pu restituer l'attention de ses lecteurs. » (Gaston Paris.) Il y a là un devoir de bonne foi auquel Maï, Bekker et quantité d'autres se sont toujours soustraits.

méthode des siècles précédents; et elle a régné encore au commencement du nôtre. Aujourd'hui, l'on commence par classer les manuscrits par familles, par déterminer (au moyen des lacunes ou des fautes communes qu'ils peuvent présenter) quels sont ceux qui ne sont que des copies d'originaux encore existants ; et l'on ne tient compte que des manuscrits archétypes ou dérivant d'archétypes perdus [1]. Ainsi, d'après Dindorf, nos manuscrits de Sophocle seraient tous copiés sur le *Laurentianus*, qui aurait, dès lors, à lui seul toute l'autorité des autres manuscrits. S'ils diffèrent entre eux et de leur source commune, c'est par des fautes d'écriture ou par l'introduction de conjectures relativement récentes [2]. Cette méthode, tout à fait scientifique et très bonne en principe, a conduit à des abus fâcheux. La collation des manuscrits est une tâche si rebutante, que l'on est porté, pour s'en affranchir, à trop restreindre le nombre des manuscrits importants [3]. L'opinion de Dindorf sur le *Laurentianus* a été vivement combattue, et une réaction commence à se produire contre cette tendance excessive à la simplification.

On distingue la *critique diplomatique*, qui étudie la valeur et la parenté des manuscrits, de la critique *verbale* ou *grammaticale*, qui corrige le texte des manuscrits pour le rendre conforme au bon sens ou à la *grammaire*. Wolf et Bœckh distinguent à tort une *critique supérieure* portant sur le caractère, l'authenticité des textes, etc., et une critique *inférieure* ou grammaticale. Il y a de méchants critiques, très inférieurs à Wolf et à Bœckh; mais il n'y a pas de *critique inférieure*.

Étude des erreurs [4]. — La critique, en tant qu'elle s'applique à classer les erreurs naturelles à un homme qui copie ou qui écrit sous la dic-

---

1. Par là il arrive qu'un manuscrit du quinzième siècle, représentant un archétype du huitième, peut avoir plus d'autorité qu'un manuscrit du dixième siècle. L'ancienneté des manuscrits est donc un mauvais critérium de leur valeur. « A la différence des hommes, les manuscrits ne valent que par leur descendance. » (Tournier.) — Une leçon incorrecte doit quelquefois être préférée à toute autre, à cause de son incorrection même. Très souvent, cette incorrection n'est qu'un déguisement transparent sous lequel se laisse reconnaître le mot qu'a dû écrire l'auteur. Se défier des leçons claires, intelligibles à première vue, aux endroits où un autre manuscrit donnera une variante obscure. (Tournier.) Le principe *lectio difficilior praeferenda faciliori* n'est cependant pas, on le comprend, d'une application constante.

2. Ce sont ces conjectures-là, œuvres de scribes du Bas-Empire, que les soi-disant conservateurs voudraient vénérer comme paroles d'oracles. Il n'est pas de manuscrit, même excellent, qui ne soit farci de conjectures pareilles. Ce qui justifie l'arrêt de Tournier : « On professe la religion des manuscrits, et l'on n'a que la superstition des vulgates ! » (R. C., II, 327.) — Le même critique dit avec raison : « Que sont les interprétations des critiques dits conservateurs, sinon des conjectures bien plus hardies que les essais de restitution auxquels on les oppose? »

3. Toutes les copies ne sont pas sans valeur. Un copiste du *Laurentianus* a pu réviser son ms. à l'aide d'un autre ms. aujourd'hui perdu. Tournier me paraît exagérer quand il dit : « Les plus mauvaises copies offrent en maint endroit des variantes qui mériteraient toute l'attention de la critique si le choix des mss ne devait précéder celui des leçons. »

4. Voy. Ribbeck, *Prolégom. à Virgile*, 1866 ; Schubart, *Méthodologie de la critique diplomatique*, 1855 (all.); Bast, *op. cit.*, et Wattenbach. — Voici la classification de Tournier : 1° Confusion de lettres (digraphies, etc.); 2° Substitutions de gloses; 3° Substitution d'un mot à un autre ; 4° Glose ajoutée au texte et intrusions de notes marginales; 5° Lacunes 6° Transpositions; 7° Remaniements, corrections anciennes (la plupart du temps irrémédiables).

tée[1], est une science *psychologique*[2]. Elle étudie, par exemple, les erreurs d'*influence*, consistant à répéter deux fois un mot, ou à omettre un mot après un autre qui lui ressemble, ou à altérer la forme d'un mot sous l'*influence* d'un mot précédent[3]. Il y a aussi les erreurs qui consistent à sauter des lignes, à cause de l'identité des syllabes qui commencent ces lignes et d'autres voisines ; à changer l'ordre des mots, à lire de travers les abréviations du modèle[4], à prendre des signes numéraux pour des lettres[5], enfin à introduire dans le texte des gloses interlinéaires. On a d'ailleurs fort abusé de cette hypothèse des gloses, hypothèse commode qui permet d'expulser d'un texte tout ce qu'on n'y entend ou tout ce qu'on n'y aime point[6]. Il est incontestable que des confusions de ce genre se sont produites ; mais, en thèse générale, il ne faut pas rejeter d'un texte ce qui n'a qu'un rapport éloigné avec le contexte[7] ; autrement dit, avant d'expulser une glose, il faut expliquer comment elle a pu s'introduire à la place qu'elle occupe dans le manuscrit[8].

Outre les erreurs *involontaires*, appelées *mécaniques* par Schleiermacher, il y a les changements *volontaires*, plus ou moins adroits, introduits dans les manuscrits par des copistes demi-savants. Un scribe, cité par Cobet, avoue, sur la marge d'un manuscrit de Plutarque, que, désespérant de lire son modèle, il a remplacé le texte illisible par du grec de sa façon. Madvig, d'autre part, a raillé avec son esprit habituel (*Advers.*, I, 10) les critiques qui se figurent les copistes comme des hommes pleins d'astuce et de malice, plutôt trompeurs que trompés. Admirons, au contraire, sinon leur pénétration, du moins leur patience à copier des textes dont l'intérêt devait être pour eux des plus médiocres[9].

Dans l'étude des confusions qui peuvent se produire entre les lettres, il

---

1. Mabillon admettait que l'on dictait les manuscrits; mais Madvig (*Advers.*, I, p. 10) dit que rien ne peut autoriser cette hypothèse.

2. « A vrai dire, la science des lapsus est encore à faire. » (Tournier.) Mais sera-t-elle jamais faite? La science des erreurs humaines serait la science de l'infini.

3. Ainsi, toutes les éditions du *Traité de la Concupiscence* portent : « On en voit qui passent leur vie... à rendre agréables des choses non seulement inutiles, mais encore dangereuses, comme à chanter un amour feint ou *agréable*. » (Éd. Vivès, VII, 449.) Il faut lire *véritable* au lieu d'*agréable* (répétition du même mot un peu plus haut), comme on l'a signalé (*Rev. instr. publ.*, 15 juillet 1878). Le texte de Bossuet est un champ ouvert à la critique verbale. (Voy. Vaillant, Gandar, etc.)

4. Ainsi PR (*primus*) a souvent été transcrit *Populus Romanus*.

5. Ou des noms propres pour des noms communs. Dans Plutarque (*An Sen. sit ger resp.*, 27), au lieu de ἀνεχώρησε μὲν, ἐκράτει δὲ καὶ δίφρος ἔκειτο, Madvig corrige admirablement : ἀνεχώρησε Μενεκράτει....

6. Les critiques signalent dans les tragédies des tirades entières qui seraient l'œuvre de quelque *vir otiosus* d'Alexandrie ou du Bas-Empire; par ex. *Antig.* 905 sqq. On voudrait que cela fût prouvé.

7. « Gloses explicatives qui n'expliquent rien. » (Thurot.)

8. Voici un exemple d'une belle correction. Dans Lucrèce (2, 42), on lisait : « Subsidiis magnis *Epicuri* constabilitas. » Bernays a remplacé *Epicuri* par *hastatis*, qui s'est glissé dans le vers suivant où il est inintelligible, et expliqué *Epicuri* par l'introduction dans le texte d'une glose grecque : *subsidia* = ἐπικοῦροι. — Madvig, Cobet et Weil ont fait beaucoup de conjectures semblables, qui restent acquises à la science.

9. C'était souvent des sortes de *pensums*, que les moines copiaient *pro poena peccatorum*.

faut en général se reporter à l'alphabet oncial, dans lequel étaient écrits les textes que nos copistes avaient sous les yeux. Ainsi Cobet a fait une correction certaine en remplaçant le mot εὐσίν des manuscrits par θύειν, à la fin d'un vers iambique, l'ο et le θ, l'ε et le σ lunaire, ayant presque le même aspect dans l'écriture onciale [1].

1. Principales confusions dans les manuscrits grecs :
ONCIALE : α et δ, γ et τ, δ et λ, γι, η et π, ε et ο, η, ις et κ, θ et ο, μ et λλ, τι et π, ω et σο.
CURSIVE : α et λ, μ et ν, π et τι, τ, υ et γ, φ et ψ.
MINUSCULE : α et δ, η et κ, μ et ν, etc., etc.
Comme une altération *mécanique* du copiste A peut avoir conduit le copiste B à une altération volontaire qu'aura reproduite le copiste C, auteur d'un manuscrit conservé, on comprend que l'on puisse proposer une très bonne correction *d'après le contexte* sans tenir compte des confusions paléographiques. — La connaissance de l'ancienne orthographe n'est pas sans importance pour la critique : « Pour savoir ce qu'a écrit un auteur, il est souvent fort utile de savoir comment il écrivait. » (Tournier.)

LIVRE IV

L'ART ANTIQUE ET SON HISTOIRE

ALPHABET DE L'ART. — ARCHITECTURE. — STATUAIRE. — PEINTURE. — CÉRAMIQUE. GLYPTIQUE. — TOREUTIQUE.

§ I. — ALPHABET DE L'ART.

Architecture[1]. — C'est un excès où l'on tombe souvent de faire dériver toutes les formes de l'architecture d'une construction primitive en charpente, et de condamner, comme inutiles ou absurdes, tous les ornements qui n'ont pas leur prototype dans l'art ligneux primitif. En réalité, les Grecs ont su respecter, dans leurs constructions en pierre, les *conditions générales* de solidité qui s'imposent dans les constructions plus fragiles ; mais leur mérite a plutôt été de se dégager du type ligneux primitif que d'y rester servilement fidèles[2].

MATÉRIAUX. — 1. Les matériaux, que l'on divise en naturels ou artificiels, sont la pierre[3], les métaux, le bois, l'argile, la chaux, la brique, le béton, le ciment, etc.

---

1. Pour les détails techniques sur les autres arts, voyez le texte et les notes en tête de leur histoire, dans ce livre. BIBLIOGR. : Ch. Blanc, *Gramm. des arts du dessin*, 3ᵉ éd., 1876. La partie relative à la Grèce est la meilleure.— Otfr. Müller, *Manuel de l'Archéol. de l'art*, traduit par Nicard, 1842, avec un album bien gravé. — Bötticher, *Tectonique des Hellènes*, 1852 (all.). — Lübke, *Hist. de l'Architecture* (all.). — Normand, continué par Mauch, *Parallèle des ordres d'architecture*, 1852-61(all.).—Stark, *Man. de l'Archéol. de l'art*(all.), Iᵉʳ vol., 1878. Il a aussi mis au courant (1852) l'édition allemande du Manuel d'Otfr. Müller.

2. Voyez Boutmy, *Philos. de l'archit. en Grèce*, p. 168 : « Chose étrange, dans cet entablement où l'on croit voir la reproduction servile d'un comble, je crois apercevoir une préoccupation toute contraire : celle d'atténuer l'idée de comble. » Le système opposé avec toutes ses exagérations est développé dans Ch. Blanc et dans Beulé.

3. La pierre ordinaire s'appelait λᾶς, le marbre λίθος λευκός et quelquefois μαρμάρινος. Le marbre venait surtout de l'Hymette, du Pentélique, de Paros, d'Éphèse, de Proconnèse. Le marbre de Paros est d'une teinte plus unie que celui du Pentélique, celui-ci d'un grain plus serré et plus fin. Le marbre de Carrare (Luni) ressemble à du sucre pilé et a souvent

2. Les anciennes constructions grecques, dites *cyclopéennes*, sont formées de pierres non taillées unies sans ciment[1]. Plus tard, on les tailla et on les disposa de diverses manières. Le bois, à l'époque classique, ne sert plus guère que pour la toiture[2]. Les briques, très usitées à Ninive et à Babylone, servirent en Grèce à quelques constructions[3] : les Romains en firent un grand usage[4]. Les métaux étaient employés anciennement, en Grèce, à l'ornementation extérieure des temples, aux portes, etc. A Rome, ils servent dans les grandes voûtes.

Supports. — 1. Le support le plus simple s'appelle *poteau* s'il est en bois, *pilier* s'il est en pierre. Quand le pilier, au lieu d'être isolé, est engagé dans le mur, il se nomme *pilastre*. Quand il est arrondi et isolé, il est dit *colonne*[5].

2. La colonne, comme le tronc d'arbre, s'élargit à sa *base* pour porter son propre poids, et à son faîte pour porter les parties qu'on lui impose. Cet évasement de la colonne à sa partie supérieure est le *chapiteau*, le reste est le *fût* ou la tige. Plus tard, on ajouta à la colonne une troisième partie, la *base*[6], plateau plus large sur lequel porte le fût. La colonne comprend donc trois parties : la base, le fût et le chapiteau[7].

Ordres. — Il y a cinq *ordres* classiques dans l'architecture ancienne, le Dorique, l'Ionique, le Corinthien, le Toscan et le Composite, ou ordre Romain. Les trois premiers sont d'origine grecque,

---

des teintes bleuâtres : celui de l'Hymette est moins estimé. On cite encore les marbres verts de Macédoine, jaunes de Lesbos, noirs de Milet et d'Alabanda, servant aux statues d'Isis et de nègres — roses et rouges (*rosso antico*) pour les têtes de Bacchus, les baignoires, etc. On voit à Rome, depuis Claude, des statues de porphyre, des bustes de Sérapis en basalte, etc. Dans les premiers temps, Rome se servit du *lapis albanus*, tuf volcanique de couleur grise (*peperino*), ou du *lapis Tiburtinus* (*travertino*); puis des marbres de Grèce et de Luna, en Étrurie, souvent aussi des granites (d'Ilva, d'Igilium, de Philé).

1. En ajoutant le ciment, on obtient la disposition dite appareil polygonal, *opus incertum*. La disposition la plus fréquente à la bonne époque est l'*opus isodomum* (pierres égales avec des assises de hauteur égale) qu'on rencontre au Parthénon et au temple de la Victoire Aptère. Si les assises sont alternativement hautes et basses, on a l'*opus pseudisodomum*. L'*opus reticulatum* (maçonnerie maillée), formé de petites pierres posées sur un angle qui donnent au mur l'aspect d'un réseau, est particulier à l'architecture romaine.

2. Encore à Athènes est-elle le plus souvent en pierre.

3. Murs de Mantinée et d'Athènes (partie sud); mausolée d'Halicarnasse.

4. Le ciment (mortier fait avec des débris de tuiles, de briques, de terre cuite mêlée avec de la chaux) devint chez les Romains un élément de construction. On le trouve combiné avec la brique en quantités égales dans les Thermes de Julien (Cluny).

5. Ch. Blanc, *Gramm. des arts du dessin*, p. 150 sqq. *passim*.

6. « Le Parthénon, posé sur des colonnes sans base, semble avoir émergé tout construit des entrailles de l'Acropole. » (Blanc.)

7. Les colonnes grecques se rétrécissent au sommet du fût et s'enflent au milieu (*entasis*). Les fûts peuvent être ornés de canaux verticaux dits *cannelures*, séparés par des renflements nommés *listels*. Ces tiges sont rassemblées au sommet par plusieurs anneaux, réduits plus tard à un seul nommé *astragale*.

les deux autres italiens[1]. Ils impriment un caractère particulier à toutes les parties de la construction, mais surtout à la colonne, et, dans la colonne, au chapiteau[2].

Dorique. — 1. L'ordre dorique, trouvé *par hasard*, selon Vitruve, par Dorus, constructeur du temple d'Argos, est le plus ancien des trois ordres grecs[3]. La colonne dorique n'a pas de base : elle est conique, renflée, à cannelures, avec *échine* évasée (*cuvette*) et, sur l'échine, une dalle carrée, dite *tailloir* ou *abaque*. En Grèce, elle a moins de six diamètres de haut.

2. La partie supportée par la colonne (entre la colonne et le *fronton*) s'appelle *entablement* et comprend trois parties : l'*architrave*[4], la *frise* et la *corniche*. Le larmier est un plafond faisant saillie au-dessus de la frise, à la partie inférieure de la corniche. Dans la frise dorique, le bout des solives que rappelle la pierre est accusé par une table saillante, portant trois entailles en biseau ou *glyphes*, nommées *triglyphes*. Les intervalles entre les triglyphes restaient anciennement vides[5] : ce sont les *métopes*, bouchées plus tard par une dalle, qui, lisse encore dans les temples de Paestum, porta plus tard des figures. La frise est séparée de l'architrave par une moulure plate, dite *ténia*, avec six petits cônes rappelant les chevilles (?) nommés *gouttes*[6].

3. La corniche dorique se compose de trois parties : la *mutule*, perpendiculaire aux triglyphes; le *larmier* et la *cymaise*, moulure qui termine la corniche[7].

---

1. Chipiez, *Hist. crit. des origines des ordres grecs*, 1876. Trois théories étaient en présence : 1° Une cabane en bois primitive, dont les parties se seraient développées progressivement (Vitruve, la Renaissance, Quatremère). 2° L'art grec dérive des nécessités de la construction de la pierre (Viollet-le-Duc, Klenze). 3° L'art grec est d'origine orientale (Champollion cite les colonnes proto-doriques de Beni-Hassan; Longpérier, les monuments d'Assyrie; Perrot, ceux d'Asie Mineure et l'art lydo-phrygien). — Enfin, Chipiez offre une quatrième théorie. Il remarque que l'architecture métallique, avec supports en métaux, se rencontre dès les plus anciens temps de l'Égypte (tombeaux de Saqqarah). L'emploi primitif du métal explique seul la sveltesse des colonnes et la longueur des architraves. La colonne ne dérive pas du pilier, mais est faite à l'imitation des supports en bois couronnés de têtes de métal. Le système primitif d'architecture, métallique et ligneux, a donné naissance à l'architecture de pierre. Quant aux éléments des ordres grecs, ils sont venus indirectement d'Égypte, de Chaldée et d'Assyrie (*R. C.*, t. XX, p. 374.).

2. Il faut distinguer plusieurs périodes dans le développement de chaque ordre : en général, après la période classique, on voit le diamètre des colonnes diminuer, leur chapiteau se charger d'ornements et la distinction des différents ordres tendre à s'effacer, ce qui se produit surtout à l'époque romaine. Les Grecs n'ont pas connu le style composite, qui, à proprement parler, est plutôt la négation du style.

3. On en trouve le germe déjà développé en Égypte (tombeaux des Beni-Hassan).

4. Pierre horizontale en plate-bande, primitivement la maîtresse-poutre.

5. C'est par ces métopes primitives qu'Oreste et Pylade, dans l'*Iphigénie en Tauride* d'Euripide, se proposent d'entrer dans le temple de Diane.

6. La métope figure un carré que les Athéniens firent un peu plus haut que large pour qu'il produisît, par la perspective, l'impression d'un carré parfait.

7. Ce modèle du dorique n'a été connu que tard des modernes : sur la foi de Vitruve (qui semble n'avoir pas vu le Parthénon) et de Vignole, qui altéra encore le modèle romain, on s'en faisait une idée fort différente. Dans le dorique romain, la colonne s'augmente d'une base que l'on peut faire reposer sur une plinthe carrée (p. ex. au Colisée], et la hauteur de l'architrave est réduite à un demi-diamètre.

IONIQUE[1]. — 1. L'ionique a une base ronde sans plinthe[2]. La base ionique dite *attique* se compose de deux *tores* ou renflements séparés par une moulure en creux (*scotie*). La hauteur normale est de neuf diamètres (Érechthéion).

2. Le chapiteau contient le trait caractéristique de l'ordre, la *volute*, où Vitruve voit l'image de deux boucles de cheveux encadrant la coiffure d'une femme dont la tête serait représentée par le chapiteau[3]. Entre le fût et l'abaque, le *coussinet* est orné de *palmettes*, *tresses*, *oves* et *perles*. Les cannelures sont plus nombreuses et plus profondes que dans le dorique. L'architrave, pour éviter la lourdeur, est divisée en trois *faces*, dont la plus haute est surmontée d'une moulure en *talon*, sculptée en fleurons et feuilles d'eau. La frise n'a ni triglyphes ni métopes.

3. La corniche est composée d'un larmier et d'une cymaise avec oves.

4. La corruption de l'ordre ionique[4] commença dès l'époque classique, et donna peut-être naissance au corinthien[5].

CORINTHIEN[6]. — 1. La colonne corinthienne a dix diamètres de haut, une base attique (ronde sans plinthe), des cannelures terminées en feuilles d'eau; le chapiteau se compose de deux rangs de quatre feuilles[7]. L'abaque est orné d'une *palmette* ou *fleuron* au milieu de son échancrure. L'architrave a trois bandes, la frise est très légère, et la corniche porte des denticules rappelant les chevrons.

2. Le corinthien a été le triomphe de l'architecture romaine, qui a poussé jusqu'aux derniers raffinements l'ornementation des colonnes[8].

1. On croit que l'ordre ionique est d'origine asiatique : la colonne proto-ionique se rencontre dans les ruines du palais de Persépolis (colonne de 13 diamètres de haut).

2. La base est asiatique, ainsi que les volutes. En Inde, elle est quelquefois plus haute que le fût. (Blanc.)

3. Selon d'autres, les volutes rappellent les cornes de bélier suspendues aux cippes funéraires, les copeaux de bois enlevés en équarrissant le poteau primitif, etc.

4. Les Grecs d'Asie commirent la faute de donner à l'ordre ionique des proportions colossales (temples d'Éphèse, de Cybèle à Sardes, *Heraeum* de Samos). Ils posèrent les colonnes sur une plinthe carrée, qu'adoptèrent les Romains et Vignole. La base de Vitruve repose sur un socle carré et se compose de deux scoties séparées par deux astragales : la scotie supérieure est surmontée d'un gros tore, de manière que le faible porte le fort, disposition déraisonnable qui se retrouve dans les colonnes de Phil. Delorme au Louvre. (Ch. Blanc.)

5. Dans le temple d'Apollon Épicurios, à Bassae près de Phigalie, Ictinus sculpta des chapiteaux ioniques avec trois volutes sur les faces libres. C'était le premier pas vers le corinthien, le modèle des chapiteaux ioniques à quatre volutes de Pompéi, et du chapiteau moderne à quatre volutes de Michel-Ange et Scamozzi. (Blanc, *pass*.)

6. Selon Vitruve, l'ordre corinthien fut inventé en 440 par Callimaque, sculpteur de Corinthe. Les Égyptiens avaient déjà imité sur le calice de leurs colonnes la végétation du lotus et du palmier. L'ordre corinthien fut appliqué pour la première fois à Athènes dans le monument choragique de Lysicrate, construit en 335. Dans la Tour des Vents, qui est postérieure, les colonnes corinthiennes sont employées sans base. Il faut remarquer que les Romains ont les premiers donné de grandes dimensions au corinthien, ce qui, à parler rigoureusement, est un contre-sens, les délicatesses du travail échappant au spectateur éloigné.

7. Les premières sont lisses comme des feuilles d'eau, les secondes ressemblent à des feuilles d'acanthe alternant avec des fleurs à corolle étoilée. Au-dessus du deuxième rang des feuilles, le cratère du chapiteau avec volutes, hélices, caulicoles.

8. Sous l'Empire, on donna des plinthes aux colonnes, faute de goût dont les Athéniens étaient incapables. A la feuille d'acanthe sauvage, on substitua l'*acanthus mollis*, la feuille

5. L'entablement corinthien, égal au cinquième de la hauteur des colonnes[1], diffère de l'ionique par le degré d'ornementation[2].

Toscan[3]. — C'est une sorte de dorique, où la colonne, haute de sept diamètres, est d'un quart plus étroite au haut du fût qu'à la base.

Composite. — Il ne diffère du corinthien que par le chapiteau, où l'on a superposé aux feuilles d'acanthe les volutes ioniques et une échine en oves. Employé pour la première fois dans l'arc de Titus, il a servi particulièrement pour les arcs de triomphe. La colonne a neuf diamètres et demi[4].

Caryatides. — Outre les colonnes et les piliers, l'antiquité a employé, comme supports, des figures humaines dites *Atlantes*, *Télamons*, *Caryatides*, que l'on trouve même au temps de Périclès[5].

Combles, Fronton. — 1. Les édifices de luxe ont des plafonds lambrissés (*lacunaria*), parfois dorés ou chryséléphantins. La toiture se compose de tuiles plates (*tegulae*) combinées avec des tuiles creuses (*imbrices*). Les ornements

d'olivier, dont les refends sont plus accusés (Panthéon, Maison Carrée), des trophées, des victoires, des dauphins (villa d'Adrien), des chevaux ailés, etc., et des ornements fantastiques qui présagent de loin l'avènement du style gothique. — Pour plus de solidité, on remplit les cannelures des colonnes corinthiennes, jusqu'au tiers de leur hauteur, de moulures en forme de rubans dites *rudentures*. Les colonnes sont dites rudentées.

1. Les Romains ont toujours orné la bande supérieure d'une moulure, qui la sépare nettement de la frise ; la frise corinthienne ne se distingue pas de l'ionique. — Entre la frise et le larmier, on trouve souvent des consoles à double volute nommées *modillons*, parfois placées à contre-sens, la panse tournée vers le spectateur (Maison Carrée, Arc d'Orange).

2. Dans le corinthien, la frise est bordée de feuillages enroulés appelés *rinceaux* ou de *bucranes* (têtes de bœufs décharnés ou non), de têtes de bélier, de guirlandes, de bandelettes, rarement de figures humaines.

3. Il ne nous est connu que par Vitruve.

4. Dans les plus anciens temples grecs, on trouvait des colonnes isolées sur lesquelles on plaçait les images des dieux, pour les élever au-dessus de la foule des adorateurs. C'est là l'origine des grandes colonnes romaines comme la colonne Trajane, imitées par les modernes (colonnes Vendôme, de Trafalgar). — Quant aux colonnes *torses*, *pastorales*, *rustiques*, *marines*, *ovales*, *serpentines*, etc., ce sont des caprices ou des aberrations dont le goût classique a su se préserver.

5. *Caryatides* du Pandrosion d'Athènes ; *télamons* du temple de Jupiter Olympien, à Agrigente. — **Autres parties de la construction.** Soubassement. C'est le piédestal de la construction. Il est dit *stylobate*, quand il porte une colonnade. Les degrés sont toujours en nombre impair, soit pour que le soubassement ait un milieu sensible, soit pour qu'en mettant le pied droit sur le premier on le mette aussi sur le dernier. (Vitruve.) — Murs. Le mur est la continuation du pilier et offre souvent, comme lui, un pied, un fût et une sorte de chapiteau. Presque toujours en *isodomum* dans la Grèce classique. — Antes. Ce sont des piliers carrés peu saillants qui fortifient l'extrémité des murs. Ils s'appellent *piédroits* quand ils épaississent les angles d'une porte, *pilastres* quand ils font saillie sur la face d'un mur, antes quand ils ont trois faces et terminent les murs d'un temple, prolongés jusqu'à l'alignement de la façade. — Portes. On distinguait les portes doriques, ioniques et attiques. Les battants (*valvae*) étaient parfois d'or et d'ivoire. La forme des portes, à l'époque classique, est légèrement pyramidale. Le débordement du *linteau* (fixé sur les piédroits par une double *mortaise*) rachetait exactement la diminution supérieure de l'ouverture. Le petit ressaut formé par ce débordement se nomme *crossette*. Le principe du rétrécissement des portes, respecté à Rome dans le temple de Vesta (Tibur), fut abandonné au siècle d'Auguste. Les jambages et le linteau réunis forment le *chambranle*, qui est souvent sculpté. — Fenêtres. Les fenêtres grecques sont pyramidales. A Pompéi, elles sont très petites et percées très haut. Elles se fermaient au moyen de volets, ou de substances transparentes (*lapis specularis*) ou avec du verre (ὕαλος, *lapis phengites*).

inventés par Butade de Sicyone pour masquer le vide produit par les dernières tuiles s'appellent *protypes* ou *antéfixes*[1].

2. Dans les temples et les édifices publics, les toits ont des *frontons*, surfaces triangulaires de la toiture sur les deux petits côtés de l'édifice[2]. Les Romains ont aiguisé l'angle des frontons en augmentant la hauteur du *tympan*[3]. Aux trois angles du fronton s'élèvent les acrotères, piédestaux sans base où l'on posait de grands antéfixes, souvent des figures d'hommes et d'animaux[4].

ÉCLAIRAGE. — On a beaucoup discuté sur l'éclairage des temples grecs, à cause d'un passage corrompu de Vitruve (3, 1, 8). Winckelmann pensait qu'ils étaient éclairés par des lampes, ce qui eût rendu les peintures à peu près invisibles. Il paraît établi aujourd'hui[5] que les temples périptères, diptères et pseudo-diptères étaient *hypèthres*, c'est-à-dire qu'une partie de la *cella* était sans toiture[6].

POLYCHROMIE. — Encore une question litigieuse. Des traces incontestables ont obligé les archéologues à reconnaître que les triglyphes des temples grecs étaient peints en bleu, le fond des métopes en rouge, les frises souvent dorées, les colonnes en ocre jaune, les tympans azurés. Ces résultats sont dus à Hittorf et à de Luynes[7].

ARC. — L'arc est l'élément caractéristique de l'architecture romaine, qui l'a reçu d'Étrurie. On en trouve quelques exemples, dérivant de la construction dite *en encorbellement* (par assises superposées faisant saillie), en Orient et en Égypte[8].

1. Au Parthénon, les antéfixes sont des tuiles verticales taillées en palmettes.
2. En grec, ἀετός, aigle aux ailes déployées.
3. Triangle compris entre les trois corniches. — Dans le dorique primitif (Paestum), le tympan restait lisse. Dès le VIe siècle, le fronton d'Égine se couvrait de sculptures en ronde bosse.
4. Au temple de Jupiter, à Olympie, l'acrotère du sommet était une Victoire en bronze doré reposant sur un piédestal orné d'un masque de la Méduse.
5. Raoul-Rochette, *Journal des Savants*, 1846. La question a été reprise par Chipiez, *Rev. archéol.*, 1878. Il n'admet pas un même système pour tous les temples, et croit que dans celui d'Égine, par exemple, la lumière arrivait par des ouvertures du toit, entre les colonnes intérieures et les murs du *naos*.
6. C'est ce qui explique l'histoire contée par Pausanias : la foudre tombe aux pieds de Phidias, dans le temple d'Olympie, devant la statue de Jupiter, qui témoignait ainsi son contentement à l'artiste.
7. Hittorf, *Archit. polychrome des Grecs*, 1850. Ils avaient été pressentis par Quatremère (*Jupiter Olympien*). Les anciennes statues (d'Égine, par exemple), portent aussi des traces de peinture. (Voy. Blanc, p. 233.) La polychromie, qui choque notre goût ou nos préjugés, était en usage dans tout l'Orient, à Rome, à Byzance, et dans l'architecture arabe. Beulé dit ingénieusement qu'elle tire son origine des vernis peints appliqués sur le bois pour le conserver. Cf. Luynes, *Métaponte*, 1836.
8. L'arc romain est en plein cintre, c'est-à-dire qu'il a la forme d'une demi-circonférence. Il se compose de pierres en forme de coins, dits *claveaux* ou *voussoirs*, ajustées en nombre impair avec une *clef de voûte* ou *maître claveau* au milieu. Les moulures qui encadrent l'arcade composent l'archivolte. — Arc et voûte sont à peu près synonymes, *arc* désignant plutôt le profil géométrique. L'arc a engendré la *coupole*, voûte hémisphérique ou ovoïde reposant sur une base circulaire et dont l'extérieur s'appelle généralement *dôme*. Le monument choragique de Lysicrate en offre un exemple isolé en Grèce : la coupole appartient à l'architecture romaine, qui l'a transmise à la Renaissance.

DIFFÉRENTES SORTES DE TEMPLES[1]. — 1. Vitruve distingue, d'après les proportions de l'entre-colonnement, cinq sortes de temples, qu'il appelle *Pycnostyles* (1 1/2 diamètre entre les colonnes), *Systyles* (2 diamètres), *Diastyles* (3 diamètres), *Aérostyles*[2] (4 ou 5 diamètres), *Eustyles* (2 1/4 diamètres), proportion qui facilitait la promenade sous le péristyle. — Les monuments grecs classiques sont pycnostyles.

2. Le mode de classement le plus important[3] est *selon la distribution des colonnes*, qui peuvent être engagées dans le mur ou former colonnade[4].

ÉDIFICES PROFANES[5]. — 1. **Théâtre**, comprenant l'*orchestre* avec la *thymèle* (autel de Bacchus) au milieu; la *scène*, les *gradins*[6], et une colonnade circulaire dominant les gradins[7], qui servait à l'ornementation et à l'acoustique.

2. **Odéon**, petit théâtre réservé à l'audition des œuvres de musique, avec un toit circulaire.

3. **Stade**, théâtre réservé aux exercices athlétiques, surtout à la course, sorte de large avenue fermée, arrondie à une extrémité.

4. **Hippodrome**, pour les courses de chars et de chevaux. Très simple chez les Grecs, l'hippodrome ou *cirque* des Romains devint un monument colossal, ayant la forme d'un parallélogramme très allongé, avec des gradins sur trois côtés. On y distinguait : les remises ou *carcères*, où les chevaux attendaient le signal du départ; l'*épine*, stylobate en maçonnerie au milieu de l'arène, aux

---

1. Un temple grec comprend ordinairement : 1° le soubassement avec degrés, *suggestus*, κρηπίς; 2° le sanctuaire, *cella*, ναός, σηκός, où est placée la statue du dieu; 3° le vestibule, πρόναος; 4° la partie postérieure, *posticum*, ὀπισθόδομος; 5° la colonnade, *alae*, πτέρωμα. Les sacrifices se font dans le vestibule.

2. Ces proportions rendaient impossible l'emploi d'architraves de pierre ou de marbre : on se servait de plates-bandes de bois, que l'on ornait de statuettes en cuivre doré.

3. Selon le nombre des colonnes de la façade, un temple peut être *tétrastyle*, *hexastyle* (temple de Minerve à Égine), *octastyle* (temple d'Éphèse et Parthénon), *décastyle* (rare, style romain).

4. On distingue les modèles suivants : — 1° TEMPLE IN ANTIS. Le vestibule est formé par les murs latéraux de la *cella* terminés en *antes*, entre lesquelles sont espacées deux colonnes (temple de Minerve Suniade). — 2° TEMPLE PROSTYLE. A chaque ante, on a substitué une colonne isolée, de manière à laisser sur le devant un vestibule porté sur quatre colonnes (temple de Cérès à Éleusis). — 3° TEMPLE AMPHIPROSTYLE. Temple prostyle avec la même accommodation sur la face postérieure (temple de la Victoire Aptère sur l'Acropole). — 4° TEMPLE PÉRIPTÈRE. Par analogie avec les précédents, on ajoute sur les flancs des ailes de colonnes (Madeleine, Bourse de Paris). — 5° TEMPLE PSEUDO-PÉRIPTÈRE. Pour élargir la *cella*, on a engagé les colonnes dans les murs latéraux (Maison Carrée à Nîmes). — 6° TEMPLE DIPTÈRE. Colonnade double sur les flancs de l'édifice (temple de Diane à Éphèse). — 7° TEMPLE PSEUDO-DIPTÈRE, inventé au temps d'Alexandre par Hermogène, qui, dans la construction du temple de Diane, à Magnésie, supprima le premier rang des colonnes latérales du diptère. — 8° TEMPLE ROND, MONOPTÈRE. Certaines allégories religieuses, notamment le culte du soleil, imposaient la forme ronde à quelques temples (temple d'Esculape à Épidaure, par Polyclète). Quand le temple rond n'avait ni cella ni mur, et se composait d'une simple colonnade à jour supportant une coupole (θόλος), il était *monoptère*. — 9° TEMPLE ROND PÉRIPTÈRE. Le temple rond était fermé par un mur et entouré de colonnes (temple de Vesta à Tivoli). — 10° TEMPLE ROND PSEUDO-PÉRIPTÈRE. Temple rond ayant ses colonnes engagées dans le mur circulaire (Monument de Lysicrate). — Pour tous les détails de cette note, voy. Ch. Blanc, p. 220 sqq.

5. Voy., pour les détails, les Dictionnaires d'antiquités, Saglio, Smith, Dezobry; Donaldson, *Théâtre des Grecs*, 1860 (angl.), et l'*Index*.

6. κερκίδες, *cunei*, formant la *cavea*, κοῖλον.

7. περίπατος.

extrémités duquel étaient les bornes (*metae*) qu'il fallait doubler; l'*euripe*, petite rivière[1] séparant l'arène des gradins; le *podium*, soubassement des gradins s'élevant au-dessus de l'*euripe*, etc. Il y avait trois portes et des loges officielles couvertes (*suggestus, cubicula*).

5. **Amphithéâtre**, construction propre aux Romains[2], avec une arène elliptique; un *podium*, plate-forme élevée contenant les sièges d'honneur; plusieurs rangs de gradins (*maeniana*), séparés par des précinctions ou terrasses; les *vomitoires*, portes conduisant aux gradins, et une colonnade circulaire dominant les gradins et soutenant, au besoin, une immense toile tendue. On y donnait des jeux, des combats de gladiateurs, des naumachies, etc.

6. **Gymnases**, avec des stades couverts, des stades hypèthres ou *xystes*, des colonnades pour les promeneurs (*porticus* ou *cryptoporticus*), une *piscine*, etc.

7. **Thermes**, avec bains froids (*frigidarium*), tièdes (*tepidarium*) et chauds (*caldarium*), un bassin pour nager ou *piscine*, des xystes, des exèdres, des salles de conversation (*scholae*), des bibliothèques, etc.

Maisons privées. — 1. Dans la maison grecque (alexandrine) que décrit Vitruve, on trouve : la loge du portier[3], l'habitation des hommes[4], l'appartement des femmes[5], les logements des étrangers[6], séparés de la maison principale par de petites cours[7], et les chambres des esclaves.

2. La maison romaine, combinaison de la maison grecque avec le modèle italique, comprend : le *vestibule*[8], l'*atrium* ou *cavaedium*[9], les chambres voisines de l'atrium, le *péristyle*, les salles à manger[10], les salles diverses[11], de conversation[12], etc.; pinacothèques et bibliothèques, bain avec palestre, chambres à coucher[13], chambres des esclaves et greniers[14], caves[15], jardins[16].

3. La maison antique se ferme discrètement *vers le dehors*, d'où la rareté et la hauteur des fenêtres. Les maisons de campagne étaient dites *villas rus-*

---

1. Elle avait, au Grand Cirque, 3 mètres de large et autant de profondeur.
2. Il en reste environ une centaine dans l'Empire, surtout à Rome, Vérone, Pola, Capoue, Arles, Nîmes.
3. θυρωρεῖον.
4. ἀνδρωνῖτις, comprenant des salles à manger, des bibliothèques, des exèdres.
5. γυναικωνῖτις, avec un petit prostyle (comprenant le θάλαμος).
6. ξενῶνες, *hospitalia*.
7. μεσαύλαι.
8. Aulu-Gelle (16, 52) dit que de son temps on ne s'entendait plus sur le sens de *vestibulum* : on s'en servait alors pour désigner la grande salle d'entrée de la maison ou *atrium*. A l'origine, le vestibule était l'espace laissé libre devant la porte d'entrée par un renfoncement du bâtiment dont les ailes s'avançaient jusqu'à la rue. Après l'incendie de Néron, on rebâtit les maisons avec des portiques en façade, si bien que les vestibules disparurent et le sens précis du mot se perdit. Etym. très obscure : ἑστία, *vestis, ve-stabulum* (*ve* comme dans *Vejovis*)?
9. Soit *toscan*, sans colonnes; soit *tétrastyle*, soit *corinthien*, soit couvert, *testudinatum*.
10. *Triclinia*.
11. *Oeci*.
12. *Exedrae*.
13. *Cubicula, dormitoria*.
14. *Cellae familiae*.
15. *Hypogea concamerata*.
16. *Viridaria, ambulationes*.

liques, quand elles n'étaient destinées qu'à loger leur propriétaire; ou *villas urbaines*, quand elles servaient à de grandes réceptions [1].

Hôtels et **Auberges** [2], très souvent mal famés; les voyageurs de condition élevée descendaient chez des *hôtes* ou amis, auprès desquels ils étaient introduits par des *tessères d'hospitalité* [3].

Arcs de Triomphe, portiques à trois ouvertures, particuliers aux Romains.

Les **Tombeaux** étaient de simples *pierres tumulaires*, ou des *monuments tumulaires*, tels que *mausolées, hypogées, colombaires* [4], etc.

§ II. — HISTOIRE DE L'ART ANTIQUE [5].

Préliminaires. — 1. Le nom de l'art en grec [6] indique assez que l'essence de l'art est la création des formes. Dans les arts du dessin, que nous étudions ici, la forme se distingue par une fixité plus grande, et parce qu'elle est sensible aux yeux.

2. Le sens de la mesure, l'instinct de l'ordre et de la proportion, joints à un esprit logique et précis autant qu'élevé, font l'o-

---

1. Voy., dans Pline le J. (2, 17, et 5, 6), la description de son *Laurentinum* et de son *Tuscum*.
2. καταγώγιον (de Platées, Thucyd., 3, 68); *Diversoria*.
3. σύμβολα (*C. I. G.*, 5496).
4. *Columbaria*, tombeaux d'origine étrusque, où l'on voyait dans des niches les urnes cinéraires d'une famille.
5. BIBLIOGR. — *Coll. de gravures*: Winckelmann, Millin, Visconti, ont publié d'importants recueils, qu'il faut consulter en même temps que ceux d'O. Müller (t. IV de la trad. fr.), Lübke, 3ᵉ éd., 1876, et surtout Clarac, *Musée de sculpture*, 1841-53, véritable encyclopédie de l'art antique (gravures au trait, parfois inexactes). L'immense ouvrage de Montfaucon, *l'Antiquité figurée*, est la première tentative pour éclairer la civilisation antique par les œuvres d'art. — *Hist. gén. de l'art*: Müller, *Archéol. de l'art*, trad. fr. 1842; Kugler, *Man. de l'hist. de l'art*, 5ᵉ éd. par Lübke, 1872 (all.), très bon; Sillig, *Catalogue des artistes anciens*, 1827, listes d'artistes et d'œuvres; indispensable. — Brunn, *Hist. des artistes grecs*, 1853-9 (all.), l'ouvrage capital avec les deux livres d'Overbeck, *Hist. de la plastique gr.*, 2ᵉ éd. 1870 (all.), et *Mythol. de l'art* (inach.). — Penrose, *Archit. athénienne*, 1851 (angl.), très ingénieux; Choisy, *Art de bâtir chez les Romains*, 1873; Vinet, *Esquisse d'une hist. de l'archit. classique*, 1875, et les Dictionn. d'architecture. — Sur la peinture, les ouvrages classiques sont: Raoul-Rochette, *Peint. inédites* et *Lettres archéol.*, 1836 et 1840; Letronne *Lettre d'un antiq. à un artiste*, 1837. Vinet a commencé en 1874 une *Bibliogr. des beaux-arts*. Cf. Hübner, *Esquisse d'une hist. de la Philol.* (all.), p. 129-34. Les livres spéciaux seront cités dans les notes de ce chapitre.
6. τέχνη, dont la rac. τεκ se retrouve dans τίκτω, *tignum, tela*. L'école d'Aristote distingue les arts en *apotélestiques* ou *pratiques*; les premiers étant l'architecture, la plastique et la peinture, les seconds la musique, l'orchestique (danses d'ensemble) et la poésie. Les œuvres de l'architecture et de la sculpture, une fois produites, sont et restent sensibles par elles-mêmes : celles des musiciens et des poètes ont besoin d'être exécutées ou *récitées*. Une autre division repose sur la qualité des formes de l'art, qui peuvent appartenir au temps (musique, rhythmique), à l'espace (arts plastiques), à l'espace et au temps (orchestique, mimique). Sur le caractère et le but des différents arts, d'autant plus *nobles* qu'ils ont moins besoin de la matière (la poésie au sommet, l'architecture au dernier degré), voy. l'*Esthétique* de Hégel, paraphrase de Bénard; Ch. Blanc, *Grammaire*, p. 1-60; Cousin, *du Vrai, du beau et du bien*, beau livre à qui s'applique le vers de Ménandre Μωρήσεται τις μᾶλλον ἢ μιμήσεται, Lévêque, *Science du beau*; Taine, *Phil. de l'art en Grèce*, 1868.

riginalité du génie des Grecs et la grandeur de leur rôle dans l'histoire de l'art[1].

La critique d'art chez les Anciens [2]. — Il ne reste presque rien de la littérature artistique des anciens. Nous savons que Théod. de Samos avait écrit sur le temple de Junon à Samos, Chersiphron et Métagène sur le temple de Diane, Ictinus et Carpion sur le Parthénon, Philon sur la construction des temples, Varron sur l'architecture (dans son *Encyclopédie*); Silanion, Euphranor, Apelles, sur les proportions du corps humain; Adéus de Mitylène, Artémon, Pamphile, Juba (roi de Mauritanie), sur l'hist. générale de l'art. D'autre part, les *Périégètes*, auteurs de *Guides* à l'usage des voyageurs, avaient décrit sur les anciens monuments. Outre Pausanias [3], que nous avons, on cite Pasitélès (50 avant J.-C.), dont Pline a consulté le livre sur les *Œuvres d'art du monde entier*, et Polémon dit Stélocopas (200 avant J.-C.), qui écrivit sur l'Acropole, les tableaux des Propylées, les trésors de Delphes, etc. [4]

1. On n'explique rien en attribuant ces qualités au *milieu* où elles se sont développées. Par ex. on répète que les Grecs ont été de grands sculpteurs parce qu'ils voyaient des éphèbes nus dans les gymnases; mais il est des peuples d'Afrique chez qui le vêtement est chose inconnue, et qui n'ont pas produit de Phidias. Des trois conditions de l'art, le *milieu*, la *race* et le *moment*, la plus importante est la seconde, qu'a pourtant exagérée Otfr. Müller; Taine exagère la première; D. Nisard a mis en relief la troisième (*théorie du point précis*). — « Le caractère qui rend les œuvres humaines chères et précieuses à tous, qui par là les défend de l'oubli et les fait immortelles, c'est la beauté. Or l'antiquité (grecque) fut par excellence le temps de la beauté. » (Ravaisson.) Élien parle d'une loi des Béotiens qui frappait d'une amende le peintre convaincu d'avoir enlaidi son modèle. C'est un conte fondé sur une idée vraie.

2. CHEZ LES MODERNES, Müller distingue trois périodes : La période *artistique*, 1450-1600; découvertes des antiques, imitations enthousiastes; la période des *antiquaires*, 1610-1750 la période *savante* ou *critique*, Winckelmann, Millin, Millingen.
Les premiers qui firent connaître exactement les monuments d'Athènes furent Spon et Wheler (1675). Caylus, dans son *Recueil d'antiq.*, donna l'exemple, brillamment suivi par Winckelmann, de la méthode historique appliquée aux œuvres d'art. Celles de la Grèce furent surtout révélées (Winck. ne cite guère que des œuvres romaines) par les Anglais Stuart et Revett, *Antiq. d'Ath.*, 1762-1816. Un nouveau voyage fait aux frais de la *Société des dilettantes* de Londres par Revett et Chandler, donna de très beaux résultats (*Antiq. Ioniennes*, 1769-97; *Attiques*, 1817). Les voyages de Brönstedt, Cockerell et Stackelberg, 1811, surtout l'expédit. fr. de Morée (relat. par Blouet, 1831-8); les recherches de Leake, Ulrichs, Ross, Conze et des membres de notre École d'Athènes (Heuzey, Beulé, Foucart, Perrot, Mézières, de la Coulonche, Bertrand, etc.), ont achevé de faire connaître la *surface* du sol grec dans ses moindres détails. (Bon résumé dans Isambert, *Guide en Orient*, 1873). — La Sicile a été étudiée par Serra di Falco et Hittorf; l'Asie Mineure par Texier, Fellows, Newton, Perrot, Guillaume, Wood, Rayet, etc.

3. Pausanias est très méthodique et complet, ce qui se voit en le suivant sur l'Acropole, où il décrit les monuments dans l'ordre où ils se présentent. Mais 1° par sentiment national, il néglige souvent de nommer les monuments d'époque romaine; 2° comme il est surtout préoccupé de signaler des statues et des tableaux, il lui arrive de faire des omissions qui semblent à peine croyables : il n'a pas parlé du Pnyx.

4. Les sources antiques dont nous disposons sont : 1° Le *guide en Grèce* de Pausanias, en dix livres; Pausanias est plus archéologue qu'artiste. 2° Les cinq derniers livres de l'*Hist. nat.* de Pline, compilation d'une importance capitale. 3° L'ouvrage de Vitruve (50 av. J. C.?) sur l'architecture, en 10 livres, difficiles à comprendre à cause de la perte des figures. Ce livre a été l'objet d'un véritable culte jusqu'au jour où l'on a pu étudier l'art grec sur place. On s'est aperçu alors que l'auteur parle presque toujours de ce qu'il

Divisions de l'histoire de l'art — On peut distinguer cinq périodes : 1° L'art primitif jusqu'à la 1re olympiade (776) ; 2° L'art archaïque jusqu'à l'époque classique (776-475) ; 3° L'époque classique jusqu'à la mort d'Alexandre (475-323) ; 4° L'art de la décadence jusqu'à la conquête romaine (323-146) ; 5° L'art gréco-romain jusqu'au moyen âge[1].

PREMIÈRE PÉRIODE [2] (? à 776).

On faisait remonter, en Grèce, les plus anciennes constructions[3] aux *Cyclopes*[4], aux *Dactyles* de l'Ida, aux *Telchines*, à *Trophonius* et *Agamède*, à *Dédale*. Homère attribue le cheval de Troie à Épéios, dont Pausanias croyait connaître plusieurs statues de bois[5] à Argos.

Œuvres conservées. — 1° Les fouilles de Schliemann à Troie[6] et

sait mal, et donne les règles les plus arbitraires. Avant notre siècle, on n'a connu l'art grec que par les copies des Romains et les descriptions plus qu'inexactes de Vitruve. Toute l'architecture pseudo-classique dérive de lui. 4° Des descriptions d'objets d'art par les deux Philostrates (IIIe s. ap. J. C.), Callistrate, Libanius, Lucien, Choricius (520 ap. J. C.) et beaucoup d'épigrammes de l'*Anthologie*. 5° Un ouvrage très curieux de Nicétas Choniate (XIIIe siècle) sur les œuvres d'art de Byzance détruites par les croisés en 1204, publié en 1830 par Wilken, puis dans la Byzantine de Bonn et la *Patrologie* de Migne (Voy. ce qu'en dit Sainte-Beuve, *Villehardouin*, dans les *Lundis*.) — Overbeck (*Sources relatives à l'art*, 1868) a rassemblé tous les passages anciens ayant trait aux œuvres d'art.

1. L'art byzantin comprend surtout l'architecture, la mosaïque, l'émail, et l'enluminure des mss. La sculpture est très négligée, et la peinture retombe dans l'enfance. Voy. Bayet, *Origines de la peint. et de la sculpt. chrét.*, 1879 ; Texier, *Architecture byzantine*, 1864.

2. Je traite surtout, dans ce qui suit, de l'architecture, de la statuaire et de la peinture. Sur les autres arts, voy. plus bas. Je laisse de côté l'*art des jardins*, application de l'architecture à la vie végétale, dont nous savons peu de chose.

3. *Origines de l'art grec.* Pausanias attribue une origine égyptienne aux statues de bois les plus archaïques. Celles qui présentent plus de liberté, sont pour lui l'œuvre des Dédalides. A travers l'obscurité des vieilles écoles, on entrevoit avec certitude la marche de l'art grec d'Orient en Occident. Voy. les *Mém. d'archéol.* de Perrot, 1875.

4. Les *Cyclopes*, qu'il ne faut pas confondre avec les cyclopes pasteurs d'Homère, avaient élevé les murs de Tirynthe, Mycènes et Argos. On les faisait venir de Lycie, et leur art rappelle en effet celui de l'Asie. Les *Dactyles* (Phrygiens et Crétois) passaient pour avoir les premiers travaillé le fer : ils avaient un renom de magiciens, ainsi que les *Telchines* de Rhodes, qui firent les premières statues des dieux. — On rapportait à Trophonius et à Agamède divers *trésors* et temples, notamment celui d'Apollon à Delphes. Dédale, le premier fit des statues « semblables à la vie » avec les yeux ouverts et les bras détachés du corps. — Sur les Telchines, voy. Rossignol, *Métaux dans l'antiquité*, 1863.

5. Ξόανα. Telle était la statue (βρέτας) de Diane Taurique, enlevée par Oreste.

6. Schliemann, *Antiq. troyennes*, avec atlas photographique, trad. Rangabé, 1874. — On a tour à tour placé Troie sur les collines d'Hissarlik, de Chiblak, d'Aktché-Keui et de Bounar-Bachi. Les anciens mirent Ilion à Hissarlik jusqu'à Démétrius de Scepsis (180 ans av. J. C.), qui la reporta sur Atchi-Kieni, et dont Strabon accueillit l'opinion. La nouvelle ville des Iliens était à Hissarlik, et quand l'Empire se divisa, on proposa d'y placer la capitale de l'empire d'Orient. Lechevalier (1788) fit admettre que l'ancienne Troie était à Bounar-Bachi : dès lors, on appela Ilion : *Ilium recens*. Choiseul-Gouffier fouilla quelques tumulus et ne trouva presque rien. En avril 1870, Schliemann attaqua Hissarlik. Au-dessous d'un mur grec, il rencontra des murailles cyclopéennes, puis les restes d'une ville et d'un palais brûlés (?) ; cinq ou six villes superposées semblaient s'étager sur le sol vierge : la ville avec le palais brûlé n'est que la seconde. En 1873, Schl. trouva dans ce palais le fameux trésor

à Mycènes[1], celles de Chypre[2] et de Santorin[3], ont fait connaître beaucoup d'objets de la période préhistorique, appartenant à un

dit *de Priam*. — Le nombre des objets qu'il recueillit dans les couches inférieures d'Hissarlik dépasse 20 000. Les instruments sont en pierre, terre cuite, os, corne, cristal de roche ; le trésor renfermait 8000 perles d'or fondu, des bracelets et des vases d'or et d'argent, du cuivre, du plomb, mais nulle trace de fer. Les vases sont en terre argileuse, rouge, grise ou jaunâtre, faits à la main (les plus anciens vases grecs sont faits au tour) et polis avec le lissoir. Les ornements sont des lignes sinueuses. Notons encore, d'après Burnouf (*R. D-M.*, 1874), des coupes *amphikupella*, des vases figurant des torses de femme avec des ailes de chouette (vases de Minerve, selon Schl. ; *glaukôpis* signifierait *aux yeux de chouette*) ; des amulettes, des milliers de fusaïoles (pesons coniques comme des glands de passementerie, dont on ignore l'usage) portant des objets symboliques, des croix, etc. Aucune trace d'écriture, sauf sur deux petits vases où Burnouf a cru lire du chinois (!). — L'époque de l'incendie d'Hissarlik est celle du cuivre pur, des fusaïoles (trouvées aussi dans les habitations lacustres des environs de Bologne) et de la poterie lisse (objets analogues à Santorin). Si, comme le croit Longpérier, les vases de Santorin sont représentés parmi les objets offerts à Thoutmès III sur une peinture égyptienne, l'incendie d'Hissarlik serait du dix-septième siècle avant J.-C. — Schliemann, dont la vie est un bel exemple de persévérance et de noble ambition, a été fort maltraité par les savants allemands pour ses identifications hasardées. On croit que la ville qu'il a trouvée est plus ancienne que la Troie homérique, et n'est autre que la cité des Dardaniens, mentionnée par les vieux textes égyptiens. D'Eichthal et Perrot maintiennent l'opinion de Lechevalier. Voy. Vivien de Saint-Martin contre Schliemann, *Acad. Inscr.*, juin 1879, et *R. C.*, XVII, 565.

1. Schliemann, *Mycènes*, tr. fr. par Girardin. — Une tradition mentionnée par Pausanias plaçait à Mycènes le tombeau d'Agamemnon et de ses compagnons. En 1874, Schl. commença des fouilles au pied de la Porte des Lions ; il déblaya l'agora et, au-dessous, il découvrit une grande salle funéraire contenant des cadavres qui tombèrent en poussière. Chaque cadavre avait sur la poitrine une large plaque et sur le visage un masque métallique d'un travail grossier (Schl. a prétendu reconnaître le masque d'Agamemnon). Beaucoup d'armes, de plaques ornementées ou gravées, de vases, de bagues, de diadèmes et de boucles d'oreilles en or, surtout une grande coupe d'or avec deux anses portant des colombes, qui ressemble à la coupe de Nestor décrite par Homère. Les animaux sont mieux représentés que les figures humaines, trait caractéristique d'un art barbare. Le fer est complètement absent : on trouve les métaux de Lydie et de Phénicie, l'or, le cuivre (de Chypre), le bronze. Or le fer, qui est connu d'Homère, est encore un objet de luxe dans l'*Iliade*. Certains rapprochements peu décisifs (dans la peinture murale de Thèbes représentant les tributaires de Thoutmès III, l'une des offrandes a la forme d'une tête de bœuf semblable à la tête de bœuf en argent du trésor de Mycènes) ont fait assigner une antiquité extrêmement reculée à ces objets, de provenance évidemment orientale. Schl., qui les croit purement grecs, en conclut à l'existence d'une école florissante d'artistes grecs longtemps avant Périclès, et avance qu'Homère, qui appelle Mycènes πολύχρυσος, vivait du temps de la prospérité de cette ville, à l'époque environ du meurtre d'Agamemnon. Il n'est pas même sûr que ce qu'il a retrouvé soient les tombes des rois achéens mentionnées par Pausanias. (Cf. *Rev. d'Edimbourg*, janvier 1878; *R. D-M.*, 1878, art. de Cogordan; *Athenæum*, décembre 1877.)

2. Le général Palma de Cesnola, consul des États-Unis à Chypre, a fait en 1867-72 de premières fouilles très fructueuses. (*R. C.*, XX, 43.) Des fouilles subséquentes à Kourium l'ont amené dans des chambres souterraines renfermant un immense trésor d'objets en or massif et en argent, d'anneaux, de scarabées (style égyptien), de pierres gravées égyptiennes et assyriennes, de vases, de candélabres, etc. Tous ces objets ont été achetés par le musée de New-York. L'or seul de la collection valait 500 000 francs. (V. Perrot, *R. D-M.*, 1878-79.)

3. Gorceix et Mamet, élèves de l'École d'Athènes, ont découvert en 1871 à Santorin des objets préhistoriques (xx° siècle selon Burnouf, vi° ou vii° siècle selon Waddington) ressemblant aux objets de Troie, des fusaïoles, des boules mystiques (?) au monogramme de la chouette (?), des vases de l'époque lisse, etc. Voy., sur Santorin (*Théra*), *R. D-M.*, 15 oct. 1869 et 1ᵉʳ sept. 1871.

art moitié oriental nommé *gréco-phénicien*. 2° Avant Schliemann, on connaissait déjà, à Mycènes, la *Porte des Lions*, auj. *Léontari;* les têtes des deux lions, sculptées dans le style oriental, sont brisées[1]. 3° On y voyait aussi le *Trésor d'Atrée*, appelé auj. *Tombeau d'Agamemnon*[2], grande crypte dont les murs étaient autrefois revêtus de plaques de métal[3], comme l'atteste la trace des clous[4]; 4° Les *murs cyclopéens de Tirynthe*, dont parle déjà Homère, composés d'énormes blocs de pierre juxtaposés sans ciment, genre de construction que l'on rencontre aussi en Asie et en Étrurie[5]. 5° Les *labyrinthes*, dont on voit un spécimen à Gortys en Crète, sont aussi des tombeaux de rois : celui de Clusium, en Étrurie, était appelé le tombeau de Porsenna. 6° Au sud de l'Eubée, trois *temples archaïques*[6] en ruines, construits par les Dryopes, anciens habitants de l'île. 7° La *Niobé du mont Sipyle*, en Lydie, immense figure en relief, sculptée dans le roc, assise, les mains jointes, la tête inclinée en signe de deuil. Du haut du rocher, l'eau dégoutte sur son visage, et, d'après la légende[7], la Niobé du Sipyle distille éternellement des pleurs[8].

DEUXIÈME PÉRIODE (776-460).

I. Le contraste entre l'art ionien et l'art dorien, l'un plus gracieux, l'autre plus sévère, se dessina nettement à cette époque où le génie grec, affranchi de l'influence orientale[9], commença à développer librement les qualités d'élégance simple qui lui sont propres. L'art ionien atteignit toute sa perfection dans le temple de Diane à

---

1. Les lions (ou plutôt *lionnes*) avaient des têtes de bronze tournées vers le spectateur Dressées sur leurs pattes de derrière, elles appuient celles de devant sur la base d'une petite colonne, que l'on peut prendre pour un autel.
2. A droite du sentier qui mène de Kharvati à l'Acropole.
3. D'or ou de bronze. Il a fallu que la Grèce se civilisât pour goûter la simplicité des formes. L'architecture, au temps d'Homère, prodigue le métal et recherche la magnificence. Otfr. Müller attribue cette épuration du goût hellénique aux Doriens. — L'abus de l'or dans les œuvres d'art semblait aux Grecs une marque de barbarie (*aurum barbaricum*).
4. Des constructions de ce genre, particulières à la race achéenne, se trouvent à Amyclée, Pharsale, etc. Selon Forchhammer, ce sont en grande partie d'anciens réservoirs.
5. Dodwell, *Restes cyclop. et pélasgiques*, 1834 (angl.).
6. Temples du mont Ocha (Mémoire de Girard).
7. Rapportée par Homère, Sophocle, Pausanias.
8. Comme œuvres d'art, le bouclier d'Achille (*Il.*, 18, 468 sqq.) et celui d'Hercule (dans Hésiode) sont restés célèbres. Brunn (*Mus. rhén.*, V, 340) et Overbeck ont essayé des restitutions du bouclier d'Achille d'après Homère.
9. Cette influence, exagérée au dix-huitième siècle et dès l'antiquité, a été trop réduite par O. Müller. Mais Bœckh, Beulé, etc., ont raison de maintenir que si la Grèce a pu emprunter la technique de l'art à l'Égypte et à l'Assyrie, son style n'appartient qu'à elle.

Éphèse [1]. L'architecture affecta, à Corinthe, des formes plus riches et plus compliquées, en rapport avec l'opulence un peu vulgaire de cette ville commerçante, qui devait donner son nom à un ordre d'architecture nouveau, moins conforme au génie grec que les deux autres.

2. La sculpture en bois produisit des chefs-d'œuvre, notamment le coffret ou *ladé* de Cypsèle, tyran de Corinthe (740), orné de compositions mythologiques très importantes, décrites par Pausanias [2], qui le vit dans l'opisthodome du temple de Junon à Olympie.

3. La poterie et la statuaire en terre cuite firent de grands progrès à Athènes et à Corinthe, où Butade de Sicyone imagina de faire des portraits en terre cuite [3].

4. Rhoecus et Théodore de Samos coulèrent les premiers le bronze [4]; ils trouvèrent des imitateurs à Sicyone, Égine et Sparte. De la même époque, datent quelques grandes statues en or (comme le lion pesant 10 talents, envoyé par Crésus à Delphes), et les premières monnaies d'or et d'argent [5].

5. Le premier sculpteur qui tailla le marbre fut Mélas de Chios (656) dont la famille [6] continua les traditions. Les familles d'artistes formaient alors comme des castes, ou comme les confréries du moyen âge. Vers 576, Dipoinos et Scyllis, Crétois [7], s'établirent à Sicyone, qui devint le centre de l'art grec [8].

1. Les architectes furent Chersiphron et Métagène, auxquels on a attribué à tort l'invention de l'ordre ionique.
2. 5, 17. Cf. Overbeck, I, 70.
3. Cora, fille de Butade, ayant tracé au couteau sur un mur le profil de son amant, son père reproduisit l'image du jeune homme avec de l'argile humide. (Le nom vulgaire *Dibutade* provient d'une mauvaise lecture de Pline, rectifiée par le ms. *Bambergensis*.)
4. Glaucus de Chios inventa la soudure du fer.
5. TECHNIQUE. — La terre cuite et le plâtre servirent très anciennement à faire des statuettes, des modèles. Le *bronze*, alliage de cuivre et d'étain, était surtout composé et travaillé à Égine, Délos et Corinthe. L'*airain de Corinthe*, métal plus précieux que l'or, passait pour avoir été formé, en 146, lors de l'incendie de cette ville, par la fusion et le mélange d'innombrables statues d'or, d'argent, de bronze, etc. — D'après Pausanias, on ne commença à fondre des statues de bronze en Grèce que vers 546. Les fondeurs savaient donner au métal différentes teintes, dont l'art grec tirait parti. Les figures de bronze se multiplièrent tellement, que Pline en comptait 3000 à Athènes et autant à Olympie et à Delphes : elles sont aujourd'hui fort rares. L'or, l'argent, le fer même, furent employés pour les statues : le plomb servait pour les amulettes, les tessères de spectacles, etc. Les très anciennes statues étaient en bois; on en fit aussi en bois précieux, surtout en cèdre, à l'époque classique. L'invention du *tour* est due à Théodore de Samos. — Nous avons conservé d'admirables terres cuites grecques, provenant surtout de Tanagra. (Voy. Kékulé, *Terres cuites de Tanagra* [all.], avec de belles figures.) Elles se trouvent, au IV° siècle, dans les tombeaux de Tanagra, au troisième dans ceux de l'Asie Mineure. Ces figures donnent sur la société grecque du temps de Ménandre les renseignements les plus curieux. (Rayet, *Gaz. des Beaux-Arts*, sept. 1879.)
6. Micciadès, son fils, Archermos; et les fils de celui-ci, Bupale et Athénis, dont Auguste plaça des œuvres (?) dans le temple d'Apollon Palatin.
7. L'art paraît de très bonne heure en Crète, poste avancé de la Grèce vers l'Égypte et la Phénicie (Dédale).
8. Les trois premières grandes écoles de l'art grec, Sicyone, Corinthe et Argos, sont doriennes. L'art dorien maintint sa supériorité jusqu'au jour où l'expression morale cessa d'être la qualité préférée en Grèce; il n'essaya pas alors de lutter contre l'art sensuel de l'Ionie.

Parmi leurs élèves, on cite Théoclès, Cléarque et les deux maîtres de Callion, fondateur de l'école Éginétique. Smilis d'Égine, Bathyclès de Magnésie, auteur du trône d'Apollon d'Amyclée[1] orné de bas-reliefs mythologiques, sont contemporains de l'école de Sicyone.

6. Pendant la période qui précède immédiatement l'époque classique (540-460), on compte dans le monde grec cinq écoles principales : celles de *Sicyone*, où enseigne Canachus ; d'*Argos*, où Agéladas a pour élèves Myron, Phidias et Polyclète ; d'*Égine*[2], où fleurit Callion ; enfin d'*Athènes*[3] et de *Rhegium*.

7. La peinture n'était guère encore qu'un accessoire de l'architecture et de la céramique. Le Corinthien Ecphante ou le Sicyonien Craton auraient les premiers employé les couleurs. Des progrès importants furent faits par Cimon de Cléoné, qui donna de l'expression aux têtes et dessina les plis des draperies. En Asie Mineure, Bularchos peignit, vers 630, la ruine de Magnésie, et Mandroclès, à Samos, le passage de l'armée perse sur le pont du Bosphore qu'il avait construit lui-même. A Thasos, fleurit Aglaophon, père et maître de Polygnote, et en Italie, Damophilos et Gorgasos, qui ornèrent de peintures, en 493, le temple de Cérès à Rome.

Œuvres conservées ou célèbres[4]. — Il reste 7 colonnes avec leur archi-

---

— Théodore, Bathyclès, peut-être Dipoinos et Scyllis, séjournèrent à Sparte : le Spartiate Gitiadès, poète, architecte et sculpteur, y fut sans doute leur élève. Les deux plus célèbres doriens sont Canachus et Agéladas d'Argos. Cf. Beulé, *Art grec avant Phidias*. — Le lien entre les écoles de Sicyone et d'Argos apparaît dans l'union de Canachus et Aristoclès de Sicyone, exécutant en commun avec Agéladas le groupe des trois Grâces (*Anth.*, II, p. 672.)

1. Paus., 3, 18, 9. Cf. Overbeck, I, 86.

2. C'est une école réaliste, opposée à l'école idéaliste d'Athènes, que Beulé compare à l'ancienne école florentine. Le plus célèbre des Éginètes est Onatas, auteur d'une *Réunion de chefs Achéens provoqués par Hector*, à Olympie. Une des figures, Ulysse, fut transportée à Rome par Néron. Onatas est peut-être l'auteur du fronton d'Égine (à Munich).

3. Le premier nom connu de l'École attique est Endœus, compagnon de Dédale, dit Pausanias, auquel Beulé croit pouvoir attribuer une Minerve assise, très archaïque, retrouvée sur l'Acropole. Un autre artiste, Anténor, avait exécuté un groupe d'Harmodios et d'Aristogiton, emporté par Xerxès en Asie pour complaire à Hippias et rendu par Alexandre à Athènes. Quelques tétragrammes l'ont reproduit.

4. Je ne peux mentionner ici toutes les ruines, toutes les œuvres éparses dans le monde antique ou dans nos musées. Je ne nomme que les statues importantes pour l'histoire de l'art, ou d'une beauté supérieure. — Voici, du reste, la plupart des monuments dont on peut voir les restes en Grèce ; ceux du monde romain sont au nombre de plus de cent. — ATHÈNES : Propylées, Parthénon, Érechthéion ; temple de la Victoire Aptère ; Théséion ; Portique d'Athéné Archégétis ; Tribune (βῆμα) du Pnyx (?) ; Tour des Vents ou Horloge d'Andronic Cyrrhestes ; Odéon ; Théâtre de Bacchus ; Olympéion ; Portique d'Hadrien ; monument du Syrien Philopappus ; arc d'Hadrien. — AUTRES RUINES EN GRÈCE : Murs de Tirynthe et d'Argos ; Porte des Lions et Trésors à Mycènes ; Trésor de Minyas à Orchomène ; théâtre d'Épidaure ; temples de Corinthe, Olympie, Égine, Samos ; Propylées et temple d'Éleusis ; temple de Némésis à Rhamnus, de Pallas à Sunion ; temples sur le mont Ocha, en Eubée ; temple d'Athéné à Corinthe, de Junon à Argos, d'Apollon à Delphes, d'Athéné Aléa à Tégée, de Jupiter à Némée, d'Apollon et d'Artémis à Délos. — ASIE MINEURE : Ruines cyclopéennes du Sipyle ; temples de Bacchus à Téos, de Diane à Éphèse, de Diane à Magnésie, d'Athéné

trave d'un temple dorien de Corinthe[1]; et, dans le même style, le grand temple de Paestum, avec 84 colonnes[2]. A Samos, Hérodote admirait, comme le plus grand monument qu'il connût, un temple de Junon, de style ionique. Harris a retrouvé à Sélinonte, 1823, deux métopes ornées de sculptures très archaïques, aujourd'hui à Palerme[3].

2. La glyptothèque de Munich possède une très précieuse statue de ce temps, l'Apollon de Ténéa (près de Corinthe), qui rappelle par sa raideur l'art égyptien. On voit à Athènes un relief du même style, dit *le soldat de Marathon*[4] : il ornait le sarcophage d'Aristion, un des combattants de cette journée.

3. La période de 540-460 est très bien représentée par les fameuses sculptures du temple de Minerve à Égine[5], trouvées en 1811 par plusieurs voyageurs (Brönstedt, Foster, Stackelberg) et achetées 70 000 florins par Louis de Bavière : elles furent restaurées par Thorwaldsen et sont aujourd'hui à Munich. Le sujet est Minerve conduisant au combat les Éacides, héros nationaux d'Égine, contre les Troyens[6]. Les figures, qui portent des traces de couleurs et de l'emploi des métaux comme ornements, sont un peu raides, mais d'un dessin correct, avec des articulations saillantes et vigoureuses. Elles formaient deux groupes exactement correspondants.

4. Le tombeau des Harpyes, de Xanthos en Lycie, trouvé par sir Ch. Fellows en 1831, et aujourd'hui au musée Britannique, est une pyramide ornée de figures symbolisant le deuil et l'espérance[7]. Elles rappellent, comme travail, le bas-relief funéraire de Leucothée, de la villa Albani, où l'on voit une mère (la défunte) jouant avec un enfant qui lui tend les bras[8].

Polias à Priène; le Didyméon à Milet; le temple d'Assos; le mausolée d'Halicarnasse; le temple de Jupiter à Cyzique; le théâtre de Mylasa. — GRANDE-GRÈCE ET SICILE : Temples de Neptune à Paestum, de Métaponte, d'Éléa; temples d'Athéné à Syracuse, d'Agrigente, de Sélinonte, d'Égeste, de Catane.

1. En 1676, Spon et Wheler en avaient vu 12.
2. Ravagée par les Sarrasins et les Normands, Paestum, abandonnée en 1580, est aujourd'hui le domaine de la fièvre. Labrouste et Thomas ont étudié le temple en 1818 et 1848.
3. Le grand temple de Jupiter à Sélinonte, construit vers 550, est plus grand que la Madeleine, ayant 50 mètres sur 110, tandis que la Madeleine en a 41 sur 92.
4. Signé du nom d'Aristoclès, d'ailleurs inconnu.
5. Le temple dorien d'Égine, du VIe siècle, a été reconstitué par l'illustre Garnier, 1852. Cf. About, *Mém. sur Égine*, 1854.
6. On croyait que les Éacides avaient combattu contre les Perses à Salamine (Hérod., 8, 64). Ces figures sont probablement de 470.
7. Cette œuvre ionienne contraste, par la grâce du travail, avec la rudesse dorienne du fronton d'Égine. Elle doit son nom à 4 figures de femmes ailées portant des enfants dans leurs bras, et qui n'ont d'ailleurs rien de commun avec les Harpyes d'Homère.
8. Friedlænder, *Monum. sepulcr. Graec.*, 1847; Schœne, *Bas-reliefs grecs*, 1872. La question de l'interprétation de ces bas-reliefs a été complètement renouvelée par Ravaisson (*Acad. Inscr.*, mai 76 et avril 77) qui a porté dans l'archéologie l'élévation de son grand esprit philosophique. R. soutient que ce que l'on a représenté le plus souvent sur les vases et bas-reliefs funéraires, ce ne sont pas des scènes d'adieux, mais des scènes de réunion élyséenne; que ce sont les morts eux-mêmes, jouissant dans l'Élysée d'une vie con-

5. On rapporte encore à la seconde époque : 1° *L'autel des Douze Dieux*, au Louvre (n° 378), provenant de la villa Borghèse ; 2° Un bas-relief en marbre, avec inscriptions, trouvé par Miller à Thasos, en 1864, aujourd'hui au Louvre. On y voit Apollon, Hermès et les Nymphes ; 3° Un Apollon de bronze trouvé en Toscane, 1812, aujourd'hui au Louvre ; c'est une œuvre capitale de l'ancienne école du Péloponnèse ; 4° Une tête de marbre du musée de Madrid, trouvée à Tivoli par le chevalier Azara ; 5° Une Minerve archaïque (très mutilée), à Dresde. 6° La Vesta du palais Giustiniani, assez semblable à une colonne, les plis des draperies étant comme cannelés ; 7° Le relief du rebord d'un puits, trouvé à Corinthe et aujourd'hui chez lord Guilford : il représente une procession de sept divinités au-devant desquelles s'avancent trois autres (*ecdosis* d'Hébé fiancée à Hercule?).

TROISIÈME PÉRIODE (460-323).

1. C'est l'époque de la perfection de l'art grec[1]. Deux écoles dominent, l'école attique et l'école argivo-sicyonienne ; et chacune présente deux phases : — la 1re école attique a pour représentant Phidias ; la 2e, Scopas et Praxitèle ; — la 1re école de Sicyone, Polyclète ; la 2e, Euphranor et Lysippe.

2. Ces deux grandes écoles offrent plus d'une ressemblance, Polyclète et Phidias ayant eu pour maître commun l'Argien Agéladas. Les différences, qui vont s'atténuant, sont celles de l'esprit ionien et de l'esprit dorien. L'école attique est idéaliste, l'école argienne réaliste. La 2e école attique chercha la grâce, comme fatiguée du sublime ; la 2e école argienne exagéra la recherche de la réalité jusqu'au *naturalisme*.

PREMIÈRE PHASE : LES VIEILLES ÉCOLES (460-376).

PRINCIPAUX ARTISTES. — 1. **Phidias**[2] d'Athènes, fils de Charmide, mort en prison,

forme à leurs goûts (Cf. Virg. *Æn.*, 6, 640) et presque divine. Sur un vase, des génies ailés emportent un jeune homme, non pas au tombeau, mais vers l'autre monde. Ailleurs, Achille et Patrocle jouent aux dés sous un palmier de l'Élysée. Le MONUMENT DE MYRRHINE est une scène touchante représentant une jeune femme (Myrrhine) conduite par Mercure Psychopompe vers trois personnages, dont l'un, un vieillard, élève la main droite avec un geste de joie ; elle-même incline la tête et sourit. La réunion est donc un événement heureux, non une séparation. Ailleurs, Ravaisson étudie des bas-reliefs funéraires représentant un homme assis sur des rochers au bord de la mer, et, auprès du rivage, un navire. On y a vu le monument d'un naufragé ; Ravaisson croit que le rivage est celui de l'île des Bienheureux où les Grecs plaçaient l'Élysée, et le personnage un mort qui va s'y rendre. Heuzey (*Acad. Inscr.*, fév. 77) pense que dans beaucoup de terres cuites qui figurent des femmes jouant aux osselets, il faut voir des scènes de la vie élyséenne, représentant les jeux où les ombres passent leur temps.

1. Curtius dit que l'architecture d'Athènes, comme sa politique, est un compromis entre le style ionien et le style dorien.
2. Ronchaud, 1864 ; très bonne exposition dans Overbeck, I, 194-212.

en 431 [1], le plus grand sculpteur de l'antiquité. Ses œuvres capitales sont le Jupiter d'Olympie, une Minerve en marbre et en bois doré (Platées), la Minerve Promachos à l'Acropole [2], rappelant les victoires d'Athènes sur les Perses ; l'Aphrodite Uranie, d'Élis, en or et ivoire ; 13 statues de bronze représentant Miltiade entouré des héros et des dieux d'Athènes, offrande des Athéniens au temple de Delphes après Marathon ; une Amazone appuyée sur une épée ; beaucoup de petites ciselures très estimées, représentant des poissons, des cigales, des abeilles.

2. **Polyclète**, de Sicyone, travailla à Argos. On vantait surtout sa Junon d'Argos, en or et ivoire ; une Amazone à Éphèse, réputée supérieure à celle de Phidias ; deux fameuses figures d'adolescents, le *Diadumène*, qui s'attache un bandeau autour de la tête, et le *Doryphore* tenant une épée [3] ; l'*Apoxyomène*, athlète secouant la poussière de la lutte ; et deux Enfants jouant aux dés, que Pline admirait dans l'*atrium* du palais de Titus.

3. **Myron**, élève d'Agéladas, comme Phidias et Polyclète, mais plus âgé qu'eux, et d'un art plus archaïque. On vantait de lui un Bacchus à Orchomène, le *Discobole*, souvent reproduit, et une *Vache* fameuse, célébrée par les poètes.

4. **Polygnote**, le plus grand peintre [4] grec avant Apelles, né à Thasos, fils d'Aglaophon, vint à Athènes où il fut l'ami de Cimon. Son plus fameux tableau représentait la prise de Troie et l'Enfer dans la *Lesché* ou galerie [5] de Delphes, travail commandé par le Conseil amphictyonique. On y voyait la descente d'Ulysse aux Enfers et sa rencontre avec Tirésias (*Od.*, 11). Dans le *Portique* d'Athènes, il avait peint, ou fait peindre sous sa direction, des compositions représentant la prise de Troie, la bataille de Marathon, celle d'Œnoë en Argolide,

---

1. Brunn pense que Phidias n'est pas mort en 431, mais que, banni d'Athènes, il est venu à Olympie, où il aurait fait alors le Jupiter.
2. Citadelle d'Athènes, inhabitée depuis la guerre Médique, et servant à la fois de forteresse, de sanctuaire et de musée. On admet généralement que ce fut le premier point habité à Athènes, mais Curtius pense que les collines du S. O. (Pnyx, mont des Nymphes) furent peuplées antérieurement. Il croit reconnaître les restes d'une cité primitive, qu'il appelle *ville Cranaenne*, dans environ 800 fondations de maisons explorées par Burnouf (*Arch. des Missions*, V, 64), sortes de grottes creusées dans le roc, parmi lesquelles se trouve, au N. E. du musée, en face de l'Acropole, ce qu'on appelle (bien à tort) la « Prison de Socrate ». Eschyle (*Prom.*, 449) fait allusion au temps où les Athéniens habitaient dans des cavernes « comme des fourmis ».
3. Le Doryphore était le *canon*, figure modèle qui donnait les proportions restées classiques. On en a beaucoup de copies.
4. TECHNIQUE. — Les anciens tenaient surtout à la précision du dessin, et, dans les écoles, les élèves dessinaient pendant des années avec le poinçon (γραφίς) ou le pinceau trempé dans une seule couleur. Jusqu'à Apelles, on employa 4 couleurs seulement (*colores austeri*), le blanc, le jaune, le rouge et le noir, que les peintres dissolvaient dans l'eau additionnée de colle ou de gomme, peut-être de blanc d'œuf ou même d'huile (?). Ils peignaient surtout sur bois, sur les murs des temples et des appartements (*à fresque*, c'est-à-dire sur l'enduit frais d'un mur, qui fixe la peinture en séchant, ou *à la détrempe*, c'est-à-dire avec des couleurs broyées dans l'eau gommée) — et, à l'époque romaine, sur toile. — L'ENCAUSTIQUE ou *peinture à la cire*, a été surtout en usage pour la peinture des animaux, des vaisseaux, etc. Caylus (*Mém. de l'Acad.*, t. XXVIII) a cru retrouver, en 1755, le procédé des anciens, qui aurait consisté à délayer des couleurs au moyen de cire fondue, puis à les appliquer à chaud. La question n'est pas considérée comme résolue.
5. Mot à mot *parloir* (λέγω). La description de Pausanias (10, 25, 1) est assez complète pour permettre de reconstituer la série de ces peintures. Voy. Lenormant, 1864.

entre les Athéniens et les Spartiates. On connaissait aussi des statues de Polygnote (Pline, 34, 85).

5. **Alcamène** de Lemnos, le meilleur élève de Phidias, florissait à l'époque de la guerre du Péloponnèse. On vantait son *Aphrodite dans les Jardins* (au sud-est d'Athènes); une Minerve faite en concurrence avec Phidias, un Vulcain debout[1]; Minerve et Hercule, statues de marbre colossales, placées par Thrasybule dans le temple d'Hercule à Thèbes, parce que ses compagnons et lui étaient partis de Thèbes pour délivrer leur patrie; — surtout le *Combat des Centaures et des Lapithes*, sur le fronton postérieur du temple de Jupiter à Olympie, dont l'expédition allemande (1875 sqq.) a retrouvé des parties. C'est un artiste d'un grand style, une « nature eschyléenne », dit Curtius, que l'on prenait à tort pour un représentant de l'art aimable.

6. **Paeonios** de Mendé (Thrace), auteur, avec Alcamène, des célèbres frontons du temple d'Olympie, nous est connu, depuis 1875, par son admirable *Victoire* retrouvée le 15 décembre dans les premières fouilles, la seule œuvre du cinquième siècle dont l'authenticité soit certaine[2].

7. **Agoracrite** de Paros, l'élève favori de Phidias, qui lui permit souvent de signer avec lui.

8. **Micon**, peintre contemporain de Polygnote, habile surtout à peindre les chevaux, travailla au portique Pœcile.

9. **Panaenos** d'Athènes, neveu de Phidias, décora le Pœcile avec Micon et Polygnote : il peignit les vêtements du Jupiter d'Olympie.

Œuvres conservées ou célèbres. — I. Le **Théséion**[3], périptère dorique, construit sous Cimon au nord de l'Aréopage, après qu'on eût ramené de Scyros, en 469, les ossements (présumés) de Thésée. Il est fort probable que le temple subsistant aujourd'hui n'est pas le Théséion de Cimon, mais un Amazonéion[4].

II. Le **Parthénon**[5], c'est-à-dire la *demeure de la jeune fille* (Minerve, dont la statue occupait la *cella* du temple). Ce monument, le chef-d'œuvre de l'architecture antique, est bâti sur l'Acropole, à la place de l'ancien temple brûlé par les Perses, en marbre pen-

---

1. *In quo stante.... apparet claudicatio non deformis.* (Cic., *de nat. Deor.*, 1, 30.)
2. Otfr. Müller croyait Paeonios un novateur, cherchant les mouvements violents et outrés. Il faut reconnaître en lui un élève de Phidias, et dans le fronton d'Olympie (voy. *infra*) l'œuvre de sculpteurs *provinciaux*, ses élèves.
3. Ce monument, parfaitement conservé, servit au moyen âge d'église (de Saint-Georges) et a récemment été converti en musée. Sur les métopes, les exploits d'Hercule, de Thésée, le combat des Centaures et des Lapithes, rappellent, mais de loin, le style des frises du Parthénon.
4. Dyer, *Ancienne Athènes*; un Héracléion, selon Curtius. La tradition n'en fait nullement un Théséion, et Cyriaque (1437) le nomme temple de Mars. L'identification avec le Théséion est une idée du jésuite Babin, en 1672.
5. Brunn, *les Sculptures du Parthénon*, 1874 (all.); surtout la belle monogr. de Michaëlis, 1870-71. On est loin d'être d'accord sur l'interprétation des sculptures. (Voy. *Mus. rhén.*, 1877; consultez aussi Beulé, *l'Acropole*, et Dyer, *op. laud.*, 1873.) La beauté simple et chaste du Parthénon a servi et sert de prétexte à des déclamations sentimentales dont les Grecs eussent bien ri.

télique et dans le style dorien[1]. Périclès en confia la construction à Ictinus et Callicrate, sous la haute direction de Phidias (447-437). Les Byzantins en firent une église de la Vierge (*Panagia*) et détruisirent une partie des statues du fronton oriental en perçant une fenêtre. Sous les Turcs, depuis 1456, le Parthénon servit de mosquée. Pendant le siège d'Athènes par les Vénitiens sous la conduite du *proveditore* Morosini et du général suédois Kœnigsmark (1687), une bombe tomba, le 28 septembre, dans le magasin à poudre installé au Parthénon : tout le milieu du temple sauta. De 1801 à 1814, abusant d'une permission du gouvernement turc, lord Elgin emmena à Londres une partie des sculptures. Le temple fut encore endommagé en 1827, lors du siège d'Athènes par Reschid-Pacha. — On a constaté que le Parthénon n'est pas un parallélipipède exact, mais que toutes les lignes convergent légèrement, ce qui, dit-on, en rend l'harmonie plus parfaite[2].

Détails du Parthénon. — 1. La statue chryséléphantine de Minerve, par Phidias, est décrite par Pausanias, d'après lequel Simart a essayé une restitution aux frais du duc de Luynes[3]. Le mouvement en était très simple, légèrement incliné vers la droite; le bras gauche reposait sur l'égide, sous laquelle se cachait le serpent familier[4] (Érechthée); le bras droit portait la *Victoire*. Sur le bouclier étaient représentés un combat d'amazones, où figuraient Périclès et l'artiste, et une gigantomachie. Les reliefs de la base représentaient la naissance de Pandore en présence de vingt divinités. — Toutes les parties nues étaient d'ivoire. Les vêtements, les chaussures, les ailes de la *Victoire*, une partie de la base, étaient d'or[5]. La hauteur totale avec la base atteignait 12 mètres.

2. *Frontons.* — A l'est, selon Michaëlis, la naissance de Minerve; à l'ouest, Minerve avec le Céphise et l'Ilissus, après sa victoire sur Neptune.

3. *Métopes.* — Elles sont au nombre de 92[6]. La rangée de l'est représente le combat des géants : Minerve se précipite au combat. Au sud, les Centaures et les Lapithes : les Athéniens, avec Thésée, viennent au secours de Pirithoüs. A l'ouest, la victoire de Thésée sur les Amazones. Au nord, la destruction de Troie, avec des allusions à la défaite des Perses.

4. *Frise*[7]. — Elle représente la procession des Panathénées, longue suite de

1. L'art ionien, qui a inspiré les sculptures des frontons et des frises, s'allie dans ce chef-d'œuvre à l'art dorien, qui en a tracé le plan. — Le Parthénon, à cause de sa longueur, s'appelait aussi Hécatompédon. Sur l'ancien Parthénon, plus petit, détruit par les Perses, voyez le témoignage unique d'Hésychius, s. v. Ἑκατόμπεδος.

2. On ajoute, d'après des mesures prises pour la première fois par Penrose, que les horizontales sont absentes du Parthénon comme les verticales; mais on ne cite pas de texte ancien prouvant qu'Ictinus l'ait voulu ainsi.

3. Lenormant, *Gaz. des Beaux-Arts*, 1860.

4. οἰκουρὸς ὄφις.

5. L'or de la statue pesait 1152 kilogr. (valant 3 millions 1/2).

6. La 10ᵉ des 12 métopes du côté S. est au Louvre, n° 126. (Coll. Choiseul.) C'est un centaure enlevant une femme, attribué à Alcamène.

7. La plus grande partie est à Londres; 6 canéphores sont au Louvre, n° 125. (Coll. Choiseul.)

figures admirables, cavaliers, conducteurs de chars, victimes menées à l'autel, femmes et jeunes filles portant l'appareil du sacrifice, etc. Les chevaux sont particulièrement beaux : des traces de clous montrent que les rênes et les harnais (aujourd'hui disparus) étaient de métal. On voit aussi par endroits des restes de couleur.

III. L'**Érechthéion**, double temple de Minerve Poliade et de Neptune Érechthée, détruit par les Perses et rétabli en 408, transformé en église, puis en sérail et en arsenal sous les Turcs. Il se distingue de tous les temples connus en ce qu'il contient sous un même toit deux sanctuaires [1] bâtis sur un sol inégal. Une des caryatides a été enlevée par lord Elgin. C'est le modèle de l'architecture attico-ionienne.

IV. La **statue colossale de Minerve Promachos**, par Phidias, sur l'Acropole, entre l'Érechthéion et les Propylées, ex-voto élevé avec le butin fait sur les Perses. La pointe de la lance et le casque de la déesse pouvaient se voir de la haute mer, en venant de Sunium. La statue devait donc avoir (au moins) 70 pieds de haut avec la base, le Parthénon s'élevant à 64 pieds.

V. Les **Propylées**, vestibule d'entrée de la partie supérieure de l'Acropole, bâties par Mnésiclès en marbre pentélique (437-432), au coût de 2012 talents. L'aile du sud a été remplacée au temps de la domination franque par une grosse tour, supprimée depuis peu. En 1853, Beulé a dégagé un grand escalier de marbre qui date probablement d'une restauration du monument sous les empereurs [2].

VI. Le petit **Temple de la Victoire Aptère**, sur le mur méridional de l'Acropole, chef-d'œuvre de l'architecture attico-ionienne, consacré à la *Victoire* identifiée avec Minerve. Les Turcs en firent une

---

1. D'Athéné Polias et de Pandrose (restauration de Tetaz).
2. Beulé a prétendu que cet escalier était l'entrée d'honneur de l'Acropole sous Périclès, et a cru prouver son opinion en plaçant sur le mur une inscription que les Allemands ne lui pardonnèrent pas ('Η Γαλλία τὴν Πύλην.... ἐξεκάλυψεν. Βεῦλε εὖρεν). Ils soutinrent que *l'escalier de Beulé* était une œuvre du Bas-Empire, et une polémique commença, où beaucoup de mauvaises raisons furent opposées à beaucoup de mauvaise foi. L'opinion de Beulé doit être abandonnée, Pausanias, qui décrit Athènes avec détail, n'ayant pas mentionné l'escalier, et celui qui figure sur des monnaies attiques étant un escalier pélasgique découvert en 1875 par Burnouf. — Beulé a soutenu, contre Leake et Burnouf, que les Propylées étaient un ornement, non un ouvrage militaire.
Premières fouilles de l'Acropole. Les Turcs évacuèrent l'Acropole le 20 mars 1833. Quelques mois plus tard, une souscription privée permettait à Pittakis de faire quelques travaux. L'année d'après, le gouvernement bavarois ouvrit un crédit de 72 000 drachmes pour restaurer le Parthénon, et les travaux de déblaiement furent successivement confiés à Klenze et Ludw. Ross, sous lequel travaillèrent Schaubert et Hansen. En 1836, Ross fut remplacé par Pittakis, qui découvrit les Propylées. Vers cette époque, se forma la *Société archéologique*, qui donna une grande impulsion aux travaux ; ils durent encore.

batterie : il fut restauré en 1835 par les architectes allemands Schaubert et Hansen [1]. C'est un amphiprostyle avec un vestibule de 4 colonnes ioniennes vers l'E. et l'O. La Victoire tenait une grenade dans sa main droite et un casque dans sa main gauche.

VII. Les TEMPLES D'ÉLEUSIS, surtout 1° le *grand temple*, bâti sous la direction d'Ictinus, par Corèbe, Métagène et Xénoclès, pour la célébration des mystères ; 2° les *grandes et les petites Propylées*, imitées de celles d'Athènes, etc. [2].

VIII. Le **Temple de Jupiter, à Olympie**. Très exactement décrit par Pausanias, cet édifice, brûlé en 408 [3], a été dégagé en partie par l'expédition française de Morée et récemment exploré, avec un succès inespéré, par des savants allemands [4].

IX. La STATUE COLOSSALE DE JUPITER PANHELLÉNIQUE, à Olympie, œuvre de

1. Spon et Wheler le trouvèrent intact en 1676 : en 1751, il avait complètement disparu.
2. Un magnifique temple ionique, le *Didymaeon* de Milet, rebâti, après sa destruction (arrivée Ol. 71), par Paeonios et Daphnis de Milet, a été exploré aux frais des Rothschild par Rayet (*Milet et le golfe Latmiaque*, 1877) qui en a rapporté de belles bases de colonnes et un lion en marbre blanc, aujourd'hui au Louvre. — Vers 416, selon Strabon, fut achevé le temple ionique de Diane à Éphèse, une des merveilles du monde, dont plusieurs monarques et villes d'Asie Mineure firent les frais, et que brûla Érostrate. En 1863, Wood commença des fouilles pour le gouvernement anglais : il découvrit les ruines du temple (le second, sans doute, reconstruit par Dinocrate) en 1869. 400 inscriptions et des statues ont été rapportées au musée Britannique ; il a fallu trente chevaux pour conduire des docks de Londres au musée un des tambours de colonne sculptés dont parle Pline. Voy. le volume *Ephesus*, merveille de typographie, par Wood.
3. Il est probable que l'édifice lui-même a été renversé par un tremblement de terre. Une partie des ruines a servi aux habitants pour construire leurs maisons et un mur.
4. Les ruines du temple d'Olympie furent visitées pour la première fois en 1831, pendant l'expédition de Morée, par Dubois et Blouet, qui rapportèrent au Louvre des métopes représentant les travaux d'Hercule. Beulé avait émis le vœu que de nouvelles recherches fussent faites. En 1875, le gouvernement allemand envoya Hirschfeld et Bötticher, dont les découvertes sont relatées dans les rapports de Curtius et Adler (trad. dans la *Rev. archéol.*, 1876, sqq.). Les statues des frontons mentionnées par Pausanias (Jupiter, un fleuve, un conducteur de char, un Hercule, la célèbre Victoire), 15 têtes de lions, 240 terres cuites, 200 inscriptions, dont une de quarante lignes sur bronze en dialecte éléen, d'une importance capitale, ont été rassemblées dans le musée provisoire d'Olympie, dès à présent un des plus riches du monde. Le fronton oriental représentait la lutte de Pélops et d'Œnomaos, le Kladeos (rivière de l'Élide) et l'Alphée ; il est de Péonius de Mendé, et celui de l'ouest, *les Centaures et les Lapithes*, d'Alcamène. L'exécution du fronton de Péonius est très inégale et d'une grande rudesse, si on la compare à celle de la *Victoire :* Newton croit que le dessin est seul de lui : l'exécution ressemble à celle de la métope d'Hercule aujourd'hui au Louvre. Brunn, insistant sur la rudesse de ce travail, a soutenu (*Acad. de Munich*, 1876) que Péonius n'appartient pas à l'école de Phidias, mais à une école de Thrace et de Macédoine, dont plusieurs œuvres, comme les monnaies de Thasos et un bas relief de Pharsale publié par Heuzey, rappellent la manière violente des frontons d'Olympie. L'opinion de Newton semble préférable, la *Victoire*, qui est signée, étant d'une authenticité incontestable. En tous cas, une bonne partie de l'histoire de l'art grec classique est à refaire, à la suite des découvertes d'Olympie. Alcamène nous a été révélé (voy. *supra*). — Cf. *Academy*, 1876, art. de Sydney Colvin.— Au mois de mai 1878, outre le temple de Jupiter, on avait dégagé à Olympie toute la région nord de l'*Altis* (quartier sacré), et vingt-trois édifices, dont l'Heraeum. Les fouilles, continuées activement, donnent toujours de beaux résultats : la tête de la *Victoire* vient d'être retrouvée (nov. 79).

Phidias[1]. Le dieu était assis sur un trône d'or et d'ivoire, portant dans la main droite une *Victoire*, dans sa main gauche le sceptre avec l'aigle. La statue était chryséléphantine. Sur la base, on voyait le jeune Éléate Pantarkès, ami de Phidias, la mort des Niobides et la naissance de Vénus. L'admiration de l'antiquité pour ce chef-d'œuvre est unanime. Paul-Émile sacrifia au Jupiter d'Olympie comme il eût fait au dieu du Capitole (T. Live, 35, 28). Dion remarque que personne, après l'avoir vu, ne pouvait se faire une autre idée de Jupiter. Selon Pausanias, après avoir achevé son œuvre, Phidias pria Jupiter de lui donner un signe de contentement. Le dieu lança un éclair à travers le toit ouvert du temple, et l'endroit frappé par la foudre était marqué par une plaque de marbre noir portant une urne d'or. « Allez à Olympie, s'écrie Épictète, pour voir l'œuvre de Phidias : et que l'on considère comme un malheur de mourir sans l'avoir vue. » Sous César, la statue fut frappée de la foudre. Caligula voulut la transporter à Rome pour substituer sa tête à celle de Jupiter : mais la statue fit tout à coup entendre un éclat de rire, et les ouvriers s'enfuirent épouvantés. Elle périt probablement en 408, quand le temple d'Olympie fut brûlé.

X. Le Temple d'Apollon Épicurios, périptère dorique, à Bassae près Phigalie, en Arcadie, sur un plateau de 1131 mètres d'altitude, construit par Ictinus vers le commencement de la guerre du Péloponnèse. Il est très bien conservé : sur trente-huit colonnes, trente sont debout. La frise de l'intérieur de la *cella* a été enlevée en 1812 par les explorateurs d'Égine (voy. *supra*) et se trouve aujourd'hui au musée Britannique[2].

XI. Le grand Temple dorique de Jupiter Olympien, à Agrigente[3]. Le temple était assis sur une base de six marches. On y voyait des *télamons* hauts de 8 mètres ; la hauteur totale était de 40 mètres et la largeur de 120[4].

DEUXIÈME PHASE : LES JEUNES ÉCOLES (376-323).

Principaux artistes[5]. — 1. **Scopas**, de Paros, qui travaillait encore en 353 au mausolée d'Halicarnasse, un des artistes anciens qui ont le mieux exprimé l'idée de la grâce. Il représenta surtout, en marbre de Paros, Vénus et Bacchus. On admirait sa Bacchante, d'un mouvement très violent, décrite par Callistrate,

---

1. Voy. Quatremère de Quincy, le *Jupiter olympien*. Pausanias et Strabon ont décrit assez exactement cette statue. Overbeck pense cependant qu'une bonne restitution est encore à faire. Outre les textes indiqués, on peut tirer parti de deux monnaies frappées en Élide sous Adrien, et dont l'une représente la statue entière, l'autre la tête du dieu.
2. Curtius, *Péloponnèse*, t. I, et *Expédition de Morée*, t. II.
3. Hittorf, *Ruines d'Agrigente*.
4. A la même époque appartiennent les temples d'Apollon et d'Artémis à Délos, dont l'emplacement et les dimensions ont été très exactement déterminés par Lebègue et surtout par Homolle, de l'École française d'Athènes (1876 sqq.). Ce dernier a découvert, outre 350 inscriptions, quelques statues fort importantes, dont l'une (une Artémis du viie siècle) est la plus ancienne statue grecque portant inscription aujourd'hui connue. (*Acad. des inscr.*, 2 mai 1879.)
5. Il a paru commode de signaler en même temps quelques œuvres importantes.

et plus tard à Byzance; le fronton du temple de Minerve Aléa, à Tégée[1]; l'Aphrodite Pandémos, à Élis; le Bacchus de Cnide.

2. **Praxitèle**, d'Athènes, florissait de 364 à 340. Il travailla également au Mausolée. On cite de lui : l'Aphrodite de Cnide[2], toute nue, en marbre; le roi Nicodème de Bithynie proposa en vain aux Cnidiens de payer toute leur dette publique en échange de ce chef-d'œuvre. — L'Aphrodite de Cos, complètement vêtue; un très célèbre Éros ailé en marbre pentélique, apporté à Rome par Caligula, rendu à Thespies par Claude, repris par Néron et placé dans le Portique d'Octavie, où il fut détruit par le feu sous Titus; le Satyre de la *rue des Trépieds*, à Athènes, œuvre favorite de son auteur; une statue colossale de Junon Teleia, à Platées; l'Apollon *Sauroctone*, en bronze, dont il subsiste plusieurs bonnes copies[3]; des statues en bronze d'Harmodios et d'Aristogiton; deux portraits de Phryné, l'un en marbre à Thespies, l'autre en bronze doré, à Delphes; une Matrone pleurant et une Hétaïre riant, en bronze, etc.

2 *bis*. On a attribué, dès l'antiquité, à Scopas ou à Praxitèle, un groupe représentant la mort des enfants de Niobé, rapporté d'Asie à Rome par Sosius. Il en existe plusieurs répétitions partielles très anciennes. En 1583, on trouva dans une vigne de la *via Labicana* (près de l'église de Latran à Rome) plusieurs statues de ce groupe qui furent achetées par le cardinal Ferdinand de Médicis, plus tard grand-duc de Toscane. Elles sont aujourd'hui aux *Offices*, à Florence : Overbeck admet que le groupe entier se composait de dix-sept figures, Niobé, la Nourrice, le Pédagogue, six fils et six filles[4].

2 *ter*. D'après plusieurs érudits français dont le sentiment est suivi par Fröhner (*Catalogue de la sculpture antique du Louvre*), la fameuse *Vénus de Milo*[5], que l'on peut considérer comme le chef-

---

1. Le temple, construit d'après les plans de Scopas, est remarquable par l'association de l'ordre ionique, à l'extérieur, au dorique et au corinthien, à l'intérieur. Peu de restes.
2. Plusieurs monnaies de Cnide nous l'ont conservée. Voy. Lucien, *Imagg.*, 6, et Pline, 36, 20 : *Praxitelis.... Venus, quam ut viderent multi navigaverunt Cnidum.*
3. Surtout le n° 19 du Louvre (Borghèse). Le lézard représente peut-être le serpent Python, auquel cas la statue serait une œuvre de genre (Cf. Mart., 14, 172).
4. Autres répétitions partielles, supérieures à celle de Florence : la deuxième fille, au musée Chiaramonti; la tête de la mère, chez le duc de Yarborough; le fils étendu mort, à Munich.
5. Voy. la littérature relative à la Vénus dans Fröhner; cf. Ravaisson, *R. D-M.*, 1871. Sur l'histoire de la découverte, encore obscure, voy. Aicard, 1875. Il paraît que la Vénus fut trouvée par un paysan de Milo nommé Yogos, vendue au moine grec Oiconomos, puis achetée 6000 francs par Marcellus, qui la donna au Louvre le 1er mars 1821. Mais est-il vrai qu'elle ait perdu ses bras dans une rixe? Aicard a prétendu le prouver, mais il résulte des communications de Vogüé, d'après les papiers de notre ambassade de Constantinople (*Acad. Inscr.*, mai 1874), que la Vénus a été retrouvée *sans ses bras*. Les témoignages sont d'ailleurs contradictoires, et il semble qu'une tentative de mystification a été faite quelque part.
La Vénus de Milo rappelle, pour la pose, la Vénus de Capoue (Naples), la Victoire de Brescia et la Vénus du groupe des *Époux romains* en Mars et Vénus, n° 131 du Louvre. Ravaisson, qui a fait de la Vénus sa *province*, pense, avec Quatremère de Quincy, qu'elle figurait dans un groupe à gauche d'un Mars ressemblant au Mars du Louvre, dit *Achille Borghèse*, et qu'elle le désarmait, symbolisant le triomphe de la douceur sur la force au sein de l'union conjugale. Le bras gauche de la Vénus était étendu horizontalement, la main retombant sur l'épaule de Mars. R. a présenté à l'Académie (8 mai 1874) la photographie

d'œuvre de l'art antique, présente de l'analogie avec le groupe des Niobides (la Niobé surtout) et doit être attribuée à Scopas ou à son école[1]. Quelques savants allemands y voient une copie d'Alcamène : d'autres, un travail de l'époque romaine, ce qui n'est pas soutenable sans parti pris.

Des fragments de bras trouvés à côté de la statue ont permis de penser qu'elle tenait une pomme ($μῆλον$, sorte de *symbole parlant*) de la main droite, et qu'elle retenait sa draperie de l'autre[2].

3. **Léocharès**, vers 370, célèbre par son groupe de Ganymède enlevé par l'aigle, dont le Vatican possède une très bonne répétition en bronze. Il travailla au Mausolée.

4. **Euphranor**, peintre et sculpteur, † 330, forme le passage de l'école athénienne à la jeune école argivo-sicyonienne. Il fixa un nouveau canon, où, par concession au goût déjà maniéré du temps, il exagéra l'élégance des proportions. Selon Pline, il avait fait un Pâris fort admiré, parce qu'on reconnaissait à la fois, en le voyant, le juge des déesses, l'amant d'Hélène et le vainqueur d'Achille.

5. **Lysippe**, de Sicyone, ami d'Alexandre, chef de l'école argivo-sicyonienne. Il trouvait de la lourdeur dans Euphranor même, et poussa la recherche de l'élégance encore plus loin que lui. Les têtes de ses statues étaient très petites, et les cheveux traités avec un soin minutieux. Il prétendait n'avoir eu d'autre maître que la nature ; mais on peut le rattacher à l'école de Polyclète. C'est un maître, mais déjà de la décadence. Alexandre ne voulut pas d'autre sculpteur que Lysippe, d'autre peintre qu'Apelles, et d'autre graveur que Pyrgotèle. — Ses principales œuvres sont : une statue colossale de Jupiter à Tarente, haute de 20 mètres ; une statue en bronze d'Hercule, également à

d'un groupe de marbre inédit, appartenant au prince Borghèse et représentant Mars et Vénus : la Vénus est très semblable à la nôtre. Quant à la *Victoire* de Brescia, elle serait, selon R., une transformation de la Vénus de Milo, les ailes et le bouclier étant des additions du temps de Vespasien. — Mon frère J. Reinach me signale à la mairie d'Argos une petite statue en marbre (1^m,15), dans la même attitude que la Vénus, un peu plus droite, et *mutilée de même* : le pied gauche, très bien conservé, repose sur un oiseau. — On a beaucoup parlé de la *Vénus Falerone*, peut-être du temps de Périclès, trouvée en 1836 à Falérie en Picénum, et acquise par le Louvre. Elle ressemble à la Vénus de Milo : le pied gauche s'appuie sur un casque, le torse est revêtu d'une légère tunique. (Geffroy, *R. D-M.*, 1874.)

1. Si l'inscription ['Αγή]σανδρος (?) Μηνίδου ['Αντ]ιοχεὺς ἀπὸ Μαιάνδρου ἐποίησεν, trouvée au même endroit, se rapporte à notre statue, elle serait du IIe siècle avant Jésus-Christ, la ville d'Antioche du Méandre ayant été fondée par Antiochus Ier Soter, mort en 261.

2. A cause du travail inférieur des fragments de bras retrouvés près de la statue, Ravaisson suppose qu'ils appartiennent à une restauration postérieure. La Vénus aurait été mutilée de nouveau à l'époque chrétienne, et enfouie dans une cave par quelque Grec soucieux d'en sauver les restes. La figure, formée de deux tronçons de marbre, était d'ailleurs moins inclinée qu'elle ne l'est dans son état actuel de restauration. — Bursian (1877) croit prouvé que la Vénus de Milo tenait une pomme ; mais il admet, avec Ravaisson et Kékulé, qu'il pouvait y avoir à l'origine une autre figure à côté de la Vénus. L'exécution sommaire de la draperie à gauche semble confirmer cette supposition. — Je crois difficilement qu'une des mains de la Vénus n'ait pas servi à retenir la draperie.

Tarente, transportée au Capitole par Fabius Maximus, puis à Byzance, où elle fut fondue en 1204 par les croisés. Hercule était assis, soutenant de la main gauche sa tête attristée. — Les *Travaux d'Hercule*, à Alyzia en Acarnanie, apportés plus tard à Rome; une des figures, l'Hercule avec la pomme des Hespérides, nous est connue par de bonnes copies, surtout celle de Glycon dite l'*Hercule Farnèse*. — Portraits d'Alexandre le Grand[1]; la copie la plus exacte est un buste trouvé par le chevalier Azara à Tivoli et donné à Napoléon Ier (aujourd'hui au Louvre). Comme œuvre d'art, ce buste est inférieur à celui du Vatican, dans la *Stanza del Gladiatore*. — L'*Apoxyomène*, athlète se frottant avec les strigiles. Tibère l'enleva des Thermes d'Agrippa pour le placer dans sa chambre à coucher : les clameurs du peuple au théâtre l'obligèrent à le replacer. Une excellente copie de cette statue a été trouvée en 1849 par Canina, et placée au Vatican (*Braccio Nuovo*). — La Joueuse de flûte ivre (*Temulenta tibicina*), statue de genre charmante. — La figure en bronze, de l'*Occasion*[2], une des premières œuvres allégoriques de la statuaire grecque, représentée par un jeune homme ayant les cheveux longs par devant et ras par derrière, avec une balance à la main.

Parmi les peintres[3] de cette époque, on nomme Zeuxis, Parrhasius, Apelles et Protogène.

I. **Zeuxis** (peut-être une abréviation de Zeuxippos), d'Héraclée en Bithynie, rival de Parrhasius et le principal représentant à l'école ionienne[4]. Il vécut à Athènes, à Éphèse et à la cour d'Archélaüs, roi de Macédoine. Aristote trouvait que l'*éthos* faisait défaut à ses œuvres. On cite de lui : Marsyas enchaîné, à Rome, dans le temple de la Concorde; une famille de Centaures qui, enlevée par Sylla, périt dans un naufrage au cap Malée; Lucien a décrit une copie qu'il vit à Athènes; — l'Hélène du temple de Junon Lacinia, sa plus belle œuvre, faite pour les Crotoniates, qui fournirent à l'artiste cent de leurs jeunes filles pour lui servir de modèles[5]. Il avait peint un enfant portant des raisins que les oiseaux vinrent becqueter[6].

2. **Parrhasius**, d'Éphèse, qui reçut, en prix de son *Thésée*, le titre de citoyen d'Athènes, fut un dessinateur savant et sévère[7], dont plusieurs figures

---

1. Jusqu'à Conon, on ne connaît à Athènes que trois portraits (statues *iconiques*), ceux d'Harmodios, d'Aristogiton et de Solon : depuis Alexandre, on abusa de cet honneur.

2. Καιρός, masculin en grec.

3. « La peinture antique s'éloigne beaucoup moins de la plastique que la peinture moderne, parce qu'elle sacrifia toujours le coloris au dessin, et les effets de lumière à la forme. » (Otf. Müller.)

4. Cette école, qui recherchait l'illusion et l'éclat des couleurs, était opposée à l'école de Sicyone, qui recherchait la beauté sculpturale (Eupompos, Pamphilos, Pausias) : l'école attique, dont Apelles est le grand maître, réunit ces deux tendances, comme l'école romaine (Raphaël, Jules Romain) les qualités des Vénitiens et des Florentins.

5. Zeuxis est l'inventeur des *expositions de beaux-arts :* il laissait voir son *Hélène* moyennant un prix d'entrée.

6. Pline, 35, 65. Cette recherche de l'illusion marque le commencement de la décadence

7. *Ita circumscripsit omnia, ut eum legum latorem vocent.* (Quintil., 12, 10, 4.)

restèrent des modèles classiques dans les écoles. Il peignit de préférence les figures d'hommes, comme Zeuxis les femmes. On citait de lui : un Thésée, plus tard au Capitole; une figure allégorique représentant le peuple athénien; Ajax et Ulysse se disputant les armes d'Achille; le rideau qui trompa Zeuxis[1].

3. Apelles, de Colophon, ami d'Alexandre, le plus grand peintre de l'antiquité[2], résida longtemps à Éphèse et à Cos et mourut en pleine activité, laissant inachevée une Vénus que l'on n'osa pas terminer. Ses principales peintures sont : l'Aphrodite *Anadyomène*, à Cos, pour le temple d'Esculape, apportée à Rome par Auguste moyennant une remise d'impôts de 100 talents, et placée par lui dans le temple de César. — Une peinture allégorique de la *Calomnie*, décrite par Lucien; Alexandre tenant la foudre, le plus beau portrait d'Apelles, dans le temple de Diane à Éphèse; Alexandre avec les Dioscures, et la Victoire et le Triomphe d'Alexandre, plus tard à Rome, au Forum d'Auguste.

4. Protogène, de Caunes, en Carie, plus jeune qu'Apelles. Très pauvre, il vécut jusqu'à l'âge de cinquante ans en peignant des vaisseaux. Ses tableaux les plus fameux étaient : Ialyse, le héros de Rhodes, auquel il travailla onze ans. Le héros était représenté en chasseur, suivi d'un chien. — Paralos et Hammonias, les deux galères athéniennes, dans la galerie des Propylées; elles étaient représentées sous les traits d'un homme et d'une femme, que le vulgaire prenait pour Ulysse et Nausicaa[3].

Monuments de cette époque. — I. Le Temple de Minerve Aléa, à Tégée, bâti en 395 par Scopas; selon Pausanias, le plus grand temple du Péloponnèse, avec des colonnes ioniques à l'extérieur, doriques et corinthiennes à l'intérieur. Sur les frontons, la Chasse de Calydon et le Combat de Télèphe contre Achille.

II. Le Mausolée d'Halicarnasse, une des sept merveilles du monde, élevé en 352 par Artémise d'Halicarnasse à la mémoire de son époux Mausole[4]. Les architectes furent Satyros et Pythis, les sculpteurs Scopas, Bryaxis, Léocharès, Timothée, peut-être Praxitèle. (Vitruve.) Sur un péristyle formé d'un temple carré entouré de 30 colonnes ioniques s'élevait une pyramide surmontée d'un quadrige avec les statues de Mausole et d'une déesse conduisant les chevaux. La hauteur totale était de 43 mètres, et le tout était en marbre blanc.

1. Le Mausolée fut détruit en 1552 par les chevaliers de Rhodes, qui employèrent ses pierres à la construction d'un château à Boudroun, d'où lord Stratford de Redcliffe rapporta en 1846 treize précieux bas-reliefs qui sont au

---

1. Pline, 35, 65.
2. *Ingenio et gratia praestantissimus.* (Pline, 35, 79.) Voy. Wustmann, 1870 (all.).
3. Apollodore d'Athènes, dit le *Skiagraphe*, est le premier peintre qui, par l'étude du clair-obscur, s'appliqua à produire l'illusion de la réalité. Il est, à ce titre, le précurseur de Zeuxis et d'Apelles; mais la *skiagraphie* eut pour résultat le relâchement des études de dessin.
4. Μαύσωλλος; sur les inscriptions, Μαύσσολλος; sur les monnaies.

musée Britannique. En 1856, des fouilles entreprises par Ch. Newton dégagèrent les ruines du Mausolée et d'importants morceaux des frises, aujourd'hui à Londres [1].

III. Le MONUMENT DE L'ACROPOLE DE XANTHUS, en Lycie. C'était un trophée en l'honneur d'Harpagus, général de Cyrus, orné de sculptures dont quelques fragments importants ont été rapportés par Fellows et sont dans le *Salon Lycien*, au musée Britannique.

IV. Le LION DE CHÉRONÉE, en marbre, élevé en 335 par les Thébains sur la route de Chéronée à Orchomène et Lébadée. La tête s'est conservée intacte : l'ensemble de la figure est lourd [2].

QUATRIÈME PÉRIODE (323-146).

1. Après Alexandre, la diffusion de l'Hellénisme est accomplie : l'art grec se met au service du faste des princes étrangers [3] et produit ses chefs-d'œuvre hors de la Grèce. Les différences entre les écoles, les *dialectes* de l'art, tendent à disparaître, et tout se fond dans une unité un peu vulgaire semblable à celle de la langue écrite après Alexandre [4].

2. La recherche de l'effet et du colossal est le caractère dominant de l'art *hellénistique*, dont les sièges principaux sont Pergame et Rhodes. A Rhodes, les artistes les plus connus sont : Charès, Agésandre, Polydore, Athénodore ; à Pergame, Isigone, Stratonice, Antigone.

Œuvres principales. — I. Le COLOSSE DE RHODES, représentant le Dieu du soleil, œuvre de Charès de Lindos, une des sept merveilles

---

1. Newton, *Découvertes à Halicarnasse* (angl.). — Petersen, *le Mausolée*, 1866 (all.).
2. En 340, sous Lycurgue, fut terminé le THÉATRE DE BACCHUS commencé en 500, au pied du mur sud-est de l'Acropole, le plus beau théâtre du monde, selon Dicéarque (p. 140). Pausanias en parle fort peu. La *Société archéologique* y avait commencé quelques fouilles qu'elle abandonna. Mais, en 1862, Strack (auteur de la *Construction des théâtres grecs*, 1843) entreprit des travaux à ses frais. Il fallait creuser à vingt pieds de profondeur : après quelques jours, Strack découvrit des sièges de marbre, et la *Société archéologique* lui fournit alors vingt ouvriers, le roi de Prusse se chargeant des dépenses. Le magnifique théâtre, qui semble avoir subi une restauration complète du temps de Dioclétien, est aujourd'hui entièrement dégagé : des inscriptions sur les sièges réservés indiquent quels fonctionnaires devaient y prendre place (un beau moulage du siège destiné au prêtre de Bacchus est à la Sorbonne). Sur une monnaie de cuivre athénienne, on voit le théâtre avec la division en bancs, adossé au mur de Cimon ; le Parthénon et les Propylées s'élèvent au-dessus.
3. Comme Alexandre, l'ami d'Apelles, les rois grecs ses successeurs vécurent dans l'intimité des artistes, artistes eux-mêmes. Attale III ciselait en airain, Antiochus Épiphane était sculpteur. Quand ils ne pouvaient pas acheter des œuvres d'art, ils les volaient : ce sont les maîtres de Verrès. En même temps que pour les princes, les artistes commencèrent à travailler pour des particuliers, à qui les révolutions faisaient parfois d'immenses fortunes. Le goût de ces parvenus donna naissance aux tableaux d'appartement, comme le luxe des bourgeois flamands aux tableaux de genre modernes.
4. La κοινή. — Dans la première carrière de l'hellénisme, l'utile était sacrifié au beau ; dans l'hellénisme oriental, le beau est subordonné à l'utile (par exemple, le *Phare* d'Alexandrie.) Cf. Paparrigopoulo, *Civilisation hellénique*, p. 95.

du monde. Il était en bronze et avait 35 mètres de hauteur. Élevé en 184, il fut renversé 86 ans après par un tremblement de terre[1]. La représentation vulgaire du colosse, les jambes écartées au-dessus de l'entrée du port, n'est autorisée par aucun texte et doit être repoussée.

II. Le Guérrier gaulois mourant, en marbre, au musée du Capitole, le chef-d'œuvre de l'école de Pergame. Il rappelle la victoire d'Attale Ier sur les Gaulois en 229, et appartenait à un groupe qu'Attale fit placer comme ex-voto dans l'Acropole d'Athènes. Les cheveux et la coupe de la barbe montrent clairement que c'est un Celte : le sculpteur a même ajouté le *torques* gaulois, dont on a retrouvé plusieurs spécimens en or en France, en Italie, et en Angleterre. On voyait autrefois dans cette figure un gladiateur mourant, et la salle du musée où il est placé s'appelle encore à tort *Stanza del gladiatore moribondo*.

III. Le groupe de marbre dit faussement Arria et Paetus (villa Ludovisi) représentant un Gaulois qui se tue à côté de sa femme tuée par lui. Admirablement conservé.

IV. Le groupe du Laocoon, un des seuls originaux antiques qui nous soient parvenus, le chef-d'œuvre de l'école de Rhodes, par Agésandre, Polydore et Athénodore. Il était placé à Rome dans les Thermes de Titus, où Pline l'admirait. Retrouvé sur l'Esquilin, en 1506, au nord des Thermes, il entra au Vatican, où on le voit dans le *Gabinetto del Laocoonte*[2].

V. Le Taureau Farnèse, groupe de marbre des sculpteurs Apollonius et Tauriscus de Tralles, représentant le châtiment de Dircé par Amphion et Zéthus, fils d'Antiope. Il appartenait à Pollion, et passa plus tard aux Thermes de Caracalla, où il fut retrouvé en 1546, extrêmement mutilé. (Musée national de Naples.)

VI. L'Apollon du Belvédère, au Vatican (Belvédère), considéré autrefois comme une des merveilles de l'art grec, mais beaucoup moins estimé aujourd'hui. C'est le même modèle qu'une petite statue en bronze de $0^m,6$ appartenant au comte Stroganoff à Saint-Pétersbourg. Les deux figures sont des copies d'une statue en

---

1. « Jacens quoque miraculo est : pauci pollicem ejus amplectuntur, majores sunt digiti quam pleraeque statuae. » (Pline.)
2. C'est ce groupe qui a inspiré Virgile, et non Virgile, comme on le croyait, qui a inspiré les sculpteurs. Dans la phrase de Pline : « Eum ac liberos... *de consilii sententia*.... fecere summi artifices », on expliquait à tort les mots soulignés par : *sur la décision du conseil privé de Titus*. Le sens véritable est : *en collaboration*. D'après la première explication, le groupe serait du premier siècle après Jésus-Christ : cette vue trouve encore des partisans. — Voy., sur la question de date, Gerlach, *Mus. rhén.*, t. XVII. Cf. en général Lessing, *Laocoon*, trad. Halberg.

bronze d'Apollon portant l'égide, qui avait été vouée à Delphes à la suite de la préservation du sanctuaire lors de l'invasion gauloise de 279 [1]. Le dieu portant l'égide met en fuite les Gaulois.

VII. La DIANE A LA BICHE, au Louvre, d'une élégance exagérée, mais d'un beau mouvement, rappelle par le style l'Apollon du Belvédère. C'est peut-être une copie romaine (n° 97).

VIII. La DIANE DE GABIES, au Louvre, que l'on croit du temps d'Alexandre le Grand (n° 98). De la même époque ou un peu postérieurs, la VICTOIRE DE SAMOTHRACE et l'HERMAPHRODITE BORGHÈSE, tous deux au Louvre [2].

CINQUIÈME PÉRIODE (146 AV. J. C. — 395 AP. J. C.).

L'ART GRÉCO-ROMAIN.

Architecture et plastique romaines primitives. — Nous devons d'abord faire un retour sur l'art romain, tel qu'il se développa sous l'influence étrusque [3],

---

1. Wieseler, l'*Apollon Stroganoff et l'Apollon du Belvédère*, 1861. — Ces résultats ne sont acquis que depuis cette date, et quand la statue fut retrouvée à Antium (Porto d'Anzo) en 1495, la main gauche qui manquait fut rétablie avec un tronçon d'arc par Giovanni Montorsoli, aide de Michel-Ange, dans la pensée fausse qu'Apollon était représenté tuant Python ou les Niobides. Les deux bras sont d'une beauté très contestable.

2. La peinture des Alexandrins nous est connue par les fresques de Pompéi, qui en sont des copies libres. Ils ont développé la peinture de paysage, dont Ludius, sous Auguste, fit un genre à part, et la *rhyparographie*, peinture de la vie domestique. (Voy. Woermann, *le Paysage dans l'art ancien* [all.]). — Les rois étrangers bâtissent à Athènes. Antiochus Épiphane y continue le temple de Jupiter Olympien; Ariobarzane II de Cappadoce reconstruit l'Odéon de Périclès. De la même époque est la *Tour des Vents* (dite Horloge d'Andronic Cyrrhestes), avec huit belles figures représentant les vents et de curieuses colonnes corinthiennes.

3. ART ÉTRUSQUE. ORIGINALITÉ DE L'ART ROMAIN. — Il est assez difficile de faire la part des influences orientales et grecques. L'art étrusque primitif est peut-être oriental : les scarabées, sphinx, lions, etc., rappellent l'Égypte et l'Asie. A la fin du cinquième siècle, l'imitation de l'art grec prédomine; mais l'artiste étrusque reste lui-même par la minutie de son travail, par son insouciance de l'idéal, par le goût du baroque qui le poursuit. L'art étrusque est surtout connu depuis 1828, époque à laquelle on explora les grandes nécropoles : Micali, Ingherami, Conestabile, Des Vergers (*l'Étrurie et les Étrusques*), Dennis (*Cimetières et Nécropoles de l'Étrurie* [angl.]), l'ont étudié dans de beaux ouvrages.

Architecture. — Temples avec des colonnes d'ordre toscan (dégénérescence du dorique grec?); maisons particulières, avec l'*atrium* (inconnu aux Grecs); surtout des monuments funéraires : ce peuple est préoccupé de la mort. Les chambres sépulcrales sont garnies de lits et ornées de peintures (nécropoles de Tarquinies, 2000 tombeaux; de Vulci, Saturnia, Sovana, Toscanella, Caere, Veïes, Clusium, Orvieto).

Sculpture. — Les Étrusques ont excellé dans le travail du bronze et les petites figures peintes (Minerve peinte d'Herculanum. — Cf. Pline, 35, 45, sur la célébrité de leurs artisans). La sculpture étrusque aime les mouvements violents, et l'on a voulu voir dans Michel-Ange, né près d'Arezzo, des traces de cette tendance.

Peinture. — D'une correction de dessin remarquable; sa raideur fait penser aux Byzantins. Nous connaissons des fresques étrusques à teintes plates, le plus souvent des scènes funèbres, avec des luttes de démons, des animaux fantastiques, des danseuses, etc. Pline parle de peintures très anciennes à Ardée, Lanuvium et Caere.

jusqu'à ce qu'il se grécisât presque complètement au deuxième siècle.

1. A Rome [1], les monuments les plus anciens sont : le CLOAQUE MAXIME, dont il reste de merveilleux débris ; le CIRQUE ; le temple du CAPITOLE [2] ; la prison des LATOMIES du Capitole (seule prison à Rome) [3] ; le TEMPLE DE DIANE, sur l'Aventin [4].

2. Pendant longtemps, les dieux romains ne furent pas adorés sous une forme humaine. La première statue de divinité en bronze fut, dit Pline, une Cérès, coulée des deniers confisqués sur Spurius Cassius. A partir de la guerre contre les Samnites, on érigea des statues aux dieux avec le produit du butin, comme le Jupiter dont les armes de la légion sacrée des Samnites fournirent le métal. Le monument le plus célèbre de l'ancienne plastique italienne est la *Ciste* découverte par Ficoroni en 1745 dans le voisinage de Préneste, et donnée par lui au musée Kircher à Rome. C'est un coffret de bronze cylindrique, avec des pieds et un couvercle ; on y voit trois lourdes figures en bronze et un dessin gravé à la pointe, représentant le débarquement des Argonautes en Bithynie, et la victoire de Pollux sur Amycus. L'inscription date de 250 av. J. C. environ : *Dindia Magolnia filea dedit, Novios Plautios med Romai fecid.* — Il faut encore citer, pour leur élégance, les sarcophages des Scipions.

3. Depuis le second siècle, la Grèce fut l'inépuisable magasin où Rome alla chercher des chefs-d'œuvre pour décorer ses palais. Le premier exemple de ces vols officiels, si bien imités depuis, fut donné par Marcellus ; il enleva de Syracuse les objets d'art qui ornèrent ensuite le temple de l'*Honneur et la Vertu* à la porte Capène. Fabius Maximus, après la prise de Tarente, Quinctius Flamininus, après sa victoire sur Philippe de Macédoine, rapportèrent à Rome d'admirables dépouilles : Fulvius Nobilior, vainqueur de l'Étolie, enrichit Rome de 785 bronzes et 250 marbres ; Paul Émile, enfin, fit défiler à son triomphe 250 chariots remplis de statues.

Toreutique. — Les métaux précieux ont été travaillés par les Étrusques avec la dernière perfection. Sur leur céramique noire si originale, voy. plus bas.

Ouvrages célèbres. — La Chimère d'Arezzo à Florence, la Louve du Capitole, l'Enfant à l'Oie de Leyde, la Minerve d'Arezzo à Florence.

1. Les Romains mettaient une sorte de vanité à se dire impropres aux arts. Il n'en est rien. A leurs premiers maîtres, les Étrusques, ils doivent la construction voûtée, le plein cintre, l'atrium, et, en général, ce goût des travaux d'utilité publique que Rome poussa si loin. Le pont Milvius, sur lequel on passe encore, le Cloaque, la voie Appienne, sont les débris de l'art national romain. Malgré les dédains des Mummius pour l'art étranger, la peinture et la sculpture romaines disparurent au contact de l'art grec : mais l'architecture était si bien constituée, qu'elle garda son originalité propre et son génie, tout contraire au génie grec. — La Grèce cherche les proportions, et Rome la grandeur réelle. La Grèce veut charmer et jouir, Rome étonner et dominer. Ses édifices, ses routes (la Grèce classique n'a que des sentiers), ses canaux, ses aqueducs, ses arcs de triomphe, sont les instruments de la domination de Rome, le sceau de sa puissance, qu'elle imprime aux pays conquis. — Cf. Beulé, *Préjugé sur l'art romain* (R. D-M., 1865).

2. Construit en 150 de Rome, il contenait trois *cellae* consacrées à Junon, Jupiter et Minerve. On prétend que Tarquin, faisant bâtir le temple de Jupiter, trouva dans les fouilles une tête sanglante (*caput*), d'où le nom du temple.

3. *Robur Tullianum*.

4. Dans les fouilles du Palatin faites aux frais de Napoléon III, Pietro Rosa a trouvé, au nord de la *Roma quadrata*, des vestiges du premier mur de Romulus (cubes et parallélipipèdes alternants).

4. On bâtit beaucoup à Rome vers la fin de la République[1]. Les architectes furent d'abord tous des Grecs. Métellus Macédonicus fit construire par Hermodore de Salamine un temple à Jupiter Stator; le même architecte bâtit le temple de Mars dans la région du Cirque pour D. Junius Brutus. Un architecte romain, C. Mutius, bâtit pour Marius, avec le butin fait sur les Cimbres, un second temple de l'*Honneur et la Vertu;* c'était un périptère sans posticum, c'est-à-dire une modification de la disposition des Grecs d'après les traditions étrusco-romaines.

5. De la dernière époque, datent : la Curie de Pompée ; le théâtre de Pompée (le premier théâtre en pierre à Rome), imité de celui de Mitylène; la basilique de Paul Émile (54); la basilique Julia, au S. O. du Palatin; le monument de Cécilia Métella, femme de Crassus, encore debout.

Architecture impériale. — 1. Auguste se vantait (Suét., *Aug.*, 29) de laisser une ville de marbre là où il avait trouvé une ville de briques[2]. Non seulement il construisit beaucoup lui-même, mais il exhorta ses opulents familiers à construire de leur côté. Comme partout, le pouvoir absolu à Rome se montrait bâtisseur. — Il faut nommer parmi les monuments dus à Auguste : le TEMPLE D'APOLLON PALATIN, en marbre de Carrare, servant de bibliothèque publique (29); le TEMPLE DE JUPITER TONNANT, dont il subsiste 3 colonnes corinthiennes ; le TEMPLE DE MARS VENGEUR sur le Capitole, petit monoptère connu par les monnaies; un grand temple sur le forum d'Auguste; le THÉATRE DE MARCELLUS, dont les ruines font partie du palais Orsini; le PORTIQUE D'OCTAVIE, avec une bibliothèque, un temple, une école; le MAUSOLÉE, au N. du Champ de Mars, entre la voie Flaminienne et la rive du Tibre, entouré de bosquets et de promenades : Auguste ne voulait pas rester isolé dans le tombeau. Le mausolée s'élevait en terrasses superposées, plantées d'arbres toujours verts : la dernière portait la statue en bronze de l'empereur. Ce n'est que plus tard qu'on y plaça les deux obélisques, dont l'un est aujourd'hui près de Sainte-Marie-Majeure, l'autre entre les colosses du monte Cavallo.

2. Les constructions d'Agrippa sont : les THERMES D'AGRIPPA, au S. du Panthéon qui en forme comme la façade, et au milieu du Champ de Mars : ce furent les premiers bains publics de Rome; le PANTHÉON, dédié en 27, temple rond avec coupole, haut de 44 mètres, avec un vestibule de 16 colonnes corinthiennes en granit : les murs étaient couverts de plaques de marbre. Le temple était consacré aux dieux de la race des Jules, dont les statues colossales étaient placées dans des niches, ainsi que celles d'Auguste et d'Agrippa dans les vestibules. Les caryatides étaient l'œuvre de Diogène d'Athènes. L'une d'elles se trouve dans le *Braccio Nuovo* du Vatican; l'autre, très mal restaurée, dans la cour du palais Giustiniani[3]; le DIRIBITOIRE D'AGRIPPA, également sur

---

1. Voy. le magnifique ouvrage illustré de Reber, *Ruines de Rome* (all.), 1877-1878, et celui de Fr. Wey, *Rome,* 1871. Consultez aussi la grande *Description de Rome,* par Bunsen, Platner, Gerhard, Urlichs et Cotta, 3 vol., 1829-1842 (all.).

2. Cf. ce que dit Auguste lui-même de ses constructions, dans le monument d'Ancyre.

3. Détruit en partie sous Titus, le Panthéon fut rétabli par Domitien, puis brûlé de nouveau par la foudre sous Trajan. Adrien le restaura. Constance II fit enlever la toiture en bronze doré. Urbain VIII Barberini, en 1632, enleva à son tour la décoration en bronze du vestibule et le défigura par des clochers. (*Quod non fecere Barbari, fecere Barberini.*) Dès 609,

le Champ de Mars, édifice destiné au dépouillement des votes des comices, dédié, après la mort d'Agrippa, par Auguste, 7 av. J. C. C'est une immense salle dont la toiture passait pour une des merveilles de Rome, et ne put être rétablie après l'incendie qui la détruisit sous Titus.

3. Citons encore de la même époque : l'ATRIUM LIBERTATIS de Pollion, entre le Capitole et le Quirinal, avec une bibliothèque et les bustes des écrivains; le THÉATRE DE CORNÉLIUS BALBUS, détruit sous Titus; la PYRAMIDE DE GAÏUS CESTIUS, tombeau encore intact, au S. de Rome, près de la porte d'Ostie (*San Paolo*). Elle est en briques, recouverte de plaques de marbre. Alexandre VII découvrit tout auprès les deux colonnes de marbre qui sont maintenant devant la pyramide.

4. En dehors de Rome, des arcs de triomphe, encore debout, furent construits à Ariminum, Fanum Fortunae (Fano), Augusta Praetoria (Aosta) et Segusio (Susa). L'architecte Cocceius Auctus construisit, à Pouzzoles, un temple d'Auguste et perça le tunnel du Pausilippe, ainsi qu'une voie souterraine du lac Averne à Cumes.

5. Dans les provinces, on éleva des temples d'Auguste à Ancyre sur le Sangarius, à Pola en Istrie, à Vienne en Gaule, sur l'Acropole à l'est du Parthénon. A Nîmes, en 752 de Rome, Caïus et Lucius Césars vouèrent la MAISON CARRÉE, le mieux conservé de tous les monuments romains.

Architecture de la décadence.— 1. *Époque des Claudiens.* Beaucoup de constructions d'utilité publique. — Les Flaviens ont détruit presque tout l'immense palais élevé par Néron, sous le nom de MAISON DORÉE, entre le Palatin, l'Esquilin et le Caelius, avec de grands parcs, des étangs, etc.[1]. Quelques restes subsistent sur l'Esquilin derrière les murs de substruction des Thermes de Titus.

2. *Époque des Flaviens.* Leur plus célèbre construction est l'AMPHITHÉATRE FLAVIEN, au S. E. du Forum, commencé par Vespasien et fini par Titus. L'emplacement était celui du grand étang de la *Maison Dorée* de Néron[2]. Frappé de la foudre sous Macrin (les bancs supérieurs, en bois, furent brûlés), il fut restauré par Élagabale et Alexandre Sévère, et servit aux combats de bêtes jusqu'au VIe siècle. Plus tard, on en fit une forteresse, et ses pierres furent employées à la construction des palais Farnèse et Barberini. C'est aujourd'hui le *Colisée*[3].— Le TEMPLE DE LA PAIX, près du Forum, fut bâti après la prise de Jérusalem, dont il reçut les trésors. La quatrième région de Rome, *Sacra via*, prit le nom officiel de *Templum Pacis*. — Les THERMES DE TITUS, au N. E. de l'Amphithéâtre, sur l'Esquilin, occupent une partie de la *Maison Dorée*. — L'ARC DE TRIOMPHE DE TITUS, bâti en son honneur par le sénat et le peuple, sur le point le plus élevé de la voie Sacrée : à l'intérieur, de beaux bas-reliefs

---

Boniface IV avait transformé le Panthéon en une église, dite *Sancta Maria ad Martyres*, puis *Sainte-Marie de la Rotonde*. C'est là que repose la plus grande gloire de l'Italie, Raphaël Sanzio. (Pour ce monument et les suivants, voy. Desgodetz, *Édif. ant. de Rome*, 1779.)

1. Tac., *Ann.*, 15, 42.

2. *Mart.*, 1, 2, 5 : « Hic ubi conspicui venerabilis Amphitheatri — Erigitur moles, stagna Neronis erant. »

3. Le nom vulgaire de Colisée paraît pour la première fois dans Bède, et dérive probablement du colosse de Néron qui se trouvait auprès.

mal conservés montrent l'empereur sur un char de triomphe, et, parmi les dépouilles, le chandelier à sept branches, etc.

Domitien reconstruisit le Capitole détruit par l'incendie de 80, agrandit les palais du Palatin, plaça sa statue équestre sur le vieux Forum, construisit le FORUM PALLADIUM, au sud du forum de César (*forum Nervae*), enfin un château sur le mont Albain, dont Pietro Rosa a étudié les restes (1855).

Trajan fit faire des constructions importantes par son architecte Apollodore de Damas : le FORUM DE TRAJAN, touchant au forum d'Auguste, selon Ammien le monument le plus étonnant de Rome, avec la statue équestre de Trajan ; la COLONNE TRAJANE [1], la BASILIQUE et la BIBLIOTHÈQUE ULPIENNES, l'ARC DE TRIOMPHE DE TRAJAN, placé dans le forum comme les précédents.

Hadrien, lui-même architecte dilettante [2], construisit : le double TEMPLE DE VÉNUS ET DE ROME (plus tard *templum Urbis*), au N. O. de l'Amphithéâtre Flavien ; le MAUSOLÉE D'HADRIEN, aujourd'hui Château Saint-Ange, en marbre de Paros, tombeau des empereurs jusqu'à Commode ; — la VILLA HADRIANA à Tibur, immense ensemble de monuments construits à l'imitation des plus fameux temples grecs et égyptiens, aujourd'hui labyrinthe de ruines appartenant aux Braschi ; — l'OLYMPIÉION D'ATHÈNES, commencé par Pisistrate, et qui donna son nom à un nouveau quartier au S. E. d'Athènes, Hadrianopolis [3] ; — la ville d'ANTINOEIA, ou Antinooupolis, en style grec avec colonnes corinthiennes, près de Besa en Égypte.

Antonin éleva un prostyle à Faustine, avec de beaux chapiteaux corinthiens (église San Lorenzo in Miranda). Sous *Marc-Aurèle*, le riche Hérode Atticus de Marathon [4] bâtit à la mémoire de son épouse Régilla l'ODÉON d'Athènes, théâtre couvert pouvant contenir 6000 spectateurs, sur trente et un rangs de sièges en marbre (au S. O. de l'Acropole, dont sa masse lourde défigure la base).

3. Les ARCS DE TRIOMPHE de Septime Sévère, les THERMES de Caracalla et de Dioclétien, témoignent de la décadence du goût en architecture. On doit encore nommer : l'AMPHITHÉÂTRE DE VÉRONE (Arena), en marbre blanc, pouvant contenir 22 000 spectateurs ; l'AMPHITHÉÂTRE DE NÎMES, du temps

---

1. La colonne *Trajane*, modèle de la colonne Vendôme, compte 2500 figures représentant les victoires de Trajan sur Décébale. La colonne portait une statue de Trajan, que Sixte-Quint, rétablissant la colonne renversée par les Barbares, remplaça par celle de saint Pierre. Il frappa, à cette occasion, une médaille avec la devise : *Exaltavit humiles*. Les cendres de l'empereur, qu'on avait placées sous la colonne, ne furent pas respectées : quand Sixte-Quint, en 1585, ouvrit le sépulcre, il le trouva vide. « La colonne Trajane est pour la vie militaire des Romains ce que Pompéi est pour leur vie civile. » (Duruy.) Voy. les bas-reliefs publiés par Fröhner et Aroza, 1873. La représentation exacte des Barbares et des légionnaires est un côté original de l'art réaliste romain. (Bœckh.) — La colonne *Antonine* (guerre des Marcomans) est fort inférieure.

2. Il fit mettre à mort Apollodore de Damas, coupable d'avoir jugé défavorablement ses plans. (Dion Cass., 69, 4.)

3. Philostrate l'appelle χρόνου μέγα ἀγώνισμα. Les seize colonnes qui restent, ayant 2 mètres de diamètre et 20 de haut, sont les plus grandes de l'Europe. On se demande ce que sont devenus les matériaux disparus de ce temple, beaucoup plus vaste que la Madeleine. — L'arc d'Hadrien, à Athènes, est très médiocre.

4. Vidal de la Blache, 1872.

d'Antonin; les Amphithéatres d'Arles, de Pola et de Trèves. — Les deux premiers sont très bien conservés.

A la fin de l'Empire, les constructions deviennent petites et pauvres : l'art antique s'en va[1].

Le hasard d'une épouvantable catastrophe nous a permis, après 1800 ans bien comptés, de connaître, presque aussi bien que les Romains eux-mêmes, la disposition des maisons et la manière de bâtir au premier siècle de notre ère. Il faut dire ici quelques mots de cette découverte d'un passé enseveli, dont l'exploration nous réserve encore bien des surprises.

Pompéi et Herculanum[2]. — 1. L'éruption du Vésuve, en 79 après Jésus-Christ, a enseveli sous la cendre et la lave les deux villes de Pompéi et Herculanum, ainsi que Resina et Stabies[3]. Jusqu'au siècle dernier, Pompéi n'était encore connue que par sa ruine, racontée par Pline le Jeune, et toute trace en avait disparu. En 1748, deux vignerons rencontrèrent, en creusant le sol, des constructions antiques. Les fouilles, commencées presque aussitôt sous Charles III, et continuées par Murat et les Bourbons, ont été menées avec infiniment d'intelligence et de savoir, depuis 1860, par Fiorelli. Elles ont rendu à la lumière une ville romaine, dont les maisons étaient pleines d'œuvres d'art, les murs couverts d'inscriptions, d'enseignes, d'annonces électorales, etc. L'architecture privée et la vie sociale des Romains se sont éclairées pour nous de nouvelles lumières. — Beaucoup d'objets d'art découverts à Pompéi (le *Faune dansant*, en bronze, les fresques de la *maison du Poète*, etc.) ont été transportés au musée de Naples. Ce sont surtout des bronzes d'un travail exquis, des peintures, des marbres, des bijoux. — Les principaux monuments sont le Propylée du Forum triangulaire; le Palais d'Eumachia, le

---

1. Cf. l'*Index*, s. v. Choisy.
2. Voy. Overbeck, *Pompéi*, 2 vol., 3e éd., 1876 (all.); Nissen, *Études pompéiennes*, 1877 (all.); Fiorelli, *Rapport sur les fouilles* (1873); *Description de Pompéi*, 1875 et le *Journal des excavations*, publié sur les lieux. Un bon tableau d'ensemble a été donné par Breton, 1855. Les anciens travaux sont très nombreux : voy. surtout Mazois, 4 vol. in-fol., 1822-38; Garucci et Fiorelli, *Inscr. gravées sur les murs*. Sur les dernières découvertes, voy. les articles de Boissier, *R. D-M.*, 1878 sqq. — Fiorelli est le restaurateur des études pompéiennes. Avant lui, on fouillait pour enrichir le musée de Naples : F. a posé en principe que le plus grand intérêt de Pompéi était Pompéi même, et qu'il fallait surtout chercher à ressusciter une ville romaine. F. a rendu aux maisons de Pompéi les noms de leurs propriétaires (au lieu de *maison du faune*, du *grand-duc*, de *Cicéron* (!), etc.), noms retrouvés au moyen d'inscriptions ou de *graffiti*. Cf. liv. III, *Épigraphie*, et l'*Index*. — Sur le dix-huitième *centenaire* de Pompéi, voy. Renan, *Débats* du 14 oct. 1879; le discours de Ruggiero, directeur actuel des fouilles, et le volume d'études publié à cette occasion.
3. Après un premier tremblement de terre en 63, Pompéi fut rebâtie en quelques années : sous la ville actuelle, on retrouve les fondations de deux villes plus anciennes, dont la première, ville de guerre samnite, est du vie siècle. — Les bourgeois de Pompéi vinrent fouiller après la catastrophe et emporter leurs objets les plus précieux. Ils ne retirèrent pas les cadavres (env. 500 sur 12 000 hab.), qui ont été retrouvés dans des poses d'une vérité saisissante, moulés avec soin, et exposés à l'entrée de Pompéi, dont ils ne sont pas la moindre curiosité.

Temple de Vénus, le Panthéon (?), la Basilique, les maisons *dites* du Faune, du Questeur, du Poète, décorées en partie de peintures mythologiques, d'Amours et de danseuses, de fleurs et de fruits, dans un style d'une élégance particulière dit *style pompéien*[1].

2. A Herculanum, les travaux ont été fort lents, à cause de l'épaisseur et de la dureté de la couche de lave (21-34 mètres) qu'il faut percer pour arriver à la ville. Emmanuel de Lorraine, prince d'Elbœuf, commença quelques fouilles en 1713 ; Charles III les continua. On découvrit le théâtre, une basilique, et, de 1750 à 1760, la fameuse villa d'Aristide ou *des Papyrus*, où fut trouvée, à côté de statues admirables (le *Faune ivre*, le *Faune dormant*, etc.), une collection de 3000 rouleaux de papyrus, déchiffrés en petit nombre et très imparfaitement. Les recherches récentes ont donné des résultats remarquables : les objets d'art, bijoux, etc., sont supérieurs à ceux de Pompéi. Mais la plus grande partie de la ville reste encore à découvrir, et le manque de fonds rend les excavations très difficiles[2]. Pour quiconque voudrait consacrer à Herculanum une grande fortune, il y a une immortalité à conquérir.

LA STATUAIRE DE LA DÉCADENCE.

Il y eut une sorte de renaissance de l'art vers l'an 130 avant Jésus-Christ. Antée, Callistrate, Polyclès, Athénée, Pythoclès, Callixène, Pythias et Timoclès fondèrent alors l'école de sculpture NÉO-ATTIQUE qui est à l'école classique ce que les peintres bolonais et napolitains du xvii⁰ siècle sont à l'école romaine et florentine du xvi⁰. Ce sont des CLASSIQUES DE LA DÉCADENCE.

Œuvres principales.—I. Le TORSE DE L'HERCULE DU VATICAN, chef-d'œuvre d'Apollonius d'Athènes, découvert au temps de Jules II dans le théâtre de Pompée. Il est aujourd'hui au Belvédère du Vatican.

II. L'HERCULE FARNÈSE, œuvre de Glycon d'Athènes, aujourd'hui au musée Bourbon à Naples, imitation de l'Hercule de Lysippe. L'enfoncement des yeux trahit l'époque des Antonins. C'est une œuvre imposante, mais d'un modelé bien tourmenté.

III. La VÉNUS DE MÉDICIS, à Florence, avec l'inscription : Κλεομένης Ἀπολλοδώρου Ἀθηναῖος ἐποίησεν. C'est une imitation de l'Aphrodite Cnidienne de

---

1. Après Pompéi, la ville ancienne la mieux conservée est Ostie; au moment des invasions, menacée par les pirates et par les barbares, elle cessa d'être habitée tout à coup. A Porto (*Portus Trajanus*), faubourg d'Ostie, des fouilles hâtives, sorte de *razzia* d'objets d'art, ont été faites dans le palais de Trajan par le possesseur de la contrée, Torlonia, qui s'est hâté de refermer l'entrée des galeries. Le port de Claude, grâce à l'ensablement, se trouve aujourd'hui au milieu des terres. (Boissier, *R. D-M.*, 1878.) — Une autre ville italienne ensevelie est Veleia, près de Parme, où l'on a trouvé la *Table alimentaire* (voy. l'*Index*) et le fameux *Hercule ivre*, en bronze.

2. Il faudrait en outre détruire la plus grande partie de Resina.

Praxitèle, analogue à la Vénus du Capitole, qui est d'un sentiment plus chaste.

IV. Le Germanicus, de Cléomène le fils, au Louvre, statue d'homme un peu lourde, mais d'un dessin pur et admirablement conservée. Il est vêtu en Hermès, dans l'attitude de l'orateur.

V. Le Lutteur Borghèse, d'Agasias d'Éphèse, trouvé à Antium, aujourd'hui un des ornements du Louvre [1]. Peut-être contemporain d'Auguste.

VI. L'Apothéose d'Homère, fameux bas-relief signé d'Archélaos de Priène, trouvé à Bovilles avec la Table d'Héraclée (voy. l'*Index*), aujourd'hui au musée Britannique. Cette composition très importante comprend quatre parties : 1° Le Parnasse (ou l'Olympe) avec Jupiter et l'Aigle ; les neuf Muses, et dans la caverne corycienne du Parnasse, Apollon Citharède avec la Pythie ; 2° La statue d'un poète (Orphée ou Hésiode), sur un piédestal ; 3° Les rangs inférieurs représentent l'Adoration d'Homère par une suite de figures allégoriques dont les noms sont inscrits : l'Iliade, l'Odyssée, l'Univers, le Temps, la Fable, l'Histoire, la Poésie, la Tragédie, la Comédie, la Nature, la Vertu, la Mémoire, la Foi, la Sagesse.

VII. Il nous est resté un très grand nombre de bustes et portraits (surtout d'empereurs romains), que Pline distingue en *images iconiques* (portraits véritables), et *statues achilléennes*, images de convention, le plus souvent dans une attitude guerrière. Le Vatican et le Louvre sont les deux collections les plus riches en portraits antiques [2]. A Madrid, on admire un buste de Cicéron, contemporain du grand orateur, qu'il représente à soixante-quatre ans.

LA PEINTURE A ROME.

1. Suivant Pline, la peinture florissait dans l'Italie centrale, à Ardée, Caeré, Lanuvium, avant la domination romaine. On attribuait l'introduction de la peinture en Italie à Démarate, père de Tarquin, qui, expulsé de Corinthe, aurait amené avec lui à Tarquinii le peintre Ecphantos [3].

2. En 493, deux Grecs, Damophilos et Gorgasos, décorèrent le temple de Cérès, près du cirque Maxime. Le premier peintre romain est un patricien, Fabius Pictor (303), qui décora le temple du *Salut* et dont Denys loue le dessin correct. Dans le temple d'Hercule, au *forum Boarium*, on voyait une peinture du poète tragique Pacuvius. Cicéron fait entendre que l'on reprocha à Fabius de s'appliquer à un art bon pour des Grecs, et jusqu'au siècle

---

[1]. Le Louvre a encore de cette époque une très belle statue du Tibre couché, pendant du groupe du Nil au Vatican.

[2]. Au Louvre, Auguste, Antinoüs colossal, Agrippa, Julie, Marc-Aurèle, Lucius Vérus ; à Vienne, tête colossale de Vitellius. Statue équestre de Marc-Aurèle sur la place du Capitole à Rome, etc.

[3]. Pline, 35, 16. Il n'existe pas, à proprement parler, d'école romaine de peinture. « La peinture grecque, dit Letronne (*Lett. d'un antiq.*) fut une plante qui se développa partout comme sur le sol natal, sans presque éprouver l'influence du changement de terrain et de climat. » Trois fois, sous Tarquin, en 493, et au xiii° siècle, les Grecs ont porté la peinture en Italie.

d'Auguste on ne trouve plus de peintres romains. Pline nomme de son temps Ludius, Amulius et Turpilius[1]. Les peintres contemporains de Pline nous sont bien connus par les décorations de Pompéi : il paraît certain qu'ils ne formaient pas une école originale, mais qu'ils se contentaient d'imiter, de copier souvent, avec une habileté de main incontestable, les peintres et les décorateurs alexandrins[2].

3. Il nous reste une très belle peinture romaine du temps d'Auguste, dite les Noces aldobrandines, découverte en 1606 sur l'Esquilin dans les jardins de Mécène. Achetée par Pie VII en 1818 à la famille Aldobrandini, elle se trouve aujourd'hui à la Vaticane. Selon Winckelmann, le sujet serait les noces de Thétis et de Pélée. L'exécution en est délicate et harmonieuse, bien qu'un peu pauvre[3].

Mosaïque[4]. — La peinture en mosaïque fut, de tous les genres, le plus en faveur auprès des Romains. Partout où ils ont fixé leurs demeures, on retrouve des pavés en mosaïque[5]. Cet art avait autrefois fleuri à Pergame, dans

1. Amulius avait décoré la *Maison dorée*. Turpilius, chevalier romain, peignait de la main gauche.
2. Boissier, *R. D-M.*, oct. 1879, d'après Helbig, *Fresques de Pompéi*. — Ces peintres sont si peu romains, qu'ils n'empruntent jamais leurs tableaux à l'histoire de Rome : sur 1968 peintures, 1400 se rapportent à la mythologie grecque ; les autres sont des animaux, des natures mortes, des paysages, quelques tableaux de genre, ceux-là empruntés à la vie romaine, mais d'une exécution beaucoup plus faible, parce que les modèles alexandrins manquaient. Des compositions alexandrines célèbres, l'*Andromède* et l'*Io* de Nicias, la *Médée* de Timomaque, ont été conservées par les fresques de Pompéi, comme tel tableau perdu du Vinci par des gravures.— Par exception, le célèbre *Sacrifice d'Iphigénie* est probablement la copie d'une œuvre attique. — Pline et Pétrone, déplorant la décadence de la peinture, l'attribuent à l'invasion de la fresque, procédé expéditif qui permettait de décorer à peu de frais les demeures des bourgeois, en copiant des œuvres devenues classiques. Les peintres de Pompéi ne sont que d'habiles artisans. — Lucien parle d'un contemporain d'Hadrien (?), Aétion, qu'il place au rang des grands maîtres.
3. Poussin en était si charmé, qu'il en fit une excellente copie, aujourd'hui à Rome au palais Doria. — D'autres peintures du temps d'Auguste ont été trouvées récemment dans une villa au niveau du Tibre. Sur celles de la maison de Livie au Palatin, voyez Perrot, *Mélanges d'archéologie*, p. 74.
4. Rossi, *Mosaïques romaines antérieures au xv* siècle, 1872 (admirables chromo-lithographies).
5. Technique.—La mosaïque, *musivum opus*, σύνθεσις λίθων, ψηφοθέτημα, servait surtout aux pavés, et figurait soit des figures géométriques, soit des dessins. Connue de bonne heure en Grèce et en Perse (palais d'Assuérus), la mosaïque s'introduisit à Rome sous Sylla et envahit bientôt toutes les habitations. Les mosaïstes de l'Empire, pour donner plus d'éclat aux couleurs, employèrent les onyx, les agates, etc., et des *pâtes de verre*, qui devinrent d'un usage général sous Constantin. A Byzance, la mosaïque en pâtes de verre finit par remplacer la peinture. Elle donna naissance à la peinture en émail (peintures avec des matières coloriées vitrifiables). — On appelle nielles des dessins gravés en creux sur des ouvrages d'orfèvrerie, où l'on a répandu dans les creux un émail noirâtre (*niello*, du lat. *nigellum*). De là à la gravure il n'y a qu'un pas, et il semble certain que plusieurs anciens l'ont franchi. On ne peut expliquer autrement le fameux passage de Pline (35, 11) où il dit que Varron avait trouvé moyen de reproduire, par une bienfaisante invention (*benignissimo invento*) les portraits de sept cents hommes illustres insérés dans ses ouvrages. Il faut croire que le procédé fut tenu secret, et qu'il se perdit. (Letronne [*R. D-M.*, t. XXXII, p. 656] nie qu'il s'agisse de gravures.)

l'école de Sosus, d'où il passa à Rome. Une fameuse mosaïque de Sosus, dite le Plancher non balayé [1], qui représentait sur le sol les restes d'un repas, avec une colombe buvant, se trouve reproduite très fréquemment, notamment dans la mosaïque des Colombes capitoliennes, trouvée dans la villa d'Hadrien et acquise par Clément XIII pour le musée Capitolin. La plus grande mosaïque antique est la Bataille d'Alexandre trouvée à Pompéi, en 1831, dans la *maison du Faune*.

Perspective. — L'art classique a toujours tenu grand compte de la perspective : ainsi les métopes du Parthénon sont un peu plus hautes que larges afin de paraître carrées au spectateur qui les voit d'en bas. Les Grecs ont évité les raccourcis dans les bas-reliefs et affectionné la position de profil. — La perspective appliquée à la peinture produisit la scénographie ou skiagraphie, qui servait aux décors de théâtre, etc. Mais, en général, les anciens ne sacrifièrent pas au désir puéril de l'*illusion* et du *trompe-l'œil* leur amour des belles formes non altérées, de l'*eurythmie*. Par suite, ils n'ont guère observé, dans leurs peintures, la *perspective aérienne* et la dégradation des tons. En cela, leur art se rapproche plutôt de l'art idéaliste du moyen âge que de l'art déjà réaliste de la Renaissance ; et il est peut-être permis de leur en faire un éloge.

HISTOIRE DE LA CÉRAMIQUE.

Sous ce titre, je traiterai rapidement des différentes espèces de vases ; je parlerai surtout des vases peints, si importants pour la connaissance de la mythologie, du costume et de la vie privée des anciens [2].

---

[1]. ἀσάρωτος οἶκος. (Pline, 36, 184.)

[2]. Technique. — Les anciens ont donné aux vases des formes d'une variété infinie. Le bois ne servait que pour les plus rustiques ; ils étaient généralement en terre cuite, en métal ou en verre. Les principales espèces sont : Vases récipients : Le *cratère*, grand vase en cône tronqué où l'on puisait pour remplir les coupes des convives ; de petits vases dont on se servait pour verser le liquide du cratère dans les coupes, appelés *arystiques*, *arytènes*, *cyathes*, semblables au *simpulum* des anciens habit. de l'Italie, ou à la *trulla* ; de petites cruches avec un col étroit et une embouchure pointue, pour entonner, dites *prochous*, *prochytès* ; des vases au long col pour laisser égoutter l'huile, dits *lécythe*, *olpé*, *alabastron*, *ampulla*, *guttus* ; des vases plats pour les libations, *phiale*, *patère* ; —Vases a boire : *Carchésion*, rétréci vers le milieu ; *canthare*, très large avec un couvercle ; *cothon*, avec un col étroit et un pied élevé ; *scyphe*, vase long et rond, dit centauréen ou herculéen ; *cylix*, avec un pied et des oreilles ; *psyctère*, vase cylindrique avec un pied en forme de colonne ; *aryballe*, vase en forme de bourse, rétréci vers le haut ; *cotyle*, *plémochoé*, petits vases ; *rhyton*, vase en forme de corne, de formes souvent bizarres ; la corne à boire proprement dite (κέρας) ; — Différentes sortes d'urnes, destinées au transport des liquides (*calpé*, *hydria*, *cadus*, *amphore*) ; — Des vases d'argile non mobiles, *tonneaux* (πίθος, dolium) ; — Cuvettes pour les ablutions, *chernips*, *polubrum*, *trulla* ; vases a arroser et a népandre, *ardanion*, *cymbalon*, *préféricule* ; — Les chaudrons, *lébès*, surtout le chaudron à trois pieds.— Vases des sacrifices : *Canistres*, corbeilles tressées, aussi d'argile et de métal, où l'on déposait le couteau, la farine salée et les couronnes ; *van* ou *licnon*, corbeille du culte de Cérès ; vases a parfums, *thymiatérion*, *libanôtris*, *acerra*, *turribule*. Beaucoup de vases d'argile, qu'on découvre dans les tombeaux, symbolisaient, selon Otfr. Müller,

Vases peints[1]. — 1. L'ancienne division en vases *étrusques* (fond rouge, dessins noirs ou blancs) et vases *grecs* (fond noir et dessins rouges) doit être aujourd'hui abandonnée. A très peu d'exceptions près, tous les vases sont grecs. Les premiers vases peints sont d'origine phénicienne[2]; on les fabriqua ensuite dans l'Archipel, à Corinthe, à Athènes, et plus tard seulement en Toscane, *où ils furent introduits par l'immigration corinthienne*[3]. Les plus anciens étaient faits de terre sans *couverte* ni peintures ; on voit ensuite paraître des ornements, zones, chevrons, cercles concentriques, etc. (vases de Santorin et de Milo); puis des figures d'animaux naturels ou fantastiques (vases du style asiatique ou oriental, appelés, à tort, phéniciens, corinthiens ou égyptiens). Les vases à fond rouge, jaune ou blanc, avec figures noires, sont les plus anciens : la fabrication en est surtout active vers 450, mais on en trouve encore du temps d'Alexandre. Les vases à figures rouges sur fond noir, fabriqués à Athènes dès l'époque des guerres Médiques, datent surtout de l'époque classique et sont d'une beauté supérieure[4]. Les peintures diminuent de grandeur en augmentant de finesse, et n'occupent souvent que le col du vase. L'art de la décadence employa le blanc à profusion et y mêla le rouge foncé, le bleu, le jaune, le vert, surtout l'or. Par la multiplicité des figures et des ornements,

---

les libations annuelles sur le tombeau : ce sont des *hydries*, des *urnes*, des *fioles*, des *lécythes*, où l'on enferme aussi les cendres.

Pour la peinture sur vases, on faisait usage d'une couleur brune foncée (oxyde de fer) appliquée entre la première et la seconde cuisson ; cette couleur, moins concentrée, paraît avoir donné le vernis jaune-rougeâtre qui recouvre le vase en dehors des figures. Les couleurs brillantes étaient appliquées postérieurement. (Lenormant, *Introd. à l'étude des vases peints*, 1845.)

1. Sam. Birch, *Hist. de l'ancienne poterie*, 2 vol. 1858, angl. (excellent manuel). — Élite des monuments céramographiques, par Lenormant et de Witte. — *Catal. des vases de Munich*, par Otto Jahn, 1854 (all.) (a fait époque). — Dumont, *Inscr. céramiques de Grèce*, 1873. — De Witte, *Études sur les vases peints*, 1865, en particulier sur la coll. Campana (très bon résumé). — Gerhard, *Rapport sur les découvertes de Vulci* (all.) (un vrai chef-d'œuvre [Letronne]; Dumont, *Vases peints de la Grèce propre* (Journ. des sav., 1874). La TECHNIQUE est très mal connue : voy., dans de Witte, le résumé des travaux de Luynes et Deville.

2. Voy., plus haut, la note sur les vases trouvés à Hissarlik. Les dessins des anciens vases seraient copiés sur des tapisseries orientales (Aristote, *Mirab. Ausc.*, 99).

3. De Witte admet des fabriques locales en Grande-Grèce, en Sicile et en Étrurie. Jahn voit presque partout des exportations directes de la Grèce.

4. « La peinture sur vases est ce qui nous représente le mieux, dans les arts du dessin, tout un côté du génie grec, ce qu'il a de surprise et de fantaisie, son penchant pour le bizarre et même pour le grotesque. Les peintures sur vases, c'est un monument du goût qui, dans un autre ordre, faisait applaudir les *Oiseaux* et les *Nuées*. Aussi nous est-elle très utile pour l'intelligence de l'ancienne comédie et du drame satyrique, pour comprendre ce qui nous en reste, pour deviner ce que nous avons perdu. Beaucoup de ces peintures font songer au trait et à la manière de Callot. » (Perrot.) — Elles étaient exécutées par des artistes de second ordre, mais d'après des dessins de maîtres. David avait pour elles une admiration sans bornes.

cet art se rapproche de l'art primitif. — La fabrication des vases peints cesse environ deux siècles avant Jésus-Christ : de Witte, d'accord avec Gerhard, pense que l'interdiction des Bacchanales à Rome dut porter un coup fatal à cette industrie, dont les produits servaient en grande partie à la célébration des mystères[1].

2. Les vases fabriqués en Étrurie, à Tarquinii, sont presque tous rouges avec figures noires : ils sont en grande partie imités des vases grecs. Les vases véritablement étrusques sont en pâte noire, de formes bizarres, et rappellent, selon de Witte, certains vases mexicains et péruviens[2]. Les vases italiens sont en général d'un travail inférieur et d'un émail terne[3].

3. On peut évaluer à 60 000 le nombre des vases anciens retrouvés jusqu'à présent[4]. Quelques-uns sont célèbres : — I. La *Pyxis* de Dodwell, à Munich, du septième siècle, avec une inscription en caractères corinthiens très archaïques, sur laquelle sont représentées deux zones superposées d'animaux monstrueux, avec la chasse de Calydon[5] sur le couvercle. — II. Le fameux vase trouvé par Alexandre François près de Chiusi, en 1845, dit *Vase de François* : c'est l'œuvre du potier Ergotime et du peintre Critias. Il est aujourd'hui au musée Étrusque de Florence. C'est une amphore avec anse à volutes portant plusieurs rangées de figures et cent quinze noms des personnages représentés. Les sujets sont[6] : la Chasse de Calydon et le Triomphe de Thésée, sur le col ; au-dessous, la Course des chars aux funérailles de Patrocle, le Combat des Centaures et des Lapithes, les Noces de Thétis et de Pélée. — III. L'amphore panathénaïque dite Vase Burgon, au musée Britannique, avec l'inscription : « Je suis

---

1. On en est réduit à des hypothèses de ce genre, les anciens ne nous ayant presque rien dit de l'emploi des vases. — C'est à Caylus (1752) que la France doit la connaissance des vases peints : mais, jusqu'à Winckelmann, on voulut voir l'art étrusque partout. Puis vinrent Millin, Bœttiger, Lucien Bonaparte, qui, introduisant le mysticisme dans la céramique, pensèrent que toutes les peintures se rapportaient aux mystères d'Éleusis. Millingen, le premier, réfuta ces chimères et donna des planches vraiment exactes (*Peint. inéd. de vases grecs*, 1813).

2. Au musée de Rio-de-Janeiro, Wiener a trouvé sur beaucoup d'armes et de poteries incasiques (américaines), l'ornement appelé *méandre* ou *grecque*, dont on a voulu faire un caractère propre de l'ornementation étrusque. L'idée de cet ornement serait due à l'art de faire des nattes de paille. (*Acad. des inscr.*, févr. 1876.).

3. On doute si les 600 vases trouvés à Vulci et décrits par Gerhard dans une monographie célèbre sont l'œuvre de colons attiques, ou s'ils ont été importés directement d'Athènes. — Les vases de Nola, à peintures rouges, sont d'une remarquable élégance ; l'influence de la peinture ionienne s'y fait sentir.

4. Partout où les Grecs ont passé on découvre des vases peints, surtout dans les tombeaux ; Aristophane (fragm. 33) parle d'un potier d'Athènes qui fait des peintures sur les lécythes funèbres : ὅς τοῖς νεκροῖσι ζωγραφεῖ τὰς ληκύθους. On a retrouvé récemment, en Attique, des lécythes blancs très curieux. Dumont distingue deux classes dans les vases athéniens à fond blanc : les lécythes proprement attiques, à décoration souvent polychrome et à sujets funèbres, et les vases archaïques appartenant au style dit *de Locres*.

5. Les sujets que l'on rencontre le plus souvent sont, outre la chasse de Calydon, les travaux d'Hercule et des scènes de la guerre de Troie. Les sujets funèbres appartiennent en général à la décadence.

6. Voy. *Mus. rhén.*, 1877-78, une étude très considérable sur le vase de François par Weizsæcker.

le prix donné à Athènes¹. » — IV. La grande COUPE DE SOSIAS, provenant de Vulci, aujourd'hui à Berlin; à l'extérieur, une procession de divinités; à l'intérieur, Achille soignant Patrocle blessé. Les figures, rouges sur fond noir, témoignent d'un très grand soin dans le détail². — V. Le VASE DE LA DERNIÈRE NUIT DE TROIE et le VASE DES BACCHANTES, tous deux à Naples, appartiennent à la meilleure époque. — VI. Le grand VASE DE LOCRES, au Louvre, représentant Achille et Patrocle prenant congé de leurs pères³.

Vases murrhins. — D'une composition inconnue (peut-être du spathfluor), les vases murrhins, fabriqués en Orient, furent introduits en Grèce par Néarque, à Rome par Pompée, qui en trouva dans le trésor de Mithridate. On les payait, à Rome, des prix fabuleux⁴.

Vases de verre⁵. — Le plus beau spécimen de la verrerie antique est le fameux VASE DE PORTLAND, trouvé sous Urbain VIII, rempli de cendres, dans le tombeau d'Alexandre Sévère, et qui, transporté d'abord à la bibliothèque Barberini, passa ensuite à W. Hamilton, au duc de Portland et au musée Britannique. Il est en verre bleu foncé, offrant un relief de figures exécutées au touret, où Winckelmann a voulu voir l'histoire de Thétis et de Pélée, d'autres celle d'Alceste ramenée des enfers par Hercule. En 1845, une sorte d'Érostrate, William Lloyd, jeta le vase à bas de son piédestal : mais les morceaux ont été si bien rajustés qu'il reste à peine quelques traces de cet accident⁶.

GLYPTIQUE ET TOREUTIQUE⁷.

1. Le travail des gemmes, GLYPTIQUE, *scalptura*, fut très anciennement pratiqué en Orient, où les pierres gravées servaient d'amulettes. On appelle INTAILLES

---

1. Τὸν Ἀθήνηθεν ἆθλον εἰμί (orthogr. moderne). Pindare parle de ces amphores, remplies de l'huile des oliviers sacrés, que l'on donnait aux vainqueurs des Panathénées. Quelques-unes portent le nom d'un archonte éponyme.

2. Signé sur le pied : ΣΟΣΙΑΣ ΕΠΟΙΕΣΕΝ. Parmi les autres signatures d'artistes, les plus fréquentes sont celles de Nicosthène, Épictète, etc. On ne trouve pas d'inscription avant le VII⁰ siècle. Même sur les vases d'Étrurie, les caractères étrusques sont très rares.

3. Voy. aussi, au Louvre, la coll. de vases archaïques (6⁰ salle) signés *Nicosthène*. — Depuis l'acquisition de la collect. Campana par Napoléon III, le Louvre est un des plus riches musées pour la céramique. Le premier est le musée National de Naples, contenant 5000 peintures céramiques (Excellent catalogue par Heydemann [*R. C.*, XIII, 247]).

4. Minutoli, *Vases murrhins*, 1835.

5. TECHNIQUE. — Le verre, découvert, selon Pline, par les Phéniciens, très fréquent en Égypte, servait à faire des sceaux (σφραγῖδες ὑάλιναι, *C. I. G.*, 150), des imitations de camées, des coupes, etc. On ne savait pas faire de *grandes* vitres pour les fenêtres, mais Winckelmann en a vu à Pompéi ayant de 28 à 30 centimètres carrés. Bien que les anciens connussent le verre incolore, ils le fabriquaient surtout colorié, en pourpre, en bleu foncé, en vert. Il reste beaucoup de jolis verres de couleur, mais de petites dimensions. Voy. Deville, *Verrerie antique*, 1873. — Les miroirs sont en général d'argent, souvent en bronze avec des dessins (miroirs étrusques); voy. Gerhard, *Miroirs étrusques* (ouvrage capital). Il existe une douzaine de miroirs grecs décorés de figures au trait. (Dumont, *Gaz. archéol.*, 1878.)

6. Une des coupes les plus célèbres est la *patère de Rennes*, à la Bibliothèque nationale, en or massif, avec des bas-reliefs représentant la lutte entre Bacchus et Hercule, et 16 médaillons d'empereurs romains d'Adrien à Géta (trouvée en 1774). Beaucoup de prétendues patères sont des miroirs.

7. Westropp, *Manuel de gemmes antiques*, 1873 (angl.); Saglio, *Caelatura*, dans son *Dictionnaire des Antiquités*.

les gravures en creux (comme les sceaux), CAMÉES les gravures en relief. Les anciens employaient surtout l'améthyste, l'agate et ses variétés (calcédoine, cornaline, onyx, prase, sardoine, sardonyx). Ils ne savaient pas tailler le diamant. Une de leurs préoccupations était de polir soigneusement toutes les parties des figures gravées : c'est là, pour les modernes, un critérium d'authenticité. On se servait de pierres fines pour orner les coupes (*gemmata potoria*), usage qui subsista sous le Bas-Empire. Les plus belles pierres antiques figurent aujourd'hui sur des vases d'église [1].

2. Le travail des métaux précieux et de l'ivoire, TOREUTIQUE, *caelatura*, paraît être plus ancien que la statuaire en marbre : la statuaire chryséléphantine en est une branche. Troie, Mycènes, l'Étrurie, ont fourni les plus anciens monuments de ce genre. La toreutique employait à la fois les procédés de la fonte et le travail au marteau (en repoussé). Ce dernier travail était appliqué à la fabrication des armes et notamment des boucliers [2].

3. Un des premiers maîtres de la glyptique, à laquelle l'usage des sceaux (σφραγίδες) a donné naissance, est Mnésarque de Samos, père de Pythagore (vers 580). On nomme ensuite Théodore l'Ancien, qui aurait taillé et monté en or l'émeraude de l'anneau de Polycrate, pierre que les Romains s'imaginaient posséder; et Pyrgotèle, qui eut le privilège de reproduire les traits d'Alexandre.

4. Les plus anciennes pierres gravées ont la forme de scarabées [3], insecte sacré en Égypte, d'où la glyptique est originaire. Les pierres grecques sont en général ovales, et beaucoup sont précieuses par les compositions historiques ou mythologiques qui y sont représentées.

5. La toreutique dut ses progrès à Phidias et à Polyclète. On connaissait de Phidias des abeilles et des poissons d'un travail achevé. (*Adde aquam, natabunt*, dit Martial, 3, 35.) On cite, parmi les autres grands ciseleurs, Myron, Calamis, Mys, et surtout Mentor, dont Lucius Crassus, l'orateur, acheta deux coupes pour 100 000 sesterces.

6. La toreutique et la glyptique furent très cultivées sous l'Empire. On connaît deux coupes d'argent avec reliefs sculptés par Zopyre, représentant l'acquittement d'Oreste par l'Aréopage. Pline se plaint, d'ailleurs, de la décadence de la *caelatura*, accompagnée d'un renchérissement extraordinaire des œuvres anciennes.

7. Dans la glyptique, le plus grand maître après Pyrgotèle est Dioscuride, sous Auguste, auteur du sceau impérial. Il reste des camées signés de lui, mais d'une authenticité douteuse [4].

1. Le plus beau morceau connu de sardonyx, le canthare bachique dit *Vase de Mithridate* ou *Coupe des Ptolémées* (Cabinet de France), a figuré dans le trésor de l'abbaye de Saint-Denis depuis le IXe siècle jusqu'à la Révolution.
2. En fait d'objets d'ivoire anciens, nous ne possédons guère que la classe des diptyques (tablettes à écrire avec des bas-reliefs sur les côtés extérieurs) des bas temps de l'empire romain; on distingue les diptyques *consulaires*, c'est-à-dire donnés par les magistrats à leur entrée en fonctions, et les diptyques *ecclésiastiques* (Gori, *Thesaurus diptychorum*, 3 vol. 1759), avec des figures ou des légendes bibliques.
3. Un scarabée d'Égine, en agate, représentant un homme nu qui vient de décocher une flèche, appartenait à Prokesch d'Osten. Un autre, d'Égine également, portant l'inscription Κρεοντίδα εἰμί, était dans la collection du major Finlay.
4. Les trois camées les plus importants sont : — I. Le CAMÉE D'AUGUSTE ou Apothéose d'Auguste, à Vienne, onyx d'un travail achevé représentant la famille d'Auguste en l'an 12,

Destin de l'Art antique. — Dans l'histoire de l'art, comme dans celle des idées, le progrès de la science tend à vérifier la loi de continuité. L'art du moyen âge n'est pas, comme on l'a dit, un art *germanique* opposé à l'art *grec* : il dérive de l'art antique, mais en le continuant, tandis que l'art de la Renaissance en dérive directement, le copie. L'Église naissante emprunta les types classiques, comme dans ce tableau d'un cimetière chrétien de Rome qui représente le Bon Pasteur attirant à lui les âmes, presque identique à une fresque de Pompéi, où le modèle du Bon Pasteur est Orphée[1]. Persécutée ou victorieuse, l'Église ne fut pas iconoclaste[2] : malgré les violences de langage d'un Tertullien, que l'idolâtrie persistante épouvantait, elle ne jeta pas l'anathème sur l'art-païen, mais se l'appropria. De même, en littérature[3], après les essais stériles de Commodien pour créer une poésie nouvelle, populaire et prématurément barbare, l'auteur du *Phénix* (Lactance) se montre à nous comme un élève des classiques. Une alliance s'est faite autrefois entre l'Église et l'art antique; et, dans les temps les plus tristes du moyen âge, il semble que les moines laborieux qui perpétuent les chefs-d'œuvre du passé n'en ont pas perdu tout souvenir[4].

l'empereur couronné par la Terre, l'Océan et l'Abondance, et Tibère vainqueur des Pannoniens. — II. Le CAMÉE DE PARIS, envoyé à saint Louis par Baudouin II, le plus grand et le plus riche en figures, représentant la famille d'Auguste quelque temps après sa mort. L'empereur est salué au ciel par Énée, César et Drusus. Tibère trône au milieu en Jupiter Égiochos, avec Livie en Cérès. — III. Le CAMÉE HOLLANDAIS, à la Haye, représentant Claude en Jupiter, triomphant des Bretons.

1. Une statue de Jupiter, à Rome, transformée en saint Pierre, est aujourd'hui encore un objet de vénération.
2. Le zèle des briseurs d'images, comme Polyeucte, fut de bonne heure réprouvé. Les empereurs dits *iconoclastes* de Byzance voulurent, par des mesures énergiques, arrêter l'idolâtrie qui corrompait le christianisme d'Orient; d'ailleurs, le mal qu'ils ont fait a été très exagéré. Ce sont les Latins, en 1204, dans la quatrième croisade de honteuse mémoire, qui détruisirent les chefs-d'œuvre de l'art antique, pieusement conservés par les Byzantins.
3. Boissier, *R. D-M.*, 1875. Consulter Raoul-Rochette, *Types imitatifs qui constituent l'art chrétien*, 1834.
4. Cf. les légendes relatives à Virgile (Comparetti, 1873). Dante fait dire à Virgile par Stace, qui passait au moyen âge pour chrétien : *Per te poeta fui, per te cristiano.*

LIVRE V

NUMISMATIQUE[1].

La NUMISMATIQUE OU SCIENCE DES MONNAIES est également importante pour l'histoire de l'art, la chronologie et l'histoire proprement dite. Les *pentécontalitres* de Sicile comptent parmi les merveilles de l'art antique : la chronologie des dynasties grecques de l'Asie, la connaissance des confédérations politiques de la Grèce, des attributions du pouvoir public à Rome, de la vie municipale, reçoivent de la Numismatique de vives lumières qu'elles ne peuvent pas dériver des autres sources[2]. Le vrai numismate n'est donc pas un collectionneur possédé d'une manie coûteuse : c'est un philologue.

Désignation de la monnaie. — 1. Les Grecs appelaient la monnaie *argyrion* ou *nomisma* (c.-à-d. *valeur légale*) : ce dernier mot latinisé désignait à Rome la monnaie étrangère. Le mot *pecunia* date, selon Pline (18, 12) de Servius, qui fit graver sur les monnaies des images de bœufs et de moutons (*pecus*)[3].

2. On classe et l'on désigne les monnaies d'après l'un des sept caractères suivants : 1° l'auteur de la monnaie (*statères de Crésus, dariques*) ; 2° le

---

1. BIBLIOGRAPHIE. — Eckhel, *Doctrine des anciennes monnaies*, 8 vol., 1792-98 (ouvrage fondamental). — Mionnet, *Médailles gr. et rom.*, 16 vol., 1806-37. — Cohen, *Monn. de la rép. romaine et de l'Empire*, 1857-68. — Mommsen, *Hist. de la monn. romaine*, traduite par Blacas et de Witte, 1866-75. — Beulé, *Monnaies d'Athènes*. — Lenormant, *la Monnaie dans l'antiquité*, 3 vol., 1879 ; l'ouvrage complet, le plus important en ce genre depuis Eckhel, en comptera 6. — Il se publie des revues de numismatique à Paris, Bruxelles, Londres, Berlin (von Sallet), etc.

2. Beaucoup de monuments anciens, comme le *phare d'Alexandrie*, les temples indigènes de Phénicie, etc., nous ont été conservés sur des monnaies. C'est seulement par une médaille de la République que nous savons quelque chose de la *Villa Publica* du Champ de Mars, où les ambassadeurs étrangers étaient logés aux frais du peuple.

3. *Pecunia*, dans la basse latinité, signifie *monnaie de cuivre* ; le mot français *monnaie* a subi le même changement de sens. On trouve encore les mots *aes* et *moneta*, dont l'un rappelle le métal des anciennes pièces, l'autre le temple de Juno Moneta, voisin de la *Monnaie* à Rome. En sanscrit, *rûpya* (roupie) vient aus. *ide rûpa*, bétail. A Rome, en 454 et 452, les lois Tarpeia et Menenia fixent le prix en cuivre au moyen duquel on peut remplacer le bétail qui servait jusque-là à payer les amendes. La loi Julia Papiria, 450, substitua définitivement aux payements en bétail les payements en métal. Remarquer l'analogie étymol. de *mulcta* et *mulgere*. (Bréal rapproche la rac. *mal*, moudre.)

type [1] gravé sur la monnaie (*victoriats, quadrigats*); 5° le lieu de la frappe (*statères phocaïques*); 4° le mode de fabrication (*nummi serrati*); 5° le poids (*drachme, as*); 6° la valeur (*denier*); 7° l'autonomie [2] ou la non-autonomie.

3. Les Athéniens attribuaient l'invention du monnayage à Erichthonius, les Romains à Saturne ou à Janus. Selon Hérodote (1, 94) les Lydiens frappèrent les premiers des monnaies d'or et d'argent. Les Phéniciens n'ont pas ressenti le besoin de la monnaie, parce que leur commerce maritime, se faisant de civilisés à barbares, procédait par trocs. Les Romains nommaient Numa ou Servius comme leur premier monnayeur; le marbre de Paros fait remonter l'invention du monnayage à Phidon, roi d'Argos.

Métal des monnaies [3]. — L'ARGENT. 1. Les premières monnaies d'argent étaient de petites barres sans forme précise, souvent globulaires, avec quelque image rappelant le lieu de la fabrication (une abeille, à Éphèse; un sanglier ailé, à Clazomène; un sphinx assis, à Chios, etc.) Le revers était un carré grossier [4] dont la surface alla s'aplanissant avec les progrès de l'art.

2. Les Romains ne frappèrent des monnaies d'argent qu'en 269 av. J.-C.; leur *denier* est une imitation de la drachme grecque [5].

3. PLUS L'ARGENT EST FIN, PLUS LA MONNAIE EST ANCIENNE. Avant les rois syriens, l'argent des monnaies grecques est tout à fait pur. Sous la domination romaine, les villes grecques ne frappèrent plus de monnaies d'argent; celles qui sortaient des Monnaies impériales portaient le millésime du règne (*tribunicia potestas*) du prince, et non l'ère de la ville où elles étaient frappées. Les monnaies de ce temps sont d'un titre assez bas, surtout celles d'Alexandrie. A Rome, l'altération commence sous Néron, et l'alliage, sous Sévère, atteint la moitié du poids total. De Gallien à Dioclétien, qui rendit à la monnaie d'argent sa pureté, on ne trouve souvent que 5 pour 100 d'argent [6].

---

1. On distingue, dans une monnaie, la *face, droit* ou *avers*, et le *revers*. L'exergue est un espace ménagé en bas de la médaille (le plus souvent au revers) pour recevoir la *devise*. Toute image gravée s'appelle *type*. Le diamètre de la médaille en est le *module*, le fond sur lequel se détachent les types s'appelle *champ*. L'inscription est dite *épigraphe* ou *légende* (surtout si elle est circulaire), ou *devise*.

2. On appelle *monnaies autonomes* celles qui ne portent aucune marque attestant la dépendance des villes qui les ont frappées : autrement, elles sont *royales* ou *impériales*. Même sous les empereurs, plusieurs villes, comme Athènes et Tyr, continuèrent à frapper des monnaies autonomes.

3. MÉDAILLES OU MONNAIES. — Les anciens n'avaient pas de mot spécial pour désigner les médailles non monétaires, d'ailleurs très rares, par exemple la pièce d'or de 20 statères d'Eucratide roi de Bactriane, dont le seul exemplaire connu est à Paris. Les médaillons proprement dits, destinés aux distributions, ne paraissent qu'à partir de Trajan. Outre les monnaies et les médailles commémoratives, on possède des pièces fabriquées pour des offrandes religieuses, qu'on a retrouvées en grand nombre dans certaines sources; des médailles talismaniques, etc.

4. *Quadratum incusum*. Les monnaies *incuses*, en général très anciennes, sont celles dont le type est en relief d'un côté et en creux de l'autre. Elles ressemblent aux *bractéates* du moyen âge.

5. Outre le *denarius*, ils avaient le quinaire (1/2 de denier); le sesterce (1/4 de denier); le victoriat (d'abord 3/4 de denier, puis égal au quinaire); l'aurélien ou l'antoninien (1 denier 1/3 sous Caracalla). De Septime Sévère à Carus on trouve de grandes monnaies d'argent de 4 deniers et plus, comme les précieuses et rares monnaies de Syracuse.

6. De cette époque, datent beaucoup de pièces dites *médailles fourrées*, dont le dessus

L'or. 1. Sauf les dariques perses, il ne nous est pas resté de monnaies d'or antérieures à Philippe [1]. Le statère [2] était dénommé d'après le prince ou la ville (Alexandrins, Cyzicènes) : il pesait 2 drachmes et valait 20 drachmes d'argent.

2. Les Romains (Pline, 33, 47) ne frappèrent de monnaie d'or que vers 218, et depuis César seulement en grande quantité. L'*aureus* de César avait à peu près le poids du statère de Philippe et d'Alexandre, et la grosseur du statère d'argent. Le poids de l'*aureus* (1/40 de livre sous César) alla diminuant jusqu'à Constantin, qui le fixa à 1/72 de livre. En général, l'or resta pur : on ne trouve un mélange d'or et d'argent (électre) que dans quelques monnaies du Bosphore, puniques, syracusaines et gauloises [3]. Sous les derniers empereurs, on rencontre des pièces de plusieurs statères, et Grégoire de Tours en mentionne pesant une livre.

3. Depuis Auguste, les empereurs eurent seuls le droit de frapper la monnaie d'or et d'argent; il n'y a que les très rares monnaies de Césarée en Cappadoce qui ne présentent pas la marque romaine.

4. Le rapport de l'or à l'argent était aussi variable dans l'antiquité qu'aujourd'hui. D'après Hérodote (*Hist.*, 3, 95) il était de 1 : 13; à Rome, il était anciennement de 1 : 15, et du temps de Polybe (*Hist.*, 22, 15) de 1 : 10 [4].

Le bronze [5]. 1. Les monnaies de bronze [6] sont particulières à l'Italie. L'ancienne monnaie italique s'appelait *aes grave* [7] : il en reste des spécimens pesant plusieurs livres. Cette monnaie n'était pas frappée, mais fondue : elle n'était pas comptée, mais pesée. L'as, unité monétaire, représenta primitivement une masse de cuivre du poids d'une livre [8]. Le poids de l'as fut successivement réduit à 2 onces en 264, à l'once en 217, à 1/2 once en 89, à 1/3 d'once sous Octave, à 1/12 d'once sous Trébonien Galle. Sous l'Empire, cette monnaie était frappée par l'Aerarium, qui dépendait du sénat. De là, le sigle S. C.

seul est d'argent. Elles se distinguent des *médailles saucées*, pièces de cuivre trempées dans le métal noble en fusion.

1. Pollux (9, 84) mentionne des statères de Crésus; Thucydide et Démosthène, des statères d'or de Phocée. On trouve aussi des monnaies d'or d'Égine, Lampsaque, Athènes, Corinthe, surtout de Cyzique. — Sur le métal fabuleux nommé *orichalque* (tenant de l'or et du cuivre), voy. Rossignol, *Métaux dans l'antiquité*, 1863.

2. Aussi appelé χρυσοῦς, *aureus*.

3. Dans l'électre, la proportion de l'argent dépassait 20 pour 100. On trouve en Asie (Cyzique, Phocée) des pièces contenant 40 pour 100 de fin, que faisait circuler, comme un numéraire de convention, l'union ionienne des *hectés* d'électre.

4. Pour régler le rapport de l'or à l'argent, deux systèmes furent employés : le premier (Achéménides) établit entre les deux métaux un rapport fixe; c'est le système du double étalon, qui produisit des effets désastreux; le second (Athènes) n'exige des pièces d'or qu'un poids fixe, et laisse le commerce en déterminer la valeur. Les Romains passèrent de l'étalon de cuivre à l'étalon d'argent, puis à l'étalon d'or : ils ne connurent pas plus que les Grecs le système du double étalon.

5. *Aes*, χαλκός.

6. *Nummi aenei, aerei.*

7. Marchi et Tessieri, *l'Æs grave du musée Kirchérien*, 1839. Voy. le *Dict.* de Saglio, *As*.

8. *Assipondium*. As est, dit-on, apparenté au sanscrit *ayas*, ayant le sens de totalité. La parenté avec *aes* semble bien aussi soutenable.

(*Sénatus-Consulto*), qu'on voit sur le revers des monnaies de cuivre de l'Empire jusqu'à Gallien [1].

2. Dans les villes grecques, on ne trouve guère de monnaie de cuivre avant les successeurs d'Alexandre [2] : la plus petite monnaie divisionnaire était d'argent. Sous la domination romaine, les villes ne purent frapper que de la monnaie de cuivre : ce droit leur fut même enlevé sous Gallien [3], sauf à Alexandrie qui le conserva jusqu'à Constantin.

Les monnaies de cuivre romaines sont souvent carrées, oblongues, globulaires : les rois bactriens en ont fait frapper de carrées.

AUTRES MÉTAUX [4]. Les Anciens employaient, pour le monnayage, outre l'or et l'argent, le fer [5] (monnaies de Sparte, Clazomène, Byzance), l'étain [6] (monnaies de Denys de Syracuse), le plomb [7] (Égypte), le verre (Égypte et Arabie), peut-être le cuir. Ces dernières monnaies [8] (Sparte, Carthage) semblent avoir été des espèces de mandats, sinon de simples pelleteries dont on trafiquait comme aujourd'hui en Sibérie. (Lenormant.)

La loi dans les monnaies antiques [9]. — Le droit de monnayage est un attribut de la souveraineté. La monnaie des républiques est frappée au nom du peuple, celle des monarchies au nom du roi [10]. Alexandre, comme les rois de Perse, frappa des monnaies en son nom. En 306, les Diadoches prirent sur leurs monnaies le titre de roi, et l'usage des monnaies royales devint général. Cependant, pour ne pas choquer les populations grecques, plusieurs princes, comme ceux de Pergame, dissimulèrent sur leurs monnaies les insignes de la royauté. C'est à cette politique que Lenormant attribue les CISTOPHORES (grandes monnaies asiatiques portant la ciste, ou corbeille consacrée à Bacchus), mon-

---

1. Les deux ateliers sénatoriaux étaient à Rome et à Antioche. — On n'a pas de pièces de cuivre à la marque S. C. des empereurs romains non reconnus par le sénat, comme Pescennius Niger ; mais Othon, quoi qu'on en ait dit, n'est pas de ce nombre Tacite atteste, au contraire, que le sénat l'a régulièrement proclamé : seulement, comme l'a remarqué Mommsen, le sénat ne commençait son monnayage au nom de l'empereur que lorsqu'il avait reçu le titre de grand pontife ; or Othon fut nommé *pontifex maximus* le 5 mars, cinq jours seulement avant de quitter Rome pour marcher contre Vitellius. C'est ce qui explique l'absence du bronze romain d'Othon, dont quelques pièces pourtant ont été frappées à Antioche, où la règle s'appliquait moins strictement.

2. Vers 400, on avait essayé d'introduire le *chalcus* à Athènes : mais cette monnaie répugnait au sens délicat des Grecs.

3. Avant lui, Néron est le seul empereur qui ait frappé du cuivre.

4. Cunningham a découvert que les monnaies blanches des rois gréco-bactriens n'étaient pas d'argent, mais de *nickel*. Les cent talents *ferri candidi* reçus en présents par Alexandre de la part des Oxydraques et des Malli étaient probablement du nickel.

5. La rouille a empêché les monnaies de fer de parvenir jusqu'à nous. (Voy. Plutarque, *Lycurg.*, 44.)

6. On n'a pas conservé de monnaies d'étain. (Voy. Arist., *Écon.*, II, 2.)

7. Très fréquentes, mais la plupart, fabriquées dans une intention de fraude, ont été recouvertes autrefois d'une couche d'argent (*fourrées*).

8. Σκύτινοι, *Nummi scortei*.

9. Ce qui suit, dans Lenormant, *la Monnaie*, etc., t. II, p. 1 sqq.

10. A ce point de vue, le *basileus* diffère du *tyran*, lequel n'inscrit pas son nom sur les monnaies. — Le monnayage à Athènes était confié à trois magistrats spéciaux, dont on trouve les signatures sur beaucoup de pièces : le premier, *surveillant général des finances* (?) ; le second, chargé de la fabrication ; le troisième, changeant à chaque prytanie et investi du contrôle. (Lenorm., *ibid.*, t. III, p. 50 sqq.)

naies provinciales autorisées par les rois de Pergame, où aucun nom de roi n'est mentionné[1].

Unions monétaires. — La variété des types était un grand obstacle au commerce, qui préféra longtemps se servir de lingots, et adopta ensuite une sorte de monnaie internationale, comme les tétradrachmes d'Athènes (du v⁰ au iv⁰ siècle), puis les statères de Rhodes, de Cyzique, de Philippe, d'Alexandre, etc. De bonne heure, des conventions monétaires furent conclues[2] : de là, les monnaies réunissant les types et les noms de deux villes. Souvent ces unions monétaires impliquent un certain degré de confédération politique ; les monnaies de la ligue achéenne sont importantes à cet égard[3]. Les premières pièces ont d'un côté la tête de Jupiter, de l'autre, dans une couronne d'olivier, le monogramme A X : jusqu'à l'époque d'Aratus, elles ne portent aucune indication de ville ni de magistrat.

Origine de la monnaie impériale romaine. — Ce n'est qu'en 113 que l'on trouve la tête de Rome remplacée, sur ses monnaies, par une autre divinité ou un ancêtre du monétaire[4]. Les effigies d'hommes vivants n'ont jamais été admises sous la république. Mais, outre la monnaie *urbaine*, la consommation de numéraire réclamée à la guerre par la solde des troupes et l'intendance obligeait le général et ses questeurs de procéder à l'émission de fortes sommes en dehors de Rome. Ces monnaies militaires de la république, origine de la monnaie impériale, portent toujours, contrairement aux monnaies urbaines, le nom et le titre, parfois même l'effigie des commandants qui les ont fait frapper. Auguste, suivant en cela sa politique constante, ne fit qu'appliquer à la monnaie urbaine les principes de la monnaie militaire, jusqu'à lui exclusivement réservée aux provinces. Quand l'*imperator* devint *empereur*, la monnaie *impératoriale* devint monnaie *impériale*. Auguste posséda, sans l'avoir usurpé, le droit d'effigie[5], qui resta une des marques caractéristiques de sa puis-

---

1. L'empire romain laissa à beaucoup de villes le droit de frapper la monnaie de cuivre : mais la plupart avaient l'obligation de placer l'effigie de l'empereur sur leurs monnaies municipales. La tête du sénat personnifié figurait sur les monnaies de la province sénatoriale d'Asie.
2. Une inscription a conservé une convention monétaire pour la frappe d'*hectés d'électre* entre Phocée et Mitylène, *C. I. G.*, 150.
3. Travaux de Sestini, Leicester Warren, Cousinéry.
4. A Rome, l'autorité sur le monnayage appartint d'abord aux consuls qui déléguaient la fabrication à des employés spéciaux. Vers 104-89, on créa à titre définitif les triumvirs monétaires (III VIRI A. A. A. F. F. = Tresviri Auro Argento Aere Flando Feriundo, *ou* Tresviri monetales), siégeant au temple de Junon Moneta. Les émissions extraordinaires étaient confiées à des magistrats d'ordre plus élevé. César porta à quatre le nombre des monétaires, et Auguste le ramena à trois. A partir de 14 avant Jésus-Christ, leur nom disparaît de l'or et de l'argent, et, dix ans après, du cuivre. C'est en 14 que furent arrêtées les dispositions partageant la direction des monnaies entre l'empereur et le sénat. Depuis l'ère chrétienne, toute mention des IIIvirs monétaires fait défaut sur les monnaies, bien qu'on les rencontre encore sur des inscriptions. — La monnaie impériale fut d'abord confiée à l'intendant *a rationibus* : Trajan institua un *procurator monetae* ayant sous ses ordres des *dispensateurs*. Dans les colonies, l'autorité du conseil des décurions sur la monnaie locale répond à celle du sénat de Rome sur la monnaie de l'État : la commission monétaire était remise aux duumvirs de la cité, qui inscrivent souvent leurs noms sur les pièces. (Lenorm., *ib.*, t. III.)
5. César lui avait montré la voie, en créant, à son effigie, une monnaie d'or urbaine (il n'y avait jusque-là de monnaie d'or que dans les provinces.)

sance[1]. Dès le III° siècle, les Goths de Dacie et de Pannonie frappent des monnaies d'or barbares à l'effigie de l'empereur. Cet exemple fut suivi jusqu'à Théodebert, qui, le premier, frappa de l'or sans l'effigie des princes de Byzance, acte d'indépendance dont s'indigne Procope. A dater de Sigebert I°r et de Gontran, toute trace d'allusion aux empereurs disparaît des monnaies mérovingiennes et wisigothiques.

Graveurs des monnaies. — Les Anciens ne nous ont rien appris touchant ces artistes. Raoul-Rochette a le premier reconnu (*Lettre au duc de Luynes*, 1831, et *Lettre à Schorn*, 1845) que beaucoup de monnaies grecques portaient des signatures de graveurs, bien que souvent en caractères si fins, qu'on ne peut les lire qu'à la loupe. Ces signatures se trouvent surtout sur des monnaies de Sicile, jamais sur des monnaies romaines, et seulement à l'époque classique de l'art grec[2].

Progrès et décadence du monnayage. — Les monnaies grecques sont de véritables œuvres d'art ; leur histoire est étroitement liée à celle de l'art : elles croissent en beauté avec lui, et sont entraînées dans sa décadence[3].

MONNAIES GRECQUES. — 1. Les premières monnaies ne portent que des types très simples sur la face convexe. Il faut citer les *tortues* (χελώνια) d'Égine, les *boucliers* de Béotie, les monnaies corinthiennes avec Pégase et le *koppa*.

2. Entre 580 et 460, on voit apparaître les têtes de divinités. De cette époque, sont les monnaies *incuses* de la basse Italie ; les fines monnaies de Macédoine et de Chalcidique ; les monnaies athéniennes, où le profil énergique de Minerve, avec la *chouette* sur le revers, a remplacé le *gorgonéion* ; les pièces de Rhège et de Messine avec le *lièvre* et l'attelage de *mules*. Les monnaies de Thasos portent un satyre embrassant une nymphe. Les statères d'or de Phocée, Clazomène, Samos, Lampsaque et Cyzique, ont des figures d'animaux et de monstres qui témoignent de l'influence orientale.

3. L'époque de l'apogée de l'art grec (460-323) vit frapper les plus belles

---

1. Sous l'Empire, le droit monétaire des généraux est supprimé. — Le premier soin d'un usurpateur est de battre monnaie. Nous avons jusqu'à seize types monétaires du forgeron Marius, dont le pouvoir dans les Gaules ne dura que quelques jours.

2. Sauf une exception (ΦΡΥ sur une monnaie de bronze), on n'a encore rencontré de signatures que sur les monnaies d'argent. — Von Sallet fait observer que tous les graveurs monétaires siciliens ont travaillé entre 490 et 350, et qu'en dehors de la Sicile et de la Grande-Grèce, les signatures sont de la plus grande rareté. Trois de ces graveurs appartiennent à l'histoire de l'art par la perfection de leur travail : les Syracusains Cimon et Événète, *le Phidias de la gravure en monnaies* (Lenormant), auteurs des pentécontalitres, et qui se rattachent à l'école dorienne de Polyclète ; et Théodote de Clazomène, qui rappelle le style des sculpteurs du Mausolée.

3. L'infériorité bien constatée des modernes tient à la différence des procédés. Notre monnaie doit pouvoir être empilée, et nous cherchons surtout que le plan soit un disque bien régulier et bien aplati, tandis que les pentécontalitres de Syracuse, par exemple, sont de forme lenticulaire et ovoïde. En outre, le balancier (inconnu aux anciens qui se servaient de poinçons mobiles), donne, par la régularité de son jeu, de la dureté et de la sécheresse aux contours.

monnaies. Jusqu'en 400, elles conservent un caractère archaïque. Telles sont les monnaies d'Athènes, les *chimères* de Sicyone, les *loups* d'Argos, les pièces de Sélinonte avec le fleuve Sélinus, de Naxos avec la tête de Bacchus et le satyre, d'Agrigente avec deux aigles et un lièvre. — Vers 360, on trouve les belles monnaies arcadiennes avec les têtes de Jupiter et Pan; vers 376, les pièces d'argent de Chalcis (Apollon et la cithare). La Sicile produisit ses incomparables pentécontalitres à l'époque de Denys; depuis Timoléon, qui rétablit le lien colonial entre Syracuse et Corinthe (352), la Sicile frappa beaucoup d'argent avec la tête de Pallas et le Pégase corinthien [1].

4. Les monnaies de ce temps portent souvent des représentations de scènes héroïques, mythologiques, etc. Par exemple, sur les monnaies de Sélinonte, on voit Apollon et Artémis qui s'avancent, apportant la peste, et, sur le revers, les dieux des fleuves, par lesquels Empédocle avait assaini les marais, sacrifiant à Esculape.

5. La décadence du monnayage est très sensible à l'époque des royautés macédoniennes. Il y a encore d'excellentes monnaies d'Alexandre, de Philippe Arrhidée, surtout d'Agathocle et de Pyrrhus. Mais celles des Ptolémées sont médiocres. Les monnaies de la Ligue achéenne sont fort recherchées [2].

MONNAIES ROMAINES [3]. — 1. Les monnaies de la république sont dites *consulaires*, parce qu'elles portent la marque des triumvirs monétaires qui appartenaient à des familles consulaires. Les plus anciennes ont, sur la face, la tête de Rome (ou de Pallas) avec un casque ailé; au revers, les Dioscures ou un attelage de chevaux [4].

Les différentes familles consulaires imprimèrent leurs insignes sur les monnaies. Le denier pompéien portait la louve, l'enfant Romulus et le berger Faustulus; le denier de la gens Postumia, Castor et Pollux à la bataille du lac Régille. Sur beaucoup de monnaies, on voit des têtes traditionnelles d'un style archaïque (Romulus, Numa), ou rappelant des souvenirs de famille (Brutus sur les monnaies de la gens Junia, Scipion l'Africain sur celles de la gens Cornelia). Presque toutes ces pièces ont peu de valeur artistique.

2. La belle époque commença en 54 avant J.-C. C'est de là que datent les deniers de Nérius, avec la tête de Jupiter, de Cornificius (Ammon et le Jupiter Sospita), de Sext. Pompée (la tête de Pompée et Neptune), de Lentulus Cossus (têtes d'Auguste et d'Agrippa.)

3. Les monnaies impériales jusqu'à Sévère sont d'une grande beauté, surtout les bronzes frappés par le sénat sous les douze Césars et les Flaviens. Les

---

1. Aucun pays n'a frappé plus d'or que la Sicile. Les légendes sont écrites en grec dorien, punique et latin.

2. MONNAIES PALIMPSESTES. — Les monnaies refrappées en surcharge sont instructives pour l'histoire du commerce. Ainsi, la Grande-Grèce a refrappé beaucoup d'argent sicilien, tandis que jamais la Sicile n'a refrappé d'argent italien : partant, l'Italie a dû importer des marchandises en Sicile et recevoir en payement l'argent sicilien.

3. La plus riche collection privée de monnaies romaines, 17 348 pièces, a été léguée en 1876 par d'Ailly à notre Bibliothèque nationale.

4. *Nummi bigati.* Beaucoup de monnaies de Syrie, de Carthage, surtout de Rome, sont dites *nummi serrati*, parce qu'elles ont les bords découpés en dents de scie. On a dit que les monnayeurs voulaient empêcher par là que l'on rognât le métal avec la lime; mais cette opinion est contestée.

revers, relatant soit des événements mythiques (débarquement d'Énée, sur le revers du médaillon d'Antonin), soit, plus souvent, des événements politiques ou militaires, sont une source précieuse pour l'histoire. Les têtes d'empereurs, jusqu'à Marc-Aurèle, témoignent aussi d'un art très avancé [1].

4. Pendant les derniers temps de l'Empire, la décadence se précipite : à la fin du III° siècle le dessin devint puéril, et toutes les têtes se ressemblent. Dans le Bas-Empire, jusqu'à Michel, les légendes sont encore en latin. La vie, le relief et l'invention font absolument défaut : sur les revers, les symboles chrétiens remplacent les images païennes [2].

Types monétaires. — Dans les monnaies archaïques [3] les têtes sont rares, mais on trouve des animaux, des figures entières de divinités et de héros. Les revers correspondent en général aux faces ; si la face porte la tête d'un dieu, le revers présente ses attributs. Souvent on trouve des scènes appartenant à l'histoire légendaire des villes, comme la louve, les Dioscures, la Victoire dans un bige, à Rome ; les exploits de Thésée, à Athènes ; le Labyrinthe, à Gnosse. Les Grecs ont fait plus d'emprunts à la mythologie, et les Romains à l'histoire. Les types ont parfois avec les noms des villes un rapport purement verbal ; la rose à Rhodes ($ρόδον$), la pomme à Mélos ($μῆλον$), la *feuille d'ache* à Sélinonte, le *cœur* à Cardie en Thrace. Ces sortes de médailles sont dites *parlantes* [4]. Les monnaies romaines présentent des types symboliques abstraits, comme la Fortune (une femme tenant un gouvernail d'une main, une corne d'abondance de l'autre) ; l'*Annona* (souvent réunie à Cérès, avec la corne, un *modius*, des épis et une proue) ; la *Sécurité* ; l'*Éternité* (femme portant la lune et les étoiles, ou le phénix, comme symbole de l'éternité), etc.

Légendes. — 1. Les plus anciennes monnaies n'en ont aucune. Plus tard, on trouve quelques lettres, souvent une seule ($Σ$ = Sicyone, A = Argos etc.). Avec le temps, les inscriptions deviennent plus prolixes, témoignage d'une époque de décadence, dit Eckhel [5]. Ces textes ont, pour l'iconographie, une valeur inappréciable, car, sans les types et leurs légendes,

---

1. Bronze de Galba, dont le revers montre Galba haranguant les soldats après son élection ; bronze de Vitellius, avec une naumachie dans le cirque au revers ; monnaie d'Antonin, avec Hercule retrouvant son fils Télèphe.

2 Saulcy, *Classification des suites monétaires byzantines*, 1858.

3. Les plus anciennes monnaies grecques ont le *quadratum incusum*, qui, avec les progrès de l'art, se remplit de types et de lettres. Il n'y a que les vieilles monnaies de Populonia dont un côté manque absolument d'inscriptions et de figures.

4. A Rome, on voit sur les monnaies de Publicius Malleolus un *marteau*, sur celles de Florus une fleur, de Furius Crassipes un *grand pied*, de Pomponius Musa les *neuf Muses*, etc.

5. Il cite quelques exemples romains et ajoute : « Romana turpis servitii exempla propter copiam omitto. » Voy. Marchand, *Légendes des monnaies romaines*, 1869 (très commode).

il eût été impossible de dénommer la plupart de nos bustes antiques [1].

2. L'écriture des légendes anciennes est souvent rétrograde [2]. Parfois, il n'y a dans un mot que quelques lettres écrites de la sorte [3]. L'écriture *boustrophède* témoigne, mais non pas absolument, de l'antiquité des monnaies. Les légendes sont disposées circulairement, ou horizontalement, ou en carré autour des types (Mende, Énos).

3. En général, chaque face a sa légende particulière; dans plusieurs monnaies impériales grecques, les deux légendes se font suite.

4. On trouve des légendes bilingues, mi-partie grecques et latines, grecques et phéniciennes, grecques et hébraïques, latines et puniques [4].

5. Le nom des habitants de la ville qui a frappé la monnaie est en général au génitif pluriel (Θασίων, Tyriorum, s.-ent. *nomisma*). Le nominatif pluriel et le datif pluriel sont rares : avec le premier il faut sous-entendre σέβουσι, *vénèrent* [5]; avec le second ἀνέθηκε, *a offert*. Le nom de la ville est ordinairement au génitif, très archaïquement au nominatif (Messana, Roma), rarement à l'accusatif (Corinthum). On trouve, au lieu du génitif, l'adjectif possessif : Κώιον (s.-ent. νόμισμα) [6].

---

1. Ajoutez que certaines monnaies nous font connaître des œuvres d'art disparues, comme la Vénus de Cnide, la Minerve et le Jupiter de Phidias, etc.
2. Les monnaies d'Himère en Sicile portent : ΑΓΞΜΙΗ.
3. Des monnaies d'Athènes ont : ΛΘΞ. Ces singularités se trouvent aussi sur des pièces d'une époque récente. Les monnaies étrusques, samnites et osques sont presque toutes rétrogrades, bien que datant en majorité du premier siècle avant Jésus-Christ.
4. Friedlaender et Lenormant (*Rev. numism.* Nouv. Série, t. XV) ont étudié les graffittes monétaires, inscriptions à la pointe, religieuses ou amoureuses, faites sur les monnaies par leurs possesseurs.
5. Περγαμηνοὶ Καίσαρα, par exemple.
6. SIGLES. — Voici les sigles qui peuvent arrêter le plus souvent dans les monnaies ou les inscriptions. *Grecs.* A = Abdère, Abydos, Argos, Athènes, Alexandre. ΑΘ = Athènes. ΑΙ = Égine. ΑΚ = Agrigente, Actium. ΑΛΕ = Alexandrie. ΑΝ = Ancyre. ΑΝΘ = ἀνθύπατος, *proconsul*. ΑΠ = Appius. ΑΡ = Argos, Aradas. ΑΡΧ = Archonte, archiprêtre. ΑΥΓ = Auguste. ΑΥΤ = empereur (αὐτοκράτωρ). ΑΦΡ = Africanus. ΑΧ = Achaïe. — Β = Béryte, Bithynie, Boulé (*sénat*), Vérus. ΒΑ = βασιλεύς. ΒΟΙ = Béotie. ΒΥ = Byzance. — Γ = Gaïus. ΓΕΡ = Germanicus. — ΓΡΑΜ = γραμματεύς (secrétaire). — Δ = Dymae, Decimus. ΔΗ = δῆμος, Délos. Δ. Ε = δήμου εὐχαί. — Ε = Eryx. ΕΠΙ = Épidaure. ΕΤ = ἔτος; (année). ΕΥ = Évagoras, Eubée. ΕΦ = Éphore, Éphèse. — ΖΑ = Zacynthe. — ΗΓ = ἡγεμόνος. — ΘΑ = Thasos. ΘΕ = Thespies, Thèbes. ΘΕΣ = Thespies, Thessalie, Thessalonique. — Ι = ἱερά. ΙΟΥ = Jules, Julie. — Κ = Gaïus, Caïus, Quintus, César. Κ. Κ = Κοινὸν Κιλικίας. ΚΑΛ = Chalcédoine. ΚΕ = Céos. ΚΛ = Claude. ΚΛΑ = Clazomène. ΚΟ = Corinthe, Coronée. ΚΟΡ = Corcyre, Corinthe. ΚΡΗ = Crète. ΚΥ = Cumes, Cydonion. ΚΥΠ = Chypre. — Λ = Lucius, Locres. ΛΑ = Lacédémone. ΛΑΜ = Lamia, Lampsaque. — Μ = Marcus, Mégalopolis, Métropolis. ΜΑ = Marseille. ΜΕ = Métaponte, Messénie, Mégare, Mégalopolis, Malte. ΜΙ = Milet. ΜΥ = Mycalesse, Myrina. — Ν = Naupacte, νεωκόροι (prêtres). ΝΕ = νεωτέρα. ΝΙΚ = Nicée, Nicomédie. — ΟΜΟ = ὁμόνοια. ΟΥΠ = ὕπατος (consul). — Π = παρά, πρός, πρύτανις, πρῶτος, Paros, Parium, Paphos, Péluse, Publius. ΠΑΝ = Panorme, Panticapée. ΠΕ = Périnthe. ΠΕΡ = Perga, Pergame. ΠΟ = Pont. ΠΡ = πρεσβευτής. ΠΤ = Ptolémaïs. — ΡΟ = Rhodes. — Σ = Salamine, Samos, Samosate, Syrie. ΣΑΡ = Sardes. ΣΕ = Ségeste, Sériphe, Sicyone. ΣΕΒ = σεβαστός; (Auguste). ΣΕΛ = Séleucie, Sélinonte. ΣΜΥ = Smyrne. ΣΤΡ = stratège. ΣΥ = Syracuse. ΣΩ = Soli. — Τ = Titus. ΤΑ = Tanagre, Tarente. ΤΕ = Toroné. ΤΗ = Ténos. ΤΡΟ = Trézène, Troade. — ΥΕ = Velia. ΥΠ = ὕπατος (consul). — Φ = Philippe. ΦΑΡ = Pharsale. ΦΕ = Phères. ΦΙ = Philippopolis, Vibius. ΦΛ = Flavius. ΦΟΚ = Phocée. Χ = Chios. ΧΑΛ = Chalcis. ΧΕΡ = Chersonnèse. — *Latins.* A = Annus, Adjutrix, Aulus, Aquae, Amico, Ante, Agris. A.A.A.F.F = Auro, Argento, Aere, Flando, Feriundo. A. A = Apollo Augusti. A. B. M = Amicis bene meren-

Fausse monnaie. — D'après Hérodote (3, 56), Polycrate de Samos aurait donné aux Lacédémoniens du plomb doré pour les éloigner de Samos. Solon édicta la peine de mort contre les faux monnayeurs : à Rome, Sylla promulgua contre eux l'interdiction de l'eau et du feu (*lex Cornelia nummaria*). Les moins mauvais empereurs établirent les peines les plus graves contre ce délit, exil, confiscation, condamnation aux bêtes, sans pouvoir arrêter une fraude dont tant de princes donnaient publiquement l'exemple[1].

Pièces fourrées. — Aristote (*Écon.*, 2, 2) raconte que les Clazoméniens, dans

---

tibus. A. F. A. N. = Auli filius, Auli nepos. ABN = Abnepos. AD. FRV. EMV. = Ad fruges emendas. A. D. A. = Agris dandis assignandis. ADV. = Adventus. AED. P = Aedilitia potestate. AED. S = Aedes sacrae. AED. PL = Aedilis plebis. AET. = Aeternitas. A. L. F. = Animo libente fecit. AMB (en exergue) = Antiochensis moneta secundae officinae. ANN. AUG. = Annona Augusti. A. N. F. F. = Annum novum Faustum Felicem. A. P. F. = Argento publico feriundo. A. P. R. = Aerario populi romani. A. RAT = a rationibus. — AVG = Augure, Auguste. — B. = Beatissimus. B. M. = Bonae memoriae, bona mens, bene meritus. B. R. P. N = Bonae reipublicae natus. — C = Claudius, Centurio, Caius, Caesar, Colonia, conjux. C. A = Caesarea Augusta. C. C. = Caesores. C. D. = Compos dedicavit. CEN = Censeur. CIR. CON = Circum condidit, circenses constituit. CL = Classis. CL. V. = Clypeus Votivus. CON. OB = Constantinopoli obsignata, Constantinopoli officina secunda. COS = Consul. C. R. = Civis romanus, civitas romana. CVR. X. F = Curavit denarium (decem = X) faciendum. — Le Ɔ (c renversé) désigne une femme, Gaia ; ou colonia, decuria. — D = Decimus, Divus, Designatus, Dacia, Dominus. D. D ou DEC. DEC = Decreto decurionum. D. D. D = donavit dedicavit. D. M = Dis Manibus. D. N = Dominus noster. D. P = Dii Penates. DV = Divus. — E. = Egregius. EID. MAR = Idus martiae. EX. CONS. D. = Ex consilio decurionum. EX S. C. = Ex senatus consulto. EX. A. PV. = Ex argento publico, ou ex auctoritate publica. — F. = Filius, Filia, Felix, Femina, Faciendum, Fecit, Fabius. FORT. RED = Fortunae reduci. — G. = Gneus, Genius, Gaudium. G. D = Germanicus Dacicus. GL. E. R. = Gloria exercitus romani. GL. P. R = Gloria populi romani. G. P. R = Genio populi romani. G. T = Genio Tutelari. HO = Honos. H. O. C. S = Hostem occidit, civem servavit. HS = Sestertius. H. S. E. S. T. T. = Hic situs est, sit tibi terra levis. H. T. H. N. S = Hic tumulus heredem non sequitur. — I. = Imperator, Invictus. IAN. CLV = Janum clusit. I. S. M. R = Juno Sospita mater regina. IT. = Italia, iterum. I. O. M. SACR = Jovi optimo maximo sacrum. IVN = Junior. = K. = Céson. — L. = Lucius, libens, libertus. L. D = loco dato. LEG. PROPR = Légat du propréteur. LIB. PVB = Libertas publica. L. M. = Libens merito. LVD. CIR = Ludi circenses. — M. = Majestas, miles, Marcus, Memoria. — MA = Marius, Manius. MC = Mater castrorum. MAC = Macellum. MAR. VLT = Marti Ultori. M. M = Municipes municipii. MON. = Moneta. — N. = Natus, nepos, noster, numerus, nobilissimus, numen. NAT. VRB = jour natal de Rome. NEP. RED = Neptuno reduci. O. = optimo, officina. OB. C. S = Ob cives servatos. ORB. TERR = Orbis terrarum. O. V. F = Oramus ut faciatis. P. = Pecunia, Publius, posuit, potestate. PAC = Pacatori. PER = Perpetuus. P. F. = Pius felix, pia fidelis. P. M. = Pontifex maximus. P. P. = Pater patriae, pecunia publica. PR. = Praetor. P. R (en exergue) = Pecunia romana, percussa Romae. P. R. = Peuple romain. PROV. DEOR = Providentia Deorum. — Q. = Quintus, questeur, que. — R. = Roma, Restituit. R. P. C = Rei publicae constituendae. — S. = Suus, sua, sacrum. SAEC. FEL = Saeculi Felicitas. SAL. = Salus. S. C. = senatus consulto. SEC = Securitas. S. M. = Signata moneta. S. P. Q. R = Senatus populusque romanus. S. S = suo sumptu. — T. = Titus, Tribunus. TI = Tibère. TR. P = Tribunicia potestate. TRAN = Tranquillus. — V. = Quintum. V. C. = Vir clarissimus. VN. MR = Venerandae memoriae. — X. = Decem, Denarius. — Et bien d'autres à rechercher dans Orelli, *Inscr. Lat.*, t. III ad fin.

1. « On pourrait presque juger du caractère des empereurs au son plus ou moins pur que rendent les monnaies frappées sous leur règne. » (Wolowski.)

un moment de détresse, émirent du fer monnayé pour de l'argent. Mommsen et de Witte ont établi qu'il fallait distinguer, parmi les pièces fourrées (v. p. 98), les œuvres des faussaires, mal exécutées en général, et d'autres pièces parfaitement régulières comme types et légendes, œuvres des gouvernements. Mommsen a démontré que, sous la république, le gouvernement romain, à la suite de décisions du sénat, faisait des émissions monétaires avec tant pour cent de pièces fourrées. La première émission de ce genre eut lieu à Rome, après Trasimène[1]. En 84, M. Marius Gratidianus, préteur, institua des bureaux de vérification, supprima le cours forcé des deniers fourrés émis pendant les guerres civiles, et fit donner en échange des deniers de bon aloi. Sylla le mit à mort et revint au cours forcé et aux pièces fourrées. On croit qu'Auguste, l'an 15 avant J.-C., retira les pièces fausses : mais les 4/5 des monnaies de Claude sont fourrées. Depuis Caracalla, l'argent n'étant plus que du billon saucé sans valeur, on ne fabrique plus de pièces fourrées.

FAUSSAIRES MODERNES. — 1. Au seizième siècle, la fabrication des monnaies fausses prit une grande extension. Au dix-septième, Parme et Padoue produisirent une quantité de monnaies frappées avec des matrices très bien imitées des anciennes[2]; elles portent généralement l'image d'un des douze Césars. D'autres fois, on coulait de nouvelles monnaies dans les formes des anciennes, ou l'on faisait à la pointe quelques modifications à une pièce ancienne pour en faire une pièce unique[3]. Il existe aussi des monnaies avec des types qui ne se rencontrent que sur des pièces fausses, comme les monnaies d'Hannibal. Enfin, on appelle *pièces encastées* celles qui sont formées de la réunion de l'avers et du revers de deux monnaies différentes, habilement sciées en deux : les pièces qui en résultent sont évidemment uniques[4].

2. L'art de reconnaître les monnaies fausses est extrêmement difficile. Elles sont en général plus minces, mieux conservées, plus exactement circulaires que les anciennes et ne présentent pas le vernis ou *patine* du temps[5].

1. Ce précédent resta. La doctrine de la *monnaie-signe*, vainement combattue par Marius Gratidianus, triompha sous Sylla par la loi Cornélia, d'après laquelle l'effigie, et non la valeur intrinsèque du métal, distinguent la vraie monnaie de la fausse. Le numéraire n'est plus qu'un *métal-monnaie* à cours forcé. Après César et Auguste, qui rétablirent l'ordre, cette funeste doctrine devint celle des empereurs, qui la léguèrent aux princes du moyen âge. (Lenormant, *la Monnaie*, t. III.)

2. Les falsificateurs les plus célèbres sont le Florentin Mich. Dervieux, le Lyonnais Cogornierus, le Hollandais Carteronus, Cavino et Bassiano à Padoue.

3. Par exemple, on a gravé les mots *Veni, vidi, vici*, sur le revers de monnaies de César.

4. De notre temps, Smyrne, Odessa, les îles grecques, beaucoup de villes italiennes, imitent avec succès les monnaies anciennes. En Allemagne, le conseiller aulique Becker d'Offenbach, au commencement de ce siècle, fabriqua plusieurs milliers de monnaies fausses, dont il a depuis publié lui-même les matrices, au nombre de 300.

5. Voy. Henning, *Man. de Numism.*, t. I, p. 262 sqq.

LIVRE VI

GRAMMAIRE COMPARÉE DU SANSCRIT, DU GREC ET DU LATIN

Sommaire. — I. Objet de la linguistique. — II. Histoire de la grammaire grecque et latine. — III. Histoire de la grammaire comparée. — IV. Classification des langues. — V. Précis de grammaire sanscrite. — VI. Les dialectes grecs. — VII. Les dialectes italiques. — VIII. De l'accent. — IX. Phonétique indo-européenne. — X. Grammaire comparée : Déclinaisons, Conjugaisons. — XI. Syntaxe comparée et sémasiologie. — XII. Ordre des mots [1].

§ I. — OBJET DE LA LINGUISTIQUE [2].

I. La science du langage ou LINGUISTIQUE, qui comprend la grammaire comparée, a pour objet l'étude des lois d'après lesquelles se développe le langage humain, et la connaissance des langues particulières n'est qu'un moyen pour elle, non un but [3]. Le langage

---

1. Je donne en général les résultats obtenus par l'école de Bopp. Les notes, que j'ai dû multiplier, contiennent : 1° des renvois aux sources et des additions; 2° des rapprochements avec les dialectes grecs et latins ; 3° le vocabulaire de la grammaire en Grèce et à Rome, et les définitions des grammairiens anciens. — Cherchez à l'*Index* les termes spéciaux employés avant le chapitre X, et qui ne sont définis que dans ce chapitre.

2. Heyse, *Système de la science du langage*, publié par Steinthal, 1856 (all.); Max Müller, *Leçons sur la science du langage*, 3 vol., excellemment traduits en français par Harris et Perrot; livre devenu classique par l'agrément du style et la haute qualité de l'érudition. Le Ier vol. des *Nouvelles Leçons* contient une *Biblioth. du linguiste*, liste d'ouvrages utiles dressée par Bréal. — Hovelacque, *la Linguistique*, 1877. — Humboldt, *Différences des langues*, introduction au célèbre ouvrage sur *la langue Kawie* (all.). 1836. — Sur l'origine du langage et sa nature, les travaux sont innombrables : citons Herder, 1770; J. Grimm, 1866; Geiger, 1869; Wackernagel, 1872; Renan, 1863. Cf. Charma, *Essai sur le langage*, 1846.

3. « Il n'est nullement nécessaire, dit Max Müller (I, 25), d'être un grand polyglotte pour étudier le langage. Le botaniste n'a pas besoin d'être un habile jardinier, ni l'ichthyologiste un pêcheur adroit... Nous avons à étudier le langage, et non pas les langues; nous voulons en connaître l'origine, la nature et les lois, et c'est en vue d'arriver à cette connaissance que nous réunissons les faits du langage qui sont à notre portée. »

reflétant l'esprit humain plus fidèlement encore que l'art et la littérature, la linguistique est un chapitre de la *philologie*[1].

2. ORIGINE DU LANGAGE[2]. — Les Grecs y voyaient l'effet d'une convention, ou de la nature, ou d'une convention fondée sur la nature (Démocrite, Épicure, Platon[3]). A la fin du siècle dernier, Rousseau (*Discours sur l'Inégalité*), Süssmilch, Bonald, de Maistre, Lamennais, ont soutenu la théorie de la révélation : le langage, pour eux, est d'institution divine[4]. L'opinion la plus répandue aujourd'hui[5] dérive de celle d'Épicure : le langage est un produit naturel de l'esprit et des organes de l'homme ; les langues actuelles se sont développées d'idiomes primitifs, peut-être monosyllabiques, composés de racines[6] que l'on compare aux sons rendus par l'esprit hu-

---

1. Ce que dit Hovelacque, p. 1-9, me semble erroné ; voy. Bréal, *Lettre à Tournier* (*Rev. de Philol.*, 1878). — « Les langues sont le meilleur miroir de l'esprit humain, et une analyse exacte de la signification des mots nous ferait mieux connaître que toute autre chose les opérations de l'intelligence humaine. » (Leibnitz.) « Par delà les causes secondes, qu'on appelle la prononciation, l'accent, l'organisme grammatical, la philologie comparée doit nous faire connaître l'homme, puisque le langage est la plus ancienne, la plus spontanée et la plus continue de ses créations. » (Bréal.)

2. Suivant Démocrite, le langage résulte d'une convention entre les hommes (θέσει, dans Platon ξυνθήκη, ὁμολογία). Suivant Épicure, l'homme parle comme le chien aboie, et le langage est donné à l'homme par la nature (φύσει) : il y a une dépendance naturelle et nécessaire entre le son et l'objet. Ces deux opinions sont exposées par Hermogène au début du *Cratyle* de Platon, où Socrate réfute l'opinion de Démocrite soutenue par Hermogène. Lui-même expose un système subtil, voisin de celui d'Épicure, où, tout en laissant une petite part au hasard et au caprice, il prétend établir qu'il y a des dénominations naturelles et que la propriété des mots est due à l'imitation plus ou moins exacte des objets. Renan dit à ce propos : « La liaison du sens et du mot n'est jamais nécessaire, jamais arbitraire, toujours est-elle motivée. »

3. Voy. Lersch, *Philosophie du langage chez les Anciens*, 1841 (all.) ; Steinthal, *Histoire de la science du langage*, 1863 (all.). Le *Cratyle* a été l'objet d'un travail capital de Benfey, *Mémoires de l'Académie de Gœttingue*, 1866 (all.).

4. Au IVe siècle, saint Basile fut accusé de nier la Providence, parce qu'il ne voulait pas admettre que Dieu eût créé les noms de toutes choses.

5. Herder a montré le premier que le langage fait partie de l'ensemble des forces naturelles de l'homme, et que son développement est analogue au leur. La création du langage est due, selon Renan, « aux facultés humaines agissant spontanément et dans leur ensemble. » Renan dit encore que « les langues se placent dans la catégorie des choses vivantes.... Le langage est un organisme. » Cela est vrai si l'on ajoute que cet organisme ne vit pas d'une vie propre, indépendante, mais de la vie de l'esprit humain. C'est ce que semble méconnaître l'école nombreuse qui se rattache à Schleicher, et qui enseigne que la *philologie* est une science historique, et la *linguistique* une science naturelle.

6. Mots réduits à leurs lettres significatives : φυγ = rac. de φεύγω. Il y a en grec 500 racines pour 150 000 mots, en allemand 200 racines pour 80 000 mots. Il est probable que les racines ont été d'abord des mots véritables, comme cela se voit encore en chinois : toutes sont des monosyllabes brefs. En sanscrit, il existe un très petit nombre de racines servant comme noms : *bhi*, crainte ; *hri*, honte ; en général, elles opèrent comme des ressorts cachés dont on ne voit que les effets, c'est-à-dire les mots. — Ce serait une grande erreur de chercher dans les racines aryennes les premiers éléments de la parole humaine. « Il n'y a aucune information directe à tirer des racines pour la question de l'origine du langage. » (Bréal.) « Une racine n'est probablement pas plus un élément primitif qu'un grain de farine n'est un atome. La

main à l'impression et comme sous le choc des objets sensibles[1].

3. DÉVELOPPEMENT DU LANGAGE. — Le développement du langage résulte de deux opérations[2] : 1° l'*altération phonétique*, par laquelle le mot *viginti*, par exemple, répond au sanscrit *dvi-dasati*, qui s'est réduit lui-même à *vinsati*[3] ; 2° le *renouvellement dialectal*, par lequel, aux époques de trouble politique, les dialectes populaires remontent à la surface et s'introduisent dans la langue que la littérature ne soutient plus. C'est le renouvellement dialectal qui a substitué l'italien au latin, en remplaçant la langue littéraire par les dialectes vulgaires de l'Italie[4].

La corruption des langues dans le parler populaire peut se ramener à deux principes : 1° le principe de l'uniformité[5] ; 2° le principe de moindre action[6].

L'altération phonétique est régie par des lois précises dont l'étude constitue la PHONÉTIQUE.

4. LA LINGUISTIQUE ET L'HISTOIRE. — 1. Les *races* peuvent se mêler, et avec elles les *vocabulaires*; mais les langues ne se mêlent jamais. Le langage de l'Angleterre a été successivement celtique, saxon, normand et anglais; mais,

---

linguistique n'est pas la science des origines, mais simplement la science du passé. » (Havet.) L'erreur signalée a séduit de grands linguistes comme Westphal : « C'est prendre l'horizon pour les bornes du monde. »

1. Parmi les systèmes dérivés de celui d'Épicure, le plus en faveur dans l'antiquité et au XVIII° siècle a été celui de la formation des racines par l'imitation des sons naturels ou *onomatopée*. Max Müller, un de ses adversaires les plus résolus, objecte que les mots formés par onomatopée restent stériles, qu'ils sont d'ailleurs très rares, et que les noms mêmes des animaux ne trahissent que rarement cette origine. Il distingue la théorie de l'onomatopée (théorie *Bau-Wau*, du nom que *devrait* porter le chien), de la théorie de l'*interjection* (théorie *Pah-Pah*), qui assigne pour origine aux mots les cris inarticulés de l'homme, ému par la surprise ou la crainte. A cette opinion, développée par Condillac et par Herder (ce dernier se rallia plus tard à la *révélation*), Max Müller répond que « le langage finit là où l'interjection commence. »—Le système du *Cratyle*, sorte de symbolisme alphabétique, d'après lequel le ρ, par exemple, est la caractéristique générale du mouvement (ὄργανον πάσης τῆς κινήσεως), le λ des choses glissantes et unies, etc., a été généralisé et développé par Steinthal et Heyse : il renferme sans doute une grande part de vérité. Les racines sont des types phoniques, des *gestes vocaux*, dont la végétation d'abord exubérante a été réduite par la sélection naturelle (Darwin, Farrar). En ce sens, Aristote a parfaitement raison de dire (*Rhét.*, 3, 1) : Τὰ γὰρ ὀνόματα μιμήματά ἐστιν, et Héraclite, que les mots sont comme les ombres des choses. — Benloew a établi (Ac. Inscr., 1864) que, par une sorte d'accommodation progressive, le nombre des onomatopées augmente dans les langues. Ainsi les mots si expressifs *tonnerre*, *thunder*, viennent d'une racine *tan*, signifiant étendre, et correspondent au sanscrit *tanyu*, qui ne nous semble pas imiter un bruit.

2. D'après Max Müller.

3. En chinois, cette altération phonétique n'existe presque pas. Chaque mot contient tout ce qui est nécessaire à sa signification. *Eul-shi*, qui signifie 20, équivaut à *deux-dix*. Dans nos langues, le corps entier d'un mot se trouve quelquefois rongé : ainsi les mots *tear* et *larme* ont tous deux la même racine que *lacrima* (δάκρυ, *Thräne*); et le sanscrit *duhitar* (θυγατήρ) est devenu en bohémien *tsi*.

4. Une langue *littéraire* n'est jamais la *mère* d'une autre langue : née de la langue vulgaire, elle est plutôt la *sœur* de la langue nouvelle qui naîtra de la langue vulgaire.

5. Le peuple dit *plus bon*, comme le bas-latin disait *essere* et *sutis* pour *estis*, d'où l'espagnol *sois*. Cf. Brachet, Préf. du *Dictionn. étymologique français*, 1870.

6. Paresse des organes et prédominance de l'accent : *bonitatem* donne *bonté*; *generum* donne *gendre*, avec épenthèse d'un *d* qui facilite la prononciation.

pour la philologie comparée, l'*anglais* ne sera jamais qu'une langue teutonique. La grammaire, qui est l'âme du langage, reste pure de tout mélange, et peut seule servir de critérium pour établir la parenté et la classification des idiomes.

2. Mais si la grammaire comparée ne dépend pas de l'ethnographie, elle peut être son auxiliaire la plus puissante, en nous révélant la situation matérielle, morale et politique de nos ancêtres à une époque préhistorique[1]. L'identité des mots désignant, dans les langues aryennes, les animaux domestiques, les instruments de labourage, le bronze[2], les noms de nombre, etc., prouve qu'avant la séparation les Aryens[3] étaient une race de pasteurs, qu'ils connaissaient le labourage, le tissage, la couture, l'art de bâtir des maisons et des navires, et qu'ils avaient compté jusqu'à cent. On démontre de même qu'ils avaient en commun les lois du mariage, qu'ils obéissaient à des rois, qu'ils avaient conçu au moins deux idées abstraites, celle de la divinité et celle de la gloire. Les Aryens n'avaient pas vu la mer pendant leurs premières pérégrinations; mais quand les Romains, Celtes, Slaves et Teutons aperçurent la Méditerranée, ils l'appelèrent *mare*[4], mot qui est commun aux langues de ces quatre races[5].

Les deux premières langues qu'on ait comparées sont le latin et le grec; c'est d'elles que je vais parler d'abord.

§ III. — HISTOIRE DE LA GRAMMAIRE GRECQUE ET LATINE[6].

Grammairiens grecs[7]. — La grammaire est née d'un double be-

---

1. Après Pictet, *Origines indo-européennes*, 2 vol., 1859-1863, ces études ont été poursuivies avec succès par Hehn (*Plantes et animaux domestiques*, 1870 [all.]; *le Sel*, 1873 [all.]). Hehn montre que le nom du sel n'existe pas en sanscrit et en zend; donc la race aryenne l'a reçu des Sémites, qui le trouvèrent tout préparé sur les bords de la mer Morte. Les langues de l'Europe n'ont qu'un seul et même mot pour le sel.

2. Scr. *ayas*, goth. *ais*, lat. *aes*.

3. On dit aussi Indo-Européens, Indo-Germains, Indo-Celtes, Aryo-Européens, etc. *Arya*, en sanscrit, signifie *noble*, et Max Müller le rattache à la racine d'*arare*, comme le nom des *Touraniens* (nomades non-aryens) à *toura*, qui exprime la vitesse du cavalier. Dans le Vendidad, l'Airyana vaêga (sources de l'Oxus?) est la première contrée créée par Ormuzd. Le *Zend-Avesta* distingue les contrées aryennes des contrées non-aryennes : Strabon parle de la région nommée Ariana et des peuples *Anaryaques* (11, 7, 11). Le zoroastrisme s'étant répandu vers l'Ouest, la Perse et la Médie tinrent à honneur de s'appeler aryennes : Hellanicus cite Arya comme un des noms de la Perse, et Darius s'appelle *Ariya* dans les inscriptions. Müller retrouve ce nom dans la peuplade germanique des *Arii*, dans Arioviste, et dans le nom de l'Irlande, *Erin*. (VI° leçon.)

4. La √ est *mar* = eau morte (par contraste avec les fleuves, *eaux vives*). — Le sanscrit *vâri* n'est pas parent de *mare*. (Curtius, *Étym. gr.*, 307.)

5. Les preuves *par la non-identité* d'un mot sont toujours faibles, car d'anciens termes peuvent avoir disparu. Par exemple, tous les Aryens ont désigné la main gauche par des euphémismes, différents de langue à langue, et la main droite par des dérivés de *dac*, montrer : on en conclurait que les Aryens, avant la séparation, ne possédaient que la main droite. On a mis en avant plus d'un paralogisme de ce genre.

6. Rien de satisfaisant comme ensemble. Voy. les ouvrages de Lersch, Graefenhan, Steinthal, mais surtout Classen, *de Grammi. graecae primordiis*, et le beau livre d'Egger, *Apollonius Dyscole*, 1854.

7. Γραμματική ἐστιν ἐμπειρία τῶν παρὰ ποιηταῖς τε καὶ συγγραφεῦσιν ὡς ἐπὶ τὸ πολὺ λεγομένων. (Denys le Thrace.)

soin : l'explication d'Homère, et la réfutation des sophistes. Les premiers grammairiens furent des sophistes qui faisaient profession d'interpréter Homère : on ne trouve de grammairiens proprement dits qu'à Alexandrie [1].

1. Pour Platon, la grammaire est l'étude des sons et de leurs signes [2]. Il distingue déjà les voyelles [3] des consonnes muettes [4] et des moyennes [5]. Aristote (*Poét.*, 20) admet trois parties du discours, le nom [6], le verbe [7] et la conjonction [8]. Le verbe et le nom sont soumis à la flexion [9]. Les noms se divisent en masculins [10], féminins [11] et neutres [12]. — Les Stoïciens, grammairiens subtils et souvent bizarres [13], reconnurent une nouvelle classe de mots, comprenant les

---

1. BIBLIOGRAPHIE DE LA GRAMMAIRE GRECQUE. — Krüger (nouv. édit. 1877 [all.]) est un guide très sûr pour la langue attique : il donne à part une excellente grammaire d'Homère. Mais il néglige la gramm. comp. qu'il appelle « un bavardage de polyglotte », et l'accumulation des exemples rend impossible une lecture suivie de son livre. Kühner (2 vol., 2ᵉ éd. 1869 [all.]) est un compilateur de mérite, et tient grand compte de la linguistique : mais il confond la grammaire des poètes avec celle des prosateurs (imité en angl. par Jelf; abrégé en franç. par Theil). Les anciens ouvrages de Matthiae (trad. franç. par Longueville et Gail), Buttmann (all.), Bernhardy (*Syntaxe*, 1829 [all.]) sont encore très utiles. Je recommande, outre Krüger et Kühner, Donaldson, *Gramm. grecque* (angl.), très claire; Madvig, *Synt. grecque*, trad. angl.; Curtius, *Gramm. grecq.* (all.), trad. en angl., espagnol et italien. Les Gramm. grecques de Guérard et Passerat, Chassang et Bailly, exactes et bien disposées, sont insuffisantes pour la syntaxe. — Le *de Particula ἄν*, de Hermann, est une monographie modèle; mais la subtilité y est souvent excessive (*argutiarum promptuarium*, dit Madvig). C'est aussi le défaut de Krüger. La grammaire historique du grec reste à faire : mais il y a des travaux partiels. (Voy. pour chaque auteur, les indications de Nicolaï.)

DICTIONNAIRES. — Le *Thesaurus* d'Estienne, nouv. édit., par Didot, 1831-65, 9 vol., peut tenir lieu de tous les autres. Schneider, Rost et surtout Pape (2ᵉ édit., 1864) ont composé des dictionnaires *grecs-allem.* maniables et très soignés. Ce dernier a écrit un dictionnaire des noms propres grecs très utile, et un lexique *allem.-grec.* Les Anglais ont deux excellents dictionnaires classiques *grecs-angl.*, par Donnegan (1 vol.) et par Liddle et Scott (2 vol.). Ils ont aussi un *Gradus grec*, par Brasse, qui est médiocre, et un très remarquable lexique des *Verbes irréguliers*, par Veitch (2ᵉ édit. 1875). L'Américain Sophocles a donné un excellent lexique du grec byzantin. Nos dictionnaires d'Alexandre, de Planche, de Chassang, ont le tort de ne pas renvoyer aux passages cités : le dictionnaire *franç.-grec* de Courtaud-Divernerèsse est un travail immense, mais qui aurait besoin d'une révision sérieuse. Chassang a donné un lexique grec-français, très portatif et commode, et Talbot un bon lexique fr.-grec. — Consultez encore : Schmidt, *Synonymes grecs*, 1877 (all.); Curtius, *Principes d'étymolog. grecq.*, 5ᵉ édit., 1869 (all.), son chef-d'œuvre; et, en général, ses *Études sur la Grammaire grecque et latine.* Le *Manuel des racines grecq.* de Bailly, 1869, est un très bon guide élémentaire (Cf. *R. C.*, VII, 252).

2. στοιχεῖα καὶ γράμματα.
3. φωνήεντα. Voy. *Cratyle*, p. 421.
4. ἄφωνα καὶ ἄφθογγα.
5. μέσα, c'est-à-dire, les liquides et le σ.
6. ὄνομα. Cf. Graefenhan, *Hist. de la Philologie*, t. I, p. 439.
7. ῥῆμα.
8. σύνδεσμος.
9. πτῶσις. Cf. Graefenhan, *ibid.*, t. I, p. 473.
10. ἄρρενα.
11. θήλεα.
12. μεταξύ. Les grammairiens postérieurs distinguent aussi les noms *épicènes* (masc. et fém.), comme *avis, aquila.* (Quint., 1, 4; Graefenhan, *ibid.*, t. II, p. 292.)
13. Schmidt, *Grammaire des Stoïciens*, 1839.

pronoms et l'article[1], auparavant confondus avec les conjonctions. Chrysippe divisa les noms en *propres* et *appellatifs*, et Antipater de Tarse distingua l'adverbe[2] du substantif et du nom[3].

2. A Alexandrie, la grammaire fut très étudiée, mais surtout en rapport avec le texte d'Homère, dans les écoles de Zénodote (284-246), d'Aristophane de Byzance (240), d'Aristarque de Samothrace (184-146)[4], contemporain de Cratès de Mallos, chef de l'école de Pergame; après Aristarque, une très nombreuse suite de grammairiens, parmi lesquels il faut nommer Ammonios, Denys le Thrace[5], Tyrannion, Tryphon, Didyme *aux entrailles de fer*, le plus fécond des compilateurs; Néoptolème de Parium, Nicanor; Apollonius Dyscole, Hérodien[6], Dosithée, enseignèrent la science alexandrine dans les écoles romaines, et la transmirent aux grammairiens de Byzance. Ceux-ci, imitateurs ou commentateurs de Denys le Thrace, sont peu remarquables par l'originalité : nommons Théodose d'Alexandrie, Georges Chéroboscus, Helladius, Ammonius d'Alexandrie, les lexicographes Hésychius, Orion, Suidas, etc., Eustathe, le scholiaste d'Homère, et Chrysolaras, dont la Grammaire grecque fut, avec celles de Théodore Gaza et de Lascaris, le guide des Occidentaux qui recommençaient à « balbutier le grec[7] ».

3. La lexicographie naquit, après l'époque classique, du besoin de fixer le sens des termes homériques, et les richesses de la langue attique, compromises par des emprunts et des formations nouvelles. Une très curieuse collec-

---

1. ἄρθρα. Zénodote distingua le pronom de l'article, et maintint, contre Aristarque, l'existence de l'article dans Homère.

2. μεσότης.

3. Denys le Thrace reconnaît 8 parties du discours : ὄνομα (nom), ῥῆμα (verbe), μετοχή (participe), ἄρθρον (article), ἀντωνυμία (pronom), πρόθεσις (préposition), ἐπίρρημα (adverbe), σύνδεσμος (conjonction). — On citait ce vers d'Homère (Il., 22, 59) où se trouvent les huit parties du discours : πρὸς δέ με τὸν δύστηνον ἔτι φρονέοντ᾽ ἐλέησον. — Le Scholiaste de Denys donne ainsi qu'il suit les 4 anciennes divisions de la grammaire : διορθωτικόν (*emendatio*), ἀναγνωστικόν (*lectio*), ἐξηγητικόν (*enarratio*), κριτικόν (*judicium*), c'est-à-dire la critique, la prononciation et l'orthographe, l'explication et la critique littéraire. La *lecture* se dit προσῳδία.

4. Brugman (*Problème de la crit. du texte homérique*, 1876 [all.]) soutient qu'Aristarque a très arbitrairement fait disparaître d'Homère des formes qu'il ne comprenait plus, et que Zénodote avait respectées (le pronom réfléchi σφι appliqué à toutes les personnes, et σφός, σφίν, pour le singulier). Cf. R. C., XXI, 25.

5. L'auteur de la première grammaire grecque (τέχνη γραμματική) enseigna à Rome du temps de Pompée. Il reconnaît six parties de la grammaire : 1° la lecture κατὰ προσῳδίαν; 2° la narration κατὰ τοὺς ἐνυπάρχοντας ποιητικοὺς τρόπους; 3° la connaissance des *histoires* (mythologie, antiquités) et des particularités grammaticales (γλωσσῶν); 4° l'étymologie et le *sens propre* des mots; 5° l'analogie; 6° la critique des poèmes, κρίσις ποιημάτων (appréciation littéraire, etc.). Voy. Graefenhan, t. I, p. 436.

6. Vers 160. (περὶ μονήρους λέξεως. — περὶ βαρβαρισμοῦ καὶ σολοικισμοῦ. — περὶ ἀκυρολογίας.)

7. Expression d'Érasme en parlant d'Hermolaüs Barbarus, † 1493. [Biblogr. Schmidt, *Études sur l'hist. de la grammaire grecq. et latine*, 1859; Düntzer, *de Zenodoti studiis Homericis*, 1848; Lehrs, *de Aristarchi studiis Homericis*, 2° édit. 1865, livre célèbre; en général, voy. La Roche, *Crit. du texte homérique dans l'antiquité*, 1866 (all.), et la préf. de l'*Iliade* de Pierron; Chassang, *Denys le Thrace* (Assoc. des Études grecques, 1879), qui renvoie aux travaux de Hörschelmann, 1874, sur les scholies de Denys (éd. dans Bekker, *Anecdota*, II, p. 629). — Les fragments de Didyme ont été réunis par Schmidt, 1854; ceux d'Hérodien par Lentz (chef-d'œuvre de science patiente), 1867-70, en 3 vol., avec un index important.

Un *Corpus* de grammairiens grecs est en publication chez Teubner.

tion de formes dialectales et archaïques se trouve dans le glossaire d'Hésychius[1] : les principaux recueils de mots attiques sont dus à Mœris[2] (120 ap. J. C.), Phrynichus (v. 200), et Thomas Magister (xiv° s.). — La grammaire et l'histoire trouvent des documents précieux dans les dictionnaires d'Harpocration[3] 300?), de Photius, de Suidas, dans le *Grand Étymologique*[4] (xi° s.), et surtout dans l'*Onomasticon* de Pollux (180), publié par Dindorf (1824), recueil méthodique de termes techniques et d'antiquités. Un lexique d'Homère, par Apollonius dit *Sophista*, a été publié par Villoison[5].

4. Les principaux scholiastes sont : ceux d'Homère[6] (Zénodote, Aristarque, Eustathe), d'Hésiode (Proclus), des Tragiques[7], de Pindare, d'Aristophane (éd. Didot, d'une importance capitale), de Thucydide, de Démosthène (Ulpien), de Platon, de Théocrite, d'Apollonius de Rhodes, de Lycophron (Tzetzès), de Nicandre, surtout d'Aristote, dont les commentateurs, publiés par l'Académie de Berlin, comprendront au moins 25 volumes[8].

Grammairiens latins. — 1. A Rome, il y avait tout à faire, une littérature et une langue littéraire. Les premiers écrivains furent à la fois des grammairiens, et donnèrent des lois en même temps que des modèles[9].

1. Éd. Schmidt, 1858, en 4 volumes.
2. Λέξεις Ἀττικαί. Bekker l'a publié avec Harpocration, 1833.
3. *Lexique des dix orateurs.*
4. Publié, ainsi que Suidas, par Gaisford, 1834-48. (Voy. Miller, *Mélanges*, etc.)
5. Nous possédons encore un lexique géographique d'Étienne de Byzance, et un lexique mythologique, dit *Violarium*, de l'impératrice Eudoxie (1072).
6. Les anciennes scholies dans Dindorf, 1855 et 1875 ; Eustathe, éd. par Stallbaum, 6 vol.
7. Publiés par Dindorf, 1851-1863.
8. Le premier de ces commentateurs, Alexandre d'Aphrodisias (sous Septime Sévère), a été publié par Thurot, *Notices et extraits des manuscrits*, 1873.
9. Suétone, *des Grammairiens et rhéteurs illustres.* — Suringar, *Histoire crit. des scholiastes latins*, 1834. — Boissier, *Varron*, 1859. — Thurot, *Extraits de manuscrits latins pour servir à l'histoire des doctrines grammaticales au moyen âge* (capital). — Reisig, *Leçons sur la langue latine*, 1839 (all.).
Ce qui reste des grammairiens latins a été rassemblé par Putsch, 1605 ; Lindemann, 1831-1833 ; et surtout Keil, 10 vol., 1856, avec un complément de Hagen, 1870.
BIBLIOGRAPHIE DE LA GRAMMAIRE LATINE. — Je recommande les dernières éditions de Madvig (trad. par Theil ; la trad. anglaise est meilleure) et de Zumpt (trad. angl.). Les grammaires de Guardia, de Kühner, 3 vol. (all.), de Roby (angl.), sont de très utiles compilations, et le vieil ouvrage de Burnouf reste toujours le modèle des grammaires classiques. On consultera avec profit la dernière édit. de Gossrau, *Grammaire latine*, et Grysar, *Théorie du style latin* (all.). Une immense collection de formes est donnée par Neue, 2° édit., 1877, et un bon recueil de latinismes par Naegelsbach (*Stilistique* (all.), 4° édit., 1865. Les Allemands appellent *stilistique* ce que Lhomond nommait *Méthode*.) Schweizer-Sidler a appliqué dans sa *Morphologie latine* (all.), les principes de la grammaire comparée.
Corssen, *Prononciation, vocalisme et accent latin* (all.), 2° édit., 1868-1870 (chef-d'œuvre). — Schuchardt, *Vocalisme du latin vulgaire* (all.), 1866. — Brambach, *Orthographe latine*, 1868, all. (Les innovations en orthographe semblent peu utiles ; cf. Benoist, *Préface* à Virgile, 2° éd., qui en défend un certain nombre.)
Draeger, *Syntaxe historique de la langue latine*, 1877, sqq. (all.), colossal ouvrage très méritoire (cf. Riemann, *Gramm. de Tite Live*, 1879), où l'on blâme pourtant un abus continuel de la statistique. Ainsi Draeger constate (II, p. 120) que Cicéron offre le premier les mots *laxare*, *navare*, *novare*, *nudare*, etc. ; que *fruticor* ne se rencontre que dans

2. Les études grammaticales restèrent toujours en honneur à Rome, tant à cause de l'esprit abstrait et formaliste de ce peuple, que par la nécessité d'opposer une digue aux envahissements de la langue populaire, plus semblable aux dialectes romans qu'à la langue de Cicéron et de Virgile [1].

3. Des réformes dans la langue et dans l'orthographe sont attribuées, par les anciens, à Livius Andronicus, Ennius, Attius [2] et Lucilius [3]. La grammaire méthodique fut introduite à Rome par Cratès de Mallos, envoyé d'Attale II, et compta d'illustres adeptes. César, pendant la guerre des Gaules, écrivit un traité, en deux livres, sur l'analogie [4]. Nigidius Figulus, Santra, Élius Stilon [5], le maître de Varron; M. Térentius Varron, le plus savant des grammairiens latins [6]; Atéius Praetextatus, maître et ami de Salluste; Cornificius, auteur de la *Rhétorique à Hérennius*, représentèrent avec éclat, sous la République, les études grammaticales unies à l'archéologie et à la critique.

Sous Auguste, il faut citer Hygin [7], Verrius Flaccus, Messala, Pollion, et plus tard Celsus, Julius Modestus, Asconius Pédianus, commentateur de Cicéron; Remmius Palémon, Valérius Probus de Béryte (sous Néron), commentateur de Lucrèce, Virgile, Horace, Perse; Caesius Bassus, Caper, Vélius Longus [8]; Térentius Scaurus sous Hadrien; Aulu-Gelle [9] et Festus sous Antonin; au

---

Cicéron, qu'*abominor* n'est pas employé avant Tite Live, etc. Il faut, dit Thurot (*R. C.*, XII, 38), ajouter à toutes ces assertions : *dans les monuments qui nous ont été conservés*, et cette restriction enlève à ces assertions leur valeur. N'a-t-on pas observé qu'*impatiens* ne se rencontre pas avant Virgile, ἤκουσμαι avant Denys, que le mot *femme* n'est qu'une fois dans l'*Essai sur les mœurs* de Duclos, que le mot qui répond à *sur-le-champ* n'est qu'une seule fois dans la Bible? Il n'y a rien à conclure de ces comptes laborieux, où Dräger, Lübbert, Fuhr et bien d'autres se sont complus; par contre, appliquée à la métrique, la statistique peut donner des résultats très féconds. (Voy. à l'*Index*, Drobisch.)

DICTIONNAIRES. — Forcellini, nouv. éd., par de Vit; Freund, trad. par Theil (excellent); Georges (lat.-allem.), 6ᵉ édit.; Vaniček, *Dictionnaire étymologique du latin*, 1874 (à consulter avec précaution); Hintner, *même sujet*, 1875 (all.). — Döderlein, *Synonymes latins*, 1826-1839.

Pour le bas-latin, on a le chef-d'œuvre de Du Cange; cf. Schuchardt, *Latin vulgaire*, et Rönsch, *Itala et Vulgata*, 1875. Le *Thesaurus poeticus* de Quicherat (dernière édition), est un de nos plus beaux travaux d'érudition. Les dictionnaires classiques latins-français de Quicherat et de Lebaigue, laissent à désirer; mais le français-latin de Quicherat est un modèle.

1. La langue archaïque ressemble plus à la langue populaire, et par suite au français. *Habere* avec un participe passé (*inclusum habuerunt*) ne devient rare qu'après Cicéron; on trouve *Scio quod....* au lieu de l'infinitif. Les formes *eccillum, eccistus* (icel, icist) ne se rencontrent pas après Plaute.

2. Selon Velius Longus, Attius introduisit le doublement des voyelles longues; mais il ne fit sans doute que régler un usage antérieur. Cf. Boissier, *Revue archéol.*, 1869.

3. Voy. p. 139.

4. Une dispute célèbre s'était élevée autrefois entre les *analogistes* (école d'Aristarque) et les *anomalistes* (Cratès). — L'empereur Claude aimait la grammaire autant que César. Il voulut introduire dans l'alphabet trois signes nouveaux, pour désigner le *v* consonne, *ps*, et le son intermédiaire entre *i* et *u*. On les trouve dans les inscriptions contemporaines (digamma retourné; un C retourné; le signe ⊢).

5. Comme Varron, Stilon s'occupa de la critique du texte de Plaute.

6. *De lingua latina*, 25 livres, dont 5 conservés; édit. d'Otfried Müller, 1830.

7. Mythologue, bibliothécaire de la bibliothèque d'Apollon Palatin sous Auguste.

8. *De orthographia*.

9. Ses *Nuits attiques* attestent des lectures étendues et du goût.

troisième siècle, Acron et Porphyrion, commentateurs d'Horace ; et, vers la fin de l'Empire, les auteurs d'*Arts* ou Grammaires, Sacerdos, Comminianus, Victorinus, Aelius Donatus, Charisius, Diomède ; les commentateurs Donat, Servius Honoratus ; enfin Macrobe [1], Martianus Capella, Priscien, esprit vraiment distingué [2] ; le métricien Terentianus Maurus, Fulgence et Isidore de Séville, auteur d'une Encyclopédie en 20 livres, très répandue au moyen âge.

4. Les deux travaux lexicographiques les plus importants sont :
1° *De la signification des mots*, par Verrius Flaccus, dont un extrait, fait par Festus, nous est parvenu dans un remaniement de Paul le Diacre (ix⁰ siècle) ; c'est une source précieuse pour le latin archaïque ; 2° *La doctrine abrégée*, (*Compendiosa doctrina*), par Nonius Marcellus, contenant des fragments d'une très grande valeur [3] des écrivains de la République [4].

5. Les scholiastes les plus utiles sont ceux de Térence (Donat), de Cicéron (fragm. d'Asconius), de Virgile (Servius [5]), d'Horace (Porphyrion [6], Pseudo-Acron, le *Commentator* Cruquianus [7]), de Lucain, de Perse, de Juvénal, etc.

6. Au moyen âge, on copie et l'on abrège Priscien, mais la connaissance de la langue fait défaut aux grammairiens non moins que le bon sens [8]. Un des plus fameux, Petrus Helias, commet des bévues d'écolier. L'ouvrage de Sanchez [9] (Sanctius), † 1601, intitulé *Minerva, seu de causis linguae latinae*, 1587, plein d'hypothèses arbitraires et d'une fausse clarté, a servi de base aux

---

1. Les *Saturnales* et son *Commentaire du Songe de Scipion* sont des monuments de la renaissance classique soutenue par les derniers défenseurs du paganisme.
2. Il vécut à Constantinople, vers 500 ; son livre *Institutionum grammaticarum libri XVIII* resta le fondement de l'enseignement au moyen âge.
3. Le texte, misérablement altéré, a été fort amélioré dans l'éd. de Quicherat, 1874.
4. On possède quelques lexiques grecs-latins et latins-grecs, réunis par Labbé, 1679 (Philoxène, Cyrille), et un *Manuel de conversation grec-latin*, par Pollux (*Not. et extr.*, t. 25).
5. Édit. Lion ; voy. la collection Lemaire. Ce commentaire est de différentes mains ; cf. Thomas, *Essai sur Servius*, 1879.
6. Édit. Meyer, 1874. Cf. Usener, *de Schol. Horatianis*, 1865. Voy. Acron et Porphyrion dans l'édition de Hauthal, 1874-76.
7. Dans la marge des manuscrits Blandiniens ; voy. p. 47.
8. Le développement de la science grammaticale au moyen âge se fait au rebours de ce que nous appelons le bon sens. Sait-on pourquoi *siler* et *oleaster* sont masculins ? C'est parce que ce sont des arbres qui ne portent pas de fruits. — Et *dumus, rubus* ? à cause de la rudesse avec laquelle ils déchirent les vêtements. *Dies* est *dubii generis*, comme étant à la fois actif et passif, parce qu'il chasse la nuit et qu'il est chassé par elle. On trouve aussi dès lors l'étymologie *cadaver = caro data vermibus*, attribuée à J. de Maistre, qui l'admirait fort. (Thurot, *Extraits de manuscrits latins*, etc., 1869, p. 147, *pass.*)
9. Sanchez abuse de l'ellipse ; par exemple, pour expliquer *eo Romam*, il suppose qu'on a voulu abréger la phrase : *Eo ad urbem Romam*. Il explique *habitat Lugduni* par *habitat in urbe Lugduni*, compliquant ainsi une hypothèse gratuite d'un gros solécisme. Ces erreurs subsistent dans Lhomond, et ses disciples les ont trop souvent répétées. — En grec, cette théorie de l'ellipse, développée par Lamberti Bos, *Ellipses graecae*, 1702, a été définitivement renversée par Hermann, *de Ellipse et Pleonasmo*, 1808, livre qui marque le commencement de la grammaire moderne. — Sans connaissance approfondie de la grammaire, il n'est pas de philologie possible, car l'interprétation des textes est livrée au hasard. [Quint., 1, 4, 2 : *Grammatice.... plus habet in recessu quam fronte promittit*. Mais Quintilien marque aussi très justement où l'abus de la grammaire commence (1, 8, 35) : *Non obstant hae disciplinae per illas euntibus, sed circa illas haerentibus*. Cf. d'excellentes pages de Benoist, Préf. du Virgile-Hachette : « La grammaire n'est pas le but dernier de notre connaissance ; elle est l'instrument d'un effort plus élevé de notre esprit. »]

travaux postérieurs (entre autres Port-Royal et Lhomond)[1] jusqu'à la fin du siècle dernier.

§ III. — HISTOIRE DE LA GRAMMAIRE COMPARÉE[2].

I. La Grammaire comparée, dont le but est d'analyser les langues[3] et de les grouper en familles, n'a pas été connue des anciens[4]. Les savants de la Renaissance s'obstinèrent à chercher dans l'hébreu la source de tous les idiomes[5], et perdirent leur temps pour avoir mal compris la Bible. Leibnitz signala le premier l'analogie entre le persan et l'allemand, et donna l'idée de former de grands recueils de mots, en s'adressant aux ambassadeurs et aux missionnaires[6]. Son appel fut entendu en Russie et par Hervas[7] ; mais, si la polyglottie[8] en profita[9], la linguistique était encore à naître en 1800. C'est à Schlegel qu'il appartient d'avoir le premier entrevu les conséquences de la découverte du sanscrit, révélé à l'Europe par la Société de Calcutta[10] (1784), dans son ouvrage *Langue et sagesse*

1. Le succès extraordinaire du livre de Lhomond s'explique par ce fait, qu'il fut le seul pédagogue entre tant de grammairiens.
2. Benfey, *Histoire de la Linguistique* (all.); Max Müller, *Science du lang.*, leç. 4 et 5.
3. La grammaire s'appelle en sanscrit *vyâkarana* = analyse.
4. Platon reconnaît (*Crat.*, 26) que les Grecs et les Phrygiens ont en commun certains mots, mais il suppose un emprunt direct. Alexandre, parvenu en Inde, ne s'aperçoit pas que Calanus parle une langue sœur de la sienne ; César, en Gaule, ne se doute pas que le celtique est un frère aîné du latin. Les Romains, à qui les comparaisons étaient si aisées, se contentèrent (Varron, Macrobe) de rapprocher le latin du grec, en admettant toujours que le grec était le père de leur langue. Tyrannion, sous Sylla, écrivait un livre intitulé : περὶ τῆς Ῥωμαικῆς διαλέκτου ὅτι ἐστὶν ἐκ τῆς Ἑλληνικῆς. Ruhnken encore disait galamment « *Linguam latinam totam pulchrae matris Graecae pulchram filiam esse.* » (Bœckh, *Encycl. phil.*, p. 747.)
5. C'est déjà la conviction de saint Jérôme et d'Origène. Guichard (*Harmonie étymologique*, 1606) pense que, l'hébreu étant écrit de droite à gauche, on peut faire remonter les mots grecs à l'hébreu en les lisant à rebours. Müller, qui se moque de lui, oublie que le fait s'est produit pour le dieu phénicien ΗΡΑΚΛΕΜ (Melkarth), dont le nom, lu de gauche à droite, a donné *Héraclès* (en caractères archaïques) — l'Hercule du midi de la France (Monaco = *Arx Herculis Monoeci*). — Bochart, † 1667, a accumulé les étymologies hébraïques les plus puériles ; voy. Quatremère, *Journ. des Sav.*, 1846.
6. Leibnitz protesta contre la théorie *a priori* qui faisait de l'hébreu la langue mère universelle, et écrivit cette phrase remarquable : « *Cum remotae gentium origines historiam transcendant, linguae notis praestant veterum monumentorum vicem.* »
7. Hervas reconnut la famille sémitique et la famille malayo-polynésienne, mais il expliqua par des emprunts faits par le sanscrit au grec la ressemblance entre ces deux langues.
8. Ce mot utile n'est pas dans Littré, mais πολυγλωττία est dans le *Thesaurus* de Didot.
9. Catherine de Russie fit composer des lexiques jusque chez les Peaux-Rouges (M. Müller, *op. cit.*, 4ᵉ leçon). Son *Glossaire comparatif des langues de l'univers*, contenant 280 langues (1787), servit de modèle au *Catalogue des langues* de Hervas (1800, contenant 300 langues), et au *Mithridate* d'Adelung (1806-1817), le dernier grand ouvrage de ce genre, qui fait encore autorité aujourd'hui.
10. Les premiers renseignements vinrent des missionnaires, Filippo Sassetti, qui vécut à Goa (1581-1588) ; Roberto de Nobili (1606), qui prêcha un quatrième Véda, composé par un brahmane qu'il avait converti ; le P. Cœurdoux, Calmette, Pons, etc. En 1767, le jésuite français Cœurdoux écrivait à l'abbé Barthélemy et à l'Académie des inscriptions pour signaler des rapprochements entre le sanscrit et le grec, par exemple, la presque

des Hindous, 1808. La conception de l'unité indo-germanique date de ce livre de génie[1].

Alors commença l'ère féconde du dogmatisme créateur, des travaux prodigieux de Bopp, Pott, Burnouf, Grimm, Corssen. Aujourd'hui, la sévérité d'une critique mieux armée rend très-difficiles les ouvrages d'ensemble, et l'on préfère, avec raison, approfondir des sujets restreints, comme l'a fait Curtius, dans son *Verbe grec*, 1874 (all.), considéré avec raison comme le modèle des monographies linguistiques[2].

identité des formes du verbe substantif : il concluait que les mots communs sont les restes du langage primitif de l'humanité. Cette découverte passa inaperçue. — La première grammaire sanscrite publiée en Europe le fut en 1790 par un carmélite allemand, Paulin de Santo-Bartolomeo. Les hommes de génie de la Société de Calcutta, Wilkins, Jones, Carey, Forster, surtout Colebrooke (voy. sa *Biographie* [angl.] par son fils) et Wilson, firent marcher la science à pas de géants. Bopp, Schlegel, Lassen, Rosen, Burnouf, ont étudié le sanscrit en Angleterre, au commencement de ce siècle.

1. Quoique publié deux ans seulement après le premier volume du *Mithridate* d'Adelung, dit Müller, l'ouvrage de Schlegel en est séparé de toute la distance qu'il y a entre le système de Copernic et celui de Ptolémée. — L'importance de la découverte du sanscrit a été capitale pour la grammaire comparée : on peut même dire qu'en fournissant un point de comparaison (le sanscrit étant la langue la plus ancienne et la mieux conservée de la famille), elle l'a seule rendue possible, et l'a élevée au-dessus de la polyglottie, science vaine et stérile. C'est l'*étincelle électrique*, dit Müller, qui fit cristalliser en formes régulières les éléments flottants du langage rassemblés dans les immenses ouvrages d'Hervas et d'Adelung. — L'ouvrage qui ouvre l'ère de la linguistique moderne proprement dite est le *Système de conjugaison* de Bopp, 1816. — « Sans doute, l'ancienne unité européenne est une hypothèse, mais comme celle des révolutions des planètes autour du soleil. C'est une supposition qui rend parfaitement compte de certains faits autrement inexplicables, et qui, par conséquent, tant que d'autres faits ne la démentent pas, doit être considérée comme la vérité même. » (Fick, *Unité indo-européenne*, 1873.) — Tout en accordant comme prouvée cette parenté originaire de nos langues, d'excellents esprits contestent la valeur des résultats acquis par l'école de Bopp. « Les problèmes qu'offre la formation des langues anciennes, dit Thurot, sont de l'espèce de ceux que les mathématiciens appellent indéterminés, et ont beaucoup plus d'inconnues que d'équations. » Et il insiste sur ce point, que les *formes intermédiaires* nous font presque toujours défaut. Cf. le volume très sceptique de Key, *Essais philologiques* (angl.), 1878, surtout le chapitre *Doutes d'un non-sanscritiste*, dirigé contre Max Müller.

2. BIBLIOGRAPHIE GÉNÉRALE. — Bopp, *Grammaire comparée, du sanscrit, zend, arménien, grec, latin, lithuanien, vieux-slave, gothique et allemand*, 3ᵉ édit., 1869-1871, traduction française par Bréal avec d'admirables introductions et un index, 5 vol., 1865-1872 ; certainement un des chefs-d'œuvre de l'esprit humain, quand on pense que Bopp n'avait pas de devanciers, et qu'il n'a pas encore trouvé de successeur. — Pott, *Recherches étymologiques*, 1859-1873 (all.). — Curtius, *Étymologie grecque*, 1873 (all.). — Aufrecht et Kuhn, *Journal de Grammaire comparée*, 1852, sqq. (index par Vanicek.) — Whitney, *Science du langage* (angl.), traduite en allemand et mis au courant par Jolly, 1875. — Fr. Müller, *Science du langage* (t. I, langues de l'Afrique, 1877 [all.]).

Manuels de Schleicher (*Compendium*, 3ᵉ éd., 1870 [all.]) ; un 1ᵉʳ vol. trad. en angl., Eichhoff (2ᵉ édit., 1868, sans grande valeur) ; Sayce (*Principes de philologie comparée*, 1874 [angl.]) ; Papillon (*Philol. comparée*, 2ᵉ édit., 1877 [angl.]). Ces deux derniers livres sont particulièrement recommandables aux non-spécialistes.

Les *Grammaires comparées* de Baudry et de Farrar en sont restées à leur premier volume. La petite *Grammaire comparée* d'Egger est un livre élémentaire fait avec autant de savoir que d'esprit, le premier de son genre en France (1855).

La Grammaire comparée des langues sémitiques a été écrite par Renan, 1858 ; celle des

§ IV. — CLASSIFICATION DES LANGUES [1].

On distingue trois classes de langues, les langues ISOLANTES, AGGLUTINANTES, et A FLEXION.

1° LANGUES ISOLANTES. Les mots sont des monosyllabes-racines que l'on juxtapose, et dont les rapports grammaticaux ne sont marqués que par l'accent oratoire et leur position relative [2]. (Langues de la Chine et de l'Indo-Chine.)

2° LANGUES AGGLUTINANTES. La racine reste invariable, et les rapports de syntaxe sont indiqués par des mots ou des particules qui s'ajoutent à la racine. La plupart des langues connues sont agglutinantes [3].

3° Les LANGUES A FLEXION, où les rapports de syntaxe sont marqués par des modifications de la racine et l'addition de désinences, sont les langues sémitiques et les langues indo-européennes, que nous avons appelées aryennes [4].

langues celtiques, par Zeuss, 1853 ; de la famille slave, par Miklosich, 1857 ; de la famille germanique, par Grimm, 1827 ; celle des langues romanes, par Diez (traduction française augmentée, 1868-1874). — L'Occident a fini par enseigner sa langue à l'Orient. Les Parses de Bombay, dans une polémique religieuse contre les missionnaires protestants, ont cité, comme une autorité, le *Commentaire* de Burnouf sur le *Yaçna*. En 1862, une assemblée de 700 brahmanes à Pounah déclara l'édition du *Rig-Véda* par Max Müller plus complète que les leurs, et ne refusa de l'adopter que parce qu'ils croyaient que le sang d'animaux entre dans la composition des encres d'imprimerie d'Europe. — Quatre hommes surtout, Weber (16 vol. d'*Études indiennes* [all.], et une *Histoire de la littérature indienne*, traduite en français) ; Muir (*Textes sanscrits originaux*, 5 vol.) ; Max Müller (*Histoire de l'ancienne littérature sanscrite*), et Lassen (*Antiquités indiennes* [all.]), ont fait connaître l'Inde à l'Europe. La philosophie de l'Inde a été étudiée par Colebrooke, dont les *Essais* sont des chefs-d'œuvre, et, en France, par Burnouf, Barthélemy Saint-Hilaire (*Journ. des Sav.*), et Regnaud (*Bibl. des Hautes-Études*).

1. Benloew, *Aperçu général*, 2° édit., 1872, livre plein de vues très élevées, en partie empruntées à l'enseignement de Bœckh ; Max Müller, Hovelacque, etc. Cf. Maury, *la Terre et l'homme*, 1861 ; D'Arbois de Jubainville, *Premiers habitants de l'Europe*, 1877.

2. La grammaire se réduit à la syntaxe (ordre des mots). Les langues analytiques qui tendent à redevenir monosyllabiques, comme l'anglais, offrent le même phénomène ; l'ordre des mots, très important dans cette langue, est à peu près le même qu'en Chinois, et la morphologie tiendrait en deux pages.

3. On les a divisées en trois groupes : 1° Les idiomes africains ou *atomiques*, dont les mots se forment surtout à l'aide de préfixes, circonstance qui les distingue des langues touraniennes ou tartares, qui n'admettent pas que la racine soit au second rang. 2° Les langues touraniennes, s'étendant de la Corée aux portes de Vienne. 3° Les idiomes dits *incorporants* et, par Schleicher, *holophrastiques*, parlés en Amérique, qui, poussant le synthétisme à bout, résument quelquefois la phrase entière en un seul mot. (La phrase : *Je donne de l'argent à ceux qui sont arrivés pour leur acheter des habits*, s'exprime en iroquois par un mot de vingt-sept lettres.) — Les langues touraniennes ont été étudiées par Max Müller (1855) : c'est moins une famille qu'un groupe de langues. Parlées par des nomades, l'absence même d'un air de famille est un de leurs caractères. Elles comprennent deux grandes divisions, celle du Nord (ouralo-altaïque : langues tongouse, mongole, turque, finnoise, samoyède), et celle du Sud (tamoule, malaise, langues du Tibet et de Siam). Les langues touraniennes diffèrent des langues aryennes comme une mauvaise mosaïque d'une bonne : les mots aryens semblent formés d'une seule pièce, les mots touraniens laissent voir les fentes et les sutures (Müller). Ainsi seulement, ils pouvaient rester compris sur la scène toujours changeante de la vie nomade. Le turc surtout est d'une merveilleuse transparence, et semble le résultat des délibérations d'une académie. Le verbe, dont la racine est toujours intacte, peut produire de nouveaux thèmes verbaux par l'addition de certaines lettres exprimant négation, causalité, réflexion, réciprocité (*Idem*, 8° leçon).

4. Curtius (*Chronologie dans la format. des lang. indo-germaniques*, 1867, trad. en fr.

1. Les langues sémitiques se divisent en 3 branches : l'*araméenne*, qui nous est connue par deux dialectes, le *syriaque* [1] et le *chaldéen* [2] ; l'*hébraïque* [3], et l'*arabique* [4].

2. Les langues aryennes comprennent 8 grandes familles : 1° Le sanscrit [5] ; 2° le zend et l'arménien ; 3° le grec ; 4° les langues italiques (latin, osque, ombrien) ; 5° le celtique ; 6° le vieux slave ; 7° le lithuanien ; 8° le gothique et le vieil haut allemand. Ainsi le sanscrit n'est pas le *père* du latin et du grec : c'est un *frère aîné* de ces deux langues [6]. Le latin ne dérive pas du grec, mais d'une ancienne langue italique sœur de l'ancien grec, et mère des dialectes congénères de l'Italie [7].

3. L'unité de l'esprit humain ne permet pas d'admettre trois systèmes de langues différant radicalement l'un de l'autre. Les mots *isolement*, *agglutination*, *flexion* (c'est-à-dire juxtaposition, union, mélange) caractérisent seulement les trois grandes étapes historiques que parcourt le langage humain, et où les circonstances, le milieu social et politique, l'arrêtent plus ou moins

---

dans la *Bibl. des Hautes-Études*) distingue trois périodes dans le langage : 1° Racines pures (nominatives ou indicatives). 2° Création des déterminatifs radicaux qui servent à développer les racines ; un déterminatif de ce genre est l'*n* de *gan*, développement de l'ancienne racine *ga*, que l'on retrouve dans γί-γα-μεν. 3° Période des racines pronominales. Elles avaient existé d'abord à côté des racines pures ; la langue les joint à elles et crée ainsi les racines verbales. (Cf. *R. C.*, IV, 272.)

1. Traduction de la Bible dite Peschito, datant du II° siècle. Elle s'est perpétuée chez les Nestoriens du Kurdistan.

2. Langue des Juifs pendant la captivité de Babylone, et des *Targumim*, paraphrases de la Bible (II° siècle après J.-C.). Cet araméen était la langue de J.-C. ; dans le Talmud de Jérusalem (IV° siècle) et celui de Babylone (V° siècle) il est déjà très altéré : au XI° siècle, il fut supplanté par l'arabe, au XIII° par l'hébreu modernisé, encore parlé aujourd'hui.

3. C'est l'ancienne langue de la Palestine, de Moïse aux Machabées. On peut y rapporter le phénicien et le carthaginois.

4. Les plus anciens monuments sont les inscr. hymyaritiques. Un rameau de la branche arabique, transporté au sud de l'Égypte, a donné l'abyssinien : la langue moderne des Abyssins est l'*amharique*. — Les premiers textes arabes, dits *Moallakât* (poésies suspendues), sont des poèmes populaires antérieurs à Mahomet.

5. Ancienne langue des Hindous, qui cessa d'être parlée au moins trois siècles avant J.-C. pour être remplacée par des dialectes (pâli, langue sacrée du bouddhisme ; prâcrit, langue du drame indien) qui sont au sanscrit comme l'italien est au latin. Mais le sanscrit resta la langue des brahmanes, comme le latin du moyen âge celle des prêtres ; aujourd'hui encore, le brahmane écrit plus volontiers en sanscrit qu'en bengâli.

6. Il se peut, d'ailleurs, qu'un mot soit moins bien conservé en sanscrit classique qu'en latin ou en anglais moderne : comparez *târâ*, ἀστήρ, *stella*, *star*.

7. On a fait, en grammaire comparée, un prodigieux abus de la langue aryenne primitive, langue tout hypothétique dont Fick a refait le dictionnaire et où Schleicher s'est amusé à écrire une fable. — Avec Schleicher et son disciple Vanicek, on ne va pas du connu à l'inconnu, mais de l'hypothétique au connu. Au lieu que les mots soient expliqués par les racines, les racines sont inventées pour rendre compte des mots. (Bréal.) Cette méthode de reconstruction et de déduction peut être pédagogiquement fort utile, mais elle ne doit pas servir à la recherche de faits nouveaux, sous peine de cercles vicieux perpétuels. La langue indo-européenne primitive est un produit de l'abstraction scientifique : elle ne peut rien nous apprendre que ce qu'elle a reçu de nous. — Bréal remarque encore que l'on a tort de considérer cette langue comme une langue fixe, sans dialectes : il donne comme preuve le nom du cœur, pour lequel les langues européennes indiquent un primitif *kard*, tandis que le sanscrit suppose *hard* ou *khard*.

longtemps. Le chinois est resté isolant, parce que la Chine est restée isolée; la vie nomade explique les formes du touranien; l'aryen, enfin, est une langue à flexions, parce qu'il est dans le génie plastique de cette race d'assouplir la forme à l'idée et de modeler les sons sur les sens qu'ils expriment. Aussi l'aryen a-t-il passé rapidement par les états monosyllabique et agglutinatif, où se sont plus ou moins attardées les autres langues.

4. La différence essentielle entre les langues sémitiques et aryennes, c'est que la *déflexion* ou *apophonie*[1] prédomine dans les premières, tandis que la *flexion* prédomine dans les secondes[2]. Mais, quelque différent que soit le cadre grammatical des deux familles sémitique et aryenne, Max Müller croit à la possibilité d'une origine commune, hypothèse que des ressemblances entre les racines les plus générales semblent autoriser[3].

5. La synthèse et la déflexion sont les caractères des idiomes anciens de la 3e classe. Lorsque la flexion se substitue à la déflexion, la langue ne cesse pas d'être synthétique : ainsi, le mot *amabor* renferme l'idée d'aimer, la notion de la première personne, celle du futur et celle du passif. Mais, avec le temps, les désinences s'affaiblissent et tombent, et alors le besoin de la clarté transforme nécessairement les langues synthétiques en langues analytiques (par exemple le français), où les prépositions, les pronoms et les auxiliaires servent à indiquer les rapports grammaticaux[4]. *Amabor* s'exprime en allemand par quatre mots : *Ich werde geliebt werden*. En même temps, dans les langues analytiques, l'ordre des mots est soumis à des lois rigoureuses, car la liberté de la période antique serait incompatible avec la clarté dans une langue privée de désinences[5]. Ainsi, l'évolution naturelle du langage ramène les idiomes aryens à la condition des langues primitives, où les mots sont courts et leur ordre immuable, refermant ainsi le cercle pour le recommencer un degré plus haut, entre les deux pôles de l'analyse et de la synthèse[6].

§ V. — PRÉCIS DE GRAMMAIRE SANSCRITE [7].

Je réunis ici les formes élémentaires du sanscrit, à l'usage de

---

1. Modification de la voyelle de la racine pour marquer les nuances de la pensée, analogue à ce qui se produit dans le grec τρέπω, τέτροφα, l'allemand *stehlen, gestohlen*.

2. Chaque racine sémitique est nécessairement composée de trois consonnes, dont chacune donne naissance à un grand nombre de mots qui en dérivent par un simple changement de voyelles, la charpente des consonnes restant à peu près intacte. — La flexion est la déflexion transportée en dehors du mot. « Au lieu de réunir les atomes monosyllabiques, comme les Aryens, les Sémites nuancèrent les monosyllabes primitifs. » (Benloew.)

3. La diversité originelle a été défendue par Pott contre Humboldt, Bunsen; Müller. Voy. un tableau des différences radicales par Fr. Müller, 1872, all. (Cf. *R. C.*, VI, 368.)

4. Renan, *Origine du langage*, 1865.

5. Cf. en français *Jean bat Paul* et *Paul bat Jean*. L'ordre des mots tient lieu des désinences absentes.

6. Les langues les plus anciennes que nous connaissons sont peut-être le produit de vingt évolutions complètes de ce genre. Aujourd'hui, tandis que l'anglais tend à devenir monosyllabique, le chinois se transforme peu à peu en une langue agglutinante : quelques dizaines de siècles encore, on verra peut-être des flexions en Chine et le monosyllabisme en France.

7. *Grammaire critique de la langue sanscrite* (all.), de Bopp (4e éd. 1868), dont Baudry a donné un extrait en 56 p., 1853. Les Gramm. sanscrites de Max Müller, d'Oppert (1864),

ceux qui désirent un point de comparaison dans l'analyse des formes latines et grecques. Je prie les hommes compétents de ne pas oublier que je ne donne pas une grammaire, mais un aperçu très-rapide de la morphologie sanscrite, en tant qu'elle peut intéresser la grammaire classique.

ÉCRITURE (voy. la classification des lettres au chap. IX). — 1. L'écriture sanscrite, dite *dévanâgarî* (écriture des dieux ?), se compose de 48 caractères[1]. On appelle *anusvâra*[2] un point que l'on place sur une syllabe pour lui donner un son nasal, et *visarga* une aspiration plus douce que l'*h*. Le *guna* et la *vriddhi* désignent l'*augmentation* subie par une voyelle avec laquelle on contracte soit un seul *a*, soit deux *a*[3] : ainsi *déva* est le guna, et *dâiva* la vriddhi de *div*.

2. L'écriture sanscrite, n'ayant paru qu'*après* le prodigieux développement de la grammaire indienne, s'est réglée sur une prononciation très finement nuancée, tandis que les autres langues, en adoptant l'alphabet phénicien, ont négligé les nuances de la leur (une même lettre en français commence les mots *cœur* et *cendre*). Non seulement le sanscrit *écrit toutes les nuances*, mais les consonnes et les voyelles, en se rencontrant à la fin des mots ou dans les composés, subissent, dans l'écriture, différentes altérations réglées par des lois compliquées dites d'*euphonie (sandhi)*. En général, un mot ne peut finir par deux consonnes, et les consonnes semblables s'attirent : deux voyelles semblables se contractent en une longue de même ordre : *Vârîhâsti* = *vâri iha asti* = aqua hic est.

RACINES. — Les grammairiens indiens[4] ont compté environ 3000 racines

Monier-Williams, Benfey, Desgranges, Whitney (1880), sont des ouvrages à l'usage des spécialistes. Celle d'Ém. Burnouf et Leupol est faite avec le parti pris déraisonnable de resserrer le sanscrit dans les formes de la grammaire grecque de L. Burnouf, et donne souvent une langue de fantaisie. — Bopp, Benfey, Wilson, ont donné de bons lexiques : un immense Dictionnaire sanscrit-allemand est publié par Böhtlingk et Roth.

Les *Védas*, hymnes religieux plus anciens qu'Homère, intéressent particulièrement la linguistique et la mythologie, qui trouvent en eux leur premier point de comparaison (voy. Régnier, *Études sur la grammaire védique*). Imparfaitement traduits par Langlois, ces poèmes, d'une extrême difficulté, l'ont été littéralement par Ludwich, 1874 [all.]. Max Müller, qui a édité le *Rig-Véda*, en a commencé une trad. anglaise. (Voy. Grassmann, *Dict. du Rig-Véda*, 1873 [all.]; Cf. sur la *Rhétorique des Védas*, Bergaigne, Soc. linguist., 1880.)

1. Ils sont d'origine sémitique et se rencontrent pour la première fois dans les inscriptions d'Açoka, du IIIe siècle avant J.-C. L'écriture sanscrite est plutôt syllabique qu'alphabétique, toute consonne étant réputée suivie d'un *a*. Burnell (*Paléogr. indienne*, 1874 [angl.]) croit que les alphabets d'Açoka dérivent d'une écriture araméenne usitée à Babylone en même temps que le cunéiforme. Mégasthène, env. 300 ans av. J.-C., dit que les Indiens ignorent l'écriture : mais Néarque, trente ans plus tôt, dit qu'ils la connaissent.

2. Une autre forme graphique s'appelle *anunâsika*. Le *virâma* (= *repos*) indique qu'une consonne n'est pas prononcée avec l'*a* inhérent.

3. Beaucoup de dérivés se forment en *gunant* la voyelle du radical : la $\sqrt{}$ *budh* donne *bôdhâmi*, je sais. C'est la *déflexion* des langues à flexion. On l'observe en grec, en latin et même en français : la $\sqrt{}$ λιπ donne λείπω (ι = *a* scr.) et se retrouve pure dans l'aor. ἔλιπον ; comparez le français *digne* et *daigner*, etc.

4. C'est Pânini et son école (IVe s. av. J.-C.), qui ont enseigné à l'Occident la véritable grammaire. Avant Pânini, avait fleuri une grammaire moins analytique, dont les traditions, attribuées à une révélation d'Indra, sont mentionnées par Pânini, qui les rapporte aux anciens, « prâncas ». (Burnell, *École d'Indra* (angl.), 1875 ; Cf. *R. C.*, XX, 64.)

NOMS, NOMS DE NOMBRE.

monosyllabiques, qui s'adjoignent les préfixes et suffixes pour former des mots, et auxquelles on donne un sens verbal : **Ex.** : *dâ*, donner ; *gâ*, aller ; *ad*, manger.

DÉCLINAISONS. — Il y a 3 nombres et 3 genres, comme en grec, avec les mêmes cas que le latin, plus l'*instrumental* et le *locatif*. Pour donner une idée des désinences, je décline çivas, fém. çivâ, neutre çivam, = heureux.

L'ordre des cas, dans les *Grammaires sanscrites*, est : nominatif, accusatif, instrumental, datif, ablatif, génitif, locatif, vocatif.

		Masc.	Fém.	Neut.
Sing.	nom.	çivas	çivâ	çivam
	voc.	'çiva	çivê	çiva
	gén.	çivasya	çivâyâs	çivasya
	dat.	çivâya	çivâyâi	çivâya
	acc.	çivam	çivâm	çivam
	abl.	çivât	çivâyâs	çivât
	instr.	çivêna	çivayâ	çivêna
	loc.	çivê	çivâyâm	çivê
Plur.	nom.	çivâs	çivâs	çivâni
	voc.	çivâs	çivâs	çivâni
	gén.	çivânâm	çivânâm	civânâm
	dat.	çivêbhyas	çivâbhyas	çivêbhyas
	acc.	çivân	çivâs	çivâni
	abl.	çivêbhyas	çivâbhyas	çivêbhyas
	instr.	çivâis	çivâbhis	çivâis
	loc.	çivêshu	çivâsu	çivêshu
Duel.	N. A. V.	çivâu	çivê	çivê
	G. L.	çivayôs	pour les 3 genres.	
	I. D. Ab.	çivâbhyâm	pour les 3 genres.	

L'instrumental équivaut à *au moyen de*, le locatif à *dans*[1].

DEGRÉS DE COMPARAISON. — Le comparatif a deux suffixes : « iyâns, » *fém.* « iyasî, » et « tara, » *fém.* « tarâ. » Le superlatif a deux suffixes : « ishtha, » *fém.* « ishthâ, » et « tama, » *fém.* « tamâ. » (Voy. chap. x, § 3.)

NOMS DE NOMBRE. — Voici les dix premiers :

1. êka
2. dvi (dvâu)
3. tri (trayas)
4. catvâr (catvâras)
5. pancan
6. shash
7. saptan
8. ashtan
9. navan
10. daçan
20. vinçati
100. çata

[1]. Tableau résumé des désinences :

Sing.	nom.	s, m.	Plur.	as, i.	Duel.	âu, i.
	gén.	sya, as, s, âs.		âm.		ôs.
	dat.	ê, âi, aya.		bhyas.		bhyâm.
	acc.	m, am, n.		s, as, n, i.		âu, i.
	abl.	t, as, s, âs.		bhyas		bhyâm.
	instr.	â, a.		bhis.		bhyâm.
	loc.	i, âm.		su.		ôs.

Le vocatif n'a pas de désinence spéciale, et reproduit tantôt le nominatif et tantôt le thème.

Les nombres ordinaux dérivent des cardinaux par l'addition de « tama, » suffixe du superlatif : « çatatama » = centième.

PRONOMS PERSONNELS :

1re pers. sing.	nom.	ahàm, *je*.	Plur.	vayam
	gén.	mama, mè		asmâkam, nas
	dat.	mahyam, mè		asmabhyam, nas
	acc.	màm, mà		asmân, nas
	abl.	mat		asmat
	instr.	mayà		asmàbhis
	loc.	mayi		asmâsu

Tu se dit « tvam, » et *vous* « yùyam. » A côté de « tvam » et « yùyam, » il y a les formes secondaires « tvâ, tê » et « vas ». — Le pronom réfléchi est « svayam, » indécl., que l'on remplace quelquefois par le substantif « âtman, » *âme*. Au lieu du pronom de la deuxième personne, on emploie par politesse le mot « bhavat » (dérivé de « bhâ, » *briller*) : *Votre splendeur veut-elle ?*

PRONOMS DÉMONSTRATIFS, ETC. — Il n'y a pas d'article le démonstratif « sa-s, sâ, tat, » correspond à ὁ, ἡ, τό (angl. *this, that*). *Autre* se dit : « anya-s (â, at) » ; *tout* se dit « sarva-s » ; *tous ensemble*, « sama-s » ; *qui* relatif « ya-s », et *qui ?* interrogatif, « ka-s, kà, ki-m. » — Le pronom possessif est « sva-s », qui s'applique aux trois personnes.

VERBES. — 1. Il y a deux voix, l'actif[1] et le moyen[2] : le passif est considéré comme un verbe dérivé, qui s'ajoute aux quatre autres formes dérivées, le *causatif* ou *factitif*, le *désidératif*, l'*augmentatif* ou *intensif*, et le *dénominatif*[3] (verbe dérivé d'un nom déclinable). Il y a trois nombres, comme en grec ; dix temps et modes[4], le Présent, l'Imparfait, le Potentiel ou Optatif, l'Impératif, le Parfait, le Futur premier, le Futur second, l'Aoriste, le Précatif et le Conditionnel, ces trois derniers d'un emploi rare[5]. L'infinitif est considéré comme un nom, le participe comme un adjectif. Le sanscrit védique (archaïque) connaît aussi le subjonctif, et ses formes verbales sont beaucoup plus riches. — Les temps secondaires sont caractérisés par l'augment, qui est temporel ou syllabique, comme en grec, et consiste dans un *a* placé au commencement du verbe. La première personne du présent de l'indicatif est en *mi*. On distingue dix classes de verbes, d'après les modifications que subissent les racines pour former le thème verbal des temps *spéciaux* (Présent, Imparfait, Potentiel, Impératif). Une vingtaine de verbes, où la syllabe radicale est redoublée, correspondent aux verbes en μι (*dadâmi* = δίδωμι).

2. Je donne une idée des désinences verbales en résumant la conjugaison active de « bôdhàmi », *je sais*.

---

1. « Parasmâipadam » = *alii (se applicans) vox*.
2. « Atmanêpadam » = *sibimet ipsi (se applicans) vox*.
3. Ces formes, comme le passif, dérivent de la racine à l'aide de suffixes ou du guna.
4. La distinction des modes et des temps n'a pas été faite par les Hindous. Elle est, du reste, fort incertaine chez les modernes.
5. Monier-Williams, p. 133 sqq.

Prés. de l'Indicatif : bôdh-âmi, -asi, -ati, bôdh-âmas, -atha, -anti, bôdh-âvas, -athas, -atas.

Imparfait.	abôdham.
Potentiel ou *Optatif.*	bôdhêyam.
Impératif.	bôdhâni.
Parfait.	bubôdha.
Futur premier.	bôddhâsmi.
Futur second.	bhôtsyâmi.
Aoriste.	abôdhisham.
Précatif.	budhyâsam.
Conditionnel.	abhôtsyam.

Le *futur premier* contient l'auxiliaire « asmi, » *je suis*, à la suite du nom d'agent répondant au participe futur latin, et se forme par suite d'une manière analogue aux futurs grec, latin et roman. — *Désinences du présent de l'indicatif moyen :* « (m)ê, sê, tê, — mahê, dhvê, antê, — vahê, athê, atê. »

3. Les terminaisons du *passif* sont celles du moyen, mais, pour les temps spéciaux, on insère *ya* entre les désinences et la racine : *Présent pass.* : « bôdhyê »; *Imparf.* « abôdhyê ». Cette syllabe *ya* sert d'auxiliaire pour le passif en bengâli et en indoustâni.

4. Le *causatif* se forme en ajoutant *ay* à la racine : « dâpayâmi », *je fais donner*. Le *désidératif* redouble le radical : « tututs », de « tud », *chercher à vexer*. L'*intensif* redouble la syllabe radicale avec guna : « chi », *cueillir*, « cêci », *cueillir beaucoup*.

5. Le *participe présent* a pour caractère le suffixe « ant » à l'actif, « yant » au passif. On trouve des *participes passés* en « vâns », « tavan ». Le *part. prés. moyen* est en « âna » ou « mâna »; *passif*, « yamâna »; *futur sec. moyen*, « syamâna ». Le *part. parf. moyen* est en « âna »; le *part. fut. actif* est en « tri »; le *part. prés. passif* en « ta ». Les suffixes « tavya, anîya, ya, » forment le *part. futur passif.*

6. L'*infinitif* est en « tum » avec guna de la voyelle radicale : rac. « xip », jeter, *infin.* « xêptum[1] ». Le *gérondif* est l'instrumental en « tvâ » du suffixe « tu » dont l'infinitif est l'accusatif.

7. Le verbe « as », *être*, présente plusieurs irrégularités, notamment la suppression de la voyelle de la racine : *Indic.* « asmi, asi, asti, — smas, sta, santi, — svas, sthas, stas ». *Impér.* « asâni ». *Opt.* « syâm ». *Imparf.* « âsam ». *Parfait,* « âsa ».

Prépositions. — Elles sont très peu nombreuses en sanscrit, les rapports qu'elles expriment dans nos langues étant rendus par le locatif et l'instrumental. Plusieurs s'emploient seulement comme préfixes. [Ati = *super, trans*; adhi = *super*; anu = *post*; antar = *inter*; apa = *ab*; api = *super*; abhi = *ad*; ava = *de*; â = *ad* (jusqu'à); parâ = *retro*; prati = *contra*; vi = *dis-* (privation de), etc.]

Adverbes. — Les adverbes sont d'anciens cas de noms déclinés : on reconnaît facilement les désinences nominales dans « paçcât, » *ensuite*; « katham, » *comment*; « sadyas, » *aussitôt*, etc.

---

1. Plus exactement : « kshêptum. »

Conjonctions. — « ca » est enclitique comme *que* ; — « vâ » est le latin *ve* ; — « tu » s'emploie comme le grec δέ. — La négation simple est « na, nô » ; « mà, mâsma, » s'emploient pour défendre.

Dérivation des mots. — Elle se fait par les suffixes, et aussi par le guna et la vriddhi. Des mots déjà dérivés peuvent former ainsi des dérivés nouveaux : ainsi « dâiva » (*divus*) est un dérivé de « dêva » (*Dieu*) dérivant lui-même de « div » (*briller*).

Composition des mots. — Les mots composés, souvent d'une longueur extrême, sont très fréquents en sanscrit, où l'art de les composer tient presque lieu de toute la syntaxe. Un mot peut déterminer l'autre à la façon d'un adjectif ou d'un adverbe : ainsi « ambu, » *eau*, associé à « da, » *donner*, forme « ambuda, » *nuage :* « ambuda » et « nîla, » *bleu*, donnent « nîlâmbuda », *le nuage bleu*. « Nîlâmbuda » avec « çyâma » (κύανος) donne « nîlâmbudaçyâma, » *azuré comme le nuage bleu*[1].

§ VI. — DIALECTES GRECS[2].

1. On distingue quatre dialectes principaux, l'éolien, le dorien, l'ionien et l'attique.

2. Le plus archaïque des dialectes grecs est l'éolien (ἡ Αἰολίς)[3], parlé en Thessalie, en Béotie, en Arcadie, en Élide, dans les colonies éoliennes de l'Asie Mineure, à Lesbos et à Chypre. Les anciens avaient déjà remarqué qu'il se rapproche le plus du latin : son analogie avec le sanscrit est frappante. Cf. l'éol. Ϝίκατι, scr. *viṅçati*, lat. *viginti*, att. εἴκοσι ; Ϝέτος, *vatsa*, *vetus*, ἔτος ; φήρ, *ferus*, θήρ ; τύ, *tva*, *tu*, σύ[4]. — Le dialecte de Lesbos est la langue d'Alcée, de Sappho, de Corinne et de Théocrite (dans trois idylles)[5].

---

1. Voy., dans Monier-Williams, p. 588, un modèle de traduction avec commentaire sur chaque mot. — La grammaire comparée des langues aryennes de l'Inde moderne a été écrite par Beams, 1872. Childers et Garcin de Tassy ont étudié le pali et l'indoustani.

2. Ahrens, *de Ling. gr. dialectis*, 2 vol. ; Cauer, *Choix d'inscr. remarquables pour le dialecte*. Le sujet est traité dans les grammaires élémentaires, et je me contente de quelques indications. — L'étude des dialectes grecs commença à Alexandrie : Philémon d'Athènes écrivit les Ἀττικαὶ λέξεις, Aristophane de Byzance les Λακωνικαὶ γλῶσσαι, Hermonax, les Κρητικαὶ γλῶσσαι. Tout cela est perdu. Il nous reste Grégoire de Corinthe, περὶ διαλέκτων, ouvrage byzantin du XII° siècle (éd. Schaefer, 1811).

3. L'inscr. éolienne la plus importante, contenant 6 digammas, est le traité des Éléens et des Héréens (C. I. G., n. 11) : ἀϜράτρα τοῖρ(sic) Ϝαλείοις καὶ τοῖς ἘρϜαοίοις (pactum Eleis et Heracensibus).

4. Le son *a*, dominant en scr., s'est maintenu le mieux en éolien et en dorien, le moins bien en ionien (scr. svâdus, dor. ἁδύς, att. ἡδύς). L'υ ne s'est maintenu avec le son primitif *ou* qu'en éolien et en dorien ; dans les autres dialectes, il a pris le son de *u* franç. On trouve dans les inscr. éoliennes μοῦσα (μοῦσα), βουλή (βουλή), et par contre κούνις (κύνις), οὔδωρ (ὕδωρ), etc. lorsque l'υ eut pris le son *u* dans les autres dialectes. La préférence des Éoliens pour ε explique les formes ἀπύ, πύαμος, etc. — Chéroboscus nous apprend que le duel n'existe pas en éolien, « et c'est pourquoi les Romains, ajoute-t-il, qui sont des colons des Éoliens, n'emploient pas ce nombre. »

5. Cinq autres sous-dialectes : Béotien, Thessalien, Arcadien, Éléen, Cypriote. Le dialecte éléen est surtout connu depuis la découverte, à Olympie (1876), d'une grande inscr. où *chaque σ final est changé en ρ* (rhotacisme éolien, analogue à celui du latin, cf. *arbos* et *arbor*, *honos* et *honor*). On y trouve αὐτόρ τε καὶ ὁ πατάρ, ἐστεφανωμένορ, etc. (Voy. Curtius, *Journ. archéol.* 1876, p. 185 [all.].)

3. Le dialecte dorien (ἡ Δωρίς), parlé dans le Péloponnèse, les colonies doriennes d'Asie Mineure, d'Italie, d'Afrique (Cyrène), la Crète, Rhodes et la Sicile, a gardé souvent l'*a* primitif et le digamma. Pindare, Épicharme, Sophron, Théocrite, les Tragiques dans les chœurs, ont fait usage du dorien.

4. Le dialecte ionien (ἡ Ἰάς) s'écarte beaucoup, sous sa forme la plus ancienne[1] (le vieil ionien d'Homère), de la langue grecque primitive : les voyelles y dominent, l'*a* primitif est devenu ε, la digamma a presque disparu. Mais il a gardé d'autres formes archaïques que l'éolien a perdues, telles que le génitif singulier en αο et εω, le pluriel en αων, etc.

5. Le dialecte attique (ἡ Ἀτθίς) est assez voisin de l'ionien. Il est à la fois moins mou que l'ionien et moins rude que le dorien ; il réunit, disent les anciens, la dignité et la grâce, σεμνότητα καὶ χάριν. Le vieil attique est la langue de Thucydide, des Comiques et des Tragiques, le nouveau dialecte est celui des autres écrivains attiques, sauf Platon, dont la langue est intermédiaire.

6. Il n'est probablement pas exact de dire que la κοινὴ διάλεκτος (langue commune), employée par Polybe, Diodore, Pausanias, Dion Cassius, etc., dérive de l'attique. C'est une langue d'origine populaire, perfectionnée par l'imitation des Attiques, et qui contient cependant un grand nombre de provincialismes. Sa naissance est contemporaine de la diffusion de l'hellénisme après Alexandre.

7. La langue des Byzantins est la κοινή corrompue. Dès la fin de l'empire romain, la langue parlée était très voisine du romaïque, qui, altéré de plus en plus par le mélange de mots français, italiens, turcs et slaves, commence aujourd'hui à s'épurer, grâce aux efforts de la société littéraire d'Athènes[2].

Prononciation du grec ancien[3]. — Reuchlin a introduit dans les écoles d'Occident la prononciation des Grecs modernes, Érasme[4], celle que l'on suit en France, et, à peu de nuances près, en Allemagne. On tombe volontiers d'accord que la prononciation d'Érasme est défectueuse : mais les philhellènes maintiennent que celle des Grecs modernes est la bonne. Les savants grecs font de ce problème philologique une question de patriotisme où il est périlleux de les contredire. On peut accorder que le bas peuple, dès l'époque gréco-romaine, a prononcé le grec comme Reuchlin ; mais il faut avoir des préjugés pour ne pas reconnaître qu'Isocrate différait de Nicétas autant par sa façon de parler que par sa manière d'écrire. En quoi cela infirme-t-il la thèse, tout à fait démontrée pour nous, de la *continuité de l'hellénisme?* Si un Français du seizième siècle revenait sur terre, s'imagine-t-on qu'il comprendrait une page de Rabelais, prononcée par ses descendants actuels?

1. La langue d'Hippocrate et d'Hérodote est le *nouvel ionien.*
2. Voy. les éléments d'une grammaire byzantine dans la préface de Sophocles, *Dictionn. du grec byzantin* (angl.), 1870. Cf. Mullach, *Grammaire historique du grec moderne;* Rangabé, *Grammaire,* et, sur l'épuration du romaïque, Egger, *Soc. de Linguistique,* t. I, p. 1 ; Queux Saint-Hilaire et d'Eichthal, *Assoc. pour les étud. grecques,* 1870-1871.
3. BIBLIOGRAPHIE, dans une thèse de Baret, 1878 : cons. surtout Liskovius, 1825 (all.) et Heinrichsen, 1829 (all.). La *Calliope* de M. Mynas est un pamphlet grammatical sans valeur. Cf. Kühner, *Gramm. grecque,* 2ᵉ édit. (all.), p. 50, et Chassang, Préface du *Dict. gr.-fr.* La thèse de l'iotacisme a été plaidée avec talent par Alexandre, Dehèque, Renieris, d'Eichthal, etc.
4. Érasme n'a jamais soutenu que les Grecs anciens prononçassent à sa manière, mais il a protesté (dans son dialogue *de Recta Graeci Latinique sermonis pronuntiatione*), contre l'iotacisme moderne ; et beaucoup de bons juges protestent avec lui.

PRONONCIATION MODERNE. — Les Byzantins donnent le son *i* aux cinq lettres ou diphthongues ι, η, υ, ει, οι[1]. β se prononce *v*, γ se prononce comme *y* devant ε, η, ι, υ (yénésis, yi = γῆ), δ comme *th* doux ou ζ, θ comme *th* fort, κ comme *gu* après γ ou ν, σ comme *z* devant β, γ, δ, λ, μ, ν, ρ. La diphthongue αι se prononce *é*, αυ et ευ se lisent *af*, *ef*, etc.

RAISONS QUI LA CONDAMNENT. — 1° Que deviennent avec l'iotacisme des vers comme ceux-ci : Πείθοι ἄν, εἰ πείθοι · ἀπειθοίη; δ'ἴσως (*Agamemn.*, 1047). — Σὺ δ'εἰπέ μοι μὴ μῆκος (*Antig.*, 446). Quelles cacophonies !

2° Le *Grand Étymologique*, Zonaras, Suidas, Eustathe, nous apprennent que Cratinus a représenté le bêlement des moutons par βῆ[2]. Les moutons ont-ils autrefois dit *vi* [3] ?

3° Disant μηκᾶσθαι des chèvres et μυκᾶσθαι des bœufs, les Grecs font une différence entre *e* et *u*.

4° Les Grecs ont rendu l'*e* romain par η : Ῥῆνος = *Rhenus*.

5° Si υ avait été prononcé ι, la diphthongue υι n'existerait pas.

6° Le nom de l'ε était εἶ ; or il eût été absurde de désigner un *e* par le son *i*.

7° La prononciation moderne de αυ et ευ ne souffre pas l'examen : αυ est si bien une diphthongue qu'on trouve dans Homère, par diérèse, ἄϋσαν (de αὔω), ἐΰ de εὖ. Aristophane (*Guêpes*, 903) représente l'aboiement d'un chien par αὖ αὖ.

8° ὑμέτερος et ἡμέτερος ne se distinguent pas avec l'iotacisme : aussi le romaïque dit-il σας et μας.

9° Chéroboscus, Théodose, Moschopule, le scholiaste de Denys le Thrace, distinguent les *diphthongues* des *lettres*, et enseignent que ει, η, ω, α, sont les seules diphthongues ayant un son unique[4]. Ce que dit Sextus Empiricus (*Adv. gramm.*, chap. v), que αι et ει ne sont pas des diphthongues, mais des sons uniques, prouve qu'à la fin du deuxième siècle on prononçait déjà fort mal, ce que personne ne conteste[5].

DE LA PRONONCIATION DE QUELQUES LETTRES. — L'ι souscrit se faisait entendre comme un son légèrement mouillé. θ était une aspiration douce où l'on percevait séparément le son du *t* et celui de l'*h*, confondus dans le *th* anglais.

---

1. L'iotacisme a pris naissance en Béotie, comme le prouvent les inscriptions, et prévaut pour l'η entre le III° et le VI° siècle, pour l'υ entre le VI° et le XII°. Voyez Dietrich, *Hist. de l'iotacisme* (*Annales de Philologie*, 1875 [all.]).

2. Mynas répond (*Calliope*) que l'η n'existait pas à l'époque de Cratinus, et qu'il a dû écrire βε. Mais pourquoi aurait-on introduit l'η dans les manuscrits postérieurs? D'ailleurs, l'η était parfaitement connu avant 402.

3. Ce n'est pas à dire que l'η et l'ι ne soient des sons très voisins : comp. ἠδὲ et ἰδὲ, ἴχω et ἤχω). Dans un passage célèbre (*Cratyle*, 418 b) Platon dit que de son temps les femmes et les vieillards prononçaient ἡμέρα comme ἱμέρα. Mais, si cette prononciation avait été généralement reçue, l'aurait-il signalée ? — De même, la réponse de l'oracle dans Thucydide (2, 54) prouve bien que λοιμός et λιμός se prononçaient d'une manière analogue : mais les conséquences que les Reuchliniens ont voulu tirer de ce vers sont forcées. Où serait le sel de l'histoire, si la confusion avait été inévitable ? — Bréal a montré que l'η répondant à l'*a* aryen, a dû, avant d'arriver au son *i*, qui est le plus distant de l'*a*, passer par *é* et y séjourner. (*Journ. de l'Instr. publ.*, 17 novembre 1864.)

4. δίφθογγοι κατὰ ἐπικράτειαν, où la seconde voyelle est ἀνεκφώνητον.

5. αι est devenu *é* vers le II° s. ap. J.-C.; η est devenu ι vers le VIII°, ει vers le II°, οι avant le XII°, et υ vers le X° (voy. Baret, *op. cit.*).

φ était un son très doux où l'on entendait l'aspiration et que nous prononçons à tort comme le *f* latin, tandis que les Latins n'ont jamais cru pouvoir remplacer le φ grec par leur *f* : *Phaedrus*, Φαῖδρος.

§ VII. — DIALECTES ITALIQUES [1].

1. Il y en a trois principaux, l'*ombrien*[2] (tables Eugubines), l'*osque* (langue du Samnium et de la Campanie[3]; tables d'Agnone et de Bantia, pierre d'Abella) et le *latin*. Ce sont d'ailleurs les seuls dont nous ayons quelque connaissance précise. La langue *messapique* ou *iapyge*, parlée dans le midi de l'Italie et la Sicile, est lettre close pour nous[4] : quant à l'*étrusque*, dont il nous reste plus d'un millier d'inscriptions, on peut croire qu'il contient quatre sortes d'éléments superposés, italo-grecs, pélasgiques et finnois[5] : mais le manque d'inscriptions bilingues est un très grand obstacle au déchiffrement[6].

2. Le latin est plus proche parent du grec et du celte que les autres langues indo-européennes; les formes aryennes primitives y sont parfois mieux conservées qu'en grec. Ainsi *anguis* a gardé l'*a* initial du sanscrit *ahis*, que le grec a perdu : ἔχις. (Cf. encore *canis*, scr. çvan, κύων ; *caput*, scr. *capâla-s*, κεφαλή;

---

1. Fabretti, *Glossaire et inscr. italiques*, 1867 ; Mommsen, *Dialectes de l'Italie inférieure*, 1850 (all.). — Kirchhoff et Aufrecht, *Monum. de la langue ombrienne*, 1849 (all.). — Garrucci, *Essai sur le falisque*, dans les *Ann. de l'Inst. arch. de Rome*, 1860. — Corssen, *les Étrusques*, 1875-76, et la critique par Deeke, 1877 (all.). — Bréal, *Tables Eugubines*, 1875. — Enderis, *Langue osque*, 1874 (all.). — Tsviétaief, *Recueil des inscr. osques avec phonétique et morphologie*, 1877 (russe). — Bruppacher, *Phonétique osque*, 1869 (all.). — Corssen, *Contributions* (Beitraege) *aux langues italiques*. En général, voy. Donaldson, *Varronianus* (angl.), 3ᵉ éd., 1860, tableau d'ensemble très aventureux. Deux collect. de textes archaïques ont été données par Egger, 1844, et Wordsworth (excellent), 1874 (angl.).

2. L'ombrien est un latin très contracté, qui ressemble déjà au roman. Bréal rapproche *subocau* (subinvocavit) des parfaits calabrais *amau*, *passau*. Par la suppression de l'*u* final de la 2ᵉ déclinaison, il arrive que le *t* et l's se contractent en *z*, comme en ancien français : *pihaz = piatus*. (Savelsberg, *Phonétique ombrienne*, 1872 (all.). Cf. Bréal, *R. C.*, XV, 400.) Le *volsque* (2 inscr.), le *sabellique* (langue des Marses, ombrien oscisé), sont des dialectes de l'ombrien. Il faut distinguer le *vieil ombrien* du *nouveau*, où tous les *s* sont transformés en *r*. L'ombrien change *n* en *m* à la fin des mots : *numem*.

3. Beaucoup d'inscriptions de Pompéi sont en osque : ç'a été la langue du Midi après l'iapyge. L'osque est plus archaïque que le latin, et, au point de vue de la conservation des consonnes finales, la plus archaïque peut-être des langues aryennes.

4. Certains génitifs y rappellent les formes sanscrites. (Voy. Mommsen, qui distingue, en Italie, trois familles irréductibles, l'étrusque les langues italiotes et l'iapyge.) Maury (*Journ. des Sav.*, 1878) appelle l'attention sur les *Notes messapiques* de Simone, collection de textes épigraphiques pouvant servir à reconstruire cette langue.

5. Le fonds des Étrusques est pélasge : mais les Rasénas, nom sacré des Étrusques, sont un peuple conquérant (finnois?), venu des Alpes rhétiques où Denys dit qu'on parlait étrusque. Les Anciens se sont contentés de dire (Denys, 1, 307; Aulu-Gelle, 11, 7) que l'étrusque ne ressemble à aucune autre langue. La mythologie est en grande partie grecque : Aplu = Ἀπόλλων, Tina = Ζῆνα (?), etc. (Voy. Otfr. Müller, *les Étrusques*, revus par Deeke, 1876.) On a constaté de grandes analogies entre l'art étrusque et l'art lycien.

6. L'ouvrage de Corssen, *les Étrusques* (le 2ᵉ vol. contient la collection des textes avec des traductions arbitraires), a trompé toutes les espérances que le grand nom de Corssen faisait concevoir. Il concluait que « l'étrusque est une langue purement italique, intimement parente du latin, de l'ombrien et de l'osque. » Corssen explique par le latin l'inscript. du cippe de Pérouse, où il voit une collection de vingt inscript. votives. Voici un

quatuor, sanscrit *catvâras*, τέσσαρες). Le *k* sanscrit, devenu *p* en grec, a conservé le son primitif en latin : *sequ-or*, sanscrit *sac*, ἕπ-ομαι. Parfois même le sanscrit a changé le *k* en *p* et se trouve moins bien conservé que le latin : *aqu-a*, sanscrit *ap*. Le latin a conservé *j* et *v*, disparus en grec. Dans la déclinaison, il a gardé l'ablatif. Mais il a perdu les aspirées gutturales et dentales, le duel, et sa conjugaison se trouve extrêmement altérée[1].

§ VIII. — DE L'ACCENT.

L'accent est une inflexion de la voix qui se porte particulièrement sur une syllabe comme pour la mettre en relief. Cette syllabe privilégiée finit par faire disparaître les autres ; et c'est ainsi que l'accent est un des principes destructeurs qui président à la transformation des langues.

Peu sensible encore en sanscrit et en grec, l'influence de l'accent devient immense en latin : c'est là surtout que nous allons l'étudier[2], dans sa lutte avec l'*élément matériel* du mot, la *quantité*, qui

---

spécimen : *Étrusque* : Caru tez an fusle ri. *Latin de Corssen* : Carus dedit hic funebrem rem. — Ce cippe a été interprété déjà au moyen de toutes les langues du globe. — « Ce qu'on sait de certain sur l'étrusque a été résumé par Aufrecht en ces lignes : Le nominatif singulier se termine en *s*, le gén. en *as*, *es*, *is*, *us*, le datif en *si* ou *s*. Mais ces désinences manquent souvent. Le suffixe *al* forme des métronymiques : *Latinial* = fille de Latinia. Un autre suffixe, *asa*, *esa*, *isa*, *usa*, désigne la relation matrimoniale de la femme... Le parfait des verbes est en *ce*.... On connaît la signification d'une douzaine de mots, *clan* = fils, *sech* = fille, *avil* = âge, *ril* = année, *hinthial* = esprit, etc. [Ajoutez *lautnia* = affranchie, sens déterminé par Decke.] — Au sujet du suffixe matrimonial, Aufrecht remarque que ce n'est pas autre chose que le génitif suivi d'un *a* marquant propriété, de sorte qu'on a un suffixe après une désinence casuelle : cette seule circonstance, ajoute-t-il, suffit à montrer que l'étrusque n'est pas aryen. » (*R.C.*, XVI, 520, art. sur Corssen, dont Bréal dit qu'« il tend à voir dans l'étrusque du latin mal prononcé ».) Six noms de nombre étrusques sont connus par un dé trouvé à Toscanella, qui les porte sur ses faces ; mais on ne sait comment les identifier. Ces noms n'étant pas aryens (*mach*, *thu*, *huth*, *ci*, *zal*, *sa*), Corssen a refusé d'y voir des noms de nombre, et donne l'interprétation suivante : *Magnus donarium hoc cisorio facit* (*thuzal* = dotale). Sayce dit fort bien que « Corssen a voulu forcer la clé aryenne dans une serrure qui n'était pas faite pour elle ». Ce qui reste prouvé par cet immense insuccès, c'est que l'étrusque n'est pas italique. Conestabile et Taylor admettent deux races appelées Étrusques, la première de haute taille et ensevelissant les morts, l'autre petite et pratiquant la crémation. La première peut être scythique, la deuxième pélasgique. On a signalé des inscriptions trouvées à Castillon (Pyrénées), qui, tout en différant du basque, offrent quelques analogies avec les inscriptions étrusques. (Sayce, *Academy*, 1876, p. 100.) Voyez de curieux rapprochements entre l'étrusque et le vieux norrois dans Donaldson, *Varronianus*, p. 77 sqq.

1. Jusqu'à Ennius, le latin ignora l'usage des consonnes doubles. L'aspiration n'était pas marquée : ainsi l'on trouve *Pilipus* au lieu de *Philippus*. — Le manque de consonnes moyennes caractérise les dialectes italiques. Le *g* et le *d* font défaut à l'ombrien, et le *b* est très rare (le nouvel ombrien possède ces trois lettres). L'étrusque n'a pas une seule moyenne, et dit *Tute* pour Τυδεύς, *Uluze* pour Ὀδυσσεύς.

2. Je résume le beau livre de Weil et Benloew, *l'Accent latin*, 1844, d'autant plus volontiers qu'il n'est plus dans le commerce. Cf. la thèse de Benloew, *Accent indo-européen*.

recule et s'efface devant l'*élément abstrait et logique*, l'accent[1].

1. L'accentuation antique est constituée par le mélange de syllabes plus aiguës et plus graves, à la différence de l'accentuation moderne, constituée par le mélange de syllabes plus fortes et plus faibles[2]. Aussi les noms des accents et celui de l'accent lui-même sont-ils empruntés à la musique, dont l'accentuation est l'image[3].

2. Denys donne à entendre que l'intervalle entre le grave et l'aigu était à peu près d'une quinte. Comme la voix humaine est naturellement disposée à donner peu de durée aux sons aigus, il s'en suivit que dans une voyelle longue de deux temps affectée de l'accent tonique, l'aigu ne portait que sur le premier ou sur le second temps : dans le premier cas, le second temps recevait l'accent grave, qui, réuni à l'aigu du premier temps, donnait le circonflexe : *clârus*. Si, au contraire, l'aigu portait sur le second temps, le premier recevait le grave, qui, avec l'aigu, donnait l'anticirconflexe : *clári*[4]. (Ce dernier se marque ordinairement comme l'aigu.) — Dans les crases, un aigu et un grave forment par leur réunion un circonflexe : νέὸς = νοῦς ; un grave et un aigu font un anticirconflexe ou aigu : δὰτί; = δάς.

Accentuation sanscrite. — Benloew et Benfey ont démontré que l'accent sanscrit se porte sur le *dernier déterminant*, c'est-à-dire qu'il relève les syllabes qui modifient la notion du radical (suffixes, augment, redoublement), sans considération de la longueur du mot, de la quantité ni de la nature des finales. Les deux grands principes jumeaux de la langue, l'accent et la quantité, ne se combattent encore et ne se confondent sur aucun point. Comme la syllabe qui avait modifié le mot en dernier lieu était presque toujours la syllabe accentuée, la plupart des mots simples étaient oxytons[5].

Accentuation grecque[6]. — L'accentuation grecque diffère selon les dia-

---

1. *Accentus est velut anima vocis*. (Diomède.) L'accent et la quantité sont opposés comme l'âme et le corps. « C'est l'accent qui marque l'action exercée sur le mot par l'intelligence de l'homme ; à mesure que les langues commencent à s'accentuer, elles prennent conscience d'elles-mêmes. » (Benloew.)

2. Pour fixer les idées, remarquons que dans *Italiam* l'accent est sur le premier *a* qui es une brève : plus tard, la quantité s'effaçant devant l'accent, la voix insistera sur cet *a*, sans quoi le mot français correspondant serait *Ittlie*.

3. *Musica, cujus imago prosodia*. (Varron.) — *Accentus dictus ab accinendo, quod sit quasi quidam cujusque syllabae cantus*. (Diomède.) — Au lieu de βαρεῖα et ὀξεῖα (grave et aigu), Glaucus de Samos employait les termes ἀνειμένη et ἐπιτεταμένη, qui désignent la tension des cordes de la lyre.

4. Hermocrate appelle cet accent σύμπλεκτος, Aristophane de Byzance ὀξυβαρεῖα. Glaucus de Samos réservait le nom d'aigu à l'accent portant sur les brèves.

5. Le sanscrit n'a pas de circonflexe : de l'aigu (*udâtta*) la voix descend au grave (*anudâtta*), en passant par le *svarita*, son par excellence, son moyen. — L'accentuation sanscrite est soumise à la loi de l'imagination, elle reflète la dernière impression des sens. L'accentuation allemande, au contraire, est l'expression de l'analyse, qui distingue entre la substance et l'accident. La langue latine, par ses tendances abstraites, sa loi de barytonie, la coïncidence de la longue et de l'accent dans tous les mots à pénultième longue, annonce déjà l'avènement des idiomes teutoniques, où, par la prédominance absolue du radical (par exemple dans le mot *wahnsinnigeres*) les désinences deviennent muettes ou disparaissent.

6. Voy. Chandler, *Introduct. prat. à l'accent. grec.* (angl.) ; Egger et Galusky, *Traité d'accent. grecque* ; Mistelli, *idem*, 1875 (all.) ; et la Grammaire de Krüger (très bon chapitre).

lectes, suivant la part plus ou moins grande conquise par le principe abstrait, qui retire l'accent vers le corps du mot, loin des désinences qui s'assourdissent. Le dorien, comme le sanscrit, affectionne les mots oxytons : mais l'éolien, comme le latin, évite de laisser l'accent sur la dernière syllabe.

Règles générales de l'accent latin. — 1. Les monosyllabes ont l'aigu ou le circonflexe, selon que leur voyelle est brève ou longue. Les mots de deux syllabes sont accentués sur la première[1]. Les mots de trois ou plusieurs syllabes sont accentués sur la pénultième ou sur l'antépénultième. Si la pénultième est brève, l'antépénultième a l'aigu[2]. Si la pénultième est longue, elle reçoit l'accent[3]. Dans les polysyllabes, l'accent n'est jamais sur la finale. La pénultième l'attire sur elle si elle est longue, sinon elle le laisse à l'antépénultième. La place de l'*accent* dépendant donc de la *quantité* de la pénultième, on voit que l'*accent latin est dominé par la quantité*[4].

2. Un autre caractère de l'accent latin, c'est que la finale n'a jamais l'accent ; tous les mots sont barytons[5]. Par suite, les finales tendent à s'assourdir et à se perdre[6].

L'ACCENT ET LA VERSIFICATION. — 1. La versification des Anciens est fondée sur la durée des syllabes, sur la mesure du temps. Le rhythme, sans lequel il n'y a pas de mesure, est marqué par la succession des temps forts et des temps faibles. Il faut donc, dans le vers ancien, considérer à la fois l'*accent* et le *temps fort*. Dans les hexamètres grecs et latins, les poètes n'ont pas essayé de faire coïncider les temps forts et les accents[7] : toutefois, au dernier pied, les poètes latins recherchent cette coïncidence. Si les poètes du siècle d'Auguste ont évité de terminer le vers héroïque par un ionique mineur (⌣ ⌣ - -)[8] ou un molosse (- - -), c'est sans doute parce qu'ils n'aimaient pas que le temps fort tombât sur la dernière syllabe d'un mot, qui, en latin, ne peut recevoir l'accent tonique[9].

---

1. Si la finale est brève, la première a le circonflexe lorsqu'elle est longue de nature ; autrement, elle a l'aigu : *Rôma, páter.*
2. *Gládius.*
3. *Camíllus, Románi.* On voit que ni la nature de la finale ni celle de l'antépénultième ne changent rien à l'accentuation.
4. En grec, la quantité influe sur l'accent, le retient dans certaines limites, mais ne le domine pas. Un mot anapestique ne peut avoir l'accent sur la première, ni le circonflexe sur la seconde, mais il peut être paroxyton, oxyton et périspomène (προδότης, ταχυτής, Περικλῆς). En latin, un tel mot *doit* être paroxyton. — Il faut remarquer la différence entre l'accent latin, régi par la quantité, et l'accent germanique, qui ne tient qu'à l'idée et doit faire ressortir la syllabe principale. *Laus* donne le composé *laudátio* ; mais l'anglais *whim*, caprice, reste en évidence avec son accent dans le composé *whímsicalness*. Notez d'ailleurs que dans les langues germaniques, où la quantité n'existe plus, la syllabe accentuée est *forte*, tandis qu'en latin elle est *aiguë*. Entre les deux syllabes de *steigen*, il y a la différence d'un *forte* à un *piano* : mais entre les deux syllabes de *pater* il y a la différence de *sol* à *ut* (ou un intervalle semblable). Les langues anciennes sont essentiellement musicales.
5. De là, une certaine majesté dans la langue : οἱ Ῥωμαῖοι (dit Olympiodore) πᾶν ὄνομα παροξύνουσι διὰ τὸν κόμπον. Les Latins aimaient tant l'accentuation *descendante*, que tous leurs monosyllabes étaient circonflexes.
6. Quint., 1, 11, 8 : *Curabit ne extremae syllabae intercidant.*
7. Dans : *Italiam fato profugus Lavinaque venit*, sur six syllabes fortes, une seule, la dernière, est en même temps accentuée (*Lavinaque* est paroxyton à cause de l'enclitique, qui attire l'accent sur la syllabe précédente).
8. Ex. d'ionique mineur : *Quum neque Musarum scopulos quisquam superarat* (Enn.).
9. Quicherat. Weil donne une raison moins satisfaisante.

2. Ainsi, dès le temps d'Auguste, un certain besoin se trahit chez les poètes de faire coïncider à la fin des vers le temps fort et l'accent. La sonorité que notre oreille trouve aux vers latins de la décadence, de Claudien, par exemple, tient au grand nombre de ces coïncidences dans le corps des vers, coïncidences naturellement recherchées à une époque où la quantité avait presque disparu de la langue parlée [1].

ANCIENNE ACCENTUATION LATINE. — 1. L'ancienne accentuation latine se rapprochait de la sanscrite et de la grecque. Il y avait des mots accentués sur l'antépénultième malgré la longueur de la pénultième [2]; il y en avait d'accentués sur la quatrième avant la fin (*Samnium* ne peut dériver que de *Sábinium*) ou sur la dernière (mots oxytons) [3].

2. Bientôt les tendances de la langue latine à la concentration, conséquence du génie abstrait des Latins [4], multiplièrent, aux dépens de l'unité des mots et de la quantité, les contractions, les assimilations, les ecthlipses, les apocopes. Les syllabes précédant ou suivant l'aigu, les pénultièmes brèves (non accentuées) s'abrégèrent ou disparurent [5]. Les finales s'abrégèrent dans les mots iambiques, plus tard même dans les spondées [6]. On peut croire que le latin, avant d'avoir produit une littérature, allait se transformer en une *langue romane* [7], lorsque l'imitation des modèles de la Grèce, en raffermissant la quantité prosodique, arrêta le mouvement qui entraînait la langue. Mais il n'y eut de modifiée que la *langue littéraire*, qui ne fut jamais, à Rome, celle du grand nombre. L'accent, représentant l'esprit d'abstraction, ne saurait abandonner un terrain qu'il a une fois occupé. La prononciation du peuple continua à empirer, et plus tard, à côté d'une correction toute factice, nous trouvons chez les meilleurs poètes des licences poétiques inconnues à Plaute même, qui attestent que la quantité est désormais une chose de convention [8].

---

1. Dans le deuxième vers de Claudien : *Volvis inexhausto redeuntia saecula motu*, sur 6 syllabes fortes, 4 sont accentuées. — Weil et Benloew ont combattu énergiquement l'opinion de Bentley, reprise par Hermann, que les vers des comiques devaient s'expliquer non par la quantité, mais par l'accent. Ritschl a prétendu que les poètes se sont efforcés de tenir le plus de compte possible de l'accent. Mais la coïncidence fréquente des temps forts et des syllabes accentuées dans l'iambique était inévitable : en prêtant aux dix premiers vers des *Acharniens* l'accentuation *latine*, on y trouve le même nombre de coïncidences que dans les dix premiers du *Trinummus*.

2. On ne s'explique pas les formes *pejero, cognitum, corrigere*, sans l'accentuation primitive *pérjuro, cógnotum, córrigere*. Cf., sur tous ces points, Corssen (*Prononciat. et vocalisme*, 2ᵉ éd., t. II, 974 sqq.), qui doit beaucoup à Weil et à Benloew, mais ne le dit point.

3. Les mots *esum, edens, enom, calam*, qui ont donné *sum, dens, nunc, clam*, ont dû être primitivement oxytons.

4. « Ce que j'appelle le génie abstrait des Romains se manifeste par le développement prématuré de leur prose ; le soin avec lequel ils fixèrent le droit, idée abstraite pour laquelle les Grecs n'avaient pas même de terme ; le caractère des divinités créées par leur inspiration de moralistes. » (Bœckh, *Cours de* 1837-38.)

5. Exemple : *homicida* pour *hominicida*. — Dans Polybe, Régulus s'appelle encore Ῥήγουλος. Appien écrit Ῥῆγλος.

6. *Ergo, immo. Ergone*, dactyle, se trouve dans un vers attribué à Auguste.

7. La langue de certaines inscriptions archaïques est déjà presque de l'italien : *Cornelio* (pour *Cornelius*), *dedro* (pour *dederunt*), etc.

8. L'époque d'Auguste commence à abréger l'*o* final des spondées : Diomède dira qu'il est

3. Nulle part le principe de la quantité, dont l'arabe et le lithuanien conservent seuls encore de faibles traces[1], n'a décliné aussi vite qu'à Rome. Les marques de sa défaite définitive se multiplient à la fin de l'Empire : la longueur par position cesse d'être observée[2]; Servius avoue que la voix ne distingue plus les longues des brèves[3]. L'accent seul est vivant, et la prosodie s'apprend à Rome par la lecture de Virgile, comme chez les modernes. Dans les hymnes de saint Ambroise, on trouve des brèves accentuées comptées comme longues : crūcem. Un psaume composé en 393 par saint Augustin fait assonner *mare* et *separare*. Commodien (vers 500) écrit en Afrique, pour le peuple, des vers qui ressemblent aux hexamètres allemands et d'où la quantité est complètement absente[4]. Des inscriptions de cette époque présentent le même caractère[5]. Le trimètre iambique de 12 syllabes, avec deux accents fixes sur la quatrième et la dixième, va donner naissance à l'hendécasyllabe italien et au vers national français du moyen âge, le décasyllabe[6].

Conclusion. — Le grec, le latin, les dialectes hindous, germaniques, néolatins[7], même les langues slaves, offrent le spectacle du triomphe final de l'accent. « L'histoire de l'accent n'est autre chose que celle du principe logique qui, parti de bien faibles commencements, finit par envahir toutes les formes, par se soumettre l'ordre des mots et la versification de toutes les langues[8]. »

§ IX. — PHONÉTIQUE INDO-EUROPÉENNE[9].

1. La phonétique a pour objet l'étude des transformations régulières par

---

ridicule de le prononcer comme long. La longueur du *t* final dans les verbes, qui subsiste encore dans Naevius et Plaute, est déjà l'exception dans Virgile.

1. Car un hexamètre allemand n'est pas une suite de *longues* et de *brèves*, mais de syllabes *accentuées* ou *sourdes* : Singe den Zorn, o Göttinn, des Peleiaden Achilleus.
2. Pour Quintilien, *criminis causa* est un crétique plus un spondée; Diomède et Probus y voient un dactyle et un spondée.
3. « La quantité des dissyllabes, dit-il, se reconnaît à leurs composés. Voulez-vous savoir si l'*i* de *pius* est bref ou long, formez le composé *impius* : l'accent qui porte sur l'antépénultième vous apprendra que la pénultième est brève. »
4. D. Pitra a publié de nouveaux fragments de Commodien, parmi lesquels ce beau vers, appliqué à Rome : *Luget in aeternum quae se jactabat aeterna*. La syllabe *ae* compt alternativement comme longue et comme brève.
5. Voy. le sarcophage de Constantine, publié par Dübner (*Rev. de l'instr. publ.*, 1844). L'accent moderne a allongé les voyelles brèves accentuées : *négo* devient *niego*, *pédem* = *piede* *ténent* = *tiennent*. Les formes italiennes *bène*, *áma*, sont exactement l'inverse des formes primitives *bĕne*, *ămat*.
6. *Tere de France, mult estes dulz païs*. (Roland, v. 1861.) — *Quel giorno più non vi eggemmo avanti*. (Dante, *Inferno*, 5, 149.)
7. « L'accent tonique est le pivot autour duquel tourne la formation des mots dans les langues romanes. » (Diez, *Gramm. des langues romanes*, I, 468.) Voyez le chef-d'œuvre de Gaston Paris, *l'Accent latin dans la langue française*, 1862.
8. Cette belle formule est de Benloew, *Accent indo-européen*. — Benloew et Weil ont rendu compte les premiers de la présence, dans certaines inscriptions romaines, d'accents employés pour marquer la longueur des voyelles, qu'Attius écrivait deux fois (*leege*). En général, les lapicides romains allongent l'*i* au lieu de le marquer de l'*apex*, pour indiquer qu'il tient lieu de *ei*. Les autres voyelles reçoivent l'accent, mais irrégulièrement.
9. Voy. Bopp, Schleicher, Ascoli, *ouvr. cités*; le Ier volume de Farrar et celui de Baudry; dois beaucoup au *cours de Phonétique* professé par Bréal à l'École normale, 1879. La

lesquelles ont passé les sons[1]. C'est la partie la mieux établie de la grammaire comparée. Un de ses principaux effets est de *circonscrire le domaine du possible* dans la recherche des étymologies[2] et dans les identifications que propose la linguistique, dont elle forme la préface indispensable. La grammaire comparée sans la phonétique est aussi vaine que la critique verbale sans la grammaire, ou l'astronomie sans le calcul[3].

2. La phonétique prend pour point de départ l'alphabet sanscrit, le plus complet et le plus régulier de la famille aryenne. Je ne fais de rapprochements qu'entre le sanscrit, le grec et le latin, l'étude des langues slaves, germaniques, celtiques et iraniennes sortant de mon cadre.

3. Voici l'alphabet sanscrit :

Voyelles :	brèves :	$\breve{a}$	$\breve{i}$	$\breve{u}$	$r^{\breve{i}}$	$l\bar{i}$
—	longues :	$\bar{a}$	$\bar{i}$	$\bar{u}$	r^i	l^i
	Diphthongues :	$\hat{e}$	$\hat{o}$	ai	au	
Consonnes :	Gutturales :	k	kh	g	gh	n
	Palatales :	c	ch	g'	$g'h$	$\bar{n}$
	Linguales :	t	th	d	dh	n
	Dentales :	t	th	d	dh	n
	Labiales :	p	ph	b	bh	m
	Semi-voyelles :	y	r	l	v	
	Sifflantes :	$ç$	sh	s	h	

Il y a donc en sanscrit 5 voyelles brèves et 5 voyelles longues. *a*, *i*, *u* sont les voyelles primitives communes à toutes les langues. r^i, l^i sont propres au sanscrit. *ê* et *ô* sont les *gunas*[4] de *i* et de *u*; *ai* et *au* les *vriddhis*. Il y a

---

phonétique physiologique a été étudiée par Rumpelt, 1869, Merkel et Brücke (voy. Thurot, *R. C.*, III, 388), surtout par Sievers, 1876. Ces quatre ouvrages sont en allemand.

1. Benfey fait observer que les lois phoniques ne sont que des *tendances développées du langage* : comme telles, elles peuvent admettre des exceptions.

2. La phonétique, pour l'étymologiste, est moins une boussole qu'un garde-fou. Sans la phonétique, on fait dériver *feu* de *fuit*, *cadaver* de *caro data vermibus*, ou, ce qui semble plus vraisemblable, mais ne l'est pas davantage, *aventure* de *abenteuer*, *petit* de *petitum* (Ménage), *abri* de *apricus*. — Saint Augustin pensait que l'explication des mots est aussi arbitraire que celle des songes : mais J. de Maistre, qui a pourtant contribué à discréditer l'étymologie, dit fort bien : « Ce qu'on sait dans ce genre prouve beaucoup, à cause de l'induction qui en résulte pour les autres cas; ce qu'on ignore, au contraire, ne prouve rien, excepté l'ignorance de celui qui cherche. » (Soirées, 2ᵉ entr.) Le propre d'une étymologie scientifique est de rétablir les intermédiaires par où un mot a passé.

3. Le véritable créateur de la phonétique est Grimm, dans sa *Gramm. allemande*, 1822; c'est lui qui a trouvé la loi fameuse, entrevue par Rask, d'après laquelle, dans les langues germaniques, les Ténues primitives deviennent des aspirées, les Aspirées des moyennes, les Moyennes des ténues (*formule mnémonique* TAM), comme on le voit dans ποῦς = *fôtus*, φράτωρ = *brôthar*, τόν = *thana*, δάκρυ = *tagr*, κύων = *hunths*, χθές = *gistra*, γόνυ = *kniu* (*Lautverschiebungsgesetz* = loi de la substitution des consonnes. Cf. Max Müller, *Nouv. Leç.*, t. I. p. 251). — Je rappelle qu'en grec les *moyennes* sont β, γ, δ; les *ténues* π, κ, τ; les *aspirées* φ, χ, θ

4. Tout ceci est contesté par de Saussure, *Système primit. des voyell. dans les lang. indoeurop.*, 1878. Hovelacque et d'autres avaient déjà revendiqué contre Bopp l'ancienneté de l'r voyelle : Brugmann et Osthoff prétendent, avec Saussure, que l'indo-européen possédait les trois voyelles *r*, *n*, *m* (sons de l'allem. dans *jeder*, *jeden*, *jedem*). Le *n* voyelle se vocalise en *a* : cf. ἕκατον et *centum*, ἀμφί; et *nos*, ἥπατος; et *jecinoris*, sanscrit *yaknas*. En-

25 consonnes muettes, rangées en 5 classes (allant du gosier aux lèvres) de 5 lettres chacune, à savoir : une *ténue*, une *ténue aspirée*, une *moyenne*, une *moyenne aspirée* et une *nasale*. Les *linguales* (ou *cérébrales*), qu'on distingue dans la transcription ordinaire par un point diacritique souscrit, se sont introduites postérieurement dans l'alphabet sanscrit[1]; la phonétique peut les négliger. Outre les 25 consonnes muettes, il y a 4 *semi-voyelles*, 3 *sifflantes* et l'aspirée *h*.

Le tableau suivant, emprunté en partie à Monier-Williams (*Grammaire sanscrite*, p. 19), indique la correspondance des voyelles et des consonnes en sanscrit, grec et latin. Les lettres omises sont postérieures à la période indo-européenne. r^i voyelle résulte d'un affaiblissement de la syllabe *ar*; *l* est une forme plus récente de *r*, et ne se rencontre que dans la racine *klp* (créer).

Scr. $a = α$, $ε^2$, o; $= $ a, plus souvent e, o[3], i, u (*ag'ras*, ἀγρός, *ager*; *g'anas*, γένος, *genus*; *navas*, νέος, *novus*).

Scr. $â = \bar{α}$, plus souvent η, ω; $=$ ā, ê, ô[4] (*mâtar*, μήτηρ, dor. μάτηρ, *mâter*; *sâmi-*, ἡμι-, *semi-*).

Scr. $i = ῐ$; $=$ i, e (*sâmi-*, ἡμι-, *semi-*; *imas*, ἵμεν, *imus*).

Scr. $î = \bar{ι}$; $=$ i (*g'ivas*, βίος, *vivus*).

Scr. $u = ῠ$; $=$ u, o (*g'ânu*, γόνυ, *genu*).

Scr. $û = \bar{υ}$; $=$ u (*mûsh*, μῦς, *mus*).

Scr. r^i (ar) $= ρ$ et une voyelle brève; $= r$ et une voyelle brève (*mr^itas*, βροτός, *mortuus*).

Scr. $r^l = ρ$ et une voyelle; $= r$ et une voyelle (*dâtr^in*, δοτῆρας, *datores*).

Scr. $ê = αι$, ει,-οι; $=$ ai, ê, oi, ae, oe, i, û (*êmi*, εἶμι; *êvas* (course), αἰών, *aevum*[5]).

---

outre, Saussure reconnaît au moins 3 variétés d'*a* indo-européens. (Havet, *Journ. de Genève*, 25 fév. 1879.)

1. Elles paraissent d'origine dravidienne; le prâcrit les substitue souvent aux dentales ordinaires. Les Hindous disent que le *t* final de l'anglais *government* est un *t* lingual.

2. *Epsilon* et *upsilon* ont été nommés ainsi par opposition aux diphthongues αι et οι, qui prenaient souvent les sons ê et où. De même, en latin, on trouve *ploirimi*, archaïque pour *plurimi*, *coiravit* pour *curavit*, etc.

3. Le latin est le seul dialecte italique qui ait un signe pour *o*. Le nouvel ombrien l'emprunta, et le nouvel osque se servit, pour en tenir lieu, d'un v avec un point à l'intérieur. L'*o* manque en étrusque. — L'ε et l'ο manquent en sanscrit comme en gothique. L'*a* scr. avait un son vague qui pouvait ressembler à e et o.

4. Les voyelles longues sont souvent doublées en latin et en osque : l'ombrien emploie un *h* intercalaire, comme l'allemand : *comohota* = *commota* (cf. *fehlen*, *Mahl*.).

5. Au temps de Trajan, le latin n'avait plus de diphthongues. Dans les régions où le latin était en contact avec l'ombrien et le volsque, les diphthongues *oi* et *ai* paraissent avoir été altérées dès 500. A Rome, ces diphthongues sont encore intactes dans le S. C. des Bacchanales, en 568. Le grammairien, sous Claude, qui composa l'inscr. de la colonne rostrale de Duillius, censée remonter à 494, aurait pu apprendre, dans quelque vieux ms. de Névius, que, pour l'an 494, son *praeda* et son *Paenicas* étaient encore plus mal choisis que son *navebus*, corrigé après coup en *navebos*. (Bücheler-Havet, p. 48.) *Laedere* donnant *collidere*, comme *sedeo* donne *assideo*, prouve que *ae* se prononça de bonne heure comme *e*. Verrius Flaccus, au temps d'Auguste, dit que les *rustici* prononçaient *orum* (pour *aurum*). Selon Suétone (*Vesp.*, 22), Vespasien scandalisa un jour le consulaire Florus en prononçant *plostra*. Florus s'étant récrié, l'empereur l'apostropha le lendemain : *Flaourus*. — Sur les diphthongues grecques, voy. p. 127.

Scr. $ai = \alpha, \eta, \varphi ; = $ ae.

Scr. $o = \alpha\upsilon, \epsilon\upsilon, o\upsilon ; =$ au, o, u (golas, γαυλός; og'as (pouvoir), augeo).

Scr. $au = \alpha\upsilon, \eta\upsilon ; =$ au (naus, ναῦς, νηῦς, navis, nauta).

Scr. k, kh, c, ç $= \varkappa ; =$ c, qu (ca, καί, que)[1].

Scr. g, y $= \gamma (\beta) ; =$ g (b) (yugam, ζυγόν, jugum; gaus, βοῦς, bos).

Scr. gh $= \chi ; =$ g (stigh, στίχος, ve-stigium).

Scr. ch $= \sigma\varkappa ; =$ sc (châyâ, σκιά; chid, σχίζω, scindo).

Scr. t (th) $= \tau ; =$ t (trayas, τρεῖς, tres).

Scr. d $= \delta ; =$ d (damas, δόμος, domus)[2].

Scr. dh $= \theta ; =$ f initial, d, b médial (dadhâmi, τίθημι; dhûmas, θυμός, fumus; andhas (nourriture), ἄνθος, ador).

Scr. p (ph) $= \pi (\varphi) ; =$ p (f) (pitar, πατήρ, pater; phullam (fleur), φύλλον, folium).

Scr. b $= \beta (\pi) ; =$ b (f) (budhnas, πυθμήν, fundus; λείβειν, libare)[3].

Scr. bh $= \varphi ; =$ f initial, b médial (bharâmi, φέρω, fero; nabhas, νέφος, nubes)[4].

Scr. n guttural $= \gamma$ devant des gutturales; $=$ n (ankas, ἀγκών, uncus).

Scr. n dental $= \nu ; =$ n (navas, νέος, novus).

Scr. m $= \mu ; =$ m (mâtar, μήτηρ, mater)[5].

Scr. y $= \zeta ; =$ j (yugam, ζυγόν, jugum)[6].

Scr. r $= \rho, \lambda ; =$ r, l (çrutas, κλυτός, inclytus).

Scr. l $= \lambda ; =$ l (lih, λείχω, lingo).

Scr. v $= F$[7]; $=$ v (u) (navas, νεϝος, novus).

---

1. Le c latin sonne k partout, sauf quand il est suivi d'un i suivi lui-même d'une autre voyelle : nuncius, prononcez nuntius. Les Germains ont fait de Cæsar Kaiser, de Cerasus Kirsche, de Cellarium Keller. — Le qu latin n'existe pas dans les autres langues italiques, qui le remplacent par kv : quaistor, osque kvaistur. Dans les pronoms relatifs, les particules et le nom de nombre quatre, les dialectes remplacent le qu latin par p : lat. quis, osque pis; lat. neque, osque nep; lat. quatuor, osque et ombr. petur. Même phénomène en sanscrit : ap = aqua. — Le qu latin correspond souvent à un π grec : sequor, ἕπομαι; quatuor, éol. πίσυρες. L'attique remplace ce π par un τ : τίσσαρες. On explique ainsi τι = que; par suite, que, καί, τι, seraient le même mot.

2. En latin et en grec, d et l permutent facilement : Δαῖος = Λαῖος; lingua, lacrima = dingua (cf. tongue), dacruma (cf. tear). Du, suivi d'une voyelle, devient b en latin : duellum = bellum, duonorum = bonorum (Liv. Andronicus).

3. Comme il n'y a pas d'exemple de concordance entre le sanscrit, le grec et le latin, on a pensé que le β n'existait pas pendant la période d'unité.

4. L'osque et l'ombrien ont conservé l'f, devenu b en latin : osque alfo, lat. albo.

5. Verrius Flaccus avait proposé un signe spécial Ɯ pour l'm latin à la fin des mots : c'était un son très faible, et les inscriptions populaires omettent l'm final.

6. Le son iod (i, j [y]), pour lequel le grec avait de l'aversion, s'est vocalisé de plusieurs manières : 1° en ι : (a)syam = ἐ(σ)ιην; 2° en ι : çṛnyas = κινjο; = κινές; 3° en redoublant la lettre précédente : κίννος, στερρός; 4° en ζ : Julia = Ζουλία (dans les inscr.; c'est le zézaiement particulier au grec); 5° en esprit rude : jecur = ἧπαρ. L'allongement de consonnes finales devant ᾧ; et l'hiatus devant ἵσο dans Homère, font croire que ce son était encore perceptible au VIIIe siècle. — On explique généralement κτείνω par κτενjω, avec métathèse du j. Meunier (R. C., VI, 97) soutient que κτενjω a donné κτένιω, restée la forme éolienne, que l'attique a réduite à κτείνω, comme τιθένς à τιθείς, par diphthongaison compensative. Il pense que les lettres ne peuvent pas « passer les unes sur le dos des autres », comme l'imagine souvent Bopp ; mais on peut lui objecter l'exemple de μείζων = μεγjων. — En latin, Priscien nous apprend que le son du j était celui de l'y français : le son de notre j était inconnu.

7. Le digamma grec, qu'on prononçait comme le w anglais, est le vau phénicien, écrit

Scr. ç (ancien k) = χ; = c, q (daçan, δέκα, decem; açvas, ἵππος = ἴκκος, equus).
Scr. s, sh = σ; = s, et r entre deux voyelles[1] (g'anasas, γένε(σ)ος, generis).
Le σ grec disparaît entre deux voyelles.
Scr. h (ancien gh, ou dh, ou bh) = χ, κ, θ; = h, c, q (himas, χιών, hiems[2]).

§ X. — GRAMMAIRE COMPARÉE[3].

Je divise ce chapitre en dix paragraphes : 1° Phénomènes généraux ; 2° Déclinaisons ; 3° Adjectifs, degrés de comparaison ; 4° Noms de nombres ; 5° Pronoms ; 6° Article ; 7° Infinitif ; 8° Participes ; 9° Verbes ; 10° Adverbes, prépositions, conjonctions.

1° PHÉNOMÈNES GÉNÉRAUX.

1. Ce qui reste d'un mot dont on a retranché la désinence s'appelle radical

ainsi pour le distinguer du ghimmel ר (d'où son nom = double gamma). Denys d'Halicarnasse l'appelle οὐ συλλαβῇ ἑνὶ στοιχείῳ γραφομένη : il est à la fois une spirante et une semi-voyelle, et, comme tel, se vocalise facilement d'une des manières suivantes : 1° F = υ (κύων = çvan véd. çuan et çun); 2° F = ο (la ville de Crète Ὄαξος a pour habitants les Ὀάξιοι nommés sur les monnaies Fάξιοι); 3° F = ου, ευ (varunas = οὐρανός); 4° F = l'esprit rude (ἑστία = Vesta); 5° F = β (βούλομαι = volo); 6° F = μ (μολπίς = Fολπίς); 7° F = ϙ (σϝί = sva); 8° disparaît sans laisser de traces : ἰός, virus; ὄϝις, ovis; Διός, divus; 9° en allongeant la voyelle (εἴρηκα = εἴρηκα). — Le F a disparu d'abord de l'ionien : il ne se trouve que dans une seule inscr. de ce dialecte, et les poèmes d'Homère sont parvenus aux alexandrins dans des manuscrits où cette lettre n'existait plus. Les anciens croyaient le F particulier à l'éolien, et l'appelaient digamma aeolicum (Denys, Ant. rom., 20). Cf. Léo Meyer, Journ. de Kuhn, t. XV.

Bentley a le premier expliqué métriquement, en remplaçant le F dont l'absence faisait des hiatus, les passages d'Homère comme τὸν δὲ ἰδών (Il., 15, 12); dans ἐπὶ δὲ ῥίζαν βάλε πικρήν, δὲ serait bref si l'on ne rétablissait pas Fρίζαν (éol. βρίζα). Bekker, en 1858, a publié un Homère où il a rétabli le F partout, même là où il ne fallait pas (Cf. Meunier, Assoc. études grecques, 1870) ; d'autres l'ont introduit dans Hésiode (Flach), et toutes les exagérations possibles ont été commises dans cette voie. Pierron (préf. de l'Iliade et de l'Odyssée) a parlé un peu légèrement de cette grave question, et du digamma, qu'il appelle « lettre anglaise », « selle à tous chevaux, » etc. L'état du problème est donné par Knös, de Digammo homerico, 1875. Cf. Savelsberg, de Digammo, 1868, sur les formes que prend cette lettre dans les monuments.

1. L's latin passa d'abord au z, orthographe de transition combattue par Appius. Le changement de s en r entre deux voyelles (rhotacisme) se retrouve en français (cf. chaire, chaise), et en vieux haut-allemand. Il a épargné des mots faisant partie de formules, comme quaeso. Le phénomène s'est produit assez tard : on trouve sur des inscr. asa, majosem. La forme seule de mots comme asinus et cerasus prouverait qu'ils sont postérieurs à 442, époque où Appius Claudius, censeur, substitua l'r à l's pour mettre d'accord l'écriture et la prononciation. Le rhotacisme est inconnu à l'osque ; mais, en nouvel ombrien, l's final est lui-même transformé, comme en éolien et en dorien : ferar p. feras (cf. νέκυρ). Même fait en celtique. — Le latin a perdu l's initial devant une consonne : cf. nix et schnee; nurus et schnur, locus et slocus (Festus), lis est slis (dans les inscriptions).

2. Les anciennes aspirées indo-européennes deviennent en latin des spirantes : χθές, hesternus. Cet h, d'abord très sensible, s'est affaibli de bonne heure, au point qu'on a pu faire les contractions nemo = nehemo, nil = nihil, debeo = dehibeo.

FINALES EN GREC. — Le grec n'admet de consonnes finales que ν, ρ, σ, et ce trait le distingue profondément du latin. Le grec archaïque des inscr. montre, comme le sanscrit, les consonnes finales modifiées par les consonnes initiales du mot suivant : on trouve τὸρ βέλτιστον, τὸλ λῷστον. « La forme finale dominante, dit Curtius (Études sur la grammaire, etc., t. XVI), n'est souvent que la généralisation d'une ou plusieurs formes plus particulièrement usitées, nées sous l'influence des consonnes voisines. »

3. Ouvr. cités de Bopp, Schleicher, Farrar; Bücheler, Déclinaison latine, trad. L. Havet,

PHÉNOMÈNES GÉNÉRAUX.

ou thème. Ce qui reste d'un thème dont on a isolé la racine s'appelle *suffixe*[1]. Dans *adipiscimur*, *ad* est le préfixe, *ip* (scr. *ap*) est la racine, *isc* est un suffixe verbal, *i* est une lettre de liaison ou *thématique*, *mur* est la désinence ou flexion. — On distingue les *racines pronominales*, qui correspondent aux signes dans le langage des gestes, des *racines verbales*, qui correspondent aux idées.

2. Les *changements des voyelles* sont de trois sortes : l'APOPHONIE, le RENFORCEMENT, la CONTRACTION. Par l'apophonie (*Umlaut*), *a*, *e*, *o*, alternent : τρέφω, τέτροφα, ἐτράφην. Le renforcement est ou bien un *allongement* (ποιέω, ποιήσω), ou une *nasalisation* (λαβ, λαμβάνω), ou une *diphthongaison* (λιπ, λείπω). La contraction est l'union de deux voyelles dans le corps d'un mot.

3. Les *changements des consonnes* sont de trois sortes : la PERMUTATION, l'ASSIMILATION, la DISSIMILATION. La permutation est le passage d'un degré à l'autre (p. ex. de l'aspirée à la moyenne) : ψύχω, ἐψύγην; ou d'une famille à l'autre : ἐλαχύς, ἐλάσσων. L'assimilation est le phénomène contraire de la dissimilation : ainsi σύν-λογος devient σύλλογος, tandis que ἀνυτ-τός devient ἀνυστός. La première adoucit les sons, et la seconde les distingue[2].

2° DÉCLINAISONS[3].

1. Il n'y a qu'une seule déclinaison, une seule désinence pour chaque cas; c'est le thème seul qui varie[4].

1875; Merguet, *Développ. des formes latines*, 1870 (all.); Papillon, *Principes de Philol. comparée* (angl.), 2ᵉ éd., 1877, petit livre qui devrait servir de modèle aux travaux semblables; Baur, *Introd. à l'étude du grec et du latin*, 1874 (all.), excellent résumé; Chassang, *Grammaire grecque*, et préface du *Dictionnaire gr.-fr.*; Bailly, *Racines grecques* et *Grammaire grecque*; Kühner, *Grammaire grecque* et *Grammaire latine*.

1. Les suffixes *primaires* s'ajoutent à une racine pour former un radical *primaire* : *dictu*. Les suffixes *secondaires* s'ajoutent à un radical *secondaire*, c'est-à-dire à un radical ayant déjà le caractère d'un nom ou d'un verbe : *faciliorem* a pour radical secondaire *facilior*, pour radical primaire *facili*, pour suffixe secondaire *ior*. Un suffixe secondaire ne pouvant s'ajouter à un radical primaire, un comparatif comme *docior* est impossible.

2. Un des phénomènes les plus importants de la vie des langues est le *métaplasme*, par lequel un nom ou un verbe, pris à un cas ou à une personne obliques, devient la souche de mots nouveaux, en perdant leur signification relative. Ainsi κίνδυν (Alcée) a donné le génit. κίνδυνος, resté dans la langue comme nominatif: ainsi, dans le grec moderne, les accusatifs αἶγα, γυναῖκα, sont devenus les nominatifs de noms en α. Ce qu'on appelle les *doublets* en français (*pâtre, pasteur; meindre, meneur*), n'est qu'un cas particulier du même phénomène, qui mériterait une étude approfondie.

3. Le terme κλίσις s'applique aux flexions nominales et verbales : cette expression suppose un *cas droit*, θέμα, qui est le nominatif sing., ou la 1ʳᵉ p. sing. du présent actif.

4. Comparez la théorie ancienne de la déclinaison et la moderne : *Port-Royal* : Les Latins ont 5 déclinaisons, qui naissent de la différence de leurs cas et en particulier du génitif. — *Bücheler* : Pour décliner les noms et pronoms, la langue latine ajoute divers suffixes à une forme fondamentale invariable appelée *thème* : le thème et les suffixes se fondent en un seul mot, et de la diversité des thèmes naît la multiplicité des déclinaisons. — La gramm. comparée étudie en même temps les noms et les adjectifs, *bonus* et *dominus* : l'ancienne grammaire les sépare, compliquant ainsi les études de morphologie par des considérations de syntaxe. — Les Anciens confondent sous le nom d'ὄνομα, *nomen*, le nom, l'adjectif et le pronom. Le mot πτῶσις, *flexion*, fut limité par les stoïciens aux cas obliques du nom et de

Désinences. — Singulier. *Nominatif : s*[1]. — Le neutre remplace le nominatif par l'accusatif en *m*, ν. Quand le *s* disparaît, il y a allongement par compensation : ποιμήν = ποιμεν-ς. Le vocatif est un nominatif allégé, souvent identique au thème.

Génitif : sya, as; ojo, ις, ος; *is, s : açva-sya;* ἵππου = ἱππο-ojo ; πόλεως = πολεj-ος. — En latin, on trouve *senatu-os*. L'*i* du génitif *equi* est un locatif. *Romae* (*Romai*) est un locatif substitué au génitif *Romaes, Romais :* on trouve les génitifs *familias* [2], *Prosepnais* [3].

Locatif et Datif : i, ai. — En grec, le locatif s'est substitué au datif : on retrouve le sens du locatif dans les expressions adverbiales Μαραθῶνι, οἴκοι, χαμαί. — En latin, le locatif a remplacé le génitif des deux premières déclinaisons et a donné le datif des autres [4].

Accusatif : m, am; ν *: açva-m,* ἵππο-ν, *equu-m* [5].

l'article ; ils distinguèrent les 4 cas, ὀρθή ou ὀνομαστική, γενική, δοτική, αἰτιατική. Les grammairiens appelèrent le vocatif κλητική. Le nominatif s'appelait aussi θέμα, *positio*, parce qu'on en formait tous les autres cas. — *Genitivus* est une mauvaise traduction de γενικὴ πτῶσις, dont le sens est *cas général* ou *attributif :* le sanscrit peut former des adjectifs par l'addition de *tya*, gr. σιο-ς ; δημόσιος. On divise la déclinaison en : I. Déclinaison des thèmes vocaliques (en *a, e, o*), c'est-à-dire la 1re, 2e et 5e latine vulgaire, et la 1re et 2e grecque ; — II. Déclinaison des thèmes consonnantiques ou semi-vocaliques (*i, u*), ou terminés par une diphthongue, c'est-à-dire la 3e et 4e latine, la 3e grecque. Le vieux latin ne connaît pas les thèmes à diphthongue : Ἀχιλλεύς = *Aciles*.

La déclinaison latine, dans sa tendance à simplifier, se laisse envahir par les désinences en *i*. Les adjectifs grecs comme βραχύς deviennent *breuis* = *brevis*. Cette tendance (Bréal, Kirchhoff) a été exagérée par l'osque et l'ombrien, qui disent *manim, suim*. Schleicher voit dans cet *i* un affaiblissement de l'*u* (cf. *lacrima* de *lacruma*).

1. En grec et en osque, les thèmes masculins en *a* conservent la désinence *as :* νεανίας, *Numas*. En latin, sauf dans *paricidas* et *hosticapas* (Festus), l's s'est perdu, comme dans l'homérique νεφεληγερέτα Ζεύς. Les thèmes en *e* conservent l's, mais ils ont une forme secondaire en *a : luxuries, luxuria*.

2. La terminaison *as* prédomine en vieil ombrien : *tutas Ijuvinas* = *civitatis Iguvinae*. La terminaison latine *ai*, encore dans Virgile, reparaît dans Ausone et Prudence.

3. Bücheler admet un génitif italique *popolois* analogue à *Prosepnais*. L'épel *i* est antérieur à *ei* : au vi^e s., l'*i* s'était même abrégé, puisqu'on trouve les noms d'esclaves : *Marpor* (= *Marcipuer*), *Naepor* (= *Naevipuer*). Lucilius prescrivit d'écrire le génitif sing. par *i*, le nominatif plur. par *ei*. — *Senati* et les formes analogues sont les plus fréquentes au siècle de Sylla, dans Sisenna, Salluste et Cicéron.

Bücheler voit dans *intervias* un génitif comme l'allemand *unterwegs* (cf. *pater familias, Prosepnais*), Corssen un accusatif pluriel, et Bréal un datif plur. comme *foras* = *foris*. (Cf. une inscription [C. I. L., I, 814]: *Devas Corniscas sacrum*.) Dans les noms en *es*, on trouve des exemples d'un vieux génitif en *es* (pour *eis*) : *Rabies germina*. (Lucrèce.)

Le génitif sing. des thèmes en *io* est *i*. Bentley et, après lui, Lachmann ont établi que ce n'est que plus tard, sous Auguste, qu'apparaissent les génit. en *ii* (Ovide, Properce ; Virgile dit une fois *fluvii*). Des locutions comme *res mancipi* restèrent dans la langue. (Sous le titre de *Plauti fabulae*, on confondait, selon Varron, les pièces de Plaute et d'un certain Plautius.)

4. Les thèmes en *i* ont deux locatifs, *i* et *e* (*ai* abrégé) : *ruri, rure*. Les infinitifs, qui sont des locatifs ou des datifs, présentent les deux formes : *fiere, fieri*. L'ombrien a des formes locatives faisant au sing. *mem*, pluriel *fem :* Bréal a montré que ce sont des accusatifs en *m* et *f* (= *s*) suivis de la postposition *em*, latin *in*. — L'osque et le latin ont conservé un locatif en *ai, ae*, pour la 1re déclinaison (*Habitat Romae*), en *i* pour la seconde *Lugduni*), en *i* ou *e* pour la 3e. — La terminaison en *e* du datif, qu'on trouve dans des inscriptions latines, prédomine en ombrien : *ase* = *arae*.

5. Charisius et Diomède mentionnent, dans Plaute, des accusatifs en *d :* on trouve *med*

Ablatif : *t* : *açvâ-t*. — En grec, on le retrouve dans les adverbes : σωφρόνως = σωφρονωτ. — En latin, le *t* s'est changé en *d* : *me-d*, *se-d*, *facillume-d* (S. C. Bacch.), *recta-d* [1].

Instrumental : *â* ; η, α : πάντη, ἄμα.

PLURIEL. *Nominatif* : *as* (*sas*) ; ες ; *es*, *s* : *bharant-as* = φέροντ-ες ; — ἵπποι, ἡμέραι sont pour ἵπποις, ἡμέραις (?). Ancienne forme ξένυς pour ξένοι (Inscript. de Dodone, Carapanos, t. I, p. 202) [2]. — Le neutre *a*, primitivement long, l'est encore dans *antea*, *postea*, etc.

Génitif : *sâm*, *âm*; (σων), ων ; *rum*, *um* [3] : *tâ-sâm*, τά-ων, *ista-rum* [4].

Locatif et Datif : locatif *su*, datif *bhyas*. — En grec, le locatif a remplacé le datif : *açvê-shu* = ἵπποισι. *su* (= *sva*) est devenu σϝι, σι ; dans ἵπποισι, le second ι est une addition postérieure. — En latin, le locatif a disparu ; le datif *bhyas* a donné *bus*, *bis* : *nobis*, *rebus* [5].

Romai fecit (ciste de Ficoroni), *inter sed* (S. C. Bacch.), *apud sed* (Tab. Bantina). Il semble que ce *d* est le reste d'un suffixe démonstratif : *illu-d* = τάδε. (Bücheler ne l'explique pas.) Une forme *mehe*, que Quintilien signale dans les Tragiques, est analogue au grec ἐμέγε, goth. *mik*. — Un seul accusatif latin en *im* n'a pas de forme secondaire en *em* : c'est *vim*. En général, le *v* et l'*r* ont été favorables à la désinence *im*. Charisius et Priscien recommandent *securim* : Cicéron et Virgile l'emploient, mais Consentius demande *securem*. Probus laisse le choix entre *turrem* et *turrim* : Pline n'admet la terminaison *im* que dans trois mots, *fibrim*, *tussim*, *sitim*.

Jusqu'au VIII° s. de Rome, des accusatifs comme *avom*, *suom*, se trouvent à côté de *populum*, *dolum*. — L'ombrien a perdu l'*m* final à l'accusatif de toutes les déclinaisons.

1. Le *d* de l'ablatif est constant dans la colonne Duillienne, dans le S. C. des Bacchanales ; entre 568 et 600 (époque de Plaute) il tombe en désuétude. Ritschl a voulu supprimer tous les hiatus de Plaute en rétablissant le *d* à la fin des mots. Il a été vivement attaqué par Bergk (*D final en latin* [all.]) à l'occasion de sa 2° éd. du *Trinummus* (1871) où il écrit *animod*, *arbitratud* (R. C., XI, 369, et Wagner, éd. du *Trinummus* [angl.]). L'osque a conservé l'ablatif en *ad*. — Savelsberg (*Particules en d et m produites par apocope* [all.]) pense que *prodsed-*, *red-*, sont des apocopes de *pro-de*, *se-de*, *re-de*, formés comme *in-de*, et non des ablatifs archaïques. De même *tum*, *quum*, *tam*, etc., seraient pour *to-ni*, *quo-ni*, *ta-ni*, formés à l'aide du suffixe *ni* que l'on retrouve dans τηνίκα, τουτονί, et non des accusatifs.

God. Hermann considérait l'ablatif comme un cas de création récente, inventé par les Latins pour débarrasser leur datif du trop grand nombre d'emplois dont il était chargé. Par des arguments tirés de la nature de l'esprit humain, Hermann démontrait qu'il ne peut y avoir plus de six cas ! Quintilien (1, 4, 26) soupçonnait déjà l'existence d'un 6° cas latin ayant la forme de l'ablatif, dans des expressions comme *hasta percussi* : c'est l'instrumental.

2. Il y a deux nominatifs pluriels des thèmes latins en *o* : *agroi* = ἀγροί (*poploe*, *pilumnoe*, formes rétablies dans le chant des Saliens par Stilon), et *agros*, *Romanos* (ombr. *Ikuvinus*). Dans le fameux vers de Pomponius (Nonius, p. 500), il n'est pas sûr que *quot laetitias* soit un nominatif pluriel, comme le veulent Ritschl et Freund.

Le suffixe ἐς, nominatif plur. des thèmes consonnantiques (*patres* = *pateres*), tomba au V° s. ; plus tard, on dit *boves* comme si le nomin. sing. était *bovis*, et la terminaison *ēs*, plus stable, fut introduite même dans les noms grecs (Bücheler-Havet, p. 55 ; c'est très contestable).

3. Cf. θιάων (= θιασων) et *mensarum* (= *mensasum*), osque *mensazum*.

4. Génit. latin en *ium* et *um*. — Les règles des grammairiens sont arbitraires. On trouve *hereditatium* dans les inscriptions. Seyffert (*Gramm. lat.* [all.]) a édicté que les adjectifs et participes prennent la terminaison *ium*, qui se change en *um* quand ces adjectifs ou participes deviennent des substantifs ; mais Horace dit *gerentum*, *recentum*, *clientum*.

5. Il y a des traces d'un datif plur. en *as* (gr. Ὀλυμπίασι) : *Divas Corniscas sacrum* (C. I. L., I, 814). L'osque a un datif en *ais*, intermédiaire entre *abus* et *is*. — Dans le latin archaïque et populaire, on trouve *amicibus*, *generibus* (de *gener*). Les terminaisons en *is* résultent d'un affaiblissement.

Accusatif : (ns) *n, s, as*; (νς) ς, ας; *s* : *vâc-as*; τά-ς, ὄπ-ας; ἵππο-υς = ἵππο-νς[1].

Ablatif : comme le datif.

Instrumental : *bhis*; grec φιν : θεόφιν[2]; latin, *bus, bis* : *nobis*.

DUEL. *Nom.-acc.* : *au*; grec ε. — *Gén.-locat.* : *ôs.* — *Dat.-abl.-instr.* : *bhyâm*; grec φιν, d'où οιν : ἵπποφιν = ἵπποιν.

3° ADJECTIFS[3]; DEGRÉS DE COMPARAISON[4].

1. *Comparatif.* — Il y a deux suffixes, *yâns* et *tara*[5], grec ιων (n. ιον) et τερο. La forme ιων est plus fréquente dans Homère qu'après lui[6]. Latin : *dex-ter, neuter, al-ius*. On trouve les deux suffixes réunis : *in-terior, sinister*, λαλίστερος[7].

2. *Superlatif.* — Il y a deux suffixes, *ma* et *ta*. On les emploie isolément, ou réunis, ou unis à *yâns* et à *tara*, ou redoublés. Les nombres ordinaux ont les suffixes du superlatif : *caturtha, quartus*; *primus*, πρῶτος; *navama*, ἔννα-

---

1. *Accus. plur. des thèmes en i.* — La terminaison *es* est la plus ancienne : au viiᵉ siècle, on trouve *eis*, puis *is*; Varron n'admettait que la forme *urbis*; Probus rapporte que Virgile écrivait *urbes* ou *urbis* selon l'euphonie. Keller a vainement essayé d'établir des règles à ce sujet d'après les manuscrits d'Horace. — L'ombrien ajoute un *f* au thème à l'accusatif pluriel de toutes les déclinaisons.

2. Le vieil ionien emploie le suffixe φι : 1° pour le datif de moyen et de concomitance : ἦφι βίηφι, ἅμ' ἠοῖ φαινομένηφι; 2° pour le locatif : θύρηφι, παρὰ ναῦφιν; 3° pour le génitif, surtout avec des prépositions : ἀπὸ πασσαλόφι. (V. Lissner, φι dans *Homère*, 1865 [all.].) — Le duel s'emploie en sanscrit de la manière la plus complète. Plus rare en zend, il disparaît en pràcrit. Dans les langues germaniques, le gothique seul le possède, et seulement dans le verbe. L'hébreu l'a gardé dans le nom et l'a perdu dans le verbe; l'arabe l'a gardé tout à fait. Le syriaque l'a presque perdu. Le duel manque en éolien; en dorien on ne trouve que ποδοῖν et le serment laconien ναὶ τὼ σιώ dans *Lysistrata*. Il disparaît graduellement de la langue grecque après Alexandre : aucune trace dans le Nouv. Testament. — En latin, le duel n'est plus représenté que par deux formes, *ambo* et *duo*; mais l'ombrien dit *dus*, effaçant même ces derniers restes.

[On a voulu expliquer jusqu'aux désinences casuelles. L's du nominatif serait le thème pronominal *sa* : *sa* plus le pronom védique *tya* aurait donné la désinence du génitif; l'*i* du locatif serait la racine démonstrative qui a donné *in* en latin ($hr^i di$ = cœur-dedans), etc. Mais une langue à flexions ayant précisément pour caractère d'effacer le plus possible les traces de l'agglutination primitive, ces excès d'analyse de l'école de Bopp ne semblent être que des *curiosa* de linguistique.]

Le latin se sert à la fois de flexions et de prépositions, qui, secondées par l'accent, ont lentement miné l'existence des désinences casuelles. Auguste, selon Suétone, affectait l'emploi des prépositions en vue de la clarté. La langue populaire faisait de même.

3. La déclinaison latine de *celeber* est une anomalie. *Acer*, fém. *acris*, sont des doublets syntactiques. On a dit : *Acris equus, acri' canis*; *acri* a perdu l'*i* (cf. *lardum* à côté de *laridum*) et est devenu *acr*, puis *acer*, qui dérive de *acris* comme *puer* de *puerus* (L. Havet). D'ailleurs, la langue vulgaire disait *volucer fama* (Pétrone), *acer hiems* (Ennius).

4. Gounet, *Degrés de signification en grec et en latin*, 1876. — *Gradus comparationis* (Donat), en grec εἴδη παραγωγῶν. Le comparatif s'appelait συγκριτικός, le superlatif ὑπερθετικός.

5. L'origine du suffixe *tara* est *tar* = *trans*; *yâns* vient peut-être de *ya*, aller.

6. On croit que *yâns*, suffixe primaire, est plus ancien que *tara*, suffixe secondaire. Cependant, on trouve aussi *tara* employé comme suffixe primaire dans *antara, inter*, φίλτερος. Le grec moderne ne connaît plus que ce suffixe et dit καλήτερος, κακήτερος.

7. Dans ἄριστος, le σ du radical ἄρι- est tombé; le positif ἄρης est resté comme nom propre. Ainsi la *valeur morale* et la *valeur guerrière* ne font primitivement qu'un (*virtus*).

τος. — En sanscrit, on trouve les suffixes *ish-tha* (*pap-ishtha* = κάκιστος)[1], *tama*, *ma*; on trouve *ta*, *ishtha*, *tata*, *yanstata*, dans le grec πρῶ-τος, ἥδ-ιστος, φίλ-τατος[2], ἡσυχαί-τατος; on trouve *ta*, *ma*, *tarama*, *tama*, *yanstama*, dans le latin *quintus*, *imus*, *postremus*, *optimus*, *probistimus* (= *probissimus*).

4° NOMS DE NOMBRES.

1. Les langues aryennes s'accordent jusqu'à cent : mais un, marqué dans chaque langue par un des nombreux pronoms de la troisième personne, est exprimé très diversement : par *êka* en sanscrit (*êkas*, seul), en zend par *êva*, partout ailleurs par *ânas* (moins) ; le grec μία se rapproche de μείων, moins, et εἷς est pour δεἷς, ayant même racine que δεῖνα[3]. — *êka*, comparatif *êka-taras*, se retrouve dans ἑκάτερος, dans *Cocles* (= *êka-oclos*), dans *caecus* (= *êka-ocus*, primit. de *oculus*), dans Κυκλώψ (= *êka-oclos*, et non κύκλως ὤψ). *tisras* (trois) se retrouve dans *çatasar* (quatre) (= *êka-tisras*?), d'où il suivrait que les Aryens primitifs ne comptaient que jusqu'à trois. (Bopp.)

2. Voici les étymologies proposées pour les 10 premiers noms de nombres : *un* de *ân*, retrancher ; *deux* de *dau*, couper ; *trois* de *tar*, intercaler ; *quatre* de *cat*, diviser ; *cinq* = πέντε de *pac*, serrer la main ; *six*, *sept*, *huit*??? ; *neuf* de *nava*, le nouveau, le dernier de la série ; *dix* de *daç*, couper ; *cent* de *cat*, diviser, etc. Mais ce ne sont là que des hypothèses[4].

5° PRONOMS[5].

1. *Agglutination pronominale.* — Dans les langues aryennes, les pronoms ont une tendance générale à s'attirer et à s'agglutiner : ὅδε = *sa-sa* fait encore τοῖσδεσι, τῶνδεων, dans Homère et Alcée. Une inscription de Naples donne *heicei*, locatif de *hicce*[6]. *Ipse* fait *eampse* dans Plaute, *ipsam* à l'époque classique. *Meme* est pour le latin vulgaire *memet ipsissimum*. Meunier a prouvé qu'*istius* est pour *isti-ius*, *isti* étant le génitif-locatif en *i*, et *ius* un génitif enclitique

---

1. Après le comparatif, le sanscrit et le latin employaient l'ablatif ; le gothique, l'anglo-saxon et le vieil haut-allemand, le datif instrumental ; le grec et les langues romanes le génitif (plus *de* cent francs).

2. Selon Ascoli, pour φιλότατος, trace de l'ancien état de la langue où l'accent pouvait se trouver sur la 4ᵉ syllabe. (*Genèse du suffixe* τατο, 1876 ; Cf. *R. C.*, XX, 227, art. de Bréal.)

3. Thème démonstratif *da*. Bréal a le premier émis l'idée que οὐδείς et μηδείς viennent de οὐ-δεῖς, μη-δεῖς. Le génitif δίνος est dans Alcée, et le grec moderne dit δίν avec le sens de *rien* (*rem*). Homère ne connaît ni οὐδεμία, ni μηδεμία. Bailly a remarqué en outre que les formes οὐδένες, μηδένες, ne s'expliquent pas si οὐδείς = οὐδὶ-εἷς.

4. Pott (*Différence des langues de l'Europe prouvée par les noms de nombres*, 1866 [all.]) croit que les noms de nombre avaient à l'origine une signification concrète, et non pronominale, comme le pensait Bopp. Il a cité beaucoup de cas où un même mot désigne la main et *cinq*, où *vingt* = *homme* (pieds et mains), où les noms de quelques unités sont identiques à ceux des doigts. Mais il y aura toujours contre lui l'exemple de *unus*, *êkas*, *eins*, dont l'origine pronominale est incontestable.

5. ἀντωνυμίαι. Apollonius appelle les pronoms personnels μοναδικαὶ ἀντωνυμίαι, parce qu'une seule forme exprime les trois genres.

6. Pacuvius emploie dans le sens de ἡ αὐτή une forme *sapsa*, provenant d'une racine *sa* dont on a, dans Ennius, les accusatifs *sam*, *sum*. — Avant Auguste, on ne trouve jamais *hi*, mais seulement les pluriels composés avec le suffixe *ce* : *heisce*, *hisce*. — On trouve chez les Doriens la forme αὔταυτος, à laquelle correspond le vieux lat. *emem*.

de la racine pronominale *i*, que l'on retrouve dans *hujus*, *unius*, *patrus*, et une fois isolé dans Plaute¹ (*Persa*, 83). — *Aham* (ἐγών), pour *agham*, renferme trois parties : 1° *a*, thème démonstratif; 2° *gha* (γε), enclitique en sanscrit ; 3° *m*, désinence du nominatif dans les pronoms.

2. *Pronoms personnels.* — Dans toutes les langues aryennes, le radical du nominatif diffère de celui de tous les cas obliques. — νῶι, *nos*, *vos*, sont parents des formes secondaires du sanscrit, *nas* et *vas* (cf. chap. v).

3. *Pronoms démonstratifs.* — Bopp les croit formés avec trois radicaux : 1° *ta* (οὗτος, *tot*, etc.); 2° *i* (*is*, *ita*, etc.); 3° *ya* (ὅς, *ejus*, etc.). — οὗτος est la réunion du radical indo-européen *ta* avec le radical zend *ava*, celui-là².

4. *Pronoms indéfinis et interrogatifs.* — Leur radical commun est le scr. *ka* : ionien κότερος, attique πότερος. Dans τίς, τοῖος, τ a remplacé le son *k*, comme dans πέντε = *quinque*. *Ubi* est pour *cubi* (resté dans *si-cubi*, *ne-cubi*).

5. *Pronoms relatifs.* — Aucune langue indo-européenne n'a de racine propre au relatif. Le relatif grec est un ancien démonstratif (ἣ δ' ὅς). Pott montre que le pronom relatif latin dérive par le sens du pronom interrogatif. (Cf. le français : *Qui* m'aime, me suive³.)

6° ARTICLE⁴.

1. En grec et en gothique, le nom de l'article vient de la racine pronominale sanscrite, *sa* : comparez *sô 'ham* et ὅδ' ἐγώ. En arménien, l'article est un préfixe, *s* (*s'haz* = le pain), venant, selon Bopp, de la racine pronominale sanscrite *tya*. Dans les dialectes gadhéliques de l'irlandais, c'est le thème démonstratif *ana* qui est devenu l'article : *an oigh* = la vierge. En somme, dans toutes les langues indo-européennes et romanes, l'article est un démonstratif qui a perdu de sa force par l'usage⁵.

---

1. Bücheler (p. 125, éd. L. Havet), au lieu de décomposer, comme Meunier, *quoius* (cujus) en *quoi-ius*, y voit un adjectif comme *cujas* dont le masculin seul existe.

2. *Ille* et *iste* avaient un nominatif en *us* à côté du nominatif en *e*. La formule du crieur public qui invitait aux funérailles était : *Ollus Quiris leto datus est*. Plaute emploie *istus*. — Le génitif sing. de *ego* était anciennement *mis*, le datif *mihei* et *mihe*. On trouve *tis* = *tui* dans Plaute; *tibei* et *tibe* (ombrien *tefe* au datif). L'accusatif de *is* (*Lex XII Tab.*, 8, 11) est *im*, *em*, fém. *sam* = *eam*; accus. plur. *sos*, *sas*.

3. Ombrien *pes*, *pas* = *qui*, *quae*.

4. Les Grecs distinguent entre l'ἄρθρον προτακτικόν (ὁ, ἡ, τό) et l'ἄρθρον ὑποτακτικόν (ὅς, ἥ, ὅ, que nous appelons *relatif*). Théodose définit l'article : ἄρθρον λέγεται ἀπὸ τοῦ ἐνάρθρως ἀποδεικνύειν τὸ γένος τοῦ ὀνόματος. — Denys et Quintilien font honneur aux stoïciens d'avoir les premiers séparé l'article de la conjonction. Les stoïciens appellent l'article un pronom indéfini et lui donnent pour fonction de marquer le genre des noms. Tryphon, suivi par son élève Apollonius Dyscole, établit le premier que l'article rappelle une idée préconçue et que son essence est l'*anaphore*; cependant la théorie des stoïciens se retrouve dans Théodose et les grammairiens latins. Egger (*Apoll. Dyscole*) signale la doctrine d'Apollonius dans un traité de saint Épiphane *contre les Hérésies*, les scholies de Denys le Thrace, Michel le Syncelle, Planude, Théodose de Gaza. Dumarsais est revenu le premier à cette théorie, sans en connaître l'auteur. — Pline l'Ancien, suivi par les grammairiens latins, propose de reconnaître un article dans *hic*, *haec*, *hoc* (Quint., 1, 4, 9 : *Sermo noster articulos non desiderat*. Scaliger appelle l'article : *otiosum loquacissimae gentis instrumentum*). Cf. Graefenhan, *op. cit.*, III, 114.

5. On a souvent nié, à la suite d'Aristarque, qu'Homère ait connu l'article; Bernhardy (*Litt. grecque*, I, p. 29) pense qu'inconnu aux Pélasges, il fut introduit dans la langue par les

2. Dans le grec ὁ, ἡ, τό, l'esprit rude est pour un s, qui remplace lui-même le t conservé par le zend, le gothique et le dorien (τοί). Au nominatif singulier, le grec, le gothique et le sanscrit s'abstiennent ordinairement de tout signe casuel : ὁ = sa. La raison en est que la désinence s est elle-même pour sa, qui se serait trouvé répété inutilement (?).

3. L'article indéfini est fréquent dans le grec des Septante: προσελθὼν εἷς γραμματεύς, et a passé de là dans le bas-latin et les langues romanes.

7° INFINITIF [1].

1. L'infinitif sanscrit (voy. chap. v) est un accusatif que l'on assimile souvent aux accusatifs des noms abstraits : *Brachiorum-extensionem et flere incipiens*. (Çakountalâ.) Dans Plaute même, on trouve des noms abstraits ayant des fonctions verbales : *Tactio hanc rem; Quid tibi hanc curatio est rem* — expressions qui rappellent le védique : *dator divitias*. — Les substantifs abstraits en *ana*, au locatif, peuvent tenir lieu de l'infinitif : *Propera in-exquisitione* (= *exquirere*) *conjugis* [2].

2. L'infinitif sanscrit n'a qu'un passif périphrastique : pour rendre *vestis non potest resumi*, il dit *vestis non potestur resumere* (avec le passif de çak, pouvoir [3]). — Comme le supin latin, l'infinitif, à l'origine, n'a ni actif ni passif; ou plutôt, la même forme peut prendre les deux sens, comme les noms abstraits : *amor Dei*. C'est ce qu'on voit encore dans les tournures modernes : « *Ich höre erzählen*. — *Par les traits de Jéhu j'ai vu percer le père*. » Car la valeur nominale primitive de l'infinitif reparaît dans nos langues analytiques [4].

Le supin latin dit actif est un accusatif identique à l'infinitif sanscrit en *tum : svanitum = sonitum*. Le supin en *tu* est l'ablatif du même substantif abstrait, comme on le voit dans l'expression : *Parvum dictu, sed immensum exspec-*

Hellènes. Il semble que l'article n'a pu être réduit au rôle de démonstratif très faible que dans une société parlant beaucoup, usant, pour ainsi dire, les mots, et qu'il a dû naître assez naturellement dans les conversations d'Athènes. Platon l'emploie plus que les autres Attiques; et l'on a cru remarquer (Kühner) qu'il se trouve plus souvent dans les écrits d'Hippocrate postérieurs à son voyage à Athènes. Chez tous les poètes épiques et lyriques, il est très rare : mais Théocrite s'en sert fréquemment. Dans Homère, sa signification démonstrative est encore très sensible (ὁ γέρων = *ce vieillard*); et si l'on se contente de dire qu'Homère ne connaît pas *l'article attique*, on ne se trompera certainement pas.

1. τὸ ἀπαρέμφατον ῥῆμα εἴρηται ὅτι οὐκ ἐμφαίνει ψυχικὴν διάθεσιν (Schol. Denys de Thrace). Le verbe, pour les Stoïciens, se réduit à l'infinitif; quand l'affirmation se complique d'un sujet au nominatif, comme dans Τρύφων περιπατεῖ, elle s'appelle κατηγόρημα, *assertion*, ou σύμβαμα, *accident*. (Voy. Egger, *Apoll. Dyscole*.)

2. Cf. les infinitifs allem. en *en* : *gehe such-en*.

3. C'est la phrase de Salluste : *Ulcisci nequitur* (Jugurtha, 31), où *ulcisci* n'est nullement un passif. On trouve *potestur* dans Lucrèce et ailleurs.

4. J'ai déjà indiqué l'évolution des langues entre les pôles de la flexion et du monosyllabisme. L'emploi de l'infinitif, nom verbal à l'origine, plutôt verbe que nom en Grèce et à Rome, redevenu presque un nom dans les langues romanes, donne le spectacle d'une évolution analogue. L'infinitif grec ne peut être immédiatement précédé d'une préposition : en anglais, tout infinitif est précédé de la préposition *to*. L'infinitif grec a un passif : l'infinitif moderne a seulement la double acception des noms abstraits (*amor Dei*). L'infinitif, en grec, peut désigner le but de l'action, ce que ne peut faire un substantif : en français, cet emploi est des plus restreints (mener boire).

latione (Tite Live). *Dictu* n'est pas un passif. — Le gérondif latin n'est autre que les cas du participe futur passif.

4. *Étymologies*. — L'infinitif peut se ramener, pour le sens, à un datif ou à un locatif : αὖθι μένειν (idée de direction) ; ἁδὺ πιεῖν, (sanscrit *svâdu pâtav-ê*)(idée de cause) ; μὶν ἔτρεφε πῆμα γενέσθαι (idée de but). Les linguistes voient dans les formes de l'infinitif tantôt des datifs, tantôt des locatifs [1]. — L'infinitif passif grec et l'infinitif passif latin renferment tous deux le pronom réfléchi : ζητεῖσθαι = ζητεί-σ-θαι = chercher-se-faire. *Amarier* est pour *ama-se-fieri* (Benloew). *Fieri* et *fiere* sont des locatifs comme *ruri* et *rure*.

8° PARTICIPE [2].

1. Il y a deux formations du *participe présent*. — **A**. La forme primitive du participe est *ant* pour les thèmes consonnantiques, *nt* pour les thèmes vocaliques : *ad-ant*, *tuda-nt*. Le féminin est *ad-atî* (edens), pour *ad-antya*. En grec, l'α est devenu ο : le féminin οντjα devient ουσα, comme γεροντjα = γερουσία. En latin, *ont* est devenu *unt*, puis *ent* : *praesent-s*, *praesent-ibus*. Le féminin *ya* se retrouve dans les noms abstraits en *ia* : *abundant-ia*. — **B**. Le sanscrit forme un second participe présent actif avec le suffixe *vant*, ayant le sens de *praeditus* : *açva-vant*. En grec, *vant* devient Fεντ, Fεσjα ou Fεσσα. En latin, *vans*, *vonso*, *voso*, *oso* : *formosus*. Ce suffixe s'est ajouté aussi au thème du parfait : en grec il est devenu Fοτ-ς, Fυια (peut-être = *vas* + *ya*). ἑστῶτες est pour ἑστα-Fοτες. — Le latin ignore cette formation.

2. *Participe passé passif*. — Le sanscrit le forme en ajoutant le suffixe *ta* à des racines ou thèmes verbaux : comparez *sti-tas*, *sta-tus*, στα-τός.

3. *Participe parfait passif*. — Le sanscrit le forme avec le suffixe *na*, gr. νος, lat. *nus* : comparez *pur-nas*, *ple-nus*, δει-νός.

4. *Participe moyen et passif*. — Il se forme, ainsi qu'un grand nombre d'adjectifs et de substantifs, avec les suffixes *ma*, *mâna* : *nâ-man*, *no-men*, θερ-μός. φερό-μενος correspond à *bhara-mânas*, et au latin *feri-mini* (estis). Employé au locatif singulier, *mâna* a donné, selon Schleicher, les infinitifs en μεναι : φορήμεναι. En latin, *mâna* = *meno*, *mino*, dans les substantifs : *alumnus*, *columna*, *femina*.

5. *Participe futur en turus*. — Il a pour origine le suffixe *tar*, d'où

---

[1]. μεναι, désinence homérique (δόμεναι pour δοῦναι), correspond au sanscrit *manê*, datif du suffixe *man*, qui forme beaucoup de noms en sanscrit, grec et latin : *tegmen*, ποιμήν. Conf. κύνας ἔτευξε φυλασσέμεναι δόμον (Hom.), et *Canes fecit tutamini*... — Un autre suffixe, *van*, a donné le sanscrit *dâvanê*, grec δοFεναι = δοῦναι. Schleicher voit dans ces formes des locatifs de suffixes *ana*, *mana*, qu'on retrouve dans les noms : τύμπανον, *columna*, etc. — L'infinitif actif φέρειν est formé (Curtius) par le suffixe —*sani* qui s'ajoute, en védique, à des radicaux de verbes : *bharasani* = φερε(σ)εν* = φέρειν. D'autres admettent φερεναι = φερενι = par métathèse φέρειν. — Les formes védiques en *asê* (datif d'un radical en *as*) ont donné les infinitifs grecs en σαι, latin *se* (esse, amavisse, velle = vel-se), ou *re* (par rhotacisme), les infin. archaïques *scripse*, *abstracse*, etc. L'e de *dare*, correspondant à *ê*, est encore long dans Plaute (Truc., II, 4, 71 ; Tér., Heaut., IV, 4, 2). La forme grecque σαι est un véritable datif, tandis que les autres datifs grecs sont des locatifs. — Les dialectes italiques ont un infinitif en *um* qui est un accusatif comme le supin.

[2]. μετοχή. Apollonius avait composé un traité περὶ μετοχῶν.

tara, qui forme beaucoup de noms d'agents : *g'ani-tar*, πα-τήρ, *pa-ter*, *vic-tor*, *sepul-tura*, *usura* (= *ut-tura*).

9° THÉORIE COMPARÉE DE LA CONJUGAISON[1].

1. Le verbe est formé de trois éléments, le thème temporel, la voyelle modale ou thématique, et la désinence personnelle : *ag-i-mus*.

2. Il y a deux sortes de désinences personnelles : les *désinences primaires*, qui s'ajoutent aux thèmes du parfait, du présent et du futur ; et les *désinences secondaires*, qui s'ajoutent aux autres temps, et paraissent être des désinences primaires affaiblies. Selon Bopp, toutes les désinences verbales sont, à l'origine, des suffixes pronominaux qui se sont agglutinés au radical verbal : ἐσ-μι = *être-moi* ; ἐσ-τί = *être-lui*, etc.[2].

3. *Voyelles modales.* — Lorsque les désinences personnelles ne s'ajoutent pas directement aux verbes, comme dans εἰμί, le sanscrit insère *a*, le grec et le latin ε, ω, ε, ο, ι, υ et α (er-a-m). Les voyelles modales longues caractérisent le subjonctif[3].

4. *Thèmes temporels.* — Il y a sept thèmes temporels : ceux du présent, de l'aoriste 2 actif, du futur, de l'aoriste 1er actif, du parfait, de l'aoriste 2 passif, de l'aoriste 1er passif[4].

5. *Augment, redoublement.* — L'augment est *syllabique* (ἔ-λυον) ou *temporel*

---

1. Curtius, *Verbe grec*, 1873 (all.). — Schleicher, Baur, Papillon, *ouvr. cit.* L'excellent livre de Curtius, *Temps et modes en latin et grec*, 1846 (all.), n'est plus dans le commerce. — TERMINOLOGIE : *conjugaison*, συζυγία ; *verbe substantif*, ὑπαρκτικὸν ῥῆμα ; *transitif*, διαβιβαστικόν ; *intransitif*, ἀδιαβίβαστον, *absolutum* (Priscien). — *Voix active, passive, moyenne* : διάθεσις ἐνεργητική, πάθος, μεσότης. — *Indicatif*, ἔγκλισις ὁριστική ; *impératif*, προστακτική, *conjonctif* ou *subjonctif*, ὑποτακτική ; *optatif*, ἔγκλισις εὐκτική ; *infinitif*, τὸ ἀπαρέμφατον ῥῆμα ; *participe*, μετοχή ; *supin*, ὕπτιος ; *présent*, ὁ ἐνεστὼς χρόνος ; *imparfait*, παρατατικός ; *futur*, μέλλων ; *passé*, παραχείμενος ; *parfait*, παρεληλυθώς. Les termes latins ressemblent aux français. — Aristote définit ainsi le verbe : ῥῆμά ἐστιν τῶν καθ' ἑτέρου λεγομένων σημεῖον, c'est-à-dire qu'il exprime l'attribut avec le rapport d'énonciation qui l'unit au sujet. (Thurot.)

2. « Deux formes seulement, la première et la deuxième pers. du sing., se prêtent à cette explication, et ce sont peut-être les plus modernes. » (Bréal, *Acad. inscr.*, 22 sept. 1876.)

3. Curtius considérait autrefois la voyelle modale comme *phonétique* ou *euphonique* ; mais, dans son *Verbe grec*, il y voit un suffixe pronominal ajouté au thème par une sorte d'emphase : *agmas* serait devenu *agamas*, comme *regmen, regimen*. — Il n'y a en vérité que deux modes, l'indicatif et le subjonctif ; car l'infinitif est un nom verbal, l'impératif est une sorte d'interjection verbale qui se distingue du présent par des désinences plus faibles ; et l'optatif n'est que le subjonctif des temps historiques. [Cette dernière opinion, tout à fait plausible, a été soutenue dès 1835 par Kühner, contre Mehlhorn, Hermann, Curtius ; combien il est simple de dire que λύω est le subjonctif présent, λύοιμι le subj. de l'imparfait (étant à ἔλυον comme *essem* est à *eram*) ; λύσω et λύσαιμι deux subjonctifs de l'aoriste, dont le premier a le sens du futur ; λελύκω le subj. du parfait et λελύκοιμι celui du plus-que-parfait ! Cf. la 2ᵉ édit. de Kühner.] — La voyelle modale du subj., en grec est ω, η, correspondantes au védique *ā* (bibhar-ā-ni, resté comme première pers. de l'impératif en scr.), au latin *a*, *i* : ἴω-μι = ὦ, ἴη-σι = ᾖς, lat. *veh-a-m, ded-er-i-tis* (ancienne quantité, Ennius). L'optatif grec dérive du précatif-potentiel-dubitatif scr. dont le suffixe est *ya*, en grec ι, η, ι, lat. *ie* : θι-ίη-ν, λύοι-ι-μι ; latin *siem* = syām = ἴ(σ)ιην. *Velim, edim, perduim*, sont aussi des optatifs, ainsi qu'*amem* pour *ama-im*, ombrien *portaiat* (= *portet*). Ainsi le subj. latin est un mélange de formes du subjonctif véritable et de l'optatif : *veham* est un subjonctif, *amem* un optatif. L'optatif de *veho* est devenu le futur (?).

4. Les temps sont *simples* quand ils sont formés avec une seule racine (présent, imparfait, parfait 2, plpft. 2, aoriste 2). Ils sont *composés* quand ils sont formés avec deux racines.

(ἦλθε). Il est formé en scr. par le suffixe *a*, qui devient ε en grec. Curtius croit que cet *a* préfixé au verbe lui donne le sens du passé, comme ferait un adverbe, ποτέ, *jadis*[1]. — Pour le redoublement, voy. p. 150, note 1.

Analyse des désinences actives[2]. — Singulier : 1ʳᵉ Personne. Désinence primaire *mi*; désinence secondaire, *m*, ν (*mi*). — La désinence primitive (*mi*) a disparu dans les verbes en ω, sauf à l'optatif: φέροι-μι. Elle subsiste dans les verbes en μι. Le subj. φέρω allonge la voyelle finale (?) par compensation de la perte de μι : φέρω = φερο-μι. — La désin. secondaire s'est réduite à ν : τρέφοι-ν, ou a disparu : ἔλυσα[μ]. On trouve encore *m* en anglais (*I am*) et *n* en allemand (*Ich bin*). En latin, les deux désin. se sont confondues : *m* subsiste dans *su-m, inqua-m*, et à l'imparf., au plpft. et au subjonctif de toutes les conjugaisons.

2° Pers. — Désin. primaire *si*; désin. second. *s*. — En grec et en lat. la désin. second. *s* remplace la désin. primaire σι (du védique *dhi* pour *tva*), que l'on retrouve dans ἐσ-σί, κλῦ-θι, εἶσ-θα, et au parfait latin, (φέρεις = φέρε-σι, par métathèse, comme φαίνω = φανjω?)

3° Pers. — Désin. primaire *ti*; désin. second. *t*. — Le grec ἔτρεφε est pour ἐτρεφε-τ, lat. *foveba-t*. Le lat. a partout *t*, sauf à l'impératif, où il a *to*, qui répond au *tât* védique. On trouve en grec τι devenu σι (φη.-σί), et l'on explique φέρει = φέρε-σι, avec perte du σ, ou φέρετι = φέρει, avec chute du τ. *Legeti* a donné *legeit, legīt*, dont la finale, en effet, était primitivement longue.

Pluriel : 1ʳᵉ Pers. — Désin. primaire *masi*; désin. second *mas*. — On trouve dans les Védas *vahâ-masi*, dorien μες, grec μεν, lat. *mus*[3]. On dit que *masi* = *ma*, pronom de la 1ʳᵉ personne, uni au pronom de la 2ᵉ personne *si* (pour *dhi*, forme védique de *tva*) : donc *masi* = moi + toi = nous.

2° Pers. — Désin. primitive *tasi*(?). — En scr., désin. primaire *tha*, désin. second. *ta*, grec τε, latin *tis* (pour *tisi*) et *te* à l'impératif. Les formes de l'impér. futur *to, tote*, répondent à des désinences védiques en *tât*, où la racine du pronom personnel est redoublée. — On explique *tasi* par *ta* + *si* = toi + toi = vous.

3° Pers. — Désin. primaire *anti, nti*; désin. secondaire *ant, nt*. — En grec, αντι se trouve dans ἴ-ασι, λελοίπ-ασι; ντι dans le dorien φέρο-ντι φέρουσι; ν, εν (le τ final est antipathique au grec) se trouvent dans ἔφερο-ν, φέροι-εν. —

1. L'augment (αὔξησις) est particulier au sanscrit, au zend et au grec, où d'anciennes inscr. (C. I. G., 51 : κοῖος μ' ἀπόεσι), ainsi que les règles de l'augment temporel (l'augment + ο = ω : ὀρέγω fait ὤρεγον, pour ἀόρεγον), prouvent qu'il était autrefois en α comme dans les deux langues de l'Asie. Buttmann, Thiersch et Pott, y voyaient un redoublement mutilé : Curtius objecte que le redoublement, à la différence de l'augment, subsiste à tous les modes. Bopp avait pensé d'abord que cet *a* était privatif, marquant le passé comme *non présent*; on objecte qu'on ne trouve pas de traces d'un ancien augment en αν devant les voyelles.

2. Cette analyse, due à Bopp, a été indiquée avant lui par Horne Tooke, *Diversions of Purley*, p. 190. — L'école mystique de Schlegel voit dans les désinences le produit « d'une végétation intérieure et naturelle, » et compare les langues « non à un cristal qui se forme par agglomération autour d'un noyau, mais à un germe qui se développe par sa force intime. » Cette conception, qui suppose à l'homme primitif une force d'intuition merveilleuse, se rattache à la *Symbolique* de Creuzer. Curtius considère la théorie de Bopp comme établie définitivement; mais beaucoup de jeunes linguistes ne pensent pas comme lui.

3. Dans *sumus* (= smus, gr. ἐσμέν), l'*u* est le résultat d'une épenthèse, comme dans *Esculapius, Alcumena*. Les Italiens craignent les doubles consonnes au milieu des mots : les Samnites ne pouvaient prononcer *rg* et disaient *aragetum* pour *argentum*.

En latin, *ant* se trouve dans *s-unt* = *es-onti*; partout ailleurs, le latin a *nt*[1].

DUEL. — 1ʳᵉ pers.: scr. *vas*. — 2ᵉ pers.: scr. *thas, tam*; grec τον partout. — 3ᵉ pers.: *tas, tâm*; grec τον (temps primaires), την (temps secondaires).

Désinences médio-passives. — 1. En sanscrit, zend, grec, gothique, le moyen a formé ses désinences personnelles avec la racine pronominale redoublée.

1ʳᵉ P. Dés. primaire *mami*, μαι; dés. second. *mam*, μην.

2ᵉ P. Dés. prim. *sasi*, σαι (φερε-σαι = φέρεαι = φέρῃ); dés. second. *sas*, σο.

3ᵉ P. Dés. prim. *tati*, ται; dés. second. *tat*, το.

Aucune explication plausible n'a été proposée des désin. du pluriel et du duel.

2. En lithuanien, dans les langues italiques et celtiques, le moyen se forme par l'addition, aux désinences personnelles de l'actif, de l'accusatif du pronom réfléchi *se*: *amo-se* = *amor*; *amas-i-se* = *amaris*;.... *amant-u-se* = *amantur*. Quant à *amamini*, c'est une forme périphrastique = *amamenoi estis*; comparez la forme grecque τετυμμένοι ἐστέ[2].

Thème du présent et division des verbes en dix classes. — On appelle *verbes primitifs* ceux qui forment le thème du présent[3] d'une des dix manières que l'on va dire; *dérivés*, ceux qui ajoutent d'autres éléments à la racine. — Les cinq premières classes de verbes, correspondant aux verbes grecs en μι, n'ajoutent pas de voyelle de liaison. Les cinq autres présentent une voyelle de liaison, *a* en sanscrit, ο et ε en grec, *e*, *i*, en latin.

CLASSE I. — *Désinence personnelle ajoutée sans modification à la racine verbale:* ad-*mi*, εἰ-μί (ἐσ-μι), φα-μί (dor.). En latin, 5 seulement : *es-t, vul-t, fer-t, da-t, sta-t*.

CLASSE II. — *La voyelle de la racine reçoit le guna aux trois premières personnes du singulier :* ê-*mi* (i, aller); grec εἶ-μι (ἴ-μεν); φη-μί (φα-μέν); en latin, l'*é* du guna subsiste à toutes les personnes : *ī-mus* = *ci-mus*. L'*ĭ* guné reparaît pur au supin : *ĭ-tum*[4].

CLASSE III. — *La racine est redoublée :* da-*dhâmi*, τί-θημι, [gi-gno = gigeno.]

---

1. Ombrien *fufans* = *erant*.

2. Une désinence latine comme *amatir* a pu se perdre. On trouve en vieux latin une 2ᵉ p. de l'impérat. *praefamino* (sis), forme analytique, c'est-à-dire populaire, comme *amamini*. — En lithuanien, l's du réfléchi a subsisté : *veja* = vehit; *vejas* = vehitur. En anc. irlandais, s est devenu r comme en latin. La 2ᵉ p. du pluriel se forme en lithuanien comme les autres : *vejati-s* = vehitis-se. Elle diffère dans l'ancien irlandais par une anomalie inexpliquée : *birid* = ferimini. — Mommsen a contesté la théorie de Bopp sur le passif latin par la raison que l'osque, qui ne change pas s en r, présente cependant des passifs en r. Corssen, défendant Bopp, observe que l'osque affaiblit s en z, ce qui est un premier pas vers l'r. Gabelenz (*le Passif* [all.]) a montré que la formation du passif par adjonction d u réfléchi se retrouve en madgyare et en brésilien. D'autre part, Benfey et Whitley Stokes ont émis l'opinion, en 1872, que le r est dû à un auxiliaire *ar*, aller. (Bréal, R. C., t. XI, p. 197.)

3. L'idée du présent étant abstraite et ne correspondant à rien de réel (*Hoc quod loquor, inde est*), le besoin d'un *radical du présent* ne s'est pas fait dès l'abord sentir à la langue. Ce qu'on appelle *le présent* est un ancien futur, et le sens du futur s'est très bien conservé dans εἰμι (futur attique d'ἔρχομαι); cf. *je vais à Paris demain*. Quand la langue a formé les *futurs composés* (λύ-σω), le *futur simple* a été employé avec le sens du présent. On conçoit que le radical de ce *futur simple* soit en général la racine renforcée; car l'on insiste sur l'idée d'un acte pour le présenter comme *voulu* ou *futur*. — D'autres présents sont d'anciens passés : κεῖμαι, οἶδα, *memini*.

4. Ainsi, λείπω est le guna de λιπ, que l'on retrouve dans ἔλιπον. Telle est la théorie de Bopp; mais Saussure (*op. cit.*) prétend renverser la notion du guna, comparée par Havet

Classe IV. — *La racine est renforcée de* ν : δείχ-νυ-μι.

Classe V. — να *est ajouté à la racine* : δάρ-νη-μι, δάμ-να-μεν.

Les cinq dernières comprennent les verbes en ω et les verbes contractes.

Classe VI. — a *est ajouté à la racine sans modification* (gr. ε, lat. *i*) :' bhar-â-mi, λύ-ε-μεν, veh-i-mus.

Classe VII. — a *est ajouté à la racine renforcée* : [bôdh-a-ti (budh)] φεύγ-ο-μεν (φυγ), deic-it = dīc-it (dĭc).

Classe VIII. — a *est ajouté avec intercalation de* n ; {vind-a-ti (vid); σφίγγ-ο-μεν (σφιγ); tang-i-mus (tag).

Classe IX. — ya *est ajouté à la racine* : nah-ya-ti. En grec, *j* se résout en ι ou disparaît de diverses manières : δαίρμαι (δα-ja), δοκέω (δοκ-ja), φαίνω (φα-vja), φύω (φυja). En latin, le son *i* subsiste : capit est pour capiit, et la finale *it* est primitivement longue. — Cet infixe ya, ajouté à des thèmes nominaux en a pour former des thèmes verbaux dérivés (et non plus seulement le thème du présent), est l'origine de tous les verbes contractes [1] : tima-yâ-mi = tima-ô-mi = timaô; en latin, amat = ama-it = ama-ja-ti, moneo = mana-yâ-mi, etc. aya est devenu ajo, εjo, ιjo en grec, $\bar{a}$, $\bar{e}$, $\bar{\iota}$, en latin.

Classe X. — *On ajoute* ska (scr. kha) à *la racine* : ar-kha-ti, φά-σκ-ω, na-sc-or. Le sens de cet infixe est inchoatif (comp. nosco et novi).

Une onzième formation, propre au grec et au latin, consiste dans l'addition, à la racine, de to, ti : τύπ-τε-μεν, plec-ti-mus. Cette formation se retrouve en lithuanien, langue très proche parente du latin.

Remarque. — Tous les verbes latins peuvent se répartir entre la flexion directe, représentée par la 3ᵉ conjugaison en o, et la flexion contracte en ao (o), eo, io, répartie elle-même dans la 1ʳᵉ, la 2ᵉ et la 4ᵉ conjugaison vulgaire [2].

Formation des temps simples. I. Imparfait. — On ajoute l'augment et les désinences secondaires au thème du présent : e-sa-m.

II. Aoriste second. — Formé avec la racine nue, l'augment et les désinences secondaires : [a-dâ-m, ἔ-δω-ν. Il reste une forme de l'aor. 2 latin : parens = τεκών (pariens = τίκτων). Les aor. grecs avec redoublement, ὤρορε, λέλαθον, etc., semblent avoir eu une force causative ou intensive. (Curtius.)

III. Parfait second. — Redoublement de la racine, renforcement de la voyelle primitive, et addition des racines pronominales ma, sa, ta; la racine tud fait tutôd-a [3]. En grec, le redoublement est toujours en ε : πέ-πληγα, λέ-

---

à la vieille idée du phlogistique, qui rend compte des faits à rebours. L'ι d'ἔλιπον serait un affaiblissement de ει, et λείπω perdrait l'ε à l'aoriste comme πέτομαι, aor. ἐπτόμην. On admettra difficilement que le radical du présent soit antérieur à celui de l'aoriste, car la notion du passé est moins abstraite que celle du présent.

1. Le scr. forme ainsi toute une classe de verbes dérivés : açvâyâ-mi = equos cupio.
2. La division en quatre conjug. n'est ni dans Varron ni dans Macrobe, mais date du ivᵉ ou du vᵉ siècle. Comminianus, Probus, Donat, Diomède, Isidore, comptent encore trois conjug. et comprennent dans la 3ᵉ les verbes en ere et ire. C'est Charisius et Priscien qui ont introduit la 4ᵉ conjug. La vraie division, en verbes purs et contractes, est donnée par Clédonius et Eutychès (reprise en France par Dutrey, dans sa *Gramm. lat.*, 1843).
3. Époque monosyllabique : tud-tud-ma. Agglutinative : tudludma. Flexionnelle : tutôda. L'enfance et la passion, qui nous ramènent à la nature, expriment *ce qui est achevé par une répétition* : « Il est parti, parti! » « C'est fini! fini! » Le parfait n'est pas tant un passé (dont l'idée est exprimée par l'aoriste) qu'un *présent intensif* : οἶδα, ὄλωλα, odi, memini.

λειπα[1]. En latin, l'*a* est changé en *e*, les autres voyelles subsistent : *ce-cini, pu-pugi, mo-mordi* (27 parfaits redoublés). Le redoublement a disparu dans *tuli* : dans *fēci, vēni*, il y a eu contraction et allongement : *feici = fe-fici*. Le latin *fecis-ti* s'explique par un redoublement du suffixe de la deuxième personne, sans doute en vue de la clarté (cf. ἦσ-θα, *du has-t*), et *fecerunt* est dérivé de *fec-es-onti* (cf. ἴσ-ασι = Fιδ-αντι). [La terminaison du parfait latin *si* (*punxi = csi*) est pour *esi*, aor. de la racine *es*; les terminaisons *ui, vi*, sont les restes de *fui*, parfait de *fu* (*potui = potfui*). Voy. plus bas.]

IV. Plus-que-parfait moyen. — On ajoute au radical du parfait l'augment et les désinences secondaires : ἐ-λελύ-μην.

Formation des temps composés. — Les temps composés sont formés de deux racines, celle qui constitue le fondement de la signification du mot et celle qui sert à la formation du temps. Deux de ces formations, celle de l'aor. 1er et du futur, se rencontrent en sanscrit.

I. Aoriste 1er. — Formé de la racine, l'augment, *sa* (imparfait de *asmi*, être) et les désinences personnelles secondaires : *a-dik-sha-m*, ἔ-δειξ-σα(-μ). — Le σ disparaît dans ἔχευα (= ἔχεFσα). Après ρ et λ, Homère le conserve : ἔκελσα. Plus tard, on le supprima avec allongement compensatoire : ἔνειμα. — L'optatif éolien σεια, σειας, σειε, provient de σα combiné avec *ja*.

II. Futur. — Formé avec la racine, le suffixe *sya* (*as*, être + *ya*, aller) et les désinences primaires : *dâ-syâ-mi*, πραγ-σjο-μεν (πραξίομεν en dorien.) — *j* devient ε dans les futurs attiques : φευγ-σjο-μαι, φευγ-σεο-μαι, φευξοῦμαι. Il est généralement supprimé : δωσj-ω = δώσω. Aux racines terminées par μ, ν, ρ, λ, on a ajouté εσjω, où σ a disparu entre deux voyelles : τεν-εσjω, τεν-έω, τεν-ῶ. — En latin, on trouve les futurs archaïques *capso, facso*.

Formations propres au grec. I. Parfait 1er[2]. — On ajoute κα au thème redoublé. Ce suffixe serait le verbe pélasgique (?) signifiant *avoir*, qui se retrouve dans l'albanais *kam = avoir* (πεφίλη-κα = *amatum habeo*, j'ai aimé). Cette brillante hypothèse est due à Benloew (*Langue alban.*, p. 211)[3]. — Il y a trois aoristes formés de même : ἔδωκα, ἔθηκα, ἧκα.

II. Plus-que-parfait actif. — Thème du parfait, augment, suffixe de l'aoriste εσα : ἐ-πεποιθ-εσα, d'où (ἐ)πεποίθεα (Homère), et, par métaplasme de la 3e personne ἐπεποίθει, ἐπεποίθειν. La terminaison, de l'aoriste 1er εσαν reparaît à la

---

1. Fιδ fait οἶδα, plur. ἴδμεν, parce qu'en scr. on a *véda, vidmá*, avec un déplacement de l'accent qui allège la 1re syllabe. L'*accentuation* est déjà unifiée dans οἶδα : dans λέλοιπα, λελοίπαμεν, l'*effet même* du déplacement a disparu, ainsi que dans les parfaits latins. L'allemand a conservé un souvenir du même phénomène : *Ich weiss, wir wissen* — et, chose singulière, dans le même verbe que le grec. L'influence de l'accent roman produit quelque chose d'analogue en français : je *sais*, nous *savons*. Les parfaits grecs εἴληφα, ἔοχα, εἴληχα, εἴρηκα, εἴμαρμαι, sont pour λέληφα,... FέFρηκα, etc. = ἔλληφα, ἔFFρηκα, etc. (Bailly, *Soc. de Linguist.*, t. I; mais voyez Curtius, *le Verbe*, II, p. 128-129).

2. Rare dans Homère (20 parf. 1ers pour 500 parf. 2), la désinence κα se trouve seulement après une voyelle : κέκρηκα. Des formes comme ἔσταλκα ne sont pas homériques.

3. Curtius pense que κα se retrouve dans ὄλωκα, θή-κτ᾽, *medi-cu-s*, mais il ne propose aucune explication de ce suffixe. — Les Albanais forment encore avec *kam* le futur et le parfait périphrastique. Il faut admettre que les Pélasges ont formé λέλυκα en ajoutant leur suffixe du parfait à un radical aryen : de même, l'allemand moderne forme ses verbes en *iren* avec des radicaux français : *reclam-iren*.

3ᵉ personne du pluriel : ἐπεποίθεσαν¹. — La langue avait fait un premier effort pour former un plus-que-parfait simple : ἐπέπιθμεν, ἐδείδιμεν.

III. Futur antérieur. — Thème du parfait + le suffixe du futur : λελύ-σο-μαι.

IV. Aoriste ii passif. — Formé de la racine, de l'augment et de η : ἐ-φάν-ην. Curtius et Schleicher voient dans η la racine scr. yâ, aller, en grec ἰ : ἐμίγ-ην = j'allai en mélange.

V. Aoriste 1ᵉʳ passif. — On intercale θ (racine de τίθημι) entre la racine et η : ἐπράχ-θ-ην (Bopp; negat Curtius).

VI. Futur ii passif. — Thème de l'aor. 2 passif + le suffixe du futur moyen : φανή-σο-μαι.

VII. Futur 1ᵉʳ passif. — Thème de l'aor. 1ᵉʳ passif + le suffixe du futur moyen : λυθή-σο-μαι. Homère ne le connaît pas encore (ὅθι τρώσεσθαι ὀΐω, Il., 12, 66), et les tragiques l'évitent. Après Aristote, le passif disparaît de plus en plus.

Formations propres au latin. I. Parfait en si. — La racine + le parfait de es : duc-esi = duxi. Cette formation est ordinaire quand la racine est terminée par une gutturale, une dentale ou une labiale.

II. Parfait en ui et en vi. — ui est le reste de fui : polui = potefui². Cette formation est propre aux verbes dérivés (1ʳᵉ, 2ᵉ et 4ᵉ conj.), et se rencontre aussi à la 3ᵉ après une voyelle et r, l, m, n, p : aper-ui, col-ui, vom-ui, gen-ui, rap-ui.

III. Imparfait de l'indicatif. — bam est un imparfait de fu (fuam, uam, vam, bam?) ajouté aux thèmes vocaliques purs (ibam) et dérivés en a, e (ama-bam); avec les thèmes consonnantiques et les dérivés en ī, on insère une voyelle longue : audi-ē-bam, reg-ē-bam. C'est le résultat d'une fausse analogie (influence de monebam).

IV. Plus-que-parfait de l'indicatif. — Thème du parfait + (e)sam : steti-sam = steteram.

V. Futur. — Il y a deux formations. 1. Thème des verbes dérivés + bo, bis, bit, venant de fo, fis, fit, contractions de fuio, fuis, fuit, futur de fu, être. 2. Dans la 3ᵉ et la 4ᵉ conjugaison, l'optatif (?) s'est substitué au futur en bo que l'on trouve dans le latin archaïque (aperibo, venibit, dans Plaute et la lex Thoria), et, par suite, le futur ressemble beaucoup au subjonctif.

VI. Futur antérieur. — Il y a deux formations. 1. Thème du présent + le futur so, sis, sit, de la racine es : cap-so, fac-so. 2. Thème du parfait en i + so : dedi-so = dedero ; amavi-so = amavero. Amassit, habessit, sont pour amavi-sit, habevi-sit. On a eu tort de confondre ces deux formations.

VII Parfait du subjonctif. — Thème du parfait en i + l'optatif de es : fecerim = feci-siem.

VIII. Imparfait du subjonctif. — sem (p. siem) est ajouté au thème du présent : vellem = vel-sem.

IV. Plus-que-parfait du subjonctif. — Thème du parfait en is + sem : fecis-sem. Dans d'anciennes formes, sem est ajouté au thème du parfait sans i ni is : faxem = fefac-sem.

---

1. τισαν est une forme de la décadence.
2. Cette théorie est combattue par Merguet (op. cit., p. 192, 206), ainsi que celle de la formation de l'imparfait.

10° ADVERBES, PRÉPOSITIONS, CONJONCTIONS [1].

1. Les adverbes[2] sont des noms devenus indéclinables à certains cas, surtout au datif, à l'accusatif et à l'ablatif : σπουδῇ, δίκην, *primum*, τόπριν, *continuo*. De même, en français, *volontiers*, *envis*, dérivent d'ablatifs bas-latins en *is* (Littré). Les désinences *tim*, *δόν*, *δην* (*partim*, κρύβδην, βοτρυδόν), sont des accusatifs[3]. *tus*, θεν, dérivent du suffixe scr. *tas* marquant éloignement d'un lieu, et qui s'ajoute aux substantifs (*caelitus*, πόθεν). — Le scr. forme les adverbes de lieu avec les pronoms et le suffixe *tra* = *tara*, que l'on retrouve dans *citra*, *ultra*, *pariter*.

2. « Toutes les vraies prépositions, dit Bopp (§ 995), peuvent être ramenées à des pronoms. » *Ati*, sur, *adhas*, sous, sont dérivés du thème démonstratif *a*. Au scr. *ati* correspond le latin *at* dans *at-avus* : ἀντί est le scr. *anta*, fin, qui est lui-même d'origine pronominale (*ana*?)[4].

3. Les conjonctions indo-européennes dérivent de racines pronominales[5]. Ὅτι, *quod*, *das*[6], sont d'anciens pronoms neutres. — *Si* se dit en scr. *yadi*, qui dérive du thème relatif *ya*; de même *si* dérive du thème réfléchi *se*, et le grec εἰ est pour ἰδι, qui est identique à *yadi*. — *Aut* se rattache à la racine d'αὐτός[7], μέν et δέ sont parents de μία et δύο (premièrement... deuxièmement). — *Sed* est formé avec le préfixe de *secerno*. — Ὡς, *quam*, ont la même origine que les pronoms ὅς, *qui*. — Les négations ont aussi une origine pronominale. — Οὐ se rapporte à *ava*, et χι dans οὐχί se rapporte au thème pronominal *ci*, qui a donné également le latin *que*. [Cf. *ne(c)* et *neque*.] Les négations *na*, *ne*, *ni*, *νη*, se rattachent à la racine pronominale *na*, qui répond à *illud* et marque l'éloignement[8]. D'autres négations sont des substantifs : βαιόν (= *pas*)[9], cf. *goutte*, *pas*, *mie*. On voit que la langue, comme l'esprit, conçoit la *négation* comme une *petite quantité* ou l'*éloignement*, et ne peut nier qu'en affirmant.

---

1. L'interjection n'appartient ni au langage proprement dit, ni à la grammaire. Audax (ap. Hagen) la définit : *Pars orationis ostendens animi motum per suspirationem*. Le mot *interjectio* a été introduit par Palémon, sous Tibère.

2. ἐπιρρήματά εἰσι δυνάμει ἐπιθετικὰ τῶν ῥημάτων (Apoll. Dyscole). — Apollonius distingue 3 classes d'adverbes, χρονικά, τοπικά, σχετλιαστικά. Théod. de Gaza les range conformément aux 9 classes d'attributs qui, avec la substance, forment les 10 catégories d'Aristote.

3. Les adverbes latins et grecs sont surtout des ablatifs ou des locatifs : *istinc* = *istimo* + le suffixe démonstratif *c*; ὅμως = *samát* (abl.) Exemples de datifs et de locatifs : χαμαί, κίδοι, *nove*, *facillumed*, *impruſid* (osque pour *improbe*). — *Mox* est un anc. locatif, sanscrit *maksû* = vite.

4. Les prépositions sanscrites les plus fécondes en congénères sont : *apa*, de (ἀπό); *api*, sur (ἐπί); *abhi*, vers (ἀμφί); *ava*, de (αὖ-, au-); *upari*, sur (ὑπέρ); *ut*, sur (dans ὕστερος = ὕστερος); *prati*, contre (προτί, πρός); *antar*, entre (ἐντός); *paçcát*, après (*post*). Elles servent surtout en composition.

5. Bopp, § 991.

6. Il est absurde d'écrire *dass*.

7. *Vel* est une ancienne forme du subj. de *velle* (cf. le français *soit*) et n'est aucunement parent de *ve* (scr. *va*).

8. *Non* = *ne oinom*. On lit dans Lucilius : *Si naenu molestum est....*

9. Egger, *Journ. des Sav.*, 1876. Il a expliqué ainsi la locution homérique écrite par les Alexandrins οὐδ' ἠβαιόν = οὐδὲ βαιόν, *ne passum quidem*.

§ XI. — SYNTAXE COMPARÉE ET SÉMASIOLOGIE.

1. La syntaxe comparée est une science dans l'enfance, et dont la difficulté est fort augmentée par le manque d'études de détail sur la syntaxe sanscrite et zende. Delbrück et Windisch, Jolly et Ludwich, ont publié à ce sujet des travaux considérables, mais dont les résultats sont trop contestés pour qu'on entreprenne de les résumer ici[1].

La *sémasiologie* (le mot est dû à Reisig, *Leçons sur la langue latine*, 1839) est la science de la signification des mots et de ses variations[2] — science également intéressante pour le linguiste et pour le philosophe, mais encore peu approfondie. Toutefois, une partie importante de la *sémasiologie*, la théorie des TROPES, a été étudiée avec soin dès l'antiquité (Tryphon, Quintilien), et il ne paraît pas qu'il reste grand chose à y ajouter[3].

§ XII. — ORDRE DES MOTS.

Un point capital de la syntaxe comparée, l'*ordre des mots*, a été supérieurement traité par Weil[4]. Je vais en donner une idée d'après lui.

1. L'ordre des mots, différent de l'ordre syntaxique, est identique à la marche de la pensée. On dit que les langues anciennes suivent un autre ordre que les modernes : il faudrait dire seulement que, dans les langues anciennes, le

---

1. Delbrück et Windisch, *Subjonctif et optatif en sanscrit et en grec*, 1871 (all.); le même sujet étendu au zend et au vieux perse, par Jolly; du même auteur, l'*Histoire de l'infinitif indo-germanique*, 1873. — La méthode de comparaison, qui convient pour l'étude des vocabulaires ne convient nullement à la syntaxe. « En syntaxe, les ressemblances et les différences entre les langues sont tout à fait indépendantes de leur degré d'affinité. Le participe allemand a avec le participe français une prodigieuse ressemblance qui n'est explicable ni par la parenté des deux langues ni par leur influence l'une sur l'autre. » (Thurot.) Les langues modernes ont fait sortir l'article du pronom démonstratif absolument comme le grec, et indépendamment de lui. Ce ne sont plus les traits grammaticaux d'une langue primitive, mais les procédés généraux de l'esprit humain, que la syntaxe comparée peut nous faire connaître; elle n'en est que plus digne d'étude.

2. « La transformation du sens des mots s'opère suivant des figures dites catachrèses, synecdoques, métaphores, etc., qui consistent toutes dans la mise en relief d'une qualité spéciale d'un objet aux dépens des autres, c'est-à-dire *au mépris de la logique*. La transformation des idiomes repose donc pour la plus grande partie sur le *raisonnement oblique*, et le langage, ce grand fait humain, a pour principe premier un paralogisme. » (Darmesteter. Cf. du même philologue, un art. dans la *Revue philosophique*, nov. 1876.)

3. W. Freund, en 1844, a étudié les changements de sens du mot *langue* dans 25 idiomes différents. Cf. Haase, *Leç. sur la langue latine*, 1874 (all.); Heerdegen, *Sémasiol. latine*, 1878, all. (*Centralbl.*, 15 mars 1879); Westphal, *Sémasiol. de la langue grecque*, 1873 (all.). — Exemples : *schlecht* signifiait en anc. allemand *bon, simple* : de là, *niais, inutile*, et auj. *mauvais*. — *Ingenium* a donné d'une part *ingénieux* et de l'autre *ingannare* = tromper, en italien. — *Ekelhaft*, qui signifie *délicat* dans Leibnitz, signifie auj. *dégoûtant*, etc. Max Müller a essayé d'expliquer, par l'hypothèse d'un changement dans la végétation du globe, pourquoi le même mot (φηγός, *fagus*), signifie chêne en grec et hêtre en latin et en gothique (*Nouv. leçons*, I, 299).

4. 1re éd. 1844; 3e éd. 1879. Cf. Bergaigne, *Soc. de Linguist.*, t. III, qui a beaucoup élargi le champ des recherches de Weil, sans le contredire.

rapport de la syntaxe à l'ordre des mots est autre que dans nos langues. Affirmer que c'est l'ordre des mots qui a changé, c'est se laisser abuser par une illusion d'optique[1].

2. Dans les langues anciennes, le mouvement des idées est rendu par l'ordre des mots, le mouvement syntaxique par les terminaisons. On ne s'inquiète pas que ces deux ordres soient identiques. Dans les langues modernes, les terminaisons ayant disparu, l'ordre des mots doit servir en même temps à exprimer les rapports syntaxiques.

3. On a distingué les langues en *analogues* ou *analytiques*, *transpositives* ou *inversives*. A la vérité, il n'y a d'inversion que dans nos langues, parce qu'elles sont analytiques; dans les langues anciennes, il n'y a pas d'*infraction*, puisqu'il n'y a pas de *loi*. Weil distingue les *langues à construction libre* des *langues à construction fixe*. Ces dernières, où la construction est réglée par la syntaxe, peuvent se répartir entre quatre systèmes, celui du français, de l'allemand, du turc et du chinois. Le français, qui place le complément après le terme complété (*donner un soufflet*), est diamétralement opposé au turc, qui place le mot régi le premier[2]. L'allemand suit l'ordre français dans les propositions principales, l'ordre turc dans les subordonnées. Le chinois, presque identique sur ce point à l'anglais, se classe entre le français et l'allemand[3]. La construction qui fait précéder le complément est dite *ascendante*[4] (caeli filius). La construction *descendante* convient à l'analyse, et se trouve souvent dans Aristote. Le français est essentiellement descendant, l'allemand presque toujours ascendant : de là, la différence de clarté entre ces deux langues. Le turc est absolument asservi à la construction ascendante[5] : le latin et le grec tempèrent ces deux constructions l'une par l'autre, et en tirent les effets les plus heureux[6].

[1]. La phrase : *Romam condidit Romulus* doit se traduire par : *Rome fut fondée par Romulus*, en respectant l'*ordre des mots*, qui est celui de la pensée. L'*ordre syntaxique* français demanderait : *Romulus fonda Rome*.

[2]. *Padissae filii equos subripuit* (ordre turc).

[3]. Comparez la phrase chinoise : *Caeli filius potest designare virum ad caelum*, et l'anglais : *Heaven's son can design a man to heaven*.

[4]. Hermogène la nomme πλαγιασμός. (*De formis*, 1, 3.)

[5]. On la trouve aussi dans quelques vieux textes de lois romains.

[6]. La construction descendante est accompagnée de l'accentuation ascendante, et réciproquement. Dans les langues anciennes, à la fin des périodes descendantes, après les mots les plus significatifs, arrivent encore un ou deux mots qui, en achevant la construction grammaticale, n'ajoutent pas grand chose au sens et forcent la voix à descendre. De là résulte l'harmonie de ces terminaisons, qui sont comme les derniers tintements d'une cloche : *Esse existimetis, esse videatur*. — Weil se rencontre avec Nisard (*Littér. franç.*, 1, p. 412) pour ne voir dans l'harmonie de la phrase « qu'une suprême convenance d'un style qui réunit toutes les autres. » Il pense que « le jugement de l'oreille cache souvent un jugement de l'esprit », et, par suite, que nous pouvons sentir, en général, le charme qui résulte de l'arrangement de la phrase chez un Cicéron ou un Démosthène. Ces vues très séduisantes sont combattues par Benloew (*Accent indo-européen*, p. 216 sqq), qui n'admet point l'existence de l'accent oratoire, c.-à-d. d'un appui de la voix portant sur un mot dans chaque proposition et sur une proposition dans chaque période. (Weil, p. 74-75.)

LIVRE VII

HISTOIRE POLITIQUE ET LITTÉRAIRE, PHILOSOPHIE ET SCIENCES DE L'ANTIQUITÉ (*BIBLIOGRAPHIE*)

Je ne donne ici qu'une bibliographie. Il serait inutile de l'allonger outre mesure; je veux seulement indiquer les *livres de fonds* dont une bonne bibliothèque philologique devrait être pourvue. En accord avec le but tout pratique de ce Manuel, je cite surtout les ouvrages qu'il n'est pas très difficile d'acquérir, c'est-à-dire les plus récents. J'ai fait une large place aux éditions anglaises, non à cause de leur valeur philologique, le plus souvent médiocre, mais parce que ce sont des *variorum* bien au courant et compilés avec beaucoup de bon sens. — Pour les Encyclopédies, collections de textes, traductions et répertoires, je prie qu'on se reporte au livre II.

§ I. — HISTOIRE POLITIQUE.

Histoires générales. — Les HISTOIRES UNIVERSELLES de *Cantù* (trad. fr. en 19 vol., 1867), *Schlosser* (18 vol. 1844 [all.]), *Weber* (14 vol. 1857 [all.], excellent, mais sans renvoi aux sources; une trad. abrégée a paru à Paris, 1870-75), font une large place à l'antiquité classique[1]. L'histoire générale de l'antiquité a été commencée avec science et talent par *Max Duncker* (4 vol. en all., jusqu'à Mycale; la 4ᵉ édition paraît en ce moment)[2].

HISTOIRE GRECQUE. — *Grote* (jusqu'à la mort d'Alexandre; trad. fr. par Sadous en 19 vol.); vaste collection de faits et de textes, mais qui gagnerait à être condensée. — *Curtius* (4ᵉ éd. 1874; trad. angl. par Ward); très beau livre,

---

1. Des *Mementos* d'Hist. universelle en 1 vol. sont dus à *Duruy, Chevalier, Cortambert* (1879), etc. L'histoire générale de l'antiquité en 1 vol. par *Doublier*, 1874 (all.), est très recommandable, mais on voudrait quelques renvois aux sources.
2. Pour la géographie du monde ancien, le meilleur guide est Forbiger, 3 vol. 1842-48 (all.). Je recommande ici comme essentiels les ATLAS ANTIQUES de *Spruner et Menke*, de *Kiepert*; le *Guide en Orient* d'*Isambert* (Grèce, Asie Mineure); l'*Ancienne Athènes* de *Dyer* (angl.), ou la *Ville d'Athènes*, par *Wachsmuth*, 1874 (all.); surtout le *Manuel de géogr. ancienne* de *Kiepert*, 1876 (all.). L'histoire des institutions, celle de la grammaire et de la musique, étant traitées aux livres X, XI, VI et VIII, je ne m'en occupe pas ici.

mais écrit à un point de vue moderne (*Fustel de Coulanges*). — *V. Duruy* (2 vol. d'un style brillant, très inférieurs pourtant à son *Histoire des Romains*) [1].

HISTOIRE BYZANTINE. — Ouvrages généraux de *Lebeau* (22 vol. 1756-79); *Gibbon* (trad. fr. de Guizot, 13 vol. et dans le *Panthéon littéraire*, 2 vol. 1843); *Paparrigopoulo* (en grec moderne, résumé en français par l'auteur en 1 vol., 1878)[2]; *Finlay* (l'Empire byzantin, 1 vol. 1851 [angl.]; Histoire de la Grèce depuis la conquête romaine, 7 vol. 1877 [angl.]).

HISTOIRE ROMAINE. — *Mommsen* (trad. en fr. par Alexandre, 8 vol.), contient en appendice d'importants opuscules de l'auteur, dont le travail ne va que jusqu'à l'Empire[3]. (Voy. l'*Index*.) — *V. Duruy*, Hist. des Romains (6 vol. de la nouvelle édition ont paru, et une édition avec cartes et figures est en cours de publication); dans l'ensemble, la meilleure histoire romaine que l'on ait, et une des œuvres durables de l'école historique française[4].

II. **Ouvrages spéciaux relatifs à la Grèce.** — Sur le siècle de Périclès, on peut lire *Filleul* (2 vol. 1873), *Lloyd* (2 vol. 1875 [angl.]), *Schmidt* (ouvrage très remarquable, encore inachevé); *H. Houssaye*, Alcibiade (2 vol.); sur l'époque de Démosthène, le chef-d'œuvre de *Schaefer*, Démosthène et son temps (4 vol. 1856-58 [all.]). — Alexandre et ses successeurs ont été l'objet de trois ouvrages justement célèbres de *Droysen*, Alexandre, les Diadoques et les Épigones (2ᵉ éd. 1877). La thèse de *Fustel* (1858) explique admirablement la conquête de la Grèce par les Romains. — L'histoire de la Grèce romaine a été écrite par *Finlay* (1857 [angl.]), *Hertzberg* (2 vol. 1866 [all.]; très remarquable), et bien résumée par *Petit de Julleville*, 1875. — L'histoire des races, inaugurée par les Doriens de *Müller* (tr. angl. de Lewis, 2 v.), a été l'objet de bons travaux, notamment les Histoires de Macédoine par *Flathe*, 1834, et *Abel*, 1847. — Histoires de la Sicile : par *Lloyd* (1871, angl.), par *Holm* (2 vol. 1870-74 [all.]).

III. **Ouvrages spéciaux relatifs à Byzance.** — Je ne cite que deux travaux excellents : *Krause*, les Byzantins du moyen âge (all.), 1869, et *Rambaud*, Constantin Porphyrogénète, étude très complète sur l'administration byzantine au xᵉ siècle, 1870[5].

IV. **Ouvrages spéciaux relatifs à Rome.** — *Cornwall Lewis* a écrit une « Enquête sur la crédibilité de l'histoire primitive de Rome » (1855, angl.); il est plus sceptique encore que Niebuhr[6]. Le meilleur ouvrage sur les origines de Rome est l'Histoire romaine (inachevée) de *Schwegler*, 3 vol. 1853-58 (all.),

---

1. Un très utile ouvrage est celui de *Schaefer*, les Sources de l'histoire grecque jusqu'à Polybe, 2ᵉ éd. 1873.
2. Sous le titre : *Histoire de la civil. hellénique* (excellent pour l'époque byzantine).
3. Les Allemands font grand cas de Ihne, 4 vol. 1868-77, récemment traduit en anglais.
4. L'auteur en a fait lui-même un solide et brillant résumé, en 1 vol.
5. S'il m'est jamais accordé d'écrire un MANUEL DE PHILOLOGIE MÉDIÉVISTE, sur le plan du présent volume, je m'étendrai tout particulièrement sur les antiquités et la civilisation byzantines, dignes à tant d'égards de notre admiration.
6. Les premiers doutes sur l'histoire romaine traditionnelle, ou sur la *vulgate* légendaire popularisée par Tite Live, ont été exprimés par Cluvier (*Italia antiqua*), qui signala le passage décisif où Tite Live, au commencement du vɪᵉ livre, avoue lui-même que les anciens documents ont péri lors de l'incendie de Rome par les Gaulois. Périzonius (*Animadv. historicae*, 1685) devança Niebuhr en supposant que l'histoire romaine provenait en grande partie de compositions poétiques aujourd'hui perdues. Lévesque de Pouilly, surtout Beaufort

continuée par *Clason*[1]. — Il a paru 2 volumes (1870-77) d'une monographie de *Hennebert* sur Annibal, où les points de stratégie sont étudiés en grand détail. On peut aussi voir *Smith*, les Carthaginois (1878, angl.).

L'histoire des Gracques a été écrite par *Nitzsch*, 1847; celle de Cicéron par *Forsyth* (1864, angl.). Le passage de la République à l'Empire a été l'objet de deux grands ouvrages par *Drumann* (6 vol. 1834-44 [all.]), et *Georges Long* (5 vol. 1874 [angl.]). C'est dans ces trois livres et celui de *Boissier*, Cicéron et ses amis, 1865, qu'il faut chercher l'histoire de Cicéron. On a tout dit sur l'*Histoire de César* par Napoléon III, qui ne méritait ni les adulations des uns, ni les dédains des autres : c'est un livre très solide, écrit avec une fermeté remarquable, mais où l'apologie personnelle tient trop de place. — L'histoire générale de l'Empire[2] a été brillamment écrite par *Merivale*[3] (2ᵉ édit., 1852-56), que les Anglais préfèrent à Gibbon. La réhabilitation de l'Empire romain, commencée il y a trente ans[4], et qui serait fort acceptable, si l'on n'y joignait la glorification des Empereurs, a produit des ouvrages importants : le Tibère[5] de *Stahr* (2ᵉ éd. 1873 [all.]); le Néron de *Schiller* (1872), etc. Trajan, par *de la Berge* (1878), est une des meilleures monographies que l'on ait écrites en France. Citons encore *Burckhardt*, Constantin et son temps, 1853; *Naville*, Julien l'Apostat[6], 1877; *Thierry*, Stilicon, Eutrope et Rufin, 1865[7].

Sur les commencements du christianisme, il y a une foule de travaux qu'il n'est pas à propos d'énumérer ici; consulter surtout *Aubé*, Histoire des Persécutions de l'Église (2 vol. 1877 et 1879), d'une critique solide et d'une

(Incertitude des cinq premiers siècles de Rome, 1738, 2ᵉ éd. par Blot, 1869), enfin Charles Lévesque (*Hist. crit. de la Républ. romaine*, 1807), ouvrirent la voie à la critique allemande. Le premier volume de l'*Histoire romaine* de Niebuhr parut en 1811 : il y exprima sa grande et paradoxale idée, analogue à celle de Wolf sur Homère, que les légendes de Tite Live sont les restes d'épopées perdues; et, plus poète lui-même que les poètes latins, il reconstruisit l'histoire de Rome à sa manière. Peter (*Hist. romaine*, 1841) défendit la tradition contre Niebuhr; il fut suivi dans cette voie par Gerlach et Bachofen, 1851. Par contre, Cornwall Lewis nia qu'il y eût quoi que ce soit à tirer des anciennes légendes de Rome, et déclara inutile l'hypothèse de Niebuhr. Mommsen ne croit pas à la tradition plus que Niebuhr, mais il s'écarte de lui en ne faisant aucun cas des mythes. — On considère généralement Rome comme une colonie latine, soumise longtemps à la domination, puis à l'influence des Étrusques. A défaut d'autres documents, l'analyse des cultes et des langues permet d'échapper, sur ces obscures questions d'origine, à un scepticisme complet. — Cf. Léo Joubert, *Rev. europ.*, 15 mai 1859 (dans ses *Essais*, p. 202); l'article est une brillante profession de foi niebuhrienne.

1. Schwegler n'est allé que jusqu'à la prise de Rome par les Gaulois.
2. Tous les ouvrages sur l'Empire ont pour fondement celui de *Tillemont* (1691), dont la longue patience ressemble à du génie.
3. Le même historien a donné *les Triumvirs Romains* (1877), et un précis d'Hist. romaine (en 1 vol., 1875), accueillis avec la plus grande faveur.
4. Le comble du genre a été atteint par *Dubois-Guchan*, le panégyriste de Tibère et de Néron, dont il déplore les *difficultés de famille*. Voy. un bel article de Paradol, *Essais*, t. II, p. 180. — Les Césars de Champagny (2ᵉ éd. 1853), ont une tout autre valeur ; on a traduit cet ouvrage en allemand.
5. Comparez la thèse de Duruy (1853), qui fit beaucoup de bruit. Le *Claude* et le *Titus* de Lucien Double ne sont que de spirituels paradoxes.
6. *Rendall* a très heureusement traité le même sujet (1879, angl.).
7. Les ouvrages d'*Ampère* (Hist. rom. à Rome, 1858), et de *Beulé* (Auguste et sa famille, 1870), sont écrits non *ad narrandum*, mais *ad probandum*, et font une place excessive au pittoresque et à la conjecture.

lecture attrayante; *Renan*, Origines du christianisme, 1866 sqq.; *de Broglie*, l'Église et l'Empire romain au quatrième siècle, 1856.

§ II. — HISTOIRE LITTÉRAIRE.

Histoires générales[1]. — I. HISTOIRE DE LA LITTÉRATURE GRECQUE, par *Olfr. Müller* (2 vol. 1841), jusqu'à Alexandre, trad. en français par Hillebrand ; trad. en anglais et continuée par Lewis et Donaldson ; complétée et corrigée par Heitz, 1873. Un chef-d'œuvre à tous égards; la traduction de Hillebrand est un modèle. — *Bernhardy* (4ᵉ éd. 1876) : la poésie est la partie la plus développée ; l'ouvrage s'arrête à Démosthène; beaucoup d'originalité et informations très complètes. — *Nicolaï* (3 vol., 2ᵉ éd. 1873, all.), va jusqu'à la fin de la littérature byzantine; la bibliographie est ce qu'il y a de mieux dans ce livre, écrit lourdement et souvent inexact ; toutefois, *il présente seul le développement complet de la littérature grecque*[2]. — *W. Mure* (5 vol. 1850 [angl.]); beaucoup de goût, mais n'est pas un ouvrage d'érudition. — *Bergk* a donné le 1ᵉʳ volume d'une grande Histoire de la littérature grecque (1872, all.) qui comprend Homère et Hésiode. — *Burnouf* (2 vol. 1868) n'est pas un guide très sûr. — Notre meilleur manuel est celui de *Pierron*, nouv. éd. avec complément bibliographique par Ruelle, 1876; les Allemands ont celui de *Munk*, 2ᵉ éd. 1863, avec beaucoup d'extraits des auteurs.

II. HISTOIRE DE LA LITTÉRATURE ROMAINE, par *Teuffel* (3ᵉ éd. 1875) ; l'information bibliographique la plus étendue, le jugement le plus sûr et l'érudition la plus solide font de ce manuel un livre indispensable; il en existe une bonne traduction anglaise, et le premier fascicule d'une traduction française a paru en 1879. — Deux autres histoires par *Bähr* (3 vol., 4ᵉ éd. 1868-70 [all.], avec 3 vol. de suppléments sur les auteurs chrétiens et la littérature à l'époque carlovingienne), et *Bernhardy* (5ᵉ éd. 1871), méritent d'être lues à côté de celle de Teuffel[3]. — L'Angleterre possède un très bon précis par *Crutwell* (1879) ; en français, on peut citer *Paul Albert* (2 vol., 1871, avec extraits des auteurs étudiés), livre de vulgarisation plein de vues nouvelles spirituellement présentées.

III. **Travaux de détail sur la littérature grecque**. TRAVAUX ALLEMANDS. — *Welcker*, le Cycle épique (2 vol. nouv. éd. 1865). — *Friedlaender*, la Critique homérique de Wolf à Grote (1853)[4]. — *Ulrici*, Histoire de la poésie grecque

---

1. *Benloew*, Esprit des littératures (1870), contient des vues d'ensemble très élevées, dues en partie à l'enseignement de Bœckh.
2. Teuffel est mort au moment où il allait entreprendre la publication d'une *Littérature grecque*. Les éléments de ce travail sont ses articles de l'Encyclopédie de Pauly. — En somme, une histoire satisfaisante de la plus belle littérature du monde est encore à écrire, celle de Müller n'étant qu'un grand fragment.
3. Voy., *R. C.*, XI, 20, une appréciation détaillée et comparative, par Morel, des Histoires littéraires susdites.
4. Voy. encore *Volkmann*, Hist. des théories de Wolf (1875), et *Duntzer*, Questions homériques (1876), qui donne l'état actuel du problème. Thurot a dit (*R. C.*, XIII, 18) : « La dissection des poèmes d'Homère, cette erreur fondamentale de la philologie moderne. » Les Wolfiens purs sont aujourd'hui très rares.

(2 vol. 1835), très important, mais obscur. — *Bode*, Hist. de la poésie grecque jusqu'à Alexandre (3 vol. 1838-40). — *Schmidt*, Vie et écrits de Pindare (1862). — *Müller-Strübing*, Aristophane et la critique historique (1873). — *Blass*, Hist. de l'éloquence attique (3 vol. 1865-74). — *Rohde*, Hist. du roman grec, 1876 (voy. Boissier, R. D-M., 1879, une analyse de cet ouvrage capital). — Une des meilleures monographies sur l'époque byzantine est le Photius d'*Hergenroether*, 1869. (Voy. pour le reste *Nicolaï*.)

TRAVAUX ANGLAIS. — *Gladstone*, Études sur Homère et son temps (1861). — Sous le nom de *Classiques anciens pour les lecteurs anglais*, Blackwood publie une collection d'ouvrages de critique littéraire, parmi lesquels plusieurs volumes, par exemple le Xénophon et l'Aristote de *sir Grant*, sont tout à fait remarquables.

TRAVAUX FRANÇAIS. — *Patin*, les Tragiques grecs (4 vol., 3ᵉ éd. 1865-66), ouvrage classique à juste titre; *Deschanel*, Études sur Aristophane, 1867 (purement littéraire); *Girard*, Thucydide (1869), et Études sur l'éloquence attique (1874), deux modèles d'*atticisme;* *Croiset*, Xénophon (1873), et Pindare (1880); *Perrot*, l'Éloquence à Athènes (les précurseurs de Démosthène); *Castets*, Eschine (1874); *Guill. Guizot*, Ménandre (1854); *Gréard*, Morale de Plutarque (1866)¹. Sur saint Jean-Chrysostome, voir la thèse d'*Albert* (1858), et un agréable volume de *Thierry* (1872).

IV. Travaux de détail sur la littérature latine. — Je nomme tout d'abord trois ouvrages français : *Nisard*, les Poètes latins de la décadence (2ᵉ éd. 1849); l'auteur a été injuste pour Lucain, en qui il combat les défauts de V. Hugo; son chapitre sur Juvénal est admirable, et l'ouvrage tout entier digne, par l'esprit et le style, du prince de la critique littéraire. — *Martha*, les Moralistes sous l'Empire romain (1869); Sénèque et Marc-Aurèle n'ont jamais été mieux étudiés que dans ce beau livre, où la délicatesse la plus exquise s'allie à un goût toujours sûr. — *Boissier*, Cicéron et ses amis (1865), le chef-d'œuvre de la vulgarisation savante dans notre pays.

---

1. Comparez *Volkmann*, Vie de Plutarque (all.), 1869.
2. Je crois rendre service au corps enseignant en donnant ici les titres de quelques grandes éditions des classiques grecs et latins; je choisis des livres encore dans le commerce et pourvus de commentaires copieux, pour faciliter la préparation et l'explication.

I. HOMÈRE : *Pierron*, 4 vol.; pour l'Odyssée, Comparez *Merry et Riddell* (angl.), 1876; HÉSIODE : *Paley*, 1861; PINDARE : *Donaldson*, 1858; ESCHYLE : *Paley*, 2ᵉ éd., 1879; SOPHOCLE : *Blaydes*, 2ᵉ éd. 1875, ou *Tournier*, 2ᵉ éd. 1877; EURIPIDE : 7 tragédies admirablement publiées par *Weil*; le reste par *Paley*, 1857; HÉRODOTE : *Blakesley* (angl.), 1854; THUCYDIDE : *Bloomfield*, 1843, *Arnold*, 1840, ou *Didot*, avec trad. en regard, 2ᵉ éd., 1875. — XÉNOPHON : éd. partielles par *Dindorf* (angl.) 1855-66, *Anthon* (Anabase, 1866.) — DÉMOSTHÈNE : 2 vol. publiés par *Weil*; *Whiston*, 1868; PLATON : *Phèdre et Gorgias*, par *Thompson*, 1868; *Philèbe*, par *Post*, 1860; *Apologie et Criton*, par *Wagner* (angl.), 1872; *Phédon*, par le même, 1870; *Théétète*, *Sophiste* et *Politique*, par *Campbell*, 1861-67.

II. PLAUTE : *Extraits*, par *Benoist*, avec trad. et métrique, 1871; l'*Aululaire*, le *Trinummus* et les *Ménechmes*, par *Wagner* (angl.), 1871-78; la *Cistellaria*, le *Rudens*, par *Benoist*; TÉRENCE : *Parry*, 1859, et *Wagner*, 1869; CICÉRON : les *Discours*, par *Long*, 1862; la célèbre éd. du *De Finibus* par *Madvig*, 3ᵉ éd. 1876, devrait être partout. CÉSAR ; éd. *Lemaire*; une éd. par *Benoist* est sous presse; C. NÉPOS : *Monginot*, 1868; SALLUSTE : *Burnouf*, dans l'éd. Lemaire; TITE LIVE : *Variorum* de Lemaire; le 1ᵉʳ liv. par *Seeley*, 1873 (Il y a d'anc. éditions très autorisées, par *Drakenborch*, *Oudendorp*, *Wesseling*); LUCRÈCE : *Munro*, 3ᵉ éd. 1873 ; CATULLE : *Ellis*, 1876; VIRGILE: *Benoist*, 2ᵉ éd. 1876; *Conington*, avec un commentaire très étendu, 1863;

Autres travaux français. — Boissier, Étude sur Varron, 1861; Berger et Cucheval, Hist. de l'éloquence latine, 2 vol. 1872; Martha, 'le Poëme de Lucrèce (voy. le beau compte rendu de ce livre par Havet, *R. D-M.*, 1869). — Patin. Études sur la poésie latine, 1869. — Sainte-Beuve, Virgile, 1857 (cf. *Comparetti*, Virgile au moyen âge, 1872). — Boissier, l'Opposition sous les Césars, 1875. — Taine, Essai sur Tite Live, 1856. — Nisard, les quatre historiens latins, nouv. édit. 1872 (dans le chap. *César*, remarquer une éloquente défense de Cicéron contre Napoléon III). — Thierry, Saint Jérôme, 1867. — Freppel, Saint Cyprien, 1864; Tertullien, 1863.

Travaux allemands. — *Gruppe*, l'Élégie romaine, 1838. — Ribbeck, la Tragédie romaine à l'époque de la République, 1875 (cf. Boissier, *R. C.*, XIX, 91, qui a signalé le premier une *praetexta* restée inaperçue, dans Ovide, *Fastes*, 4, 326). — Ebert, Littérature latine chrétienne jusqu'à Charlemagne, 1874 (cf. *R. C.*, XVII, 356, un article très élogieux de Boissier).

Travaux anglais. — *Sellar*, les Poètes romains, 2 vol. 1863-77. — Hodgkin, Claudien, 1875.

§ III. — PHILOSOPHIE.

La philosophie ancienne a survécu aux sociétés antiques : elle ne finit qu'à Descartes, dont le *Cogito, ergo sum* marque la naissance de la philosophie moderne. L'ancienne philosophie, comparée à la nouvelle, s'en distingue par un caractère essentiel : elle subordonne la pensée à l'être, tandis que Descartes et Kant subordonnent l'être à la pensée. De cette différence en dérive une autre, non moins profonde : les anciens, dont le point de vue était objectif, n'ont pu concevoir qu'une liberté de fait; ils ne se sont pas élevés à la notion kantienne d'une liberté supérieure et métaphysique, qui fait le fond de notre personnalité. Les ressemblances apparentes entre les systèmes des anciens et ceux de notre temps ne doivent pas abuser sur la distance qui les sépare; les formules de Hegel peuvent répéter celles d'Héraclite, mais l'esprit même de la philosophie s'est complètement transformé de l'un à l'autre[1].

Ouvrages généraux[2]. — Il faut toujours avoir recours au manuel d'*Ueberweg*,

---

Horace : *Macleane*, 1869 (Orelli est épuisé, et Macleane le cite souvent); Ovide : faute de mieux, l'éd. *Lemaire*; Tacite : *Jacobs*, 1875 ; l'*Agricola* de *Gantrelle*, 1875; Pline le jeune : éd. *Lemaire*; Sénèque, Quintilien : les éd. *Lemaire*; Juvénal : *Mayor* (angl.), 1872. — Je n'ai pas cité d'éditions avec commentaires en allemand, la connaissance de cette langue difficile étant moins répandue chez nous que celle de l'anglais. Les éditions scolaires annotées de Teubner et de Weidmann sont presque toutes excellentes.

1. Il est très philosophique de chercher dans le passé le pressentiment des idées d'aujourd'hui; mais prétendre les y voir déjà développées et mûres, c'est vouloir trouver le poulet dans l'œuf. Le progrès philosophique n'est pas une spirale qui s'élève, c'est une spirale qui se creuse : les idées, incertaines d'abord et flottant à la surface de la pensée, descendent plus avant par l'effort des systèmes et l'action du temps, jusqu'à prendre, pour ainsi dire, conscience d'elles-mêmes au for intérieur de l'esprit humain.

2. Le premier de ce genre est Brücker, *Historia critica philosophiae*, 5 vol. 1742, collection de textes toujours utile. — Une excellente réunion de textes philosophiques latins et grecs, canevas de tout travail à venir sur l'histoire de la philosophie, a été donnée par Ritter et Preller, *Historiae philosophiae Graecae et Romanae ex fontium locis contexta*, 5ᵉ éd. 1875.

dont la documentation laisse peu à désirer[1]. Pour la connaissance détaillée et la critique des systèmes, aucun livre ne peut être comparé à la Philosophie des Grecs et Religion et philosophie chez les Romains, de *Zeller*, dont les éditions se succèdent depuis 1852. Boutroux publie une traduction française de la Philosophie des Grecs ; le premier volume est paru, précédé d'une fort belle préface, et il existe quelques volumes d'une médiocre traduction anglaise. Les Histoires de la philosophie, de *Tennemann* (trad. fr. par V. Cousin, 2 vol., 1829), *Ritter* (2ᵉ édit., 1836-38, trad. par Tissot) et *Brandis* (1835-66) ont beaucoup perdu de leur importance depuis le chef-d'œuvre de Zeller[2].

Notre meilleure Histoire de la philosophie[3], celle de *Fouillée* (2ᵉ éd., 1879), n'est, malgré d'admirables chapitres, qu'un ouvrage scolaire. Les articles de philosophie ancienne, dans le Dictionnaire des Sciences philosophiques, sont en général faibles, et la bibliographie très insuffisante[4].

Ouvrages spéciaux. — *Allemagne.* — *Prantl*, la Logique dans l'antiquité, 1855. — Deux grands ouvrages de premier ordre sur Platon, par *K. Fr. Hermann*, 1839, et *Susemihl*, 1855[5]. — *Bonitz*, Études sur Aristote, 1862-66.

France. — Les 4 vol. de *Fouillée* sur Socrate et Platon ; l'Épicure de *Guyau*, le plus brillant élève de Fouillée ; la Métaphysique d'Aristote, de *Ravaisson* ; l'Essai sur le stoïcisme, du même, sont, à divers titres, dignes d'étude et d'admiration. *Janet* a écrit un beau livre sur la Dialectique dans Platon et dans Hegel, 1860, et l'Histoire de la philosophie morale et politique, 1858. *Vacherot* et *J. Simon* ont raconté éloquemment l'histoire de l'École d'Alexandrie. Il faut aussi citer l'Histoire des idées morales dans l'antiquité, par *Denis*, livre très remarquable, dont Bœckh faisait grand cas ; la Morale avant les philosophes, par *Ménard* ; et surtout le Christianisme et ses origines, de *Havet*, qui, dans une pensée systématique qu'on peut ne pas accepter, a réuni tous les textes païens annonçant la philosophie chrétienne avant le Christ.

Angleterre. — Les deux livres de *Grote* sur Platon et Aristote (le dernier est inachevé) conservent une grande autorité : on peut dire que c'est dans Grote qu'il faut aller chercher l'interprétation *classique* des dialogues obscurs de Platon. Le point de vue de l'auteur est celui de l'empirisme et de la morale utilitaire.

1. Dernière édition par Heinze, 1876, sqq.
2. Zeller fait très peu de place à l'influence orientale, réagissant par là contre *Gladisch*, qui présentait les Pythagoriciens comme élèves des Chinois (1841), les Éléates comme Hindous (1844), Empédocle comme Égyptien (1858), etc. *Roth* (Philosophie de l'Occident, 1846) a voulu démontrer que la philosophie grecque est égyptienne et zoroastrienne. On peut trouver que Zeller est tombé parfois dans l'exagération contraire.
3. Celle de Cousin appartient à l'éloquence. Plusieurs dialogues, dans la trad. de Platon qu'il a dirigée, sont précédés de préfaces fort belles ; mais Cousin n'était pas fait pour juger les anciens *objectivement*, comme Zeller.
4. Un dictionnaire analogue, publié en Allemagne par Noack (terminé en 1879), est très soigné, mais aride.
5. L'authenticité des dialogues de Platon, dont Schaarschmidt ne reconnaît plus que 9, a donné lieu à une immense littérature ; voy. *Teuffel*, Esquisse de la littérature platonicienne, 1874. Les travaux les plus importants, *Ast* (1816), *Socher* (1820), *Munk* (sur l'ordre des dialogues, 1857), sont résumés par *Chaignet*, Platon, 1875.

§ IV. — SCIENCES NATURELLES ET MATHÉMATIQUES [1].

Sciences naturelles. — Histoire de la médecine, par *Häser*, 3ᵉ édition, 1875 (all.); *Daremberg*, 1870; *Bouchut*, 1873. — *Whewell*, Hist. des sciences inductives, 3ᵉ éd. 1840 (angl.); *Cuvier*, Hist. des sciences naturelles, 1841-45, 10 vol. — *Th. H. Martin* (de Rennes), Hist. des sciences physiques dans l'antiquité, 1849, un des plus beaux travaux de cet érudit presque universel. — *Gerding*, Hist. de la chimie, 1867 (all.). — *Meyer*, Hist. de la botanique, 1858 (all.). — *Peschel*, Hist. de la connaissance de la terre, 1877 (all.). — *Vivien de Saint-Martin*, Hist. de la géographie, 1875.

Sciences mathématiques. — Hist. des mathématiques, par *Montucla*, 2ᵉ éd., par *de la Lande*, 1799, 4 vol. — *Chasles*, Origine et développement des méthodes en géométrie, 2ᵉ éd., 1877 (un chef-d'œuvre). — *Wöpcke*, Propagation des chiffres indiens, 1863 (all.).

Histoire de l'astronomie, par *Bailly*, 2ᵉ éd., 1781; *Delambre*, 1817; *Cornwall Lewis*, 1862; *Rudolf Wolf*, 1877 (all.); cf. un très important article *Astronomie* par *Th. H. Martin* dans *Saglio*.

---

[1]. Les Histoires des mathématiques, de la physique, de la chimie et de l'astronomie, par *Hoefer* (collection Duruy), sont des précis commodes, mais d'une autorité médiocre. — Une grande quantité d'ouvrages byzantins sur l'astrologie et l'alchimie attendent encore un éditeur : Voy. Fabricius, *Biblioth. gr.*, XII, p. 747, sqq. Cf. *Usener*, Astron. chez les Byzantins, 1876 (all.).

LIVRE VIII

MUSIQUE ET ORCHESTIQUE DES ANCIENS

§ I. — LA MUSIQUE [1].

La musique est née de la douleur, dont elle est l'expression la plus naturelle. Les plus anciennes mélodies de l'Orient et de la Grèce furent des lamentations. L'homme, pour chanter, n'avait pas besoin d'imiter les oiseaux : il lui suffisait de souffrir, c'est-à-dire de vivre. Sa première parole fut un cri, et sa première plainte fut un chant.

1. Les questions relatives à la musique grecque sont parmi les

---

1. BIBLIOGRAPHIE. — *Histoires générales de la musique*, par Forkel, Ambros, Fétis (peu de valeur), Burney, Chappell. — Sur la *musique ancienne*, le livre capital est *Musique et métrique*, de Rossbach et Westphal, 2ᵉ éd., 1867 (all.), que Gevaërt a suivi d'assez près dans sa belle *Hist. de la musique ancienne*, 1875. — Voy. encore Bellermann, *Gammes et musique anciennes*, 1847 (all.); Fortlage, dans l'*Encyclop.* d'Ersch t Gruber, t. LXXXI; Otf. Müller, *Littér. gr.*, trad. Hillebrand, et les appendices; Bœckh, *Des mètres de Pindare*, 1825; Burette, *Mém. de l'Acad. des inscr.*, 1746. — Vincent (t. XVI des *Extraits et notices des mss*) s'est attaché à montrer dans le plain-chant les restes de la musique grecque. Bourgault-Ducoudray en signale aussi dans les chants populaires grecs (1877; cf. l'art. de Lévêque, *Journ. des Savants*, 1879). Voy. aussi Ruelle, *Rapport sur l'ancienne musique grecque*, d'après les manuscrits de Madrid, de l'Escurial et de Tolède; il a donné un fragment de Bacchius et trois lettres de Psellus (cf. *R. C.*, XVIII, 162). — Tzetzes, *Restes de la musique grecque dans la mus. de l'Église grecque*, 1874 (all.).

THÉORICIENS ANCIENS. — Meibom en a publié sept (Aristoxène, Euclide, Nicomaque, Alypius, Gaudentius, Bacchius, Aristide Quintilien), en 1666. Vincent (*op. cit.*) a édité Bacchius le Vieux et Pachymère; Willis, les *Harmoniques* de Ptolémée, avec le commentaire de Porphyre, et les *Harmoniques* de Manuel Bryenne. — Aristoxène de Tarente dit ὁ μουσικός, réagit contre la corruption qui s'introduisait dans la musique à son époque (*Élém. harmoniques*, en 3 liv., éd. Marquard, avec trad. all. et commentaires, 1868; excellente trad. française par Ruelle, 1871; des fragm. des *Élém. de rhythmique*, publiés d'abord par Morelli, 1785, l'ont été de nouveau par Bartels, 1854). — Euclide, mathématicien d'Alexandrie sous Ptolémée Lagus, a laissé l'*Introduction harmonique* et la κατατομὴ κανόνος (contestée). — Plutarque a écrit un dialogue sur la musique (éd. spéciale par Volkmann, 1856), qui est encore très obscur pour nous. — Aristide Quintilien (100 ap. J.-C.) est l'auteur d'une Encyclopédie musicale (éd. par Westphal, 1861) en 3 livres, pleine de considérations pythagoriciennes sur l'influence et la nature de la musique. Tous ces auteurs (pythagoriciens ou péripatéticiens) ne traitent en détail que la partie mathématique de la musique, qui nous intéresse le moins. — Claude Ptolémée (160 ap. J.-C.) a écrit 3 livres d'*Harmoniques*, commentés par Porphyre, Nicéph. Grégoras et Barlaam. — Alypius d'Alexandrie (IIᵉ ou IIIᵉ siècle) est l'auteur de l'ou-

plus obscures de l'archéologie. Habitués, comme nous le sommes, à ne considérer que deux *modes*, le majeur et le mineur, nous concevons difficilement une musique qui en distinguait une vingtaine. Les deux *modes* que nous avons conservés ne répondent eux-mêmes qu'imparfaitement aux modes de la musique ancienne. Il n'est pas, en effet, dans la nature de l'art moderne d'établir entre le mode et le style, l'exécution et la pensée, la forme et le fond, cette solidarité intime qui est le trait distinctif de l'art ancien. Bien que nous sachions, en général, que le mode mineur répond à un sentiment de tristesse, nous ne laissons pas d'écrire des marches funèbres en majeur et des contredanses en mineur ; chez les Anciens, le mode musical était rigoureusement déterminé par le genre de la composition. Ajoutons qu'il ne nous est parvenu de la musique ancienne que des fragments peu nombreux et insignifiants, qui ne peuvent guère servir à élucider les obscurités de la théorie.

Commencements de la musique [1]. — Jusqu'au milieu du sixième siècle avant J.-C. la musique n'est pas encore distincte de la poésie et de la danse [2]. A l'époque homérique, les musiciens (*aèdes* et *rhapsodes*) sont en même temps poètes [3]. La musique s'émancipa de la déclamation lorsqu'on établit des concours de flûte aux jeux pythiques. Sakadas d'Argos, l'aulète, joua des romances sans paroles [4], et Aristonic de Chios, contemporain d'Archiloque, exécuta de même, sur la cithare, des mélodies sans accompagnement poétique. Mais Platon condamnait cette musique purement instrumentale, qui

---

vrage capital, *Introd. à la musique*, où il nous a fait connaître la notation musicale des Grecs dans leurs 15 modes. — Gaudentius, auteur d'une *Introd. harmonique*, écrivait au IIe siècle. — Bacchius l'ancien a laissé deux *Introductions* par demandes et réponses de la même époque (Bellermann, 1840). Il faut ajouter Théon de Smyrne, dans la 2e partie de son *Arithmétique* (1644); Aristote, *Politique*, 8, et *Problèmes*, 4; et de nombreux passages d'Athénée et des lexicographes. — Parmi les Romains, ceux qui ont parlé de la musique sont : Vitruve Pollion (30 av. J.-C.) qui s'excuse, à propos de l'acoustique théâtrale, de son peu de connaissances en musique (5, 4, 5) ; Macrobe, qui expose les doctrines pythagoriciennes au 2e livre de son Commentaire sur le *Songe de Scipion* ; Martianus Capella, au 9e livre de son *Encyclopédie*, qui suit Aristide Quintilien sans le comprendre; Boèce (éd. Paul, 1872), dont les 5 livres sur la musique ont servi à tout le moyen âge, et sont une des sources les plus importantes; saint Augustin, dont le traité sur la musique montre le peu d'aptitude à ces études. — En somme, avec beaucoup de textes, la littérature musicale ancienne est très pauvre.

1. La musique, *en tant qu'art*, n'a pas été connue des Aryens, qui n'ont aucun terme musical commun : ils l'ont apprise des Sémites, qui en ont toujours gardé l'instinct.

2. Le mot *musique* avait, dans l'antiquité, un sens beaucoup plus étendu qu'aujourd'hui; le mot *harmonique* désignait la musique proprement dite. L'harmonique est la science de la succession des sons, comme la rhythmique celle de la succession des durées. Aristoxène la divise en six parties, dont voici les titres : περὶ φθόγγων, π. διαστημάτων, π. συστημάτων, π. γενῶν, π. τόνων, π. μεταβολῶν, π. μελοποιΐας; (sons, intervalles, systèmes, genres, tons, modulations, mélodie).

3. Les aèdes sont plus particulièrement musiciens. Les rhapsodes déclamaient les chants homériques en s'accompagnant de la cithare.

4. Il fut vainqueur au concours de la flûte dans les premiers jeux pythiques. Il est aussi l'inventeur d'un *nome triple*, où les strophes étaient successivement doriennes, phrygiennes et lydiennes, le chant et la musique changeant de caractère à chaque modulation.

n'éveillait que des sensations vagues et où ne se trouvaient ni l'éloge des dieux et des héros ni des leçons de sagesse. Les sentiments ainsi soulevés dans l'âme ressemblent à ceux que provoque la chaleur d'une orgie. Aussi Aristote dit-il que la musique de la flûte n'est pas *éthique*, mais *orgiastique* [1].

Instruments de musique des Grecs. — Les Grecs avaient : 1° des instruments à cordes ; 2° des instruments à vent. Les cymbales, crotales et tambours sont d'origine barbare et n'appartiennent pas au domaine de la musique.

Instruments à cordes. — I. La Lyre, désignation générale des instruments à cordes par opposition aux instruments à vent, est souvent confondue avec la cithare [2]. L'ancien modèle de la lyre était en écaille de tortue ; on fixait les cordes, en haut, à une pièce transversale appliquée sur deux *cornes*, et en bas à un chevalet au moyen d'une *clé*. Les cordes étaient des boyaux de mouton ou des nerfs de grands animaux ; les cordes métalliques étaient inconnues.

L'invention de la lyre est attribuée à Mercure, qui l'aurait donnée à Apollon. Le plus ancien modèle avait trois cordes : la quatrième fut ajoutée par Méline, fille d'Océan. Le tétrachorde ainsi formé est la base du système musical des Grecs [3]. C'est en 650 av. J.-C. que Terpandre ajouta trois nouvelles cordes et changea ainsi le tétrachorde en heptachorde, embrassant l'octave entière [4]. Timothée de Milet porta le nombre de cordes à onze, d'autres,

---

1. Histoire de la musique grecque. — I. La *période archaïque* (Thrace et Phrygie) présente d'abord des noms légendaires ; Terpandre d'Antissa, de Lesbos, v. 676 av. J.-C., est le fondateur de la musique classique. En 645, il introduisit à Sparte ses *nomes* (νόμοι) pour la cithare et le chant, et inventa l'heptachorde ; au dire d'Héraclide (Plut., *de Mus.*, 3), il serait aussi l'inventeur d'une notation musicale. Terpandre fixa la mélopée des poèmes homériques et composa de petits préludes ou poèmes, parmi lesquels peut-être l'hymne homérique à Athénée (le 28°). — Clonas régla le nome aulétique ; Archiloque créa les rhythmes à 3 temps. Olympos, dit le Jeune (pour le distinguer d'un chantre mythique élève de Marsyas), est le deuxième grand maître grec (660-620) : créateur de l'aulétique et du genre enharmonique, il introduisit la musique instrumentale des Phrygiens et la mesure à 5/4 [*sesquialtère*, ἡμιόλιον, avec une *thésis* de 2 temps et une *arsis* de 3 ; les deux premiers rhythmes furent l'ἴσον (égalité de la *thésis* et de l'*arsis*), et le διπλάσιον, où la *thésis* est double de l'*arsis*]. Les nomes d'Olympos étaient écrits pour flûte, sans paroles ; plusieurs étaient des chants de deuil. — II. La *période de l'art spartiate*, grave et religieux, commence avec Thalétas de Gortyne (620) et Alcman, qui composèrent des hymnes qu'on chantait aux fêtes d'Apollon. C'étaient surtout des *péans*, lents et solennels, et des *hyporchèmes*, à l'allure rapide et animée. La *pyrrhique* ou danse armée, les danses militaires des vierges et des éphèbes, rendaient la musique un art nécessaire à Sparte. — III. Dans la *période athénienne* ou *classique*, on trouve Simonide, Pindare, Bacchylide et les tragiques. — IV. Dans la *période, hellénistique*, le chœur tragique devient un hors-d'œuvre, la musique instrumentale prend le dessus ; Timothée, musicien d'Alexandre, est le nom le plus célèbre. Ctésibius invente l'orgue hydraulique. — V. *Renaissance romaine*, remarquable par les travaux des théoriciens. Des collèges d'artistes dramatiques se fondent (Foucart, *de Coll. scenicorum artificum*, 1873) et reprennent les anciennes pièces. — VI. *Décadence finale* : ce qui reste de la musique païenne est emprunté par le christianisme pour ses chants d'église.

2. On trouve dans Homère φόρμιγγι κιθαρίζειν ; le mot λύρα ne se rencontre pas dans Homère, mais dans l'hymne à Mercure (v. 423) on trouve : λύρῃ κιθαρίζειν.

3. La première et la dernière corde étaient dans le rapport d'une quarte, c'est-à-dire que la corde inférieure faisait trois vibrations dans le temps où la corde supérieure en exécutait quatre. Les deux autres cordes étaient séparées des deux extrêmes par des intervalles variant avec le genre.

4. L'heptachorde est déjà mentionné dans l'hymne à Mercure (v. 51). — Les sept cordes de la lyre de Terpandre s'appelaient, de haut en bas, *nète, paranète, paramèse, mèse, lichane*

plus tard, à dix-huit (deux octaves). La lyre devenait ainsi toute semblable à la harpe moderne.

Cet instrument étant petit, rond et léger, on le tenait au bras gauche, ou entre les genoux, ou contre la hanche. Le son en était plein et fort, propre à la solennité des grandes fêtes. On *touchait* de la lyre soit avec les doigts (ψάλλειν), soit avec un *plectre* en ivoire ou en bois (κρέκειν), soit des deux manières ensemble ou alternativement.

II. La CITHARE, analogue à la harpe comme la lyre primitive au luth, était montée sur un pied d'airain et ressemblait pour le reste à la lyre. On en jouait debout, avec accompagnement de chant et plus tard de flûte. Archiloque avait introduit entre les chants des *soli* de cithare comme intermèdes. L'institution de concours de citharistes fit bientôt dominer la recherche de l'effet dans l'exécution, d'où les grandes réputations de Phrynis et de Timothée, que raille Aristophane dans les *Nuées*, et dont le poète comique Phérécrate[1] comparait le jeu au bruit des fourmis. Timothée se piquait d'imiter, sur la cithare, le grondement de la tempête.

III. La PHORMINGE, instrument d'Achille et de Phémius, sorte de cithare que l'on portait sur le dos et dont on jouait dans les festins.

IV. Le BARBITOS, originaire de Lydie, avec des cordes beaucoup plus longues que la cithare, introduit en Grèce par Terpandre et Anacréon.

V. La PECTIS, instrument polychorde des Lydiens, introduite par Sappho, et identique, selon Aristoxène, à la magadis.

VI. La SAMBUCA, sorte de harpe inventée par Ibycus[2].

VII. La MAGADIS, instrument lydien à vingt cordes dont se servait Anacréon. Pindare en attribue l'invention à Terpandre, et Aristoxène à Sappho. On y jouait des mélodies en octaves, avec les deux mains.

Instruments à vent. — I. La FLUTE[3] passait pour une invention de Marsyas. Polymneste de Colophon l'introduisit vers 620 à Sparte, où elle devint l'instrument militaire par excellence. L'*aulète* produit des sons différents en ouvrant ou en bouchant les trous de la flûte avec ses doigts. On connaît des variétés nombreuses de la flûte ancienne, répondant au flageolet, au fifre, au basson, etc. Les *flûtes doubles* étaient un assemblage de deux flûtes égales ou inégales dans lesquelles un même musicien soufflait en même temps, et rappelaient notre cornemuse.

II. La SYRINGE, ou flûte des bergers, invention de Pan, était formée de tiges creuses de roseau, de longueur inégale, juxtaposées avec du fil ou de la cire. Les Grecs ne s'en servaient guère que dans la musique champêtre.

---

parhypate, hypate. L'heptachorde se composait de deux tétrachordes égaux juxtaposés, moins la troisième corde du second, qui fut ajoutée peu avant Pindare dans le nouvel *octachorde*; mais Pindare lui-même emploie encore l'ancien instrument (*Pyth.*, 2, 70).

1. Ap. Plut., *de Mus.*, 30; cf. *de Aud. poes.*, 4.

2. Autres sortes de harpes : le τρίγωνον, avec des cordes de grosseur égale, mais de longueur inégale ; l'ἐπιγόνειον, inventé par Épigone d'Ambracie, harpe de petites dimensions ; la *nabla*, harpe des Sémites (hébreu *nebel*).

3. αὐλός. La partie de l'instrument que l'on tenait à la bouche s'appelait ὅλμος, le tuyau βόμβυξ. — La flûte sert à accompagner le chant, à le varier par des intermèdes, à préluder, ou dans des *soli*.

III. La Trompette ou Salpinge portait différents noms et affectait diverses formes[1]. Les concours de trompette, à Olympie, avaient un caractère plus militaire que musical. Le géant Hérodore de Mégare pouvait souffler à la fois dans deux trompettes, et avec une telle force, qu'on ne l'écoutait qu'à distance. Il remporta dix fois le prix à Olympie.

Instruments de musique chez les Romains. — I. La Flute servait aux cérémonies religieuses, aux funérailles, aux jeux scéniques. On la fit d'abord en roseau, puis en lotus, enfin en métal (flûte *tyrrhénienne*). La plus répandue, dite flûte *phrygienne*[2], était en buis, avec un bout recourbé en forme de corne pour augmenter le son. Les *doubles-flûtes* étaient *égales* ou *inégales* : les flûtes inégales avaient l'une quatre trous et l'autre seulement trois. L'*Hécyre* de Térence était accompagnée par des flûtes égales, et le *Phormion* par des flûtes inégales, comme nous l'apprennent les *didascalies*.

II. La Trompette (*tuba*), instrument en corne, plus tard en laiton, long tube droit faisant entendre un son profond et rude. Venue d'Étrurie à Rome, elle servait à l'infanterie comme le clairon à la cavalerie, et donnait le signal du combat[3].

III. La Corne[4], instrument en volute, tordu en spirale; ressemblant au cor de chasse : elle servait aux bergers et à la guerre, annonçait le commencement et la fin des repas, et appelait autrefois les Quirites à l'assemblée.

IV. Le Clairon (*lituus*), trompette recourbée, en airain, faisant entendre un son perçant : il servait dans la cavalerie et donnait le signal du combat[5].

Les instruments à corde étaient les mêmes que chez les Grecs.

Modes. — Comme la langue grecque a ses dialectes, la musique a ses *modes*[6]. L'antiquité en distinguait trois principaux, le *dorien*, le *phrygien* et le *lydien*[7]. Le premier mode est le plus grave; le second, vif et bruyant, naquit aux mystères de Cybèle en Phrygie. Le troisième a un accent à la fois doux et plaintif, et on l'a rapproché de la voix féminine[8]. Le mode, dans la musique

---

1. La trompette *paphlagonienne* était très longue, avec une ouverture en bouche de taureau; la *médique* avait une ouverture en jonc; la *gauloise*, nommée *carnyx* par les Celtes, petite et en métal fondu, rendait un son perçant; la *tyrrhénienne*, d'airain ou de fer, avec une ouverture en os, droite ou recourbée, était vantée pour son éclat; la trompette hellénique ou *argienne* était longue et d'un son puissant; l'*égyptienne*, de forme arrondie, nommée *chnoûs*, servait aux sacrifices : on en attribuait l'invention à Osiris.
2. A la fois flûte et clarinette, αὐλός et πλαγίαυλος. Cf. Ovide, *Fastes*, 6, 657.
3. Ennius, v. 452 (Vahlen) : *At tuba terribili sonitu taratantara dixit.*
4. *Bucina* et non *buccina*, l'étymologie étant *bou-i-cina* (allem. *Kuh-horn*).
5. Acron, *ad Hor. Carm.*, 1, 1, 23 : « Lituus equitum est et incurvus, tuba vero peditum est et directa. » Cf. Lucain, 1, 237.
6. ἁρμονίαι.
7. ἡ Δωριστί, Φρυγιστί, Λυδιστὶ ἁρμονία. Cf. Platon, *Lachès*, 188.
8. Lorsque les différents peuples grecs se réunissaient pour des solennités communes, les différences de style de leurs chants nationaux devaient ressortir nettement. Héraclide de Pont affirme que les trois modes furent ainsi nommés des peuples où ils étaient en usage. Aristote ne parle que de deux modes, le dorien et le phrygien, c'est-à-dire le grec et le barbare. Le mode lydien ressemble le plus à notre majeur et l'hypodorien à notre mineur. Le caractère *éthique* attribué à chaque mode par Platon (*Rép.*, 3, 399), et surtout Aristote (*Polit.*, 8, 7), est l'une des grandes obscurités de l'ancienne musique. [Arist. *l. c.* : περὶ δὲ τῆς Δωριστὶ πάντες, ὁμολογοῦσιν ὡς στασιμωτάτης οὔσης καὶ μάλιστ' ἦθος ἐχούσης ἀνδρεῖον.] Il faut se sou-

grecque, désigne à la fois un ensemble de rapports harmoniques[1], et une nuance de sentiment et de style.

Genres[2]. — La musique grecque distingue trois *genres*, c'est-à-dire qu'elle admet trois divisions du tétrachorde : le genre *diatonique*, le *chromatique* et l'*enharmonique*. Le premier est le plus ancien et le plus usité : le troisième, inventé par Olympos, est plus rare. Comme la sensibilité musicale allait s'émoussant, les deux derniers genres disparurent de plus en plus : du temps d'Aristoxène, on disait que les quarts de ton ne tombent pas sous le sens de l'ouïe.

Tons. — Le *ton* indique le degré absolu d'acuité auquel se place la mélodie, tandis que le *mode* indique la disposition des intervalles qui la composent. En théorie, le nombre des tons doit être égal à celui des sons musicaux compris dans l'étendue d'une octave ; en pratique, il y a sept tons principaux qui portent les noms des sept modes[3].

venir : 1° que nous faisons une distinction assez semblable entre la gaîté du mode majeur et la tristesse du mineur ; 2° que, chez les anciens, le mode déterminait le caractère général de la mélodie et la *nature des instruments* qui l'exécutaient : si le phrygien est orgiastique, tandis que le dorien est approuvé par Platon, qui interdit le lydien, c'est que les flûtes militaires doriennes diffèrent des flûtes sonores de Phrygie et de Lydie. Il faut admettre pourtant que notre sens musical a singulièrement perdu en délicatesse.

1. Tandis que la musique moderne n'a que deux modes, puisqu'elle n'opère le repos final que sur deux degrés de l'*échelle-type* (sans accidents), *ut* et *la*, chez les anciens, la terminaison mélodique peut tomber sur chacun des sons de la série diatonique. Par exemple, si nous appelions *mode diminué* celui qui pourrait se terminer sur *si*, la série de notes suivantes serait un air écrit dans ce troisième genre : *si, ré, fa — sol, sol — fa, ré, ut — si.* — Ce n'est autre que le mixolydien. — Les Grecs ont distingué sept modes : 1° mixolydien (*si*) ; 2° lydien (*ut*) ; 3° phrygien (*ré*) ; 4° dorien (*mi*) ; 5° hypolydien (*fa*) ; 6° hypophrygien (*sol*) ; 7° hypodorien (*la*). — On voit que les modes *principaux* finissent sur la dominante des modes *hypo*. Nous sommes loin de la *cadence parfaite* nécessaire à l'oreille moderne, que la plagale même ne satisfait point. — Les sept modes grecs subsistent dans les chants liturgiques et dans les plus anciennes mélodies irlandaises, flamandes, wendes, etc. Voici un air wende en hypophrygien (le mode de l'hymne à Némésis). [Dans ce morceau et le suivant, les noires sont indiquées par des caractères ordinaires, les croches par des italiques, les noires pointées par des capitales, les blanches par des lettres grasses.] La mesure est 3/4 : Sol | Sol, ré, ré, | ré, mi, fa, | mi, *mi, ré, mi, ré,* | **DO,** *do, ré,* | *mi, mi, mi,* | *mi, fa, sol,* | *fa, mi, sol, mi,* | **RE,** *sol,* | **DO,** *si, do,* | **RÉ,** *sol,* | *do, si, la,* | **SOL.** — Cet air est extrait de Gevaërt (*op. cit.*), dont le chap. sur les modes est particulièrement remarquable. — Lévêque raconte qu'étant sur une barque près d'Égine, il entendait chanter le mousse qui tenait le gouvernail. « Tu finis mal, » lui dit-il, et il reprit l'air en le terminant sur la tonique. Le mousse se récria et ne voulut jamais donner raison à Lévêque. C'est là presque toute la différence entre la musique ancienne et la moderne.

2. χρόαι. Le *genre* est une manière d'*accorder* le tétrachorde. Les deux sons extrêmes sont fixes (φθόγγοι ἑστῶτες), les degrés intermédiaires sont mobiles (κινούμενοι), et leur intonation varie selon le genre. Un même tétrachorde présente les successions d'intervalles suivantes, dans les différents genres (du *grave* à l'*aigu*) : Diatonique : $\frac{1}{2}, 1, 1$. — Chromatique : $\frac{1}{2}, \frac{1}{2}, 1\frac{1}{2}$. — Enharmonique : $\frac{1}{4}, \frac{1}{4}, 2$. On voit que c'est le 2° intervalle qui caractérise le genre. On appelle λεῖμμα le $\frac{1}{2}$ ton diatonique, ἀποτομή le $\frac{1}{2}$ ton chromatique, δίεσις ἁρμονική le $\frac{1}{4}$ de ton. Gevaërt connaît un professeur de Vienne dont la voix peut parcourir un ton en quatre quarts de ton ; mais c'est là une très rare exception, et le fait qu'on prenne la peine de le signaler démontre combien notre ouïe s'est émoussée depuis vingt siècles.

3. Voici la règle d'après laquelle a été appliquée cette nomenclature. Si l'on écrit les

Un trait caractéristique de la musique grecque, qui lui est commun avec la musique de l'Église et de la Renaissance, ainsi qu'avec toutes les musiques populaires primitives depuis la Chine jusqu'à l'Irlande, c'est la prédominance marquée du mode mineur, qui est l'exception aujourd'hui. Cela semble confirmer ce que j'ai dit en commençant de l'origine de la musique, fille des tristesses humaines qu'elle purifie en les exprimant.

Notation musicale, Séméiographie. — Les Grecs se servaient de signes différents suivant qu'il s'agissait d'une partie vocale ou instrumentale. Chacun des systèmes comprenait environ soixante-sept signes embrassant trois octaves. Il n'y a que seize *signes-types*, empruntés à l'ancien alphabet grec-phénicien, et que l'on varie en les retournant, en les couchant, en les doublant, etc. Alypius, qui nous a conservé cette notation, accompagne chaque lettre de sa description : ainsi ⊲ = *lambda couché*, etc. [1].

Dans la notation instrumentale, chaque lettre, écrite droite, forme un ton ; renversée, ce ton diézé d'un quart de ton, et retournée, ce ton élevé d'un demi-ton.

On notait le plus souvent dans le mode lydien : mais chaque mode avait sa notation particulière. C'est dans la notation lydienne que nous est parvenu ce qui nous reste de la musique grecque. — La notation grecque ne donnait que l'acuité ou la gravité des sons, mais non pas leur durée, que l'on indiquait par la quantité des syllabes dans la musique chantée, et dans la musique instrumentale par des signes de quantité particuliers [2].

Polyphonie. — Dans la musique vocale, les voix chantaient à l'unisson ou à l'octave : la polyphonie, et par suite l'harmonie, n'existait pas. Mais Bœckh et Vincent ont établi, contre Burette, Bellermann et Fétis, que les anciens connaissaient la polyphonie dans la musique instrumentale [3].

sept modes en prenant *fa* pour tonique, l'*armure de la clé* pour chaque mode sera celle du ton homonyme. Ainsi, la gamme lydienne ayant un seul bémol (*si*), le ton lydien sera le ton qui a un seul bémol, ou *fa*. Ce ton était le plus usuel dans la musique ancienne, parce que l'octave $fa_2 — fa_3$ était considérée comme l'*octave moyenne* des voix. Toutes nos mélodies antiques (sauf le fragment de Pindare, suspect pour cette cause) sont écrites dans ce ton. — Les 15 ou 18 degrés de l'échelle type gardent leurs dénominations, *proslanbanomène, hypate, nète*, etc., dans les échelles transposées, de sorte que le système tonal des Anciens peut être comparé à un clavier transpositeur dont toutes les touches conservent les noms qu'ils ont dans la gamme d'*ut*. (Gevaërt, p. 212.) Nos modulations, beaucoup plus fréquentes que chez les Anciens, sont des *métaboles de ton :* le passage du majeur au mineur donne au contraire l'idée d'une *métabole de genre*, puisque notre mineur doit surtout son caractère aux éléments chromatiques qu'il renferme (*si-do* ; *mi-fa* ; *sol-la*).

1. ⊲ = λάμβδα πλάγιον ; ⋈ = κάππα ἀνεστραμμένον. On trouve encore les expressions de ὕπτιον, ἀπεστραμμένον, διπλοῦν, ἐλλιπές, τετράγωνον, ὄρθον, δέξιον, etc.

2. La brève (1 temps) ne recevait aucun signe : la longue de 2 temps était marquée —, celle de 3 temps ⌐ , celle de 4 temps ⊔, celle de 5 temps ⊔⊔. La pause était indiquée par le signe Λ (1 temps), que l'on allongeait en plaçant en dessous un des signes de longueur précédents. Ainsi Λ avec ⊔ en dessous signifie une pause de 4 temps. — Au moyen âge, la séméiographie grecque céda la place aux lettres latines, d'où sortirent les *neumes*. (Voy. Coussemaker, *l'Harmonie au moyen âge*, 1857.)

3. Le texte capital est dans Plutarque (*de Mus.*, 14). On sait, du reste, que la théorie des accords et de leurs renversements n'est due qu'à Rameau. — Plus mélodistes qu'harmonistes, les Grecs ne possédaient pas l'art tout récent de masquer par des accords, par des effets d'orchestre, les défaillances de la mélodie essoufflée ou muette. Livrée à ses seules forces, a

Restes de la musique grecque. — Nous avons conservé de l'antiquité grecque quatre morceaux de chant : 1° la mélodie de la première Pythique de Pindare ; 2° celle de deux hymnes de Denys à Calliope et à Apollon ; 3° un hymne de Mesomède(?) à Némésis[1]. — Voici, d'après la convention indiquée page 169, note 1, la notation de la première phrase de l'hymne à Calliope : la mesure est $\frac{6}{8}$, le ton *fa* majeur : la, | mi, *mi*, sol, *sol*, | sol, *la*, la, *la*, | si, ré, ré, *sol*,] do, do, *mi*, | mi, *mi, mi*, | mi, ré, ré, *do*, | mi, ré, sol, *la*, si, | do, *sol*, la [2]. — Les essais faits de nos jours par Beethoven et d'autres, pour composer de la *musique grecque*, ont donné des résultats peu décisifs. Mais on sera bien forcé de revenir aux anciens modes quand notre tonalité, si bornée, aura donné tout ce qu'elle peut fournir : et ce jour-là ne semble pas être très loin.

La Musique dans le drame grec[3]. — Les anciens poètes tragiques étaient en même temps musiciens[4] et maîtres de ballet[5]. On reprochait à Euripide de faire composer la musique de ses drames par Iophon et Timocrate d'Argos. Il n'y a pas, au sens moderne, de

---

mélodie grecque a été obligée de produire, de développer toutes les ressources expressives du chant. (Lévêque, *Journ. des Sav.*, 1879.) Bœckh dit que c'est dans son harmonie polyphone que consiste surtout le caractère *romantique* de la musique moderne. Les Grecs distinguaient les quarts de ton pour dessiner purement une mélodie : nos musiciens combinent cinq ou six notes pour peindre une sensation complexe dans une ingénieuse dissonance. Cf. Westphal, *Métrique*, préface.

1. Voyez ces morceaux dans Gevaërt, Rossbach et Westphal, ou Bellermann, *Hymnes de Denys et de Mésomède*, 1840. — Un prétendu hymne à Déméter, utilisé par B. Marcello de Venise pour son psaume 18, paraît apocryphe. Mais dans nos chants liturgiques il y a certainement des parties très anciennes. — La mélodie de la Pythique fut découverte par Athanasius Kircher, en 1680, dans un ms. du couvent de S. Salvadore à Messine, et publiée par lui dans la *Musurgia universalis*. Bien qu'on n'ait jamais pu retrouver le ms. de Kircher et que Burette ait formellement émis des doutes, Bœckh pense que la mélodie en question, qui ne manque pas d'un certain charme austère, est non seulement grecque, mais pindarique : son argument principal est que, d'après l'usage archaïque, le soliste commence, et que le chœur avec accompagnement de cithare ne reprend que plus loin. Un faussaire aurait ignoré ce détail. — Les autres mélodies se trouvent dans plusieurs mss. à la suite des écrits de Bacchius. Les notes sont écrites à l'encre rouge, au-dessus du texte des hymnes. Denys était, selon Suidas, un musicien du temps d'Hadrien ; Mésomède est un artiste crétois de la même époque, dont le nom, manquant sur les mss, a été restitué par une ingénieuse conjecture de Burette.

2. Paroles : ἄειδε Μοῦσά μοι φίλη, μολπῆς δ' ἐμῆς κατάρχου· αὔρη δὲ σῶν ἀπ' ἀλσέων ἐμὰς φρένας δονείτω. Les Grecs ne mettent point deux sons sur une note.

3. O. Müller, *Litt. grecq.*, ch. xxii; Christ, *Métrique*, p. 644. Compléter avec ce qui sera dit dans l'*Orchestique* et la *Métrique*.

4. ποίησις; signifie à la fois composition musicale et poétique.

5. Dans la *parodos* (entrée en scène), le chœur chante en exécutant des danses le long des *parodoi* ou couloirs de l'orchestre : les *stasima* étaient exécutés par le chœur à un endroit fixe, autour de l'autel de Bacchus, et chantés à l'unisson ou à l'octave. Les chants étaient accompagnés par la flûte ou la cithare. Le *commos*, dont la forme première est la *plainte funèbre*, est un chant commun aux personnages de la scène et du chœur, dans les instants de grande émotion. (Esch., *Perses*, 907-1076. Tout l'*exodos* est un *commos*.) En se partageant par hémichories, le chœur se livre à une conversation lyrique avec lui-même. Les petits chants isolés exprimant des émotions violentes s'appellent *hyporchèmes* et sont accompagnés de danses animées. Les monodies ou *soli* se trouvent surtout dans Euripide.

discours parlé dans le drame antique, mais partout soit des chants (du chœur), soit des récitatifs plus ou moins modulés[1].

La Musique du théâtre à Rome[2]. — Les comédies latines n'avaient pas de chœur, mais se composaient de deux parties, le *diverbium* ou dialogue, et le *canticum* accompagné de la flûte. Dans les anciens manuscrits de Plaute, les lettres C. ou DV. signifient la reprise du *canticum* ou du *diverbium*[3]. Selon Tite Live (7, 2), Livius Andronicus, qui représentait ses propres pièces, s'étant fatigué la voix, obtint la permission de placer auprès du joueur de flûte un jeune esclave qui chantait pour lui les *cantica*. Dès lors, l'usage s'introduisit, dans les *cantica*, de confier les gestes et les paroles à deux acteurs différents. C'est cette séparation, selon Boissier[4], qui donna naissance à la pantomime.

§ II. — L'ORCHESTIQUE.

1. Les travaux publiés à ce sujet[5] sont insuffisants. La connaissance de la danse chez les anciens est particulièrement difficile à cause du grand nombre de monuments figurés et de l'absence complète d'ouvrages théoriques. Le petit dialogue de Lucien *sur la*

---

1. Les paroles des acteurs étaient une mélopée lente et sonore. Les Grecs opposent les ἔπη, vers déclamés, aux μέλη, vers chantés : mais les ἔπη nous sembleraient chantés aujourd'hui. Outre la déclamation et le chant (καταλέγειν et ἄιδειν), les Grecs distinguaient la παρακαταλογή, ou mode de récitation intermédiaire, avec accompagnement instrumental du moins pour marquer les fins de période, mais non sur une mélodie fixe, comme les récitatifs *ad libitum* des opéras-comiques.

Depuis le dix-septième siècle, toutes les révolutions dans le drame musical ont consisté à se rapprocher de l'idéal de la tragédie antique. Gluck et Wagner sont, à ce titre, disciples des Anciens. Ce dernier ne prétend-il pas réunir en lui la double personnalité du poète et du musicien dramatique, comme Eschyle ? Nous retrouvons ici ce principe partout vérifié : l'art du passé éloigné est l'image de *l'art de l'avenir*.

2. La musique fut de très bonne heure connue à Rome : comme à Sparte, l'instrument favori était la flûte. Après l'art musical étrusque, ce fut celui des Grecs qui domina.

3. Cf. Ritschl, *Mus. rhén.*, XXVI ; Christ, *Métrique*, p. 652, 1ʳᵉ éd., et Boissier, art. *Canticum* dans Saglio. Le sigle M.M.C. que Donat lisait sur les mss et qu'il interprétait : *mutantur modi cantici*, doit probablement s'entendre : *modi musici : canticum*. Le mètre des *diverbia* est ordinairement l'iambique trimètre ; les autres mètres, qui exigent un accompagnement musical, sont les plus fréquents. — Des hexamètres pouvaient être chantés : un biographe de Virgile dit que l'on *chantait* les *Bucoliques* sur la scène (*in scena per cantores pronuntiabantur*). Sur le chœur tragique à Rome (peu connu) voy. Teuffel, § 13, 6.

4. Boissier aurait pu rapprocher de Tite Live (*loco cit.*), Lucien (*de Salt.*, 30). — Christ (*l. c.*) pense que Tite Live a pris l'exception pour la règle et confondu le drame avec la pantomime. Voy. p. 175, en note, l'opinion de Boissier sur la pantomime.

5. Meursius, *Orchestica* ; A. de Jorio, *Mimique des Anciens*, 1832. — Krause, *Gymnastique et Agonistique des Hellènes*, 1841 (all.). Nous connaissons les noms de plus de deux cents danses antiques. — « L'orchestique, dit Bœckh, est une gymnastique raffinée, où la souplesse des mouvements est soumise aux lois du rhythme. »

Danse est une discussion sur la moralité de cet art, que plusieurs écoles de philosophes proscrivaient.

2. La danse et le chant étaient si étroitement unis chez les Grecs, que *choreuein* et *chanter* sont synonymes. Selon Athénée (I, p. 150), la danse est l'imitation de ce que dit la voix. C'est à la danse que la métrique grecque a emprunté son vocabulaire (pied, *arsis*, *thésis*).

3. Les Grecs réunissaient sous le nom d'ORCHESTIQUE l'art de la danse et celui de la pantomime. Plutarque emploie l'expression : *danser avec les mains*, et Xénophon (*Banq.*, 2, 16) dit que, dans la danse, aucune partie du corps n'est oisive. En général, le danseur ou la danseuse chantaient et dansaient, tandis qu'une autre personne les accompagnait sur un instrument[1]. Ce que nous appelons *danses tournantes* eût blessé le goût délicat des Grecs, comme la valse choquait lord Byron[2].

Danses grecques. — 1. A l'origine, toutes les danses étaient religieuses[3], et Platon n'en admettait pas d'autres[4]. Sauf les danses bacchiques, les danses religieuses étaient généralement graves et consistaient en mouvements lents autour de l'autel.

2. Dans le culte d'Apollon à Délos, chaque sacrifice était accompagné de danses et de chants. Une de ces danses en chœur s'appelait la *grue*[5] et représentait les détours du labyrinthe de Crète. De cette danse dérive peut-être l'*hyporchème* dorien, danse mimique et lyrique très vive exécutée autour de l'autel d'Apollon, avec des accompagnements de chant et de musique dus à Thalétas (*gymnopédies*).

3. Les danses militaires étaient surtout en honneur chez les Doriens. L'invention de la *pyrrhique* était attribuée aux Dioscures, à Bacchus ou à Mercure. D'après Aristote, Achille l'introduisit le premier aux funérailles de Patrocle. Cette danse était certainement dorienne, et Thalétas en avait composé la musique. Athénée appelle la pyrrhique de Sparte une *préparation à la guerre*[6]. A Athènes, aux grandes et aux petites Panathénées, des éphèbes dits pyrrhi-

---

1. Athénée décrit ainsi la danse appelée *anthema* (danse des fleurs), que la danseuse exécutait avec une mimique facile à comprendre, en chantant ce double couplet : Ποῦ μοι τὰ ῥόδα; ποῦ μοι τὰ ἴα; ποῦ μοι τὰ καλὰ σέλινα; Ταδὶ τὰ ῥόδα, ταδὶ τὰ ἴα, ταδὶ τὰ καλὰ σέλινα.
2. Les Grecs aimaient, dans les danses d'ensemble, le mouvement harmonieux de belles formes; l'*eurythmie*, accord des mouvements avec le rythme, leur plaisait à tel point, qu'ils appliquaient ce terme à la beauté dans les arts plastiques.
3. On trouve la danse, comme art profane, dès le temps d'Homère. Ulysse admire des danseuses rapides à la cour d'Alcinoüs (*Od.*, 8, 265).
4. *Lois*, 7, p. 798.
5. γέρανος. Thésée passait pour l'avoir exécutée le premier à Délos, à son retour de Crète. (Plut., *Thés.*, 21.) Cf. Pollux, 4, 101.
6. προγύμνασμα τοῦ πολέμου. La mimique y jouait un si grand rôle, qu'on l'appelait χειρονομία. — Les marches militaires de Sparte sont célèbres : il nous reste des μέλη ἐμβατήρια de Tyrtée, qu'il ne faut pas confondre avec ses élégies.

chistes exécutaient cette danse. Elle s'introduisit à Rome sous César et subsistait encore dans l'armée sous Hadrien. (Spartien, *Hadr.*, 19.)

4. Une autre danse militaire; en usage chez les Énianes et les Magnètes, était la *capréa*; elle était exécutée par deux hommes armés, et représentait la lutte d'un voleur de bœufs et d'un laboureur.

5. Parmi les danses *pacifiques*[1], on cite souvent l'*emméléia*, danse grave et digne que Lucien appelle *danse tragique* et qu'il oppose au *cordace* et à la *sikinnis*. La *thermaüstris* était une sorte d'*emméléia* d'un mouvement très rapide. Le *cordace* était une danse très libre. La *sikinnis*, en usage dans les jeux satyriques, parodiait les mouvements des danses graves. L'*hormos* était dansé par des jeunes filles et des jeunes garçons, ces derniers exécutant des mouvements militaires[2].

Danses romaines. — 1. Chez les anciens Romains, les danses étaient surtout religieuses[3] et d'une extrême lourdeur. Les maîtres de danse grecs s'introduisirent à Rome après la deuxième guerre punique; mais leur art ne fut jamais que toléré. Salluste reproche à Sempronia « non pas de savoir danser, mais de savoir bien danser ». Macrobe rapporte un fragment d'un discours de Scipion Émilien qui s'indignait que l'on enseignât la danse à la jeunesse. Cicéron pensait que, pour danser, il fallait être ivre ou fou[4]. Sous l'Empire, la passion de la danse ne connut pas de frein, bien que les écrivains moralistes, comme Horace, Sénèque, Juvénal, ne cessassent de la flétrir[5].

2. Le mot de pantomime, inventé, comme la chose, en Italie, fut adopté par les Grecs, pour désigner l'orchestique et la mimique réunies. Bathylle et Pylade acquirent comme pantomimes une gloire scandaleuse dont s'indigne Sénèque[6]. Tibère et Trajan firent en vain des règlements pour limiter la licence de ces spectacles, que le christianisme lui-même fut impuissant à réprimer.

La danse au théâtre[7]. — 1. Le chœur, dans les pièces grecques, fait son entrée en marchant au son d'anapestes. La danse propre à la tragédie était l'*emméléia*, comme le *cordace* à la comédie et la *sikinnis* au drame satyrique ; mais l'*emméléia* se rencontrait aussi dans la comédie. Une danse plus vive accompagnait les morceaux animés du chœur. Les acteurs eux-mêmes, en récitant des *soli*, exécutaient des danses mimiques[8]. Mais tous ces mouvements sont mal connus, et les efforts qu'on a faits pour retrouver les *pas* des tragédies grecques[9] ont donné des résultats très peu certains.

---

1. εἰρηνικαὶ ὀρχήσεις (Platon, *Lois*, 7, 814).
2. La *bibasis* était une danse spartiate commune aux deux sexes, dont se moque Aristophane, *Lysistr.*, 28. Voy. Müller, *Doriens*, 4, 6, 8.
3. *Tripudia Saliorum*. Il y avait aussi des danses militaires (Denys, 7, 72).
4. *Pro Murena*, 6, 13 : « Nemo fere saltat sobrius, nisi forte insanit... neque in convivio moderato atque honesto. » Les Pères de l'Église sont du même avis.
5. Hor., *Od.*, 3, 6, 21. Les riches, pendant leurs repas, faisaient exécuter des ballets par des éphèbes ou des danseuses espagnoles. Voy. les peintures de Pompéi (*Museo Borbonico*, vol. VII, 34-40), et comparez la description d'une danse mimique à laquelle assistait Socrate, dans Xénophon, *Banquet*, 9, 2-7. — Au temps de Sénèque, on trouve aussi des *pantomimae*.
6. Sénèque, *Quaest. nat.*, 7, 32.
7. Christ, *Métrique*, p. 662.
8. *Phénic.*, 316 ; cf. Plut., *Crass.*, 33.
9. Buchholtz, *Orchestique d'Euripide*, 1871 (all.); Kirchhoff, *Eurythmie et orchestique des*

2. A Rome, les danses du chœur sont remplacées par des *soli* mimiques [1] ; une grande place est donnée à la pantomime, surtout depuis Auguste [2], au grand détriment de la moralité et de l'art.

Grecs (all.) 1875. — « Pour étudier l'orchestique, dit Bœckh, il faudrait être un excellent maître de ballet et un bon philologue : deux conditions qui se trouvent rarement réunies. »
1. *Pseudolus*, 1274.
2. Boissier (*Rev. archéol.*, 1861, p. 342) remarque que, sous l'Empire, on trouve les expressions *saltare* ou *cantare* (mais non *agere*) *tragoediam*. Or le pantomime est nommé à Rome *saltator*, et Athénée et Zozime affirment que la pantomime est née sous Auguste. Selon Boissier, la pantomime est sortie naturellement de l'exécution des *cantica*, partagée, depuis Livius Andronicus, entre l'acteur, le joueur de flûte, et un musicien disant les paroles. Les pantomimes n'étaient qu'une série de *cantica* successifs sur un des thèmes mythologiques qui faisaient le fonds de la tragédie. Le chœur chanté, *canticum*, caractérise la pantomime romaine et la distingue de la danse des Grecs, qui n'est accompagnée que par une musique d'instruments ; les gestes, d'ailleurs, étaient l'important. *Saltare tragoediam*, c'est jouer une pantomime, et *cantare tragoediam*, exécuter une tragédie chantée, un drame lyrique composé de monologues scindés. D'après Suétone (*ap.* Diom. Putsch, p. 489), ce fut par la vanité des trois artistes qui collaboraient aux pièces de théâtre que l'accord des gestes, des paroles et du chant, qui avaient fait des anciens *cantica* un spectacle complet, se brisa dès les premiers temps de l'Empire : chaque auteur préféra briller pour son compte, et ainsi naquirent la *tragoedia saltata* ou pantomime, la *tragoedia cantata* ou drame lyrique, enfin la musique de la flûte seule exécutée par le *pythaules*. La vieille tragédie périt de la dislocation des parties qui la composaient. — Il peut paraître singulier de faire naître par une sorte d'abstraction un jeu aussi simple que la pantomime ; quoi qu'il en soit, le travail de Boissier mérite d'être signalé comme le modèle d'une discussion archéologique serrée et élégante. — Comp. Grysar, *le Mime romain*, 1854 (all.).

LIVRE IX

MÉTRIQUE DES ANCIENS[1]

La Rhythmique, dont la métrique fait partie, est la science de l'ordre des mouvements successifs dans les trois arts *musicaux*, la poésie, la musique et l'orchestique ; elle diffère de la symétrie, qui est la science de l'ordre des parties juxtaposées dans les trois arts *plastiques*, l'architecture, la statuaire et la peinture[2].

Rhythme. — « Le rhythme, disait Aristoxène, est l'ordre des temps. » Le

---

1. Bibliographie. — Le *Manuel* d'Héphestion est un extrait en 1 livre d'un autre extrait en 3 livres abrégé lui-même d'un extrait en 11 livres tiré d'un ouvrage en 48 livres περὶ μέτρων : cela donne une idée de la manière de travailler des Byzantins, où *le précis copiait le précis* en l'abrégeant. Tous les autres métriciens grecs, Moschopule, Dracon, Isaac, Tzetzès, etc., sont inférieurs à Héphestion (V. Westphal, *Scriptores metrici Graeci*, 1866). Le plus important des métriciens latins est Terentianus Maurus (V. Gaisford, *Script. latini rei metricae*, 1837). Il faut ajouter beaucoup de scholiastes, et les auteurs cités plus haut sur la musique. — La métrique moderne date de Bentley, *de Metris Terentianis* σχεδίασμα, 1726, qui contient encore beaucoup d'idées fausses : le *De metris* d'Hermann, 1799, et ses *Elementa doctrinae metricae*, 1816, sont les fondements de l'enseignement actuel. Mais le premier travail décisif sur la métrique des lyriques grecs est celui de Bœckh, *Mètres de Pindare*, 1808 et 1825 (all.). Après les ouvrages d'ensemble fort méritoires d'Apel, 1834-8, et de Leutsch, 1841, l'apparition des deux volumes de Rossbach et Westphal (2ᵉ éd., 1867-68, 1ʳᵉ éd., 1854-65) marqua un très grand progrès dans les études de métrique et de musique. — Le bon manuel de métrique de Christ (2ᵉ éd., 1879) contient peu de choses originales. Les 4 vol. de Schmidt, 1868-72, sont, au contraire, d'une hardiesse excessive. L. Müller a publié un travail très-détaillé, écrit dans un latin bizarre et obscur, sur la *Métrique des poètes latins, sauf Plaute et Térence*, 1861. La métrique des comiques latins, étudiée par Ritschl et son école, a été l'objet d'un gros livre de Müller, 1866 (all.), d'une lecture fort peu divertissante. On fera mieux de recourir à la dernière éd. du *Traité de versification latine*, par Quicherat, modèle de clarté et de science solide, qui donne l'essentiel sur les mètres de Plaute. Ajoutons que les études de métrique sont fort négligées en France, où l'on entend encore répéter les railleries de Montaigne (l'*ignorant hardi*, comme disait si bien Scaliger) contre les savants qui scandent les vers de Plaute. — Ce qui suit est surtout emprunté à Christ, dont le livre, un peu indigeste, se prêterait d'ailleurs mal à une traduction. Je dois beaucoup au *Cours de métrique* professé par Weil aux Hautes-Études, 1878-79 ; toutefois, je n'ai pas cru devoir reproduire celles de ses idées personnelles qui s'écartent des doctrines communément enseignées en Allemagne.

2. ῥυθμός, de ῥέω, couler. Aristide Quintilien reconnaît le rhythme dans tous les arts. Sur le rhythme en général, voy. Benlœw, *Précis d'une théorie des rhythmes*, 1862.

temps est la mesure du mouvement rhythmique. L'unité de temps est le temps simple ou *point*, égal à la durée de la note, de la syllabe ou de la figure de danse la plus courte[1]. Le temps double est la syllabe longue ordinaire, égale à deux brèves[2].

Pied. — Le pied est une partie du rhythme qui fait connaitre la nature du tout[3], comme l'intervalle entre deux *barres*, dans notre notation musicale, permet de reconnaître si une mesure est à 3 temps, 6/8, etc. Le pied se compose de plusieurs syllabes dont l'une est marquée par une inflexion plus forte. Le temps fort s'appelait anciennement *basis* ou *thésis*, parce qu'on abaisse la main et le pied en le marquant; le temps faible se nommait *arsis*[4]. Mais, comme en général la voix s'élève avec le temps fort et s'abaisse avec le temps faible, les grammairiens postérieurs prirent la déplorable habitude d'appeler *arsis* le temps fort et *thésis* le temps faible[5]. Les modernes se sont partagés entre ces deux systèmes[5], et il en est résulté une confusion qui n'a pas légèrement servi à compliquer l'étude déjà si difficile de la métrique ancienne[6].

Genres de rhythme. — D'après le rapport numérique entre les deux parties du pied (la *thésis* et l'*arsis*), Aristoxène distingue trois *genres rhythmiques* : 1° le genre égal ou *dactylique* (2 : 2); 2° le genre double ou *iambique* (2 : 1); 3° le genre sesquialtère ou *péonique* (3 : 2)[7]. Un quatrième genre d'un emploi rare est l'*épitrite* (4 : 3).

Mètre. — En musique, on peut toujours remplacer une *noire* par deux *croches*; dans un vers, on ne peut pas remplacer partout une longue par deux brèves. Le rhythme n'a rapport qu'à la *somme* des temps; le mètre dépend, en outre, de leur disposition relative[8].

---

1. χρόνος πρῶτος, σημεῖον. σημεῖον καλεῖται διὰ τὸ ἀμερὲς εἶναι. (Arist. Quintilien.)
2. La durée du temps simple est une *more*; elle n'a rien d'absolu et dépend du mouvement ou *tempo*. — « Longam esse duorum temporum, brevem unius, etiam pueri sciunt. » (Quint., 9, 4, 5.)
3. Πούς ἔστι μέρος τοῦ παντὸς ῥυθμοῦ δι' οὗ τὸν ὅλον καταλαμβάνομεν. τούτου δὲ μέρη δύο· ἄρσις καὶ θέσις. (Aristide, p. 49.)
4. Le pied est la réunion d'une *thésis* et d'une *arsis* (en latin : *positio, elevatio*).
5. Isid., *Orig.*, 1, 16 : « Arsis et thesis, id est vocis elevatio et positio. »
6. Bentley et Hermann suivent les grammairiens latins : Rossbach et Westphal sont revenus à l'ancienne mode, et Christ à la nouvelle, sauf à écrire *arsis* et *thésis* en grec quand il les prend au sens ancien. Cette dernière invention parait peu heureuse, et je me conforme, dans ce qui suit, aux acceptions anciennes.
7. γένος ἴσον, διπλάσιον, ἡμιόλιον. — I. Au 1ᵉʳ genre, se rattachent les pieds suivants : le *procéleusmatique* simple ou *pyrrhique* : ∪∪ ; le *double procéleusmatique* : ∪∪∪∪ ; le *dactyle* ou anapeste a majori : - ∪∪ ; l'*anapeste* a minori : ∪∪ - ; le *spondée simple* : - - ; le *spondée double* : ⎯ ⎯ , où l'arsis et la thésis comprennent chacune une syllabe longue de 4 mores.
II. Au 2ᵉ genre appartiennent : l'*iambe* : ∪ - ; le *trochée* : - ∪ ; le *tribraque* : ∪∪∪, et les pieds composés : l'*ionique majeur* : - - ∪∪, et l'*ionique mineur* : ∪∪ - -.
III. Au 3ᵉ genre se rattachent : les *péons* : - ∪∪∪ (et les permutations); le *crétique* : - ∪ - ; le *bacchius* : ∪ - - ; l'*antibacchius* : - - ∪.
IV. A ces rhythmes il faut ajouter ceux qu'Aristide appelle μικτοί : le *dochmius* : ∪ - - ∪ - ; le *choriambe* : - ∪∪ - ; l'*antispaste* : ∪ - - ∪, etc.
8. Quint., 9, 4, 46 : « Rhythmi, id est numeri, *spatio temporum* constant, metra etiam ex *ordine*, ideoque alterum esse quantitatis videtur, alterum qualitatis. »

Quantité[1]. — On distingue les syllabes en longues[2], brèves[3] et communes[4]. Le *frappé* rhythmique (*ictus*), marqué chez les Grecs par un point, est remplacé (à tort) chez les modernes par le signe de l'accent aigu. L'accent rhythmique est distinct de l'accent tonique : ainsi, dans le deuxième vers de l'Énéide, l'accent rhythmique est sur la première syllabe de *Italiám* et l'accent tonique sur la deuxième.

La Prosodie, étude de la quantité des syllabes, est la préface nécessaire de la métrique. Comme on l'apprend, ou comme on devrait l'apprendre dans les classes, je n'en exposerai pas les règles ici[5].

Côla, Périodes. — La réunion de plusieurs pieds forme un *côlon* (κῶλον) ou *membre métrique*. La réunion de plusieurs *côla* formant un *système métrique* (par exemple une strophe alcaïque), s'appelle *période*. Un vers ou une période est *catalectique* lorsque le dernier pied est incomplet[6], ou *acatalectique* lorsque tous les pieds sont complets[7]; la *catalexe* correspond généralement à un *silence* dans notre musique.

Mais, outre les vers catalectiques qui se complètent par un silence, il y a ceux qui se complètent par des *tenues*. On doit admettre une tenue quand le temps fort tomberait sur le silence; ainsi dans le vers d'Horace : *mea renidet in domo lacunar*, qui est iambique, il faut attribuer à la syllabe *cu* une valeur de trois brèves (1 1/2), parce que sans cela le temps fort tomberait après *nar* et le vers n'aurait que 5 temps forts pour 6 temps faibles. — Aristide Quintilien parle du *spondée double*, et l'anonyme περὶ Μουσικῆς publié par Bellermann nous donne les signes indiquant les longueurs de 3 temps, de 4 temps et de 5 temps (⌊ ⊔ ⊍). Il est impossible de scander les lyriques grecs, Pindare surtout et les chœurs d'Eschyle, sans admettre très fréquemment des longues de plus de 3 temps.

La dernière syllabe est *indifférente*; chez Homère, principalement à la césure, une brève peut être considérée comme longue devant une voyelle[8].

---

1. Il faut distinguer la quantité des voyelles et celle des syllabes. Dans ἔστι, la voyelle ι est naturellement brève, mais la syllabe ιστ est longue, parce que la prononciation d'une consonne prenant la moitié du temps qu'occupe une voyelle, la durée totale de ιστ est égale à 2 temps, c'est-à-dire à une voyelle longue (*Règle de position*).

2. μακραί, *productae*.

3. βραχεῖαι, *correptae*.

4. κοιναί, *ancipites*. Il vaudrait mieux les appeler *douteuses*.

5. Pour la prosodie latine, Quicherat (*Prosodie latine*) est un excellent guide. Pour la prosodie grecque, qui est beaucoup plus simple, voy. par ex. la prosodie de Passow traduite par Longueville, 1848; l'étude de la quantité de ι et de υ est la seule difficulté sérieuse. — Cf. le *Thesaurus* de Quicherat (édit. de 1875), et le *Gradus* grec de Brasse, 1828.

6. Le pentamètre est une période *dicatalectique*, parce qu'il comprend deux *côla* catalectiques. Un vers composé de deux *côla* de rhythme différent, où la dernière syllabe du premier est douteuse, s'appelle *asynartète*. (Hor., *Épod.*, 11.) Cf. Héphestion, ch. 15.

7. Par ex. le vers iambique sénaire.

8. δεῦρο μαχησόμενος· ἐπεὶ οὔτι μοι αἴτιοί εἰσιν. (*Il.*, I, 153.) Mais, très souvent, cet allongement peut s'expliquer par un ancien F ou un *j* disparu. Pindare et les tragiques ont imité cette *licence* homérique, qui n'était peut-être pas une licence pour Homère. L'allongement est cinquante fois environ plus rare devant des consonnes, pour des voyelles frappées de l'ictus : τώ;' ὤμοισιν ἔχων ἀμφηρεφέα τε φαρέτρην. (*Il.*, I, 45.)

§ II. — DES MÈTRES.

Tous les mètres se rapportent à un des trois genres *dactylique* ou *égal*, *double* et *sesquialtère*.

Au genre *égal* ou *dactylique* appartiennent le dactyle et l'anapeste. L'*arsis* et la *thésis* y sont d'égale durée. De là, le caractère sérieux et grave du genre dactylique.

MÈTRES DU GENRE ÉGAL.

Mètre dactylique. — Les dactyles se rencontrent sous forme de *dipodies*, *tripodies*, *tétrapodies*, *pentapodies* et *hexapodies*. La tripodie était la plus anciennement usitée : d'elle dérivent le vers élégiaque et l'hexamètre. La pentapodie est rare.

HEXAMÈTRE[1]. — Aristote (*Poét.*, 24, 5) appelle le *mètre héroïque* ou hexamètre *le plus grave et le plus majestueux des mètres*[2]. Les Anciens (Paus., 10, 5, 4) attribuaient à la prêtresse Phémonoé, de Delphes, l'invention de l'hexamètre, qui aurait d'abord servi pour les réponses d'oracle.

I. *Nature des pieds de l'hexamètre*[3]. — 1. Ludwich a compté dans Homère 1 vers spondaïque sur 18 hexamètres[4]. Dans Ennius, on trouve 16 spondaïques sur 430 hexamètres qui nous restent de lui. Les Alexandrins et, à leur exemple, Catulle, abusèrent de l'hexamètre spondaïque, au point d'importuner Cicéron[5]. Il devient rare dans les poètes de la décadence.

2. Le dactyle prédomine dans les quatre premiers pieds de l'hexamètr

---

HIATUS, ÉLISION. — Les grands prosateurs, Démosthène, Isocrate, Théopompe, ont l'hiatus qui, en poésie, est tout à fait proscrit; la chute du F a produit dans Homère, beaucoup d'hiatus qui ne sont qu'apparents. Les remanieurs et interpolateurs de ses poèmes, constatant ces hiatus sans en connaître l'origine, se permirent dans leurs additions des hiatus réels, là où un ancien F est inadmissible : de là, l'embarras de la critique, et le triomphe très peu justifié des adversaires du F, chaque fois qu'un pareil vers se rencontre. Dans l'*élision* ou *synalèphe*, Ahrens a démontré que la voyelle élidée ne disparaît point, mais sonne comme une *petite note* (appogiature) devant la voyelle suivante. — Quand une voyelle longue finale rencontre une voyelle initiale, il se produit une *crase*, si la fusion est exprimée dans l'écriture (ἐγῷδα), et une *synizèse* ou *synecphonèse*, si elle ne l'est pas (δὴ ἀμφοτέρωθεν). L'*aphérèse*, ou suppression d'une voyelle initiale à la suite d'une voyelle longue, se trouve surtout chez les poètes attiques (ὦ 'ναξ). Le plus souvent (dans le genre dactylique) la voyelle longue finale est abrégée par la voyelle qui suit : elle perd un *temps*, comme la voyelle brève dans l'élision (ἄνδρα μοι ἔννεπε). Les diphthongues s'abrègent en général au lieu de s'élider : les finales en αι (sauf l'infinitif) sont les plus exposées à la synalèphe : βούλομ' ἐγώ. — Parmi les voyelles, υ ne s'élide jamais, ι toujours, sauf dans ἰδέ chez Homère, et ι ne s'élide jamais aux datifs de la 3ᵉ déclinaison et dans τι, ὅτι, περί.

1. L'hexamètre est une hexapodie dactylique catalectique.
2. τὸ γὰρ ἡρωικὸν στασιμώτατον καὶ ὀγκωδέστατον τῶν μέτρων ἐστίν.
3. Voy. dans Quicherat, *Versification latine*, le chap. *Cadence*.
4. On trouve déjà, dans Homère, le spondée employé en vue d'un effet, surtout à la fin des discours (*Il.*, 24, 775). Virgile en a fait un très bel usage : « Constitit, atque oculis Phrygia agmina circumspexit. » (*Aen.*, 2, 68.)
5. Cic., *ad Att.*, 7, 2, 1. Selon L. Müller, Perse, qui n'a pas un seul vers spondaïque, en a raillé l'abus dans le vers : « Et costam longo subduximus Apennino. »

Dans les 614 hexamètres du premier livre de l'*Iliade*, il y a 120 vers dactyliques purs[1]. Ennius en offre 5 exemples.

3. Un hexamètre avec un spondée au premier pied est dit hexamètre sapphique ou éolique.

4. Des hexamètres spondaïques purs se trouvent dans Homère et Ennius; ils sont d'un effet très désagréable[2]. Virgile n'en a qu'un seul (*Énéide*, 7, 634).

5. Drobisch[3] a étudié l'hexamètre latin d'Ennius à Claudien et en a dressé la statistique. Le spondée domine dans l'ensemble du vers, surtout chez les vieux poètes. Dans Virgile comme dans Ovide, le premier pied, et lui seul, contient plus de dactyles que de spondées; mais, dans Virgile, la proportion est de 60 : 40; dans Ovide elle atteint 84 : 16, c'est-à-dire 5 : 1. Aucun autre poète ne fournit même le rapport 2 : 1. Au quatrième pied, la prépondérance du spondée est la plus faible dans Ovide, mais le dactyle au quatrième pied ne domine chez aucun poète latin. En somme, on trouve que, chez Virgile, dans les quatre premiers pieds, les spondées l'emportent sur les dactyles dans la proportion 56 : 43; chez Ovide, les dactyles l'emportent dans la proportion 54,8 : 54,2. Cette prépondérance du dactyle ne se rencontre que dans un seul autre poète, l'imitateur métrique d'Ovide, Valérius Flaccus. L'hexamètre sautillant d'Ovide forme un contraste complet avec le lourd hexamètre de Catulle. L'égalité entre les spondées et les dactyles se rencontre chez Stace, qui se rapproche ainsi, par sa facture, d'Ovide plus que de Virgile[4].

Césure de l'hexamètre[5]. — La césure (τομή) répond à un besoin de l'esprit, ou de l'oreille, qui veut retrouver l'unité dans la variété. Un hexamètre où chaque mot forme un pied a quelque chose d'essoufflé et d'incohérent[6].

1. La coupe principale de l'hexamètre se trouve soit après la *thésis* du troisième pied (césure *penthémimère* ou *masculine*)[7], soit après la première syllabe brève du troisième pied (césure κατὰ τρίτον τροχαῖον, dite *trochaïque* ou *féminine*)[8]. Chez les classiques grecs, ces deux césures alternent. Chez les Latins, la penthémimère domine : chez les Grecs, depuis Nonnus, la césure trochaïque se rencontre presque exclusivement.

2. Outre la césure au troisième pied, on trouve souvent une autre césure au quatrième, soit immédiatement après la quatrième *thésis* (césure *hephthémi-*

---

1. Virgile ne les emploie plus que pour produire des effets de rapidité : « At fugit interea, fugit irreparabile tempus. » (*Georg.*, 3, 284.)

2. νήσοί; τ' Αἰγίνη; ναυσικλιτή τ' Εὔβοια. (*Hymne à Apoll. Dél.*, 31.) — « Cives Romani tunc facti sunt Campani. » (Enn., 174.)

3. *Essai statistique sur les formes de l'hexamètre latin*, 1866 (all.).

4. D. Nisard, qui n'a point compté de syllabes, disait il y a 40 ans que Stace, cet admirateur passionné de Virgile, est un Ovidien. N'est-il pas permis de juger excellente une statistique dont les résultats confirment, loin de les contredire, les intuitions du sens littéraire le plus exquis?

5. On dit à tort, dans les classes, qu'un vers a deux ou trois césures : le mot césure signifie *coupe*, et tout vers ne peut en avoir qu'une. — Dans le premier sens, les césures sont les endroits du vers où la fin des mots ne s'accorde pas avec la fin des pieds.

6. « Sparsis hastis longis campus splendet et horret. » (Ennius.)

7. *Arma virumque cano* (Aen., I, 1).

8. *Quidve dolens regina* (Aen., I, 9).

mère)[1], soit à la fin du quatrième pied (césure *bucolique*)[2]. Avec la césure bucolique, le quatrième pied est nécessairement un dactyle[3].

DISTIQUE ÉLÉGIAQUE. — Il résulte de l'union du vers héroïque avec un hexamètre dicatalectique[4].

L'*élégiaque* ou pentamètre comprend deux *côla* réunis en un vers ou *stique*[5]. Il est très rare que le premier *côlon* ne se termine pas avec un mot[6]. Les métriciens de la décadence, Diomède, par exemple, considèrent la dernière syllabe du premier *côlon* comme douteuse : les classiques, en repoussant cette licence, prouvent que les deux *côla* du pentamètre ne forment pour eux qu'un seul vers[7].

DISTIQUE ARCHILOQUIEN. — Il se compose de l'hexamètre et de la seconde moitié du pentamètre, dite *premier archiloquien*[8].

DISTIQUE ALCMANIQUE. — Il se compose d'un hexamètre suivi d'une tripodie dactylique suivie d'un spondée[9].

DACTYLES ÉOLIENS. — Dans les hexamètres dits sapphiques ou éoliens, les poètes éoliens considèrent le premier pied comme une *base* et substituent au spondée qui la formait à l'origine le trochée, l'iambe et même le pyrrhique. On trouve dans les tragiques un assez grand nombre de *côla* dactyliques, où le premier pied, considéré comme base, peut être transformé de diverses manières[10].

DACTYLES ANACRUSIQUES. — On appelle ANACRUSE[11] une syllabe longue ou brève, semblable aux notes isolées ou mesures incomplètes qui commencent nos morceaux de musique, dont les anciens lyriques aimaient à faire précéder les *côla* dactyliques. De l'emploi de ces vers dans les marches processionnelles, ils ont reçu le nom de *prosodiaques*[12].

Vers anapestiques. — L'anapeste est un dactyle renversé[13]. Par contraction

---

1. ἐκπέρσαι Πριάμοιο πόλιν. (*Il.*, I, 18.) — Cette césure est surtout fréquente dans Lucain, qui lui doit des effets sublimes inconnus aux poètes grecs : *Erravit sine voce dolor. — Sed satis est jam posse mori, — servitium fugisse manu.*
2. *Dic mihi, Damoeta, cujum pecus?* | *An Meliboei?* (*Bucol.*, 3, 1.)
3. Une césure devant la dernière syllabe du vers ne choquait pas les Grecs : on la trouve même dans plusieurs vers consécutifs. (*Il.*, 21, 587.)
4. Le nom du *pentamètre* provient d'une manière vicieuse de scander l'élégiaque, où quelques métriciens anciens reconnaissaient 5 pieds (2 dactyles ou spondées, 1 spondée et 2 anapestes). Voy. Quintilien, 9, 4, 98 ; Weil, *Ann. de philol.*, 1865, p. 655.
5. στίχος. Cf. Héphestion, p. 116, qui distingue les στίχοι des κῶλα.
6. Voy. un exemple dans Euripide, *Cyclope*, 74.
7. En général l'hiatus ou les syllabes douteuses à la fin d'un *côlon* prouvent que ce *côlon* termine un *vers* ou une période. On voit que le *vers* ne diffère pas essentiellement de la *période* : le vers pentamètre n'est qu'une des plus courtes périodes.
8. *Arboribusque comae.* (Hor., *Carm.*, 4, 7.)
9. *Aut Epheson bimarisve Corinthi.* (Hor., *Carm.*, 1, 7.)
10. L'idée de la *base* est due à Hermann. La base est trop souvent un *deus ex machina* qui intervient pour rétablir sur leurs pieds les vers trop longs ou trop courts. Mais il est juste de dire que, la nature d'un vers s'accusant surtout à la fin, la quantité du premier pied peut être plus libre. Dans les vers des tragiques, le spondée admet à sa place un tribraque ou deux iambes. Voy. Christ, *Métrique*, p. 95 sqq.
11. En allemand *Auftakt*. ἀνακρούειν signifie *préluder*.
12. Exemple : οὐκ ἔστιν ἀποφθιμένοις ζωᾶς ἔτι φάρμακον εὑρεῖν. (Ibycus, frag. 27.)
13. Πόθεν ἀντίστροφος τῷ δακτύλῳ. (*Schol.*, Héph., p. 135, Westphal.)

des brèves et *solution* des longues, il peut prendre les quatre formes : ∪ -,
- -, ∪∪∪∪, - ∪∪. Les anciens lyriques, Alcman, Tyrtée, Stésichore, Ibycus, ne
se sont jamais permis la solution de la longue portant l'*ictus*. Les *côla* anapestiques, où toutes les longues sont résolues en brèves, s'appellent *procéleusma-
tiques* ou *cisodia*, à cause de leur emploi au théâtre à l'entrée des chœurs de
satyres. Dans les chants religieux, au contraire, on contractait les brèves et l'on
accumulait les spondées[1].

Les comiques latins se permettent les plus grandes libertés dans les vers
anapestiques, surtout en ce qui concerne la contraction des voyelles.

ANAPESTES MILITAIRES. — Le mètre anapestique est particulièrement propre
à la marche. Les Spartiates allaient au combat au son des anapestes militaires (*embatériques*)[2] de Tyrtée; dans le drame, les mouvements solennels du chœur étaient accompagnés d'anapestes[3]. L'anapeste servait aussi
dans les chants de deuil. Ce double caractère militaire et funèbre appartient également à la musique de flûte, qui conduisait au combat les Spartiates et les Lydiens, ou exprimait la douleur aux funérailles. L'anapeste
et la musique aulique sont *apparentés*, comme le dactyle et la musique de
la lyre.

DIMÈTRES ANAPESTIQUES[4]. — La ligne anapestique la plus usitée est le dimètre
(4 anapestes), qui peut prendre des formes très variées, par exemple, se contracter en quatre spondées[5], devenir purement dactylique par le changement
des longues en brèves et inversement[6], etc.

2. Les dimètres anapestiques ont presque toujours une césure après le
deuxième pied. Dans les tragédies de Sénèque, cette loi est observée si
sévèrement, que ses vers anapestiques pourraient s'écrire comme des monomètres[7].

3. Les *systèmes anapestiques* ont pour vers final un dimètre anapestique
catalectique qui s'appelle VERS PARÉMIAQUE[8]. Dans ce vers, toutes les longues,
sauf la dernière, peuvent être *résolues*, et toutes les brèves, contractées; cependant l'avant-dernière mesure est en général un pur anapeste[9]. Tyrtée a
employé des strophes de parémiaques[10]. Dans l'intérieur des systèmes anapes-

---

1. Voy. le magnifique passage d'Aristophane, *Oiseaux*, 1057.
2. Hermann (lib. II, cap. 32) a reconnu que les anapestes embatériques étaient moins libres
de forme que les anapestes thrénodiques et méliques, que Christ nomme *anapestes libres*.
Les anapestes de deuil se trouvent surtout dans les monodies d'Euripide (voy. *Ion.*, 859 sqq.).
3. Par exemple, l'entrée du chœur des vieillards dans les *Perses*, 1 sqq.
4. Les lignes anapestiques, iambiques et trochaïques, se scandent généralement par dipodies : un dimètre comprend donc 4 pieds.
5. *Prométhée*, 1076 : ὑμᾶς αὐτὰς· εἰδυῖαι γάρ.
6. *Agam.*, 1553 : κάππεσε, κάτθανε, καὶ καταθάψομεν. Exemple de 1 et 3 dactyliques, 2 et
4 spondaïques : Ἑλλάδ' ἐς αἶαν πιστὰ καλεῖται. (*Perses*, 2.) On ne trouve presque jamais,
sauf dans les anapestes lyriques, un dactyle suivi immédiatement d'un anapeste.
7. L. Müller les divise ainsi. On a trois hymnes en monomètres anapestiques de Synésius,
qui se permet l'hiatus entre les différents *côla*, considérés comme des *vers*.
8. Non pas de παροιμία, *proverbe* (Héphestion), mais de οἴμη, *chant* (Christ).
9. κοινῷ κηρύγματι πέμψας. (*Antig.*, 161.)
10. Un vers répété pendant toute une strophe est dit employé κατὰ στίχον.

tiques considérables, le poète emploie souvent, comme pause, un monomètre anapestique au lieu d'un parémiaque [1].

TÉTRAMÈTRES ANAPESTIQUES. — Le tétramètre anapestique catalectique [2], rhythme de marche comme le dimètre [3], est composé d'un dimètre acatalectique joint à un parémiaque [4]. Les poètes d'*embatéries* n'ont pas évité le spondée à l'avant-dernier pied du tétramètre. Cette forme de vers s'appelle TÉTRAMÈTRE LACONIEN [5]. — Le tétramètre catalectique domine dans les parabases [6], et Aristophane a manié ce vers avec tant de perfection que les anciens l'appellent souvent MÈTRE ARISTOPHANIEN [7].

La TRIPODIE ANAPESTIQUE (catalectique ou acatalectique) est très rare.

MÈTRES DU GENRE DOUBLE.

A ce genre [8] appartiennent le *trochée* et l'*iambe*, qui se composent de trois temps simples réunis en un ensemble rhythmique [9]. La *thésis* comprend deux temps, l'*arsis* un seulement, d'où le nom de *genre double*. Selon que le pied commence par la *thésis* ou par l'*arsis*, il se nomme *trochée* [10] ou *iambe* [11]. Le trochée s'appelle aussi *chorée* [12].

Vers trochaïques. — 1. Le trochée [13] peut se résoudre en un tribraque avec l'ictus reporté sur la première. Les Grecs ne se permettaient la substitution du dactyle au trochée que dans les cas les plus rares, pour des noms propres. Dans Plaute et Térence, cette licence est fréquente.

---

1. προλιπόντες ἕβαν. (*Perses*, 18.)
2. Plaute seul présente des tétramètres acatalectiques : mais il est avéré qu'on a souvent pris pour des tétramètres de ce genre deux dimètres écrits par les copistes en une seule ligne, et qui se trouvent séparés dans le palimpseste de Milan.
3. Cic., *Tusc.*, 2, 16, 37 : « Spartiatarum procedit agmen ad tibiam, nec adhibetur ulla sine anapestis pedibus hortatio. » La *Marseillaise* est un rhythme anapestique, avec anacruse : *Al-|lons en-fants* | ∪ | ∪∪ – |.
4. *Acharn.*, 641 : ταῦτα ποιήσας πολλῶν ἀγαθῶν αἴτιος ὑμῖν γεγένηται.
5. Tyrtée : ἄγετ', ὦ Σπάρτας ἔνοπλοι κοῦροι, ποτὶ τὰν Ἄρεος κίνασιν.
6. Aristophane, *Chevaliers*, 504.
7. Voy. surtout l'admirable εἴσοδος du chœur des mystes dans les *Grenouilles* (354 sqq.) :

εὐφημεῖν χρὴ κἀξίστασθαι τοῖς ἡμετέροισι χοροῖσιν,
ὅστις ἄπειρος τοιῶνδε λόγων, ἢ γνώμη μὴ καθαρεύει.

8. γένος διπλάσιον ou ἰαμβικόν.
9. ῥυθμὸς τρίσημος.
10. Le mot τροχαῖος vient de τρόχος, *course*, et signifie rapide.
11. On a dérivé le mot ἴαμβος : 1° d'Ἰάμβη, servante du roi d'Éleusis, qui fit rire Cérès lorsqu'elle vint éplorée à Éleusis, cherchant sa fille Proserpine ; 2° d'Ἴαμβος, un fils de Mars ; 3° de θρίαμβος ou ἴεναι βαδήν ; 4° de ἰαμβίζειν, railler ; 5° de ἰαπ, ἰάπ-τω, jeter (Curtius ; seule étymologie admissible). ιαϝ serait devenu ιαμβ comme κορυϝ-κόρυμβος, par nasalisation. Le sens primitif serait *versus jaculatorius*. Voy. Christ, *Métrique*, p. 316.
12. Ce nom dérive de l'usage du rhythme trochaïque dans la danse. Les grammairiens appelèrent *trochée* le pied où la 1re est longue de nature (*sûme*) et *chorée* celui où elle est longue de position (*ésse*).
13. Aristote dit que le trochée est κορδακικώτερος, et contraire à la gravité de la tragédie. C'est le mètre des chants de triomphe satiriques à Rome. — Les trochées ont leur place marquée dans l'*épirrhème* de la parabase, et lorsque le chœur se meut avec précipitation,

2. Comme les trochées se scandent par dipodies, et que par suite *deux* trochées forment *un* pied composé avec *un* seul *ictus* principal, la dernière syllabe du ditrochée, considéré comme un *côlon*, passait pour douteuse : d'où la règle que, *dans les vers trochaïques, le trochée peut être remplacé par le spondée aux pieds pairs.* Les comiques romains étendent cette licence à tous les pieds.

3. Les *côla* trochaïques les plus usités sont la tripodie acatalectique, le dimètre et le tétramètre.

TRIPODIE ACATALECTIQUE. — On l'appelle aussi mètre ithyphallique. Inventée par Archiloque, elle fut placée par lui à la suite de la ligne dactylique ou anapestique[1]. Dans les poètes postérieurs (Euripide, Plaute), elle se trouve ajoutée à toute espèce de vers, et la ligne qui en résulte s'écrit comme un vers unique.

DIMÈTRE TROCHAÏQUE ou *tétrapodie trochaïque catalectique*, appelé par Héphestion *mètre euripidéen*. Il était très aimé des poètes lyriques et dramatiques. Chez les Grecs, tous les pieds devaient être des trochées purs; les comiques romains admettent partout le spondée et le dactyle. D'un mouvement rapide, ce mètre se prête très bien à la danse : Pratinas l'a employé dans son fameux hyporchème[2]. Les lyriques lui ont conservé le nombre de sept syllabes[3]; mais les tragiques admettent la résolution des longues en brèves[4].

TÉTRAMÈTRE TROCHAÏQUE CATALECTIQUE. — Il se compose d'un dimètre trochaïque acatalectique et d'un catalectique[5], ou *vers archiloquien*. Les lyriques grecs n'emploient dans ce vers que le trochée, et les résolutions de longues sont très rares à l'avant-dernier pied. Les comiques latins se sont donné toutes les licences possibles.

Vers iambiques. — 1. D'après Pollux, l'iambe fut inventé par Terpandre et servit d'abord dans les chants bacchiques. Archiloque l'employa exclusivement.

2. On peut considérer les lignes iambiques comme des lignes trochaïques avec une anacruse : par suite, aux pieds *impairs*, l'iambe peut céder la place au spondée[6]. Les comiques latins ont introduit le spondée partout, sauf toutefois au dernier pied.

3. Le trochée était le mètre de la vieille tragédie[7], et on le trouve encore dans les *Perses* d'Eschyle ; mais il fut bientôt remplacé par l'iambe, qui semblait plus voisin du langage de la conversation[8].

4. Les mètres iambiques les plus employés sont le *trimètre iambique* et *tétramètre iambique.*

Le TRIMÈTRE IAMBIQUE ou *sénaire*, le vers le plus usité dans l'antiquité avec l'hexamètre, se compose de trois dipodies iambiques, ou, ce qui revient au même, de trois dipodies trochaïques avec anacruse. — On trouve chez les

---

1. οὐκέθ' ὁμῶς θάλλεις ἁπαλὸν χρόα· | κάρφεται γὰρ ἤδη. (Archiloque.)
2. ὕστερον χορευέτω.
3. *Non ebur neque aureum....* (Hor., *Carm.*, 2, 18.)
4. Euripide, *Phéniciennes*, 658.
5. Solon, fragm. 33 : ἴσθλὰ γὰρ θεοῦ διδόντος | αὐτὸς οὐκ ἐδέξατο.
6. « Non ut de sede secunda — cederet aut quarta socialiter. » (Hor., *Art poét.*, 258.)
7. διὰ τὸ σατυρικὴν καὶ ὀρχηστικωτέραν εἶναι τὴν ποίησιν, dit Aristote (*Poét.*, 4, 18).
8. Arist., *Rhét.*, 3, 1, 9 ; cf. *Poét.*, 4, 14 : πλεῖστα γὰρ ἰαμβεῖα λέγομεν ἐν τῇ διαλέκτῳ τῇ πρὸς ἀλλήλους. Cf. Cic., *Orat.*, 59, 191. Dans Épicharme, le tétramètre trochaïque domine encore ; mais l'iambe fut déjà employé par les vieux comiques doriens.

iambographes[1] 1 trimètre pur sur 9; chez Eschyle, 1 sur 19; chez Aristophane, 1 sur 68[2]. Sénèque offre quinze exemples du procéleusmatique au 1er pied.

1. Contrairement à ce qui a lieu dans l'hexamètre, les longues de l'iambique trimètre, frappées par l'*ictus*, peuvent se résoudre en brèves. Le vers iambique est traité avec moins de liberté dans Eschyle que dans Euripide, et surtout que dans le *Philoctète* de Sophocle[3].

2. Certains anapestes, dits *irrationnels* ou *cycliques*, où chaque temps simple est réduit d'un quart[4], peuvent être introduits dans le trimètre[5]. Chez les comiques, il se trouve en moyenne un anapeste par deux trimètres. — Cela rappelle un procédé de notre musique, qui substitue un *triolet* à deux *croches*: chaque note du triolet est *irrationnelle*.

5. Le trimètre n'a pas de césure obligatoire : Aristophane a formé des sénaires d'un seul mot. Archiloque introduisit dans le vers une sorte de césure penthémimère[6]. Horace suivit l'exemple d'Archiloque, et dans l'épode XVII il ne néglige cette césure que trois fois sur quatre-vingt-un vers. Les Grecs l'observent à peine une fois sur trois[7]. Le sénaire admet aussi une césure hephthémimère qui, selon une observation de Port-Royal, se rencontre surtout dans les sentences.

6. Dans la partie lyrique du drame, on se sert d'un iambique sénaire (plus exactement : *hexapodie lyrique*) qui se distingue de l'iambique du dialogue par une plus grande liberté. Eschyle offre des exemples de solution de la longue dans trois pieds de suite[8]. On comprend que là où la musique marquait très nettement le rhythme, de pareilles licences ne pussent pas produire de confusion. Il n'en est pas de même pour le lecteur moderne.

Le TÉTRAMÈTRE IAMBIQUE CATALECTIQUE se compose d'un dimètre acatalectique et d'un catalectique, avec une césure généralement après le quatrième pied[9]. Les comiques grecs se permettent la substitution de l'anapeste à l'iambe, et les comiques latins vont jusqu'à résoudre l'avant-dernière longue.

---

1. Rumpel, *Philologus*, t. XXV.
2. Cette dernière proportion est due tant à la fréquence du spondée chez les comiques qu'à la liberté presque illimitée avec laquelle ils remplacent l'iambe par un anapeste équivalent, dit ANAPESTE CYCLIQUE. Cet anapeste est évidemment *irrationnel*.
3. LOI DE PORSON. — Porson (*Praef. ad Hecubam*) a observé le premier que les tragiques grecs évitent de commencer le cinquième pied de l'iambique trimètre par une longue quand elle est la finale d'un mot de plusieurs syllabes et qu'elle est suivie d'un mot de trois syllabes : ainsi ἀκὸ; σ' εἰδέναι (corrigé à tort par Madvig, *Choéph.*, 692) ne peut pas terminer un vers iambique. Les théoriciens grecs n'ont pas formulé cette règle.
4. Puisque $-\cup$ (= 3) est remplacé par $\cup\cup-$ (= 4). Mais il serait plus exact de dire que cette diminution d'un quart porte sur l'*ensemble* du pied : car nous ne savons comment elle était répartie.
5. Cette substitution se fait surtout à la faveur de la rapidité du premier pied : Ποταμῶν δὲ πηγαὶ ποντίων τε κυμάτων. (*Prom.*, 89.)
6. ψυχὰν ἔχοντι; | κυμάτων ἐν ἀγκάλαις. (Archiloque, 23.)
7. Cette sévérité d'Horace pour lui-même, plus grande que celle de ses modèles, est un remarquable caractère de sa versification; elle paraît surtout au IVe livre des Odes. — Voy. Teuffel, qui renvoie au travail de Ieep sur la métrique d'Horace.
8. *Prométhée*, 181 : ἱμὰς δὲ φρένας τρίθισι διάτορος φόβος.
9. Hipponax, fragm. 56 : τί μοι γένοιτο παρθένος; | καλή τε καὶ τέρεινα.

Le TÉTRAMÈTRE IAMBIQUE ACATALECTIQUE, appelé *octonaire* par les Latins, se compose de deux dimètres iambiques. Il est surtout fréquent dans Plaute.

La PENTAPODIE IAMBIQUE CATALECTIQUE est dite *alcaïque* parce que ce vers est le troisième de la strophe alcaïque [1].

Le TRIMÈTRE IAMBIQUE SCAZON, appelé aussi *choliambe* ou *sénaire boiteux*, ou encore *vers hipponactéen* d'après le nom de son inventeur et *mimiambe* à cause de sa ressemblance avec le trimètre iambique ordinaire, est un sénaire dont le dernier pied est un trochée, d'où résulte la juxtaposition de deux temps forts. On a pensé que cette juxtaposition, présentant l'image d'un homme qui emboîte le pas à intervalles réglés, a quelque chose de heurté et de ridicule qui rendait ce vers propre à la satire [2]. D'Alexandrie, où le cultivèrent Hérode, Callimaque, Apollonius, le mimiambe fut introduit à Rome par Matius et Varron; Babrius (IIIe s.) l'employa dans ses fables [3]. La comédie n'en fait que peu d'usage [4].

Je place ici quelques mots sur deux mètres populaires, le *saturnin* [5] et le *vers politique*, que l'on peut rattacher au genre double.

Vers saturnin [6]. — On appelle ainsi un vers extrêmement libre, propre à l'ancienne poésie nationale du Latium, et dans lequel les anciens Faunes et devins rendaient leurs oracles [7]. Suivant les grammairiens, le saturnin se compose de deux parties : un dimètre iambique catalectique et un ithyphallique, c'est-à-dire trois iambes et demi suivis de trois trochées [8]. Mais à l'iambe et au trochée on substitue le spondée, l'anapeste, le dactyle et le

---

1. *Silvae laborantes, geluque.* (Hor., *Carm.*, 1, 9, 3.) La pentapodie acatalectique est rare. (Esch., *Agam.*, 408 ; Pindare, *Olymp.*, 13, 4.)
2. Exemple : Hipponax, 28 : δύ' ἡμέραι γυναικός εἰσιν ἥδισται, | ὅταν γαμῇ τις κἀκφέρῃ τεθνη-κυῖαν. Cf. Pétrone, 5, 1 ; Martial, 10, 30, 29 ; Babrius, 3, 1.
3. Avec cette particularité, qu'il termine tous ses vers par des mots paroxytons, faisant ainsi coïncider le temps fort avec l'accent. Cf. liv. V, chap. IX.
4. Deux exemples dans Eupolis, un dans *Lysistrata*. — Le scazon dut sa vogue tant à la position moyenne qu'il occupe entre le trimètre et la prose qu'à l'euphonie de sa terminaison bacchiaque (- - u), que l'on recherchait même en prose.
D'autres mètres iambiques, moins usités que les précédents, sont : 1° la DIPODIE, employée surtout dans les exclamations : ὦ ξένοι. Cf. Pindare, *Ol.*, 7, 3 ; Plaute, *Truc.*, 3, 1, 7 ; 2° la TRIPODIE acatalectique et (plus souvent) catalectique ; 3° la TÉTRAPODIE iambique (iambique dimètre), presque toujours pure chez les tragiques (*Agam.*, 120). Chez les comiques, ce vers peut faire partie d'un système se terminant par un dimètre catalectique (*Grenouilles*, 384 sqq.). Il admet la substitution de l'anapeste (*Gren.*, 984).
5. On a fait des efforts pour dériver le saturnin du çloka, mètre héroïque des Hindous ; mais la métrique comparée est encore dans l'enfance. (Voy. une esquisse remarquable par Westphal, *Journal* de Kuhn, IX, 436. Le mètre aryen primitif, selon Westphal et Bartsch, serait formé de deux moitiés égales de huit syllabes chacune.)
6. Spengel, *Philol.*, t. XXIII. On annonce une thèse de L. Havet sur le saturnin.
7. Varr., *L. Lat.*, 7, 36. Horace s'est moqué de ce vers, qu'il nomme *horridus* (*Ep.*, 2, 1, 157). D'anciennes inscr., comme celle des Scipions, des vers de l'*Odyssée* latine de Livius et quelques lignes isolées citées par les grammairiens, sont les seuls saturnins que nous ayons conservés. On a prétendu qu'il fallait les scander en tenant compte de l'accent seulement, dans la pensée fausse que la quantité latine n'existait pas avant Ennius. Il vaut mieux dire, avec Weil, qu'elle était seulement très flottante, trait qui lui est peut-être commun avec la quantité grecque du temps d'Homère.
8. Le vers cité comme type est celui-ci : *Dabant malum Metelli Naevio poetae*. Mais aucun autre des saturnins conservés ne répond exactement à ce modèle.

tribraque : on trouve même des longues prolongées, de trois temps, qui remplacent les trochées. Le dernier trochée seul ne peut pas être remplacé par un dactyle[1]. Le mètre grec auquel le saturnin ressemble le plus est l'archiloquien ; mais il est peu probable qu'il en dérive.

Vers politique. — Lorsque la quantité disparut pour ne laisser subsister que l'accent[2], l'iambique tétramètre catalectique se transforma en un vers populaire de quinze syllabes avec une césure après la huitième, qui le sépare en deux *côla*[3]. Du sénaire boiteux naquit un autre vers politique de douze syllabes, avec l'accent sur l'avant-dernière[4]. Tzetzès, Planude et d'autres ont laissé un grand nombre de ces vers, d'une monotonie insupportable.

MÈTRES DU GENRE SESQUIALTÈRE OU PÉONIQUE.

Dans ces mètres, chaque pied est de cinq temps, et la *thésis* est à l'*arsis* comme 3 : 2.

1. Le PÉON ou PÉAN était anciennement un rhythme de danse, en usage surtout chez les Crétois aux fêtes d'Apollon : de là, son nom de *crétique*. Il fut inventé par Thalétas.

2. Les anciens théoriciens considéraient le péon non pas sous sa forme la plus ordinaire (– ∪ –), mais avec la deuxième longue résolue (– ∪∪∪) ; le deuxième péon est ∪ – ∪∪, le troisième ∪∪ – ∪, le quatrième ∪∪∪ –[5].

3. De la contraction des deux dernières brèves du premier péon est né le CRÉTIQUE (– ∪ –) ; de la contraction des deux brèves moyennes du quatrième péon est né le BACCHIUS (∪ – –), et de la contraction des deux brèves moyennes du premier péon est né le PALIMBACCHIUS OU ANTIBACCHIUS.

MÈTRES DES RHYTHMES MIXTES.

On en distingue deux principaux, le *dochmiaque* et le *choriambe*.

1. **Dochmiaque.** — Le nom de ce rhythme, qui a beaucoup exercé la sagacité des métriciens, lui vient de son irrégularité et de sa complication[6]. Le dochmiaque a deux formes fondamentales, ∪∪ – ∪ – et – ∪∪ – ∪ – (*mnémonique* : ἀναβοάσομαι, et μῆνιν ἄειδέ μοι). Les formes dérivées sont au

---

1. Il est à peu près prouvé que l'*allitération* joue un rôle important dans l'ancienne versification latine, comme dans l'ancienne poésie haute-allemande (Christ, p. 369). Elle se trouve réunie à une sorte de rime intérieure dans ce saturnin d'une dédicace : « Parens time*ns* he*ic* vovit voto hoc soluto. » On la trouve aussi dans des tétramètres trochaïques de Plaute. Elle est manifeste dans cet hexamètre d'Ennius : « O Tite, tute Tati tibi tanta tyranne tulisti. »
2. Voy. p. 135 sqq.
3. εἰς δεκαπέντε συλλαβὰς τὸν στίχον περιπλέξω.
4. πρόλογός ἐστι μέχρι χοροῦ εἰσόδου.
5. Le premier s'appelait particulièrement πούς παιωνικός, et le quatrième πούς ὑπορχηματικός.
6. δοχμός, tortueux. Arist. Quint., p. 54 : δόχμιοι δὲ ἐκαλοῦντο διὰ τὸ ποικίλον καὶ ἀνόμοιον. Une curieuse polémique sur le dochmiaque s'est engagée jadis entre Rossignol et Vincent (*Journ. de l'Instr. publique*, 1846).

nombre de trente-deux[1]. Les dochmiaques sont très fréquents dans Eschyle et Euripide, surtout dans les monodies où sont exprimées des émotions violentes; ils sont plus rares dans Sophocle et les comiques.

2. Rhythme choriambique. — Le *choriambe* ne vient pas, comme son nom pourrait le faire croire, de la combinaison du chorée avec l'iambe : c'est une dipodie dactylique catalectique. A cause de sa parenté avec le dactyle, ses longues ne se résolvent jamais en brèves.

Le TÉTRAMÈTRE CHORIAMBIQUE est le plus usité[2]. Le DIMÈTRE était employé comme *prélude*[3] ou comme *conclusion*[4]. Horace s'en sert comme prélude d'un choriambique plus long[5].

Le vers ASCLÉPIADE est un choriambique précédé d'une *base*. Cette base, chez les poètes éoliens, est un *dissyllabe indifférent*[6], spondée, trochée, iambe ou pyrrhique[7]. Horace, qui prit ce vers à Alcée, *ne se permet jamais une autre base que le spondée :* Sénèque et Prudence firent comme lui. On distingue deux sortes d'asclépiades : le *petit asclépiade*[8], qui comprend deux choriambes, et le grand asclépiade, qui contient un choriambe de plus[9].

RHYTHME IONIQUE.

Ce rhythme comprend deux sortes de vers, *l'ionique majeur* et *l'ionique mineur*, ainsi nommés de leur mollesse, conforme au caractère des Ioniens.

L'ionique majeur, ou vers sotadéen, du nom de Sotade, poète satirique de l'époque alexandrine. Ce vers, dont l'élément métrique est l'ionique majeur (– – ᴗ ᴗ), peut prendre les formes les plus diverses. Ennius et Varron, à Rome, en ont fait usage dans leurs satires; Térentianus Maurus a écrit en vers sotadéens une partie de son poème sur la métrique.

L'ionique mineur (ᴗ ᴗ – –) a été employé par les premiers lyriques grecs[10]. De ce mètre paraît dériver le *galliambe* (ainsi appelé des *Galli*, prêtres de la Mère des dieux), que Catulle a employé dans sa célèbre pièce d'Atys (LX)[11] : c'est un tétramètre ionique catalectique.

---

1. Seidler, *de Versibus dochmiacis*, 1811. Le dochmiaque est donc, comme disaient les Grecs, πολυσχημάτιστο; au plus haut degré. — D'autres citent comme forme type du dochmiaque : *amicos tenes*, exemple donné par Cicéron.
2. Sappho : διότι νυν ἄδραι Χάριτες, καλλίκομοί τε Μοῖσαι. Cf. Ausone, *Idyll.*, 7. — Le dernier choriambe est remplacé par un di-iambe catalectique. Weil n'admet pas l'explication donnée ci-dessus du choriambe, qu'il rattache au genre double.
3. προῳδικόν.
4. ἐπῳδικόν.
5. *Lydia, dic, per omnes — te deos oro, Sybarin cur properes amando*, etc. (Hor., *Carm.*, 1, 8.) On mentionne aussi des pentamètres choriambiques. (Héph., c. 9.)
6. δισσύλλαβον ἀδιάφορον.
7. Les poètes dramatiques s'interdisent le pyrrhique et se permettent le tribraque.
8. *Maecenas atavis edite regibus.* Il est difficile de rendre compte des deux dernières syllabes. Weil voit dans ce vers un trimètre antispastique.
9. *Nullam, | Vare, sacra vite prius severis arborem.* (Hor., *Carm.*, 1, 18, 1.) Weil voit dans ce vers un tétramètre antispastique; les Allemands le décomposent en trois *côla* trochaïques catalectiques. Je ne peux qu'indiquer ici ces deux opinions.
10. Il a pour type ce tétramètre d'Alcée : ἐμὲ δείλαν, ἐμὲ πασᾶν κακοτάτων πεδέχοισαν. Toute la strophe d'Horace, 3, 12, est en ioniques mineurs qui se suivent sans interruption.
11. *Super alta vectus Atys celeri rate maria....* Les vers de ce genre ne peuvent se

Vers logaédiques. — Le mot *logaédique* signifie *qui tient de la prose et des vers.* Les vers de ce genre se composent d'un dactyle (pur ou avec anacruse), accompagné de plusieurs trochées complets ou incomplets. Ils peuvent commencer par des trochées servant de *base.* Euripide et Aristophane, suivis par les poètes postérieurs, résolvent les longues du dactyle et des trochées[1]. On emploie surtout la tripodie et la tétrapodie logaédiques.

Vers glyconique. — C'est un vers logaédique composé d'un dactyle précédé d'une base, suivi d'un trochée complet et d'une demi-mesure. Son nom lui vient d'un poète inconnu, probablement alexandrin, qui n'aura fait qu'en développer l'emploi, car il se trouve déjà isolément dans Anacréon[2].

Vers phérécratien. — C'est un glyconique catalectique. De son union avec le glyconique est né le vers PRIAPÉEN[3], ainsi nommé parce que l'Alexandrin Euphorion l'employa dans ses *Priapées.* Il se trouve de temps en temps dans Pindare et les tragiques. Anacréon a composé tout un poème dans ce mètre.

§ III. — MÉTRIQUE DES CHŒURS.

La métrique des poètes lyriques et des chœurs du drame grec restera toujours pour nous une question obscure, à cause de la perte de l'accompagnement musical qui, en dissipant les ambiguités du chant, motivait la variété et la succession des rhythmes. Toutefois, si la *mélique* de ces poètes nous est inconnue, l'analyse métrique de leurs œuvres a fait de tels progrès, qu'il a été possible de résoudre les *systèmes* les plus compliqués, et même de rétablir, au moyen des résultats acquis, des textes lyriques gravement altérés[4]. Hermann, Bœckh, Dindorf, Brambach, Heimsœth, Westphal, Weil, ont employé à ces travaux difficiles beaucoup de patience et de pénétration.

Dans ce qui suit, je ne donne qu'une idée générale de la composition des chœurs, en renvoyant, pour les détails, aux ouvrages de Westphal et de Christ.

Développement de la poésie chorique[5]. — 1. Archiloque inventa les *épodes*, qui furent d'abord non pas des strophes, mais des vers de

---

ramener au type du tétramètre ionique qu'on admettant beaucoup de licences, par exemple des *anaclases*, c'est-à-dire des transferts d'un temps, retranché d'un pied pour être ajouté à un autre. Ce mètre bizarre a un caractère extatique ou funèbre.

1. Il est difficile d'admettre un changement de rhythme dans le débit et l'accompagnement des vers logaédiques. Les dactyles des logaédiques sont probablement *cycliques*, c'est-à-dire ne valent que trois brèves, ce qui les ramène à la durée du trochée.
2. Ὢ παῖ παρθένιον βλέπων.
3. *Hunc lucum tibi dedico consecroque*, Priape. (Catulle, 18, 1.)
4. Voy. surtout l'*Eschyle* de Weil et son *Euripide*, 2ᵉ éd. 1879. A cause de l'intime solidarité de la forme et du fond dans les chefs-d'œuvre de la Grèce, on peut dire que pour bien comprendre un chœur, il faut l'avoir analysé métriquement.
5. Otfr. Müller, *Hist. de la litt. grecque*, chap. XII. J'ai connu trop tard pour en tirer parti l'important ouvrage de Croizet sur Pindare (1880).

moindre longueur succédant régulièrement à des vers plus longs. Les premières poésies lyriques, œuvres des poètes éoliens, sont d'une construction très simple : des strophes courtes et toutes semblables se suivent d'après une même mesure, chantées par un artiste seul qui s'accompagne sur la lyre[1]. Au contraire, la structure des *poésies doriennes*, destinées à être débitées par des chœurs et accompagnées de danses, est beaucoup plus savante ; les poses et les mouvements du chœur venaient au secours de l'oreille pour faire saisir au spectateur le retour des mêmes rhythmes. Ce furent d'abord de longues strophes auxquelles répondaient, mesure pour mesure, des couplets symétriques dits *antistrophes*; ensuite Stésichore introduisit un troisième élément, l'épode que le chœur chantait lorsqu'il était revenu à sa place après avoir exécuté en sens inverse (dans l'antistrophe) l'évolution qu'il avait décrite en chantant la strophe.

2. Cette distinction entre les lyriques éoliens et les lyriques doriens est très importante à retenir. Horace, dont les odes devaient être récitées et non exécutées, n'a pu imiter que la composition simple et comme transparente des Éoliens. Vouloir retrouver dans les odes de Pindare, faites pour être chantées et dansées, les mètres et la disposition strophique de Sappho ou d'Horace, c'est prendre pour point de départ une grosse erreur d'histoire littéraire. La musique de Pindare, qui rendait ses odes compréhensibles à un auditoire grec, étant perdue probablement sans retour, nous ne pouvons espérer en acquérir la parfaite intelligence, dénués d'un secours nécessaire aux Grecs eux-mêmes.

3. La poésie chorale de Pindare présente la même complication que la poésie lyrique des Doriens. Toutes les strophes et antistrophes, comparées entre elles, toutes les épodes, comparées entre elles, se répondent longues par longues et brèves par brèves. La difficulté consiste à diviser les strophes en périodes, et les périodes en membres métriques ou *côla*. Bœckh a le premier eu l'idée de couper le vers toujours après un mot, là où il y avait hiatus ou syllabe douteuse[2] ; ce qui l'a conduit à admettre des périodes de

---

1. La période de quatre *côla* (phrase-carrée) est la plus fréquente chez les Éoliens, et dans Horace, leur imitateur, toutes les odes se divisent en groupes de quatre vers, sauf 4, 8, où deux vers sont peut-être interpolés ou perdus. — Il y a quatre sortes de strophes dans le recueil d'Horace : 1° la strophe sapphique, composée de trois vers sapphiques et d'un adonique (1, 2) ; 2° la strophe asclépiade I, composée de trois asclépiades et d'un glyconique (1, 5) ; 3° la strophe asclépiade II, composée de deux asclépiades, un phérécratien et un glyconique (1, 12) ; 4° la strophe alcaïque, composée de deux vers alcaïques, un iambique dimètre hypermètre et un vers logaédique. — La strophe sapphique et la strophe alcaïque sont logaédiques. (Christ, p. 544-551.)

2. « Le vers de Pindare, dit Bœckh est la période. » La division des *côla*, qui est celle

soixante syllabes, hypothèse, d'ailleurs, qui n'est nullement inadmissible. Le *côlon* est un membre de phrase vocal, et la réunion de deux ou plusieurs de ces membres forme la période musicale. Si l'on établit la division des périodes et des *côla*, avec la distribution des *levés* et des *frappés* dans chaque mesure, on obtient le *dessin* d'une strophe pindarique; et, comme la musique de ces phrases nous est inconnue, c'est là évidemment tout ce qu'on peut espérer atteindre [1].

4. Dans la poésie dramatique, l'ordonnance strophique a cela de particulier qu'au lieu de conserver d'un bout à l'autre d'un même *stasimon* le même système de strophes et d'antistrophes, on les varie après chaque couple; et les épodes ne se trouvent qu'à la fin, comme conclusion du chant entier, non après chaque couple de strophes, comme dans la poésie lyrique [2]. Par les changements de mesure accompagnés d'une variation dans la mélodie, qui répondent à une succession de sentiments et d'émotions diverses, la poésie lyrique dramatique se sépare nettement de celle de Pindare, qui développe une seule pensée fondamentale dans un même sentiment depuis le commencement jusqu'à la fin [3].

Chœur tragique [4]. — Le chœur d'Eschyle se composait de douze choreutes : leur nombre fut porté à quinze par Sophocle. Les chants du chœur s'appellent *stasima*, s'il les récite à un endroit fixe, et *parodoi*, s'il les chante pendant qu'il fait son entrée. La *parodos* commence le plus souvent par des systèmes anapestiques, fortement rhythmés, déclamés au son de la flûte suivant le mode de récitation appelé *paracatalogue* [5]. Les *stasima* se placent dans des sortes de

des manuscrits et des vieilles éditions, est nécessairement arbitraire; il n'y a pas, dans Pindare, de στίχοι ou vers au sens moderne, mais seulement des phrases musicales.

1. Voy. deux articles de Thurot, *R. C.*, IX, 380 et XI, 51.
2. Otfr. Müller, II, p. 205 sqq. — L'*implexus* des strophes et des antistrophes est souvent assez difficile à démêler, surtout dans Eschyle. En appelant a, b, c... les strophes, a', b', c'..., les antistrophes correspondantes, on peut dresser ainsi le tableau des vers des *Choéphores*, 306 sqq. (chant amébée entre le chœur et les deux enfants) : a, b, a'; c, b', c'; d, e, d'; f, é, f'; g, h, i, g', h', i'; j, j', k, k'. — Dans *Agamemnon*, 1447 sqq., on a l'enlacement suivant : a, b, a'; c, d; c', d'; e, b', é'. Il fallait quelquefois attendre une antistrophe pendant deux scènes; mais, comme elle revenait avec le même motif musical que la strophe, les auditeurs ne s'y trompaient pas. Une strophe *sans pendant* au commencement d'un système est dite *proode*, et, si elle se trouve au milieu, *mésode*.
3. La strophe et l'antistrophe, chantées sur le même air, se correspondent syllabe par syllabe; et quand cette correspondance fait défaut, le texte est altéré. En outre, les mêmes mots, des mots semblables ou des tournures analogues se reproduisent aux places correspondantes des deux strophes jetées dans le même moule, et constituent des assonances antistrophiques dont la critique des textes peut également tirer parti. (Weil, préface à son édit. d'Euripide, p. 44.)
4. Cf. ce qui a été dit à propos de la musique et de la construction des théâtres.
5. On récitait de même les autres systèmes similaires (συστήματα ἐξ ὁμοίων), et en particulier, selon Christ, les systèmes dochmiaques. Voy. Muff, *Technique chorique de Sophocle*, 1877, apprécié par Weil, *R. C.*, 1877, 329.

pauses, lorsque l'action a parcouru une certaine phase; en général, le chœur seul occupe la scène, et ses chants divisent la pièce en *actes* [1]. L'*Antigone* comprend sept actes, le *Philoctète* seulement trois, avec un seul *stasimon*. — On appelle *commoi* les chants communs aux acteurs et au chœur; d'autres fois le chœur lui-même se divise en deux moitiés qui engagent un dialogue entre elles. Les parties lyriques du rôle des acteurs forment soit des dialogues, soit des airs un peu étendus appelés *monodies*, où excellait Euripide, et dont la construction strophique est très libre. En général, les rhythmes doriens se trouvent dans les *stasima*, mais non dans les *commoi* et les chants lyriques de la scène.

Chœur comique [2]. — Il y a vingt-quatre choreutes (neuf de plus que dans la tragédie). Le chœur fait son entrée par rangs de six personnes en chantant la *parodos*, moins compliquée que celle de la tragédie, comme aussi les *stasima*, qui ne servent ici qu'à limiter les scènes et à permettre aux acteurs de changer de costume. En revanche, le chœur comique a la parabase, marche du chœur au milieu de la comédie, qui rappelle les cortèges bacchiques d'où la comédie est sortie. Le chœur passe en rangs devant les bancs des spectateurs, en faisant entendre un chant en tétramètres anapestiques, où le poète parle de ses opinions et de ses affaires personnelles. Cette première partie comprend une chanson d'ouverture dite *commation*, et se termine par un long système d'anapestes dimètres dit *pnîgos*, parce que sa longueur épuisait l'haleine. La deuxième partie est un poème lyrique, suivi de seize vers trochaïques exprimant quelque grief contre la ville ou le public, et nommés *épirrhème*, c'est-à-dire, ce qui est dit en sus. La strophe lyrique et l'épirrhème se répètent à la manière des antistrophes (*antépirrhème*). Tel est le plan de la parabase complète et régulière; mais les poètes comiques l'ont modifiée diversement.

Stichomythies. — L'amour de la symétrie, et en particulier de la construction dichotomique, était naturel aux Grecs. Quand un dialogue vif s'engage sur la scène, les opinions et les volontés opposées s'équilibrent jusque par l'étendue matérielle des phrases : les vers se succèdent et se répondent comme des coups de marteau (*stichomythies*). On remarque quelque chose d'analogue dans les grands poètes modernes, surtout dans Corneille (*Polyeucte*, II, vi; IV, iii; *Cid*, I, iv). Otfr. Müller (*Littér. gr.*, II, p. 217) avait déjà soupçonné que cette symétrie et cet équilibre s'étendaient à des tirades et à des scènes entières, les beaux travaux de Weil ont pleinement confirmé cette opinion [3].

---

1. La partie antérieure à la *parodos* est le *prologue*, celle entre la *parodos* et les *stasima* s'appelle les *épisodes*, celle après le dernier *stasimon*, l'*exodos*.
2. Otfr. Müller, *Litt. gr.*, II, p. 578.
3. Voy. Weil, *Nouvelles Ann. de philol.*, 1859, p. 721 sqq.; *Journal de l'Instr. publ.*, 1860,

Symétrie[1]. — Eschyle créa le dialogue, en rendant la tragédie dramatique, de lyrique qu'elle était auparavant; mais il traita le dialogue dramatique comme les morceaux lyriques, en y mettant les analogues des strophes et des antistrophes, des proodes, mésodes et épodes. Ainsi, si l'on considère le monologue du gardien en tête de l'*Agamemnon*, on trouve d'abord 14 vers d'attente, décomposés en 4, 4 + 4, 2; puis la flamme brille, et l'on a 14 nouveaux vers, décomposés en 4, 4 + 4, 2, exprimant la joie du retour. 4 + 2 vers ouvrent la scène (*proode*), 4 la terminent (*épode*). La raison de cette symétrie rigoureuse n'est autre que la tendance du génie grec à mettre d'accord la forme et le fond : à des développements symétriques de l'idée répondent des suites de vers d'une longueur égale. La fin de ces sortes de groupes est marquée par des silences, justifiés par la nature des idées exprimées, et qui devaient permettre aux spectateurs de saisir la symétrie des groupes ainsi mis en lumière[2]. Si de l'examen des tirades on s'élève à celui des épisodes, des scènes et des actes, on reconnaîtra partout la même tendance à la symétrie. La tragédie grecque est un tout organique qui se développe autour d'un centre et dont les parties, formées d'unités symétriquement disposées, sont symétriques entre elles et par rapport à l'ensemble.

L'observance de la symétrie se retrouve dans Sophocle et dans Euripide[3]; mais il faut bien remarquer que cette loi du parallélisme, comme toutes les lois de l'art, est un *idéal*, et que les poètes s'en rapprochent par instinct, plutôt qu'ils ne s'y asservissent par système. Christ pense que la violation de la symétrie ne peut jamais, à elle seule, justifier une athétèse, et Weil est d'accord avec lui pour repousser des exagérations qui conduiraient à faire entrer chaque tragédie grecque dans une sorte de lit de Procruste[4].

n° 24 sqq. Cf. sa préface des *Choéphores* et les notes de son *Euripide*. Il a été combattu par Heimsœth, *Études sur Eschyle*, 1865, et par Kock, *Nouv. Annales de philol.*, t. XCVII, p. 489, qui depuis s'est rangé à son opinion en l'exagérant (édit. d'*Agamemnon*, 1863).

1. Je résume l'article de Weil, *Journ. de l'instr. publique*, 1860, n° 24 sqq.
2. Chez les modernes, les rimes, qui peuvent être soit juxtaposées, soit entrelacées, répondent à ce parallélisme recherché par l'ancienne poésie. Dans un autre domaine, la symétrie des groupes peints par Polygnote à Delphes, des frontons archaïques du temple d'Égine, des tableaux italiens primitifs, etc., montrent la prédilection d'un art encore jeune pour des combinaisons d'une symétrie rigoureuse.
3. Voy., par exemple, *Médée*, 214 sqq. Ce discours de Médée comprend trois parties. Elle dit pourquoi elle vient s'expliquer et quelle est sa situation en 5, 3, 3, 5 vers (214-229). Vient ensuite le morceau sur la triste condition des femmes (230-251), en 2 vers + 4 tercets et 2 quatrains. Enfin Médée revient à sa propre situation et demande au chœur de garder le secret : morceau qui contient deux fois 7 vers, 252-266. (Weil, d'après Hirzel, *de Euripidis in componendis diverbiis arte*, 1862.) Dans Sophocle, *Antigone*, 659, le discours de Créon a un vers de plus que la réponse d'Hémon : on pense qu'un vers du premier discours est interpolé (peut-être 656).
4. Les anciens se sont-ils doutés de cette loi de symétrie? On a lieu de le croire d'après une scholie au vers 956 de la *Paix* : δύο διπλαῖ καὶ ἐν ἐκθέσει στίχοι ἰαμβικοὶ τρίμετροι ἀκατάληκτοι ιζ'. Hense (*Études sur Héliodore*) a montré que le signe de la double diplé, d'après le sens qu'y attachait le métricien grec Héliodore (dont une partie du commentaire métrique sur Aristophane, κωλομετρία, s'est conservée dans les Scholies), marque la correspondance entre le groupe iambique 956-973 et le groupe 922-938, qui est séparé du premier par un morceau lyrique. De part et d'autre, il y a en effet 17 trimètres. (Cf. *R. C.*, XI, 7, art de Weil.)

Métrique des comiques latins[1]. — La véritable difficulté des vers de Plaute consiste moins dans sa métrique que dans sa prosodie, qui est très incertaine et admet beaucoup de crases, de syncopes, d'ecthlipses, etc. Un fait essentiel, et qui a été mis en lumière par Müller, c'est que dans tous les mots iambiques la phonétique du temps de Plaute lui permet d'abréger la dernière syllabe. Cette licence a laissé des traces dans les quantités bene, male[2], à côté de longē, probē. En outre, tous les pieds du vers admettent toutes les substitutions. L'influence de l'accent et de l'*ictus* a été très à tort exagérée : on peut dire seulement que si l'accent et l'*ictus* ne créent par de syllabes longues, ils *conservent* la quantité de celles sur lesquelles ils se trouvent placés et affaiblissent celle des syllabes voisines[3].

On trouve dans Plaute beaucoup de voyelles brèves malgré la présence de deux consonnes : ces voyelles, *u, e, i*, sont dites *irrationnelles*[4].

HIATUS. — On sait que Ritschl (voy. p. 139) a voulu presque partout supprimer l'hiatus dans Plaute, en intercalant un *d* final. Ceux qui repoussent ces solutions d'une critique trop sommaire admettent l'hiatus dans deux circonstances : 1° lorsqu'il se produit une pause du sens ou un changement d'interlocuteurs ; 2° dans les fortes pauses métriques, surtout à la césure penthémimère du sénaire[5].

RHYTHMES. — Ils se rattachent à cinq espèces principales, le trochaïque, l'iambique, le crétique, le bacchiaque, l'anapestique. Dans les *diverbia*, l'iambique sénaire et le septénaire dominent, sous les deux formes catalectique et acatalectique. — Westphal admet, contre Ritschl, que Plaute emploie l'anapeste précédé d'un dactyle (d'où un procéleusmatique), association qui ne se trouve presque jamais dans la métrique grecque.

Quant à la succession si compliquée des rhythmes lyriques dans les *cantica* de Plaute, elle était sans doute déterminée par la musique qui les accompagnait, et, par suite, elle reste un mystère pour nous[6].

1. Outre Müller, *op. cit.*, voy. Quicherat, et Benoist, Préf. à la trad. de Plaute, p. v ; Conrardt, *Composition métrique des comédies de Térence*, 1877 (all.). Les plaisanteries d'Horace sur les *Plautini numeri* n'ont aucune portée, car Bücheler remarque justement qu'Horace était beaucoup trop ignorant du latin archaïque pour pouvoir porter un jugement sérieux sur ses mètres de Plaute. Cela est bien plus vrai encore de Montaigne.
2. On trouve dans une inscription l'hexamètre suivant : « Est equos perpulcer, sed tu vehi non potes illoc. »
3. Benoist, *l. c.* Voy. la préface de Wagner à l'*Aulularia*, 1866 (angl.).
4. *Venustatis, potest, iste*. Cela ne se produit jamais quand l'accent tombe sur la voyelle suivie de deux consonnes ; dans *talentum, Philippus*, l'accent était primitivement sur l'antépénultième. La muette suivie d'une liquide ne fait jamais position.
5. Wagner ajoute : devant un mot crétique à la fin d'une ligne (*alternae arbores*, Trinummus, 559, Ritschl lit *alternas*, ancienne forme du nominatif pluriel dont il n'y a pas un seul exemple authentique).
6. Voy. pourtant Studemund, *de Canticis Plautinis*, qui veut expliquer cette succession par le degré de parenté naturelle des rhythmes (trochaïque et crétique, iambique et bacchiaque).

LIVRE X

LES ANTIQUITÉS DE LA GRÈCE[1].

Sommaire. — I. La Cité antique. — II. Divisions du temps, chronologie. — III. La Grèce homérique. — IV. Les États doriens. — V. Constitution d'Athènes. — VI. Assemblées helléniques. — VII. Droit civil et criminel à Athènes : la Famille. — VIII. La Maison, les Meubles, l'Habillement. — IX. Repas, Jeux, Voyages. — X. La Maladie et la Mort. — XI. Lieux du culte. — XII. Cérémonies, Mystères, Fêtes. — XIII. Les Prêtres, les Oracles, la Magie.

Méthode. — L'histoire serait une vaine fatigue, si elle ne cherchait dans l'étude des faits la connaissance des institutions et des mœurs, et dans celle-ci la science de l'esprit humain, qui est leur source commune[2]. C'est une psychologie expérimentale dont le passé fournit les documents[3]. Ces documents valent par leur nombre, et pas un d'eux n'est à dédaigner ; l'histoire politique les recueille et les classe. Mais l'histoire politique n'est qu'une étude préliminaire, une préface à l'histoire des institutions, qui s'élève au-dessus d'elle, à condition toutefois de s'élever sur elle. Car l'histoire des idées n'est qu'une construction fragile quand elle ne prend pas racine dans la science des faits.

C'est surtout par le passé grec et romain que la psychologie peut apprendre à connaître l'homme. Nous jugeons avec quelque impartialité ces époques déjà lointaines. L'amour-propre est moins sou-

---

1. BIBLIOGRAPHIE. — *Ouvrages généraux :* Hermann, *Manuel des Antiq. grecques*, 5ᵉ éd. par Bähr et Stark, 1875 (all.); absolument indispensable, donnant tous les textes importants. — Schœmann, *Antiq. grecques*, 3ᵉ éd., 1873 (all.), excellent livre. — Wachsmuth, *Antiq. politiques de la Grèce*, 2ᵉ éd., 1846 (all.).

2. Fustel, *Cité ant.*, p. 106 : « L'histoire n'étudie pas seulement les faits matériels et les institutions ; son véritable objet d'étude est l'âme humaine ; elle doit aspirer à connaître ce que cette âme a cru, a pensé, a senti, aux différents âges de la vie du genre humain. » Cf. Perrot, *Mél. archéol.*, p. 24, et Guizot, *Mémoires*, I, 392.

3. Aussi, pour l'école historique, la philologie et l'histoire sont-elles identiques. « Le but véritable de l'érudition, dit Littré, est de fournir des matériaux à la science de l'histoire. »

vent intéressé à les travestir. Puis, dans l'antiquité, la vie politique et sociale est plus simple, moins de mobiles agitent les esprits, et il semble plus aisé de les connaître en étudiant ce qu'ils ont créé.

Dans un livre qui pourrait s'intituler : *l'Esprit de l'Antiquité*, Fustel de Coulanges a démêlé l'idée mère de la civilisation des anciens, l'idée directrice de leur histoire. Bien que ce chef-d'œuvre, qui honore notre pays et notre temps, n'ait pas été moins lu que loué, je crois bien faire, en tête d'une esquisse rapide de la vie antique, de résumer brièvement ces belles pages, à qui nous devons de la mieux comprendre.

§ I. — LA CITÉ ANTIQUE [1].

La Famille et la Cité. — La comparaison des croyances et des lois montre qu'une religion primitive a constitué la famille grecque et romaine, a établi le mariage et l'autorité paternelle, a fixé les rangs de la parenté, a consacré le droit de propriété et le droit d'héritage. Cette même religion, après avoir élargi et étendu la famille, a formé une association plus grande, la cité, et a régné en elle comme dans la famille. D'elle sont venues toutes les institutions comme tout le droit privé des anciens. Mais, avec le temps, ces vieilles croyances se sont modifiées ; les institutions se sont modifiées avec elles. Alors s'est déroulée la série des révolutions, dont la dernière, le christianisme, en détruisant l'idée de la cité, a mis fin aux sociétés antiques. Partout les transformations sociales ont suivi

---

[1] On peut comparer au livre de Fustel celui de Sumner-Maine, *l'Ancien droit*, trad. Courcelle-Seneuil, 1874. Selon le « Montesquieu anglais », le droit, à l'origine, est l'ensemble des *thémistes* d'un patriarche-roi, qui passent bientôt à l'état de coutumes, de textes codifiés et immuables ; pour les mettre en harmonie avec les besoins sociaux, les races *progressives* emploient trois moyens : les fictions légales, les considérations d'équité et la législation. La *fiction*, très fréquente à Rome, est un moyen de procédure qui a pour objet de dissimuler sous une forme constante l'altération survenue dans une règle de droit (adoption, émancipation, etc., etc.). L'*équité* a surtout dominé la pratique du droit en Grèce et plus tard à Rome, où les *décrets d'équité* (*jus naturale*), recueil des édits des préteurs, furent rassemblés par Salvianus sous le titre d'*Édit perpétuel*. La *législation*, c'est-à-dire les décrets d'un pouvoir supposé l'organe de la société entière, diffère des fictions légales comme l'équité, et de l'équité parce qu'elle tire son autorité d'une personne ou d'une corporation, et que sa force obligatoire est indépendante de ses principes (p. 29). — Ihering (*Esprit du droit*, all.) dit que « l'histoire commence avec infiniment peu ». Il fut un temps où les hommes n'avaient nulle idée d'une loi ou règle de la vie : le mot νόμος n'est pas dans Homère. Le *jugement* (décision d'un dieu ou d'un roi qui rend les *thémistes*), puis la coutume (δίκη), gardée par la caste aristocratique, puis les *lois* ou *Tables* quand l'écriture a été inventée et que la connaissance du droit est sortie des castes ; telles sont les premières étapes dans l'histoire du droit. (Cf. Lubbock, *Orig. de la civilisation*.)

les transformations de l'intelligence; il faut connaître celles-ci pour se rendre compte de celles-là.

ANCIENNES CROYANCES. — 1. Une croyance commune à la race aryenne, c'est que l'âme, après la mort, restait près des hommes et continuait à vivre sous terre[1]. De cette croyance dériva la nécessité de la sépulture[2]. L'âme qui n'avait pas de tombeau n'avait pas de demeure. Malheureuse, elle devenait malfaisante[3]. Les morts passaient pour des êtres sacrés, pour des dieux dont les tombeaux étaient les temples[4]. Leurs âmes divinisées s'appelaient en Grèce *démons* ou *héros*, chez les Latins *lares, mânes, génies*. Le culte des morts est la plus ancienne religion des Aryens. La mort fut le premier mystère, et elle mit l'homme sur la voie des autres mystères.

2. La maison d'un Grec ou d'un Romain renfermait un autel, dont le feu devait être entretenu jour et nuit. Le feu du foyer était la providence de la famille : famille éteinte et foyer éteint sont des expressions synonymes. Il est probable que les morts furent anciennement ensevelis dans la maison, et que le culte du foyer n'a été à l'origine que le symbole du culte des morts[5].

RELIGION DOMESTIQUE. — Ces croyances formaient la *religion domestique*, antérieure aux religions nationales, où chaque dieu ne pouvait être adoré que par une famille ; car l'offrande ne devait être faite à un mort que par ses descendants. Cette religion du foyer et des ancêtres a constitué la famille antique, qui est une association religieuse encore plus qu'une association de nature.

MARIAGE[6]. — La cérémonie sacrée par excellence est le mariage, car il s'agit, pour la jeune fille, d'abandonner son foyer, de changer de rites et de religion. Une union marquée de ce caractère rend le divorce presque impossible.

DROIT DOMESTIQUE. — Chaque père attendait de sa postérité la série des repas funèbres qui devaient assurer à ses mânes le repos et le bonheur. Cette opinion a fondé le droit domestique chez les anciens : pour eux, le célibat est à la fois une impiété et un malheur, que les lois punissent dans la vieille Rome[7].

---

1. « Sub terra censebant reliquam vitam agi mortuorum. » (Cic., *Tusc.*, 1, 10.) Ainsi, les premiers Aryens ont eu l'idée de la *vie future*, mais non celle d'un *autre monde*.

2. Voy. surtout l'*Antigone* de Sophocle.

3. A certains jours de l'année, on portait un repas à chaque tombeau, destiné au mort vivant sous terre. Dans les lois de Manou, l'Hindou doit porter aux mânes le repas appelé *Sraddha*. — La croyance aux revenants a la même origine.

4. D'où l'inscription gravée sur les tombeaux : *Dis manibus*.

5. Serv., ad Æn., 5, 84 ; 6, 152. Le langage ordinaire confondait le foyer et le *lare* domestique. Plus tard, on personnifia l'autel sous le nom d'Ἑστία, *Vesta*, la flamme vivante. — La religion du feu sacré date de l'époque aryenne. Le Grec et l'Italien offrent sur l'autel des sacrifices et des libations de vin, qui, en brûlant, alimentent le dieu du foyer : l'Hindou verse sur l'autel la liqueur fermentée nommée *sôma*.

6. Anciennement, le mariage (γάμος) s'appelle τέλος, qui signifie cérémonie sacrée. Le mariage grec comprend trois actes : le premier se passe devant le foyer du père (ἐγγύησις) ; le troisième au foyer du mari (τέλος) ; le second était le passage de l'un à l'autre (πομπή). Même division dans le mariage romain (*traditio, deductio in domum, confarreatio*).

7. Les lois de Manou appellent le fils aîné « celui qui est engendré pour l'accomplissement du devoir ».

Le fils destiné à perpétuer la religion domestique devant être le fruit d'une union religieuse [1], le mariage était une obligation, et le divorce un droit dans le seul cas de stérilité. — Le devoir de perpétuer le culte domestique a été aussi le principe du DROIT D'ADOPTION.

PARENTÉ, AGNATION. — 1. Platon [2] dit que la parenté est la communauté des mêmes dieux domestiques. Or le droit de faire les sacrifices au foyer ne se transmettant que de mâle à mâle, on ne pouvait être parent par les femmes.

2. Pour les Romains, deux hommes de la même famille, même *proches parents* au sens moderne, ne pouvaient être *agnats* que si, en remontant de mâle en mâle, ils se trouvaient avoir des ancêtres communs. L'agnation est la parenté religieuse, tandis que la parenté indépendante de la religion domestique s'appelle COGNATION.

PROPRIÉTÉ. — L'idée de propriété privée est dans la religion même, qui attache la famille au foyer, lequel est attaché au sol [3]. Aussi la vie en communauté, le *phalanstère*, était-elle impossible dans l'antiquité. Le droit de propriété est placé au-dessus de tout et inviolable [4].

SUCCESSION. — Le fils hérite non par la volonté de son père, mais de plein droit [5]. Il est *héritier nécessaire* [6], parce qu'il continue le culte du foyer, dont le droit de propriété est inséparable. De là vient, dans le droit romain, que la fille mariée n'hérite pas du père ; dans le droit grec, qu'elle n'hérite en aucun cas. A Athènes, pour concilier la prescription religieuse avec le sentiment naturel, la loi décida que la fille épouserait l'héritier. — La succession collatérale est réglée sur les mêmes principes : les biens passent au plus proche parent religieux [7].

PUISSANCE PATERNELLE. — 1. La famille n'a pas reçu les lois de la cité : elle lui a donné les siennes. Le droit privé existait avant le droit public, qui n'est pas l'œuvre de quelque législateur, mais le fruit des premières croyances.

2. La famille est un corps organisé par la religion domestique. Le père n'est pas seulement l'homme fort qui protège, il est le prêtre, l'héritier du foyer. Son nom est synonyme de celui de *roi* et de *chef*. De là, l'étendue de l'autorité paternelle, et la morale primitive, qui trace à l'homme avec une admirable netteté ses devoirs de famille [8].

1. Et non un *bâtard*, νόθος, *spurius*.
2. *Lois*, V, p. 729.
3. Le Terme, *Terminus*, θεὸς ὅριος, qui, chez toutes les races aryennes, garantit la propriété, n'est que le représentant sacré du culte domestique.
4. Ainsi s'explique que l'expropriation pour dettes ne se rencontre jamais dans le droit ancien des cités. Dans beaucoup de villes (Arist., *Polit.*, 2, 4, 4) les anciennes lois interdisaient la vente des terres. — Fustel pense que la propriété collective n'a existé à aucune époque de l'histoire. Cela semble prouvé tout au moins pour les Aryens. Le communisme, chimère du temps présent, n'a pas été une réalité dans le passé.
5. Le droit de tester n'était pas connu à l'origine : le droit hindou l'ignore, le droit athénien jusqu'à Solon l'interdit. A Rome, le testament était une véritable loi d'exception qui avait besoin de recevoir l'approbation de la volonté souveraine, c'est-à-dire du peuple rassemblé en curies sous la présidence du pontife.
6. *Haeres necessarius.* (Digeste, 38, 16, 14.)
7. L'héritage, dans l'Inde, appartient au plus proche *sapinda*. (Lois de Manou, 9, 186, 189.)
8. L'idée de paternité n'est que secondaire. Le mot désignant proprement le *père* est *g'anitar*, γενετήρ, *genitor*. Le mot *pater* a un sens religieux que l'on retrouve dans l'épi-

La gens. — 1. La *gens* est une unité, un corps formé, que l'on retrouve à Rome et à Athènes, et dont le caractère essentiel est qu'elle a en elle-même un culte et un droit. La *gens* est la famille ayant encore son organisation primitive, son unité fondée sur la religion : c'est la forme la plus ancienne de la société. Mais la famille ancienne est plus vaste que la famille moderne : elle comprend en outre les serviteurs, nés du besoin que le pauvre et le riche ont l'un de l'autre, qui entrent dans la *gens* par une cérémonie analogue à celles du mariage et de l'adoption. Le serviteur acquérait ainsi le culte et le droit de prier, en s'attachant irrévocablement à la famille.

2. Même si son maître le faisait sortir de la servitude, il ne pouvait pas quitter la *gens :* il devenait affranchi ou client, lié à son patron par la réciprocité de devoirs inviolables[1]. La clientèle est une institution de droit domestique, et elle a existé dans les familles avant qu'il y eût des cités.

Phratrie, curie, tribu, cité. — 1. Plusieurs familles pouvaient, sans sacrifier leur religion particulière, s'unir pour la célébration d'un autre culte commun. Ainsi se formèrent des unités religieuses plus compréhensives, la phratrie ou curie, la tribu, enfin la cité. Chacune de ces associations avait son autel, ses rites, son dieu[2], ses lois, son prêtre et son chef[3].

2. Famille, tribu, cité, sont des sociétés exactement semblables entre elles, et qui sont nées l'une de l'autre par une série de fédérations[4]. A Rome et à Athènes, comme dans de grandes familles, les Vestales entretiennent le foyer public, l'archonte fait le sacrifice au nom de la cité entière.

Les dieux de l'Olympe. — A côté de cette religion de la famille, l'impression des forces de la nature fit naître dans l'homme l'idée et le culte des dieux de l'Olympe. Ces deux religions, absolument différentes par leur origine et leurs pratiques, ne se confondirent jamais ; elles coexistèrent, l'une s'affaiblissant, l'autre progressive, pendant toute la durée des sociétés antiques.

La ville. — La cité est l'association religieuse des tribus, la ville en est le sanctuaire. Aussi, la fondation d'une ville est-elle un acte religieux. C'est une

---

thète de Jupiter, *pater hominumque deorumque :* or Jupiter n'est pas le *père* des dieux — Cette manière de voir dans le père le principe de la famille primitive semble en contradiction avec une théorie célèbre développée par Bachofen (*le Droit de la mère*, 1861. Cf. Giraud-Teulon, *la Mère*), qui pense qu'avant la paternité, fait idéal, on a dû tenir compte de la maternité, fait d'une constatation facile ; par suite, que la base de la famille était la femme, comme cela paraît avoir eu lieu chez les Lyciens (Hérod., 1, 173), qui portaient le nom de leur mère, chez les Ibères (il en subsiste des traces chez les Basques), chez les Lélèges ou habitants primitifs de la Grèce. (Voy. Benloew, *Grèce av. les Grecs*, p. 186 sqq., et sa *Langue albanaise*, à la fin.) On pourrait ajouter les Étrusques, puisque Mécène, descendant des Cilnii, porte le nom des Mecnés, ses aïeux maternels. En somme, il est très probable que la gynécocratie, ou supériorité sociale de la femme dans la tribu, a régné dans les populations primitives (anaryennes) que les Aryens ont refoulées, et dont les Ibères, les Étrusques, les Lyciens, les Lélèges, sont peut-être les débris : mais le père seul est la base de la famille *chez les Aryens*. On peut mettre d'accord, par cette distinction, Bachofen et Fustel.

1. C'est la religion qui rend ces devoirs sacrés, et les anciens donnent aux vertus domestiques le nom de *piété*.

2. Le dieu de la tribu, qui lui donnait son nom, s'appelait le *héros éponyme*.

3. Le *tribunus*, φυλοβασιλεύς, est le chef de la tribu.

4. Si Thésée, comme le dit la tradition, réunit les douze États attiques en une cité, c'est qu'il réussit à faire adopter dans toute l'Attique le culte d'Athéné Polias, de sorte que tout le pays célébra dès lors en commun le sacrifice des Panathénées.

cérémonie religieuse que Tite Live décrit en racontant la fondation de Rome. Le fondateur de la ville, celui qui posait le foyer, devenait un dieu pour la cité, comme l'ancêtre pour la famille. Romulus était adoré, il avait un temple et ses prêtres. Énée, fondateur de Lavinium, d'où étaient issus les Albains et les Romains, était regardé comme le premier fondateur de Rome : l'Énée de Virgile est un héros religieux, qui transporte les dieux de Troie en Italie, un chef de culte et un prêtre, dont la qualité dominante est la piété, non un guerrier ou un héros de roman[1].

Religion de la cité. — 1. La principale cérémonie du culte domestique était un repas commun nommé sacrifice. Cet usage se retrouve dans les anciennes cités, notamment à Sparte. A Rome, le sénat faisait des repas sacrés au Capitole ; aux fêtes solennelles, les tables étaient dressées dans les rues, et le peuple entier y prenait place.

2. La religion est partout dans la vie antique. L'assemblée du peuple, à Athènes, commence par un acte religieux : le sénat de Rome se réunit dans un temple, celui d'Athènes se rassemble autour d'un foyer dont chaque sénateur s'approche en entrant. L'armée en campagne est accompagnée d'augures ou de devins. Après chaque victoire, on offrait un sacrifice aux dieux de la cité : c'est là l'origine du triomphe[2].

Autorité royale. — La religion prescrivait que le foyer eût toujours un prêtre suprême : le foyer de la cité eut le sien, qui s'appelait roi, prytane ou archonte. Les anciens rois de la Grèce et de l'Italie étaient des prêtres[3]. La tradition représente les rois de Rome comme des prêtres. Romulus fonde la science augurale, et Numa, prévoyant que les guerres empêcheraient ses successeurs de vaquer à tous les rites, institua les flamines pour remplacer les rois absents. Ainsi le sacerdoce romain n'est qu'une émanation de la royauté primitive. Les règles constitutives de la monarchie découlèrent des règles mêmes du culte. La royauté appartint, à l'origine, à l'homme qui avait posé le foyer de la cité : ce ne fut pas la force qui fit les chefs des anciennes cités, et il ne serait pas vrai de dire que le premier qui y fut roi *fut un soldat heureux*.

Les magistrats. — 1. Tout magistrat est revêtu d'un caractère religieux. Les Grecs appelaient les magistrats οἱ ἐν τέλει, littéralement, ceux qui sont à accomplir le sacrifice. Quand les révolutions eurent supprimé la royauté, les hommes, en désignant leurs magistrats par le sort, ne firent encore que consulter la volonté des dieux. La pensée qui fit instituer le tirage au sort pour les archontes ou les prytanes fut une pensée religieuse et non une pensée égalitaire. C'est aux dieux que les anciens demandèrent leurs magistrats : c'est à eux qu'ils attribuèrent leurs lois. Les Crétois faisaient remonter les leurs à

---

1. « Sa vertu doit être une froide et haute impersonnalité, qui fasse de lui non un homme, mais un instrument des dieux. » — L'*Énéide* n'est devenue vraiment intelligible que par les progrès de l'archéologie. Racine et Fénelon eux-mêmes ne comprenaient pas le caractère d'Énée. Cf. les beaux chapitres de Boissier, *Relig. rom.*, t. I*er*, p. 214 sqq.

2. *Signer un traité* est une expression toute moderne. Les Latins disaient *frapper un chevreau, icere haedus* ou *foedus* ; le nom de la victime la plus ordinaire est resté pour désigner l'acte tout entier. Les Grecs s'exprimaient d'une manière analogue : ils disaient *faire la libation,* σπένδεσθαι.

3. Arist., *Polit.*, 7, 51.

Jupiter, les Lacédémoniens à Apollon, les Romains à la nymphe Égérie, les Étrusques au dieu Tagès. — Il y a du vrai dans toutes ces traditions. Le véritable législateur chez les Anciens fut la croyance religieuse.

2. En principe, la loi était immuable, parce qu'elle était divine. Aussi ne l'abrogeait-on jamais[1]. Par la même raison, la loi antique n'a pas de *considérants*. Quand on a mis les lois par écrit, ç'a été dans des rituels et des livres sacrés : plus tard, la loi est sortie de ces rituels, mais on a conservé les textes de lois dans les temples.

OMNIPOTENCE DE L'ÉTAT. — La cité, fondée sur la religion, est toute-puissante, comme le père de famille dans sa famille. La liberté individuelle n'existe pas dans la cité antique : la vie privée même n'échappe pas au contrôle de l'État. La loi athénienne, au nom de la religion, défend le célibat. L'État pouvait prescrire à Athènes le travail[2], à Sparte l'oisiveté. La liberté de penser à l'égard de la cité, la liberté d'éducation, sont également choses inconnues. C'est donc une erreur singulière que d'avoir cru que, dans les cités antiques, l'homme jouissait de la liberté[3].

Les révolutions. — Les causes qui ont fait périr cette organisation sociale se réduisent à deux : l'affaiblissement graduel des anciennes croyances, et l'existence d'une classe d'hommes placée en dehors de la cité et ayant intérêt à la détruire.

LA PLÈBE. — Au-dessous des clients, en dehors de la *cité*, mais pourtant dans la *ville*, s'agitait la plèbe. Son caractère essentiel est d'être étrangère à l'organisation religieuse de la cité et même à celle de la famille. Tous les hommes exclus des familles par leurs crimes ou par le vice de leur naissance tombaient dans la classe des hommes sans culte ni foyer, c'est-à-dire dans la plèbe. Pour les plébéiens, qui n'ont pas d'autel, le mariage sacré, la famille, l'autorité paternelle, le droit de propriété, la loi, la justice, n'existent point. Tous ces hommes avaient intérêt à détruire une organisation sociale qui n'avait pour eux aucun bienfait.

Première révolution. — 1. La première révolution fit passer l'autorité politique des mains des rois à celles de l'aristocratie. Mais, à Rome comme ailleurs, la royauté politique fut seule supprimée : la royauté religieuse était sainte et devait durer. Aussi se hâta-t-on de nommer un roi, mais qui ne fut roi que pour les sacrifices[4].

2. La domination de l'aristocratie, qui fut courte à Rome, mais dura longtemps en Grèce, est un retour au régime patriarcal. L'*Odyssée* présente un tableau de cet état social dans la partie occidentale de la Grèce.

Deuxième révolution. — La deuxième révolution modifia la constitution de la famille : le droit d'aînesse est aboli, la *gens* perd son unité primitive. Le démembrement ne s'arrêta pas là : la clientèle disparut. Cultivant d'abord pour

---

1. Le code de Manou garde l'ancienne loi qui établit le droit d'aînesse, et en écrit une autre à côté qui prescrit le partage égal des biens entre les frères.

2. Les pauvres oisifs étaient passibles de la δίκη ἀργίας.

3. « On s'est fait illusion sur la liberté chez les anciens, et par cela seul la liberté chez les modernes a été mise en péril. » (*Cité antique*, p. 2.)

4. *Rex sacrorum, sacrificulus.*

son maître, le client finit par cultiver pour lui-même, sous la condition d'une redevance; enfin, il s'émancipa de la dépendance religieuse de son patron et devint propriétaire. Cette révolution, à Athènes, est l'œuvre de Solon, qui affranchit à jamais les familles de la classe inférieure de l'autorité des Eupatrides. Aristote a dit de lui qu'il « fit cesser l'esclavage du peuple. » A Rome[1], les clients sortirent peu à peu des *gentes* pour entrer dans la plèbe, et se retournèrent ensuite contre l'aristocratie pour réclamer une part à ses droits. Ces tentatives ne restèrent pas vaines, et une troisième révolution fit entrer la plèbe dans la cité.

Troisième révolution. — 1. Vers le sixième siècle, le développement du commerce fit paraître une puissance nouvelle, l'ARGENT. La religion, qui avait marqué le sol de son empreinte, ne pouvait rien sur la fortune mobilière. On vit des plébéiens devenir plus riches que leurs anciens patrons, et il se forma dans la plèbe une sorte d'aristocratie d'argent, par laquelle elle se laissa guider. A la même époque, les CULTES ORIENTAUX arrivèrent; la plèbe les accueillit avec empressement, et elle eut aussi sa religion. Elle avait déjà la richesse pour elle ; elle eut la force, lorsque la MARINE et l'INFANTERIE devinrent les principaux soutiens des États.

2. Clisthène accomplit à Athènes la révolution plébéienne en supprimant les quatre anciennes tribus religieuses, et en les remplaçant par dix tribus où entraient tous les hommes libres sans exception, répartis en dèmes non plus d'après leur naissance, mais d'après leur domicile[2]. A Rome, les grands progrès de la plèbe datent de Servius Tullius, qui l'organisa et lui donna des lois. Lorsque, après la sécession du mont Sacré, le tribunat populaire fut fondé, la plèbe n'entra pas encore dans la cité religieuse et politique, mais se plaça en face de la société patricienne, constituée à part avec des chefs tirés de son sein[3].

3. Ayant ses chefs, la plèbe ne tarda pas à avoir ses assemblées : il y eut deux peuples à Rome, réunis seulement par la guerre. Le rapprochement des deux ordres fut l'œuvre de la classe riche, issue de la plèbe, mais tenant au patriciat par ses tendances; elle savait que la séparation des deux ordres bornait son influence en l'enchaînant à la classe inférieure, tandis que leur union lui ouvrait un champ illimité. Elle demanda qu'il y eût des lois communes aux patriciens et à la plèbe : ce fut le *Code des décemvirs.*

4. Dès que l'égalité fut conquise dans la vie privée, il suffit de quelques luttes pour qu'elle s'établît même en politique. Le consulat, le pontificat, l'augurat, devinrent accessibles à la plèbe : le patriciat perdit jusqu'à sa supériorité religieuse. Il ne fut plus dès lors qu'un nom et un souvenir.

5. En même temps, le droit privé se transforma. La loi n'est plus un arrêt de la religion, elle a pour principe l'intérêt des hommes, pour fondement

---

1. La clientèle à l'époque classique n'a plus que le nom de commun avec l'ancienne : celle-ci a disparu, avec la dépendance religieuse qu'elle entraîne, pour faire place à une servitude volontaire, née de l'inégalité des fortunes et aussi de l'énervement des caractères.

2. Les anciennes phratries et les γένη subsistent, mais ce ne furent plus que des cadres religieux sans valeur en politique.

3. Le tribun est une sorte d'autel vivant auquel s'attache un droit d'asile.

l'assentiment du plus grand nombre. Le code des XII Tables et celui de Solon marquent ce progrès nouveau vers le régime démocratique[1].

Règne de la richesse. — Entre le règne de l'aristocratie religieuse et celui de la démocratie, ce fut l'aristocratie de la fortune qui domina. Attaquée, comme l'ancienne, non plus par les plébéiens, mais par les pauvres, elle se défendit longtemps à Rome, très faiblement en Grèce, où les guerres la ruinèrent. Cette lutte entre les riches et les pauvres troubla sans cesse les sociétés antiques vieillies. Quand les hommes, devenus égaux, n'eurent plus à combattre pour des droits, ils combattirent pour des intérêts. L'esclavage, qui rendait la concurrence impossible aux hommes libres, les préjugés qui s'attachaient au travail manuel, avaient pour effet de retenir le pauvre dans la misère et de l'empêcher de vivre honnêtement. Or, dans les constitutions démocratiques, les pauvres avaient pour eux la force du nombre et en abusaient : de là, des troubles perpétuels. « Dans toute guerre civile, dit Polybe (15, 21), il s'agit de déplacer les fortunes. » Les pauvres se donnent volontiers pour chef un tyran, pourvu qu'il fasse des confiscations à leur profit ; et il se trouve que les riches, en défendant leurs biens, sont les défenseurs de la liberté politique.

Nouvelles croyances. — Cependant, les croyances à leur tour se transformèrent. L'idée de la divinité s'élargit et s'éleva. Les lares et les héros, le foyer même, perdent leur prestige. Les pratiques demeurent, mais la religion s'en va. Anaxagore proclame le dieu Intelligence qui règne sur tous les hommes ; et comme il ne croyait pas aux dieux du Prytanée, il refuse de remplir ses devoirs de citoyen[2]. Les Athéniens virent que sa doctrine portait atteinte à la cité et le condamnèrent à mort. Rigueurs inutiles. Les Sophistes, Socrate, Aristote, s'accordèrent à rejeter la tradition comme règle de la morale et de la politique, et cherchèrent dans la raison libre le fondement de la loi. L'école cynique nia la patrie elle-même. Alors la religion municipale, fondement de la cité, s'éteignit, et le régime municipal dut tomber avec elle.

Quatrième révolution. La conquête romaine. — Tant que l'esprit municipal resta vivace, la conquête romaine fut lente et pénible : dès qu'il s'affaiblit, cette conquête devint facile. Dans toutes les villes italiennes et grecques, il n'y eut plus qu'un parti populaire, qui menaçait les propriétés et l'ordre public, et une aristocratie, qui appelait la domination de Rome[3]. L'aristocratie l'emporta. Rome maîtresse ne laissa subsister que l'ombre du régime municipal, et rendit la condition de sujet aussi dure que celle de citoyen était enviable. Tous les vaincus aspirèrent alors à devenir citoyens romains, seul moyen d'avoir des droits et de compter pour quelque chose. Quand huit ou dix générations eurent soupiré après le droit de cité romaine, parut un décret impérial qui l'accorda à tous les hommes libres sans distinction[4]. Cette lente introduction

---

1. Le principe régulateur de la législation devient l'intérêt de tous et non plus la vieille religion et le vieux droit. Cf. Sumner-Maine, *op. cit.*, p. 21 sqq.
2. Il ne voulut pas être magistrat ni paraître dans l'assemblée.
3. Cette idée est le fond de la thèse française de Fustel, *Polybe ou la conquête de la Grèce par les Romains*, 1858. Sa thèse latine, sur le *Culte de Vesta*, n'est autre qu'une première esquisse de la *Cité antique*.
4. Décret de Caracalla. Dans la pensée de ce prince, ce n'était qu'une mesure fiscale, pour généraliser l'impôt sur les affranchissements et les successions.

des peuples dans l'État romain est le dernier acte de l'histoire de la transformation sociale des Anciens. La patrie, d'abord resserrée autour du foyer, n'a plus d'autres limites que le monde barbare. Cette limite même, le christianisme va l'effacer, en mettant fin aux sociétés antiques dont il brisera le moule.

Le christianisme. — Le christianisme n'était la religion domestique d'aucune famille, la religion nationale d'aucune race. Dès son début, il appelait à lui l'humanité tout entière. Jésus disait à ses disciples : « Allez et instruisez *tous les peuples.* » Pour son Dieu, il n'y a plus d'étrangers. Le christianisme renverse les cultes locaux, éteint les prytanées, brise les divinités poliades. En même temps qu'il change la nature et la forme de l'adoration, qu'il ravive et épure le sentiment religieux, le christianisme transforme les mœurs. L'idée des devoirs du citoyen s'affaiblit : Dieu, la famille, la personne humaine, sont placés au-dessus de la patrie. Le droit aussi change de nature : il devient indépendant de la religion et se fonde sur la conscience. Le christianisme s'occupe des devoirs des hommes ; à la différence des religions antiques, il ne s'occupe plus de leurs relations d'intérêts. Un nouvel âge commence, où le spirituel et le temporel sont distincts, et leur rivalité engendrera des luttes qui rempliront le moyen âge.

Conclusion. — Le tableau qu'on vient de lire est l'histoire d'une croyance. Elle s'établit : la société humaine se constitue. Elle se modifie : la société traverse une série de révolutions. Elle disparaît : la société change de face. Telle a été la loi des temps antiques[1].

§ II. — DIVISION DU TEMPS, CHRONOLOGIE [2].

Calendrier. — 1. Les Athéniens, comme les Gaulois, les Germains et les peuples d'Orient, faisaient commencer le jour au coucher du soleil[3]. La division en heures, inconnue à Homère, est postérieure à l'invention du gnomon par Anaximandre[4]. Au deuxième siècle

---

1. J'oserai adresser un seul reproche au chef-d'œuvre de Fustel. Faisant sortir toutes les institutions de l'antiquité des croyances primitives et des mœurs des Aryens, il semble oublier que l'immigration aryenne, en occupant l'Europe, a trouvé le sol habité par des populations plus anciennes, en possession d'une civilisation et de langues particulières, dont elle n'a pu absolument refuser tout l'héritage. De là, des idées et des usages contraires juxtaposés, qui attestent clairement le mélange de deux civilisations et de deux races, par exemple l'ensevelissement des morts et la crémation, considérée par l'*Avesta* comme une pratique impie et non aryenne. Comment Fustel expliquerait-il, entre autres, l'idée de souillure que les anciens attachaient à la mort? Les langues, comme l'histoire des peuples antiques, sont inexplicables, si l'on fait commencer le genre humain avec le premier Arya.

2. Scaliger, *de Emendatione temporum*, 1583; Ideler, *Manuel de chronol. mathématique* (all.), 1825 (capital); Bœckh, *Cycles lunaires des Grecs* (all.), 1855; K. Fr. Hermann *les Mois grecs* (all.), 1844. L'art. *Calendrier* de Ruelle (Saglio, *Dict. ant.*) peut suffire.

3. Homère (*Il.*, 21, 111) reconnaît quatre parties du jour : l'aurore, le milieu du jour, le soir (ἔσσεται ἢ ἠὼς ἢ δείλη ἢ μέσον ἦμαρ). Pollux énumère quinze divisions de la journée, plus sept de la nuit (*Onomast.*, I, chap. vii).

4. Auparavant, on les distinguait approximativement par la longueur de l'ombre, δεκάπου; σκιά, δεκάπουν στοιχεῖον (l'heure du repas dans Aristophane).

avant Jésus-Christ, Ctésibius perfectionna la clepsydre, qui permettait de mesurer le temps, même en l'absence du soleil [1].

2. Les mois étaient d'abord de 30 jours : on fit ensuite alterner des mois de 30 et de 29 jours [2], de sorte que 12 mois faisaient un total de 354 jours. Les noms des mois différaient à Athènes [3], Sparte, Thèbes, Delphes [4], etc. Depuis Solon, l'année attique commençait au solstice d'été (commencement de juillet [5]).

CYCLES. — Avant Solon, pour faire concorder l'année lunaire avec l'année solaire, on faisait usage du *cycle triétérique*. Chaque deux ans, on ajoutait un mois. Bientôt l'on s'aperçut que la compensation était trop forte, et l'on introduisit le *cycle octaétérique* [6] : sur huit années, cinq comptaient 354 jours, les trois autres 384, ce qui donnait une moyenne de 365 jours 1/4 par an. Ce calendrier servit de modèle aux décemvirs. Vers 432, *Méton* d'Athènes imagina le cycle de 19 ans qui porte son nom : 235 mois lunaires y sont considérés comme équivalant à dix-neuf années solaires, et sur ces dix-neuf ans, sept sont intercalaires [7]. En 330, un ami d'Aristote, *Callipe* de Cyzique, proposa un cycle de 76 ans qui abrégeait d'un jour chaque quatrième période métonienne. *Hipparque* trouva que ce système allongeait l'année de 1/300 de jour et composa son cycle de 304 ans et 111 035 jours, égaux à quatre cycles callipiques diminués d'un jour supplémentaire.

---

1. On distinguait les heures en heures égales (1/24 du jour civil de 24 heures, νυχθήμερον) et heures variables (1/12 du jour véritable) : ὧραι ἰσημεριναί, ὧραι καιρικαί). Voy. Géminus, Εἰσαγωγή, ch. v, et Dissen, *de Partibus noctis et diei*, 1836. La *Tour des Vents*, à Athènes, est à la fois un indicateur des vents, une horloge solaire et une clepsydre.

2. μῆνες πλήρεις, μῆνες κοῖλοι. Le mois attique comprenait trois décades : le 1ᵉʳ jour était dit *noumënie* (nouvelle lune), les suivants étaient désignés par le quantième suivi d'ἱσταμένου ou ἀρχομένου. Les jours de la deuxième décade étaient désignés par un chiffre suivi de ἐπὶ δέκα ou μεσοῦντος. Le 20ᵉ jour était dit εἰκάς, les suivants πρώτη, δευτέρα, etc., ἐπὶ εἰκάδι. D'autres fois, on comptait à reculons à partir du 30ᵉ jour en faisant suivre le nom du mois des mots φθίνοντος, παυομένου, λήγοντος, ou ἀπιόντος.

3. A Athènes, on distinguait : Hécatombéon (juillet). — Métagitnion (août). — Boédromion (septembre). — Pyanepsion (octobre). — Méractérion (novembre). — Poséidéon (décembre). — Gamélion (janvier). — Anthestérion (février). — Élaphébolion (mars). — Munychion (avril). — Thargélion (mai). — Scirophorion (juin). Quand on intercalait un mois (μὴν ἐμβόλιμος), c'était le second Poséidéon. La répartition des jours en semaines est d'origine biblique : Dion Cassius, qui la mentionne le premier (38, 18), l'attribue aux Égyptiens.
Un calendrier dit d'*Eudoxe*, mais qui est postérieur à Eudoxe et à Calippe, nous a été conservé sur un papyrus grec (*Not. et extr. des mss*, t. XVIII). Voy. un calendrier liturgique athénien, où des figures représentent les fêtes de l'année, dans Saglio, *Dict. ant.*, p. 824.

4. La connaissance de ces calendriers locaux, encore très incomplète, tire de grands secours de l'épigraphie. Le calendrier de Delphes est connu par les inscriptions publiées par Wescher et Foucart, 1863.

5. Homère reconnaît sept saisons et Varron huit, mais la division vulgaire est déjà dans Hésiode. On désigne souvent les saisons d'après les opérations agricoles ou les phénomènes qui s'y rapportent (*aux blés verts*, etc. Cf. Thuc., 4, 1, et *pass.*).

6. Également antérieur à Solon.

7. Ce qui donne pour l'année moyenne 365 jours 5/19.

ÈRES, CALCUL DES OLYMPIADES. — Les Athéniens dataient leurs années d'après leurs archontes éponymes ; Sparte par ses rois et plus tard par ses éphores ; Argos, par ses prêtresses de Junon [1]. Vers 300 avant Jésus-Christ s'introduisit la supputation par olympiades (intervalles de 4 ans) ; depuis l'été de 776, où l'Éléen Corèbe remporta le prix de la course à Olympie, les Éléens consignèrent les noms de tous les vainqueurs sur un catalogue public qui était gardé dans le gymnase d'Olympie. Selon Polybe, l'historien Timée de Tauroménium (350-256) fut le premier à contrôler, au moyen de cette liste, celles des archontes d'Athènes et des rois de Sparte : il introduisit ainsi la supputation par olympiades [2], que suit Polybe, et qui subsista jusqu'en 394 après Jésus-Christ (ol. 293, dixième année du règne de Théodose [3]).

§ III. — LA GRÈCE HOMÉRIQUE [4].

La société grecque au temps d'Homère est une sorte de féodalité avec

---

1. Thucydide (2, 1) désigne ainsi la première année de la guerre du Péloponnèse : ἐπὶ Χρυσίδος ἐν Ἄργει τότε πεντήκοντα δυοῖν δέοντα ἔτη ἱερωμένης καὶ Αἰνησίου ἐφόρου ἐν Σπάρτῃ καὶ Πυθοδώρου ἔτι δύο μῆνας, ἄρχοντος Ἀθηναίοις, etc. Polybe date le premier consulat de Rome par rapport à l'expédition de Xerxès, et la prise de Rome par Brennus d'après les batailles d'Ægos-Potamos et de Leuctres.

Ératosthène adopta l'ère de la prise de Troie (printemps de 1183). Le Marbre de Paros compte d'après l'archontat d'Astyanax à Paros et de Diognète à Athènes (264).

2. Mais la supputation par archontes subsiste encore sous l'Empire romain.

3. *Formules pratiques* pour convertir en années de l'ère chrétienne une date donnée en olympiades : 1° La date est antérieure à J.-C. Soit n le nombre des ol., p le chiffre additionnel (1re, 2e.... 4e année de la n^e ol.), on se servira de la formule : Date $= 776 - [(n-1)4 + (p-1)]$. Ex. : Salamine tombe ol. 75, 1 ; c'est-à-dire, en appliquant la formule, $= 776 - [(75-1)4 + (1-1)] = 776 - 296 = 480$. 2° La date est postérieure à J.-C. On résoudra la formule $(n-1)4 + p - 776$.

4. **Grèce préhistorique**. — Les questions d'ethnographie hellénique sont aujourd'hui encore fort obscures. (Voy. le savant mais aventureux livre de Benloew, *la Grèce avant les Grecs*, 1873.) Il faut distinguer au moins trois éléments, pélasgique, sémitique et aryen. D'après Curtius, Pélasges et Hellènes ne seraient pas deux races différentes, mais une même race à des degrés différents de culture. Le mot *Hellènes* n'est qu'une fois dans Homère (*Il.*, 2, 683) appliqué aux Myrmidons de Thessalie. Cf. Thucydide, 1, 3.

Étymologie de *Pélasges* : on a proposé πέλαγος (venus d'outre-mer) ; πέλω ἄργος, = *campicola* ; πέτρα γεν, c'est-à-dire πετραγενεῖς, allusion au mythe de Deucalion ; πέλας γῆ (οἱ πέλας τὴν γῆν ἔχοντες) ; πλαζι-γοί (*errantes in terra*, nomades). Pott adopte πάλαι γεν, en rapprochant du mot Pélasge celui de Γραικός (γεραιός). Haase admet l'étym. πέλειος = γέρων : dans Eschyle (*Suppl.*, 250) Palaichthon est nommé le père des Pélasges. Les Athéniens et Arcadiens, qui étaient Pélasges, attestaient l'ancienneté de leur race en disant qu'ils étaient les uns contemporains du soleil, les autres plus anciens que la lune. Une explication toute différente est donnée par Hahn (*Études albanaises*, all.) et Benloew (*op. cit.*). Ce dernier considère les Pélasges comme les ancêtres des Albanais actuels et voit dans l'Albanais moderne une langue néo-pélasgique, qui n'est ni sémitique ni touranienne, mais originaire du Caucase (où l'on trouve des *Albaniens*), et parente éloignée de l'abchase. Benloew, après Hahn, a conclu à l'identité des Pélasges et des Lélèges d'un vers d'Aristophane (*Ois.*, 1139), où πέλαργος et πέλασγος sont rapprochés, et de la ressemblance de l'Albanais *ljeljek*, cigogne, avec

des vestiges du régime patriarcal, qui paraissent avec plus de netteté dans l'*Odyssée* que dans l'*Iliade*[1].

Gouvernement, lois[2]. — 1. Les rois règnent par droit divin[3]. Chef militaire, comme l'indique son nom, le roi préside aux sacrifices et rend la justice[4]. Agamemnon sacrifie lui-même avant la première bataille[5]. Pour son entretien, le roi reçoit un territoire particulier, dit *téménos*[6], des dons volontaires[7], et il touche des frais de justice[8]. A la guerre, il a droit à la meilleure part du butin; aux festins, il occupe la place d'honneur, et sa part est la plus forte[9]. Le roi porte le sceptre, orné de clous d'or, et semble pouvoir disposer de ses États, car Agamemnon[10] promet à Achille sept villes comme dot d'Iphigénie.

2. Entre le peuple[11] et le roi, Homère nous montre une sorte d'aristocratie[12] formant le conseil du roi et dont les membres peuvent, comme le roi, assembler le peuple[13]. Celui-ci paye les contributions et fait le service militaire. Le roi peut demander un ou plusieurs guerriers à une famille, où les fils tirent

---

Lélège. Myrtile de Lesbos (*ap.* Denys, 1, 28) dit que les Pélasges ont été appelés *Pelargoi* à cause de leur vie errante. On pourrait assimiler de même aux Lélèges les *Cicones* de Thrace (*Ciconia*), et tenir compte des légendes sur les combats entre les grues du Strymon (Lélèges) et les pygmées (Myrmidons-Hellènes). L'Albanais moderne explique beaucoup de noms de lieux grecs et italiques (*anda*, idée de mouvement; *lyc*, idée de clarté, etc.), ainsi que des formes grammaticales grecques, comme le parf. 1er en κα (auxiliaire *kam*, avoir), qui ont arrêté tous les linguistes. Il me semble impossible qu'il n'y ait pas une grande part de vérité dans ces ingénieuses spéculations, ainsi que dans le rapprochement essayé par Blau (1863), d'après Bachofen, entre les Albanais-Lélèges et les Lyciens, peuple gynécocrate comme les Étrusques et les Ibères. Les Étrusques-Tyrrhéniens sont très probablement parents des Pélasges-Lélèges : l'Albanie méridionale s'appelle aujourd'hui encore Τοσκινια (*Toscane*).

Eissner (*Anc. Pélasges*, 1825, all.) dit que les Pélasges furent nègres *ou du moins abyssins*. Des opinions analogues ont été soutenues par Reinisch, Bleek, etc. Donaldson (*Varronianus*) pense que les Pélasges sont *les sombres Asiatiques* (πῖλος, noir), etc.

Influences orientales. — E. Roth (*Hist. de la phil. occidentale*, 1846, all.) et Braun (*Hist. de l'art*, 1856-8, all.) ont exagéré au delà de toute mesure l'influence de l'Asie et de l'Égypte, que Bœckh, Müller, Schœmann, Zeller, Welcker, Gerhard, etc. ont réduit le plus possible. Cette réaction paraît avoir été trop loin.

1. Helbig, *Mœurs de l'âge homérique*, 1839 (all.). Nägelsbach, *Théol. d'Homère*, 1840 (all.); Gladstone, *Homère et son temps*, 1858 (angl.), beaucoup d'esprit, mais encore plus de fantaisie); Friedreich, *Archéologie d'Homère*, 1851 (all.). Voy. la bibliographie homérique dans Nicolaï, *Litt. grecque*, 2ᵉ éd., 1873.

2. Pour les antiquités privées, Friedreich (*op. cit.*) est un très bon guide.

3. διοτρεφεῖς, διογενεῖς (βασιλεῖς). L'étymologie de βασιλεύς est βα (βαίνω) et l'ionien λευ = λαός (βασιλεύς = qui conduit le peuple, allem. *Herzog*). Kuhn dérive βασιλεύς de βαίνω et λευ = λᾶας, par allusion à la vieille coutume celtique et germanique de faire monter les rois sur une pierre au moment de l'élection. Rien n'est moins prouvé. (Cf. Curtius, *Étym. gr.*, p. 338.)

4. Arist., *Polit.*, 3, 10, 7 : δικασπόλοι, θεμιστοπόλοι βασιλεῖς. (*Il.*, 1, 238; 1, 473.)

5. *Il.*, 2, 402.

6. *Il.*, 6, 194.

7. δωτίναι.

8. θέμιστες.

9. *Il.*, 8, 161 sqq.

10. *Il.*, 9, 149. Voy. Schœmann, *Opinions des anciens écrivains sur la royauté*, 1863.

11. πληθύς, δῆμος.

12. γέροντες, ἡγήτορες, ἠδὲ μέδοντες.

13. L'assemblée du peuple ne vote ni ne délibère : elle écoute les discours des princes, et manifeste bruyamment son approbation.

alors au sort[1], et même appeler des pères de famille, puisque le riche Échépole de Sicyone (*Il.*, 23, 296) se rachète par le présent d'un cheval.

3. Les poèmes homériques mentionnent aussi une division en *phyles* (tribus) et phratries[2]. Le territoire d'un État s'appelle *dêmos*[3]. Chaque *dêmos* contient plusieurs cités et un territoire. Homère connaît déjà en Grèce des villes fortifiées[4]; mais, en général, elles étaient ouvertes[5]. La citadelle d'une ville s'appelait l'*astu*.

4. Les lois se nomment *thémistes* : Homère dit du Cyclope qu'il ignore les lois et la justice[6]. Ces lois sont des traditions que les princes et nobles ont reçues en dépôt de Jupiter et dont Jupiter est le protecteur[7].

§ IV. — LES ÉTATS DORIENS[8].

Caractères généraux. — Le caractère fondamental des constitutions doriennes est le sacrifice de l'individu à l'État[9]. A cet égard, elles sont plus proches de l'ancienne constitution romaine que de celle d'Athènes, où le pouvoir de l'État est tempéré. La constitution de Sparte, attribuée à Lycurgue[10], est très aristocratique et n'a nullement un caractère égalitaire ou communiste[11].

1. *Il.*, 24, 400.
2. *Il.*, 2, 362. Le mot *phratrie* vient du scr. *bhrâtar*, frère, all. *bruder*.
3. *Il.*, 5, 710; 16, 437.
4. *Il.*, 2, 559. Il s'agit de Tirynthe.
5. Thucydide, 1, 5.
6. ἄγριον, οὔτε δίκας εὖ εἰδότα οὔτε θέμιστας. (*Od.*, 9, 215.)
7. La richesse consiste principalement, pour Homère, en terres et en bestiaux ; mais les riches possèdent aussi des objets et des métaux précieux (*Il.*, 6, 47). — Les armes sont de bronze, rarement de fer, métal encore rare du temps d'Homère. Armes défensives : κνημῖδες, θώρηξ, χιτὼν χάλκεος; κόρυς, ἀσπίς (bouclier formé de plusieurs peaux de bœufs superposées, garnies extérieurement de plaques de métal). Armes offensives : ἔγχος, δόρυ, ξίφος, φάσγανον, τόξον, οἶστοι, σφενδόνη, ἀξύνη (hache, arme des Troyens). Le camp était entouré d'un fossé et protégé par des tours. — Les princes et les nobles combattent sur des chars de guerre : la cavalerie n'existe pas encore. Dans la mêlée, les combats singuliers sont fréquents.
8. Soixante ans après la guerre de Troie, les incursions de bandes illyriennes (?) mirent en mouvement les peuples du nord de la Grèce : les Thessaliens d'Épire envahirent la vallée du Pénée d'où ils chassèrent les Béotiens qui s'établirent autour du lac Copaïs ; les Doriens, montagnards voisins de l'Olympe, quittèrent leur pays sous la conduite de Téménos, Cresphonte et Aristodème (1104), vainquirent Tisamène, roi des Achéens et fils d'Oreste, et s'emparèrent du Péloponnèse. Les deux fils d'Aristodème, Eurysthène et Proclès, eurent la Laconie. L'Arcadie, plateau montagneux, « la Suisse de la Grèce », fut épargnée par l'invasion dorienne : ses habitants se disaient fils des Pélasges.
9. Les Doriens subordonnent tout à l'État, les Ioniens laissent à l'individu une liberté illimitée : Athènes concilie ces deux tendances. Les Éoliens sont les indéterminés, αἰολεῖς, ils n'ont pas le sentiment de leur hellénisme et empruntent volontiers à l'étranger. (Curtius.)
10. Personnage mythique, selon Müller. Hellanicus, le plus ancien auteur sur la constitution de Sparte, ne le mentionnait pas (Strabon, p. 366), et faisait remonter ses lois aux anciens rois de la Doride. La légende de sa mort fait songer à un héros solaire (λυκ-Fεργος, *Lucifer*).
11. Le chef-d'œuvre d'O. Müller, *les Doriens*, bien traduit en anglais par Lewis, a fait oublier le consciencieux travail de Manso, *Sparte*, 1800-1805 (all.). [Müller a peut-être trop idéalisé *ses* Doriens, décriés depuis si injustement par Grote, Duruy, Paparrigopoulo, même Curtius.] Consulter Gilbert, *Études sur l'anc. hist. de Sparte*, 1872 (all.). Des erreurs courantes sont rectifiées dans la *Cité antique* (6ᵉ éd.), p. 173, 418, etc. Grote a déjà

SPARTIATES, PÉRIÈQUES, HILOTES.

Population. — Elle se divisait en plusieurs classes superposées : les SPARTIATES, descendants des conquérants doriens ; les PÉRIÈQUES, descendants des anciens habitants, libres, mais obligés à de certaines redevances et au service militaire, sans voix délibérative dans les assemblées [1] ; les HILOTES, esclaves publics, mis par l'État à la disposition des particuliers, qui ne pouvaient ni les affranchir ni les vendre [2].

Rois, sénat, assemblée. — Les deux Rois étaient Héraclides, mais de branches différentes [3]. Le trône passait au fils qui naissait le premier pendant le règne de son père [4] : sa mère devait être une Spartiate de sang pur. Le pouvoir royal ressemblait à celui des Rois homériques ; mais les lois l'avaient soigneusement limité. Le Roi prêtait serment, une fois par mois, d'obéir aux lois de la cité. Il accomplissait les sacrifices publics, jugeait dans les causes relatives à la famille, aux héritages, aux adoptions, surveillait les voies publiques et conduisait les armées. Il recevait une part des victimes et du butin, ainsi qu'un domaine dans la *périékis*.

2. Le sénat [5], pouvoir indépendant et pondérateur entre les Rois et le peuple, comprenait 28 sénateurs, nommés à vie par le peuple, âgés de soixante ans au

---

combattu les idées reçues sur le communisme des Spartiates. Il a nié, contre Schömann (*de Spartanis homoeis*, 1855), le partage égal des terres. Ce qui est certain, c'est que le communisme était aussi inconnu à Sparte qu'à Rome, qu'il y avait des riches et des pauvres, et que les métaux précieux y étaient même plus abondants qu'ailleurs. L'amour des Spartiates pour l'argent était passé en proverbe (Arist., *Polit.*, VIII, 6, 7). Le fait saillant de l'histoire économique de Sparte, le remplacement de la petite propriété par la grande, a pour cause principale l'amour des plaisirs et du luxe, qui était naturel aux Spartiates, et par suite duquel ils s'endettèrent démesurément. Pendant longtemps, comme on ne pouvait aliéner son *kléros*, les créanciers ne saisirent que les revenus ; mais, la loi d'Épitadée, après la guerre du Péloponnèse, vint enfin régulariser une situation intolérable en autorisant l'aliénation des biens. Dès lors, la décadence de la propriété fut telle, qu'au temps d'Agis III tout le territoire de Sparte appartenait à 100 Spartiates. (Fustel, *Acad. sc. mor.*, 6 déc. 1879.)

1. Ils habitaient d'abord la campagne (τὴν περιοικίδα), les cinq districts qu'Eurysthène et Proclès avaient délimités dans Lacédémone, en dehors de Sparte. Avec la première classe, ils formaient les LACÉDÉMONIENS, par opposition aux hilotes.

2. Les hilotes, δημόσιοι δοῦλοι, δοῦλοι τοῦ κοινοῦ, sont attachés à la terre. Ils servent dans les troupes légères et sur la flotte ; on peut leur donner la liberté pour des services rendus à la guerre. Les hilotes affranchis, ou NÉODAMODES, n'entrent pas dans la cité spartiate, mais deviennent presque les égaux des périèques. Les fils de Spartiates et de femmes hilotes s'appelaient MOTHACES ; on cite parmi eux Gylippe, Lysandre, etc., qui jouissaient de tous les droits des Spartiates. Entre les néodamodes et les mothaces, on trouve (Théopompe *ap.* Athén., 271 c) les *épeunactes*, qui avaient été admis à combler les vides faits par la guerre parmi les Spartiates. Les *inférieurs*, ὑπομείονες (Xén., *Hell.*, 3, 3, 6), étaient probablement les cadets déshérités des familles (*Cité antique*, p. 417). La classe aristocratique était composée d'hommes égaux entre eux, appelés ὅμοιοι, les *égaux*, qui avaient seuls part au gouvernement de la cité. On ignore comment cette classe était recrutée. — L'hilotisme spartiate, dit O. Müller, n'était pas plus dur que l'esclavage à Athènes. Ce que Plutarque raconte de la *kryptie*, jour où les hilotes devaient se cacher pour ne pas être tués, est tout à fait inadmissible : selon Schömann, il s'agit d'une inspection de police accompagnée de manœuvres et de combats simulés. Cf. Müller, *Doriens*, II, p. 41 (trad. angl.).

3. Descendants des jumeaux d'Aristodème, Eurysthène et Proclès, ils étaient nommés, d'après Agis fils d'Eurysthène et Eurypon petit-fils de Proclès, les uns Agiades ou Agides et les autres Eurypontides.

4. Ou, à défaut, au plus proche agnat.

5. Γερουσία, γεροντία, γερωχία. (Plut., *Lycurgue*, 5 ; cf. Müller, *op. cit.*, II, p. 93.)

MANUEL DE PHILOLOGIE.

moins : les deux Rois présidaient. Le sénat proposait les lois, exerçait, avec les éphores, la surveillance des mœurs, et jugeait les affaires de meurtre.

5. Les assemblées du peuple, qui se tenaient une fois par mois à la nouvelle lune, votaient sur les lois préparées par les Rois et le sénat. Elles n'avaient pas le droit d'amendement, et les fonctionnaires seuls y pouvaient prendre la parole.

Éphores, autres magistrats[1]. — Les éphores ou *surveillants*, au nombre de 5, probablement antérieurs à Lycurgue, étaient d'abord des juges au civil. Quand Théopompe eût retiré au peuple le droit de discussion dans l'assemblée, les éphores devinrent des sortes de tribuns du peuple avec un pouvoir de censure qui pouvait atteindre les Rois. Ils étaient choisis annuellement entre tous les Spartiates par des procédés mal connus. Chaque mois, les éphores recevaient le serment de fidélité des Rois, et leur prêtaient serment au nom du peuple. Tous les neuf ans, par une nuit claire et sans lune, les éphores se rendaient en un lieu déterminé pour observer le ciel, et s'ils apercevaient une étoile filante, ils déclaraient que les Rois avaient commis quelque faute, suspendaient leur pouvoir et consultaient l'oracle de Delphes ou d'Olympie. — Les éphores pouvaient accuser les Rois et suspendre tous les fonctionnaires. Leur surveillance s'exerçait en particulier sur les jeunes gens et les mœurs ; le musicien Terpandre, de Lesbos, fut puni par eux pour avoir augmenté d'une le nombre des cordes de la cithare.

2. Les PYTHIENS[2] assistaient le Roi dans ses fonctions religieuses et interrogeaient les oracles. Les PROXÈNES, officiers royaux, étaient chargés des affaires étrangères. Les AGATHOERGES, choisis annuellement au nombre de 5 parmi les chevaliers, recevaient des missions spéciales à l'étranger. Dans l'armée et la flotte commandaient les six POLÉMARQUES, les STRATÈGES, les NAVARQUES et les ÉPISTOLES. Les vingt HARMOSTES gouvernaient les districts de périèques (?). Les EMPÉLORES surveillaient les marchés, les HARMOSYNES la conduite des femmes, les PÉDONOMES l'éducation des enfants, les BIDÉOI leurs jeux. Enfin les HÉRAUTS étaient de la race de Talthybios, héraut des Atrides, et leurs fonctions se transmettaient héréditairement.

Lois pénales. — Les lois de Sparte étaient très sévères[3]. Les Rois jugeaient les causes concernant le droit de famille, le sénat les causes capitales ; les éphores jugeaient les fonctionnaires, et, de concert avec le sénat, les Rois. La peine de mort (par strangulation) était infligée de nuit dans la prison d'État[4] ; parfois, l'on précipitait les condamnés dans le gouffre du Céadas, près de la ville.

Éducation, armée. — 1. Les enfants difformes étaient exposés sur le Taygète[5]. A sept ans, l'enfant valide passait des mains des femmes dans celles des pédonomes, qui l'incorporaient à une *ila*, troupe d'enfants du même âge organisée

---

1. Stein, *les Éphores à Sparte jusqu'à Chilon*, 1871 (all.). — Le pouvoir des éphores s'accrut en même temps que diminua celui du sénat.
2. Πύθιοι ou Πύθοι. (Hérodote, 6, 57.)
3. Les peines étaient la mort, d'énormes amendes, ou l'ἀτιμία (privation des droits civiques), infligée surtout aux fuyards. (Hérod., 7, 231.)
4. δοχτή.
5. À l'endroit dit Ἀποθέται. Cet usage, qui se retrouve à Athènes, à Rome, etc., n'est nullement particulier à Sparte.

militairement. Plusieurs *ilae* formaient une *agéla* ou *boûa*. Jusqu'à douze ans, l'enfant portait un *chiton*, le même en été et en hiver, et à partir de cet âge, un manteau court ou *tribon*. Les lits étaient en roseaux de l'Eurotas. Tous les quinze jours, on inspectait les jeunes gens, et l'obésité était punie comme un vice. Les exercices les plus violents, les luttes, la gymnastique, la danse militaire dite *pyrrhique*, le jeu de balle, étaient communs aux jeunes gens et aux jeunes filles. L'instruction était fort élémentaire : toutefois Isocrate exagère [1] quand il dit que les Spartiates n'apprenaient même pas à lire.

2. Sparte est un camp, et le mot qui signifie garnison, *phroura*, désigne l'ensemble des hommes valides en état de porter les armes. Les forces militaires étaient partagées en 6 *mores* sous 6 *polémarques* : chaque polémarque commandait à 4 *lochagoi*, 8 *pentécostères*, 16 *énomotarques*. La cavalerie était médiocre et mal composée : les riches fournissaient les chevaux. Les Rois avaient pour garde une élite de 300 cavaliers, choisis parmi toute la jeunesse de Sparte et commandés par deux *hippagrètes* : après leur temps de service, ils étaient employés comme *agathoerges*[2].

3. Syssities[3]. — Il est avéré que les Spartiates prenaient leurs repas en commun[4] : mais c'est là une institution militaire, et non communiste, comme on l'a voulu. Les enfants et les femmes n'y assistaient pas[5] ; un seul repas par jour (celui du soir) réunissait les hommes, les autres se faisaient en famille ; enfin chacun fournissait sa quote part[6], sans que la communauté eût à supporter de frais. L'homme n'était donc pas nourri par l'État, ce qui exclut toute idée de communisme, et le repas en commun se conciliait parfaitement avec la propriété privée[7].

4. Beulé[8] a vivement combattu, après Otfr. Müller, l'opinion qui refuse aux Spartiates toute culture artistique et intellectuelle. La poésie lyrique et la musique guerrière étaient fort en honneur chez eux, et Lycurgue apporta de Samos à Sparte le recueil des poèmes d'Homère[9].

---

1. *Panath.*, 209. Ce rhéteur connaît fort mal la rivale d'Athènes, qu'il calomnie.
2. Stein, *l'Armée spartiate*, 1863 (all.) ; Müller, *Doriens*, t. II, p. 242.
3. Je résume en quelques lignes un travail de Fustel communiqué à l'*Acad. des sciences morales*, nov. et déc. 1879. Cf. *Cité antique*, 7ᵉ éd., p. 180.
4. συσσίτια, φιδίτια. Cet usage est un souvenir de la vie des camps, dont la vie civile à Sparte était l'image, quelque chose comme le *mess* de nos officiers, institué par Lycurgue dans la double pensée d'accoutumer à la discipline et d'imposer la tempérance. On sait que ces repas commençaient par le célèbre brouet noir ; mais il faut ajouter que ce brouet ne faisait pas tout le repas. En dehors de la nourriture fixée par les règlements, il y avait un second service composé selon les moyens de chacun. (Xén., *Resp. Lacaed.*, 5.) — Il ne faut pas confondre les syssities avec les *repas religieux* qui réunissaient les Spartiates à certaines fêtes, et qui se retrouvent dans toutes les villes grecques.
5. On appelait autrefois ces repas ἀνδρεῖα, parce que les hommes seuls y prenaient part.
6. Par suite, les pauvres étaient exclus. (Arist., *Polit.*, 2, 6, 21.)
7. Voy. surtout Plut., *Lyc.*, 12, 24 ; *Apoph. lacon.*, c. 4 ; Xén., *R. Lac.*, 3 ; Arist., *Polit.*, 2, 6, 7 ; Athén., 4, 16 sqq. Cf. Bielchowsky, *Syssities*, analysé par Caillemer, *R. C.*, IX, 275.
8. *Arts et poésie à Sparte : Études sur le Péloponnèse*.
9. La Sparte romaine, fière de son passé, offre un curieux exemple de manie archéologique partagée par tout un peuple. Au temps de Marc-Aurèle, un Spartiate qui a servi contre les Parthes écrit sur son épitaphe qu'il a combattu contre les Perses. Le βωμονίκης (celui qui reçoit sans se plaindre le plus de coups près de l'autel de Diane) est encore célébré sur les inscriptions. (Voy. Le Bas, *Voy. archéol.*, feuilles 13-22.)

La Crète. — Les institutions de cette ile présentent, avec celles de Sparte, une grande ressemblance qui peut s'expliquer par la communauté de race. La population crétoise comprenait : 1° les *citoyens;* 2° les *sujets*[1], analogues aux périèques; 3° les *mnôtes*[2], serfs attachés aux terres de l'État, et les *clarôtes*[3] appartenant aux particuliers. La royauté, abolie de bonne heure, avait été remplacée par un collège de dix *cosmoi* choisis annuellement dans les grandes familles. Le *sénat* a déjà été rapproché par Aristote de la *gérousia* de Sparte. — L'éducation publique ne commençait qu'à dix-sept ans. Les repas publics s'appelaient *andréia*, et les petites sociétés qui faisaient leurs repas en commun, *hétéries.* Pour couvrir les frais des *andréia*, chaque citoyen payait à l'État le dixième du produit de ses terres : mais, en Crète comme à Sparte, il ne peut pas être question d'un *communisme légal*, incompatible avec l'esprit des cités antiques.

§ V. — CONSTITUTION D'ATHÈNES.

Division de la population. — 1. Très anciennement, on trouve les habitants de l'Attique répartis en tribus, phratries et familles. Il y a 4 tribus[4], 12 phratries et 30 familles par phratrie.

2. On attribue à Thésée une nouvelle division de la population, d'après les professions, en Eupatrides[5], Géomores et Démiurges. Elle atteste la conception d'une unité politique, et c'est là le titre historique de Thésée. — La division en trittyes et naucraries[6] est également antérieure à Solon, et a peut-être été établie en vue de la taxation et des liturgies[7].

3. Au point de vue de la fortune et des droits politiques, on distinguait depuis Solon[8] quatre classes : les pentacosiomédimnes, les chevaliers, les zeugites et les thètes[9]. Comme dans la constitution servienne, les droits et

---

1. ὑπήκοοι. Cf. Müller, *Doriens*, II, p. 50.
2. μνῶα (de δμῶς, selon Thirlwall). Cf. Müller, p. 51.
3. κλαρῶται ou ἀφαμιῶται. Voy., pour les détails, Hœck, *la Crète*, 3 vol. 1825 (all.).
4. Voici leurs noms : Γελέοντες, Ὅπλητες, Αἰγικορεῖς, Ἐργάδεις. Une seule phratrie est connue de nom, celle des Ἀχνιάδαι (C. I. G., 469): Plusieurs noms des γένη rappellent des états ou des fonctions : βουζύγαι, βουτύποι, κήρυκες, χαλκίδαι. Les trois derniers noms des tribus signifient guerriers, chevriers et artisans. Le premier, selon Hermann = γῇ λέως, et signifie *campagnards.* Bergk croit, avec Hemsterhuis, que γελέοντες = λάμποντες; *illustres.*
5. Ce sont les membres des anciennes familles nobles, γένη.
6. D'après Aristote, chaque tribu avait trois trittyes, chaque trittye quatre naucraries (Photius, ναυκραρία). Les trittyes diffèrent des phratries : elles sont du reste mal connues. — Le mot *naucrarie* vient de ναίω et non de ναῦς (par quelque allusion à la triérarchie).
7. Sur tous ces points, voy. Hermann, § 97 sqq.; Schömann, I, 322, et Wachsmuth, I, 366 (*ouvrages cités*). Cf., dans le Dict. de Saglio, *Attica respublica*, art. de Fustel.
8. Suivant la nature du sol qu'ils habitent, on distingue les *pédiéens*, vivant dans la plaine, sous la surveillance directe des eupatrides ; les *diacriens* ou montagnards, défenseurs de la liberté ; enfin les *paraliens*, auxquels la mer ouvre le chemin de la richesse et qui finiront par devenir les plus forts. (Plut., *Solon*, 13; cf. *Cité ant.*, p. 314.)
9. Les premiers devaient avoir 500 médimnes de revenus en fruits du sol ; les seconds au moins 300; les troisièmes (pouvant nourrir une paire de bœufs, ζῦγος) au moins 150. Cette division disparaît longtemps avant Démosthène, Aristide, après Platées, ayant ouvert à tous les citoyens l'accès de toutes les magistratures ; les trésoriers seuls devaient justifier d'une certaine fortune personnelle servant de garantie.

les charges vont de pair : les thètes, qui ne payent pas d'impôt, n'ont plus que le droit de vote.

4. Au point de vue des droits civils, on distinguait aussi quatre classes : les citoyens, les métèques, les isotèles, les esclaves. Les métèques, ou étrangers domiciliés, sont évalués à 45 000 au temps de la prospérité d'Athènes. Ils ne pouvaient posséder la terre, ni épouser une citoyenne; et devaient avoir un patron (προστάτης), intermédiaire légal entre eux et l'État. Ils payaient l'impôt du *métoikion*. Les isotèles étaient des métèques exemptés du métoikion et de l'obligation d'avoir un patron, et qui pouvaient posséder le sol. Les esclaves, au nombre de 400 000, n'étaient pas des serfs de la glèbe, comme les hilotes, car il n'y avait pas en Attique une population primitive subjuguée. L'affranchi entrait dans la condition des métèques, et son ancien maître devenait son patron. S'il négligeait ses devoirs, une accusation d'*apostasie* pouvait le ramener à l'état d'esclave.

Sénat des Cinq-Cents. — 1. Le sénat de Solon se composait de 400 citoyens des trois premières classes, cent de chaque tribu, âgés de plus de trente ans. Clisthène éleva leur nombre à 500, cinquante pour chacune des 10 tribus, et quand, au quatrième siècle, deux nouvelles tribus furent créées, il y eut 600 sénateurs.

2. Depuis Clisthène, le sénat était nommé annuellement au *scrutin de la fève*[1]. Chaque sénateur, soumis à un examen moral (DOCIMASIE) lors de son entrée en charge, recevait une indemnité d'une drachme par séance[2] : pour la durée de la session, il était libre du service militaire et avait une place d'honneur à l'orchestre du théâtre. Les séances se tenaient tous les jours au Bouleutérion, au nord-ouest de l'Acropole. Les réunions plénières étaient rares; mais le collège était divisé en 10 sections de 50 membres qui se succédaient dans un ordre déterminé par le sort[3]. On appelait PRYTANES les sénateurs en service actif, PRYTANIE la durée de ce service[4], et l'on disait que la tribu dont ils faisaient partie *avait la prytanie*. Les prytanes présidaient les assemblées du peuple[5]. Chaque jour, ils tiraient au sort un *épistate* (président), qui gardait les clefs et les sceaux, et présidait anciennement les assemblées plénières et l'*ecclésia*; plus tard, entre 378-369, chacune des neuf sections en non-activité choisissait par le sort un proèdre (9 en tout), dont l'un

---

La réforme de Solon a tous les caractères d'une révolution sociale. Par l'abolition du droit d'aînesse, par la reconnaissance du droit de tester et la limitation de la puissance paternelle, enfin par la suppression des dettes (σεισάχθεια), c'est-à-dire des redevances payées par les plébéiens aux nobles dont ils cultivaient les terres, et dont l'effet était de transformer les plébéiens en serfs (ἑκτημόριοι), il porta le dernier coup au droit patriarcal, vainement défendu par les lois de fer de Dracon. Clisthène, en supprimant les quatre tribus anciennes, effaça les dernières traces de l'*ancien régime*. Voy.; dans la *Cité antique*, p. 555 sqq., une explication nouvelle du passage de Plutarque, *Solon*, 15.

1. ἀπὸ κυάμου. Voy. Hermann, *op. cit.*, § 125 sqq.
2. « Il est de l'essence des constitutions démocratiques que le peuple soit payé pour gouverner. » (Bœckh.)
3. Ces 50 membres s'adjoignaient 9 autres membres, un de chaque tribu.
4. Elle variait entre 35 et 36 jours (années de 354 jours) et 38-39 (années de 384 jours).
5. Ils siégeaient dans un local particulier, le θόλος, proche du Bouleutérion, où l'État leur servait une table à ses frais.

présidait l'assemblée plénière et l'*ecclésia*[1]. Le vote se faisait par *mains levées*[2], par cailloux (scrutin secret, quand le conseil faisait fonction de cour de justice), par feuilles d'olivier (quand on votait sur l'exclusion d'un membre). Le premier secrétaire était choisi par le sort pour chaque prytanie et figurait dans les décrets avec le président et l'auteur de la loi[3].

2. Le sénat préparait les lois et présentait les projets[4] au peuple, traitait avec les ambassadeurs et faisait fonction de cour des comptes avec la haute direction des finances : il surveillait aussi la cavalerie et la marine[5] et accordait la *docimasie*. Il recevait les dénonciations dites *eisangélies* (crimes de haute trahison) et, après enquête, renvoyait les accusés devant les héliastes ou l'assemblée.

Assemblée. — Les ASSEMBLÉES (*ecclésiai*) étaient ordinaires[6] ou extraordinaires[7] (en cas de guerre, etc.). Les prytanes, et quelquefois les stratèges, convoquaient le peuple par des hérauts ou des affiches[8]. Le lieu de la réunion était d'abord l'Agora[9], puis le Pnyx, à partir de la guerre du Péloponnèse, enfin le théâtre de Bacchus. Des assemblées extraordinaires se tenaient parfois au théâtre du Pirée, à Munychie et à Colone.

1. La police de l'assemblée était faite par les lexiarques, qui empêchaient les non-citoyens de franchir la corde rouge[10] de l'enceinte, et par des gardes scythes, aux ordres du président, qui pouvaient faire évacuer le lieu des séances. Celui qui arrivait en retard ne recevait pas le triobole.

2. La séance commençait par une lustration[11]. Le héraut faisait la prière, puis, sur l'ordre du président, il donnait lecture d'un projet de loi[12]. Le peuple votait, tantôt qu'il était d'accord (le *projet* devenait alors *décret*)[13], tantôt qu'il fallait discuter, et alors le président ouvrait les débats en invitant les orateurs à dire leur avis[14]. Tout citoyen *épitime* (jouissant de ses droits) pouvait prendre

---

1. L'épistate des prytanes n'avait plus que des attributions subalternes, la garde des sceaux et les clefs de la citadelle.

2. χειροτονία. Briguer les suffrages se dit χειροτονίαν μνηστεύειν.

3. Le greffier de la *première* prytanie est nommé avec l'archonte pour fixer plus exactement le chiffre de l'année.

4. προβουλεύματα. C'est le rôle de notre conseil d'État.

5. Il devait veiller à ce qu'on construisît vingt galères par an, en exécution d'une loi de Thémistocle.

6. ἐκκλησίαι νόμιμοι. Il y en eut d'abord une, puis quatre par prytanie ; la première, consacrée à des affaires d'intérêt général, était dite κυρία ἐκκλησία, du moins au IV° siècle. Cf. Pollux, 8, 116.

7. ἐκκλησίαι σύγκλητοι. On les appelait καταχλησίαι quand on convoquait aussi les citoyens de la campagne. (Hésychius, s. v.)

8. προγράψαι, προθεῖναι ἐκκλησίαν.

9. L'Agora est à l'ouest de l'Acropole, mais sa position précise est contestée. Le Pnyx est probablement le demi-cercle rocheux entre l'Aréopage et le Musée, quoi qu'en dise Curtius, qui voit là un téménos de Jupiter. (Voy. Dyer, *op. cit.*, et l'Atlas de Curtius et Kiepert.)

10. σχοινίον μεμιλτωμένον. Les lexiarques avaient, pour le contrôle, des listes électorales, ληξιαρχικὰ γραμματεῖα. (Voy. Aristophane, *Acharn.*, 22, et le scholiaste.)

11. καθάρσιον.

12. προβούλευμα.

13. ψήφισμα.

14. γνώμας, λόγον προτιθέναι. La formule du héraut : τίς ἀγορεύειν βούλεται τῶν ὑπὲρ πεντήκοντα ἔτη γεγονότων, tomba de bonne heure en désuétude.

la parole, et, pendant qu'il parlait, il portait une couronne comme symbole de son inviolabilité. — Les contre-projets et les amendements étaient remis aux proèdres, qui les mettaient aux voix[1].

3. Le vote se faisait par mains levées. Les bulletins[2] n'étaient employés que lorsqu'il importait de connaître précisément le nombre des votes, comme dans l'ostracisme[3], l'eisangélie, la réhabilitation, le don du droit de cité, etc., mesures pour lesquelles il fallait 6000 *oui*. L'épistate annonçait le résultat du vote, et le décret gravé était placé dans les archives au Métroon.

4. L'assemblée commençait de bon matin et durait jusqu'à l'après-midi. En cas d'orage ou d'autres *signes célestes*[4], l'assemblée se séparait sur-le-champ[5].

Magistrats, fonctionnaires. — Nous distinguons trois classes d'officiers publics : 1° les magistrats[6], *ayant le droit de commander*, et recevant, par l'élection ou la voie du sort, une partie de la souveraineté populaire (*imperium* chez les Romains) ; 2° les curateurs[7], subordonnés aux magistrats et *chefs des services ;* 3° les fonctionnaires inférieurs, commis, serviteurs publics[8]. Ces derniers seuls étaient rétribués.

1. On tirait au sort les noms des fonctionnaires dans le Théséion. Les thesmothètes plaçaient devant eux deux vases, contenant l'un des fèves blanches ou de couleur, l'autre les noms des candidats. Le nom qui sortait en même temps qu'une fève blanche était choisi. — D'autres magistrats étaient nommés par le peuple[9].

2. Tout fonctionnaire, à son entrée en charge, est soumis à la *docimasie* et doit rendre ses comptes en sortant. — Les seuls insignes sont une couronne de myrte commune aux magistrats en activité, aux sénateurs[10], et aux orateurs dans l'assemblée.

Archontes[11]. — L'archonte est le successeur du Roi dans l'exercice

1. Le droit d'intercession appartenait aux proèdres et à tout citoyen qui interjetait une ὑπωμοσία.
2. ψῆφοι.
3. Sentence entraînant l'exil pour dix ans, prononcée contre des citoyens devenus suspects à la démocratie (Thémistocle, Aristide, Cimon, Alcibiade, etc.). Les votants inscrivaient le nom de la personne sur une coquille (ὄστρακον). Plutarque se trompe en affirmant, avec Théopompe, qu'après la condamnation d'Hyperbolus, 420, les Athéniens crurent avoir avili l'ostracisme et l'abolirent : il subsistait comme *pouvoir* au temps d'Aristote, et si l'on cessa de l'appliquer, ce fut par suite du changement des mœurs publiques à la fin de la guerre du Péloponnèse. (*Hermès*, XII, 1877.) L'ostracisme, à Syracuse, s'appelait *pétalisme* : on votait non sur des tessons, mais sur des feuilles d'olivier.
4. διοσημείαι.
5. Thuc., 5, 45.
6. ἄρχοντες.
7. ἐπιμεληταί.
8. ὑπηρέται. L'ὑπηρέτης est primitivement *le rameur* (ὑπό ἐρέτης).
9. χειροτονητοί, αἱρετοί, par opposition à ceux que le sort désigne, κληρωτοί.
10. Pollux attribue à l'archonte-roi des souliers particuliers, βασιλίδες.
11. Voy. un article de Caillemer, dans Saglio, *Dict. Ant.*, et Lugebil, *Hist. de la Const. athénienne*, 1871 (all.). La liste d'archontes la plus complète est due à Dumont, qui a porté de 248 à 292 le nombre des archontes connus pendant 600 ans (*Fastes d'Athènes*, 1877).

de ses fonctions religieuses : c'est un roi électif[1]. D'abord à vie, l'archontat devint temporaire en 752, décennal d'abord, puis annuel en 683, et réparti entre neuf magistrats[2] qui se partagèrent les fonctions du magistrat unique. Les archontes furent longtemps élus (??), puis désignés par le sort (après 490)[3]. Chaque tribu fournissait un archonte, et la dixième le secrétaire du collège[4]. La création des héliastes et des stratèges affaiblit l'autorité de ces magistrats; Clisthène permit d'appeler au peuple de leurs jugements, et leur autorité judiciaire fut limitée à la présidence des tribunaux. Comme les archontes sortants entraient à l'Aréopage, l'archontat, depuis Éphialte, est une véritable impasse.

Aréopage[5]. — L'Aréopage, corps conservateur très ancien[6], siégeait sur la colline d'Arès, à l'ouest de l'Acropole. Depuis Solon, c'est une cour criminelle composée d'archontes sortants. Éphialte ne lui laissa que ses attributions judiciaires[7]; mais, après la guerre du

---

1. Athènes n'abolit pas tout d'un coup la royauté. Le titre de βασιλεύς ne cessa jamais de figurer dans la constitution athénienne, et de Codrus jusqu'en 752, l'archontat resta dans la famille royale des Codrides. Les quatre premiers archontes décennaux furent encore choisis dans la famille de Codrus. Caillemer pense que l'élection dura jusqu'aux réformes d'Éphialte : car pendant la fin du v° siècle et le iv°, aucun grand homme d'Athènes n'est archonte éponyme, tandis que dans la première moitié du v°, on trouve Thémistocle, Aristide, Xanthippe. Le sort aurait été bien éclairé à cette époque, et bien aveugle pendant les années qui suivirent! Comment admettre que le nom d'Aristide soit sorti par hasard de l'urne l'année même après Marathon? — Mais Fustel (*Cit. ant.*, p. 213) soutient, avec tous les écrivains anciens, que les archontes furent *toujours* nommés au sort, à quelques exceptions près, comme Solon et Aristide. Seulement, avant Solon, on ne tirait au sort que parmi les eupatrides, et au temps d'Aristide, parmi les familles les plus riches (Plut., *Aristide*, 1) ; on peut croire que dans les moments de péril, les noms les plus illustres étaient seuls mis dans les urnes par les thesmothètes. (Voy., à l'appui de l'opinion de Fustel, Plut., *Péricl.*, 9 ; Hérod., 6, 109; Démosth., *in Leptin.*, 90; Pausanias, 4, 5.)

2. Ce sont : l'archonte éponyme, qui donna son nom à l'année et hérita des fonctions judiciaires (ce nom ne date que de l'époque romaine : on disait à Athènes ἄρχων tout court); l'archonte-roi, investi des fonctions religieuses; l'archonte-polémarque, commandant militaire, et les six autres, formant le collège des thesmothètes et préposés à la justice.

3. Voy., sur ce point contesté, la note ci-dessus. Fustel (*Rev. archéol.*, 1878) dit qu'à l'époque de Solon, les noms mis dans l'urne étant choisis, le tirage au sort était une institution aristocratique : plus tard, tous les noms des citoyens entrant en ligne, comme le peuple ne pouvait espérer que le sort désignerait seulement des démocrates, il réduisit l'importance de l'archontat au profit des stratèges qu'il pouvait élire. — La création de la richesse mobilière par le commerce maritime et l'importance croissante du Pirée, expliquent la transformation démocratique d'Athènes après les guerres médiques.

4. D'abord réservé aux pentacosiomédimnes, l'archontat fut ouvert à toutes les classes par Aristide : les noms des infirmes et des mutilés (ἀδύνατοι) furent seuls exclus des urnes. (Voy. Lysias, ὑπὲρ ἀδυνάτου ; Bœckh, *Écon. polit.*, 2° éd., p. 242.)

5. Dugit, 1867. Cf. Caillemer, *R. C.*, V, 197.

6. σέβας; ἔρυμά τε χώρας καὶ πόλεως σωτήριον (*Euménides*, 664). On en attribuait l'institution à Minerve ; Neptune y avait jugé Arès, meurtrier d'Halirrhotius (Dém., p. 642).

7. Fustel pense que l'Aréopage, avant Éphialte, était un véritable conseil dirigeant, semblable au sénat de Sparte et de Rome ; son autorité administrative s'étendait jusqu'aux finances (Plut., *Thém.*, 10; Arist., *Polit.*, 5, 3, 5).

Péloponnèse, son autorité s'accrut à la faveur de la réaction qui se produisit.

Éphètes. Membres d'un tribunal de 50 juges âgés de plus de cinquante ans et choisis parmi les plus nobles, ils étaient présidés par l'archonte-roi et jugeaient les causes de meurtre. Leurs attributions passèrent au tribunal des héliastes et à l'Aréopage (v° siècle?) [1].

Les onze (un par tribu, plus un secrétaire) avaient le soin des prisons et l'exécution des sentences capitales.

Les héliastes ou *dicastes*, siégeant sur l'Héliée, juges populaires au nombre de 600 par tribu, étaient choisis annuellement au sort, parmi les citoyens âgés de plus de trente ans. Dans le service actif, il y en avait 5000, divisés en 10 sections ou *cours* (dicastères [2]). Chaque juge, après avoir prêté serment dans un lieu élevé sur les bords de l'Ilissus, appelé Ardettos [3], recevait une tablette [4] avec son nom et celui de son dème, ainsi que le numéro de sa section indiqué par une des dix premières lettres ($\alpha - \kappa$). Les différentes sections siégeaient près de l'Agora. En entrant au tribunal, le juge recevait un jeton (*symbolon*), qu'il remettait en sortant au colacrète, en échange de son indemnité de 3 oboles [5] (depuis Périclès).

Les diétètes (juges de paix ou arbitres) étaient soit publics, soit privés. Les premiers jugeaient en 1re instance les affaires privées de leur tribu, les autres étaient choisis par les partis, en vertu d'un *accord* [6].

Les trente [7] étaient des juges de paix ambulants qui statuaient sur les affaires au-dessous de 10 drachmes et les offenses personnelles légères.

Les nautodiques jugeaient les contestations des marchands et accusaient les étrangers devant les héliastes [8]. Dix astynomes faisaient la police des rues; dix agoranomes, celle du petit commerce, des marchés et du Pirée; quinze métronomes, celle des poids et des mesures; treize sitophylaques, celle du commerce des blés.

Officiers des Finances [9]. — La direction supérieure des finances appartenait au peuple et au sénat. Dix commissaires du gouvernement (un par tribu),

---

1. Lange, *Éphètes et Aréopage*, 1874 (all.). Dès le temps d'Eschyle, ἔτης avait l'esprit doux, et le mot ἱςέτης, datant d'une époque où l'ι était aspiré, serait, selon Lange, plus ancien que Dracon. L'Aréopage aurait été formé par la réunion des neuf archontes et des cinquante-un éphètes. (*R. C.*, XVI, 369.)

2. Comme il fallait un intérêt sérieux pour mettre en mouvement 500 juges, on cherchait à éliminer les petites affaires : de là, au civil, l'institution des juges de paix des dèmes, et, au criminel, le droit d'infliger des amendes sans forme de procès (ἐπιβολή), conféré aux magistrats jusqu'à 50 drachmes, et au sénat jusqu'à 500. Cf. Siegfried, *de Multa* ἐπιβολή, et *R. C.*, XXII, 7. — Caillemer conteste le chiffre de *dix* tribunaux, admis par Perrot, Hermann, etc. Voy. Meier et Schömann, *Procès attique*, p. 128 sqq.

3. Nom d'un héros local.

4. πινάκιον. Il s'est conservé plusieurs tablettes de ce genre; voy. *C. I. G.*, I, 207.

5. τριώβολον ἡλιαστικόν (Arist., *Cheval.*, 51, 800).

6. ὁμολογία. Voy. Bergk, *Mus. rhén.*, t. VII, p. 130.

7. *Quarante*, depuis l'archontat d'Euclide.

8. Démosthène ne les mentionnant pas, on croit qu'ils n'existaient plus de son temps.

9. Bœckh, *Économie politique des Athéniens*, 2° édit. très augmentée, 1851 (une des gloires du xix° siècle [Hillebrand]. La traduction française, par Laligant, est faite sur la

nommés POLÈTES, affermaient les impôts réguliers[1] aux publicains[2] ou fermiers, aussi haïs que ceux de Rome. Les percepteurs de l'État[3] ou PRACTORES touchaient les amendes et en transmettaient le produit aux APODECTES. Les ÉPIGRAPHES étaient chargés de la confection des rôles pour la levée des *eisphories* et veillaient au recouvrement du tribut des alliés. Les ÉCLOCES étaient préposés au recouvrement des eisphories et aussi du tribut ; Athènes déléguait des magistrats fiscaux, nommés ÉPISCOPES, à la surveillance générale des États tributaires : ils servaient de consuls. — Les dix ÉPIMÉLÈTES des tribus surveillaient la manière dont les citoyens s'acquittaient des liturgies : les triérarques étaient soumis à l'inspection des épimélètes des symmories et des NAUCRARES, dont les attributions sont mal connues. La commission périodique (?) des ZÉTÈTES avait pour fonction de rechercher les débiteurs de l'État et de faire rentrer l'arriéré.

Après la chute des Trente, des avocats du Trésor ou SYNDICS furent institués pour demander au peuple la confiscation des biens des accusés. Les SYLLOGES ne différaient des zétètes que par leur caractère extra-légal. Ils furent élus par le peuple redevenu libre, pour rédiger la liste des oligarques dont on voulait confisquer les biens.

Les plus anciens trésoriers publics s'appelaient les COLACRÈTES (mot à mot, *ceux qui rassemblent les membres des victimes*?). Pourvoyeurs des repas communs à l'origine[4], ils devinrent, dans l'ancienne Grèce, les directeurs des finances et les trésoriers des rois. Clisthène donna leurs fonctions aux apodectes, et, depuis Périclès, ils furent chargés de payer les juges et de préparer les repas du Prytanée. Les APODECTES, au nombre de dix, recevaient le produit des revenus et le distribuaient entre les différents services. Ils tenaient la liste des débiteurs de l'État.

3. Le DIRECTEUR GÉNÉRAL DES FINANCES[5] était nommé par le peuple et restait en charge pendant quatre années[6]. C'était un véritable ministre des finances, auquel les apodectes remettaient toutes les sommes perçues, et qui avait l'inspection et le contrôle de tous les revenus. — Les HELLÉNOTAMES étaient les administrateurs du trésor commun de Délos, fondé après les guerres médiques sous un prétexte de défense nationale : quand ce trésor fut transporté à Athènes, ils perçurent les tributs avec les apodectes, et semblent avoir disparu avec l'hégémonie d'Athènes. — Les dix INTENDANTS DU THÉORIQUE, créés par Clisthène, veillaient à l'entretien de la caisse du *théorique*[7], aux fêtes et aux distributions.

1re édition et depuis longtemps épuisée. Cf. *Histoire de l'Économie politique*, par Du Mesnil-Marigny, 1872 ; Lumbroso, *Économie politique sous les Lagides*, 1872 ; Schœll, *Quaestiones fiscales*, 1873 (*R. C.*, XVI, 353).

1. τέλη.
2. τελῶναι (Aristophane, *Chevaliers*, 248).
3. πορισταί, sans doute une désignation générale, embrassant les πράκτορες.
4. Foucart (*Rev. de Philol.*, I, 57) conteste l'étymologie adoptée par Bœckh, et remarque que les inscriptions attiques ont κωλαχρέται avec deux κ.
5. ταμίας ou ἐπιμελητὴς τῆς κοινῆς προσόδου, ὁ ἐπὶ τῇ διοικήσει.
6. Lycurgue, « le seul véritable financier de l'antiquité » (Bœckh), occupa ces fonctions pendant douze ans.
7. Bœckh a appelé le théorique « le chancre de la prospérité d'Athènes ». Pour prévenir

4. Il n'existait pas à Athènes de *budget des cultes;* mais les temples avaient des trésoriers[1] parmi lesquels surtout le TRÉSORIER DU TEMPLE DE MINERVE POLIAS, dans la citadelle, qui recevait en dépôt les deniers publics, et touchait, pour le compte du temple, le produit de diverses amendes.

5. Les comptes étaient dressés par des GREFFIERS[2] et vérifiés par les deux cours des LOGISTES et des EUTHYNES, les premiers chargés de la révision définitive, les seconds des calculs préliminaires[3].

Officiers militaires. — 1. Dix STRATÈGES, nommés annuellement par chéirotonie, commandaient à tour de rôle au temps des guerres médiques et formaient le conseil de guerre avec les polémarques[4]. Plus tard, on n'en plaça que deux ou trois à la fois à la tête des troupes. Quelquefois, on nommait un stratège supérieur[5], et, dans les cas pressants, des stratèges supplémentaires qui pouvaient être des étrangers, tandis que les stratèges ordinaires étaient tous des propriétaires attiques. Les stratèges, qui surveillaient tout ce qui touchait à l'armée[6], pouvaient, en cas d'urgence[7], convoquer l'assemblée du peuple; ils sont, à l'époque classique, les véritables chefs du gouvernement.

Les dix TAXIARQUES, élus par chéirotonie, commandaient les bataillons[8] d'infanterie. Les LOCHAGES, nommés par les stratèges, commandaient les compagnies[9]. Les DÉCADARQUES et PEMPADARQUES conduisaient des divisions de 10 et 5 hommes. Les deux HIPPARQUES étaient nommés annuellement par le peuple et avaient sous leurs ordres les dix PHYLARQUES. Les INSPECTEURS DES CONSTRUCTIONS NAVALES[10] étaient choisis annuellement. Les dix APOSTOLES étaient élus au

---

les désordres à l'entrée des théâtres, on avait fixé l'entrée à 2 oboles, et le théorique eut d'abord pour but de fournir cette somme aux pauvres. Bientôt on le distribua à toutes les fêtes pour permettre aux citoyens de les mieux célébrer : la *diobélie* coûtait à l'État de 25 à 50 talents par an, et les fonds destinés à la guerre étaient absorbés par cette distribution.

1. ταμίαι τῶν ἱερῶν χρημάτων.
2. γραμματεῖς, souvent des esclaves, ainsi que les contrôleurs, ἀντιγραφεῖς, préférés aux hommes libres, parce qu'on pouvait, au besoin, les mettre à la torture. L'État entretenait trois greffiers publics au Prytanée.
3. Voy. le fameux mémoire de Bœckh en réponse à Hermann, au sujet de ces fonctionnaires (*Mus. rhén.*, 1827). — « A quoi servent les mesures de prévoyance quand l'esprit de l'administration est mauvais? Il l'était chez les Athéniens. De tout temps, les hommes ont été injustes, avides, sans conscience, mais surtout les Grecs. » (Bœckh.) L'illustre maître signale surtout à Athènes le manque de sentiment moral, si frappant chez un peuple où le sentiment du beau n'a jamais faibli.
4. Hérodote, 6, 109; Plut., *Arist.*, 5.
5. στρατηγὸς αὐτοκράτωρ (Xén., *Hell.*, 1, 4, 20).
6. Triérarchie, impôt sur le revenu.
7. Thuc., 2, 59; Plut., *Phoc.*, 5.
8. τάξις, un par tribu.
9. λόχοι.
10. ἐπιμεληταὶ τῶν νεωρίων. Voy. Hermann, *op. cit.*, § 152; Dém., 612, 21.

début des guerres pour aider à l'armement de la flotte. L'ÉPISTATE DE LA MARINE était également un fonctionnaire extraordinaire [1].

ORGANISATION JUDICIAIRE.

Il n'y avait à Athènes ni *ministère public* ni avocats proprement dits. Les citoyens se dénonçaient et s'accusaient les uns les autres, et ils devaient se défendre eux-mêmes [2].

Actions et procédure. — 1. Les actions judiciaires se divisaient en actions publiques, *graphai*, et actions privées, *dikai* [3]. Dans les cas de meurtre avec préméditation, le jugement appartenait à l'Aréopage. Autrement, les affaires civiles et criminelles étaient renvoyées aux mêmes juges.

2. Avant Solon, les actions étaient portées devant les archontes. Mais, quand la démocratie l'eut emporté, le peuple, désormais seul législateur, devint seul juge, et l'archonte ne fut plus que le magistrat directeur du jury, c'est-à-dire du tribunal des héliastes [4].

---

1. Mille archers scythes, τοξόται, faisaient le service de sûreté : leurs chefs se nommaient toxarques. (Aristoph., *Chev.*, 665; *Acharn.*, 54, 711.)

2. Dareste, *Introduction à sa traduction française de Démosthène*, page 2 : « Si le langage des halles ne pénètre pas dans nos audiences, c'est que chez nous la partie est obligée d'emprunter la voix d'un avocat, c'est-à-dire d'un tiers désintéressé. Au contraire, la loi de Solon obligeait les parties à s'expliquer elles-mêmes, sauf à réciter un discours préparé par un *logographe*. Tout au plus leur permettait-elle d'appeler à leur aide un parent ou ami chargé de compléter leurs explications. » De ceci résultent : 1° les violences de langage que nous rencontrons dans les plaidoyers ; 2° la sécheresse de beaucoup de discours, composés par des logographes comme Isée pour des plaideurs à qui ils devaient prêter un langage conforme à leur caractère ; 3° l'intérêt de ces sortes de *mémoires*, où l'on ne trouve rien de vague ni de déclamatoire, mais une discussion nue, ferme et nourrie de faits. — Comme συνήγορος ou σύνδικος public, l'orateur pouvait être employé par l'État pour défendre les lois anciennes contre un novateur. Celui qui écrivait les discours pour d'autres s'appelait λογογράφος, δικογράφος, et composait parfois le plaidoyer des deux parties (Plut., *Dém.*, 14). Isocrate et Lysias ne firent que *composer* des plaidoiries ; sur cent dix plaidoyers attiques que nous avons, il n'y en a pas dix que les orateurs aient prononcés eux-mêmes. Les *mœurs oratoires*, à Athènes, consistaient à donner à ses clients le ton qui leur convenait : de là, l'utilité des *portraits* qu'on trouve dans Aristote, *Rhét.*, 2, 1 (Egger, *Acad. inscr.*, 7 déc. 1860, mémoire sur la *Profession d'avocat à Athènes*). Cf. Cucheval, *Plaidoyers civils de Démosthène*, 1863. — Le nom de logographe donné aux premiers historiens grecs n'a d'autre fondement qu'une erreur de Creuzer. (Weil, *Médée*, préface.)

3. ἐκαλοῦντο αἱ γραφαὶ καὶ δίκαι οὐ μέντοι καὶ αἱ δίκαι γραφαί. (Pollux.) L'acte de livrer au magistrat un coupable pris sur le fait, ou de le dénoncer à l'instant, s'appelle ἀπαγωγή, ἐφήγησις. La dénonciation d'une personne exerçant des droits politiques dont elle a été privée, et comme telle passible d'une peine sans forme de jugement, s'appelle ἔνδειξις. Les procès-verbaux en cas de contravention à une loi de finances sont dits φάσεις. Une proposition illégale était passible de la γραφὴ παρανόμων, pouvant entraîner une amende énorme pour celui qui a proposé et fait passer le décret qu'on abroge ; la responsabilité personnelle cesse un an après le vote de l'assemblée. C'était une sorte de révision des votes du peuple par les héliastes. Contre les fonctionnaires, on pouvait intenter des actions de trahison, d'impiété, de corruption (δωροδοκίας), de prévarication dans une ambassade (παραπρεσβείας), etc. Sur l'εἰσαγγελία, voy. plus loin. Aristophon d'Azénia (Esch., *c. Ctésiph.*, § 194) se vantait d'avoir été soixante-quinze fois accusé d'illégalité. Voy. Meier et Schömann, *Procès attique*, 1824 (all.).

4. Dareste, *Préf. à la trad. de Démosthène*. p. 13 sqq. L'archonte compétent qui avait donné l'action au demandeur et fait procéder à l'instruction (ἀνάκρισις) introduisait l'affaire

3. Les actions civiles sont ou *pénales*[1] ou *non pénales*[2]. La procédure était la suivante. Le demandeur, accompagné de deux témoins, devait d'abord sommer son adversaire de comparaître[3]. La demande était rédigée par écrit[4] et remise au magistrat compétent avec l'indication précise des témoins à charge[5]. Après le dépôt des *prytanies*[6] par les deux parties, on procédait à la fixation de la question en litige, les deux parties affirmant par serment la bonne foi de leurs prétentions[7]. L'instruction[8] devait rassembler les témoignages, les textes de lois, etc., que l'on conservait dans des boîtes cachetées[9] pour les remettre aux juges le jour du jugement. La durée des plaidoyers était limitée selon le nombre des *clepsydres* accordées par le tribunal, et dont on interrompait la marche pendant la lecture des témoignages et des actes[10]. — Le témoin qui ne comparaissait pas devait une amende à la partie intéressée[11], et les parties ainsi que les témoins devaient toujours comparaître en personne[12]. Le jugement était rendu au scrutin secret[13] au moyen de cailloux blancs ou noirs, entiers ou percés. L'amende est tantôt fixée par la loi, tantôt par une entente préalable des parties[14], tantôt par le tribunal[15]. L'accusateur qui ne réunissait pas le cinquième des suffrages devait à son adversaire l'*épobélie*, égale au sixième de la somme qu'il réclamait[16]. Dans les

---

devant le tribunal et prenait la présidence (ἡγεμονία τοῦ δικαστηρίου). Dans certains cas, les onze, les logistes, les stratèges, pouvaient présider un tribunal et y introduire des affaires de leur compétence.

1. δίκαι κατά τινος.
2. δίκαι πρός τινα. Le discours de Démosthène contre Leptine est intitulé πρὸς Λεπτίνην, parce que, en raison du temps écoulé, Leptine n'était plus passible d'une peine du fait de sa loi.
3. κλῆσις. Voy. Démosth., *Contre Phorm.*, 13.
4. δεῖξις. L'action était transcrite sur une tablette et affichée à la porte du lieu où se tenait l'audience.
5. Contre les accusations fausses, l'accusé pouvait élever la γραφὴ ψευδοκλητείας.
6. Frais de justice, à savoir 3 drachmes pour les affaires de moins de 1000 drachmes, et 30 au-dessus. L'État gardait les sommes déposées, mais le perdant remboursait le gagnant. La παρακαταβολή (dans les affaires de successions ou de biens confisqués) s'élevait au dixième ou au cinquième des sommes revendiquées.
7. ἀντωμοσία. La partie qui ne comparaît pas perd son procès par défaut; mais le défendeur peut obtenir une remise en attestant par serment qu'il est empêché de comparaître (ὑπωμοσία). Les principaux textes relatifs à ces formalités sont dans Pollux, liv. 8, et Harpocration. Cf. Hermann, I, § 134 sqq.
8. ἀνάκρισις. Elle était conduite par un arbitre public, que payaient les parties.
9. ἐχῖνος, ἄγγος τι χαλκοῦν. (Schol. Aristoph., *Guêpes*, 1436.)
10. Un plaideur dit dans Isée: ἐπίλαβε τὸ ὕδωρ. (*Menecl.*, 34.)
11. δίκη λιπομαρτυρίου. (Lys. *ap.* Phot.; Dém., 1190, 7.)
12. Le témoignage des esclaves devait être obtenu par la torture; en cas de blessure grave faite à un esclave, le perdant indemnisait le possesseur. La πρόκλησις εἰς βάσανον est la sommation de livrer un esclave pour le mettre à la question. Le refus d'obtempérer équivalait à une reconnaissance du point contesté.
13. κρύβδην. (Pollux, 8, 36.)
14. ἀγῶνες ἀτίμητοι. (Dém., 545, 16; Esch., 84, 7.)
15. ἀγῶνες τιμητοί. (Dém., 834, 26; cf. Meier et Schömann, *op. cit.*, p. 171.)
16. Au lieu de la défense régulière, εὐθυδικία, le défendeur pouvait déplacer la question, soit en opposant une exception ou *paragraphè*, soit en soulevant une question préjudicielle, en prouvant, par exemple, un *alibi* (*diamartyria*). — L'exécution des jugements était réservée aux parties : le perdant qui résistait était exposé à la δίκη ἐξούλης, qui l'obligeait à une amende envers l'État, pour laquelle il était poursuivi comme débiteur public

causes publiques, il perdait le droit de porter jamais une plainte semblable et payait à l'État 1000 drachmes d'amende [1].

(On trouvera au chap. VII une esquisse du droit civil et du droit criminel d'Athènes.)

ORGANISATION FISCALE [2].

Impôts et revenus de l'État [3]. — On distingue les revenus ordinaires et les revenus extraordinaires. Les premiers sont :

1° Le produit des biens de l'État (surtout des mines), affermés par les polètes [4]. Les fermiers fournissaient de fortes cautions et étaient généralement constitués en sociétés.

2° Les impôts sur les métèques, les esclaves, et les patentes. Chaque métèque payait 12 drachmes par an, chaque esclave était taxé 2 oboles, que payait son maître.

3° Les douanes [5], à savoir 2 pour 100 sur la valeur des objets importés et

---

et passible d'*atimie*. — On pouvait demander un jugement contradictoire, ou la nullité du jugement, en soulevant une action de faux témoignage (δίκη ψευδομαρτυριῶν).

1. L'exemple de Démosthène, qui se désista de sa poursuite contre Midias, prouve que cette loi n'était pas rigoureusement observée.

2. MONNAIES, POIDS, MESURES. (Voy. les ouvrages cités de Bœckh et de Hultsch.) — 1. Le *talent* (5560^f,90) se divise en 60 *mines* (92^f,68) et 6000 *drachmes* (0^f,93) ; la mine contient 100 drachmes, la drachme 6 *oboles*, et l'obole 8 *chalques* (2 centimes). La principale monnaie d'or est le *statère*, valant 20 drachmes ; les statères de Cyzique en valaient 28. Le talent d'or valait environ 10-13 talents d'argent. — 2. L'unité de mesure est la *cotyle* (0^{lit},270), qui équivaut au 12° du *conge* (χοῦς). L'*amphore* équivaut à 6 conges (49^{lit},421), et le *métrète* à 2 amphores. Pour les produits secs, la mesure est le *médimne* (51^{lit},79), d'un tiers plus grand que le métrète. Le *chénice* est la 48° partie (1^{lit},079), et l'*hecté* la 6° du médimne (8^{lit},63). — 3. L'unité de poids est la *drachme* (4^{gr},363) contenant 3 *grammes*, 6 *oboles*, 48 *chalques*. 100 drachmes font une *mine*, et 10 mines un talent (26^{kil},178). — 4. Le *pied attique* ou *olympique* = 0^m,308 ; ses sous-multiples sont le *doigt* (1/16 du pied), la *condyle* (1/8 du pied), la *palme* (1/4 du pied). Multiples : la *coudée* = 1 pied 1/2, le *pas* = 2 pieds 1/2, la *brasse* ou *orgye* = 6 pieds (1^m,85). Le *stade olympique* vaut 1/8 du mille romain = 184^m,97 ; il se divise en 6 *plèthres*, ceux-ci en 100 *orgyes*, valant 6 pieds. — (Pour plus de détails, voy. Chassang, *Dict. gr.-fr.*, p. 146.) Sur la mesure dite κλίνη, voy. Graux, *R. C.*, XXII, 7.)

3. πόροι, πρόσοδοι. Le περὶ πόρων de Xénophon (?) n'est guère instructif. Sur l'*Économique* d'Aristote, voy. Egger, *Acad. inscr.*, déc. 1879. — L'esprit de la législation fiscale à Athènes, tout en respectant la liberté individuelle (les impôts directs sont presque inconnus) est très favorable aux classes pauvres, au profit desquels les riches se ruinent en liturgies. La guerre amène les liturgies qui épuisent les riches ; aussi réclament-ils la paix à grands cris, tandis que le peuple demande la guerre.

4. Les *naucrares* en faisaient rentrer les produits. — Les mines d'argent du Laurion (μέταλλα) rapportaient 40 talents sous Thémistocle ; les mines d'or de Scapté-Hylé, de Thrace et de Thasos, plus de 300 (?).

5. Toute idée de *protection* était étrangère à la législation antique : les douanes sont de simples moyens fiscaux. — L'exportation du blé, des bois de construction, des cordages, etc., était prohibée sévèrement (l'étymologie de συκοφάντης, *celui qui dénonce l'exportation des figues*, me semble pourtant très contestable). L'Attique avait besoin de 2 millions de médimnes de blé par an : elle en produisait moins d'un million et importait le reste du Pont. (Voy. Perrot, *Rev. historique*, vol. I.) — Une loi défendait de prêter de l'argent sur toute embarcation qui ne serait pas chargée en retour pour Athènes avec du blé.

exportés; le droit de port[1], levé sur les personnes et les marchandises.

4° Les amendes[2], frais de justice[3], et le produit des confiscations[4].

5° Les tributs des alliés[5], remplacés vers l'olymp. 91,2 par un impôt du vingtième sur toutes les marchandises qui entraient et sortaient des ports de l'Attique et de ceux des alliés.

Les *revenus extraordinaires* étaient : 1° les contributions volontaires[6]; 2° l'impôt sur le capital ou *eisphora*, levé pour la première fois en 428(?), au taux de 1 pour 100 : il rapporta 200 talents et devint un expédient usuel. Le cens fait par Nausinique, olymp. 100,3, servait de base à la taxation[7].

Liturgies[8]. — Les citoyens riches suppléaient par des prestations périodiques, dites liturgies, aux revenus de l'État, qui se déchargeait ainsi sur eux de certaines dépenses. Les liturgies sont une ancienne institution ionienne que l'on trouve à Athènes dès l'époque de Solon, et dans plusieurs villes de l'Asie Mineure[9].

1. Voici d'abord les quatre liturgies *annuelles* ou *régulières*[10] : 1° La *chorégie*; le chorège organisait à ses frais les représentations dramatiques[11]. 2° La *gymnasiarquie*[12] et la *lampadarquie*. 3° L'*hestiase*; les hestiatores

---

1. τὸ ἐλλιμένιον, levé par les ἐλλιμενισταί. (Dém., 917, 10.)

2. τιμήματα, ζημίαι, ἐπιβολαί. Les amendes n'appartiennent à l'État que dans les affaires publiques; un dixième est prélevé en faveur de Minerve.

3. πρυτανεῖα, sommes déposées par les deux parties; παράστασις, somme payée par l'accusateur aux thesmothètes dans les actions publiques; παρακαταβολή, dépôt du demandeur dans une action d'hérédité; παράβολον, somme consignée dans les appels.

4. Une partie des biens confisqués revenait à l'accusateur. Aristophane (*Guêpes*, 657) présente la vente des biens confisqués comme une branche importante des revenus publics. Le bannissement simple, l'esclavage et la peine de mort (mais non pas l'ostracisme) entraînaient la confiscation. (Voy. Bœckh, trad. fr., II, p. 151 sqq.) Les pauvres cherchaient sans cesse à exciter des troubles, dans l'espoir de confisquer les biens des riches. (Arist., *Polit.*, 5, 5; cf. Fustel, *Polybe*, 1859.)

5. φόροι, συντάξεις. Quand la ligue fut renouvelée, 377, l'euphémisme συντάξεις remplaça le mot trop dur de φόροι. En 461, la caisse commune des alliés fut transférée de Délos à Athènes, qui perçut les tributs à son profit. Dès l'olympiade 77, 3, ils s'élevaient à 460 talents : Périclès les porta à 600, Alcibiade à 1200.

6. ἐπιδόσεις. Pasion donna en une seule fois cinq trirèmes et mille boucliers. (Dém., 1127, 12.)

7. Un premier cens, dû à Solon, ne portait que sur la propriété foncière. Le cens de Nausinique distinguait : 1° la propriété (les biens meubles et immeubles); 2° le capital imposable, τίμημα, égal au cinquième de la *propriété* pour les hautes classes, à une moindre fraction pour les autres. (Dém., *Contre Aphob.*, 1, p. 825.) Cette question est d'ailleurs extrêmement obscure, et les explications de Bœckh laissent à désirer. — Athènes avait aussi un cadastre (ἐπιγραφαί) commencé par Solon et confié aux naucrares et aux démarques.

8. λειτουργία = λεῖτος ἔργον?

9. Les liturgies, comme l'édilité à Rome, étaient pour les uns une occasion de se ruiner (καταλειτουργεῖν), pour les autres (Alcibiade) de capter la faveur du peuple. Les orphelins étaient exemptés des liturgies, obligatoires pour les fortunes de plus de 3 talents. On n'était liturge qu'une année sur deux. — Quelques bienfaiteurs de la ville, comme Leucon, roi du Bosphore, et les descendants d'Harmodius et Aristogiton étaient exempts : Démosthène leur fit maintenir ces *atélies*, et abolir une loi de Leptine qui les supprimait.

10. ἐγκύκλιοι.

11. Il pouvait recevoir un *trépied d'honneur* en récompense. Les chorèges consacraient ces objets dans de petites chapelles, alignées *Rue-des-Trépieds*, et dont l'une s'est conservée (Monument choragique de Lysicrate). — La chorégie et l'hestiase se trouvent dès le temps des Pisistratides. (Arist., *Écon.*, 2, 5.)

12. Les gymnasiarques présidaient les jeux et inspectaient les écoles : ils fournissaient

faisaient les frais des repas des tribus. 4° L'*archithéorie*, envoi d'une députation à Délos, auquel l'État et les trésor sacrés contribuaient [1].

2. Les deux *liturgies extraordinaires* sont : 1° la *proeisphora* ; les plus riches citoyens, réunis en symmories, devaient avancer l'impôt [2] de l'*eisphora* pour les autres ; 2° la *triérarquie*, la plus considérable des liturgies. Les riches devaient équiper des vaisseaux de guerre à leurs frais. Vers 386, pour assurer la régularité de cette prestation, on désigna 1200 contribuables qui furent répartis en vingt symmories ou syntélies et chargés de la triérarquie. Démosthène partagea les triérarques en groupes qui devaient réunir 10 talents d'après le cens et fournir chacun une galère. Les frais variaient entre 40 mines et 1 talent. — Quand un citoyen désigné pour être triérarque se croyait lésé au profit d'un autre plus riche, il avait le droit de la rejeter sur celui-ci, ou, en cas de refus, de le forcer à l'échange des biens ou *antidose*[3] : après cet échange, le plaignant s'acquittait de la liturgie avec le bien de son adversaire. La loi exemptait le triérarque de toutes les autres liturgies. La durée légale de ses fonctions était une année, et l'on n'était appelé que tous les trois ans. Les archontes étaient exempts [4].

3. Aristote dit que les liturgies ruinaient les riches au profit des pauvres. Sans compter la triérarquie, Bœckh évalue à 1700 drachmes par an (12 pour 100 du revenu), la dépense que supportait, du chef des liturgies régulières, le possesseur d'une fortune de 20 talents.

4. D'après des calculs fondés sur ceux de Bœckh, on peut évaluer le revenu total de l'Attique à 6000 talents, le budget des recettes (sous Périclès) à 1000 talents, dont 600 provenant des tributs, et le budget des dépenses, en temps de paix, à 400 talents [5].

---

l'huile et les repas pour les concurrents, et dirigeaient aussi les lampadarquies (courses aux flambeaux ; il y en avait au moins cinq par an à Athènes).

1. Une liturgie ordinaire très mal connue, semblable à l'archithéorie, était l'ἀρρηφορία, qui se rapportait à la procession faite le dernier mois de l'année en l'honneur de Minerve, et où figuraient les ἀρρηφόροι, jeunes filles des plus hautes familles, âgées de sept à onze ans.

2. προεισφέρειν τῶν ἄλλων. Les symmories furent établies sous Nausinique pour faciliter la rentrée de l'impôt sur le revenu. (Bœckh, *Écon. pol.*, II, 285 sqq.)

3. Voy. la belle préface de Havet à l'édition grecque-française du discours d'Isocrate sur l'*Antidose*, par Cartelier, 1863. L'antidose est une institution de Solon.

4. Les métèques et les isotèles supportaient des liturgies spéciales et faisaient partie des symmories ; mais leur condition à cet égard est mal connue.

5. Il y a peu de traces d'emprunts ni de dettes publiques : les riches métèques, toutefois, prêtaient pour un certain temps à l'État leurs fonds disponibles. Les temples faisaient aussi valoir leurs biens. — Dans un moment de besoin, Clazomène émit 20 talents de monnaie de fer ayant cours forcé, réservés au commerce intérieur, et les racheta peu à peu. C'est là à la fois un emprunt forcé et la première apparition d'un *papier-monnaie* dans l'histoire (Arist., *Écon.*, 2, 16). Les villes embarrassées vendaient des monopoles, dépouillaient les temples, altéraient les métaux, etc.

ORGANISATION MILITAIRE [1].

Service militaire. — Le service militaire réclamait tous les Athéniens de 18 à 60 ans [2] : les thètes n'étaient pas inscrits sur le *catalogue*, mais on les employait dans les troupes légères et sur la flotte [3]. De 18 à 20 ans, les éphèbes servaient comme garde-frontières ou *péripoles* [4]. Le stratège pouvait appeler un certain nombre de classes seulement, ou convoquer tous les citoyens jusqu'à l'âge de 60 ans [5].

Armée. — On distinguait les *hoplites* (pesamment armés); les *peltastes*, ainsi nommés de leur petit bouclier d'osier ; les troupes légères [6] et les cavaliers [7]. L'armée était rangée par tribus. La cavalerie et les troupes légères étaient aux ailes [8]. Quand une attaque était à craindre pendant la marche, les hoplites formaient un carré [9] au milieu duquel se plaçaient les valets et les bagages. — L'art des sièges [10] fit de bonne heure de grands progrès. Périclès traça trois parallèles autour de Samos, et emporta la ville d'assaut [11].

Marine [12]. — 1. La marine était la principale force des Athéniens [13], qui

---

1. Rüstow et Köchly, *l'Armée grecque jusqu'à Pyrrhus*, 1852 (all.) ; Galitzin, *Histoire générale de l'art militaire*, 1875 (all.). Les tacticographes grecs ont été étudiés par Köchly, Wescher, Förster (*Hermès*, 1877), Graux et Rochas (*Rev. de Philol.*, 1879). Voy. encore l'importante préface de Vollbrecht à son édition de l'*Anabase*, 1876.
2. Le refus du service donne lieu à la δίκη ἀστρατείας, la désertion à la δίκη λιποταξίου, qui était portée devant le taxiarque.
3. Quelquefois des citoyens patriotiques leur donnaient l'équipement des hoplites.
4. Les sénateurs, les fermiers de l'impôt, les choreutes pour les Dionysiaques, les triérarques et plus tard les marchands de blé étaient exemptés du service.
5. πανστρατία. — Isocrate se plaint déjà qu'au lieu de citoyens on ne trouve dans l'armée que des mercenaires et des vagabonds. Athènes avait 17.000 mercenaires au temps de Démosthène. Cf. Thucydide, 1, 121 ; 4, 76 ; Démosthène, *Philipp.*, 1, p. 46.
6. Athènes arma 29 000 hoplites au commencement de la guerre du Péloponnèse. Chaque hoplite devait entretenir un valet : sa solde était de 4 oboles (τετρωβόλου βίος; signifie la carrière des armes, Paus., *ap. Eustath.*, 1405, 29). Les cavaliers avaient 12 oboles, les matelots 4 (au temps de Démosthène).
7. ψιλοί.
8. Selon Pasquier, *Histoire de la cavalerie*, 1877, Épaminondas le premier a pratiqué en Grèce les charges de cavalerie, où les Perses excellaient. — Sur la tactique des Anciens en général, voy. Thiers, *Consulat et Empire*, t. XX, p. 731 sqq.
9. πλαίσιον, τετράγωνον τάξιν.
10. Les sièges étaient très coûteux Le premier impôt sur le capital fut établi afin de lever les 200 talents nécessaires au siège de Mitylène. Sur la balistique et la fortification, voy. de Rochas, *Assoc. des Études grecques*, 1877.
11. Thuc., 1, 116.
12. Jal, *Glossaire nautique*, excellent ouvrage ; Bœckh, *Marine athénienne* (all.) ; Jurien de la Gravière, *la Marine des Anciens*, 1880 (rapprochements curieux avec la marine moderne). Voyez aussi l'article *Navis*, dans Smith, *Dict. des ant.*
13. Homère ne connaît pas encore les guerres navales. — Athènes avait trois ports : le Pirée, Munychie et Phalère, le second réservé aux vaisseaux de guerre. Depuis un mémoire d'Ulrichs, 1842, on place Phalère à Hagios Georgios, et non plus à Fanari, qui est Munychie. (Voy. Dyer, *op. cit.*; Hinstin, *le Pirée*, 1877.) « Il y a, dit Perrot (*R. C.*, XXII, 227), un livre à écrire dont l'épigraphe serait ce mot d'Aristote dans sa *Politique* (V, 2, 12) : καὶ Ἀθήνησιν οὐχ ὁμοίως εἰσίν, ἀλλὰ μᾶλλον δημοτικοὶ οἱ τὸν Πειραιᾶ οἰκοῦντες τῶν τὸ ἄστυ. — C'est avec la démocratie qu'est né le Pirée, et c'est le Pirée qui l'a plusieurs fois fait triompher. »

construisirent leurs premiers vaisseaux pour réprimer la piraterie. Vers 700, Aminoclès de Corinthe inventa la trirème [1]; Denys I*er* construisit des quadrirèmes et des quinquérèmes. Les Ptolémées bâtirent des *vaisseaux-monstres* à quarante rangs de rames et plus, dont nous ne pouvons nous faire une idée précise. Quant à la disposition des rameurs sur la trirème, c'est un problème archéologique qui reste encore à résoudre [2].

2. On distingue les vaisseaux marchands [3] (ronds) des vaisseaux de guerre [4] (longs), les premiers allant surtout à la voile et les seconds à la rame.

3. De Thémistocle à Démosthène, Athènes entretint une flotte de 300 à 400 galères. Les équipages comprenaient les *épibates*, ou soldats de la flotte; les rameurs, dont beaucoup étaient esclaves, et les matelots. Une trirème portait environ 170 hommes. Dans les combats, les Athéniens pratiquaient surtout la manœuvre du *diekplous*, consistant à briser la ligne ennemie, et à prendre ou à couler un vaisseau que l'on cernait.. — Les débris des vaisseaux [5] ennemis servaient à élever des trophées.

COLONIES [6].

1. Les rapports des colonies à la métropole n'étaient pas des rapports de dépendance, mais pour ainsi dire de piété filiale [7]. Les colons symbolisaient cette relation de parenté en emportant le feu du Prytanée de la métropole; ils recevaient d'elle leurs grands prêtres [8] et envoyaient des députations pour les représenter aux fêtes religieuses.

---

1. L'invention de la *birème* est attribuée par Pline aux Érythréens. A l'époque de Cyrus, les Phocéens construisirent des vaisseaux de guerre longs, dits *pentécontores*, à cinquante rameurs sur deux rangs, de chaque côté du vaisseau.

2. Jal et Dupuy de Lôme ont construit pour Napoléon III une trirème à 130 rames, qui a marché sur la Seine à Asnières, et qui pourrit aujourd'hui à Cherbourg. Chaque rame était maniée par un seul homme, et les trous étaient disposés en échiquier. Les rames des *thranites*, au-dessus des *thalamites* et des *zygites*, avaient 7m,20 de long. Jurien pense que cette description convient à la *trirème* romaine, non à la *trière* grecque, où il suppose, avec Barras de la Penne, que les thranites, zygites et thalamites n'étaient pas placés sur des gradins distincts, mais rangés, les uns devant les autres, sur toute la longueur du navire. *Versus remorum* ne signifierait pas étages de rames, mais *files de rameurs*. Cette opinion paraît contredite par les monuments (bas-relief à Athènes; colonne Trajane; 2 bas-reliefs de Pouzzoles, à Naples, n°° 1 et 98; cf. Montfaucon, *Antiq. expl.*, IV, p. 203, et Aristoph., *Acharn.*, 1106, *Gren.*, 1105, avec le Scholiaste), d'ailleurs trop peu précis pour fournir une solution. Bibliogr. dans Jal, *Gloss. nautique*, p. 1486. — Quant aux quinquérèmes, Jurien affirme que ce sont des galères sur lesquelles chaque aviron est manœuvré par cinq rameurs; mais il ne prouve point son assertion, d'ailleurs digne d'examen.

3. στρογγύλαι (Thuc., 2, 97; Dém., *Lept.*, 162).

4. μακραί (Hérod., 1, 2).

5. ναυάγια, ἀκρωτήρια.

6. Raoul-Rochette, *Établissement des colonies grecques*, 4 vol., 1825. A l'étranger, les cités grecques étaient représentées par des *proxènes*, qui recevaient les ambassadeurs et faisaient fonction des consuls modernes. (Voy. Tissot, *Proxénie*, 1863.) Si un Athénien, à l'étranger, éprouvait un déni de justice, il pouvait être autorisé à exercer des représailles sur mer (*droit de marque*).

7. Polybe, 12, 10 : ὡς γονεῦσι πρὸς τέκνα.

8. ἀρχιερεῖς.

2. Il faut distinguer la colonisation [1], émigration vers des terres étrangères souvent encore incultes, de la *clérouquie*, qui consistait dans l'occupation d'un pays conquis partagé par le sort entre des citoyens pauvres. La première clérouquie date de 506 ; peu avant les guerres médiques, un territoire d'Eubée fut partagé en 400 lots [2] à la suite d'une victoire sur Chalcis. Platon et Aristophane étaient fils de clérouques d'Égine [3].

§ VI. — ASSEMBLÉES HELLÉNIQUES [4].

Les assemblées panhelléniques ont toutes un caractère religieux ; leur importance politique a été considérable. Jusqu'à la conquête macédonienne, elles ont seules permis à la Grèce si divisée de prendre conscience de son unité ethnographique ; et Philippe trouva en elles un puissant secours, quand il voulut refaire cette unité à son profit.

1. Les AMPHICTYONS étaient des associations religieuses très anciennes entre peuples voisins habitant autour d'un sanctuaire. Les plus célèbres étaient les Amphictyons pylaeo-delphiens, tenus autrefois dans le voisinage des Thermopyles, au temple de Déméter, plus tard à Delphes même, au temple d'Apollon Pythien. Même après ce transfert, les envoyés des États grecs portèrent le nom de *pylagores* [5]. Douze peuples, crus originaires de Thessalie [6], y étaient représentés. Ils s'engageaient à ne détruire aucune ville de l'alliance, à s'unir contre

---

1. ἀποικία.
2. κλῆροι.
3. Voy. Foucart, *Mém. sur les colonies d'Athènes*, Acad. inscr., avril 1877. Les colonies athéniennes présentent ce caractère tout particulier qu'elles ne sont pas des cités indépendantes ayant un gouvernement particulier, mais qu'elles restent toujours sous la main d'Athènes et sous son autorité directe. — La création d'une colonie ordonnée par le peuple sur la proposition des Cinq Cents, on désigne l'οἰκιστής ou chef de colonie, citoyen considérable auquel la colonie rendait un culte après sa mort. Le sol était partagé également entre les dix tribus, et par le sort entre les citoyens. Tout en quittant Athènes, les clérouques restaient Athéniens. Leurs descendants légitimes avaient droit de cité athénienne, pourvu qu'à 18 ans ils se fissent inscrire sur le livre de leur dème, et, par conséquent, qu'ils fissent le voyage d'Athènes : c'est ce que fit Épicure, fils d'un clérouque athénien de Samos. Les clérouques sont exempts de la triérarchie et de la chorégie, mais ils sont membres de l'armée. Ainsi chaque colonie forme non un peuple à part, mais une section du peuple athénien. On dit : le peuple des Athéniens à *Imbros*, à *Salamine* : Ἀθηναίων δῆμος ὁ ἐν Σαλαμῖνι. Deux sortes de cultes, le culte local, qui est prédominant, et le culte athénien, sont comme superposés. Les anciens possesseurs du sol deviennent métèques ou conservent une partie de la terre. — En somme, les colonies d'Athènes n'eurent jamais d'importance commerciale et servirent surtout de déversoir à la classe pauvre : mais l'attrait des terres à partager excita le peuple à des entreprises injustes, et par là Athènes s'entoura d'ennemis.
4. Sainte-Croix, *Anc. gouvernements fédératifs*, 1804. — Vischer, *Centralisation en Grèce*, 1849 (all.). — Foucart, art. *Amphictyons* dans Saglio, *Dict. des antiquités*.
5. On les confond à tort avec les *hiéromnémons*, désignés par le sort, tandis que les pylagores sont élus.
6. Maliens, Achéens, Phthiotes, Anianes, Dolopes, Magnètes, Perrhèbes, Thessaliens, Locriens, Doriens, Phocidiens, Béotiens, Ioniens.

celui qui manquerait aux stipulations, et à défendre le temple contre toute profanation[1]. Les Amphictyons siégeaient deux fois par an, au printemps à Delphes, et en automne à Anthéla, aux Thermopyles. Les Phocidiens, exclus de l'alliance lors de la guerre Sacrée, 346, y furent remplacés par les Macédoniens ; mais on les admit de nouveau après leur courageuse résistance aux Gaulois en 279. En 221, les Étoliens s'emparèrent de la prostasie du temple de Delphes et chassèrent les Amphictyons. Auguste réorganisa l'Amphictyonie et y fit admettre la ville de Nicopolis, qu'il avait fondée. On ignore quand elle disparut[2]. — Les autres Amphictyonies grecques (à Oncheste sur le lac Copaïs, à Argos, Calaurie, Délos, etc.) sont fort mal connues.

2. Les UNIONS PROVINCIALES étaient surtout nombreuses en Attique. Les Acarnaniens avaient à Olpé, sur la frontière argienne, un tribunal commun, et les vingt-deux villes de la Phocide se réunissaient en assemblée commune[3]. Dans les pays doriens, Cnide, Halicarnasse et les quatre villes insulaires Ialyse, Lindos, Camire et Cos, formaient l'*Hexapole dorienne*. D'autres ligues fédérales ou *koina*, notamment en Thessalie, sont connues par les inscriptions.

§ VII. — DROIT CIVIL ET CRIMINEL D'ATHÈNES. LA FAMILLE[4].

Les Athéniens, ces maîtres de l'éloquence judiciaire, n'ont de terme propre ni pour l'éloquence ni pour le droit. Mais, tandis qu'ils nous ont laissé plusieurs traités de rhétorique, ils n'ont jamais réduit en système les principes de leur législation[5]. La tâche de rédiger un *code* était réservée à l'esprit formaliste des Romains, qui s'en acquittèrent admirablement. Le droit d'Athènes, à la différence du droit romain, pose des principes généraux, dont l'application n'est plus qu'une affaire de tact, et, se détachant absolument de la forme, s'attache exclusivement au fond et à l'intention. Par là même, il est condamné à ne jamais devenir une science[7]. Il n'y a pas eu de jurisconsultes à Athènes, parce que le bon sens y tenait lieu de savoir.

Droit civil. — 1. La *maison*[8], qui comprend les esclaves, est plus étendue

---

1. Eschine, *Fals. leg.*, p. 85, Didot, et c. *Ctesiph.*, p. 117.
2. Wescher, *Monum. bilingue de Delphes*, 1869, dans les Mémoires présentés à l'Acad. inscr., t. VIII. — Sauppe, *l'Amphict. delphique et l'hiéromnémon attique*.
3. κοινὸν σύστημα.
4. Telfy, *Corpus juris Attici*, collection des lois attiques, 1868, plus complète que celle de Petit, *Leges Atticae*, 1635; Meier et Schömann, le *Procès Attique*, 1824 (all.); Thonissen, *Droit pénal d'Athènes*, 1875; Caillemer, *Dissertations sur le droit d'Athènes*, 1865-1875. Cf. les ouvrages de Perrot, Fustel, Moy (*Isée*) et les préfaces des discours de Démosthène dans Dareste, Whiston, Weil. Les articles de droit grec dans le *Dict. des Ant.* de Saglio sont de Caillemer et ont une grande valeur.
5. Aristote, Théophraste et Démétrius de Phalère avaient écrit quelques traités sur la science du droit. Athénée attribue à Polémon un commentaire des lois pénales de Solon.
6. « On est frappé de l'analogie que présentent certains textes des lois de Solon avec certains articles de notre Code civil. » (Dareste).
7. Dareste, *Préf. à la trad. de Démosthène*, p. 41, étude remarquable que je résume ou transcris dans ce qui suit. Pour la procédure et les actions, cf. chap. v.
8. οἶκος. Ce sens est fréquent dans Homère (*Od.*, 1, 251; 4, 318, etc.).

que la *gens*, dont les membres sont unis par la parenté au sens large, *sungénéia*, cognation[1]. L'étranger n'a pas de maison, il habite auprès des citoyens[2], non avec eux. L'esclave est une *chose*.

2. Il ne peut y avoir de légitime mariage qu'entre Athéniens[3]. Dans le mariage civil, *engüè*, une personne ayant autorité sur la femme, son *curios*, doit en quelque sorte se porter caution pour elle. Si le mari est majeur, il n'a pas besoin du consentement de son père. La loi favorisait les unions entre proches, même entre frère et sœur du même père[4]. Le mari ou la femme pouvaient demander le divorce : si l'archonte donnait raison à la femme, le mari restituait la dot[5]. — Le mari devient le *curios* de la femme, qui, sans lui, ne peut aliéner; s'il meurt, elle a pour *curios* son fils ou son plus proche parent.

3. Les enfants légitimes sont soumis à l'autorité du père jusqu'à leur majorité[6]. Le jeune homme est inscrit une première fois sur le registre de la phratrie[7], et une deuxième fois, au moment de la majorité, sur le registre du dème[8]. — Les enfants mineurs passent, à la mort du père, sous l'autorité d'un tuteur[9], soit désigné par le testament du père, soit le parent le plus proche, soit nommé par l'archonte. L'adoption[10] est favorisée par la loi, et les enfants adoptifs sont entièrement assimilés aux enfants nés du sang. Les bâtards n'ont aucun droit de succession[11]. — Après les descendants, la loi appelle les collatéraux (sans s'arrêter aux ascendants), suivant le degré de parenté[12]. Il peut être dérogé à l'ordre légal des successions par des donations[13] ou des testaments[14].

---

1. οἰκειότης est la parenté, même par alliance, et ἀγχιστεία la vocation légale à recueillir l'hérédité (*dévolution*).

2. μέτοικος, voy. plus haut.

3. Caillemer soutient, contre Bürmann, que les enfants nés hors mariage d'un Athénien et d'une Athénienne étaient citoyens. (*Assoc. des Études grecques*, 1878.)

4. C'est ainsi que Cimon épousa sa sœur Elpinice.

5. Le mari peut se contenter de rendre la dot, sans soumettre de demande à l'archonte.

6. Deux ans après la puberté, c'est-à-dire à 18 ans.

7. κοινὸν γραμματεῖον. Le père attestait que son fils était né de lui et d'une Athénienne.

8. Registre civique, ληξιαρχικὸν γραμματεῖον. La phratrie représente la société religieuse, le dème la société civile. Dans les deux cas, il faut un vote des intéressés. — A 20 ans, l'Athénien peut prendre part aux assemblées. — La recherche de la paternité est permise aux enfants nés d'une mère athénienne, et la preuve résulte du serment de celle-ci.

9. ἐπίτροπος. Le tuteur ne doit pas être héritier présomptif du pupille.

10. υἱοῦ ποίησις. Pour adopter, il faut être citoyen, sans enfants mâles, et plus âgé de 14 ans que l'adopté. L'adoption a lieu par testament ou entre vifs.

11. On peut leur léguer jusqu'à 1000 drachmes (νοθεία).

12. ἀγχιστεία. Après la descendance du même père, le droit athénien appelle la descendance de l'aïeul paternel, puis, dans le même ordre, les parents du côté maternel. La parenté ainsi constituée n'a rien de commun avec l'*agnation romaine*, qui se transmet uniquement par les mâles.

13. δωρεαί.

14. διαθῆκαι. Les testaments sont rédigés par écrit et remis par le testateur, en présence de témoins, à un ami qui est chargé du dépôt. L'Athénien peut déshériter ses enfants; mais son testament peut être attaqué pour captation ou faiblesse d'esprit. Le fils peut faire ôter à son père l'administration de ses biens: on connaît l'histoire de Sophocle. Il ne peut répudier une succession, et l'insolvabilité du père retombe sur lui, comme dans le cas de Cimon (?).

4. Les femmes n'héritent que pour transmettre à leurs enfants : elles sont *à côté de l'héritage* [1]. Si le père n'a pas disposé de ses filles par testament en faveur de ses plus proches parents, ceux-ci étaient appelés par la loi, dans un certain ordre, à se faire adjuger la fille *épiclère* et la succession. Si la femme à qui advenait une succession était mariée, elle pouvait être contrainte au divorce [2]. — La dot, d'un usage constant à Athènes, était constituée par le *curios* de la femme, et la propriété des biens dotaux appartenait à celle-ci [3] Si, après divorce, la femme voulait retourner chez son *curios*, elle emportait sa dot [4] : la dot appartenait aux enfants, après la mort du mari, si la femme restait dans la maison du défunt; les enfants devaient pourvoir aux besoins de leur mère.

5. Les Athéniens comme les Romains distinguaient la *propriété* [4] de la simple *possession* [5]. Ils connaissaient aussi les servitudes [6]. Mais les *modes solennels d'acquisition*, en vigueur à Rome, n'ont pas d'analogues à Athènes : la propriété se transfère par le simple consentement des parties, par la volonté de la loi, ou par une adjudication [7]. Il n'y a pas de trace de l'*usucapion* ou prescription acquisitive : seulement, la possession prolongée faisait présumer le droit de propriété, et l'action en revendication, comme les autres, se prescrivait par cinq ans [8].

6. Dans presque toutes les affaires, on donne des *arrhes*, qui sont à la fois le signe du consentement et le moyen de se dédire en perdant les arrhes, l'autre partie les rendant au double. Les *contrats* principaux sont : la *vente* [9],

---

Les étrangers, les femmes et les mineurs ne peuvent tester. Cf. Caillemer, *Succession à Athènes* (Rev. de Législ., 1874).

1. ἐπίκληροι. On traduit à tort par héritières. (Fustel, *Cité antique*, p. 83.)

2. Si des filles restent sans fortune, les parents sont appelés à les épouser ou à les doter. Cf. Démosth., *in Eubul.*, 21, 41 ; Isée, 10, 4, 5.

3. L'institution de la dot remonte à Solon : c'est un adoucissement apporté par le sentiment moral à l'ancienne loi de la transmission des biens aux mâles.

4. Quand le mari restitue la dot, il rend le capital, plus 18 0/0 d'intérêt. La femme dotée est la créancière de son mari, qui garantit la créance par une hypothèque spéciale, ἀποτίμημα. Voy. Caillemer, *Restitution de la dot*.

4. κτῆσις.

5. κατοχή.

6. De pacage, ἐπινομή ; d'égout, χειμάρρους, etc.

7. Caillemer, *Contrat de vente à Athènes* (Revue de Législation, 1870-71).

8. A défaut d'une forme solennelle, les Athéniens donnent de la publicité aux contrats. Les contrats de vente restent affichés 60 jours (ἀναγραφή), et les hypothèques sont réellement inscrites sur les immeubles au moyen d'une pierre (ὅρος). Sur ces stèles hypothécaires, voy. Wescher, *Rev. archéol.*, XV, p. 36. — Les *obligations* (συναλλάγματα) ne sont pas non plus soumises à des formes légales, comme à Rome. Quand on les constate par écrit (συγγραφαί, συνθῆκαι) devant des témoins, et que le futur débiteur prête serment, ce ne sont pas des formalités qu'on remplit, mais des sûretés que l'on échange. La loi exige seulement que le consentement ait été libre et que la convention ait un objet licite. [Dommages et intérêts, τὰ διαφορά ; force majeure, θεοῦ βία, ἀπροσδόκητος τύχη; clause pénale : τὰ ἐπιτίμια.] Outre les obligations volontaires, il y a les obligations involontaires résultant d'une faute et entraînant des dommages-intérêts (βλάβης τίμημα). Chacun est responsable de ses esclaves et de ses animaux, mais peut se décharger de toute responsabilité en abandonnant l'animal ou l'esclave à la partie lésée. — La prescription, προθεσμία, éteint toutes les actions au bout de cinq ans. Voy. Caillemer, *la Prescription à Athènes*.

9. ὠνή καὶ πρᾶσις.

le *louage*[1], le *prêt de consommation*[2] ou *à usage*[3], la *société*[4], le *contrat d'entreprise*[5], le *louage des navires*[6], le *prêt à la grosse aventure*[7] (prêt maritime, souvent à 30 pour 100 et plus), etc.

Droit criminel[8]. — Tandis que le droit civil semble avoir été fait tout d'une pièce, le droit criminel du temps de Démosthène est formé de trois couches, les vieilles lois relatives à l'homicide[9], rédigées par Dracon et publiées de nouveau, en 409, sous l'archontat de Dioclès[10]; les lois de Solon amplifiées par Clisthène; enfin une nouvelle forme d'instruction criminelle, datant de la deuxième moitié du cinquième siècle, et caractérisée par deux innovations : la mise en accusation par décret de l'assemblée, et l'exercice des poursuites par une sorte de ministère public.

1. Après l'âge des vengeances privées, les causes de meurtre furent déférées à l'Aréopage et aux éphètes[11]. Le tribunal des héliastes hérita, à l'époque classique, de la compétence des éphètes : l'Aréopage subsiste encore après la conquête romaine. La loi permet à l'accusé d'échapper au supplice par la fuite. Si la victime a pardonné avant de mourir, il n'y a plus ni poursuite ni même composition à demander[12].

2. Tandis que l'action civile devant les héliastes n'appartient qu'à la partie intéressée, l'action publique appartient à tout citoyen. La procédure diffère peu des actions civiles. Une loi interdisait au demandeur, à peine d'une

---

1. μίσθωσις.
2. δανεισμός.
3. χρῆσις.
4. κοινωνία.
5. ἐργολάβεια.
6. ναῦλον.
7. ναυτικὸν δάνειον. L'usage fixait l'intérêt entre 1 et 1 1/2 pour cent par mois, mais les conventions étaient libres. — La lettre de change, mandat de payer à une personne déterminée, n'était pas ignorée des Athéniens (V. Egger, *Mém. de philol.*); mais Dareste pense qu'ils n'ont connu ni les effets à ordre ni les assurances. Toutefois, Aristote (*Écon.*, 2, 2, 54) raconte qu'un noble macédonien, Antigone de Rhodes, s'engageait à rendre, moyennant une prime de 8 drachmes par tête d'esclave, le prix déclaré par le maître pour l'esclave fugitif.
8. Je résume Dareste (*Assoc. des Études grecques*, 1878).
9. φονικοὶ νόμοι.
10. Le texte en a été retrouvé en 1843. Une autre loi de Dracon, chargeant les proches parents de poursuivre l'auteur d'un meurtre involontaire, citée par Démosthène (*c. Macart.*), a été découverte également et publiée (*C. I. A.*, I, p. 37).
11. L'Aréopage juge le meurtre prémédité, φόνος ἐκ προνοίας, et prononce la peine de mort avec la confiscation des biens. Les éphètes jugent les autres cas, φόνος ἀκούσιος, et le meurtre couvert par une excuse légale. Ils condamnent à l'exil (d'où leur nom), et plus souvent essaient une transaction, en faisant accepter le prix du sang, τὰ ὑποφόνια, aux parents de la victime. La procédure devant ces tribunaux est empreinte d'un caractère solennel qui fait contraste avec le reste de la législation athénienne. Voy. dans Eschyle, *Euménides*, la scène du jugement d'Oreste.
12. Un grand nombre des faits que nous considérons comme des délits ne donnaient lieu qu'à des actions civiles en dommages-intérêts : ainsi les voies de fait (αἰκία), la diffamation (κακηγορία), le dol (κακοτέχνιον). L'accusation de vol donnait ouverture à deux actions, l'une criminelle, l'autre civile (δίκη κλοπῆς). L'ὕβρις donnait lieu à une accusation publique. Non seulement la diffamation était punie, mais celui qui parlait mal d'un mort devait des dommages-intérêts à ses enfants et une amende double au trésor. (Loi de Solon, *Plut.*, 21.)

amende de 1000 drachmes, de laisser tomber son accusation[1] : on ne consignait ni prytanies, ni *paracatabolé*, mais seulement un droit fixe dit *parastasis*[2]. Quand la peine n'est pas fixée par la loi, le poursuivant propose une peine[3], l'accusé une autre[4], et les juges choisissent entre les deux.

3. Lors de la réaction démocratique qui suivit les Trente, naquit la procédure nouvelle de l'*eisangélia*, plainte adressée, dans l'intérêt de la sûreté publique menacée, non plus au pouvoir judiciaire, mais aux Cinq-Cents ou à l'assemblée, qui la renvoyaient à un tribunal en désignant des *accusateurs publics*[5]. Deux ou trois sections d'héliastes se réunissaient pour juger ces affaires. L'accusé pouvait se faire assister par des défenseurs. L'accusateur, en cas d'acquittement, n'encourut d'abord aucune peine : mais, à l'époque de Démosthène, une amende de 1000 drachmes fut établie contre lui.

La famille. — 1. Les Grecs ont toujours goûté et célébré les douceurs de la vie conjugale[6]. Il faut lire, dans l'*Économique* de Xénophon (7, 37), l'aimable peinture que fait Socrate du bonheur d'Ischomaque et de sa femme. Ces vertus domestiques sont dues pour une grande part à la monogamie, qui était, quoi qu'on ait dit, de règle à Athènes.

2. Les fiançailles[7] étaient considérées comme un acte essentiel du mariage grec. Le soir du mariage, la mère du fiancé recevait la fiancée devant la porte couronnée de fleurs : celle-ci arrivait en voiture, avec le fiancé et l'ami le plus intime du fiancé, nommé *paranymphe*, aux sons de la flûte et du chant de l'hyménée, à la lumière des flambeaux de l'hymen[8]. Le lendemain du mariage[9] et les deux jours suivants, les amis et parents apportaient des cadeaux de noces. L'union même n'était consacrée par aucun acte civil ni officiel.

3. L'enfant nouveau-né était porté dans un bain, puis enveloppé de langes[10]. On ornait la porte de la maison de couronnes d'olivier, si l'enfant était un garçon, et de rubans de laine, si c'était une fille. Jusqu'au cinquième jour, le père pouvait *accepter* l'enfant, ou l'abandonner[11] : après ce délai avait lieu

---

1. Cette loi fut mal observée, et de là naquit l'industrie des sycophantes, qui rançonnaient les timides en les menaçant d'un procès.
2. Dans certaines actions seulement.
3. τίμημα.
4. ἀντιτίμησις (Hésychius).
5. συνήγοροι. Sur l'eisangélie, voy. Perrot, *Droit public*, p. 321.
6. Hom., *Od.*, 6, 182 : οὐ μὲν γὰρ τοῦγε κρεῖσσον καὶ ἄρειον, — ἢ ὅθ' ὁμοφρονέοντε νοήμασιν οἶκον ἔχητον — ἀνὴρ ἠδὲ γυνή. Cf. Ménandre : ταμιεῖον ἀρετῆς ἐστιν ἡ σώφρων γυνή. Voy. des études sur la femme dans l'antiquité par Martin, 1858; Chasles, 1847; Lasaulx, 1851; Clarisse Bader, 1873; Mähly, 1853; Stegeren, 1859; cf. les excellentes pages de Mahaffy, *Vie sociale en Grèce* (angl.), p. 258-270, et Lallier, *la Femme à Athènes au IVe siècle*, 1875 (très bon).
7. ἐγγύησις. Les ἄνεγγυοι γάμοι sont barbares. Si un mariage a lieu sans le consentement du père, du plus proche agnat ou du tuteur de la femme, les enfants sont exclus de la phratrie du père et n'héritent pas.
8. δᾷδες (Aristophane, *Paix*, 1318). La fiancée portait une broche (pour rôtir) comme symbole de son activité domestique (Pollux, I, 206).
9. ἐπαύλια. Voy., sur tous ces points, Becker, *Chariclès*, II, p. 460.
10. Les Spartiates ne se servaient pas de langes, et baignaient l'enfant dans du vin.
11. ἐκτίθεσθαι, ἀποτίθεσθαι. L'abandon menaçait surtout les filles. Les Thébains (Élien, *Var. Hist.*, 2, 7) firent une loi qui ordonnait aux parents trop pauvres pour nourrir leurs enfants

la lustration religieuse ; toute la famille, précédée de l'enfant, tournait en cercle autour de l'autel de la maison[1]. Entre le septième et le dixième jour, on faisait un sacrifice solennel, à la suite duquel on donnait un nom à l'enfant[2].

4. La loi imposait au père de faire donner quelque instruction à son fils[3] ; elle-même intervenait pour la compléter. L'éphébie est un noviciat obligatoire, dont les caractères sont aussi nombreux que sont variés les devoirs de l'Athénien : elle forme des soldats, des citoyens et des esprits policés[4]. Mais les écoles étaient des établissements privés, et l'enseignement y était libre (du moins à Athènes). L'éducation complète[5] se divisait en deux parties principales : 1° la *musique* (lecture, écriture, grammaire); 2° la *gymnastique*. — On imposait aux enfants de grands efforts de mémoire, comme par exemple d'apprendre tous les poèmes d'Homère[6], d'Hésiode ou des gnomiques. Les précepteurs ou *pédotribes* enseignaient aux éphèbes la gymnastique soit dans les *palestres* élevées par les dèmes et les tribus et placées sous la direction d'athlètes éprouvés, soit dans les *gymnases*, qui étaient publics et destinés aux jeunes gens déjà formés. Ces gymnases étaient placés en dehors de la ville (Académie, au nord-ouest ; Cynosarge et Lycée, au nord-est).

5. ESCLAVES[7]. — Les esclaves étaient relativement bien traités à Athènes. Ils pouvaient, au besoin, se réfugier dans le Théséion et demander à être remis en vente[8]. L'esclave né dans la maison (le *verna* des Romains)[9] était distinct

de les remettre aux magistrats. A Sparte, l'abandon, véritable mesure d'État, était décrété par un conseil de vieillards. — Solon retira au père le droit de mettre à mort ses enfants, ou de les vendre.

1. ἀμφιδρόμια (Suidas, I, p. 150). Cf. *Ann. de Philologie*, 1858, p. 286 (all.).
2. A Athènes, le citoyen porte, sur les actes officiels, son nom, suivi de celui de son père au génitif et du nom de son dème. Voy. liv. III, p. 35.
3. Platon, *Criton*, 50.
4. ÉPHÉBIE. — Si l'enseignement en général était libre, il n'en était pas de même de l'apprentissage de la vie publique. L'épigraphie nous a fait connaître l'organisation des *collèges éphébiques*, à la fois politiques, militaires ou religieux, où l'Athénien, par ordre des lois, allait se former aux vertus civiques. A dix-huit ans, en même temps que citoyen, il devenait éphèbe, et pendant deux années (une seule depuis le IIe siècle), il subissait une éducation militaire. Un *code éphébique*, fixé par l'État, réglait dans tous ses détails la discipline du collège. Les exercices gymniques se faisaient en commun au Ptolémaion et au Diogénéion. L'enseignement des lettres, de la géométrie, de la musique, était compris dans le programme de l'éphébie. (Dumont, *Essai sur l'Éphébie*, 1876, I, 240.) Les inscriptions du collège vont de 292 av. J.-C. à 252 après J.-C.; mais l'institution existait dès le temps de Thucydide (2, 13). — Collignon (*Collèges éphébiques hors de la Grèce*, 1877) a montré la généralité de cette institution. Les marbres éphébiques comprennent trois classes : 1° les décrets du peuple en l'honneur des jeunes gens et de leurs maîtres ; 2° les catalogues donnant la composition du collège pour une année ; 3° les monuments particuliers, qui font connaître une partie des élèves et des fonctionnaires. La plupart ont été découverts à Athènes depuis 1860.
5. ἐγκύκλιος; παιδεία. Voy. Egger, *Éducation chez les Grecs;* Cramer, *Éduc. dans l'antiquité*, 1868 (all.); Krause, *même sujet*, 1851 (all.).
6. Alexandre pouvait réciter toute l'*Iliade*. Cf. Xén., *Symp.*, 3, 5.
7. Wallon, *Hist. de l'Esclavage*, 3 vol., 2° éd., 1878, un des livres les plus solides de notre temps. — Les esclaves étaient des prisonniers de guerre, des métèques condamnés pour n'avoir pas payé l'impôt, etc. Sur les affranchissements, voyez plus bas.
8. πρᾶσιν αἰτεῖσθαι (Plut., *Thés.*, 56).
9. οἰκότριψ.

de l'esclave acheté[1] et du prisonnier de guerre[2]. — En 309 av. J.-C., il y avait en Attique 400 000 esclaves pour 21 000 hommes libres et 10 000 métèques. (Athénée, p. 272 c.)

§ VIII. — LA MAISON, LES MEUBLES, L'HABILLEMENT [3].

1. Dans Homère, la maison a trois parties : la cour[4], communiquant par une galerie couverte avec les appartements[5], et, par derrière, la grande salle de famille avec le foyer[6]. Les maisons à plusieurs étages ne parurent qu'après la guerre du Péloponnèse. Anciennement, les murs étaient blanchis à la chaux; Alcibiade le premier les fit peindre[7], et l'usage s'en établit si vite, qu'une maison sans peintures[8] fut considérée comme misérable[9].

2. SIÈGES. — On distingue le tabouret simple sans dos[10], le pliant, généralement porté par des esclaves[11], le fauteuil[12], le grand fauteuil élevé, avec des ornements[13].

3. LIT[14]. — Il comprenait le dossier[15], sur lequel portait l'oreiller[16], des matelas[17], des couvertures[18], des tapis (de Milet, Corinthe, Carthage).

4. VÊTEMENTS. — On distingue les *vêtements qui couvrent*[19] et ceux que l'on *surjette*[20] comme ornement. — **A.** VÊTEMENTS DE L'HOMME. Le *chiton*, vêtement de

1. οἰκίτης, ἀργυρώνητος.
2. δορυάλωτος.
3. Pour ce qui suit, on peut consulter avec confiance l'*Anacharsis* de Barthélemy, qu'il serait si utile et si aisé (avec les livres que j'indique) de mettre au courant pour le reste; Limbourg-Brouwer, *Civilisation des Grecs*, 1858; Becker, *Chariclès*, revu par Göll, 1877 (all.); Guhl et Koner, *Vie des Grecs et des Romains*, 1872 (all.); livre de vulgarisation savante (une bonne trad. angl. a paru, 1877); Panofka, *Tableaux de la vie antique*, 20 planches, 1843 (all.); le même, *Grecs et Étrusques*, 1844; le dict. de Rich et les *Antiq. grecques* de Robinson (trad. fr.) sont encore bons à consulter (Egger dit avoir appris l'archéologie dans ce dernier livre); Mahaffy, *Vie sociale en Grèce d'Homère à Ménandre*, 1874 (angl.), ouvrage très distingué. Mais Hermann, *Antiquités grecques*, éd. de 1875, 3° partie, est toujours le guide le plus autorisé.
4. αὐλή.
5. θάλαμοι.
6. δῶμα. Cf. *Iliade*, 6,316 :... ἐποίησαν θάλαμον καὶ δῶμα καὶ αὐλήν.
7. Plut., *Alcib.*, 16.
8. ποικίλματα. Voy. Winckler, *Habit. des Grecs*, 1868 (all.). Sur la disposition des maisons bourgeoises, voy. Lysias, *de Caed. Eratosth.*, p. 92.
9. Les maisons à Athènes étaient petites, mal bâties (*Dicéarque*), souvent en travers des rues. Les *astynomes* avaient la surveillance des maisons qui tombaient en ruines.
10. δίφρος.
11. ὀκλαδίας.
12. κλισμός.
13. θρόνος, θρῆνυς.
14. κλίνη.
15. ἀνάκλιντρον.
16. προσκεφάλαιον.
17. στρωμνή, *culcita*. La natte de joncs, *matta*, s'appelle ψίαθος.
18. στρώματα.
19. ἔνδυμα.
20. ἐπίβλημα, περίβλημα, ἀμφίεσμα.

dessous, tantôt court et en laine (dorien), tantôt long et de lin (ionien), parfois descendant jusqu'aux pieds [1]. On ajouta des manches au chiton après les guerres médiques. Du temps de Périclès, le chiton dorien était aussi porté à Athènes.
— Par-dessus le chiton, on portait le manteau ou *himation* [2] jeté sur l'épaule de gauche à droite [3] et descendant jusqu'aux genoux. Le manteau spartiate ou *tribon* était plus court, et porté, à Athènes, par les pauvres et les *laconisants;* Socrate en fit le manteau des philosophes. — Le chiton pouvait être remplacé par la *diphthera*, vêtement épais des pâtres et des paysans, et l'himation par la *chlamyde*, la *chlaïna*, la *chlanide*, etc. La *chlamyde* était le vêtement des Thessaliens, Macédoniens et Illyriens, ainsi que des éphèbes attiques : c'est aussi celui de Mercure et de Mars. La *chlaïna* est, dans Homère, un vêtement chaud qui protège contre le froid et la pluie. La *chlanide* était une étoffe d'été, souvent couleur de safran, portée principalement par les femmes : c'est le vêtement de Bacchus. — B. VÊTEMENTS DE LA FEMME. L'habillement de la femme se composait d'une chemise ou *chitônion*, de la jupe ou chiton, et d'une tunique jetée par-dessus. Le *chiton dorien* était un morceau d'étoffe sans manches, fermant par des agrafes [4]; le *chiton ionien* était un long vêtement de lin avec des manches, quelquefois relevées, comme dans les figures du Parthénon. La ceinture de la femme s'appelait *zônion* ou *zônè*, celle de l'homme *zôster*. Au-dessous des seins, se portait un bandeau nommé *ténia* ou *mitra*, qu'il ne faut pas confondre avec la *zônè*, portée au-dessus des hanches [5].

1. ποδήρης.
2. φᾶρος; dans Homère (*Iliade*, 2, 43).
3. L'élégance dans ce mouvement était très appréciée : on disait ἀναβάλλεσθαι ἐλευθέρως, κοσμίως; ἀναλαμβάνειν τὴν ἐσθῆτα. Les barbares jetaient le manteau de droite à gauche.
4. περόναι. Dans les statues de Minerve, l'agrafe est souvent un masque de Méduse. (Musée du Louvre, n° 114 du catal. Froehner.)
5. I. L'ÉTOFFE pour les habits d'homme était la laine; pour les femmes, la laine, le coton (βύσσος, σινδών), les étoffes transparentes d'Amorgos et de Cos, la soie (σηρικόν, βομβύκινον) fabriquée à Cos depuis le IV° siècle avant Jésus-Christ. Les hommes étaient ordinairement en blanc; les femmes honnêtes portaient des habits d'une seule couleur, et les vêtements bigarrés (ἀνθίσματα) étaient réservés aux autres. Les jeunes filles étaient généralement vêtues de blanc, mais souvent en pourpre, en safran, en vert olive.
II. CHAPEAUX, PARASOLS. Les hommes ne se couvraient la tête qu'à la campagne : à la ville, les étrangers seuls portaient des chapeaux. En voyage, les éphèbes mettaient le large *pétase*, les Macédoniens le chapeau de feutre dit *causia*. Le *pilos*, chapeau conique, servait aux malades, et, en hiver, aux délicats. Contre la pluie, on se préservait par une casquette de cuir (κυνῆ); les chapeaux arcadiens à larges bords garantissaient du soleil. Les femmes portaient des parasols (σκιάδειον), mais le parapluie (inventé par les Chinois et connu en France depuis le siècle dernier seulement) n'est mentionné nulle part. Les Thébaines se couvraient le visage d'un capuchon.
III. COIFFURES. Les jeunes filles nouaient leurs cheveux par derrière en chignon avec un bandeau (μίτρα) très simple, ou un diadème en métal doré (σφενδόνη). Les cheveux étaient ramassés en avant sur le front pour le raccourcir (Antinoüs), la petitesse du front passant pour une beauté. Aristophane parle déjà des faux cheveux (κεφαλὴ περίθετος) et Clément d'Alexandrie en flétrit l'usage. (Cf. Juvénal, 6, 502.) Les élégantes teignaient leur chevelure en blond clair. (Athén., 12, 60.)
IV. CHAUSSURES. Les chaussures étaient des sandales (κρηπίς), ou des demi-bottines du genre de nos pantoufles, attachées au pied par une courroie plate passée dans des œillets. Les hommes allaient souvent nu-pieds, comme Socrate. En voyage et à la chasse, on se servait de brodequins (κόθορνος), chaussure élevée, avec des lacets. Les femmes portaient des brodequins artistement ornés (chaussures de Diane et de Mercure, plus tard des empereurs

§ IX. — REPAS, JEUX, VOYAGES.

Repas et banquets[1]. — I. Les Grecs prenaient trois repas par jour. Homère parle du déjeuner[2] au lever, du dîner[3] vers midi et du souper[4] au coucher du soleil. Dans le dîner, on distinguait le premier et le deuxième service[5]. Le plat national des Grecs était la *maza*[6], bouillie en pâte faite avec de la farine d'orge[7] et de l'eau[8]. Le pain de l'Attique était très estimé, ainsi que les rôtis de lièvre, les saucissons, les poissons[9] (principalement l'*aphye*, les poissons salés du Pont[10] et les anguilles du lac Copaïs). Comme dessert[11], l'on servait divers gâteaux[12], des fruits, tels que dattes, olives, figues d'Attique et de Rhodes, des amandes, du fromage (surtout de Sicile et d'Achaïe), etc.

II. On ne buvait presque pas pendant les repas : le vin était réservé pour le *symposion*. Après l'ablution des mains, on buvait au *bon génie*[13], ou à la *santé*[14]; on jetait quelques grains d'encens dans le feu et l'on entonnait un péan avec accompagnement de flûte : ceux qui ne voulaient pas boire s'en allaient[15]. Le soleil couché[16], le symposion commençait par l'invocation d'un dieu, généralement Jupiter sauveur. On buvait le vin mêlé d'eau chaude ou froide; boire le vin pur[17] était une mode barbare, et d'ailleurs non sans danger, à

---

romains). — [Sur tout ceci, voyez Ferrarius, *de Re vestiaria*, dans le VI° vol. de Gronovius, et Weiss, *Costumes*, 1860, all.] — On gravait quelquefois des inscr. sur la semelle des souliers, qui laissaient une empreinte sur le sable. Heuzey (*Société des Antiq.*, 1877) cite un modèle de soulier de courtisane, en terre-cuite, avec le mot : ἀκολούθει.

1. Voy. surtout les *Banquets* de Platon et Xénophon, et Athénée, *Deipnosophistes*. Je passe rapidement sur ces points, qui sont bien traités dans l'*Anacharsis*, t. II, p. 54, éd. de 1788.
2. ἄριστον.
3. δεῖπνον.
4. δόρπος.
5. πρῶται, δεύτεραι τράπεζαι. Les Athéniens n'étaient pas grands mangeurs : Antiphane, dans Athénée, 4, 131, les appelle μικροτράπεζοι.
6. μᾶζα, ἡ δημοτικὴ καὶ κοινὴ τροφή. (Athén., 14, 83.)
7. ἄλφιτον. (Xén., *Cyrop.*, 6, 2.)
8. On employait aussi le vin : φυστὴ μᾶζα. Le brouet noir, μέλας ζωμός, mets national des Lacédémoniens, se composait, à ce que l'on croit, de graisse de porc assaisonnée de vinaigre et de sel (Athén., 4, 141).
9. ὄψον. (Athén., 7, 276.)
10. τάριχη.
11. τραγήματα, τρωγάλια.
12. πλακοῦς, *placenta*, farine d'avoine mêlée de fromage et de miel; μελιτοῦττα, gâteau pétri avec du miel; ἅλες, ἡδυσμένοι, gâteaux salés. Cf. Athén., 14, 51-58.
13. ἀγαθὸς δαίμων.
14. ὑγίεια.
15. ἢ πίθι ἢ ἄπιθι, disait-on. (Cic., *Tusc.*, 5, 41, 118.)
16. ἀφ' ἡμέρας πίνειν passait pour un dérèglement grave. Cf. Polybe, 24, 5.
17. ἄκρατον. (Aristoph., *Chev.*, 105.)

cause de la grande force des vins grecs. En été, l'on rafraichissait l'eau dans des vases poreux [1], ou avec de la neige, qui se vendait déjà à Athènes au cinquième siècle [2]. Le mélange [3] se faisait dans le cratère, où l'on versait d'abord le vin, puis l'eau. Du cratère, le vin était réparti entre les coupes des convives au moyen de l'*œnochoé*. Le symposion était présidé par un *symposiarque* ou *roi* [4], autrefois l'hôte lui-même, plus tard désigné par le sort. La coupe passait de gauche à droite, et chacun buvait à la santé de son voisin en prononçant son nom. Alors l'on entonnait en chœur les chants des festins ou *scolies*; souvent chaque convive en récitait une strophe, tantôt en suivant l'ordre autour de la table, tantôt capricieusement, le dernier chanteur désignant celui qui devait continuer en lui passant une branche de myrte [5].

Occupations et jeux des Grecs. — INDUSTRIE, NÉGOCE [6]. 1. Toute occupation autre que la politique semblait aux Grecs indigne d'un homme libre et portant atteinte à son indépendance [7]. Les Grecs méprisaient d'ailleurs la vie sédentaire à laquelle condamne le travail [8] et qui finit par déformer le corps. A Athènes, la moitié des artisans étaient métèques. Ajoutons que la concurrence

---

1. ψυκτῆρις, βαυκάλιδες.
2. Xén., *Mém.*, 2, 1, 30. Sénèque parle de sorbets, *nivatae potiones*.
3. Selon Hésiode, il faut mélanger 3 parts d'eau avec 1 de vin : ordinairement, la proportion était de 2 : 5 ou 2 : 3, les forts buveurs se permettant seuls le mélange à quantités égales (ἴσον ἴσῳ).
4. Dans Horace, *arbiter bibendi*.
5. αἴσακος. C'est cette irrégularité qui a fait donner au chant ainsi récité le nom de σκόλιον (courbe). Le plus célèbre des *scolies* grecques, l'éloge d'Harmodius et d'Aristogiton, chanté sur l' Ἁρμοδίου μέλος, a été divisé par Bode (*Hist. de la poésie grecque*) en 4 strophes, dont voici la première et la dernière :

> Ἐν μύρτου κλαδὶ τὸ ξίφος φορήσω,
> ὥσπερ Ἁρμόδιος καὶ Ἀριστογείτων,
> ὅτε τὸν τύραννον κτανέτην,
> ἰσονόμους τ' Ἀθήνας ἐποιησάτην.

> Αἰεὶ σφῶν κλέος ἔσσεται κατ' αἶαν,
> φίλταθ' Ἁρμόδιε καὶ Ἀριστογείτων,
> ὅτι τὸν τύραννον κτανέτην,
> ἰσονόμους τ' Ἀθήνας ἐποιησάτην.

Athénée nous en rapporte quelques autres sur le même rhythme, unique dans la métrique grecque, et en loue la naïveté. Voy. Ilgen, *Scolia*, 1798; Cornarius, *de Conviv. Graecorum* dans Gronovius, et Wellauer, *Litt. culinaire des Grecs* (all.). — Les autres amusements des Grecs, après boire, étaient les charades (γρῖφοι) et le cottabe, jeu qui consistait à frapper d'un jet de vin une plaque d'airain.
6. Drumann, *Artisans en Grèce et à Rome*, 1860 (all.); Blümner, *Technologie et terminologie des métiers*, 1877 (all.); Hüllmann, *Hist. du commerce des Grecs*, 1839 (all.); Goguel, *Comm. d'Athènes après les guerres médiques*, 1866. Le grand ouvrage de Heeren sur le *Commerce dans l'antiquité* (trad. franç., 1830) fait toujours autorité.
7. ἐλευθέρου γὰρ τὸ μὴ πρὸς ἄλλον ζῆν. (Arist., *Rhét.*, 1, 9, 27.)
8. Ils l'appelaient βαναυσία, de βάναυσος (*prope caminum laborans* : βαῦνος γὰρ ἡ κάμινος, dit Suidas). Cf. Xén., *Mém.*, 4, 2, 22. A Sparte, l'industrie était laissée aux métèques.

des esclaves, nourris par leurs maîtres et non payés, rendait le travail industriel presque impossible aux hommes libres.

2. Dans le commerce, le négociant en grand[1] est aussi estimé que le commerçant en détail[2] est méprisé. Les petits marchands faisaient l'usure et se livraient à des fraudes de tout genre. Les grands négociants tenaient la banque et le commerce maritime; ils avaient sur le Pirée un bâtiment spécial[3] pour emmagasiner les marchandises qu'ils importaient. Quelques banquiers jouissaient de fortunes très considérables, comme Pasion, riche de plus de 80 talents[4].

JEUX DES GRECS[5]. — 1. Le jeu de *petteia*, dont on attribuait l'invention à Palamède, se jouait avec 5 pièces sur 5 lignes[6] : il s'agissait d'enlever ses pièces[7] à l'adversaire en les cernant et en leur barrant le passage. On voit que ce n'est pas le jeu des échecs modernes, qui est venu de la Perse, comme l'indique son nom.

2. La *cubeia* se jouait avec 2 sortes de dés, les *cubes* et les *astragales*[8]. Il y avait, avec les *cubes*, 64 coups possibles, dont le meilleur (coup royal, Vénus)[9] était le triple 6; le plus mauvais coup (coup du chien)[10] était le triple 1. Les *astragales* n'avaient que 2 faces planes.

3. Le jeu de *pair ou impair*[11] était aussi fort à la mode. (Sur le cottabe, voy. p. 257, n. 5, et Fouquières, *op. cit.*, p. 212.)

VOYAGES. — 1. Les Grecs voyageaient surtout à pied, même les ambassadeurs, comme les envoyés des Athéniens à Philippe. Ils se faisaient suivre d'esclaves portant les bagages[12]. Quand on allait en voiture[13], on se servait le plus souvent d'un attelage de mules. Les Grecs n'ont pas su faire de routes : la Voie Sacrée d'Athènes à Éleusis est une exception et n'est d'ailleurs pas comparable aux voies romaines[14].

2. Les jeunes Spartiates ne pouvaient pas voyager à l'étranger sans la permission des éphores[15], et Platon voulait l'interdire aux citoyens âgés de moins

---

1. ἔμπορος.
2. κάπηλος.
3. δεῖγμα. (Xén., *Hellén.*, 5, 1, 21.)
4. La plus riche famille d'Athènes, une vraie dynastie, était celle d'Hipponique et de Callias, qui avait la dignité héréditaire de la *dadouquie* à Éleusis. Alcibiade possédait 100 talents. Par contre, Xénophon se plaint déjà de la pauvreté du peuple, fléau qui alla croissant. (Sur Pasion et la banque à Athènes, voy. Perrot, *Mél. d'archéol.*, et Bœckh.)
5. Bulenger et Meursius, *de Ludis Graecorum*, dans Gronovius; Becq de Fouquières, *Jeux des Anciens*, 1869.
6. Dans Homère, les prétendants jouent avec des πεσσοί. (*Od.*, 1, 107.)
7. πεσσοί, ψῆφοι.
8. κύβοι, ἀστράγαλοι.
9. Ἀφροδίτη, Κῶος, βασιλικὸς βόλος.
10. κύων, χῖος, οἶνος.
11. ζυγὰ ἢ ἄζυγα, μονὰ καὶ ζυγά.
12. σκεύη, στρώματα.
13. Généralement à deux roues et couverte (*carpentum*).
14. Les Anciens voyageaient peu à cheval. Les cavaliers du Parthénon montent sans étriers et à poil : postérieurement, on se servit d'une couverture en guise de selle. Les seules rênes étaient celles de filet. La première mention des étriers se trouve dans un traité de l'empereur Maurice.
15. Isocr., *Busiris*, 18. Cf. Plat., *Lois*, p. 951.

de 40 ans. Les Athéniens avaient toute liberté à cet égard, et ils en usaient.
— 3. Dans les temps primitifs, on ne connaissait que l'hospitalité; plus tard, on construisit des auberges[1]. Les aubergistes étaient fort décriés, et les habitants d'une ville ne devaient pas mettre les pieds chez eux. L'Aréopage exclut de son sein un citoyen qui avait déjeuné dans une auberge[2].

§ X. — LA MALADIE ET LA MORT.

MÉDECINS. — 1. Le caractère de la médecine fut d'abord exclusivement religieux. On plaçait le malade dans des chapelles[3] attenant aux temples d'Esculape : après des prières et des sacrifices, il s'endormait près de la statue du dieu, qui lui apparaissait en songe. Le prêtre expliquait le songe du patient, ou au besoin rêvait pour lui, et prescrivait des remèdes en conséquence. On éloignait les moribonds du temple pour ne pas le souiller. Un asclépiade de Cos, Hippocrate, fit connaître au public les recueils empiriques que se transmettaient les prêtres d'Esculape, et, sécularisant ainsi l'art de guérir, fonda la médecine scientifique (ve siècle)[4].

2. A l'époque classique, les médecins étaient publics[5] ou privés[6]. Au sixième siècle, Démocède de Crotone recevait de Polycrate 2 talents par an pour donner ses soins à ceux de Samos. Les médecins ne pouvaient exercer sans un certificat de l'État. Ils recevaient les visites des malades dans leur clinique[7], qui servait d'établissement de bains, de pharmacie, et où ils faisaient les opérations chirurgicales. Ils fixaient leurs honoraires[8] avant la guérison, et se faisaient souvent payer par avance. Les livres de recettes étaient fort répandus, et Aristote, comme les médecins d'aujourd'hui, en blâmait l'usage[9].

LA MORT. — 1. Après la mort d'un Grec, on lui plaçait une pièce de monnaie[10] dans la bouche, on lui fermait la bouche et les yeux, et l'on jetait un

---

1. πανδοκεῖα. Les gens sans asile couchaient dans les λέσχαι, dont il y avait 360 à Athènes. (Procl. *ad Hesiodi Op.*, 493.)
2. Voy., sur ce qui précède, Zell, *Auberges chez les Anciens*, 1826 (all.); Ginzrot, *Véhicules des Anciens*, 1817 (all.); Becker, *Chariklès*, I, p. 60.
3. Ἀσκληπιεῖα.
4. Voy. la belle édit. d'Hippocrate (grecque-française) par Littré, et les Histoires de la médecine par Daremberg et par Haser.
5. δημοσιεύοντες.
6. ἰδιωτεύοντες. [A Rome, les médecins furent d'abord des esclaves attachés à chaque famille, puis des Grecs, que l'on reçut avec défiance. L'Empire romain organisa la médecine comme enseignement officiel, et les *archiatres* formèrent une académie de médecine (Voy. Briau, dans Saglio, *Dict. Ant.*). Des *archiatri populares*, payés par le gouvernement, donnaient leurs soins aux pauvres.]
7. ἰατρεῖον. Dans les cas graves, les médecins visitaient les malades.
8. μισθός, σῶστρον. Le médecin vendait au malade les remèdes qu'il prescrivait.
9. Arist., *Pol.*, 3, 16 : τὸ κατὰ γράμματα ἰατρεύεσθαι φαῦλον.
10. δανάκη, ναῦλον (pour payer le nocher Charon).

voile sur son visage. Le corps était lavé par les femmes de la maison, revêtu de blanc, couronné, puis, le second jour, exposé dans le vestibule sur une litière [1] ornée de feuillage. A côté de la couche, on plaçait des fioles d'huile [2], et, devant la maison, un vase d'argile avec de l'eau lustrale [3] empruntée à une maison voisine, afin que les personnes sortant de la maison mortuaire pussent se purifier. Le lendemain avait lieu le *transport* [4] du corps, ordinairement avant l'aurore. Les criminels étaient enterrés de nuit. D'après la loi de Solon, les hommes, en vêtements noirs et les cheveux ras, précédaient les femmes dans le cortège. Des aulètes et des pleureuses ouvraient la marche. Si le mort avait péri assassiné, on portait devant lui une épée, symbole de la Vengeance.

2. Homère parle déjà de la crémation, mais elle n'était peut-être en usage que dans les épidémies, en temps de guerre ou loin de la patrie, afin que le transport des restes fût possible. Par contre, l'on enterrait en Attique depuis Cécrops, et l'on jetait de la terre même sur les cadavres inconnus [5]. Ce n'est que par exception que l'on se permettait d'ensevelir dans l'intérieur des villes; ceux qui périssaient foudroyés était enterrés sur place [6].

3. Le CERCUEIL [7] était de bois, quelquefois d'argile ou de pierre. Les offrandes funèbres [8] étaient des boucles de cheveux, des libations de vin, de miel et de lait mélangés [9], des sacrifices [10]. Comme monuments funéraires, on élevait des stèles de marbre [11] ou de petites chapelles [12]. Le DEUIL durait trente jours [13], après quoi l'on faisait un sacrifice sur le tombeau et l'on quittait les habits de deuil. On s'exposait au mépris si l'on négligeait les tombes de ses parents, et les

---

1. πρόθεσις. Cf. Thuc., 2, 34.
2. λήκυθοι.
3. ἀρδάνιον.
4. ἐκφορά.
5. πάντως ὅσιον ἀνθρώπου νεκρὸν γῇ κρύψαι (Pausan., 1, 32, 4).
6. Wachsmuth et Hermann pensent que l'inhumation était la règle à l'époque historique; d'autres que l'inhumation et la crémation étaient également fréquentes. Pott, Bopp et Grimm dérivent θάπτω du scr. « tap », brûler, s'appuyant en outre sur une glose d'Hésychius : ἄθαπτος; = ἄκαυτος. Curtius repousse cette étymologie et adopte avec Weber celle de « dhâ », *placer*, causatif « dhâpayâmi », d'où le sens de *condere*. — Dans l'Avesta (*Vendidad*, fargard I, Anquetil, p. 269), on lit : « La treizième ville que je produisis, moi Ormuzd, fut Tchekré; ensuite Ahriman [principe du mal] y produisit une action qui empêche de passer le pont, *celle de brûler les morts*. » Cette action est rapprochée, dans le même fargard, de diverses autres, comme le culte des *dews* femelles, qui semblent faire partie des mœurs et coutumes des peuples anaryens. La crémation est sans doute antérieure à l'inhumation, et elle devait naître la première chez des nomades; elle s'explique aussi par l'idée de souillure que les peuples non-aryens attachaient à la mort. Les Aryens, qui croyaient à la vie future, pratiquèrent l'inhumation; mais l'ancien usage de la crémation persista dans les pays qu'ils occupèrent, ainsi que la coutume, inexplicable par les idées aryennes, de se purifier du contact d'un mort. (Voy. les idées analogues que j'ai proposées, à la dernière page du livre de Benloew, *la Langue albanaise*). θάπτω, venant de « tap », *brûler*, signifie *enterrer*, comme *fagus*, parent de φηγός, *chêne*, signifie *hêtre*, par un phénomène de sémasiologie indiqué page 152.
7. σορός, ληνός, λάρναξ.
8. ἐντάφια.
9. χοαί τρίσπονδοι.
10. αἱμακουρίαι. Solon défendit d'immoler des béliers.
11. στῆλαι, κίονες.
12. ναΐδια.
13. Lycurgue en limita la durée à onze jours.

LIEUX DU CULTE.   241

magistrats en tenaient compte pour la *docimasie*. — Le jour des morts à Athènes était au mois de septembre (boédromion)[1].

§ XI. — LIEUX DU CULTE[2].

1. Outre l'Olympe, habitation commune des dieux, chaque divinité avait ses résidences favorites, dans les temples ou les sanctuaires que lui consacraient les hommes.

2. Socrate disait que, pour les temples et les autels, l'emplacement le plus convenable est un lieu bien découvert et peu accessible, « car il est agréable de n'avoir point la vue bornée en priant et de s'approcher des autels sans souillure[3]. »

3. Le mot d'autel[4] désignait anciennement toute espèce d'élévation. Les premiers autels furent des tertres de gazon[5]. D'autres étaient en bois, et le feu les consumait en même temps que les offrandes. On regardait comme particulièrement saints les autels formés de la cendre de précédents sacrifices. Il y avait des autels voués à deux dieux à la fois[6]. Les dieux des rues avaient les leurs; les dieux souterrains n'en avaient pas, mais on creusait des fosses où l'on répandait en leur honneur le sang des victimes.

4. Dans les temples de Vesta, le feu sacré suffisait comme symbole, et la déesse ne devait être représentée par aucune image. Homère ne mentionne qu'une seule fois une statue de divinité[7]; mais, à l'époque classique, les temples sans *agalma* sont l'exception.

5. Les temples étaient construits sur un emplacement consacré[8], entouré d'une cour et d'une enceinte[9], qui comprenait les demeures des prêtres. A l'entrée, étaient placés les vases d'eau lustrale[10]. Des précautions étaient prises pour éviter toute souillure. Ainsi, dans l'île sainte de Délos, aucun chien ne pouvait pénétrer et personne ne devait être inhumé : cette défense ayant été

---

1. Νεμέσια ou Νεκύσια. Voy. Meursius, *de Funere*, et Quenstedt, *de Sepultura*, dans Gronovius; Faydeau, *Sépult. des peuples anciens*, 1856; Stackelberg, *Tombes des Hellènes*, 1856 (all.); Kumanudes, *Épitaphes grecques*, 1871.
2. Sur la religion grecque, consulter : Stuhr, *Relig. des Grecs*, 1838 (all.); Gerhard, *Mythol. grecque*, 1854 (all.); Naegelsbach, *Théologie homérique* et *Théol. posthomérique* 1857, 1861, all. (capital); Grote, les premiers vol. de l'*Histoire grecque*; sur le *Culte des Arbres*, voy. Dora d'Istria (d'après Bötticher, 1857; Gubernatis, 1873) dans la *R. D-M.*, avril 1879; sur les *Sources sacrées*, Lobeck, 1830 (all.); citons encore : Hermann, *Dieux Termes*, 1847 (all.); Gerhard, *Culte des Hermès*, 1844 (all.). Cf. les ouvrages généraux, et les livres de mythologie cités plus loin, particulièrement celui de Maury.
3. Xén., *Mém.*, 3, 8, 10.
4. βωμός, de βα, *aller*, d'où le sens de *marche*, degré.
5. αὐτοσχέδιοι ἐσχάραι. Pausanias en vit encore en Attique (5, 13, 8).
6. Eschyle (*Suppl.*, 222) parle d'un autel de tous les dieux : πάντων δ'ἀνάκτων τῶνδε κοινοβωμίαν σέβεσθι. Il existait à l'ouest d'Athènes un autel des *Douze Dieux* : le monument de ce nom au Louvre (n° 1) est une base de trépied qui a pu servir de calendrier rural.
7. L'image de Minerve, *Il.*, 6, 303.
8. τέμενος.
9. περίβολος, ἕρκος.
10. περιρραντήρια.

MANUEL DE PHILOLOGIE.   16

violée, le gouvernement d'Athènes entreprit, en 426, la fameuse purification. Tous les tombeaux furent enlevés, et il fut défendu de naître ou de mourir à Délos. Les malades devaient se transporter dans l'île voisine de Rhénie [1].

6. Les temples étaient élevés et entretenus tantôt par l'État, tantôt aux frais de riches citoyens. Certaines amendes [2], la dîme du butin fait à la guerre, leur appartenaient. Les particuliers leur confiaient souvent de grandes sommes, et ils tenaient ainsi lieu de nos banques de dépôts. Une autre source de richesse pour les temples étaient les offrandes votives [3]. Le territoire appartenant aux sanctuaires était loué à des fermiers, par des contrats que les inscriptions ont fait connaître [4].

Quelques temples avaient le droit d'asile, principalement ceux d'Athéné Aléa à Tégée, de Neptune à Calaurie (où mourut Démosthène), etc.

§ XII. — CÉRÉMONIES, MYSTÈRES, FÊTES.

Sacrifices et offrandes. — 1. Les sacrifices *non sanglants* consistaient en prémices de la terre, en gâteaux de farine et de miel [5] : ce sont les plus anciens. Les pauvres offraient une pâte à laquelle ils avaient donné la forme d'un bœuf, d'un mouton ou d'un porc. En Béotie, au lieu de moutons, on sacrifiait des pommes à Hercule, en jouant sur l'identité des mots [6]. L'esprit formaliste de la religion antique s'accommodait de pareilles puérilités. — Un autre genre de sacrifices *non sanglants* consistait à brûler sur les autels du bois de cèdre ou des parfums [7]. Enfin, les libations [8], le plus souvent accompagnées de sacrifices, se faisaient avec du miel, du lait, de l'huile, surtout du vin pur. On y ajoutait de l'eau quand on sacrifiait aux Euménides [9], aux Parques, à Mnémosyne, à Hélios, aux Muses et aux Nymphes, etc.

2. Les sacrifices humains, dont Athènes a donné plus d'exemples que les autres villes grecques, ne se rencontrent qu'à titre d'exceptions monstrueuses ; lorsqu'ils se multiplient, à l'époque romaine, c'est sous l'influence des cultes de l'Orient [10].

---

1. Thuc., 3, 104.
2. Le plus ancien traité grec, celui des Héréens, stipule que les délinquants payeront 1 talent d'amende à Jupiter Olympien (*C. I. G.*, n° 11).
3. Pausanias parle d'un puits en Béotie où les convalescents jetaient des monnaies d'or et d'argent. Les ex-voto en or, en argent et en bronze, trouvés à Chypre par Cesnola, faisaient partie du trésor d'un temple. La Bibliothèque nationale possède une collection de vases d'or et de statues d'argent provenant d'un temple de Mercure près de Bernay.
4. On a trouvé à Mylasa et à Olympos de Carie des exemples de baux emphythéotiques. Cf. Newton, dans le *XIX° siècle* (angl.), 1878, *la Religion grecque d'après l'épigraphie*.
5. πέλανοι, πέμματα, πόπανα.
6. μῆλα. La fable des pommes d'or des Hespérides repose sur la même confusion, mais cette fois *involontaire*, et ne diffère pas du mythe de la toison d'or.
7. θύματα. Tels étaient les sacrifices offerts à Zeus Meilichios d'Athènes.
8. σπονδαί, λοιβαί (*Il.*, 16, 245 ; *Od.*, 11, 27).
9. θεαὶ ἄοινοι (Soph., *Oed. à Colone*, 100).
10. Lasaulx (*Sacrifices expiatoires des Grecs*, 1841 [all.]) a prétendu que l'idée d'expiation, mitigée par celle de la substitution des victimes, était à l'origine de tous les sacrifices, et le centre même de toutes les religions positives. Donaldson (*Transact. de la Soc. d'Édin*-

On ne sacrifiait pas tous les animaux à tous les dieux ; on n'offrait ni chèvres à Minerve, ni porcs à Aphrodite. Mais on sacrifiait le porc à Cérès, parce qu'il détruit les fruits de la terre, et le bouc à Bacchus, parce qu'il nuit aux vignes. Les victimes devaient avoir un certain âge [1], et leur sexe était généralement celui de la divinité à laquelle on les offrait. Les victimes blanches étaient réservées aux dieux supérieurs, les noires aux dieux de la terre et de la mer. Les sacrificateurs étaient les prêtres, et, à l'époque héroïque, les rois.

4. Les offrandes [2] diffèrent essentiellement des sacrifices en ce qu'elles ne sont ni brûlées ni détruites, mais offertes aux dieux et conservées dans un lieu saint. Des jeunes gens consacraient leur chevelure à une divinité : Pelée offrait au Sperchius les cheveux d'Achille, Thésée les siens à Apollon Délien.

Prières. — 1. Le sacrifice et les prières sont les deux parties essentielles du culte. Les prières ont été personnifiées par Homère dans un passage célèbre et souvent incompris [3]. — L'ablution des mains précédait la prière, que l'on faisait debout, le visage tourné vers l'Orient, la tête découverte, les mains levées au ciel; quand on s'adressait à un dieu marin, on étendait les mains horizontalement vers la mer, et on les abaissait vers la terre quand on invoquait une divinité souterraine. Quand une prière ne s'adressait à aucune divinité en particulier, on nommait à la fois plusieurs dieux ; souvent on se mettait en garde, par une formule spéciale (p. ex. : *quels qu'ils soient et de quelque nom qu'ils désirent qu'on les nomme*) [4], contre toute erreur désagréable aux dieux. — Socrate priait simplement les dieux de lui donner ce qui était bon pour lui, croyant qu'ils savaient le mieux ce qui est vraiment désirable pour les hommes [5].

2. Les danses religieuses autour des autels étaient généralement simples. Une danse en l'honneur de Thésée à Délos s'appelait *géranos*, parce qu'elle imitait, comme le vol des grues, les sinuosités du labyrinthe de Crète [6].

Jeux. — Les jeux célébrés aux cérémonies religieuses sont d'espèces diverses. Les plus connus sont les cinq exercices du *pentathle* [7], à savoir : le saut, la course, la lutte, le jet du disque et le pugilat, auquel on substitua plus tard le jet du javelot. — En l'honneur des dieux du feu (Vulcain, Artémis, Bendis, Pan et

---

bourg, 1877) lui a opposé la théorie purement anthropomorphique, d'après laquelle l'homme, concevant les dieux à son image, leur faisait don des objets qui lui étaient agréables à lui-même. On peut admettre concurremment ces deux points de vue : car le second n'explique pas des sacrifices comme ceux de Polyxène et d'Alceste. Les sacrifices humains, particuliers aux cultes de Moloch, sont probablement anaryens, comme tant d'autres abominations qui persistèrent à l'époque aryenne.

1. τελειότης.
2. ἀναθήματα. Voy. *Il.*, 23, 21 ; Plut., *Thés.*, 5 ; Esch., *Choéph.*, 6.
3. *Il.*, 9, 502, épisode des Λιταί.
4. Platon, *Cratyle*, 400 d : ἐν ταῖς εὐχαῖς νόμος ἐστὶν εὔχεσθαι, ἃ οἵτινές τε καὶ ὁπόθεν χαίρουσιν ὀνομαζόμενοι ». Cf. Esch., *Agam.*, 160.
5. Xén., *Mém.*, 1, 3, 2. — Cf. Müller, *Rites et Cérémonies des Grecs*, 1851.
6. Voy. Callimaque, *Hymne à Délos*.
7. Vers mnémonique de Simonide : ἅλμα ποδωκείην δίσκον ἄκοντα πάλην. Voy. Pinder, 1867, (all.). Il a établi que le concours commençait par le *saut* : les concurrents ayant franchi l'espace réglementaire entraient en lice pour le *javelot*. Les quatre meilleurs restaient pour la course, puis les trois premiers pour les disques, les deux meilleurs enfin pour la lutte, épreuve définitive dont le vainqueur est dit vainqueur du pentathle.

Prométhée), on célébrait à Athènes[1], aux Panathénées, le jeu appelé *lampadéphorie*. Par une nuit sans lune, les coureurs partaient de l'autel de Prométhée où ils avaient allumé chacun un flambeau : le prix était à celui qui, sans le laisser éteindre, arrivait le premier à l'Acropole.

THÉATRE[2]. — 1. Aux fêtes de Bacchus, le chœur, chantant le dithyrambe, dansait une ronde autour de l'autel du dieu, sur lequel on immolait un bouc (*tragos*). De ce chant naquit la *tragédie*, et de la tragédie, le drame, où, d'Eschyle à Euripide, l'élément religieux d'abord prépondérant s'effaça peu à peu devant l'intérêt humain. Thespis, à côté du chœur, ne fit paraître qu'un seul acteur : Eschyle en introduisit deux, et Sophocle trois sur la scène[3]. En même temps, la partie lyrique perdit son importance pour n'être plus, dans Euripide, qu'un prétexte à des hors-d'œuvres brillants. L'origine de la comédie est la même ; mais de vieilles farces populaires lui avaient servi de modèles, et, à la différence de la tragédie, elle fleurit aussi hors d'Athènes, à Mégare et chez les Doriens de Sicile[4].

2. La scène était dressée sur des tréteaux peu élevés ; les acteurs (tous hommes) portaient des masques, représentations traditionnelles des personnages en scène et servant à renforcer la voix ; ils étaient chaussés de *cothurnes*, brodequins à semelles très épaisses, qui augmentaient leur stature, chose indispensable dans un vaste théâtre comme celui de Bacchus, où 30 000 spectateurs prenaient place. Les représentations se donnaient en plein jour ; les gradins formaient un demi-cercle autour de la scène, et, dans l'intervalle, se trouvait l'orchestre, réservé aux évolutions du chœur autour de la *thymèle*, autel de Bacchus situé au centre du demi-cercle[5]. Les décorations étaient simples et ne visaient pas à faire illusion ; mais l'art des machinistes était déjà très avancé, puisqu'ils pouvaient faire descendre, *par la route des oiseaux*, le chœur des Océanides dans le *Prométhée*.

3. Des concours dramatiques annuels étaient institués à Athènes aux fêtes de Bacchus, aux Lénéennes et aux grandes Dionysies. L'archonte éponyme choisissait, parmi les compétiteurs, trois poètes auxquels il *donnait un chœur*, c'est-à-dire la libre disposition d'une troupe habillée et entretenue par un chorège. Depuis le milieu du cinquième siècle, on n'exigea plus de chaque auteur une

---

1. Et ailleurs également (Corinthe, Pergame, Amphipolis).
2. Je renvoie pour les détails à Patin, Donaldson (*Théâtre des Anciens*, 1860), Pierron (Préf. d'Eschyle), et les liv. VIII et IX. Cf. Benndorf, *Théâtre attique*, 1875, all. (très remarquable ; voy. Perrot, *R. C.*, XIX, 157.)
3. Aristote, *Poét.*, 4, 16. Il s'agit du nombre d'acteurs figurant *à la fois* sur le théâtre.
4. Les pièces tirées de la légende de Bacchus avaient d'abord admis tous les tons ; la distinction de la comédie et de la tragédie, méconnue dans les décadences, est inconnue des époques de préparation. Le dorien Pratinas relégua le premier l'élément comique dans le *drame satyrique*, où le chœur était composé d'une troupe de satyres, et qui servit d'appendice à la trilogie tragique. Nous possédons deux de ces pièces, le *Cyclope* et *Alceste* ; cette dernière n'a plus conservé du drame satyrique que le dénouement heureux, inadmissible dans une tragédie. (Egger a le premier signalé la véritable nature d'*Alceste*). Il nous reste une seule trilogie complète, l'*Orestie* d'Eschyle ; mais le drame satyrique manque. Les *didascalies* (alexandrines ou byzantines) et les lexicographes font connaître les titres complets de plusieurs autres.
5. Sur l'exécution des chœurs, voyez notre *Métrique*.

tétralogie ; les poètes luttèrent pièce contre pièce, et, du temps de Ménandre, on put donner un chœur à cinq poètes à la fois[1]. A l'origine, le peuple décidait par acclamation entre les trois concurrents : plus tard, on institua un tribunal de cinq juges. Le nom du vainqueur était inscrit sur les monuments publics, entre celui du chorège et celui de l'archonte.

PURIFICATIONS. — 1. Pour les purifications[2], on se servait surtout d'eau courante : l'eau de mer était plus efficace encore[3], et, à défaut, l'on jetait du sel dans l'eau de rivière. On purifiait aussi par la fumée[4], et, dans le culte de Bacchus, par *ventilation* : à une fête bacchique[5], l'on suspendait au vent de petites poupées, des disques, etc. Le bruit de l'airain passait pour purificateur : de là, l'usage des tympans, et peut-être des cloches[6].

2. Les cérémonies *expiatoires* et *propitiatoires*[7], qui ont pour but d'écarter du pécheur la colère divine, se distinguent des purifications. Les sacrifices expiatoires se composaient de béliers, offerts surtout à Jupiter. On a pensé que, dans les sacrifices de ce genre, les animaux immolés étaient substitués à des victimes humaines, comme la biche dans la légende d'Iphigénie.

Mystères. — Depuis que Lobeck, dans un livre empreint d'un scepticisme voltairien[8], a porté un coup décisif aux imaginations mystiques de Creuzer[9], la science, faute de textes nouveaux, suspend son jugement sur les *mystères :* mais elle ne semble plus tentée, comme autrefois, d'en exagérer la valeur morale. Le secret imposé aux initiés explique assez, à cet égard, la pauvreté de nos informations[10].

1. La première mention des mystères[11] se trouve dans Hésiode, à propos de l'initiation bacchique ; le mot de *mysteria* ne se rencontre que plus tard, appliqué aux mystères d'Éleusis. Le caractère extatique et orgiastique est étranger aux mystères purement helléniques, et pénétra en Grèce par la Phrygie et la Thrace sous la forme d'un sombre fanatisme qui exerçait ses fureurs contre le corps[12]. Les MYSTÈRES D'ÉLEUSIS, les plus importants, se divisaient en grands et petits, les premiers en l'honneur de Cérès, les seconds en l'honneur de Pro-

---

1. Cf. Pierron, Préf. à la trad. d'Eschyle, p. 23.
2. Καθαρμοί, c'est le titre d'un poème d'Empédocle qui paraît avoir existé encore au XV° siècle. (Voy. la préf. de l'éd. de Sturz, 1806.)
3. θάλασσα κλύζει πάντα τἀνθρώπων κακά. (Eur., *Iphig. Taur.* 1193.)
4. καθάρσιον πῦρ. De là le nom mystique du soufre, θεῖον.
5. Αἰώρα. Cf. Serv. *ad Aen.*, 6, 741.
6. ὁ χαλκὸς ἐνομίζετο καθαρὸς εἶναι, καὶ ἀπελαστικὸς τῶν μιασμάτων. (*Schol.* Théocr.)
7. ἱλασμοί.
8. L'*Aglaophamus sive de theologiae mysticae Graecorum causis*, 2 vol., 1829. Aglaophamus est le nom du maître de Pythagore.
9. D'après l'illustre chef de l'*école symbolique*, la doctrine philosophique et monothéiste primitive, mise à la portée de la foule par les symboles de la mythologie, s'était conservée intacte dans l'enseignement oral, qui, dans les mystères, se transmettait d'initiés à initiés. Mais Lobeck a montré que les mystères avaient un caractère public et étaient bien plus accessibles que ne le pensait Creuzer.
10. Naturellement, il faut se défier aussi des invectives des polémistes chrétiens (Arnobe, Clément, etc.), qui ne sont ni bien informés ni impartiaux.
11. Τελεταί, ὄργια, μυστήρια. Hésiode dit τελετή.
12. Ménades, Corybantes, Galli. Voy. l'*Atys* de Catulle.

serpine. L'initié aux petits mystères[1] pouvait être admis aux grands un an plus tard ; après avoir été instruit par l'hiérophante[2], il prenait le titre d'*épopte* ou d'*inspecteur* à son tour[3]. La même hiérarchie existait dans les mystères des Cabires de Samothrace. Le silence était exigé de tous les initiés : on accusa Alcibiade d'avoir divulgué ce qu'il avait vu.

2. Au point de vue de l'*intervention de l'État*, on distingue : 1° les mystères *publics* comme ceux d'Éleusis et de Samothrace ; 2° les mystères *reconnus* seulement par l'État, comme les Thesmophories, les Dionysies Triétériques ; 3° ceux d'associations à demi reconnues ou clandestines, comme les mystères orphiques ou des cultes étrangers.

THIASES, ÉRANES[4]. — 1. Ces derniers, sur lesquels l'épigraphie a jeté des lumières inattendues[5], étaient célébrés par des associations nommées *éranes* ou *thiases*[6]. Chaque association était désignée d'après le nom ou l'épithète d'une divinité prise pour patronne[7]. A la différence des sociétés religieuses ayant pour but le culte des dieux reçus dans la cité, les thiases étaient ouverts aux femmes, aux étrangers, même aux esclaves[8]. Les divinités qu'on y célébrait n'étaient pas helléniques[9], et les sarcasmes des poètes comiques attestent la résistance que rencontrèrent ces intrus, introduits dans Athènes par la grande extension de son commerce[10]. Sous la Macédoine et surtout sous l'Empire, les thiases et éranes se multiplièrent, en même temps que le paganisme officiel voyait baisser son crédit[11].

2. Les éranes et thiases semblent avoir été, d'autre part, des sortes d'associations de secours mutuels, destinées à assurer à leurs membres, par des prêts gratuits, quelques ressources en cas de gêne ou de maladie[12].

---

1. μύστης.
2. Un membre de la famille athénienne des Eumolpides.
3. ἔφορος, ἐπόπτης. Arrivé au plus haut degré de l'initiation, il devenait μυσταγωγός, et était chargé d'instruire les novices. (Suidas, *s. v.*)
4. Les orgéons sont des sociétés du même genre.
5. Foucart, *Associations religieuses chez les Grecs*, 1874. Aucun livre ne démontre mieux l'utilité de l'épigraphie pour l'histoire morale de l'antiquité.
6. Le mot *érane* est plus général que celui de *thiase*, bien qu'Aristote et Athénée les aient confondus. *Erane*, dans Homère (*Od.*, 1, 226) signifie *coena collaticia*.
7. Σαραπιασταί, Σωτηριασταί, etc.
8. Toutefois, d'après les *statuts* des orgéons (iv° siècle), découverts récemment au Pirée, il fallait subir une *docimasie* et payer un droit d'entrée.
9. La Mère des dieux, Aphrodite Syrienne, Artémis Nana, Mithra, Bendis, Isis, Sérapis, Zeus Carien, Hercule Tyrien, les Cabires phéniciens, Sabazios, Hyès, Isodaïtès, Adonis, Cotytto, tous fort mal famés, et à juste titre.
10. Voy. surtout Ménandre. La plupart de ces sociétés siègent près du Pirée. Josèphe (*c. Apion*, 2, 37) rappelle une ancienne loi édictant la peine de mort contre ceux qui introduiraient à Athènes des divinités étrangères. Il ne paraît pas cependant qu'elle ait été souvent appliquée.
11. Renan et Wescher (*Rev. archéol.*, 1864) ont vu, dans ces sociétés où les femmes et les esclaves étaient admis, une louable tentative pour régénérer le paganisme. Mais cette opinion est réfutée par Foucart, qui montre qu'au moment même où l'État intervient dans la célébration des mystères *officiels* pour y maintenir l'ordre et les bonnes mœurs, les associations nouvelles deviennent florissantes, parce qu'elles échappent à cette discipline morale. Leur succès, loin de présager et de préparer le christianisme, est un triomphe du libertinage dévot sur la conscience religieuse en progrès.
12. L'*eranos* était remboursable et même exigible, du moins en capital. Voy. Isée, 11, 43,

Fêtes périodiques[1]. — Les fêtes des Grecs étaient communes à toute la Grèce, ou particulières à chaque peuple. Les *fêtes panhelléniques* sont : 1° les OLYMPIQUES, en Élide; 2° les PYTHIQUES, en Phocide (Delphes); 3° les NÉMÉENNES, en Argolide (Némée); 4° les ISTHMIQUES (Corinthe).

1. OLYMPIQUES[2]. — Au dire des prêtres, l'Hercule de l'Ida, sous le règne de Saturne, institua à Olympie une course à pied. A l'époque historique, Iphitus, roi d'Élis, d'accord avec Lycurgue, établit la périodicité (de 4 en 4 ans) de l'*agôn* olympique, ainsi que la TRÊVE SACRÉE[3], d'après laquelle les hostilités entre Grecs devaient être suspendues pour un mois[4] pendant la célébration des jeux. Tout Grec était admis à concourir aux jeux olympiques, s'il n'était pas souillé d'un meurtre, d'un sacrilège, ou *atime* pour quelque autre cause. Les jours de lutte, les femmes étaient exclues de l'enceinte, à l'exception de la prêtresse de Déméter Chamyne à Élis, qui avait même un siège réservé. Les ordonnateurs des jeux s'appelaient *hellanodiques*, et cela même avant que toute la Grèce y prît part, parce que les peuplades helléniques qui se réunirent les premières portaient le nom d'Hellènes. — Les prix consistaient en couronnes d'olivier sauvage[5]. Un olivier spécial dans l'*Altis*, désigné par l'oracle à Iphitus, fournissait le feuillage des couronnes. A Athènes, Solon avait fixé un prix de 500 drachmes pour être donné en outre à chaque *Olympionique*. Depuis 450, la mode s'introduisit de faire des lectures publiques[6] à Olympie : Gorgias, Hippias d'Élée, Hérodote (?), y remportèrent de grands succès. Il nous est resté le *Panégyrique* d'Isocrate et le *Discours olympique* de Dion Chrysostome, récités à cette solennité nationale.

2. Les PYTHIQUES étaient des jeux célébrés tous les quatre ans au pied du Parnasse dans la plaine de Crisa en l'honneur d'Apollon Pythien[7]. Le prix était une couronne de laurier.

3. Les NÉMÉENNES, célébrées tous les deux ans entre Cléoné et Phlius en Argolide, près du temple de Jupiter Néméen. Le prix était une couronne de lierre.

4. Les ISTHMIQUES, les jeux les plus brillants après les Olympiques, étaient

---

et Foucart, *op. cit.*, p. 145. — La loi athénienne accordait un secours de 1 obole par jour aux infirmes qui avaient moins de 5 mines de bien. Cf. Lysias, περὶ ἀδυνάτου.

1. Les jours de chaque mois étaient consacrés à différentes divinités, et, par suite, plus ou moins propices. Le cinquième jour est considéré comme très pernicieux par Hésiode. Le dix-huitième et le dix-neuvième jour sont les meilleurs pour sacrifier : les trois derniers passent pour funestes (ἀποφράδες, μιαραὶ ἡμέραι).
2. Voy. Meursius, *Graecia Feriata*, dans Gronovius, et Rink, *Relig. des Grecs*, 1854.
3. Ἐκεχειρία, σπονδαί.
4. ἱερομηνία. Cette *trêve de Dieu* marque nettement le caractère religieux et politique des fêtes nationales en Grèce. Une statue de la déesse Ἐκεχειρία couronnant Iphitus était placée à l'entrée du temple de Jupiter Olympien. (Paus., 5, 20, 1.)
5. ἐλαία καλλιστέφανος.
6. ἐπιδείξεις.
7. Voy. dans l'hymne à Apollon d'Homère l'origine légendaire de ces jeux.

célébrés tous les trois ans dans l'enceinte du temple de Neptune, près de Corinthe. Ils avaient été institués par Neptune et Hélios; les premiers vainqueurs à la course furent Castor et Pollux. D'après une tradition plus récente, Neptune les aurait établis en l'honneur de Mélicerte, fils d'Ino, près de l'endroit où la mère et le fils s'étaient précipités dans les flots.

Parmi les fêtes particulières à chaque peuple, les plus fameuses, célébrées à Athènes[1], sont les PANATHÉNÉES, les ÉLEUSINIES, les THESMOPHORIES, les APATURIES; à Sparte, les HYACINTHIES et les CARNIES.

1. Les PANATHÉNÉES, la plus grande et la plus ancienne des fêtes athéniennes, en l'honneur de Minerve Poliade, étaient célébrées annuellement dans la dernière moitié d'hécatombéon (juillet) et avec un éclat particulier tous les cinq ans (grandes Panathénées)[2]. Elles consistaient en sacrifices et en concours poétiques, gymniques et hippiques. C'était d'abord la course des chars, instituée par le roi Érichthonius, puis les courses de cavaliers[3], le pentathle, la lampadodromie. Les prix consistaient en une couronne d'olivier sacré[4] et un vase de terre avec un peu d'huile de cet olivier[5]. Le dernier jour avait lieu la procession ou *pompe panathénaïque*. Des jeunes filles choisies[6] portaient le *péplos* blanc[7] de Minerve, tissé par elles, du Céramique à l'Acropole, où elles en paraient la vieille statue de Minerve, faite du bois d'un olivier sacré. Le cortège, comprenant des vieillards et des femmes âgées portant des branches d'olivier[8], des guerriers à cheval, des métèques avec de petits vaisseaux symbolisant leur origine étrangère[9], les femmes des métèques chargées de vases remplis d'eau[10], de jeunes garçons et de jeunes filles portant dans des corbeilles les gâteaux du sacrifice[11], des filles de métèques portant des sièges pliants[12], des enfants richement parés, etc., est représenté sur l'admirable frise du Parthénon, aujourd'hui à Londres, et dont les moulages devraient être partout. En tête,

---

1. Pseudo-Xénophon (*Rép. ath.*, 2, 9) dit que les Athéniens avaient deux fois plus de fêtes que les autres peuples, et Démosthène (*Phil.*, 1, 50, 3) leur reproche d'y sacrifier leur flotte. Une inscription montre que le *dermatique* (produit de la vente des peaux des animaux sacrifiés) rapporta en sept mois 5150 drachmes. Un sacrifice pouvait coûter jusqu'à 9 talents. (Lysias, c. *Nic.*, 856-60.)
2. Elles tombaient la troisième année de chaque olympiade et duraient du 25 au 28 hécatombéon. — Voyez A. Müller, *Panathenaica*, 1837.
3. Voy. Lehndorff, *Courses de chevaux dans l'antiquité*, 1877 (all.).
4. μορία. L'olivier sacré était à l'Acropole (*Schol.* Aristophane, *Nub.*, 1005).
5. On en a conservé plusieurs (Burgon, etc.) avec l'inscr. : τῶν Ἀθήνηθεν ἄθλον εἰμί.
6. ἐργαστῖναι.
7. Sur le péplos était représentée la victoire de Minerve sur les Géants.
8. θαλλοφόροι.
9. σκαφηφόροι.
10. ὑδροφόροι.
11. κανηφόροι, ἱερηφόροι.
12. διφρηφόροι. Voy. Petersen, *Frise du Parthénon*, 1855 (all.), et les *Nouv. Ann. de philol.*, t. LXXIII, p. 491.

marchaient les prêtres conduisant les victimes[1]. Les affranchis jonchaient de feuilles de chêne l'Agora et les rues par où passait le cortège. Les fêtes se terminaient par une hécatombe et un festin[2].

2. Les Grandes Éleusinies[3] duraient à Athènes et à Éleusis du 15 au 23 boédromion (sept.). Le deuxième jour était marqué par une purification dans les eaux de la mer[4]; le troisième par la procession des femmes portant des corbeilles[5], qui suivaient le chariot où l'on voyait la corbeille sacrée de Cérès[6]; le sixième[7] était le jour des réjouissances : la statue d'Iacchus, couronnée de myrte, était transportée de l'Éleusinion d'Athènes par l'Agora, le Céramique et la *Porte Sacrée* (Dipyle) jusqu'à Éleusis, par la *Voie sacrée éleusinienne*[8], au milieu des cris de joie[9]. Des milliers d'hommes suivaient, tenant des épis, des instruments de labour, etc. Au retour, le pont du Céphise était le théâtre d'assauts satiriques et de railleries sans frein[10], où le cortège s'égayait aux dépens des passants. — Partis d'Athènes à midi, on arrivait à Éleusis le soir, et une fête de nuit[11] commençait aussitôt, avec des cérémonies sombres où les initiés seuls étaient admis, et dont le secret est perdu pour nous. Le huitième jour (22 boédromion), les initiés, après neuf jours de jeûne, buvaient une liqueur mêlée[12] qui symbolisait le passage de la tristesse à la joie, de la recherche à la découverte[13], et reprenaient le chemin d'Athènes. Les fêtes se terminaient le neuvième jour par des libations[14].

3. Les Thesmophories, célébrées du 9 au 13 pyanepsion par les femmes du dème d'Halimus et d'Athènes en l'honneur de Déméter Thesmophoros. A cette époque (nov.), les semailles d'hiver étaient faites et le travail de l'année fini. On devait des remerciements à la déesse qui accordait le repos aux laboureurs[15]. Le premier jour, une procession de femmes se rendait, avec une gaieté

---

1. Je ne parle pas du vaisseau, ναῦς Παναθηναϊκή, sur lequel on ajustait le péplos en guise de voile et que Pausanias vit encore, les textes qui le concernent étant peu intelligibles. Voy. Wachsmuth, *Mus. rhénan*, XXIII, 54; cf. Paus., 1, 29, 1.

2. ἑστίασις. — A l'époque romaine, les Panathénées eurent lieu au printemps, vers le mois d'anthestérion. Voyez l'ouvrage d'Herrmann, *les Fêtes de la Grèce*, 1803.

3. Sous le nom de Petites Éleusinies, une sorte de prélude à ces fêtes était célébré à Agra sur l'Ilissus au 9 d'anthestérion. (Steph. Byz., *s. v.* Ἄγρα.)

4. ἅλαδε μύσται (Polyen, 3, 11, 2).

5. κιστοφόροι.

6. καλάθου κάθοδος. (Voy. Callim., *Hymn. in Cerer.*)

7. Dit Ἴακχος, du nom d'un fils de Jupiter et de Cérès, qui accompagna Cérès cherchant Proserpine, une torche à la main.

8. ἱερὰ ὁδός, longue de quatre lieues. Voy. la belle monographie de Lenormant, 1864.

9. ἰαχάζειν.

10. γεφυρισμοί (de γέφυρα, pont). Cf. Strabon, 9, p. 140.

11. παννυχίς.

12. κυκεών.

13. Toutes ces cérémonies, d'ailleurs mal connues, symbolisent la douleur de Cérès à la recherche de Proserpine : celle-ci symbolise l'épi, qui pendant six mois reste caché sous terre. Clément d'Alex. (*Protrept.*, p. 12, Potter) appelle les mystères d'Éleusis un « drame mystique ». Les σκώμματα du pont rappelaient les plaisanteries par lesquelles la servante Iambé (Baubo, selon les Orphiques) avait réussi à dérider Cérès. Cf. Lenormant, *Voie éleusinienne*, t. I, p. 240 sqq.; Otfr. Müller, art. *Eleusinia* dans Ersch et Gruber.

14. πλημοχόη. (Athén., 11, p. 496.)

15. θεσμός, loi, d'où *vie de famille régulière*.

bruyante, au dème d'Halimus, à une lieue et demie au sud d'Athènes. Elles n'en revenaient que le troisième jour.

4. Les APATURIES[1], fête commune à tous les Ioniens, célébrée par les phratries réunies en l'honneur de Minerve et de Vulcain, au mois de pyanepsion. Par un décret du sénat, elles ne pouvaient durer plus de cinq jours.

5. Les LÉNÉENNES[2], fêtes en l'honneur de Bacchus Lénéen, célébrées à Athènes au mois de gamélion (janvier). Elles avaient lieu au temple nommé Lénaion, au sud de l'Acropole, avec accompagnement de processions dionysiaques et de chansons très libres[3].

6. Les DIONYSIES, dont on distinguait trois sortes : 1° les petites Dionysies, fêtées à la campagne[4]; 2° les Anthestéries[5], qui se célébraient à Limna le 12 d'anthestérion ; 3° les grandes Dionysies[6], qui avaient lieu dans Athènes même au mois d'élaphébolion. Anciennement, on se contentait de promener un vase rempli de vin et orné de vigne, suivi d'un bouc et d'une corbeille de figues. Le cortège se livrait à des lazzis d'où est née la comédie (voy. THÉATRE). Plus tard, ces fêtes devinrent magnifiques sans rien perdre de leur licence. Les danses et les chœurs étaient accompagnés de dithyrambes, que Lasus, Simonide et Pindare avaient composés. L'antique statue en bois de Bacchus, apportée d'Éleuthérae, partait du Lénaion au sud de l'Acropole pour visiter un autre de ses sanctuaires près de l'Académie, accompagnée de magistrats, de prêtres, d'enfants libres qui devaient chanter un hymne près de l'*autel à feu* (ἐσχάρα) dans le temple de l'Académie. Telle est la *pompe*[7]. Dans le cortège du *cômos*, formé de jeunes canéphores, de satyres, etc., des hommes portaient le *van* mystique de Bacchus[8], contenant les prémices des fruits et les instruments des sacrifices. Pendant deux jours de suite, on jouait neuf comédies ou tragédies, d'abord dans des constructions provisoires, puis dans le grand théâtre construit par Lycurgue, qui pouvait contenir 30 000 spectateurs.

7. Les THARGÉLIES[9] étaient célébrées au mois de mai en l'honneur d'Apollon et de Diane. Le 6 de thargélion, on faisait des sacrifices expiatoires[10] : le 7 était l'anniversaire de la naissance d'Apollon. Cette fête rappelait la délivrance d'Athènes, que Thésée affranchit du tribut payé au Minotaure, c'est-à-dire (selon Creuzer), l'abolition des sacrifices humains.

1: De ἅμα et πατόρια. Cf. Xén., *Hell.*, 1, 7, 8 : ἐν οἷς οἵτε πατέρες καὶ οἱ συγγενεῖς ξύνεισί σφισιν αὐτοῖς. D'autres dérivaient (à tort) Ἀπατούρια de ἀπάτη. (*Schol.* Arist., *Acharn.*, 146.)

2. ληνός, pressoir.

3. κῶμος, κωμάζειν.

4. τὰ μικρὰ Διονύσια, τά κατ' ἀγρούς. Sur l'époque des Dionysies, voy. Gilbert, 1872 (all.).

5. Ἀνθεστήρια ou Διονύσια ἀρχαιότερα.

6. τὰ μεγάλα, τὰ ἐν ἄστει ou κατ' ἄστυ.

7. Cf. Foucart, *Rev. de Philol.*, 1, 176, à propos de la loi d'Évégoros ; Dém., *c. Mid.*, 517 : ἡ πομπὴ καὶ οἱ παῖδες καὶ ὁ κῶμος.

8. λικνοφόροι. (Dém., 18, 260.)

9. θαργήλια, signifiant *les productions de la terre* en général (?).

10. D'après une tradition, on y immolait deux victimes humaines, φαρμακοί. (Voy. Tzetzès, *Chil.*, v. 25, et Hésychius, *s. v.*). Une de ces victimes mourait *pour* les hommes d'Athènes, l'autre *pour* les femmes. Il est impossible que quelque grossière erreur ne se cache pas sous ces témoignages insensés. On a supposé que les victimes étaient des condamnés à mort que l'on exécutait à cette date ; en effet, le 6 thargélion est l'anniversaire de la mort de Socrate. Mais Platon et Xénophon n'en auraient-ils pas dit un mot

8. Les HYACINTHIES, fête dorienne célébrée à Amyclée, en mémoire de la mort d'Hyacinthe. Les femmes offraient à Apollon un vêtement tissé de leurs mains.

9. Les CARNIES[1], vieille fête dorienne et guerrière, en l'honneur d'Apollon Carnien, dieu des troupeaux.

§ XIII. — LES PRÊTRES, LES ORACLES, LA MAGIE.

Prêtres. — 1. Le prêtre athénien devait être un citoyen jouissant de tous ses droits[2], physiquement intact[3], et de mœurs pures[4]. Pour plusieurs sacerdoces, la chasteté était exigée[5]. Il y avait des prêtresses mariées, comme la prêtresse argienne de Junon, mère de Cléobis et Biton. Mais un deuxième mariage leur était interdit. On choisissait souvent comme prêtresses (d'Artémis Brauronia à Athènes, de Minerve, etc.) des jeunes filles de sept à quinze ans, qui cessaient d'être prêtresses quand elles se mariaient. En Messénie, un prêtre ou une prêtresse devaient se démettre de leur sacerdoce s'ils perdaient un enfant, par crainte d'imprimer une souillure au temple.

2. L'hiérarchie sacerdotale est mal connue. Il n'y avait pas de règle fixe pour l'ordination des prêtres et des prêtresses. Un décret d'Halicarnasse, relatif à vingt-cinq prêtres de Neptune, montre que leur charge se transmettait de frère en frère. Beaucoup de grandes fonctions religieuses étaient héréditaires ; ainsi la *dadouquie*[6] resta à Athènes dans la famille de Callias depuis 590 avant Jésus-Christ jusqu'en 386, époque à laquelle elle passa dans la famille de Lycomède[7].

3. Les prêtres portaient différents noms suivant leurs diverses fonctions[8]. Leurs vêtements étaient longs et blancs ; l'hiérophante d'Athènes était revêtu de pourpre ainsi que les prêtres des Euménides ; les prêtresses d'Artémis Brauronia étaient en safran. Dans beaucoup de cultes mystiques et symbo-

---

1. Le mois d'août s'appelait à Sparte καρνεῖος. Curtius (*Étym. gr.*, p. 141) rapporte ce mot à la racine κέρας, *corne*: je préférerais y voir la racine signifiant *viande*, scr. *kravis*, lat. *caro(n)*, gr. κρέας.
2. Dém., *Eubul.*, 48. Le *nothos* ne peut être prêtre (Ross, *Inscr. gr.*, III, 52) ; auj. encore il ne peut être cardinal. Le métèque et l'étranger sont exclus des fonctions religieuses, la distinction du spirituel et du temporel étant inconnue à l'antiquité.
3. ἀφελής. (*Étym. Magn.*, p. 176.)
4. Dém., c. *Androt.*, 73.
5. D'Athéné Alea à Tégée, d'Artémis Uranie à Orchomène, d'Hercule à Thespis. On trouve des *prêtresses* dans la Grèce pélasgique, à Dodone : mais en Égypte, en Inde, chez les Hébreux, il n'y a que des prêtres. On peut voir ici quelques traces de l'importance primitive de la femme dans la Grèce préhistorique.
6. Dignité du porteur de torche, représentant le soleil (?) dans les cérémonies d'Éleusis. — Les Céryces et les Étéobutades avaient également des sacerdoces héréditaires.
7. On trouve des prêtres nommés par le peuple (*Il.*, 6, 30), ou par le sort (Plat., *Lois*, 759), ou achetant leurs charges (*C. I. G.*, II, 2656).
8. ἱερεύς, θυοσκόπος, θυτήρ, ὀργεών, ἱεροποιός, ζηκόλος, πυρφόροι (prêtres Spartiates qui portaient le feu devant l'armée), ἀρητήρ (dans Homère), ἀρήτειραι (femmes choisies pour le service des Thesmophories). — Les prêtres ou prêtresses qui avaient rendu service à leur temple étaient honorés dans des inscriptions commémoratives.

liques, le prêtre représentait le dieu lui-même : il revêtait le masque du dieu dans les grands mystères et prenait son nom [1].

4. Chaque ville avait un ou plusieurs grands pontifes [2], qui dirigeaient le culte [3]. On appelait autrefois *parasites* des fonctionnaires électifs très honorés [4], qui prélevaient au nom des temples les impôts et les dîmes. Une part leur était allouée dans les sacrifices. — Les *néocores* ou *zacores* étaient des prêtres subalternes chargés du soin et de l'entretien des temples.

Divination, oracles. — La divination ou MANTIQUE est de deux sortes : celle où la volonté du dieu se révèle immédiatement, et celle où l'interprétation des devins doit la dégager d'abord de faits contingents ou réputés tels. Jupiter et Apollon passaient pour les auteurs des révélations prophétiques. C'est d'eux que dépendaient les oracles [5], dont les plus fameux sont ceux de Dodone et de Delphes.

1. DODONE. — Dans cet oracle pélasgique, au pied du mont Tomarus en Épire [6], Jupiter faisait connaître sa volonté au frémissement des chênes sacrés [7] agités par le vent, ou bien au son que rendait un vase d'airain lorsque le vent poussait contre lui un fouet, tenu par une figure d'enfant voisine [8]. — En 220, Dodone fut ravagée par les Étoliens, et les pirates illyriens abattirent le chêne sacré. Cependant, à l'époque de Strabon (7, p. 259) il y avait encore des prophétesses [9] de l'oracle, que l'empereur Julien voulut, dit-on, faire revivre.

2. L'oracle de DELPHES [10], le plus célèbre à l'époque classique, comme celui de Dodone à l'époque primitive, appartenait à Apollon. Autrefois, ceux qui voulaient le consulter se plaçaient eux-mêmes sur le trépied, exposés aux vapeurs épaisses qui s'exhalaient de l'antre prophétique. Plus tard, on y fit asseoir une vierge, la *Pythie* ou *Phœbas* : la première de ces devineresses, Phéménoé, donnait ses réponses en hexamètres dans la fureur de l'inspiration.

---

1. Schol. Aristoph., *Cheval.*, 408 : Βάκχον δὲ οὐ τὸν Διόνυσον ἐκάλουν μόνον, ἀλλὰ καὶ πάντας τοὺς τελοῦντας τὰ ὄργια βάκχους ἐκάλουν. Cf. Pausan., 9, 39, 4.
2. Platon (*Lois*, 947 a) parle le premier d'un ἀρχιερεύς.
3. Il y en avait cinq à Delphes, nommés ὅσιοι.
4. τὸ δὲ τοῦ παρασίτου ὄνομα πάλαι μὲν ἦν σεμνὸν καὶ ἱερόν. (Athénée, 6, p. 234.)
5. χρησμοί, μαντεύματα. Tous les oracles grecs (au nombre de 210) ont été rassemblés par Hendess, *Dissert. philolog. Halenses*, 1876.
6. Voyez tous les textes anciens rassemblés par Carapanos, 1877, en tête du récit de ses fouilles si fructueuses, commentées par Egger, de Witte et Foucart. L'emplacement véritable de Dodone avait été deviné par un élève de l'École d'Athènes, G. de Claubry ; il adressa à ce sujet un mémoire à une commission présidée par Guigniaut, qui repoussa ses conclusions.
7. αἱ προσήγοροι δρύες. (Esch., *Prom.*, 817.)
8. Δωδωναῖον χαλκεῖον.
9. Elles s'appelaient πέλειαι, mot qui, dans la langue épirote, signifie à la fois femmes et colombes. On racontait que des colombes parties de Thèbes en Égypte s'étaient arrêtées à Dodone et avaient averti les hommes d'y consacrer un oracle à Jupiter.
10. Foucart et Wescher, reprenant les travaux commencés par Otfr. Müller, ont publié plusieurs centaines d'inscriptions relatives à la ville et à l'oracle, 1863. Voyez aussi Foucart, *Ruines et histoire de Delphes*, 1865.

Au temps de Plutarque, il y avait trois pythies : c'étaient des filles de Delphes, pauvres et simples d'esprit, qui, une fois entrées dans le temple, n'en devaient plus sortir [1]. — Les monnaies de l'oracle de Delphes descendent jusqu'à Caracalla. Pescennius Niger le consulta, ainsi que Julien, partant pour la Perse. Théodose le supprima [2].

3. Les autres oracles, ceux d'Abae et d'Amphiclée en Phocide, de Trophonius [3] à Lébadée, d'Amphiaraüs près d'Orope, d'Olympie, d'Apollon Spondios à Thèbes, sont le plus souvent cités. Du temps de Plutarque, l'oracle de Trophonius seul était encore consulté, et il subsista jusqu'au temps de Tertullien.

DEVINS. — Outre les prêtres qui interprétaient les oracles, il y avait les devins [4], dont le plus ancien est Mélampe, de Pylos ; il devait son don de prophétie à des serpents auxquels il avait sauvé la vie, et qui, pendant son sommeil, lui nettoyaient les oreilles, en sorte qu'à son réveil il comprenait le chant des oiseaux [5]. Comme les Mélampides, les Bacides [6] de Béotie se transmettaient les secrets de la divination. Un Bacis, selon Hérodote, avait fait des prédictions étonnantes sur les guerres médiques. — On conservait à l'Acropole d'Athènes un recueil des prédictions de Musée.

SIBYLLES [7]. — Les sibylles étaient des devineresses semblables à la Pythie de Delphes. La plus ancienne, Hérophile d'Érythrée, prophétisa à Samos, Délos, Claros et Delphes avant l'époque des guerres médiques. Les sibylles se multiplièrent à l'époque romaine. La plupart des oracles qui nous restent sous le nom d'*oracles sibyllins* trahissent l'influence du christianisme [8].

DIVINATION INDIRECTE. — 1. Elle comportait une variété infinie de pratiques, surtout : 1° la divination par les sacrifices, par l'inspection des victimes et de leurs entrailles ; on étudiait aussi la flamme du sacrifice [9] ; 2° la divination par le vol des oiseaux [10], dont l'invention était attribuée à Prométhée [11] ; on observait la région du ciel [12] où passait l'oiseau, son espèce, la direction de son

---

1. Voy. Plutarque, *du Silence des oracles*, et les ouvrages spéciaux de Van Dale, 1700; Cluvier, 1818; Hinzpeter, 1860. — L'antiquité avait déjà fait des recueils d'oracles : les auteurs et les inscriptions en ont conservé un grand nombre. Les oracles en vers rendus à Delphes étaient en dialecte ionien, mêlé toutefois de dorismes : les oracles en prose étaient en dorien de Delphes. Leur caractère énigmatique (λοξότης τῶν χρησμῶν), qui avait valu à Apollon le nom de Λοξίας, est très bien marqué par Héraclite : ὁ ἄναξ, οὗ τὸ μαντεῖόν ἐστι τὸ ἐν Δελφοῖς, οὔτε λέγει οὔτε κρύπτει, ἀλλὰ σημαίνει.

2. Au v° siècle av. J.-C., l'importance politique de l'oracle, inspiré par l'aristocratie, était très grande : elle diminue après les guerres médiques.

3. Consacré à Zeus Chthonios.

4. μάντεις. Voy. Bouché-Leclercq, *Divination dans l'antiquité*, 1879; Thomas, *de Vaticinatione*, 1879.

5. *Odyss.*, 15, 225. Il s'établit à Argos et devint l'ancêtre des Mélampides, races de devins parmi lesquels on compte Amphiaraüs.

6. De βάζειν, parler. Comp. φήμη de φημί.

7. Delaunay, *Moines et Sibylles*, 1875 ; Bataillard (R. C., XVIII, 220) dit que les *sibylles* sont des *Tsiganes* : σίβυλλα = σιγύνη (*Sagana*, dans Hor., *Sat.* 1, 8, 24). L'étymologie reçue est Διὸς-βουλή ; on a aussi rapproché *sibylla* du lat. *sabius*, sage.

8. Édités par Alexandre, 1841-53.

9. ἔμπυρα σήματα, πυρομαντεία.

10. οἰωνοσκοπία, οἰωνοσκοπική. οἰωνός devint synonyme de présage. (*Il.*, 12 243.)

11. Esch., *Prom.*, 493.

12. τέμενος αἰθέρος, *templum*.

vol ; à Athènes, le hibou était de bon augure[1] ; l'apparition des oiseaux de proie à la suite d'une armée était un présage de mort ; 3° la divination par les signes célestes[2], éclairs, tonnerre, éclipses, etc. ; 4° par les songes[3]. Un descendant d'Aristide, Lysimaque, interprétait les songes pour vivre[4]. Les âmes des morts et les dieux pouvaient apparaître en songe aux hommes : c'est un dieu qui, sous les traits de Nestor, conseille à Agamemnon d'engager le combat contre les Troyens ; 5° la divination par les mots[5] et autres sons de bon ou de mauvais augure, tels que les bourdonnements d'oreilles, les éternuments, etc. Comme les Samiens, à Mycale, pressaient Léotychide d'attaquer les Perses, le Spartiate demanda son nom à celui qui lui parlait, et apprenant qu'il s'appelait Hégésistrate (conducteur d'armée), il s'écria : « J'accepte l'augure[6] ! » et engagea la bataille.

2. Lorsque les présages étaient défavorables, on recourait aux prières[7] ou aux sacrifices pour en détourner l'effet.

ENCHANTEMENTS. — Les enchantements, sortilèges, fascinations, etc., se multiplièrent à l'infini, surtout sous l'influence de l'Orient. L'usage des talismans, des amulettes était très répandu dès le quatrième siècle. Certains sortilèges, dont on retrouve la trace au moyen âge, consistaient à graver sur des tablettes de plomb le nom de la personne que l'on dévouait aux dieux infernaux, et à soumettre ces tablettes à des opérations magiques[8]. — Ces pratiques ne firent que gagner en faveur avec le déclin du paganisme officiel[9]. Le christianisme n'a pas eu à vaincre les dieux helléniques, déjà morts longtemps avant lui, mais de misérables superstitions orientales, qui s'étaient substituées depuis cinq siècles aux grandes religions naturalistes de l'antiquité.

---

1. D'où l'expression : γλαῦξ ἵπταται = tout va bien.
2. διοσημεῖα.
3. καὶ γὰρ τ' ὄναρ ἐκ Διός ἐστιν. (*Il.* I, 63.)
4. Il était ὀνειροπόλος. (Plut., *Arist.*, 27.)
5. φῆμαι, κληδόνες.
6. δέχομαι τὸν οἰωνόν. (Hérod., 9, 91.) Cf. *Odyss.*, 2, 35.
7. ἀποτροπαί. A Sicyone, il y avait un temple des ἀποτρόπαιοι θεοί. (Paus., 2, 11, 2.)
8. Voy. Lenormant, *Mus. rhén.*, IX, 365. Sur *l'envoûtement* au moyen âge, voy. Chéruel, *Dict. des inst. de la France*, t. I, p. 556.
9. Ce déclin commence à l'époque des Sophistes et se trouve presque consommé après Alexandre. Avant de se verser dans le Tibre, l'Oronte syrien a coulé dans l'Ilissus.

LIVRE XI

ANTIQUITÉS ROMAINES[1].

Sommaire. — Mesure du temps, calendrier. — Le Droit public à Rome. — L'Italie et les Provinces. — Condition des personnes. — Histoire et esquisse du droit romain. — Finances romaines. — Armée romaine. — La Famille et la vie privée. — Antiquités religieuses des Romains.

§ I. — MESURE DU TEMPS, CALENDRIER [2].

1. La division du jour en heures date, à Rome, de l'introduction du premier cadran solaire, 263[3]. En 159, parut la première clepsydre. Jusque-là, on avait divisé le jour et la nuit en un assez grand nombre de parties mal déterminées[4]. L'heure du

---

1. Voy. au liv. VII l'énumération des principaux travaux historiques. Pour la géographie et la topographie, consulter surtout les ouvrages cités de Reber et Wey; Jordan, *Topogr. de Rome dans l'antiquité*, 1878 (all.), ouvrage très remarquable; Bonstetten, *Géographie du Latium*, 1805; Kiepert, Smith, Forbiger, et les atlas indiqués. Il reste deux itinéraires romains datant du IV° siècle, l'*Itinerarium Antonini* et l'*Itinerarium Burdigalense* (voyage de Bordeaux à Jérusalem, en 333. Voy. Fortia d'Urban, *Recueil des itinéraires anciens*, 1845). La carte antique la plus importante est la *table* de Peutinger, carte routière qui représente l'*orbis terrarum*, suivant une projection particulière. L'exemplaire de Vienne, en douze feuilles, a été copié à Colmar, en 1265, d'après un original perdu du temps de Théodose ou de Septime Sévère, reposant lui-même sur des mesures faites sous Auguste. Une magnifique édition de cette carte routière, avec commentaires, a été commencée par Desjardins, 1868, sqq. — On possède aussi des copies de cartes anciennes dans les mss de la Géographie de Ptolémée. (Cf. à l'Index, *Vicarello*).
2. Ideler, *Manuel de chronologie*, 1825 (all.); Mommsen, *Chronologie romaine jusqu'à César*, 1859 (all.). A l'origine, le mot *calendrier* désigne une table des intérêts de l'argent dus aux calendes de chaque mois. L'ancien mot pour *almanach* était *fasti*.
3. Il était réglé pour Catane, en Sicile, située à quatre degrés au sud de Rome, et présentait par suite une grosse erreur dont on ne s'aperçut point pendant un siècle. Enfin, en 164, Q. Marcius Philippus construisit un cadran exact.
4. Servius, *ad Aen.*, 2, 268 : « Sunt autem solidae noctis partes secundum Varronem hae : vespera (crepusculum), conticium (concubium), intempesta nox, gallicinium, lucifer (crepusculum matutinum). Dici : mane, ortus, meridies, occasus. » — A l'armée, on partageait la nuit en quatre gardes ou vigiles égales, de trois heures chacune. (Végèce, 3, 8.) On adopta de même, pour le jour, une division quadripartite: du lever du soleil à la troisième heure;

lever du soleil (4 h. en été, 6 h. en hiver)[1] s'appelait la 1re heure.

2. L'ancienne année romaine avait 10 mois[2] (janvier et février en moins) et 304 jours. Comme elle ne répondait ni à l'année solaire ni à l'année lunaire, Numa (?) ajouta les mois de janvier et de février : l'année lunaire dite de *Numa* a 355 jours[3]. Tous les deux ans, on intercala, au 24 février, un mois supplémentaire de 22 ou 23 jours[4], pour rétablir l'accord avec l'année solaire; mais cette compensation était trop forte d'un jour[5], et le plus grand désordre, favorisé par les pontifes et l'aristocratie, régna dans le calendrier. En 46 avant Jésus-Christ (708 de Rome), Jules César grand pontife confia à Sosigène d'Alexandrie l'exécution de la réforme dite Julienne. Il ajouta deux jours à janvier, sextilis[6] et décembre, un jour à avril, juin, septembre et novembre, et institua tous les quatre ans une année plus longue d'un jour que l'année ordinaire qui fut dite année *bissextile*[7]. L'année 46 eut 445 jours[8].

---

de la troisième heure à la sixième, de la sixième à la neuvième ; enfin le soir (*suprema*), depuis la neuvième jusqu'au coucher du soleil. Les tribunaux vaquaient de trois heures à la *suprema* (Mart., 4, 8, 2 : *Exercet raucos tertia causidicos*). — Les horloges n'indiquaient pas les heures équinoxiales (ὥραι ἰσημεριναί), mais les douzièmes du jour naturel ; les heures étaient donc plus courtes en hiver qu'en été (*horae hibernae, aestivae*).

1. 4 h. 27 au solstice d'été, 7 h. 33 au solstice d'hiver.
2. Année dite de *Romulus*; c'était l'année albaine, commençant au 1er mars. Les mois de trente et un jours étaient dits *menses pleni*, ceux de trente jours *menses cavi*.
3. On donna 31 jours aux anciens mois pleins, et 29 aux autres, sauf à février qui n'en eut que 28.
4. *Mensis intercalaris, mercidinus, mercedonius*.
5. Cette réforme, qui donne 366 jours à l'année solaire moyenne, date probablement des décemvirs. Dès 586 de Rome, la perturbation était telle, qu'une éclipse rapportée par Tite Live au 4 septembre a été placée par les astronomes modernes au 22 juin. Diverses corrections furent essayées avant César (Macrobe, 1, 13). Dans un cycle de vingt-quatre ans, on n'ajoutait que soixante-six jours au lieu de quatre-vingt-dix dans la troisième octaétéride. — Le calendrier était réglé par les pontifes, tous patriciens à l'origine, qui avaient intérêt à pouvoir fixer sans contrôle les élections, les échéances des fermes publiques, les jours fastes ou néfastes, comitiaux ou fériés. En 304, le scribe Flavius, secrétaire d'Appius Claudius, rendit les *Fastes* publics; mais les pontifes conservèrent le privilège de régler la durée de l'année par l'insertion du mois intercalaire.
6. Nom du mois d'août avant Auguste.
7. Parce que cette année a deux jours nommés *ante diem sextum Calendas Mart*. (23 février). — En l'honneur de Jules César, le mois de Quintilius fut nommé Julius en 43; Sextilis prit le nom d'Augustus en 6 av. J.-C. Néron appela avril *Neroneus*, et Domitien octobre *Domitianus*.
8. En même temps qu'il réformait le calendrier, et pour faciliter l'exécution de cette réforme, César avança des calendes de mars aux calendes de janvier le premier jour de l'année civile : depuis 153, le 1er janvier était déjà le jour d'entrée en charge des consuls. Par là, l'année 46 se trouva être de 15 mois ou 445 jours, et dès l'année 45 la concordance était rétablie entre l'année civile et l'année solaire. L'année 46, que l'on appelle *l'année de confusion*, est plus justement nommée par Macrobe *la dernière année de la confusion*. Comme le dernier jour de 45 (fin février) répondait, dans le calendrier Julien, au premier jour de 44, pour éviter la répétition des mois de janvier et de février, ce qui aurait dérouté le public, César introduisit, entre novembre et décembre de l'année de transition 45, deux

3. Le mois romain était divisé en trois parties inégales, les *calendes*, les *nones* et les *ides :* on comptait les quantièmes à reculons[1]. Les calendes[2] tombent le 1er jour du mois, les nones le 7e en mars, mai, juillet et octobre (mois de 31 jours dans le calendrier de Numa), et le 5e dans les autres mois ; dans les mêmes quatre mois, les ides désignent le 15 et dans les autres le 13 [3].

4. Le plus ancien exemple d'une supputation de date est fourni par l'inscription que l'édile Flavius, au dire de Pline, plaça en 304 sur le temple de la Concorde bâti par lui : « Ce temple a été construit 203 ans après la dédicace du Capitole[4]. » L'ère de l'expulsion des rois[5] fut établie à l'aide des listes consulaires. A partir de l'Empire, les historiens admettent généralement l'ère de la fondation de Rome ; cependant Denys compte encore par consuls et olympiades, Diodore par consuls, olympiades et archontes, Tacite par consuls. Pline l'Ancien adopte le plus souvent l'ère de la fondation de Rome[6].

§ II. — ANTIQUITÉS POLITIQUES DE ROME [7].

Nous étudierons successivement la constitution et le droit public à Rome, sous les Rois, sous la République et sous l'Empire.

---

mois intercalaires, et commença l'année Julienne le 1er janvier 45. En résumé, l'année 45 se prolonge, *pour les consuls,* du 1er janvier 46 au 1er janvier 45, plus deux mois intercalaires et le mois supplémentaire, ce qui donne un ensemble de 15 mois ; mais, *pour le public,* l'année 45 s'étend de mars 46 à janvier 45 avec deux mois intercalaires, ce qui fait d'elle une année régulière.

1. Pour désigner le 19 janvier, on disait : *a. d. (ante diem) XVI Calendas Februarias,* ou *decimo sexto (ante) Calendas Februarias.* Le 2 janvier se désignera ainsi : *a. d. IV Nonas Januarias.*

2. Ainsi nommées, parce que les pontifes les proclamaient, avec la date des nones, dans les *Comitia calata.* (Macrobe, I, 15.)

3. *Mnémonique :* « Sex Nonas Maius, October, Julius et Mars — Quatuor at reliqui : dabit Idus quilibet octo. » Pour ceux qui savent l'anglais : « In March, July, October, May — The Ides are on the 15th day — The Nones the 7th ; but all besides — Have two days less for Nones and Ides. »

4. 13 septembre de la première année de la République.

5. *Post reges exactos.*

6. La fondation de Rome était placée au 21 avril (fête des *Palilia*), date évidemment mythique et qui indique seulement que les premiers habitants du Palatin furent des pasteurs. Quant à l'année, elle était incertaine pour les Romains eux-mêmes. Les limites extrêmes sont 754-53, selon Varron, et 729-28 selon Cincius. Les *Annales des Pontifes*, suivies par Polybe, Nepos et Diodore, admettaient le 21 avril 750. Caton, suivi par Denys et Stilon, préférait 751. Atticus, Cicéron et Varron se décidèrent pour l'olympiade VI, 3 = 21 avril 753, date que les modernes ont généralement adoptée.

7. BIBLIOGRAPHIE. — Graevius, *Trésor des antiquités romaines*, 12 volumes, 1694-1699 ; Ruperti, *Manuel*, etc., 1841 (all.) ; Lange, *Antiquités romaines*, 1856-71 (inachevé, all.) ; Becker et Marquardt, *Manuel des antiquités romaines*, 5 volumes en 9 tomes, 1843-67 all.), ouvrage capital dont Mommsen et Marquardt ont entrepris une refonte : les *Anti-*

ROME SOUS LES ROIS JUSQU'A SERVIUS [1].

1. TRIBUS. — D'après les légendes, la population primitive de Rome était triple : elle comprenait les trois tribus [2] des *Ramnes* (*Ramnenses, Ramnetes*)[3], des *Tities* (*Titienses, Tatienses*) et des *Luceres* (*Lucerenses*)[4].

2. CURIES. — Chaque tribu comprend 10 *curies*[5], ayant leur unité

---

quités politiques (par Mommsen), ont paru en 1875, 3 volumes ; Willems, *Droit public romain*, 1872 ; Dupond, *Magistratures romaines sous la République*, 1877 (résumé de Lange, Becker, Willems, etc.). — Consulter aussi l'*Histoire romaine* et les *Recherches romaines* (Forschungen) de Mommsen, ainsi que les différents articles de Rein dans Pauly. — Sur le caractère général des Romains, on peut voir Saint-Évremond, Balzac, Bossuet, Montesquieu, Mommsen ; lire surtout deux belles pages de Fustel de Coulanges (*Polybe*, p. 82, et *Instit. polit. de l'anc. France*, p. 73) : « Savoir obéir et savoir commander furent les deux vertus qui rendirent le peuple romain incomparable, et qui le firent le maître des autres peuples. » De ces deux vertus naît la science du gouvernement, que Rome a appliquée la première, et qu'elle a enseignée au monde moderne. Quant au désintéressement des anciens Romains, à leur amour de la pauvreté, etc., ce sont des fables que toute leur histoire dément, et dont la déclamation seule s'accommode.

1. Willems, p. 15 sqq. Ce livre devrait être partout ; c'est un modèle de clarté, d'exactitude et de saine critique.
2. Dites *tribus génétiques*, par opposition aux *tribus locales* créées par Servius.
3. On a beaucoup discuté sur l'étymologie des mots *Roma, Romulus, Ramnes*. Les Anciens expliquaient *Roma* par le grec ῥώμη, force (Plut., *Romul.*, 1), opinion qu'adopte Niebuhr. Les érudits latins (cf. Servius, *ad Aen.*, 1, 277) pensaient que la ville, avant Évandre, s'était appelée *Valentia*, nom que les Grecs auraient traduit en Ῥώμη. La critique contemporaine est entrée dans une voie nouvelle. Förstemann et Corssen ont reconnu dans *Roma* la racine *sru*, qui se trouve sous la forme *ru* dans *ru-men* (cf., pour la formation, *sta-men, fla-men, ag-men*), où la longueur de l'*u* indique une forme primitive *roumen*. Or Servius (*ad Aen.* 8, 63) nous apprend que l'ancien nom du Tibre était *Rumon* (*quasi ripas ruminans et exedens*), forme dérivée d'un primitif *Roumon*, où l'on retrouve la racine *ru* allongée. Ainsi *Rumon* signifierait *fluens*, et sa formation serait analogue à celle du nom de fleuve Στρυ-μών. *Rouma* devenue *Roma* signifie *la ville du fleuve*, comme la ville de Στρύμη en Thrace. Romulus, que la fable locale montrait rejeté par les flots du Tibre, n'est pas le *fondateur de Rome*, mais l'*enfant de la ville du fleuve*. En Italie, comme partout, beaucoup de villes ont dû leur nom à leur situation près des fleuves ou des marais : ainsi *Interamnae, Antemnae*, sont formées d'*amnis, Aquinum* d'*aqua ; Varia* d'un vieux mot correspondant au sanscrit *vâri* (eau). Cf. Corssen, *Prononciation et vocalisme*, I, p. 279, II, p. 89. — D'après quelques témoignages anciens, Rome aurait eu, dans les livres sacrés, un nom mystérieux et ineffable, ἀπόρρητον (Pline, 4, 63 ; Servius, *ad Aen.*, 1, 297). Selon Varron, un tribun du peuple ayant osé prononcer ce nom fut enlevé par le sénat et mis à mort (Servius, *l. c.*). Niebuhr a conjecturé *Quirium* ; quelques grammairiens anciens Ἔρως, traduction d'*amor*, anagramme de *Roma*.

Les *Ramnes* sont l'élément latin, les *Tities* sont Sabins, les *Luceres* Étrusques selon les Anciens, Latins selon Mommsen (de *luc* = *splendidi*). Ces trois éléments primitifs se retrouvent partout dans l'ancienne Rome : Varron (*L. L.*, 5, 91) explique *turma* par *terima* : « Quod ter deni equites ex tribus tribubus fiebant. »

4. L'ensemble de la population se nommait *Quirites*. [Étymologie hypothétique : la ville sabine de Cûres (Varron, *L. L.*, 6, 68) ; le sabin *quiris* = *hasta* ; la ville de *Curium*, sur le Quirinal (Niebuhr) ; la ville étrusque de Caere ; le mot *quilia* = *culina*, d'où *Quirites* = *Quilini*, commensaux (Hartung) ; Pott et Becker dérivent *Quirites* de *Curia*, division politique, et traduisent le mot par « partagés en tribus. »]

5. *Co-viria* = réunion de guerriers ? D'autres dérivent ce mot du sabin *quiris*, lance, que

politique dans les comices curiates, leur culte et leurs fêtes[1]. Les curies sont subdivisées en *gentes* ou groupes de familles *agnatae*, c'est-à-dire descendant d'un même ancêtre mâle[2]. (Fustel.) Ces *gentes* s'appellent *patriciennes*, et l'on appelle *gentes* plébéiennes celles qui sont en dehors des 30 curies[3]. Les membres des 30 curies primitives s'appellent *patriciens* et forment le *populus Romanus Quiritium.* (Tite Live, 1, 32.)

3. Assemblées. — Le peuple patricien se réunit en comices *curiates* ou en comices *calates*[4]. — I. Dans les premières, il confère l'*imperium* au Roi élu par la *loi curiate de imperio;* il vote des lois, choisit des magistrats, décide de la guerre, donne le droit de cité, etc.[5] Le Roi convoque ces comices et les préside[6] : le vote se fait par curies et, dans chaque curie, par tête[7]. — II. Dans les comices *calates*, le peuple, présidé par le grand pontife, est seulement témoin[8] de certains actes religieux[9].

4. Roi, interroi. — Le Roi est nommé à vie; quand il meurt, les sénateurs exercent l'interrègne, chaque sénateur restant interroi pendant 5 jours. C'est l'interroi qui propose aux comices un can-

---

l'on veut reconnaître dans la *hasta* symbolique du droit romain. Je suis disposé à voir dans *curia* un mot composé comme *caecus* et *cocles*, avec un primitif parent de *êka*, un, et le suffixe *uria*, que l'on retrouve dans beaucoup de mots latins, et notamment dans *decuria = decem uria; centuria = centum uria.* Curia = *êka uria*, comme *caecus = êka ocus*, serait absolument analogue au mot français *unité*, formé aussi du nom de nombre *un* et d'un suffixe *ité*.

1. *Sacrificia gentilicia.* Le lieu de la réunion de la curie s'appelle *curia;* elle est présidée par un *curio*, assisté d'un *flamen curialis*, nommés on ne sait comment.
2. En tête de la tribu est un *tribun*. Le culte de Junon Curitis était commun à toutes les tribus. — Chaque curie se divisait en dix décades, ayant à leur tête des décurions. Niebuhr (combattu par Göttling, *Histoire de la Constitution romaine*, 1840 [all.], et par Lange, *op. cit.*, a proposé d'identifier ces décades dont parle Denys (2, 7) avec les *gentes*, au nombre de 300, qui auraient été, selon lui, non pas des familles unies par des liens de parenté, mais des corps politiques. Cette opinion ne tient pas ; voy. Willems, p. 20.
3. Niebuhr voit dans la *gens* une institution politique au même titre que la curie ; mais les textes qu'il allègue (Denys, 2, 7) prouvent contre lui.
4. Les premières se réunissent au *Comitium*, sur le Forum ; les secondes près du Capitole, à la *Curia Calabra*.
5. Depuis Tullus Hostilius, les comices curiates jugent les causes capitales. (Denys ,2, 14.)
6. A défaut, l'interroi ou le *tribunus celerum*.
7. Cicéron (*pro Flacco*, 2, 15) admire beaucoup ce système de vote à deux degrés.
8. La plus ancienne *réunion populaire* (où le peuple n'est pas appelé à voter) eut lieu après la mort de Romulus, quand Proculus Julius annonça au peuple qu'il avait vu Romulus monter au ciel. Ces sortes d'assemblées s'appellent en général *contiones* (de *con-ventiones*).
9. *Inauguratio* du roi des flamines; testament *comitiis calatis factum, detestatio sacrorum*, proclamation des nones qui se fait aux calendes. — Par la *déclaration du testament*, le citoyen faisait connaître que sa fortune ne devait pas passer à ses héritiers naturels. La *detestatio sacrorum* est peut-être la *renonciation aux rites de la famille*, acte par lequel un patricien déclarait qu'il voulait devenir plébéien (*transitio ad plebem*).

didat à la royauté¹. Le Roi a 12 licteurs², portant les faisceaux avec la hache, et reçoit comme domaine une partie du territoire public³. La royauté romaine est une monarchie élective, tempérée par l'autorité croissante des grandes familles.

5. SÉNAT. — C'est dans ces familles qu'étaient choisis⁴ les 100 sénateurs, portés à 200, puis à 300, par l'adjonction des *Tities* et des *Luceres* (?). Le Sénat forme un conseil royal que le Roi doit consulter dans toutes les affaires religieuses et politiques.

6. FONCTIONNAIRES ROYAUX. — Ce sont : 1° le *tribunus celerum*, lieutenant du Roi, qui commande la cavalerie des *celeres*⁵ ; 2° le *custos* ou *praefectus urbis*, qui remplace le Roi absent; 3° les duumvirs *perduellionis*, qui jugent les crimes de haute trahison; 4° les *questeurs du parricide*, qui instruisent les causes capitales⁶.

7. CLIENTS, PLÉBÉIENS. — Les *clients*⁷ sont des hommes libres, mais que leur naissance attache aux *gentes* et lie aux patriciens par certaines obligations héréditaires réciproques; ils se distinguent des

---

1. Élu par les comices (*creatio*), le Roi est confirmé dans sa dignité par le sénat (*patrum auctoritas*), agréé des dieux (*inauguratio*, cérémonie qui le fait grand prêtre du culte de l'État); enfin, revêtu de l'*imperium* par les comices curiates, qui lui donnent le pouvoir militaire et judiciaire. Pour l'*inauguratio*, l'augure conduisait le Roi sur la citadelle, à un endroit élevé, d'où l'on observait les signes célestes. Ainsi le peuple n'a pas d'initiative dans l'élection du Roi.

2. Les licteurs du Roi, comme sa chaise curule d'ivoire, sont d'origine étrusque. Le costume royal était la trabée, portée plus tard par les chevaliers.

3. Cicéron, *de Rep.*, 5. 2.

4. Le Roi nommait les sénateurs, sans autre contrôle que l'influence et les droits des grandes familles. Les cent sénateurs de Romulus, ou *patres*, sont probablement les chefs juridiques des *gentes*, les *patres familias*. Le sénat n'a aucun pouvoir législatif sous les Rois, et paraît être l'asile des passions aristocratiques, sous lesquelles la royauté succombera.

5. Le Roi a particulièrement le commandement de l'infanterie.

6. Ce sont des accusateurs publics et des magistrats ordinaires, tandis que les *IIviri* sont une commission extraordinaire. Les Anciens les ont confondus à tort.

7. De κλυ, entendre (sens d'*obéir*). Denys (2, 9) assimile les clients aux *Pénestes* de Thessalie, aux *Clarotes* et aux *Aphamiotes* de Crète. Mommsen y voit les descendants d'esclaves affranchis. La clientèle est une vieille institution italique. A Rome, le lien de la clientèle est une sorte de relation de piété comme entre les enfants et le père. Le patron pouvait tester en faveur de son client au détriment de sa famille; il ne pouvait pas témoigner contre lui. (Caton. ap. A. Gelle, 5, 13, 4.) Les devoirs du patron envers le client étaient : 1° le conseil dans les questions de droit (*clienti promere jura*, Hor. *Ep.*, 2, 1, 103) ; 2° le devoir de témoigner pour le client même contre des proches ; 3° de le secourir dans le besoin. — Les devoirs du client envers le patron étaient : 1° de prendre les armes pour et avec son patron, même dans les troubles civils; 2° de l'aider à doter ses filles, en cas d'insuffisance de fortune ; 3° de le racheter, s'il était captif, et de payer ses amendes en justice; 4° de l'assister dans ses fonctions et dans les sacrifices de la *gens*, où il prenait part; 5° de l'attendre tous les jours (*officia facere*) et de l'accompagner au Forum. - Le patron et le client ne pouvaient s'accuser mutuellement, ni témoigner l'un contre l'autre. Celui qui violait ces prescriptions était voué aux dieux infernaux (*sacer* ; cf. Virg., *Aen.*, 6, 608, et le commentaire de Servius) et pouvait par suite être tué impunément. — L'émancipation politique de la clientèle se fit très rapidement : dès 450 av. J.-C. des clients

plébéiens, qui sont des hommes libres sans obligations envers personne, mais étrangers à l'organisation religieuse de la famille[1].

CONSTITUTION DE SERVIUS [2].

Le but de la réforme Servienne fut de donner une certaine fixité politique à la plèbe, laissée à l'état de masse inorganique par Tullus Hostilius et Ancus Martius, et d'attribuer des droits à la richesse pour balancer ceux de la naissance. On écartait ainsi les dangers inséparables de l'accroissement continu de la plèbe, en l'unissant au patriciat par les liens d'une activité politique commune. — La réforme Servienne ressemble à celle de Solon; mais les dispositions d'*intérêt militaire* y tiennent beaucoup plus de place[3]. Le peuple est envisagé comme une grande phalange en ordre de bataille[4], divisée par le cens en deux parties, les *cavaliers* et les *fantassins*.

DIVISION ADMINISTRATIVE ET TERRITORIALE. — Servius partagea le sol de Rome en 4 districts ou tribus[5], où les citoyens étaient inscrits à perpétuité et transmettaient leurs droits et charges à leurs en-

comparaissent eux-mêmes en justice. Les clients du temps de Cicéron ne sont plus que des courtisans et des parasites, courbant le dos pour recevoir la *sportule* (don en nature ou en argent). On ne sait au juste ni comment ni quand l'ancienne clientèle a disparu.

1. L'origine de la *plebs* a été expliquée très diversement (Fustel [*Cit. ant.*] donne une théorie toute nouvelle; v. liv. X, p. 200). Par suite de la transportation à Rome des populations de villes soumises, mesure très fréquente sous les Rois, il se forma, à côté du *populus Romanus*, distribué en tribus, curies et *gentes*, ayant leur foyer et leur culte, de nouvelles classes d'hommes indépendants et libres, mais sans foyer commun ni droits politiques. [Le mot *plebs* a la même racine que *plenus*, πλῆθος, etc.] « Ainsi, dit Mommsen, la classe des plébéiens à Rome fut fondée par Tullus Hostilius, lorsqu'il transporta les Albains sur le mont Caelius. » Cette manière de voir date de Niebuhr. Avant lui, on admettait que Romulus avait établi une distinction entre les plus riches et les moins riches, les nobles et les non-nobles, et que les patriciens et les plébéiens avaient coexisté dès l'origine. Denys (2, 8) confond les plébéiens avec les clients, erreur énorme où tous les historiens modernes sont tombés après lui et qu'on trouve même dans Cicéron. Il devenait dès lors inexplicable comment, dans les troubles civils, les clients apparaissent si souvent comme alliés des patriciens contre les plébéiens. (Willems, p. 44 sqq.; Mommsen, *Recherches*, I, 388.) Les Rois s'appuyèrent sur la plèbe contre le patriciat. Tarquin l'Ancien voulut même accorder le droit de cité complet à toute la plèbe : il fut assassiné par les patriciens.

2. Elle est extrêmement obscure. Voy. Huschke, 1858; Willems, p. 47 sqq. Denys est plus exact que Tite Live, mais ne s'accorde pas avec Cicéron. Comparez Tite Live, 1, 43; Denys, 4, 16-18, 7, 59; Cic., *de Rep.*, 2, 22.

3. Mommsen pense que Servius a moins voulu organiser un peuple qu'une armée. « Il est absurde, dit-il, de découvrir une timocratie à l'origine de cette constitution. Ce n'est que plus tard qu'on a pu tourner ces institutions vers la politique intérieure. »

4. *Procincta classis*. De là, le nom des *classes* (καλεῖν, *convoquer*).

5. La banlieue fut partagée par Servius entre 26 tribus rustiques, réduites à 17 après la guerre de Porsenna. Le nombre des tribus s'accrut successivement jusqu'au chiffre de 35 (en 241). — Les 4 tribus urbaines se nomment *Palatine, Colline, Esquiline, Suburrane*; les 31 tribus rustiques *Romilia, Crustuminia, Lemonia, Pupinia, Vercutana, Galeria, Pollia, Voltinia, Claudia, Aemilia, Cornelia, Fabia, Horatia, Meniana, Papiria, Sergia, Veturia, Stellatina, Tromentina, Sabatina, Aniensis, Pomtina, Popilia, Moe-*

fants[1]. La tribu avait son *curator*, et comprenait des *bourgs*, qui célébraient annuellement leurs fêtes particulières[2]. Cette division avait pour but de faciliter les opérations du recensement et du recrutement militaire, ainsi que la perception de l'impôt.

DIVISION MILITAIRE ET CENSITAIRE. — Servius créa 7 classes d'après la fortune foncière des citoyens : la 1re est celle des *chevaliers*, puis viennent 5 classes de fantassins, et la classe des pauvres (*prolétaires*[3]). Les 6 premières classes étaient divisées en *centuries* inégalement nombreuses, *et qui avaient chacune un suffrage :* la classe des chevaliers en compta 18, la 1re classe 80[4], chacune des 3 suivantes 20, la 5e 30, et la dernière une seule. A ces 189 centuries, Tite Live et Denys ajoutent 2 centuries de charpentiers et d'ouvriers en bronze, et 2 de joueurs de trompe et de trompette[5]. Ces 193 centuries furent divisées elles-mêmes en deux moitiés, celles des *seniores* (46 ans et plus) et des *juniores* (depuis 17 ans). — Ainsi les deux classes les plus riches pouvaient réunir 98 suffrages sur 193, et, si elles étaient d'accord, rendre inutile le vote des autres.

A cette inégalité de droits répond une inégalité de charges. Jusqu'à 60 ans, les six premières classes sont astreintes au service militaire[6]; ce service est gratuit[7], et les soldats doivent s'équiper eux-mêmes. Mais l'équipement est plus coûteux pour les premières classes que pour les suivantes[8]. La dernière centurie est dispensée

---

cia, Scaptia, Ufentina, Falerina, Arniensis, Terentina, Velina, Quirina. — Ces noms (abrégés) reviennent très fréquemment en épigraphie : l'indication de la tribu se trouve entre la *filiatio* et le *cognomen*. Pline le Jeune s'appelle C. Plinius L. F. Ouf. (Ufentina tribu) Secundus. — A Rome, l'inscription dans la tribu répond à l'inscription sur nos registres de l'état civil.

1. Les citoyens exclus des tribus [habitants des municipes (sans droit de suffrage) établis à Rome, ou citoyens notés d'infamie] forment la classe des *aerarii*, payant à la place de l'impôt une sorte de capitation. Leur condition était la même que celle des Cérites.

2. Les *vici* (quartiers urbains) célébraient les *Compitalia*, les *pagi* (cantons de la banlieue) les *Paganalia*. Comme les nouvelles tribus, ouvertes aux plébéiens, ont leur foyer et leurs sacrifices, les plébéiens se trouvent avoir un culte et des fêtes comme les patriciens. — Niebuhr a cru, sans preuves, que les patriciens n'avaient été introduits dans les tribus Serviennes que par la loi des XII Tables ; il est probable que la division de Servius comprenait les patriciens comme les plébéiens. Voy. Mommsen, *Tribus romaines*, 1844.

3. Aux *proletarii* (procréateurs d'enfants) sont opposés, selon leur fortune, les *assidui* (contribuables, de *assem dare*, ou simplement *citoyens établis*, en allem. *ansaessigen*?) et les *locupletes* (possesseurs du sol).

4. Le cens de la 1re classe était de 100 000 as. Bœckh pense que ce sont des *asses sextantari* (1/5 des *asses librales*).

5. Tite Live mentionne encore une centurie d'*accensi*.

6. Les *juniores* font seuls la guerre extérieure.

7. Toutefois, les chevaliers reçoivent une indemnité pour acheter leur monture ; les femmes non mariées et les enfants mineurs qui possèdent des terres et ne peuvent pas servir, y contribuent par l'impôt dit *aes hordearium*.

8. 1re CLASSE. Casque, grand bouclier, jambières, cuirasse en airain ; javelot et épée. 2e CLASSE. Comme la 1re ; mais le bouclier est petit, et il n'y a pas de cuirasse. 3e CLASSE.

de tout service. — De même, l'impôt (*tributum ex censu*) ne pèse que sur les six premières classes : c'est une taxe personnelle, prélevée sur le capital déclaré.

Les citoyens de la dernière centurie (*capite censi*) sont les *prolétaires*, les artisans, les affranchis et fils d'affranchis.

DROIT PUBLIC DE ROME SOUS LA RÉPUBLIQUE.

Pouvoirs publics. — 1. Trois pouvoirs gouvernent la Rome républicaine : les magistrats[1], le Sénat et l'assemblée du peuple.

2. Les magistrats sont *ordinaires* (consuls, préteurs, édiles, tribuns du peuple, questeurs, censeurs[2]) ou *extraordinaires* (l'interroi, le dictateur, le maître de cavalerie, le préfet de la ville, les décemvirs, les tribuns militaires avec pouvoir consulaire, les triumvirs *reipublicae constituendae*, les préfets). Les magistrats sont dits curules ou non curules suivant qu'ils ont ou n'ont pas la chaise curule parmi leurs attributions. Les *magistrats curules* sont les consuls, les préteurs, les censeurs, les édiles curules et le dictateur[3].

3. Aucun magistrat n'est rétribué[4]. Dès 509, la loi Valéria établit que tout magistrat devait être nommé par le peuple[5]. Des lois dites *annales*, dont la première, portée par le tribun Villius, est de 180[6], fixaient une limite d'âge inférieure pour les diverses fonctions[7]. Pour être éligible, il fallait être citoyen libre, jouir de la

---

Les jambières en moins. 4ᵉ CLASSE. Seulement 2 javelots. 5ᵉ CLASSE. Seulement des frondes et des pierres. Les deux dernières classes forment le corps des frondeurs et des vélites.

1. En 510, nous trouvons à Rome deux consuls patriciens, des questeurs et un préfet de la ville en l'absence des consuls. En 501, paraît le premier dictateur avec un maître de la cavalerie. En 494, par suite de la première *sécession du peuple*, on crée des tribuns et des édiles plébéiens. En 444, on remplace les consuls par des tribuns militaires avec le pouvoir consulaire; mais ce n'est qu'en 400 qu'un plébéien, Licinius, parvient au tribunat militaire, qui ne dure que 74 ans. En 443, on avait institué la censure, exclusivement patricienne ; en 366, le consulat devient accessible aux plébéiens. En même temps, on crée deux nouvelles charges patriciennes, la préture et l'édilité curule.

2. Tous annuels, sauf les censeurs.

3. On distingue aussi les magistrats *cum imperio* (militaires, religieux et civils à la fois), et *sine imperio* (purement civils). L'ensemble des droits civils et politiques constitue la *potestas*, distincte de l'*imperium*. — Les magistratures sont *patriciennes* ou *plébéiennes* suivant qu'elles sont créées *auspicato* ou *inauspicato*.

4. D'où l'expression : *Honorem gerere*. Ce principe est tout aristocratique.

5. La dictature, qui relève du Sénat, forme l'unique exception.

6. Tite Live, 40, 44. Cf. Ov., *Fast.*, 3, 65. Villius exigeait 10 campagnes, c'est-à-dire au moins 27 ans. Voy. Nipperdey, *Lois annales*, 1865 (all.), travail qui a renouvelé la question.

7. Pour le consulat, depuis Sylla, cette limite était 43 ans. Cicéron fut consul à 43 ans, *suo anno*, comme il dit (contesté). — La loi Villia paraît aussi avoir fixé l'ordre dans lequel on pouvait briguer les magistratures (*certus ordo magistratuum*). En 81, Sylla rendit cet ordre plus sévère (Appien, *B. C.*, 1, 100) : il fallut avoir été questeur avant d'être préteur et préteur avant d'être consul ; 3 ans devaient s'écouler entre chaque magistrature. — Briguer un honneur en sautant un degré s'appelait *petitio extraordinaria*.

plénitude des droits, et ne point avoir d'infirmité physique grave.

4. Tous les magistrats majeurs [1] et, parmi les mineurs, les tribuns du peuple, édiles et questeurs, avaient les droits suivants : 1° de convoquer le peuple en *contio;* 2° de publier des édits et des décrets relatifs à leur province ; 3° de parler au Sénat ; 4° d'infliger des amendes aux délinquants dans la sphère de leurs attributions; 5° de prendre les auspices [2].

5. Pendant la durée de leur charge [3], les magistrats majeurs ne peuvent être accusés, pas même civilement, à moins qu'ils n'y consentent ou que l'accusation ne soit portée par les tribuns; les magistrats mineurs peuvent être accusés civilement et criminellement [4].

MAGISTRATS ORDINAIRES MAJEURS.

Consulat. — 1. Les consuls [5] doivent être considérés comme deux rois annuels [6]. Ils sont nommés aux comices centuriates, ordinairement en juillet [7]. Le jour de leur entrée en charge, les sénateurs et les chevaliers, suivis des citoyens, conduisaient les nouveaux magistrats au Capitole [8], où l'on faisait un sacrifice après avoir pris les auspices. De là, on allait à la curie, où le Sénat était convoqué, et le consul, après avoir remercié le peuple, prononçait un discours

---

1. Les magistrats *majeurs* prennent de *grands auspices* (avec le concours d'un augure?) et les magistrats *mineurs* de *petits auspices* (sans augure?) Cf. Aulu-Gelle, 13, 14; Serv., ad Aen., 3, 374; Festus, v. *Spectio*.

2. *Jus agendi cum populo, jus edicendi, jus agendi cum patribus, jus mulctae dictionis, jus auspiciorum.*

3. Le jour de l'entrée en charge (*dies solemnis*) est, depuis 154 av. J.-C., fixé au 1ᵉʳ janvier; mais l'exercice de l'*imperium* des consuls et préteurs ne commençait qu'au 1ᵉʳ mars.

4. La censure, le tribunat, surtout l'organisation des magistratures en collèges (avec le principe : *par majorve potestas plus valeto*), sont les principales garanties contre les abus possibles du pouvoir.

5. Noms primitifs : *judices* ou *praetores* (*prae-itores*, qui marchent devant l'armée, allem. *Herzog*). Cette dénomination se trouve encore dans les XII Tables. — Consul (*consol, cosol*) vient probablement de *consulere* (*qui consulit civibus*). Mais Niebuhr voit dans *consules* une contraction de *con-es-ules*, c'est-à-dire les collègues (cf. *exsul, praesul*), opinion autrefois partagée par Mommsen, qui, depuis, a préféré rattacher ce mot à *salio*, ἅλλομαι (*Droit publ.*, II, 73), alléguant le souvenir de quelque ancienne danse religieuse ou militaire. — Une partie des fonctions religieuses du Roi passa au grand pontife et au *rex sacrorum;* les patriciens, qui avaient renversé la royauté, s'étudièrent à affaiblir le consulat par la création, à leur profit, de charges nouvelles (préture, censure). — Le consulat ne fut aboli qu'en 886 ap. J.-C. par un acte de Léon le Philosophe.

6. Les consuls ordinaires sont *éponymes* et donnent leur nom à l'année. En épigraphie, le consulat ne s'indique pas en suivant l'ordre du *cursus honorum*, mais hors rang. (Borghesi.) Cf. plus bas, *Droit public sous l'Empire*.

7. Les comices centuriates consulaires devaient être présidées par un consul, un dictateur ou, à défaut, un interroi. L'élection était suivie de la proclamation (*renuntiatio*), après quoi les consuls étaient dits *désignés*.

8. *Deductio.* Voy. Ovide, *Fastes*, 1, 81; Tite Live, 41, 14.

général sur les affaires religieuses et politiques. Avant le sixième jour, il devait prêter serment à la constitution[1].

2. Tous les magistrats, sauf les tribuns du peuple, étaient soumis aux consuls[2]. Ils assemblaient et présidaient le Sénat, négociaient avec les États étrangers, convoquaient et présidaient les assemblées du peuple, proposaient les lois et les faisaient exécuter[3]. Chefs militaires[4], les consuls levaient les légions, déterminaient le nombre des auxiliaires que devaient fournir les alliés, et nommaient au plus grand nombre des commandements inférieurs. Les soldats prêtaient serment à leur personne. Dans la province où ils commandaient, ils avaient tous les pouvoirs[5], sauf le droit de conclure la paix[6]. — Contre les abus de pouvoir d'un consul, on pouvait faire intervenir son collègue[7]. Chaque consul avait le pouvoir exécutif supérieur pendant un mois, durant lequel il était précédé de 12 licteurs[8] et s'appelait *consul majeur*. — A l'expiration de leur charge, les consuls devaient jurer devant le peuple qu'ils avaient observé les lois[9].

Préture[10]. — 1. Le préteur, juge souverain dans toutes les affaires civiles[11], nommé le même jour et sous les mêmes auspices que le

---

1. *Jurare in leges*. Anciennement, la formule du serment spécifiait *neminem Romae passurum regnare*. — Si un des consuls meurt, son collègue fait nommer aussitôt un *consul suffectus* par les comices.

2. Les deux consuls se partagent leurs attributions au sort (*sortiri provincias*).

3. Polybe, 6, 12, 1.

4. A l'armée, le consul a l'*imperium merum*, le droit de vie et de mort sur les soldats.

5. Le sénatus-consulte *ultimum* : *Videant consules ne quid respublica detrimenti capiat*, donne aux consuls un pouvoir dictatorial, et met Rome en état de siège.

6. Polybe, 6, 2, 5. Ils peuvent conclure des *sponsiones*, soumises à la ratification du sénat.

7. *Intercessio collegae*. Cf. Denys, 10, 17.

8. D'où l'expression : *Consul penes quem fasces erant*. (Tite Live 2, 1.) Hors de Rome, les licteurs portent *fasces cum securi*.

9. Avant l'institution de la préture, les consuls étaient souverains au judiciaire. [Il paraît cependant qu'ils ne pouvaient pas juger les patriciens dans les causes capitales, fonctions qui revenaient aux comices curiates]. Jusqu'à la création de la censure, ils dirigeaient les finances, et faisaient le cens ; et, dans la suite, ils conservèrent encore une surveillance générale et la garde des clefs de l'*aerarium*. Cependant, à Rome, ils ne pouvaient pas faire de dépenses sans l'approbation du Sénat.

10. *Praetor, a praeeundo*. — Lorsque, en 366, un plébéien parvint au consulat, on accorda aux patriciens, comme compensation, que les fonctions judiciaires fussent séparées des attributions du consulat et confiées à un magistrat spécial, exclusivement patricien, *qui jus in urbe diceret*. (Tite Live, 6, 42, 11.) La préture est, de toutes les magistratures, celle qui est demeurée le plus longtemps aux mains des patriciens ; en 337 seulement, on vit un préteur plébéien, Publilius Philo. — Voy. Labatut, *Hist. de la préture*, 1868.

11. Cic., *Lois*, 3, 3 : « Is juris civilis custos esto. » Les fonctions du préteur sont marquées par ces trois mots : DO (*formulam*), DICO (*jus*), ADDICO (*litem*). Le préteur entrant en fonctions publie un édit où il fixe les règles qu'il suivra dans sa juridiction. Cet édit, appelé *edictum*, était affiché au Forum sur une table de bois blanchie (*album*). Ainsi le préteur n'est pas seulement un magistrat : il participe au pouvoir législatif et prépare les éléments d'un droit nouveau.

consul, passait presque pour son collègue : mais le consul était *collègue majeur*, et le préteur devait abaisser ses faisceaux devant les faisceaux consulaires [1].

2. En 242, l'affluence des étrangers dans Rome nécessita la création d'un second préteur dit *pérégrin*, c'est-à-dire des étrangers, qui jugeait les différends entre étrangers et citoyens, le préteur *urbain* exerçant la juridiction urbaine. — En 227, il fallut élever le nombre des préteurs à 4, dont 2 pour les provinces de Sicile et de Sardaigne. Trente ans plus tard, on en créa deux autres pour les deux Espagnes, et enfin Sylla porta leur nombre à 8. Deux préteurs, désignés par le sort, devaient toujours rester à Rome ; les autres se rendaient dans les provinces.

3. Le préteur siégeait à son tribunal, au Forum ; il pouvait d'ailleurs juger *au passage*[2] certains litiges de moindre importance. En l'absence des consuls, il les remplaçait, comme autrefois le préfet de la ville.

4. En 149, la préture fut profondément modifiée par l'institution des *cours permanentes*[3] pour juger certaines catégories de délits devenus très fréquents[4]. Les préteurs présidaient ces cours, et, depuis Sylla, ils ne purent aller dans les provinces qu'après une année d'exercice de la préture urbaine.

Censure[5]. — 1. Les censeurs, magistrats chargés du *cens*, étaient nommés dans des comices centuriates, présidées par un consul, et tous deux le même jour[6]. Les consulaires seuls[7] étaient éligibles, et les premiers censeurs furent les consuls de l'année précédente. Personne ne pouvait exercer deux fois la censure. La durée de cette charge était d'abord de neuf ans, c'est-à-dire un *lustre;* mais neuf ans après la création de la censure, la loi *Aemilia* en limita la durée à dix-huit mois[8]. — La censure est

---

1. Le préteur a six licteurs (à Rome, deux seulement?).
2. *In transitu, de plano.*
3. *Quaestiones perpetuae.*
4. La première cour permanente fut la *quaestio repetundarum*, établie par la loi Calpurnia de 149, pour protéger les alliés contre les exactions. Du temps de Cicéron, il y avait huit cours permanentes (*repetundarum, majestatis, peculatus, ambitus, inter sicarios, veneficii, de vi, de falso*). Voy. Cic., *in Verr.*, 5, 54.
5. Dès 443, on enleva les fonctions du cens aux consuls, pour en investir deux magistrats patriciens. Quatre-vingt-douze ans après (351) on vit le premier censeur plébéien, C. Marcius Rutilus, et douze ans plus tard, 339, les lois Publiliennes établirent qu'un des censeurs devait toujours être plébéien. (Tite Live, 4, 8, 2.)
6. Tite Live, 9, 34.
7. Exceptions : Tite Live, 27, 6, 11 ; Cic., *Cato*, 6, 16.
8. Les censeurs n'avaient pas d'*imperium*, et par suite pas de licteurs : une loi *centuriate* leur conférait le *jus censurae*. Ils n'étaient pas responsables.

la plus haute des dignités civiles : les Romains l'appelaient une *magistrature sainte* et l'entouraient d'un respect tout particulier[1].

2. Les fonctions des censeurs[2] étaient : le cens, le choix du Sénat[3], la revue des chevaliers[4], la surveillance des mœurs[5], les travaux publics[6] et l'affermage des biens de l'État.

3. CENS. — L'opération du cens s'effectuait tous les cinq ans, à la *Villa publica*, sur le Champ de Mars. Les citoyens étaient appelés tour à tour par le héraut[7] et faisaient connaître leur nom, leur âge, le nom de leur père et de leur tribu, leur fortune, le nombre de leurs enfants, etc.[8] Les opérations du cens se terminaient par un discours du censeur chargé du lustre, où il exhortait les citoyens à se marier[9] et à maintenir l'intégrité des mœurs. Puis un des censeurs procédait à une purification solennelle[10].

Tribunat du peuple[11]. — 1. Les tribuns du peuple (plus exactement : de la plèbe), magistrats plébéiens, n'avaient pas d'*imperium*, mais ils étaient inviolables et leur pouvoir sacro-saint[12].

---

1. Plut., *Cat. Maj.*, 16, et *Camille*, 84.
2. Cic., *de Leg.*, 3, 3, 7. Voyez, sur le plus sévère des censeurs, l'amusant chapitre *Caton* dans Berger et Cucheval, *l'Éloquence avant Cicéron*, 1872.
3. Ils lisaient à haute voix la liste des sénateurs (*lectio senatus*), en passant les noms qu'ils jugeaient indignes. Les motifs d'exclusion étaient transcrits sur la liste définitive, au-dessous des noms rayés.
4. C'était une sorte de cavalcade soumise à l'inspection des censeurs (*recognitio equitum*), qui pouvaient priver les chevaliers de leur cheval (*equum adimere*). La revue finie, ils lisaient la liste des chevaliers : le premier nommé était dit *princeps juventutis*.
5. Les censeurs avaient surtout à flétrir ces actes qui, sans être légalement punissables, blessaient cependant la moralité et l'ordre public (le *mos majorum*). Aussi Cicéron (*in Pis.*, 4, 9) appelle-t-il la censure *magistra pudoris et modestiae*. Toute peine infligée par un censeur était consignée par écrit, ainsi que le motif (*censoria subscriptio*), sur le registre du cens (*tabulae censoriae*). La peine la plus grave, l'expulsion du Sénat, reléguait le sénateur parmi les chevaliers, ou même dans la dernière classe (*aerarii*). L'expulsion de l'ordre des chevaliers reléguait le chevalier sur la liste des Cérites (en le privant du suffrage). L'expulsion de la tribu faisait passer un citoyen dans la dernière classe (en le privant de tous ses droits). — La note censoriale pouvait être levée par un censeur subséquent. Les femmes n'en étaient pas passibles : *Vir mulieri judex pro censore est* (Gell., 10, 23).
6. Les censeurs font des contrats avec les entrepreneurs pour l'exécution des travaux de voirie et autres. Voy. Cic., *de Leg.*, 3, 3 : *Vias, aquas tuento*.
7. On commençait par les noms de bon augure, comme Valerius, Salvius, etc. Le recensement se fait par tribus locales.
8. Faire ces déclarations, s'appelait *censeri*, *profiteri*.
9. Tite Live, *Epit.*, 59 : « Q. Metellus censor censuit, ut cogerentur omnes ducere uxores liberorum creandorum causa ; exstat oratio ejus, quam Aug. Caesar, quum de maritandis ordinibus ageret, velut in haec tempora scriptam in senatu recitavit. »
10. *Lustrum*, d'où le nom donné au cens, accompagné du sacrifice dit Suovetaurilia (une truie, une brebis, un taureau). — Pendant les guerres civiles, le cens n'eut lieu que rarement, et lorsque Auguste, en 24 av. J.-C., fit nommer des censeurs, on en avait perdu l'habitude (Suét., *Oct.*, 37). A partir de cette époque, ce furent les Empereurs eux-mêmes qui furent revêtus de la censure.
11. Institué après la retraite de la plèbe sur le mont Sacré, 494.
12. *Sacrosancta potestas*, ἱερὰ καὶ ἄσυλος ἀρχή. Tite Live, 2, 33 : « Concessum est ut plebi sui magistratus essent sacrosancti, quibus auxilii latio adversus consules esset, neve cui patrum

2. Le nom des tribuns du peuple[1] vient de ce que les premiers magistrats populaires furent les tribuns militaires qui conduisaient la plèbe lorsqu'elle sortit de Rome, non comme une multitude confuse, mais rangée en bataille[2]. Leur nombre, d'abord de deux, fut porté à cinq et puis à dix. Les premiers tribuns furent élus par le peuple sur le mont Sacré. Depuis la loi Publilia, 471, l'élection se fit dans les comices des tribus[3]; l'entrée en charge avait lieu le 10 décembre.

3. Un tribun ne pouvait être mis en accusation pendant la durée de sa charge. Outre l'inviolabilité qui lui est assurée, il a le droit de secours (*auxilium*), par lequel il étend son inviolabilité à ceux qu'il protège[4]. Ce droit devint bientôt un droit général de *veto* et d'intervention (*intercessio*) contre tout acte des autres magistrats. Les tribuns présidaient les assemblées de la plèbe (*contiones*) et les comices des tribus[5]. Bien que leurs pouvoirs fussent surtout prohibitifs, ils avaient le droit d'infliger des amendes et d'opérer des arrestations (*prehendere*); ils pouvaient conduire en prison tous les magistrats et même les consuls. Mais leur autorité cessait à mille pas de Rome, et leurs collègues pouvaient leur résister[6].

Édilité[7]. — D'abord nommés par les tribuns, leurs supérieurs[8], les édiles furent ensuite, comme tous les magistrats inférieurs, élus

---

capere eum magistratum liceret. » La première atteinte aux privilèges du tribunat date de Tib. Gracchus, qui déposa son collègue Octavius.

1. *Tribuni*, δήμαρχοι.
2. Varr. *L., L.*, 5, 81. Le *tribun* est, à l'origine, celui qui conduit le contingent de la *tribu*.
3. Le mode d'élection entre 494 et 471 est très contesté (Willems, p. 429).
4. Le tribun, sorte d'asile vivant, ne peut s'éloigner de Rome pendant plus d'un jour.
5. L'opposition d'un des tribuns pouvait empêcher la tenue des comices (*comitiis intercedere*), la convocation du Sénat ou du peuple par les consuls.
L'entrée de la curie leur était d'abord interdite (Val. Max., 2, 2, 7); mais, avec le temps, ils obtinrent des sièges réservés aux séances, et le droit de convoquer le Sénat, où ils entraient en sortant de charge.
Les tribuns n'avaient ni insignes, ni faisceaux, ni licteurs. Ils n'avaient même pas de *sellae*, mais de simples bancs (*subsellia*).
6. *Intercessio collegae*. Très diminuée par la loi Cornelia (*de tribunis*), portée par Sylla, la puissance des tribuns fut rétablie par Pompée en 70 (Vell. Paterc., 2, 30). Les Empereurs s'en emparèrent, soit à cause de l'inviolabilité qu'elle assurait, soit pour n'avoir pas à craindre la puissance des tribuns leurs collègues.
7. Étymologie: *aedes*; le lieu de réunion des édiles était le temple de Cérès. — L'édilité est contemporaine du tribunat populaire. Après la paix conclue entre les patriciens et les plébéiens (494), deux édiles de la plèbe furent créés: ce n'étaient d'abord que des auxiliaires des tribuns. En 388, quand les plébéiens arrivèrent au consulat, on créa deux nouveaux édiles, patriciens ou *curules :* dès l'année suivante, les plébéiens obtinrent accès à cette nouvelle charge. En 710, César nomma deux autres édiles préposés aux approvisionnements (*aediles ceriales*), mais l'Empire donna leurs fonctions au *préfet de l'Annone* (Dion, 52, 24), fonctionnaire de l'ordre équestre.
8. Jusqu'à la loi Publilia, 471.

par les comices des tribus. Les édiles[1] avaient l'intendance des archives, conservées au temple de Cérès; de la voie publique, des marchés, des vivres (*annona*[2]), des cultes étrangers. Les fonctions de l'édilité, au sens moderne du mot (*cura urbis*), comprenaient la surveillance des bâtiments publics, des maisons qui menaçaient ruine, des conduites d'eau et des cloaques[3]. En 454, la loi *Tarpeia* conféra aux édiles le droit d'infliger des amendes et le droit d'accusation. Ils devenaient ainsi des magistrats indépendants, et pouvaient traiter directement avec le peuple.

Questure[4]. — 1. Les questeurs, magistrats fiscaux supérieurs, furent portés de deux à quatre en 421[5]. Chaque consul eut ainsi deux questeurs, dont l'un restait à Rome pour surveiller le trésor (*questeur urbain*), tandis que l'autre accompagnait le consul à la guerre comme préposé à la caisse de l'armée. Leur nombre fut élevé à huit en 241, dont six pour les finances de l'Italie. Sylla les porta à vingt et César à quarante[6].

2. Après l'époque des décemvirs, les questeurs, jusque-là nommés par les consuls, furent élus par les comices des tribus. Les plébéiens purent prétendre à la questure. L'âge légal était 27 ans[7].

---

1. Cicéron (*de Leg.*, 3, 3, 7) les définit : *curatores urbis, annonae ludorumque solemnium*.
2. Voy. Hirschfeld, *Annona*, dans le *Philologus*, 59, p. 41 (cf. Boissier, *R. D-M.*, 1878, *Ostie*), et l'art. *Annona* dans le Dictionnaire de Saglio.
3. Les édiles pouvaient recevoir des tribuns une mission spéciale comme la *prehensio*, d'un citoyen. — Ils avaient la police des mœurs, des marchés, des pompes funèbres, et surtout le soin des jeux publics (*cura ludorum*). A cet effet, ils s'arrangeaient avec des entrepreneurs de spectacles pour la représentation de pièces dramatiques, etc.; le sénat alloua d'abord des subsides, mais les édiles durent ensuite contribuer de leurs deniers. (Sur leurs rapports avec les auteurs dramatiques, Voy. Becker, *Censura scenica*, 1852). Vers la fin de la République, le désir de capter la faveur populaire poussa les édiles à des prodigalités inouïes : aussi Polybe (10, 4) appelle-t-il l'édilité : ἐπιφανεστάτη ἀρχή. On s'y ruinait, mais on s'y faisait connaitre. — Les édiles curules avaient la juridiction dans les cours commerciales, fonctions qui leur valaient la chaise curule.
4. Dès l'antiquité, quelques érudits faisaient dater la questure de l'époque des Rois, d'autres en attribuaient l'institution aux consuls. Mommsen la croit contemporaine du consulat. (*Droit public*, II, 1, p. 494.) — Le mot *questeur* (de *quaeso*) désignait à l'origine le juge d'instruction dans les causes capitales (*quaestores parricidii*). A l'avènement de la République, les questeurs reçurent en outre l'intendance du trésor public, et en 289 avant J.-C., leurs fonctions judiciaires passèrent aux *IIIviri capitales*. Voy. Willems, p. 258.
5. Ils étaient nommés *promiscue de plebe ac patribus*. (Tite Live, 4, 43.)
6. Auguste remplaça les questeurs urbains par des *Préteurs du trésor* (Suét., *Aug.*, 36); mais Claude les rétablit.
7. Les provinces (*provinciae quaestoriae*) étaient distribuées au sort entre les questeurs. Quelquefois le sénat pouvait accorder aux généraux et aux consuls de choisir leurs questeurs comme ils l'entendaient (*extra sortem*). — Les questeurs provinciaux accompagnaient les consuls et les gouverneurs. Chaque gouverneur avait un questeur ; il y en avait deux en Sicile (à Syracuse et à Lilybée). En Italie, deux questeurs avaient des stations fixes, à Ostie et dans la Gaule cispadane. — Les questeurs urbains avaient la garde du trésor public

MAGISTRATURES EXTRAORDINAIRES.

La Dictature et la Maîtrise de cavalerie. — Le dictateur[1] est un magistrat temporaire investi d'une autorité presque absolue. Quand le Sénat le juge nécessaire, il confie la nomination d'un dictateur[2] à l'un des consuls[3], qui choisit parmi les consulaires; la durée *maxima* de la dictature est de six mois[4]. Le dictateur, revêtu du *summum imperium*, est accompagné de 24 licteurs avec les faisceaux et les haches. Comme il ne peut monter à cheval[5], il choisit un *maître de cavalerie*, qui a la *potestas consularis*. — Outre les dictateurs nommés en cas de guerre ou de sédition[6], on trouve d'autres dictateurs[7] nommés pour certains actes religieux, qui abdiquent aussitôt leur fonction remplie.

Interroyauté. — Quand les deux consuls étaient morts ou avaient abdiqué, les sénateurs exerçaient tour à tour, pendant cinq jours, les fonctions d'*interroi;* jusqu'à ce que l'un d'eux eût pu tenir les comices, après quoi son pouvoir expirait aussitôt[8]. Cette institution date de l'époque monarchique[9].

Décemvirat. — Créés en 481 par la loi Terentilla, les décemvirs[10], tous

---

dans le temple de Saturne. Ils tenaient les comptes, mettaient en adjudication certains travaux de voirie, et réglaient les enterrements dont l'État payait les frais.

1. Ancienne institution latine, la dictature fut instituée à Rome en 504 dans un péril pressant (guerre Latine, selon Tite Live, 2, 18; agitations de la plèbe, selon Denys, 5, 63-70). Le premier dictateur plébéien est de 356. Les dictatures de Sylla (*R. P. constituendae causa*) et de César (la troisième dictature) sont plutôt des magistratures nouvelles, préparant la transition de la République à l'Empire. (Willems, p. 231.) La dictature fut abolie *in perpetuum* par la *lex Antonia* (44); elle n'a pas de rapport avec le pouvoir impérial.
2. Appelé aussi *magister populi, praetor maximus. Dictator* est celui *qui dicit* (*edicit*).
3. Si les consuls sont absents, le peuple peut créer un prodictateur comme cela eut lieu après Trasimène. (Tite Live, 22, 8, 5.)
4. Les magistrats ordinaires n'abdiquent pas, mais leur pouvoir est suspendu (excepté les tribuns). Le dictateur ne peut disposer du trésor public sans l'agrément du sénat; mais il est irresponsable et son pouvoir sans appel. Pendant toute la durée de sa charge, il ne peut pas quitter l'Italie.
5. On a vu que le Roi aussi était plus spécialement le chef de l'infanterie.
6. *Dictatores optima lege, rei gerundae, seditionis sedandae causa.* (Cic., *de Leg.*, 3, 3, 9.)
7. *Dictatores imminuto jure, clavi figendi, comitiorum habendorum, ludorum faciendorum, feriarum constituendarum causa; quaestionibus exercendis, legendo senatui.*
8. Tite Live, 5, 8; 5, 17; 6, 5, etc. Il y a un exemple où l'élection n'est faite que par le 11e interroi. (Tite Live, 7, 21.)
9. Le dernier exemple se place en 52. (Dion Cass., 40, 49.)
10. *Xviri legibus scribendis* ou *consulari imperio.* Tite Live, 3, 32, 6 : « Les députés étaient déjà revenus avec les lois d'Athènes, et les tribuns redoublaient d'instances auprès du Sénat pour que l'on commençât la rédaction des lois.... Il fut décidé qu'on élirait des décemvirs, qui seraient les seuls magistrats pendant cette année, et dont l'autorité serait sans appel. »

patriciens, possédaient à tour de rôle, pendant un jour, le pouvoir exécutif et les 12 licteurs. La deuxième année [1] ils voulurent tous être revêtus à la fois des mêmes insignes, et l'on vit dans Rome 120 faisceaux avec les haches. Aux dix *Tables* rédigées la première année, on en ajouta deux autres la seconde, et ce code dit des XII Tables, œuvre des décemvirs, survécut à leur expulsion en 449. La même année, la loi *Valeria et Horatia* défendit, sous peine de mort, que l'on créât à l'avenir des magistrats sans appel [2].

Tribunat consulaire [3]. — Institué en 445 pour remplacer le consulat, il était de droit accessible aux plébéiens, qui furent longtemps sans y parvenir. Le nombre des tribuns [4] varia entre trois et huit : ils ne pouvaient pas triompher ni nommer un dictateur sans la permission expresse des augures. L'admission des plébéiens au consulat mit un terme à cette magistrature de transition (366) [5].

Vigintisexvirat et magistratures mineures. — 1. Le XXVIvirat est l'ensemble de cinq commissions administratives et judiciaires, nommées d'abord par les magistrats supérieurs, puis par les comices des tribus. Ce sont : 1° les TRIUMVIRS NOCTURNES, subordonnés aux édiles, nommés TRIUMVIRS CAPITAUX depuis 289 [6] ; 2° les JUGES DÉCEMVIRS [7], à qui les tribus remettaient l'examen des questions civiles pour lesquelles on avait réclamé leur intervention ; 3° les QUATUORVIRS DE CAPOUE ET CUMES [8] ; 4° les TRIUMVIRS MONÉTAIRES [9] ; 5° les QUATUORVIRS préposés au nettoyage des voies urbaines et les DUUMVIRS chargés, au même titre, des voies de la banlieue [10].

2. Quand il y avait nécessité [11], les comices par tribus nommaient des commissions extraordinaires, chargées de fonctions déterminées [12].

Employés. — Les officiers subalternes des magistrats s'appellent APPARITEURS ; ils sont salariés et nommés par les magistrats parmi les citoyens [13].

---

1. Il y eut des plébéiens parmi les seconds décemvirs. (Denys, 10, 56, 58.)
2. Cic., *de Rep.*, 2, 31, 54. Cf. Tite Live, 3, 54.
3. *Tribuni militares consulari potestate.*
4. Liv. 4, 6. Chaque année un sénatus-consulte décidait si l'on nommerait des consuls ou des tribuns. L'un des tribuns, *toujours patricien*, restait à Rome comme *praefectus urbis*.
5. En soixante-dix-huit ans, on ne trouve que quarante-neuf fois des tribuns.
6. Ils obtinrent alors les fonctions de questeurs du parricide (prisons, exécutions) ; ils avaient déjà la police de nuit, les secours en cas d'incendie, etc.
7. *Xviri stlitibus judicandis*, inviolables en tant que mandataires des tribuns.
8. *IVviri* ou *praefecti juri dicundo Capuam, Cumas* (C. I. L., I, p. 186 ; Tite Live, 9, 20 ; 26, 16), représentants envoyés en Italie par le préteur urbain. Depuis 124, ces fonctionnaires (qui tirent leur nom des deux principaux d'entre eux) sont nommés par le peuple et considérés comme des magistrats.
9. *IIIviri monetales A. A. A. F. F. (aeri, argento, auro, flando, feriundo).* Voyez le livre V, page 105.
10. Dans un rayon de 1000 pas. Ils sont aux ordres des édiles.— Auguste ayant supprimé les IVvirs *juri dicundo* et les IIvirs *viis extra*, etc., les magistrats restants formèrent le corps des XXvirs ou *vigintivirat*.
11. Pour seconder les magistrats ou exécuter des lois nouvelles.
12. *IIIviri coloniae deducendae, IIIviri agro metiendo devidendo, IIIviri mensarii, IIIviri aedi dedicandae, IIviri navales, praefecti annonae, XXviri* créés par César pour le partage de l'*Ager Campanus*, etc.
13. Voy. Labbé, *Apparitio* des magistrats romains (*Rev. de Législation*, 1875), résumé des travaux de Naudet, Le Blant, etc. — On cite surtout les suivants : SCRIBES ou commis de bureau ; LICTEURS ; VIATEURS ou messagers ; HÉRAUTS (*praecones*). D'autres subalternes, diffé-

LES ASSEMBLÉES SOUS LA RÉPUBLIQUE[1].

Toute assemblée (*contio* ou *comitia*) est annoncée[2] au moins 27 jours (un *trinundinum*[3]) à l'avance par le magistrat-président, qui, pendant cet intervalle, publie la *rogation* à discuter. La réunion se fait toujours dans un endroit *inauguré*[4] et à un jour *comitialis*[5]; l'augure peut la remettre à une autre date, si les auspices sont contraires[6]. Commencée *prima luce*, elle ne doit pas se prolonger après le coucher du soleil. Le vote, d'abord public, fut rendu secret par les *lois tabellaires*, portées de 139-107 avant J.-C.[7]. Il n'y a pas de discussion. Quand le président a proclamé le résultat (*renuntiatio*), les comices sont dissoutes et l'assemblée se sépare[8].

Comices curiates[9]. — Mommsen admet, sans preuves certaines, que les plébéiens comme les patriciens y ont droit de vote[10]. Le président est toujours un patricien. Ces comices décident des affaires concernant les *gentes* patriciennes, et confèrent l'*imperium* à certains magistrats[11].

Comices calates. — Elles sont peu importantes; voyez plus haut.

Comices centuriates[12]. — 1. Ce sont, sous la République, les comices

---

rents des appariteurs, sont les ACCENSI, liés non pas à la charge, mais à la personne du magistrat, bien que l'État les rétribue. Les édiles, censeurs, IIIvirs capitaux, ont en outre des esclaves publics, comme le bourreau (*carnifex*), serviteur des IIIvirs capitaux. — Comme les appariteurs étaient rééligibles, leurs charges étaient considérées comme à vie, et ils en trafiquaient. Ils pouvaient aussi se faire remplacer par des *vicarii*. Ces fonctionnaires formaient des corporations (*curiae*) avec des chefs (*magistri*), etc. Plus on pénètre dans la vie de l'antiquité, plus on remarque que le système de l'association y est développé à tous les degrés.

1. Trois attributions principales : *creatio magistratuum, judicia, populi jussa*. Le Sénat peut annuler toutes les résolutions pour vice de forme.
2. *Edicere, indicere comitia*. Il est de principe qu'une magistrature supérieure ou égale peut interdire une réunion convoquée sans son assentiment. (Cic., *de Leg.*, 3, 3, 4.)
3. Trois *marchés* (les marchés avaient lieu de 9 en 9 jours).
4. *Templum*. L'augure l'a délimité avec le bâton augural.
5. Sur 230 jours fastes, 40 ne sont pas *comitiales*.
6. Le premier acte du président est toujours une prière.
7. Le votant reçoit tantôt une tablette où il inscrit les noms de ses candidats, tantôt deux tablettes portant VR (*uti rogas* = oui) ou A (*antiquo* = non). Ces tablettes, déposées par les votants dans les corbeilles électorales (*cistae*) sont comptées ensuite par les *diribiteurs*.
8. Un cas d'épilepsie (*morbus comitialis*), un coup de foudre ou un orage, suspendent immédiatement les comices.
9. Se reporter au chapitre précédent.
10. Willems (p. 155) pense avec Ambrosch et Marquardt que les patriciens seuls votaient.
11. Les actes d'un caractère autant religieux que civil, l'inauguration des flamines et du *roi des sacrifices*, l'adrogation, l'élévation des plébéiens au patriciat, sont de leur ressort. Les comices curiates, qui donnent seules l'*imperium*, feront l'Empire. Un consul ne pouvait commander une armée sans une loi curiate. (Tite Live, 5, 32.)
12. *Comitiatus maximus*. COMPÉTENCE : Élection des consuls, préteurs, censeurs, décemvirs et tribuns consulaires. — Les causes où la punition demandée atteint le *caput*: la *provocatio*, juridiction de première instance (appel); les lois constitutionnelles.

par excellence. Leur caractère militaire primitif reste très nettement marqué[1]. Elles ne peuvent être convoquées et présidées que par des magistrats investis de l'*imperium*. Le lieu de réunion est le Champ de Mars[2], hors du *pomoerium*, parce qu'il est interdit d'exercer l'*imperium* dans l'intérieur de la ville[3]. Le vote a lieu par centuries, et, dans chaque centurie, par tête. Le sénat ratifie les élections de ces comices et des comices tributes[4].

2. Cette organisation des comices fut modifiée vers 241, mais les détails de cette réforme, faite dans un esprit démocratique, sont très mal connus[5].

Comices tributes[6]. — Elles ont pour origine les *concilia plebis*, où la plèbe, votant par tribus locales, nommait les magistrats plébéiens (tribuns et édiles) par des *plebiscita*. Après les décemvirs, ces *concilia* se transformèrent en *comices par tribus*, tantôt présidées par des magistrats patriciens et admettant aussi les membres patriciens des tribus, tantôt présidées par des magistrats plébéiens (tribuns ou édiles), et admettant *par tolé-*

---

1. *Exercitus urbanus.* (Varr., *L. L.*, 6, 9.) Anciennement, le peuple s'assemblait en armes; pendant la durée de l'assemblée, le drapeau rouge flottait sur le Capitole et le Janicule. Dès que le drapeau était retiré, le vote devait cesser. Cet usage, datant de l'époque où une surprise de la ville par les peuples voisins était à craindre, dura jusqu'à la fin de la République, malgré les abus qui en résultaient.

2. Après la consultation des auspices, le signal militaire est donné sur la citadelle (Properce, 5, 1, 13; Aulu-Gelle, 15, 27); le vote se fait par centuries, en commençant par les 18 centuries de chevaliers et les 80 de la 1re classe. Dès qu'une majorité (97) était obtenue, on cessait le vote; et il n'arriva jamais qu'on dût faire voter la dernière centurie (Tite Live, 1, 43). Pour voter, un certain nombre de centuries entraient par différents *ponts* dans un bâtiment dit *ovile*, *septa*, et votaient à l'entrée. Les tablettes étaient distribuées sur le pont même par le *rogator centuriae*, qui devait connaître de vue tous les électeurs.

3. Aulu-Gelle, 15, 27.

4. Depuis la *lex Maenia* (IIIe siècle), cette ratification précède le vote.

5. T. Live, 1, 43; Denys, 4, 21. Le système généralement suivi est celui de Mommsen (*Tribus rom.*, 1844). Le nombre des tribus ayant été porté à 35, le nombre des centuries réparties parmi les classes serviennes (chaque tribu comprenant 10 centuries, soit 2 par classe) fut élevé à 373, ce qui donnait une majorité de 187 et obligeait de continuer le vote jusqu'à la 4e classe. Le droit de voter en premier n'appartint plus aux centuries des chevaliers, mais à une centurie dite *prérogative* tirée au sort dans la 1re classe; ensuite le vote se continuait suivant l'ordre ancien (chevaliers, le reste de la 1re classe, la 2e, etc.).

6. Les attributions de ces comices, nées de la division servienne en tribus locales, allèrent en augmentant avec les progrès de la démocratie.— COMPÉTENCE : Élection des questeurs (depuis 447), des édiles, des XXVIvirs, des commissions extraordinaires, des tribuns militaires (6 en 362; 24 après 169) [v. les notes suivantes].— Causes capitales (Coriolan); la loi des XII Tables enleva cette juridiction aux comices tributes, qui n'exercèrent plus que la juridiction criminelle aboutissant à des amendes.— Les plébiscites (législatifs) n'obligent d'abord que la plèbe; les rogations d'un intérêt général étaient des pétitions que les centuries devaient ratifier. Mais en 449 la loi *Valeria Horatia* décréta « *ut quod tributim plebis jussisset, populum teneret.* » L'autorité législative des centuries passa ainsi peu à peu aux tribus. Les consuls finiront par porter leurs lois aux comices tributes.

rance les patriciens[1]. Les décrets rendus s'appellent *plebiscita*[2].

LE SÉNAT [3].

1. Les premiers consuls comblèrent les vides faits par Tarquin le Superbe dans le Sénat patricien, composé de *patres*, en y admettant des plébéiens, *conscripti*[4]. La loi *Ovinia* (vers 360 ?) [5] transféra le choix du sénat des consuls aux censeurs, en spécifiant qu'ils devaient choisir les plus marquants de chaque ordre[6]. Le premier de l'*album* sénatorial est le prince du Sénat, toujours un patricien[7]. Les magistrats en charge, admis au Sénat[8], ne semblent pas avoir eu droit de vote; mais ils pouvaient prendre part à la délibération sur les questions de leur ressort. Au contraire, les sénateurs *pedarii* devaient seulement voter en passant à droite ou à gauche[9].

---

1. Ces dernières assemblées, nommées encore *concilia plebis*, se réunissent *inauspicato*, sur le *Forum Romanum* ou au Capitole. Présidées par un tribun, elles nomment les tribuns de la plèbe et les édiles plébéiens. — Les tribuns parlent du haut des *Rostres* (placés sur le Forum depuis la victoire de 338 sur les Antiates), ou plus anciennement du *Vulcanal*, lieu élevé au-dessus du *comitium*.

2. On tire au sort la *tribus principum*, qui doit commencer le vote. Le président est un consul, un préteur ou un magistrat extraordinaire qui les remplace. — Aux comices tributes dites *sacerdotales*, présidées par un membre du collège des pontifes (?), sont nommés le grand pontife et le grand curion : après 104, les pontifes, les augures, les XVvirs *sacris faciundis*. 17 tribus, tirées au sort sur les 35, y prennent part.

3. Willems, *le Sénat romain*, 1878. Le Sénat est, pendant quatre siècles, le nerf moteur de la politique romaine; une fois, après Cannes, on voit cette compagnie centraliser l'administration entre ses mains (Tite Live, 22, 55). C'est le Sénat, non moins que les légions, qui a conquis le monde et qui l'a rendu romain.

4. D'où la formule *patres et conscripti*, abrégée en *patres conscripti*; on finit par dire *pater conscriptus* pour désigner un sénateur. Cette explication est d'ailleurs contestée (Ihne, Willems). Selon Fustel, les *patres conscripti* sont les cadets des familles patriciennes : le droit d'aînesse venait de succomber dans les luttes de la royauté contre les *gentes*. — Sont exclus du Sénat : les *liberti* et leurs fils, les *infames*, les *municipes sine suffragio*, les citoyens exerçant un *quaestus*. — INSIGNES : anneau d'or, laticlave, *mulleus*. Au lieu de cette chaussure rouge, les sénateurs patriciens en portaient une noire, ornée d'un croissant (*lunula*) en argent ou en ivoire (*calceus patricius*). — PRIVILÈGES : sièges réservés à l'orchestre depuis 194, droit de voyager comme ambassadeurs (*jus legationis liberae*).

5. Lange (II, 161) la place vers la deuxième guerre punique.

6. Par suite, les magistrats curules acquéraient un certain droit à entrer au Sénat par la prochaine *lectio*; jusqu'à ce terme, ils eurent le droit de donner leurs avis comme les sénateurs. Ce droit fut étendu successivement aux magistrats plébéiens et aux questeurs. Si, lors de la *lectio* nouvelle, le nom d'un de ces sénateurs présomptifs est omis (*praeteritus*), c'est une flétrissure qui lui interdit l'entrée du Sénat. La liste est proclamée *ex Rostris* d'un commun accord entre les censeurs.

7. Généralement, le plus ancien censeur vivant. (Tite Live, 27, 11.)

8. Le grand pontife et le flamine de Jupiter jouissent de la même prérogative.

9. *Pedibus ire in alienam sententiam* (Aulu-Gelle, 3, 18, 1.) Les *pedarii* semblent être des sénateurs *magistratu non functi*; mais les textes ne permettent que des conjectures à leur égard. Voy. Festus, p. 210, éd. Müller, et Willems, *op. cit.*, p. 188.

2. De 300, sous la République[1], le nombre des sénateurs s'éleva à 900 sous César[2]. Auguste le fixa à 600.

3. Les consuls, décemvirs, tribuns consulaires, dictateurs, interrois, les préteurs en l'absence ou sur l'ordre des consuls, les tribuns du peuple, peuvent convoquer et présider le Sénat[3]. Les absents sans motifs sont passibles d'une amende. Les séances ne sont pas publiques, mais, sauf exceptions[4], les portes de la curie restent ouvertes.

4. Après l'énoncé de l'ordre du jour (*relatio*)[5], le président donne quelques développements sur la question ou présente un projet : le *sénatus-consulte* se fait tantôt par *discession*, tantôt par *appel nominal*[6]. Tout sénateur a le droit de réclamer la discussion, ou, si la proposition est complexe (*per saturam*), la division. Après le vote, le président lève la séance[7]. Quelques sénateurs (trois en général) restent dans la salle avec le président pour rédiger le sénatus-consulte[8], qui, gravé sur pierre et sur bronze, est déposé dans l'*aerarium*.

5. Le Sénat ratifie les votes des comices[9]. Le cas échéant, il gère l'interrègne. Les *rogations* législatives lui sont généralement soumises avant de l'être au peuple. Le Sénat fait nommer un dictateur,

---

1. La première augmentation est due à Sempr. Gracchus, qui nomma trois cents nouveaux sénateurs-chevaliers.
2. Après la mort de César, Antoine, suivant les indications du dictateur, créa cent sénateurs nouveaux, qu'on appela *Orcini*, c'est-à-dire *sénateurs de la mort*.
3. Le Sénat ne doit pas se réunir aux *dies comitiales*. Le lieu de ses séances est la *curia Hostilia* ou (vers la fin de la République) la *curia Julia*; pour la concession du triomphe, le Sénat se réunit *extra pomoerium*, souvent dans le temple de Bellone. César fut tué dans la curie de Pompée, hors du *pomoerium*. (On appelle *pomoerium* un espace consacré, en dedans et en dehors des murs de Rome, sur lequel il était interdit de bâtir).
4. *Senatusconsultum tacitum*, huis clos.
5. Ainsi conçu : « *Quod bonum, felix, faustum, fortunatumque sit populo Romano Quiritium; referimus ad vos, patres conscripti* — (l'ordre du jour) — *de ea re quid fieri placet*. » Voy. Tite Live, 42, 30 ; Suét., *Calig.*, 15.
6. A. Gelle, 14, 7, 9. La *discession* est un genre de vote très ancien : sur l'invitation du président, les partisans d'un projet se rangent d'un côté et les adversaires de l'autre. — Dans le deuxième cas, le sénateur peut dire son avis en y rattachant une digression quelconque (*egredi relationem*; comme lorsque Caton disait : *Censeo Carthaginem esse delendam*), et par là empêcher le vote du Sénat en laissant arriver la nuit; ou se placer simplement près de celui dont il partage l'opinion (*pedibus ire in alienam sententiam*). Le vote définitif a lieu par *discession*.
7. Avec ces mots : *Nihil vos moramur, P. C.*
8. Le S.-C. porte leurs noms : *Scribendo adfuerunt*. — Les lettres C ou T (*censuerunt tribuni*) indiquent que les tribuns ne font pas d'opposition. Si toutes les conditions de validité n'ont pas été remplies, il y a seulement une *senatus auctoritas*, sans force obligatoire : Cf. Cic., *ad Fam.*, 1, 2 ; 8, 8.
9. Il peut les casser pour vice de forme sur un décret des augures. Le droit de ratification (*auctoritas*), attribut exclusif des sénateurs patriciens, perdit son importance par la loi Maenia (IIIe siècle).

ou investit les consuls d'un pouvoir dictatorial[1]. Il juge sans appel les *questions extraordinaires* que lui délègue le peuple[2], les manquements graves des sujets ou alliés italiques. Dans la sphère administrative, les sénatus-consultes ont force de loi. Il veille à l'intégrité du culte[3], admet ou rejette les cultes étrangers, décrète les supplications, les sacrifices, les jeux publics, etc., décerne l'ovation ou le triomphe[4]. Surveillant général des finances, le Sénat administre les propriétés de l'État, ordonne la perception du tribut, fixe les dépenses de la guerre, des jeux, des travaux publics, etc. La paix et la guerre, les négociations, la répartition des provinces, l'organisation des pays conquis par des *légats*, sont dans les attributions du Sénat, qui décide aussi souverainement de tout ce qui regarde les provinces et les colonies[5].

DROIT POLITIQUE DE ROME SOUS L'EMPIRE [6].

1. Le principe de la séparation des pouvoirs, fondement et garantie de la liberté, disparaît avec la République. La puissance impériale n'est pas une création nouvelle ; elle est la réunion, au profit d'un seul homme, de dignités anciennes jusque-là partagées entre plusieurs. L'Empereur ne cumule pas toutes les magistratures[7] ; mais il se fait revêtir de celles qui peuvent lui assurer, dans l'État, la haute direction de toutes les affaires. Ainsi Auguste reçut, en 29 avant J.-C., l'*imperium militare* suprême avec le *praenomen imperatoris*, qui le rendaient maître de l'armée[8] ; en 23, l'*imperium*

1. Par le *senatusconsultum ultimum*.
2. Jusqu'en 123 (loi de Gracchus) les sénateurs forment seuls les *questions perpétuelles*.
3. Lire le sénatus-consulte *de Bacchanalibus* (C. I. L., I, p. 43).
4. Le Sénat peut proroger l'*imperium*, et même en revêtir un particulier (T. Live, 8, 16).
5. Les *concilia plebis*, vers la fin de la République, empiétèrent sur cette haute autorité, et s'arrogèrent le droit d'annuler les sénatus-consultes par un plébiscite.
6. Voy. les *Histoires romaines* de Duruy, Merivale, Hoeck, et Zeller, *Empereurs romains*. — Le discours de Mécène à Auguste, au 52e livre de Dion Cassius, est un document très important, en ce qu'il contient le programme de la constitution impériale. Borghesi et Renier y voient la reproduction d'un mémoire original, emprunté aux archives de Rome. — Hirschfeld (*Administr. romaine*, p. 281) a mis en lumière ce fait souvent méconnu que l'organisation de l'Empire n'est l'œuvre ni d'un seul homme ni d'une seule époque, mais qu'elle a subi de nombreuses transformations. La vieille opinion qu'Auguste a créé de toutes pièces l'édifice impérial doit être complètement abandonnée.
7. Hadrien ne fut que trois fois consul, parce que l'autorité proconsulaire lui donnait toute l'autorité réelle attachée au consulat.
8. Auguste prit seulement le titre de *prince* dans le sens ancien de *prince du Sénat*, où il ne conférait aucune autorité particulière. — Depuis César, le titre d'*imperator* avait une double signification : 1° Selon l'ancien usage, qui subsista (Auguste fut IMP. XXI), le titre d'*imperator* était pris par un général vainqueur et placé *après* son nom, suivi d'un chiffre indiquant combien de fois il l'avait mérité ; les Empereurs comptèrent pour eux les victoires de leurs généraux. 2° Le titre d'*imperator*, décerné par le Sénat, était placé comme un prénom *avant* le nom de l'Empereur. (Suét., *D. Julius*, 70.)

proconsulare sur toutes les provinces [1], qui faisait de lui le juge en appel des provinciaux [2]; en 23, la puissance tribunitienne, qui lui assurait, avec l'inviolabilité, le droit d'intercession et de secours [3]; en 19, la puissance censoriale, sous le nom de *préfecture des mœurs;* en 12, la dignité de grand pontife.

2. Les Empereurs n'ont pas occupé toutes les *fonctions*, mais ils ont possédé toute l'*autorité* effective [4] : or l'autorité, délégation de la souveraineté populaire, n'a pu leur être conférée que par une loi curiate. Cette loi, dont les historiens d'Auguste ne parlent pas, c'est la LOI ROYALE (*lex Regia de imperio*), fondement légal de la toute-puissance des Empereurs [5].

3. Les Empereurs avaient le pouvoir législatif : leurs édits, mandats et rescrits, avaient force de loi. — Le Sénat prorogea les pouvoirs d'Auguste [6] de dix en dix ans; les autres Empereurs les reçurent à vie, avec le droit de désigner leurs successeurs. Il n'y eut jamais à Rome de loi réglant l'hérédité dynastique [7].

4. Les Empereurs n'étaient pas seulement les chefs de la religion : ils

---

1. Pompée, lors de la guerre contre les pirates, avait reçu non pas une province, mais les côtes de toutes les provinces, *infinitum imperium*. Rien n'est absolument nouveau dans le régime impérial à Rome.

2. Ce droit, en faisant affluer les affaires dans les bureaux de l'Empereur, seconde puissamment le mouvement de centralisation.

3. Cette puissance, qui avait déjà été conférée à César, semblait si importante aux Empereurs, qu'ils comptaient les années de leur règne d'après les années de leur tribunat.

4. « Omne jus omnisque potestas populi Romani in imperatoriam translata sunt potestatem. » (Justinien, préf. du *Digeste*.) C'est au nom de la souveraineté du peuple romain que les Empereurs furent maîtres absolus. Si l'Empereur peut tout, c'est parce que le peuple lui a conféré sa puissance. (Voy. Fustel, *Instit. polit. de la France*, p. 79).

5. Un fragment de la *lex Regia* qui fut rédigée pour Vespasien a été conservé (Orelli, t. I, p. 567, et *C. I. L.*, t. VI). Il se trouve sur deux colonnes d'une table de bronze au Capitole; sur la première, qui manque, était un préambule et le commencement de l'énumération des droits impériaux. Tacite fait allusion à cette loi (*Hist.*, 4, 3) quand il dit : « At Romae senatus *cuncta principibus solita* Vespasiano decernit. » Si nous trouvons cette loi sous Vespasien, c'est qu'on revient alors aux traditions de l'Empire d'Auguste, traditions méconnues dans l'intervalle de Claude à Vespasien. Auguste, Tibère et Claude sont cités dans la loi comme ayant possédé *légalement* les pouvoirs que l'on renouvelle entre les mains de Vespasien. Force est donc d'admettre que la *lex Regia* lui confère des pouvoirs qu'une loi analogue (que nous n'avons plus) avait donnés jadis à Auguste lors du passage de la République à l'Empire, la direction des affaires étrangères, le droit de convoquer et de présider le Sénat, d'y diriger les délibérations, etc. Il y a une progression remarquable dans l'importance des articles, dont les derniers consacrent la toute-puissance de la volonté impériale. — Hirschfeld (*Administration romaine*, p. 289) ne croit pas la *lex Regia* antérieure à Vespasien.

6. Le surnom d'Auguste désignait cette puissance souveraine. (Dion Cass., 53, 16.) On avait pensé au titre de Romulus; mais on se rappela que Romulus, comme César, était mort assassiné par le Sénat.

7. Dioclétien composa le gouvernement de quatre chefs : deux Empereurs égaux en puissance avec le titre d'*Augustes*; deux Empereurs subordonnés aux premiers, leurs lieutenants et leurs héritiers présomptifs, appelés *Césars*.

étaient des dieux futurs[1]. Auguste fit beaucoup pour la religion romaine, mais la religion fit plus encore pour lui. Elle célébra et sanctifia tous les anniversaires de la vie des princes[2]. Dans les *Actes des Arvales*, il est plus souvent question des Empereurs que des dieux. L'adulation encombra tellement les fastes que Marc-Aurèle dut régler qu'il n'y aurait plus que 135 jours fériés dans l'année. Pour Pline le Jeune, l'Empereur est une sorte d'intermédiaire entre le ciel et la terre[3]. La religion, après avoir fait presque des dieux des Empereurs vivants, les divinise tout à fait après leur mort par l'apothéose[4]. Une fois passés dieux, les Césars deviennent l'objet d'un culte organisé dans tout l'Empire et confié à des collèges d'Augustales.

Comices. — Les comices eurent encore lieu sous Auguste, tant pour sanctionner les lois[5] qu'en vue des élections[6], qui se faisaient, d'ailleurs, selon les recommandations personnelles du prince. Tibère supprima le droit de vote et le donna au Sénat[7], dont les élus

---

1. Voy. Boissier, *Relig. romaine*, I, 125 sqq.
2. Pline, *Panégyr.*, 86.
3. Du vivant d'Auguste, le culte divin qu'on lui rendit en Italie n'eut peut-être pas de caractère officiel; cependant les poètes chantèrent son apothéose anticipée (*Bucol.*, 1, 7; *Géorg.*, 1, 42; comparez l'apothéose de Daphnis-César, *Bucol.*, 5), et le culte de César fut officiellement constitué en 712. Mais Auguste ne souffrit pas qu'on lui élevât des temples à Rome. Toutefois, dans les chapelles des carrefours, on rendait hommage au *Génie d'Auguste* à côté des dieux lares (*compitales*). De là, le culte des *Lares Augusti*, que les inscr. nous montrent dans toutes les provinces. Ainsi l'apothéose de l'Empereur vivant était mise sous la protection de la religion du foyer. — Dans les provinces, le culte de Rome et d'Auguste n'était en réalité que l'adoration de la puissance romaine, qu'un acte de soumission et de reconnaissance envers le régime tutélaire de l'Empire. Desjardins (*Rev. de Philol.*, 1879) paraît avoir démontré, contre Mommsen, que le culte des Empereurs *Divi* diffère de celui des *Lares d'Auguste* et de celui de *Rome et Auguste*. En Afrique et en Espagne, le culte des *Divi* se trouve cumulé, mais non confondu avec celui de Rome. Par une politique habile, le Sénat et les Empereurs appelaient au sacerdoce du culte essentiellement romain de Rome et Auguste des provinciaux non-citoyens et des indigènes. Pendant les trois premiers siècles de l'Empire, on trouve, dans les provinces, un *Concilium* des légats des cités élisant un *flamen Romae et Augusti provinciae*, et, dans chaque municipe, un *flamen Augusti* dit *perpetuus*, élu annuellement par les décurions. Au ive siècle, ces *flamines perpetui* représentent l'aristocratie des cités. [A cette catégorie appartiennent les 36 *flamines perpetui* nommés dans l'*album* de l'*ordo decurionum* de Thamugas (ive siècle) publié par L. Renier, *Acad. inscr.*, 24 déc. 1875.] — Les *sodales* des collèges des Empereurs divinisés étaient de grands personnages, et ces collèges se recrutaient par cooptation.
4. L'apothéose (*caelum decretum*) n'est pas une invention de la servilité. Il s'est trouvé même qu'elle a servi, dans les provinces, la cause de la liberté, en ranimant la vie municipale. L'idée de l'apothéose repose sur les plus anciennes croyances de la race italique. Romulus l'avait déjà reçue avant César. — C'est en vue de célébrer le culte de l'Empereur que se réunissaient les députés des provinces ; telle est l'origine des assemblées provinciales comme le Conseil des Gaules, où l'on ne traita pas seulement des honneurs à rendre au prince, mais des intérêts des villes représentées. Avec les progrès du christianisme le caractère civil l'emporta, dans ces réunions, sur le caractère religieux; cependant Gratien fut le premier Empereur qui ne reçut pas l'apothéose.
5. *Leges Juliae, Aelia Sentia*, etc.
6. Les élections ne sont plus guère qu'une acclamation des candidats officiels.
7. Tac., *Ann.*, 1, 15. 81.

devaient être seulement présentés au peuple et *proclamés*[1] devant lui. Le pouvoir législatif passa du peuple au Sénat, sous prétexte que le peuple était devenu trop nombreux pour se gouverner à l'ancienne manière[2].

Consuls. — Ils ne gardaient pas leur titre pendant toute l'année, mais abdiquaient après quelques mois, pour être remplacés par des *suffecti*[3]. Sous Commode, il y eut jusqu'à 25 consuls en une année[4]. Dans les derniers siècles, on créa des consuls *honoraires*, élus par le Sénat et agréés par l'empereur. Constantin ne nomma que deux consuls, l'un pour Constantinople et l'autre pour Rome, qui devaient rester en fonctions pendant toute une année; il n'y eut, outre ceux-là, que des consuls *honoraires*, mais peu ou point de *suffecti*. Le consulat n'était plus qu'une dignité coûteuse, recherchée par la vanité des riches, et dont la principale attribution était de donner des jeux[5].

Institutions nouvelles[6]. — Aux anciens magistrats, qui subsistèrent presque tous jusqu'à Dioclétien, les Empereurs ajoutèrent : les préfets du prétoire[7], le préfet de la ville[8], le préfet des vigiles[9], le préfet des vivres ou de l'annone[10], le préfet du trésor,

---

1. *Renuntiati*.
2. On trouve sur des inscriptions après l'indication des dignités, *ex senatusconsulto*.
3. D'Auguste à Caracalla, les actes publics sont datés des consuls, *suffecti* ou non. (L. Renier, *Acad. inscr.*, 1873, p. 105.) — Comme le consulat, en perdant son importance politique, devenait, pour ceux qui en étaient revêtus, une preuve de la faveur impériale, il ne cessa pas d'être recherché avec ardeur : au vi° siècle encore, on l'appelle la première dignité du monde.
4. Lampride *Commode*, 6. — Certains commandements étant réservés à des consulaires, il avait été nécessaire même aux meilleurs Empereurs d'en créer plusieurs chaque année.
5. Le dernier consul de Rome fut Decimus Theodorus Paulinus, 536; à Constantinople, Flavius Basilius Junior, 541. — Les PRÉTEURS perdent une partie de la juridiction civile, mais ils succèdent aux édiles curules comme chargés de la *cura urbis* et des *ludi publici* (Dion Cass., 53, 2; 55, 8). — Les TRIBUNS, qui conservent le droit de présider le Sénat, et l'*intercessio* (sauf contre l'Empereur), ont aussi une partie de la *cura urbis*. — Les ÉDILES ne sont plus que des fonctionnaires de police, surveillant les tavernes, les bains, etc. — Il y eut encore des lois *annales* sous l'Empire (Mommsen, *Droit public*, I, p. 428); l'avancement dans les charges supérieures comprenait les quatre degrés de la questure, du tribunat du peuple ou de l'édilité (ces deux charges considérées comme étant du même degré), de la préture et du consulat; un certain temps devait s'écouler entre chacune de ces fonctions; pour devenir questeur, il fallait avoir vingt-cinq ans, pour être préteur, trente. Toutefois, Auguste décida que, pour chaque enfant vivant, on accorderait au candidat la dispense d'une année d'âge légal. (Mommsen, *Pline le Jeune*, trad. Morel, p. 53 sqq.)
6. A côté des magistrats effectifs, l'Empereur nomme des magistrats honoraires (*adlectio inter consulares, tribunicios*, etc.). — Le caractère des nouveaux fonctionnaires est une dépendance très étroite à l'égard de l'Empereur.
7. Deux chevaliers commandent les neuf cohortes prétoriennes : juges militaires des soldats, ils peuvent être chargés par l'Empereur de juger sans appel des causes très graves. (Spartien, *Sept. Sév.*, 4.) Ils président le conseil en l'absence de l'Empereur.
8. Commandant la garde urbaine, *préfet de police*; toujours un consulaire.
9. Commandant les sept cohortes de vigiles, dont l'attribution spéciale était le secours en cas d'incendie.
10. Chargé de l'approvisionnement et des distributions; toujours un chevalier.

enfin de très nombreux commissaires spéciaux[1] : *Curatores frumenti dandi, alvei Tiberis et riparum, cloacarum, operum publicorum, ludorum, munerum ac venationum, viarum* (routes de l'Italie), *curatores regionum ac viarum, procuratores Caesaris*, etc. (Voy. la liste dans Orelli-Henzen, t. III, p. 106.) L'institution la plus importante est le *consilium principis*, sorte de conseil d'État impérial[2].

Centralisation. — L'histoire de l'administration impériale est l'histoire des progrès de la centralisation administrative[3]. Dioclétien et Constantin ne font qu'achever l'œuvre poursuivie depuis Auguste, en fondant un système de bureaucratie que l'antiquité n'avait pas connu[4]. Malheureusement, cette vaste transformation subie pas le monde romain est encore très imparfaitement éclaircie. Tacite est tout entier à ses sombres peintures, Suétone à ses anecdotes libertines; Dion Cassius et Appien sont des étrangers, très souvent mal informés. Les textes épigraphiques, interrogés par les Borghesi, les Mommsen, les Léon Renier, ont commencé à faire mieux connaître l'histoire intérieure de l'Empire, qui est sa véritable histoire; toutefois, dans les synthèses essayées jusqu'ici, une part très grande a dû être faite à l'hypothèse. Voici, en résumé, celle qu'a proposée récemment un très savant élève de Mommsen, Hirschfeld; il l'a appuyée, dans son travail, d'une réunion de textes

---

1. Auguste supprima les *IVviri juri dicundo* et les *IIviri viis extr. urb. purgandis*. Les *IIIviri capit., Xviri stlit. jud., IIIviri monet.*, et *IVviri viis in urbe purg.*, forment un seul collège, le *vigintivirat*, recruté dans l'ordre équestre. (Orelli, *Inscr.*, 3151, 3153, etc.)

2. Composé par Auguste des consuls, d'un membre par collège des autres magistratures et de quinze à vingt sénateurs tirés au sort, ce conseil, dont les décrets sont assimilés (depuis l'an 12 après J.-C.) aux sénatus-consultes, tend, depuis Hadrien, à se séparer du Sénat : les chevaliers, les amis du prince, surtout les jurisconsultes, en forment la majorité. L'influence de ce conseil (appelé *consistorium principis* depuis Constantin) remplace peu à peu celle du Sénat. Les séances, présidées par l'Empereur, se tenaient au palais. Voy. Hirschfeld, *op. cit.*, p. 201. — Les *amis de l'Empereur*, dits *carissimi*, sont les familiers qu'il invite à ses délibérations en conseil et à ses réunions de société. On les appelait aussi *comites*, parce qu'ils faisaient l'escorte du prince dans ses voyages, ou *cohors*. Ami devint un titre officiel, et l'on en distingua plusieurs classes (Sén., *de Benef.*, 6, 34), à savoir *primi amici, cohors primae, secundae admissionis*, etc. Il y avait 3 classes (Suét., *Oth.*, 3) : la 1ʳᵉ et la 2ᵉ comprenaient les principaux sénateurs, les consuls et personnages consulaires, les jeunes gens de talent appartenant à l'ordre sénatorial (comme Lucain), les parents, alliés et condisciples de l'Empereur : la 3ᵉ se composait d'amuseurs de tout genre, hommes de lettres, philosophes et bouffons (dits *convictores*). Ce n'était, en vérité, qu'un cortège de courtisans (Épictète, *Dissert.*, 4, 8, 41-50). Voy. Friedlaender, *Mœurs rom.*, t. I, p. 129 de la trad. française.

3. « L'histoire du haut empire, dit Hirschfeld, est la lutte de trois siècles entre le principat et le Sénat, lutte qui forme le ferment de l'histoire intérieure de l'Empire, et qui se termina par le triomphe de la centralisation. »

4. La première administration, au sens moderne du mot, fut créée par Auguste : le service des postes. (Duruy.) La seconde fut le service des eaux de Rome institué par Agrippa, qui y consacra toute sa fortune.

épigraphiques et littéraires, que l'on ne peut reproduire ici [1].

Histoire de l'administration impériale. — Après César, qui avait prétendu tout faire par lui-même, Auguste eut l'idée d'un empire constitutionnel, appuyé sur l'Empereur d'une part, sur le Sénat de l'autre [2]. Mais l'incapacité du Sénat, l'isolement [3] ou les empiètements des Empereurs, amenèrent une désorganisation générale à laquelle Pallas et Narcisse mirent fin en faisant passer l'administration aux mains des fonctionnaires impériaux, les procurateurs dans les provinces, les affranchis à Rome [4]. Hadrien comprit la nécessité d'un personnel de fonctionnaires plus zélés que les sénateurs, moins serviles que les affranchis : il les prit dans l'ordre équestre, qui remplit alors toutes les fonctions [5], comme les sénateurs les

---

1. *Recherches sur l'Histoire de l'administration romaine*, t. I, 1876, surtout les p. 282-299 (analyse et critique judicieuse par Bloch, *Revue historique*, nov. 1879). Hirschfeld doit donner dans le *Corpus* de Berlin les inscr. de la Gaule. — Voy. encore Friedlaender, *Mœurs rom. sous l'Empire*, dans l'excellente trad. de Vogel, 1865, t. I.

2. Mommsen (le *Principat*, 2ᵉ partie du 2ᵉ vol. du *Manuel* de Mommsen-Marquardt) appelle ce dualisme gouvernemental une *dyarchie*. C'est malgré lui et sur les instances répétées du peuple qu'Auguste entra dans la voie de la centralisation administrative, en remplaçant les officiers sénatoriaux par ses curateurs. (Hirschfeld, p. 285.) La République avait affermé l'*orbis Romanus*, c'est-à-dire qu'elle l'avait livré au pillage : l'Empire administra, et créa une carrière administrative. — Auguste fixa un cens sénatorial d'un million de sesterces et réduisit l'âge légal à vingt-cinq ans. Le Sénat se réunit régulièrement aux calendes et aux ides (*senatus legitimus*) et peut être convoqué extraordinairement (*indictus*). L'Empereur fait le plus souvent lire sa *relatio* par un questeur. Lui-même se considère seulement comme le premier du Sénat et partage avec lui le droit régalien de battre monnaie. Si le Sénat perd le gouvernement des provinces impériales et la décision de la paix, il reçoit une partie de la juridiction criminelle et du pouvoir législatif. — De même que Caïus Gracchus est le créateur de l'ordre équestre, Auguste est le créateur de l'ordre sénatorial, qui devient sous l'Empire une haute noblesse héréditaire, comme la pairie anglaise. Auguste permit aux fils des sénateurs de porter la tunique laticlave, d'assister aux séances du Sénat, d'entrer immédiatement au service avec le rang de *tribuni militum* ou *praefecti equitum*. Les membres des familles sénatoriales ne purent s'unir par mariage à des affranchis : les sénateurs (*clarissimi*), leurs femmes (*clarissimae*) et leurs enfants firent partie de l'*ordo senatorius*, qui se répandit en province par l'admission de provinciaux au Sénat (Willems, p. 119; Marquardt, III, 2, 277).

3. Tibère à Caprée. Tibère, comme Auguste, essaya d'abord loyalement d'associer le Sénat à son pouvoir. (Tac., *Ann.*, 5, 55. Voy. Hirschfeld, p. 285.)

4. Comme la carrière des honneurs (*cursus honorum*) est fermée aux affranchis, ils ne peuvent jamais usurper l'autorité qui s'attache au rang. Ce sont des *chefs de services* et des secrétaires particuliers, dont la puissance peut être immense, mais à qui les *honores* sont interdits. — Il y eut une première rénovation de la noblesse sous Vespasien. Le nombre des *gentes* était tombé à 200, par suite des complots et des guerres; Vespasien, censeur en 73 avec Titus, éleva au patriciat 1000 familles italiennes ou provinciales. Parmi les nouveaux patriciens se trouvaient Agricola (de la Narbonaise) et Trajan (d'Espagne). Cette jeune aristocratie, formée par la vie municipale, apporta au Sénat quelque vitalité, et rendit possible le siècle des Antonins.

5. *Munera*. A l'origine de l'Empire, il n'y a pas de chancellerie ; l'Empereur a recours à ses *libertini*, qui se rendent nécessaires par leur habileté pratique, comme le célèbre affranchi Étruscus dont parle Stace (*Silv.*, 3, 3), qui servit dix Empereurs et mourut octogénaire sous Domitien. Pendant tout le premier siècle de l'Empire, les affranchis sont titulaires des trois plus hautes procurations, *a rationibus, a libellis, ab epistolis*. — Hadrien, qui organisa le premier un service central, institua des BUREAUX (*officia, scrinia*) dont les chefs (*magistri, principes*) prirent une grande importance.

hautes magistratures¹, comme les affranchis les emplois domestiques à la cour². Les chevaliers³ sont une sorte de noblesse provinciale qu'Hadrien favorise au détriment du Sénat, représentant des privilèges de l'Italie et de Rome⁴.

1. « La grande innovation de l'administration impériale fut la création des deux hiérarchies parallèles, des carrières sénatoriale et équestre, la première comprenant toutes les magistratures et charges depuis la préfecture de Rome jusqu'au vigintivirat; la seconde comprenant tous les emplois des finances, et les charges depuis celles de préfet du prétoire jusqu'à celle de procurateur du domaine privé de l'Empereur, toutes dans un ordre immuablement fixé. » (Desjardins.) Auguste donna des curatelles à ses affranchis : ainsi Licinius (Suét., *Aug.*, 67) fut procurateur en Gaule. Sous Tibère (Dion, 58, 9) un affranchi fut préfet d'Égypte; mais ces faits étaient rares. L'administration ne pouvait appartenir qu'aux chevaliers, qui, depuis un siècle, en connaissaient tous les rouages. Il ne faut pas oublier que, dans tous les emplois, le titulaire n'est qu'un directeur général : la partie technique de sa tâche est laissée à ses affranchis, secrétaires, etc. Pline le Jeune, qui n'est qu'un littérateur aimable, devient curateur du Tibre, augure, commandant militaire. Les jeunes nobles Romains ne se *spécialisaient* point; il leur suffisait de savoir commander.

2. « Quand la gloire des princes se mesurera au bonheur qu'ils ont donné à leurs peuples, Hadrien sera le premier des Empereurs romains. » (Duruy.) Hirschfeld appelle Hadrien « le plus extraordinaire des Empereurs romains. » (p. 291.)

3. L'histoire des chevaliers romains a été écrite par Belot, 1873. — Les chevaliers ne constituent pas un *ordre*, mais simplement les dix-huit centuries de Servius (comprenant les six centuries datant de Romulus), jusqu'à la loi Sempronia de C. Gracchus, qui leur accorde le droit exclusif de former les *questions perpétuelles*, et donne ainsi naissance à un *ordo œquester*, aristocratie financière opposée à l'aristocratie patricienne. Outre les chevaliers des dix-huit centuries qui reçoivent leur cheval de l'État (*equo publico*), on trouve, depuis 403 (T. Live, 5, 7), des chevaliers volontaires, ayant le cens équestre, qui servaient au même titre avec un cheval qu'ils achetaient. Dans les dix-huit centuries, la qualité d'eques se transmettait héréditairement, pourvu que le cens de l'héritier restât assez élevé. C'est pour donner une place aux fortunes nouvelles que la deuxième classe de chevaliers fut admise. Après 125 av. J.-C., le *chevalier* est celui auquel sa fortune permet d'être juge; comme on ne pouvait admettre à titre de publicains des citoyens n'offrant pas de garanties matérielles, on voit souvent confondus les publicains et les chevaliers. (Cic., *ad Att.*, 2, 1, 8.) En 63, la loi Roscia Othonis réserva aux chevaliers les quatorze premiers sièges au théâtre derrière l'orchestre; l'*angusticlave* et l'*anneau d'or* achevèrent de les distinguer de la plèbe comme un ordre à part. Puisqu'il suffisait de 400 000 sesterces pour être chevalier (la distinction entre les deux classes *equo publico* et *privato* fut bientôt oubliée), un très grand nombre de Romains, sans naissance et sans mérite, entrèrent dans l'ordre équestre. Auguste forma un corps spécial et d'élite, les *insignes* ou *illustres*, de ceux qui possédaient un million de sesterces (cens sénatorial depuis Auguste) et dont les pères et grand-pères avaient été des hommes libres; il leur permit de porter le laticlave, comme les sénateurs, et d'entrer au Sénat. De cette élite naquit l'*equestris nobilitas*. Mais, sous l'Empire, tous les citoyens riches de l'Italie et des provinces portèrent l'anneau et s'appelèrent *chevaliers*. En droit, un revers de fortune faisait perdre ce titre; la ruine était aussi déshonorante à Rome que la faillite chez nous. Ceux qui n'avaient que 200 000 sesterces (les *ducénaires*) pouvaient siéger dans les décuries de juges.

Les écrivains (Pline, Martial) traitent durement les chevaliers : mais il faut tenir compte des rancunes des patriciens, qui se voyaient supplantés par eux, et des préjugés nobiliaires, toujours très vivaces à Rome. Les vers de Juvénal contre les *stemmata* (8, 1-20) prouvent précisément qu'un sentiment tout contraire dominait la société. Pline (*Panég.*, 69) fait un mérite à Trajan d'avoir favorisé les descendants des grandes familles. L'influence des familles sénatoriales était encore due à leurs immenses richesses. Le cens sénatorial d'un million de sesterces n'est, bien entendu, qu'un minimum.

4. Les chevaliers remplissent son conseil d'État; il étend les attributions de la préfecture du prétoire, qui devient la plus haute institution civile. — Toutefois, si le Sénat est tenu en suspicion, tant à cause de l'incapacité qu'on lui prête que des restes d'opposition qui s'y sont réfugiés (voy. Boissier, *Opposition sous les Césars*), les sénateurs ne laissent

Aristocratie d'argent sous la République, l'ordre équestre devient de plus en plus, sous l'Empire, une aristocratie administrative et gouvernante. Septime Sévère,

pas de jouer un très grand rôle dans l'État; c'est parmi eux qu'on choisit, jusqu'au troisième siècle, les commandants des légions et les gouverneurs des provinces. « L'importance qu'avait à Rome la plus haute des fonctions équestres, celle de préfet du prétoire, était bien loin d'obtenir la considération réservée à la moindre des magistratures sénatoriales. Le seul souverain issu de la carrière équestre fut Macrin. L'ordre équestre était tenu à la même distance de l'ordre sénatorial que les traitants de l'ancien régime de la noblesse d'épée. » (Desjardins.) Pour le jeune noble de famille sénatoriale qui entrait dans la carrière des honneurs, la filière est celle-ci : Vigintivirat (18 ans), *milices équestres* (avec le titre de *tribunus militum honores petiturus* ou *tribunus laticlavius*), questure, Sénat, édilité ou tribunat du peuple, préture, commandement d'une légion, consulat, proconsulat; ajoutez les *munera* et curatelles, comme on les voit dans le *cursus* de Pline le Jeune (Duruy, *Hist. Rom.*, t. V, p. 250). — Voici quelques *cursus honorum* de personnages célèbres, connus par des inscriptions. PLINE LE JEUNE : *Decemvir stlitibus judicandis*, tribun militaire de la légion IIIe *Gallica*, sevir des chevaliers romains (commandant d'une des six *turmae equestres* à la revue annuelle), questeur, tribun du peuple, préteur (93), préfet *aerarii militaris* (pendant 3 ans), préfet *aerarii Saturni* (98), consul (100), augure, curateur du Tibre, des quais et cloaques, légat propréteur en Bithynie (112). Dans Côme, sa patrie, Pline fut *flamen divi Titi Augusti*. — On sait par ses lettres et une inscription (Orelli, 1172) que cet homme de bien, après avoir donné à Côme une bibliothèque valant un million, et 100 000 sesterces pour l'entretenir, plus le tiers du traitement du professeur de rhétorique à Côme et 500 000 sesterces pour élever des enfants de condition libre, lui légua encore de quoi établir des thermes et une rente annuelle de 112 000 sesterces pour fournir des aliments à 100 affranchis du testateur, et, après eux, pour servir un repas annuel à toute la *plebes*. [Ces donations sont communes sous l'Empire; testaments de Dasumius, de Flavius Synthrophus, etc. Cf. l'Index, *s. v.* Véléia]. — CURSUS D'HADRIEN : *Xvir stlit. judic.*, préfet pour les féries latines, *sevir* des chevaliers, tribun, secrétaire du Sénat, questeur de l'Empereur, tribun du peuple, préteur, légat de la légion I^e *Minerv.*, légat propréteur de l'Empereur en Pannonie, *sodalis augustal*, VIIvir épulon, consul. (*C. I. L.*, III, n° 550.) — CURSUS D'AGRICOLA : tribun militaire, questeur de la province d'Asie, tribun, préteur, commandant de la 20e légion en Bretagne, gouverneur d'Aquitaine, consul, légat consulaire. — Dans un très beau travail (*Rev. archéol.* 1873), Desjardins a reconstitué comme il suit le cursus d'un Suetrius Sabinus, légat de Pannonie : *Xvir stlit. jud.*; sevir, quaestor, tribunus plebis, praetor, legatus prov. Africae, curator reipublicae Ocriculanorum* (Otricoli en Ombrie), *curator viae Latinae, juridicus per Aemiliam et Liguriam, legatus legionis, comes Augusti* (aide de camp commandant un détachement, *vexillaris*), *legatus Aug. pro praetore prov. Raetiae*, consul (en 214), *pontifex, augur, judex ex delegatione cognitionum Caesarianarum* (assesseur de l'Empereur), *praefectus alimentorum, electus ad corrigendum statum Italiae* (délégation exceptionnelle?), *legatus Augusti pro praetore prov. Pannoniae inf., proconsul provinciae Africae*.

Dans la carrière équestre, la filière des fonctions est beaucoup moins connue, parce que les procurateurs dépendent de l'Empereur, qui peut leur faire sauter des degrés intermédiaires. On trouve à peine 2 inscr. de procurateurs dont le *cursus* soit exactement le même. Cette carrière commençait aussi par le service militaire (*tres militiae equestres*, à savoir *praefectura cohortis, alae, tribunatus legionis*; cf. Suétone, *Claud.*, 25) ; les plus hautes curatelles étaient la préfecture de l'Égypte et la préfecture du prétoire. Le rang et la désignation des procurateurs dépendent des traitements qui leur sont affectés ; on distingue les 4 classes des *trecenarii, ducenarii, centenarii* et *sexagenarii*, touchant de 300 000 à 60 000 sesterces. Les procurateurs peuvent entrer au Sénat par *adlectio inter praetorios, inter tribunicios*, etc., et par faveur de l'Empereur. Plus tard (*Vit. Hadriani*, 8) ce fut l'usage de donner aux préfets du prétoire sortants le *latus clavus*, en honorant d'une *adlectio inter consulares*. (Voy. des *cursus* équestres dans Orelli, 804, 3858, etc. ; cf. Hirschfeld, p. 250 sqq. et Friedlaender, t. I, p. 250 sqq.). — A partir du IIIe s., la partie militaire de la carrière administrative croît en importance ; mais, parce qu'il faut absolument un grand nombre d'administrateurs, que l'exclusion des affranchis des curatelles est

né en Afrique, créature des légions de province [1], poursuit la même politique ; les revenus des provinces sénatoriales sont attribués au fisc, les privilèges de l'ordre équestre encore accrus [2]. Alexandre Sévère réagit, gouverne avec le Sénat, choisit même dans son sein le préfet du prétoire ; mais, après lui, les sénateurs sont exclus des hautes fonctions, et l'Empire, menacé par les Barbares, sent le besoin d'une forte organisation du pouvoir impérial, qui ne laisse le gouvernement qu'à ses agents directs. En résumé, affaiblissement des magistratures, accroissement continuel de l'importance des fonctionnaires, tel est le double caractère de la révolution pacifique où l'ancien droit politique de Rome a succombé [3].

Administration du Bas-Empire [4]. — Avec Dioclétien, le haut Empire finit ; le règne de la bureaucratie commence [5]. Il n'est pas dans

un principe de gouvernement depuis Claude, enfin que les officiers ayant longtemps servi ne peuvent sans injustice être préposés aux curatelles inférieures, Hadrien est obligé de scinder la carrière administrative en 2 branches, civile et militaire. (Hirschfeld, p. 233.) — A côté des deux carrières sénatoriale et équestre, on peut en distinguer une 3°, celle des fonctionnaires impériaux subalternes, attachés à la chancellerie et au fisc, presque toujours, depuis Hadrien, des affranchis — les *tabullarii*, ayant à leur tête le *praepositus tabullariorum* ou *princeps tabullarius*, les *dispensatores* ou caissiers, etc. Depuis Septime Sévère, les inscr. relatives à ces subalternes font défaut ; les bureaux s'organisent militairement et se remplissent de vieux soldats. Dioclétien fixa le premier la hiérarchie des fonctionnaires, les uns *statuti*, les autres surnuméraires et aspirants ; les officiers du palais furent strictement distincts de ceux de l'administration.

1. Le 1er ordre appartient exclusivement à la capitale de l'Empire : l'ordre équestre est le 1er ordre hors de Rome. Une ordonnance de Trajan (Pline, *Epist.*, 6, 19), enjoint aux candidats briguant des charges curules d'employer $\frac{1}{3}$ de leur fortune à des achats de terres en Italie.

2. La monarchie militaire commence avec Septime Sévère. (Dion, *Epit.*, 76, 15.) Tandis qu'anciennement le service militaire n'est qu'une préface à la carrière civile, les curatelles, depuis Sévère, ne sont plus qu'une récompense pour les anciens officiers militaires. Gallien ira plus loin encore, en écartant les sénateurs de tous les commandements et en remettant le pouvoir militaire aux mains des chevaliers (Hirschfeld, p. 251.). — Depuis Sévère, le *cursus* des procurateurs commence par le centurionat, puis le primipilat et la *praefectura legionis*. Après le tribunat, on reçoit le nouveau titre militaire *a militiis*. (Renier, *Mélanges d'Épigraphie*, p. 235.)

3. Le côté honteux de l'administration impériale est la condition faite au 3° ordre, l'*ordo plebeius*, composé des *tenuiores*, *humiliores*, par opposition aux *honestiores*. La société romaine est toujours restée une ploutocratie. Quand le droit de cité eut été donné à l'Empire et que le pérégrin disparut, le pauvre le remplaça ; c'est au pauvre que sont réservés les supplices des verges, de la croix, des bêtes, dont le citoyen était autrefois indemne et dont on ne menaçait que l'étranger. Dans cette Rome où les déclamateurs ont tant loué l'amour de la pauvreté, celui qui n'a rien n'est rien : cela est vrai sous Servius comme sous Dioclétien ; seulement, sous l'Empire, la condition du prolétaire le rapproche de l'esclavage. [Voy. un mémoire de Duruy sur la distinction, dans les Pandectes, des *honestiores* et des *humiliores*, Acad. inscr., 13 nov. 1874. Pour un même crime, nous apprend le Digeste (48, 18, 1), l'*humilior* est condamné aux travaux forcés, le décurion, qui est *honestior*, temporairement éloigné de sa curie. Le séditieux *humilior* est mis en croix ; il est déporté dans une île, s'il est *honestior*. Le bûcher est réservé aux esclaves, aux *liberi plebeii et humiles personae*. (Dig., 48, 19, 28.) — Le mémoire de Duruy est réimprimé, *Hist. des Romains*, t. V, p. 487 ; tout ce volume est de l'intérêt le plus élevé.]

4. Naudet, *Changements de l'administration de l'Empire romain de Dioclétien à Julien*, 1817 (toujours utile).

5. En même temps, le cérémonial asiatique est introduit à la cour (adoration, etc.).

mon sujet d'insister sur cette administration nouvelle, de décrire la hiérarchie compliquée de fonctionnaires qui se substitua aux anciennes magistratures. On distingua les *fonctions civiles* et les *dignités du palais;* Rome, Constantinople et les préfectures furent gouvernées par un *préfet de la ville* et un *préfet du prétoire*[1]; les dignitaires du palais étaient en très grand nombre[2]. Les officiers militaires s'appelaient *maîtres des soldats, comtes* et *ducs*[3].

§ II. — L'ITALIE[4] ET LES PROVINCES.

Divisions territoriales. — 1. Les populations italiennes primitives habitaient des bourgs ou *pagi*, qui n'étaient pas des communes organisées, mais faisaient partie d'une commune plus grande, dite *cité* ou *peuple*[5], dont les membres se réunissaient les jours de marché, de tribunaux et de sacrifices communs. C'est de ces réunions[6] que naquirent les villes[7], les bourgs ne subsistant qu'à titre de divisions géographiques[8].

2. Dans les deux lois par lesquelles César a mis ordre aux affaires municipales de l'Italie et de la Gaule Cisalpine (loi *Rubria* de 49[9] et loi *Julia muni-*

---

1. Aucun de ces magistrats n'a l'autorité militaire, qui appartient au *magister utriusque militiae*, ayant sous ses ordres les *magistri peditum et equitum*.

2. *Praepositus sacri cubiculi, quaestor sacri palatii, magister officiorum, comes sacrarum largitionum, comes rerum privatarum principis, primicerius notariorum, magistri scriniorum*. Le *magister admissionum*, sorte de grand chambellan, est l'un des plus importants. (Voy. *Vita Aureliani*, 12.) Le *magister officiorum*, chancelier, dirige 148 scribes répartis en quatre bureaux. Deux *comites domestici* commandent une garde de 3500 Arméniens. Toutes ces charges donnent des titres de noblesse; les consuls, les préfets et les sept ministres (les cinq nommés en tête et les deux *comites domestici*) sont *illustres*; les proconsuls, vicaires, comtes, ducs, *spectabiles;* les consulaires et correcteurs, *clarissimi*, etc. [Le titre de *clarissimus* était porté par les sénateurs depuis le premier siècle de l'Empire. *Vir egregius*, depuis Septime Sévère, est le titre officiel des chevaliers; depuis ce prince aussi, le titre de *perfectissimus* est donné aux préfets équestres, de la *praefectura classis* à la *praefectura annonae*. Au IIe s. et plus tard, les préfets du prétoire portent le titre d'*eminentissimi*.]

3. *Magistri militum, comites, duces*. Voy. la *Notitia dignitatum*, édit. Bœcking, 1835.

4. Osque *Viteliu = terra vitulorum* (à cause de ses pâturages); on appela d'abord ainsi l'extrémité sud-ouest de la péninsule, mais Polybe entend par *Italie* toute la contrée jusqu'aux Alpes. L'Italie avant 43 a pour limites officielles le Rubicon à l'est et la Macra à l'ouest.

5. *Civitas, populus*.

6. *Fora, conciliabula*.

7. *Oppida = op-peda*, villes de la campagne. *Urbs* est proprement l'enceinte (*orbis*).

8. L'existence des *pagi* dans la circonférence de l'ancienne Rome est attestée par l'ancienne division des habitants en *montani* et *pagani*. Les *montani* habitent les Sept Collines, les *pagani* la plaine dépendante de la ville. Au temps de Cicéron, les *montani* et les *pagani* subsistent comme collèges religieux (*Pro domo*, 28, 74). Jusqu'en 7 avant J.-C. on trouve le *pagus Janicolensis* et le *pagus Aventinensis*. Les tribus rustiques dérivent d'anciens *pagi*, dont elles ont parfois conservé les noms (tribu Claudia du *pagus* Claudius). — Les *pagi* ne sont plus mentionnés comme divisions officielles dans les lois *Rubria* et *Julia municipalis* (49 et 45).

9. *Lex Rubria de civitate Galliae Cisalpinae*. (C. I. L., n° 205.)

cipalis de 45[1]), on trouve indiquées les sept divisions suivantes : 1° les MUNICIPES; 2° les COLONIES; 3° les PRÉFECTURES[2]; 4° les FORA[3]; 5° les VICS[4] ou villages; 6° les CONCILIABULA; 7° les CASTELLA[5]. Tous ces petits centres jouissent d'une certaine indépendance que Rome n'eut garde de détruire. Au contraire, quand elle conquit la Cisalpine, son premier soin fut d'y créer des *territoires urbains*, où la population gauloise fut répartie[6]. Rome appliqua le principe de diviser pour régner, mais, en divisant, elle organisa.

1. *C. I. L.*, n° 206.
2. Les municipes, colonies et préfectures, désignées sous le nom général d'*oppida*, étaient des communes urbaines avec administration et juridiction propres. Chacune avait un *territoire*, où se trouvaient les castels et les *vics* qui dépendaient administrativement de la ville.
Les MUNICIPES sont des cités soumises, dont les habitants ont reçu collectivement de Rome la *civitas romana* (voy. plus bas). Les PRAEFECTURAE sont probablement (Willems, p. 359) la même chose que les *municipia sine suffragio*. (Festus, p. 233.)
Les COLONIES (voy. Madvig, *Opusc.*, 1834) furent des garnisons jusqu'aux Gracques; depuis, elles eurent un but social, celui d'établir les citoyens pauvres de Rome; Sylla les rendit de nouveau militaires, et les triumvirs fondèrent des colonies pour récompenser leurs vétérans. La création d'une colonie est décrétée par un sénatus-consulte ratifié par le peuple (*lex colonica* ou *agraria*); une commission de trois membres (*IIIviri colon. deduc.*) préside à son établissement. Le sol, divisé en lots, est réparti au sort. Depuis Sylla, les colonies furent fondées par un décret de l'*imperator*, installées par ses légats, et nommées d'après lui. — Les anciens habitants sont subordonnés aux colons, lesquels conservent le droit de cité romaine.
COLONIES LATINES. — Fondées de 338 au premier siècle, de la même manière que les *coloniae civium*, elles avaient pour but d'assurer la soumission des vaincus; la condition des colons est celle des Latins. Voy. plus bas.
LOIS AGRAIRES (voy. le commentaire de Mommsen à la loi dite *Thoria*). L'*ager publicus* était ou affermé par le trésor, ou réservé comme bois ou pâturages, ou réparti entre les plébéiens pauvres. Mais la plèbe corrompue, ne voulant vivre qu'à Rome, vendait à vil prix ses terres aux nobles, fermiers de l'*ager* voisin, qui empiétaient, en outre, sur le territoire réservé aux pâturages communs et se faisaient ainsi d'immenses domaines. Bien que ce ne fussent que des *possessiones*, l'*ager publicus* n'appartenant qu'à l'État, les nobles en disposaient comme de leur patrimoine. Avant les Gracques, la loi *Licinia de modo agrorum* (*ne quis amplius quam quingenta jugera possideret*), en 366, avait essayé de limiter ces usurpations : les Gracques furent des hommes éloquents et de bonne foi, qui se dissimulèrent l'indignité de la plèbe, et crurent encore possible, en lui donnant des terres, de la régénérer par le travail [loi *Sempronia*, 132; par la loi de réaction dite *Thoria*, leurs possessions sont garanties aux nobles; à la suite, sept lois agraires restées sans exécution, dont l'une, celle de Rullus, fut rejetée après deux discours de Cicéron ; en 58, la loi *Julia agraria*, de César, fit distribuer à 20 000 chefs de famille les terres publiques de la Campanie; plus tard, on ne trouve que des distributions aux vétérans : au lieu d'offrir des terres à la plèbe, on lui donne du blé (*leges frumentariae*), ce qu'elle préfère, parce qu'il ne faut pas travailler pour le recevoir]. C'est être dupe que de partager les illusions des Gracques; mais il est bien peu généreux de les leur reprocher.
3. Ce sont des centres de recrutement, de marché, de juridiction, etc. Comme les municipes, les *fora* et *conciliabula* ont leur sénat de décurions, etc.
4. Le VIC est un îlot de maisons, un quartier d'une ville ou un hameau isolé, organisé comme une petite cité, avec ses *sacra*, ses temples, ses autels, ses comices, ses édiles locaux, etc. Les *vics*, dont le territoire appartenait à une commune urbaine très éloignée, recevaient de celle-ci un magistrat (*praefectus jure dicundo*).
5. Leur organisation est analogue à celle des vics : ce sont des centres fortifiés.
6. Voy. Pline (3, 138) sur la loi Pompéia, 89, qui réglait la condition de la Gaule transpadane, en incorporant les peuples alpins aux communes latines de Tridentum, Vérone, Brixias, Crémone et Milan. — Les autorités locales devenaient des instruments de Rome, chargées de lever les recrues, de loger les fonctionnaires et les soldats, d'entretenir les routes, de faire rentrer les tributs, etc.

3. L'histoire des rapports administratifs de l'Italie avec Rome comprend trois phases : 1° L'Italie avant la loi Julia (90); 2° de la loi Julia à la division d'Auguste; 3° l'Italie sous les Empereurs.

I. — L'ITALIE AVANT LA LOI JULIA[1].

Les villes italiennes se répartissent en deux classes : 1° celles qui ont en tout ou en partie le droit de cité romaine ; 2° celles dont l'indépendance a été reconnue par un traité et qui sont tenues seulement à certaines prestations de troupes, de vivres, etc. A la première classe appartiennent : 1° les municipes[2]; 2° les colonies romaines[3] ; à la seconde, les cités fédérées[4] et les colonies latines.

II. — L'ITALIE DEPUIS LA LOI JULIA JUSQU'A AUGUSTE.

A la fin de 90, on vota une loi du consul L. Julius César, portant que toutes les villes italiennes, jusqu'alors *fédérées*, et en particulier les villes latines,

---

1. HISTORIQUE. — Bien qu'après la conquête d'Albe-la-Longue Rome eût conclu un traité à conditions égales (*aequum foedus*) avec les Latins, qui formaient alors une confédération de trente villes présidée par Albe, elle réclama dès l'abord le protectorat de cette confédération; et comme les Latins refusèrent, une guerre s'ensuivit (sous Tarquin l'Ancien), après laquelle ils restèrent nominalement les amis et alliés des Romains, mais, en fait, se trouvèrent sous leur dépendance. En 416, après de nouvelles guerres, la ligue latine cessa de former un corps politique, et Rome plaça chaque ville sur un pied différent par rapport à elle, pour empêcher ainsi toute communauté d'intérêts politiques et tout rapprochement entre les anciennes alliées.
2. Le mot *municipe* (de *munus capere*, à cause du *jus hospitii* existant entre Rome et les villes italiennes, Rudorff) désigne, au sens abstrait, le droit de cité incomplet ou *passif*, c'est-à-dire les privilèges de droit privé sans les droits politiques (*connubium* et *commercium*, sans *jus suffragii* ni *jus honorum*). Au sens concret, *municipe* désigne le territoire qui jouit de ces droits restreints. En récompense de services rendus pendant ses guerres, Rome donna peu à peu aux municipes le droit de cité complet : Tusculum l'obtint dès 381. On appela alors *municipes* des personnes qui, bien que n'étant pas nées romaines, possédaient la plénitude des droits *et étaient inscrites dans une tribu romaine*. De là, la mention abrégée d'une tribu romaine dans tant d'inscriptions tumulaires de Gaule, d'Espagne, etc. — Les Municipes ont un sénat, dit *ordo decurionum*, dont il sera parlé plus loin; et dont les *quinquennales* (censeurs municipaux) font la *lectio* tous les cinq ans.
3. Les Romains prenaient aux villes conquises le tiers de leurs terres, dont une part était vendue, une autre devenait domaine public ou était cédée à des colons romains. Il faut distinguer ces colons des anciens habitants dépossédés. Généralement au nombre de 300, les nouveaux venus se constituaient en cité à l'instar de Rome : le nombre de 300 rappelait les 300 *gentes* primitives. Ils formaient le patriciat de l'endroit, nommaient un sénat et des fonctionnaires, et conservaient le droit de cité *cum suffragio* et *cum jure honorum*. — Voy. Aulu-Gelle (16, 13), qui appelle les colonies *populi romani quasi affigies parvae simulacraque*.
4. Toutes les villes alliées de Rome étaient autonomes, en ce sens qu'elles battaient monnaie et jugeaient chez elles; pour le reste, leur souveraineté pouvait être complètement reconnue ou restreinte par un traité. L'autonomie complète se marque par le droit d'exil : le citoyen banni de Rome peut s'établir dans la ville alliée et y obtenir le droit de cité. (Polybe, 6, 14, 8; Tite Live, 25, 2, 10. Mais il y avait toujours cette clause restrictive *ut is populus alterius majestatem comiter conservaret.*) Les cités latines, étrusques, et quelques cités ombriennes étaient fédérées. Elles devaient à Rome des secours en troupes, blé, vaisseaux, etc. Quelques-unes jouissaient du *jus Latii*.

pouvaient, si elles le désiraient, obtenir le droit de cité. Immédiatement après, en janvier 89, une loi proposée par les tribuns M. Plautius Silvanus et C. Papirius Carbon, dite loi *Plautia-Papiria*, ordonnait que « tous les citoyens et habitants des États fédérés, ayant actuellement leur domicile en Italie, recevraient le droit de cité romaine, s'ils se présentaient avant 60 jours devant le préteur urbain à Rome ». — Mais l'Italie n'eut véritablement le droit de cité que longtemps après ; car une partie des alliés (Lucaniens et Samnites) repoussèrent d'abord l'offre de Rome[1], et d'autres reperdirent leurs droits en 81, par la loi *Cornelia* (de Sylla) sur le droit de cité.

En vue d'établir une législation uniforme dans les nombreux municipes, plusieurs lois municipales furent promulguées ; il nous en reste deux du temps de César, la loi *Rubria* et la loi *Julia municipalis*. — La loi *Rubria*, portée en 49 à l'instigation de César par un inconnu, le tribun Rubrius, prescrit aux magistrats municipaux de faire juger par des jurés les procès de moins de 15 000 sesterces et quelques autres ; mais, dans les affaires où ils ne sont pas compétents, de faire seulement l'instruction et de renvoyer la cause devant le préteur romain. — La loi *municipale*[2], portée par César lui-même, en 45, contient une réglementation générale et complète, que l'Empire conserva, pour tous les municipes en Italie et au dehors[3]. Chaque municipe pouvait avoir son assemblée du peuple, son sénat, ses magistrats, administrait la ville ainsi que les *vics* et *conciliabules* de son territoire. Le cens, qui jusque-là n'avait été fait qu'à Rome, était confié aux premiers magistrats municipaux qui devaient expédier leurs listes à Rome. Enfin, chaque ville devait avoir une justice locale, civile et criminelle, exercée par les quatuorvirs ou les décemvirs judiciaires. Étaient exceptées les causes qui tombaient sous la compétence d'une cour spéciale à Rome (*quaestio*).

III. — L'ITALIE SOUS LES EMPEREURS [4].

Avec l'Empire, toute différence entre le régime de l'Italie et celui des pro-

---

1. Ils obtinrent le droit de cité par un sénatus-consulte de 87. (Tite Live, *Epit.*, 80.)
2. Conservée en partie sur deux tables en bronze trouvées en 1732 à Héraclée (tables d'Héraclée). Un commentaire célèbre en a été donné par Mazocchi, 1754. (Voy. p. 38, note 2.)
3. César est le fondateur de la politique impériale qui s'appuyait sur les cités provinciales pour avoir raison de l'aristocratie à Rome. — Après Munda, César priva de leur territoire les peuples espagnols insurgés, entre autres ceux d'Orson (*Osuna*), où il établit une colonie sous le nom de *Genetiva Julia*. Trois tables, découvertes à Osuna en 1870-71 et publiées par Berlanga, 1873 (cf. Giraud, *Journ. des savants*, 1875), nous ont donné des fragments notables de la loi municipale organique de cette colonie. Elles montrent, comme les tables de Malaga sous Domitien, la pensée dominante des chefs du pouvoir à Rome ; étouffer la vie publique au centre pour la développer dans les provinces. [Règlements sur l'élection des augures, pontifes et décurions ; sur l'envoi des légations publiques, l'administration de la justice (texte capital sur les *recuperatores*, ou juges provinciaux), le conseil des décurions, les travaux publics que les colons exécutent sous la direction des édiles, sur la défense du territoire par les colons sous l'ordre du duumvir, les assemblées secrètes qui sont interdites, les jeux publics, les patrons de la colonie, enfin la brigue : « Nul, dans la colonie de Genetiva, briguant les suffrages publics, ne devra donner à manger, dans l'intérêt de sa candidature, pendant l'année qui précédera l'élection.... à peine de 5000 sesterces d'amende. »]
4. L'Italie, déjà mal cultivée à la fin de la République, se couvrit de plus en plus, sous

vinces tend à disparaître. Les Empereurs étrangers s'étudièrent à rendre parfaite cette égalité de traitement[1].

Ce ne furent pas des considérations politiques, mais administratives, qui dictèrent à Auguste la division de l'Italie en régions[2]. La ville de Rome forma probablement une région (la 12°) à elle seule[3].

DES PROVINCES SOUS LA RÉPUBLIQUE [4].

1. Quand un général avait reçu la *deditio* d'un peuple vaincu, le Sénat fixait, par un sénatus-consulte, l'organisation du pays conquis, et envoyait une commission composée de dix sénateurs qui, avec le général, mettait à exécution l'organisation décrétée[5]. Cette constitution[6], portant d'ordinaire le nom du général[7], divise la province en un certain nombre de *cercles* ou *civitates* ayant chacun une ville comme centre, une condition et des obligations propres. Toutes conservent le libre exercice de leur culte national et une certaine autonomie administrative[8].

2. Les quatre premières provinces furent gouvernées par les préteurs ; plus

l'Empire, de ces vastes pâturages ou *latifundia* dont Pline a dit (18, 6, 7) qu'ils ont perdu l'Italie. L'extension funeste des *latifundia* a deux causes : 1° des esclaves entretiennent facilement des *latifundia*, mais ils cultivent mal ; 2° la concurrence de la Sicile et de l'Égypte décourageait l'agriculture en Italie. C'est de la flotte d'Alexandrie que dépendait, au temps de Tacite, la subsistance de la capitale du monde.

1. Hadrien donna la juridiction civile à quatre consulaires, Marc-Aurèle à des *juridici*; depuis Aurélien, les régions sont administrées par des *correctores*. (Orelli, 6481.)

2. Cf. Desjardins, *Revue historique*, I, p. 184.

3. ITALIE DU NORD : Transpadane, Vénétie et Istrie, Ligurie, Émilie (ainsi nommée de la *via Aemilia* que le consul M. Aem. Lepidus traça, en 187, d'Ariminum à Placentia). — ITALIE CENTRALE : Étrurie, Ombrie, Picenum, Samnium, Campanie. — ITALIE MÉRIDIONALE : Bruttium et Lucanie, Apulie et Calabre. — Partout ailleurs qu'à Rome, la vie municipale, les comices, les élections, persistèrent. Pompéi, au moment de la catastrophe, s'occupait d'élections populaires, et ses murs étaient couverts d'affiches électorales que l'on a retrouvées.

4. La première province romaine fut la Sicile, 241 ; la province de Gaule ultérieure (Narbonaise) s'appelait souvent *Provincia* tout court, d'où le nom de Provence qui lui est resté. — Le mot *provincia*, que Paul Diacre explique *quod populus Romanus eas provicit*, doit être une contraction de *providentia* (inspectorat). D'autres dérivent de *provincire*.

5. Willems, p. 385 sqq. Voy. Poinsignon, *Provinces romaines*, 1846.

6. *Lex provinciae*.

7. *Lex Pompeia* pour la Bithynie, *Aemilia* pour la Macédoine, etc.

8. On distingue : 1° les communes jouissant du *jus civitatis romanae* (*coloniae civium* fondées en province, et *municipia civium*, villes provinciales dotées du *jus civitatis*); 2° les *civitates* de droit latin (*coloniae latinae, oppida latina*) ; 3° les *civitates peregrinae*, qui se divisent en *foederatae*, alliées à Rome par un *foedus*, autonomes, n'ayant ni gouverneur ni garnison, et ne payant ni *stipendia* ni impôts indirects ; *liberae*, autonomes en vertu d'une *lex* ou d'un sénatus-consulte, mais soumises aux *stipendia* et aux impôts indirects ; leur condition, qui est précaire (Tit. Liv. 39, 37), puisque le sénat peut leur retirer la *libertas* (App., *Hisp.*, 44) est connue par le *Plébiscite de Thermensibus* (C. I. L., I, 114-15) ; *stipendiariae, dediticiae, nationes exterae*, dépendant de l'*imperium* du gouverneur romain, soumises à des *stipendia* et à des impôts indirects ; leur sol devient *ager publicus*. Le gouverneur était le seul juge supérieur de la province. La province qui nous est le mieux connue est la Sicile, grâce aux *Verrines*, et, sous l'Empire, la Bithynie, grâce aux lettres de Pline à Trajan (10° livre). Voy. Madvig, *Condition des Colonies romaines*, dans ses *Opuscula*, 1854.

tard, le Sénat divisa annuellement les provinces en consulaires et prétoriennes, et les consuls et préteurs les tiraient au sort entre eux. Depuis Sylla, les préteurs ne se rendent en province qu'après leur année de charge, avec le titre de PROPRÉTEUR. De même, après 74 (?), les consuls sortants sont envoyés en province comme PROCONSULS [1] *prorogato imperio*. En 53, un S.-C. établit qu'il fallait un intervalle de cinq ans entre l'exercice du consulat et du proconsulat, de la préture et de la propréture. Le pouvoir du gouverneur, qui est annuel, peut être prorogé au maximum jusqu'à six ans [2]. Le gouverneur commande les troupes, lève des contributions [3] et juge au civil et au criminel [4]. — Outre le gouverneur, on trouve dans chaque province : un QUESTEUR, trésorier, receveur et payeur, pouvant, par délégation du gouverneur, être chargé de fonctions judiciaires, et, exceptionnellement, recevoir le gouvernement d'une province (*quaestor pro praetore*) ; un ou plusieurs LÉGATS, nommés par le Sénat sur la présentation du gouverneur, lieutenants du gouverneur au militaire et au civil [5]; la COHORS PRAETORIA, comprenant les amis du préteur [6], une garde d'élite et des agents subalternes [7] (scribes, médecins, etc.) [8].

DES PROVINCES SOUS L'EMPIRE [9].

1. Auguste se réserva l'administration des provinces exigeant la

---

1. Cicéron fut proconsul de Cilicie en 55. Voy. ses lettres de cette année.
2. Le Sénat détermine les limites de chaque province, l'argent et les troupes dont le gouverneur disposera. Le proconsul a douze licteurs avec haches et faisceaux, le propréteur seulement six.
3. Après l'expiration de sa charge, il envoie une copie de ses comptes à Rome. (Cic., *ad Fam.*, 2, 17; 5, 20.)
4. En se conformant à la *lex provinciae*, à un édit qu'il publie lui-même à son arrivée, et aux précédents. A des époques fixées, le gouverneur fait des tournées dans les différents ressorts judiciaires, et juge lui-même avec un conseil de citoyens romains (*conventus*).
5. Il a *jus vitae et necis sine provocatione* sur les provinciaux.
6. Le *legatus* peut remplacer le gouverneur, *legatus pro praetore*. (Cés., *B. G.*, I, 21; 5, 8.)
7. *Comites praetoris*.
8. Les *leges repetundarum* ne réussirent guère à refréner l'avidité des gouverneurs, qui pillaient impudemment les provinces, déjà exploitées par les publicains et les usuriers (*negotiatores*). Pour faire entendre leurs plaintes à Rome, les provinciaux devaient être représentés par un *patronus*, généralement de la famille du général qui avait conquis la province. Mais ce n'était là qu'un recours illusoire. Sous la République, le gouverneur est un monarque presque sans contrôle ; il n'applique que les lois qu'il promulgue lui-même. L'Empire fit du gouverneur un agent du prince : le despotisme impérial étouffa le despotisme des proconsuls. L'omnipotence fut au centre, mais elle cessa d'être partout. (Fustel.) — Sylla, Lucullus et Pompée tirèrent d'Asie Mineure 20000 talents pour eux et autant pour leurs soldats ; ce qui fait 300 millions en vingt-cinq ans.
9. Se reporter au paragraphe précédent. — Les *coloniae civium* et les *municipia* dotés du *jus civitatis* furent mis sur le même pied que les communes d'Italie par le *jus Italicum*, fiction juridique qui assimilait l'*ager provincialis* de la colonie ou du municipe au *solum Italicum*, et accordait aux habitants l'immunité des tributs provinciaux. Zumpt croit qu'Auguste, en transportant en province les habitants des terres qu'il donnait à ses vétérans, fut le créateur du *jus Italicum*, pour ne pas diminuer les droits des Italiens expulsés. (Cf. Willems, p. 386.) Le traitement de l'Italie et des provinces diffère surtout au point de vue de la propriété foncière. (Gaïus, 2, 7.) Le sol des provinces étant *ager provincialis* est la propriété du peuple ou de l'Empereur : les habitants n'ont que la *possessio*. La propriété quiritaire n'appartient qu'aux Italiens. — En Italie, les villes ont des magistrats avec *juri-*

présence d'une armée (*provinciae Caesaris*) et laissa les autres au Sénat [1].

2. Les provinces impériales sont administrées par des *legati Caesaris pro practore*, nommés par l'Empereur [2], consulaires ou prétoriens, suivant l'importance des provinces [3]; ils ont la juridiction et le commandement militaire, mais l'administration financière est donnée à des *procurateurs*, que l'Empereur choisit parmi les chevaliers ou ses affranchis [4]. — Les provinces sénatoriales (dites aussi *proconsulaires*) sont administrées par des *consulaires* ou des *practorii* [5] délégués par le Sénat, avec le titre de *proconsuls*, de légats et de questeurs, rétribués ainsi que les gouverneurs [6].

3. Dès le III° siècle il n'y a plus que des provinces impériales, dont le régime devient presque uniforme. Les Empereurs faisaient bénir leur autorité, tandis que les proconsuls, changeant tous les ans et se livrant à de grandes dépenses, étaient bien plus à charge aux provinces que les légats. Aussi les provinces demandaient-elles spontanément à passer sous l'administration tutélaire de l'Empereur [7]. Car si l'éloignement les protégeait contre ses caprices, le respect de son nom les mettait à l'abri du pillage; un Verrès était impossible sous l'Empire, et c'est là un très grand titre de ce gouvernement, dont les provinces connurent les bienfaits, et Rome seule les folies et les crimes [8].

diction : dans les provinces n'ayant pas le droit italique, la juridiction est réservée aux gouverneurs.

1. Sur 22 provinces (en 27 av. J. C.) 10 restent sénatoriales : *Africa, Asia, Bithynia, Achaia, Illyricum, Macedonia, Creta et Cyrene, Sicilia, Sardinia, Hispania Baetica;* 12 deviennent impériales : *Aegyptus, Cyprus, Cilicia, Syria,* les deux *Germaniae*, les quatre provinces de Gaule, *Hispania Tarraconensis, Lusitania*. (Voy. Suét., *Aug.*, 47.) L'Empire porta le nombre des provinces à 31.

2. Le nom général du gouverneur sous l'Empire est *praeses*.

3. Divisées ainsi en *consulaires* et *prétoriennes*. Cette distinction date de la fin de la République : au temps de Cicéron, sur 15 provinces, 8 étaient prétoriennes et 6 consulaires.

4. Dans certaines provinces, comme la Judée, toute l'administration appartient à un *procurator* (*procurator et praeses*, ou *vice praesidis*). L'Égypte était gouvernée par un *praefectus*, chevalier ou affranchi du prince.

5. L'Asie et l'Afrique sont tirées au sort entre les deux plus anciens consulaires, les autres provinces entre les plus anciens *praetorii*. L'empereur désigna plus tard les *praetorii* qui participeraient à la *sortitio*.

6. Le proconsul touche un million de sesterces et diverses allocations pour frais de route, etc. Par contre, il ne peut plus s'enrichir dans sa province, placée comme lui sous l'œil vigilant de l'Empereur, intéressé à ce qu'on ne pille pas ses sujets; cent ans avant, un honnête homme comme Cicéron avait pu *économiser* 2 200 000 sesterces en Cilicie. — Tous les gouverneurs des provinces, impériales ou consulaires, sont tenus de se référer à l'Empereur pour les cas non prévus dans les instructions qu'ils ont reçues avant leur départ : ils ne peuvent lever ni troupes ni impôts de leur propre autorité; il y a appel de toutes les sentences à l'Empereur qui gouverne ainsi en dernière instance, même dans les provinces sénatoriales. (Voy. la correspondance de Pline et de Trajan.) — Remarquons qu'il ne faudrait pas supposer que la Gaule fût traitée par le pouvoir central comme la Bithynie, où Pline est légat : les détails de l'administration varient avec la nature des peuples et l'état des provinces. (Fustel, *Instit.*, p. 99.) Trajan écrit à Pline (10, 114) : « *In universum a me non potest statui : sequendam cujusque civitatis legem puto.* »

7. Tac., *Ann.*, 1, 76 : « *Achaiam et Macedoniam, onera deprecantes, levari in praesens proconsulari imperio tradique Caesari placuit.* »

8. Les plus mauvais empereurs surveillent activement les gouverneurs. (Suétone, *Domitien*, 8; cf. Tac., *Ann.*, 4, 6.) Hadrien frappa du dernier supplice des procurateurs et des *praesides* coupables. (Spartien, *Hadrien*, 13.) La reconnaissance des provinces se prouve

4. Constantin partagea tout l'Empire en quatre grandes préfectures, sous des préfets; chaque préfecture en diocèses, sous des vicaires; et chaque diocèse en provinces[1]. Le caractère distinctif de sa constitution est la séparation des pouvoirs civils et militaires, unis dans l'ancien système provincial. Le gouverneur civil s'appelle *rector*, *judex*, *judex ordinarius*; le gouverneur militaire s'appelle *dux* ou *comes*. Ce dernier titre paraît avoir été supérieur au premier[2]. La *Notitia dignitatum*, rédigée dans les premières années du cinquième siècle[3], contient le tableau de toute cette administration; elle donne l'idée, dit Fustel[4], d'un corps bien ordonné.

5. A cette époque (365), les *défenseurs des cités*[5] paraissent comme des fonctionnaires réguliers. Nommés par les décurions parmi les premiers citoyens[6], ils étaient chargés du recouvrement des impôts, de la police, de la confection des actes, etc. Justinien étendit leur juridiction à des affaires de 300 *solidi*. Le *défenseur*, protégé par le prince, a le devoir de défendre les intérêts municipaux contre les abus de pouvoir des fonctionnaires de l'État.

Vie municipale et assemblées provinciales[7]. — L'autorité impériale ne plaçait pas un représentant dans chaque village de l'Empire; elle ne se chargeait ni de la police, ni de l'éducation, ni des cultes. Au contraire, elle encourageait l'activité de la vie municipale[8], et même un commencement de système représentatif[9]. Le sacerdoce

par les statues qu'elles érigent à leurs gouverneurs *après leur exercice*, ce qui empêche de voir là une simple adulation. (Renier, *Mél. d'épigr.*, p. 107.) — Cf., dans le code Théodosien, iv. Ier, titre 16, les précautions minutieuses que prend le pouvoir pour garantir les peuples contre l'avidité des fonctionnaires. Toute somme perçue indûment devait être rendue au quadruple, etc.

1. *Préfecture d'Orient* : 6 diocèses, 49 provinces; *Illyrie* : 2 diocèses, 11 provinces; *Italie* : 3 diocèses, 30 provinces; *Gaules* : 3 diocèses, 29 provinces.
2. Voy. Smith, *Dict. des Ant.*, art. *Provincia*, par Long.
3. *Notitia dignitatum tam civilium quam militarium, in partibus Orientis et Occidentis*, éd. Boecking, 1835.
4. *Instit. de la France*, p. 102.
5. *Defensores civitatis*. Jusqu'à Constantin, ce ne sont que des employés municipaux. A la fin de l'Empire, ils se substituent aux duumvirs. (Fustel, *op. cit.* p. 165, sqq.)
6. Pour 5 ans avant Justinien, pour 2 ans après. Voy. Fustel, p. 595, note 3.
7. Fustel, *Institutions*, etc. p. 82 sqq.; 105 sqq. Les lois d'Osuna, de Salpensa et de Malaga (sous Domitien), sont précieuses pour la connaissance du régime municipal. Voy. Giraud, *Tables de Salpensa et de Malaga*, 1856, et *Lex Malacitana*, 1869; *Journal des savants*, mai 1874; Duruy, *Hist. rom.*, V, p. 86, sqq. L'authenticité des Tables de Salpensa et de Malaga a été vivement attaquée par Laboulaye, 1865; Mommsen n'en doute pas.
8. Il n'y a de garnisons qu'aux frontières; les cités ont leurs polices, leurs prêtres, leur conseil de décurions ou Sénat (Orelli, 3721, 26, 28) délibérant sur les intérêts locaux, recevant les appels des juges municipaux. Les magistrats municipaux sont principalement les duumvirs ou quatuorvirs, sortes de consuls avec le pouvoir exécutif, convoquant et présidant les comices et le Sénat, gérant les intérêts financiers; les édiles, qui ont le soin de la police et de la voirie; un questeur etc., tous responsables et rendant leurs comptes à la cité. Le Sénat municipal était choisi par un *duumvir quinquennalis*, faisant les fonctions du censeur romain; pour être décurion, il fallait un cens de 100 000 sesterces. Les magistratures étaient gratuites, et fort coûteuses pour les titulaires.
9. On trouve souvent des députations provinciales venues à Rome pour accuser leurs gouverneurs et reçues officiellement par le prince. (Tac., *Ann.*, 4, 15; Pline le Jeune, 2, 2;

du culte d'Auguste [1] était confié à un grand prêtre élu chaque année par la province, entouré de prêtres inférieurs élus comme lui par les diverses cités ; le jour de la fête du temple d'Auguste, il prenait la parole au nom de la province entière. Puis, la fête terminée, le grand prêtre et les prêtres des cités se réunissaient dans un *Concile*, qui, après avoir réglé les comptes de la fête, discutait s'il y avait lieu d'accorder un éloge ou d'infliger un blâme au gouverneur et aux fonctionnaires impériaux [2]. Un provincial disait, selon Tacite [3], qu'il dépendait de lui que son gouverneur reçût ou non des actions de grâces. D'autres fois, des membres de ces assemblées étaient députés vers l'Empereur pour lui porter des doléances, dont il était tenu grand compte [4]. Constantin, Gratien et Valentinien favorisèrent les assemblées provinciales, qui rendaient plus facile la surveillance des gouverneurs; la poste impériale fut même mise à leur disposition [5]. Elles ne disparurent qu'avec l'empire d'Occident [6].

---

code Justinien, 1, 40, 3.) — L'Empire ne supprima nulle part, sauf à Rome, les comices populaires. Avant Auguste, la République était à Rome et le despotisme dans les provinces ; après lui, le despotisme est au centre, et les provinces sont organisées comme de petites républiques à l'intérieur de la grande monarchie. Cette bienveillance de l'Empire pour les provinces est la compensation d'une longue infériorité. Ce n'est qu'avec l'Espagnol Trajan, montant sur le trône impérial, qu'a cessé le mépris des Romains à l'égard des provinciaux. Cicéron disait (*pro Font.*, 12) : « Cum infimo cive romano quisquam amplissimus Galliae comparandus est? » Cf. Juv., 3, 81. (Friedlaender, *Mœurs romaines*, I, 187, sqq.)·

1. Voy. Bernard, *le Temple d'Auguste et la nationalité gauloise*; Boissieu, *Inscr. antiques de Lyon*. Les 3 provinces des Gaules avaient élevé un temple près de Lyon, servi au jour solennel par 60 prêtres, représentant les 60 cités de la Gaule. Les prêtres magistrats formaient le *concilium Galliarum*.

2. Le fameux *Monument de Thorigny*, à Saint-Lô (cf. Renier, *Mém. de la Soc. des Antiquaires*, XXII), porte une lettre gravée en 238 qu'un ancien gouverneur de Gaule écrit à l'un de ses successeurs : il y parle d'un certain Solemnis, de Vieux près de Caën, député comme prêtre au temple de Rome et d'Auguste, qui avait défendu dans l'*Assemblée des Gaules* le gouverneur d'alors, accusé par quelques membres : sur quoi l'assemblée avait décidé qu'il ne serait pas mis en accusation. — Des conciles de ce genre se trouvent en Grèce, en Espagne, en Helvétie.

3. *Ann.*, 15, 21. Cf. Ammien, 28, 6. Le Digeste (50, titre 8) contient plusieurs rescrits adressés à ces assemblées, dont il ne faudrait pourtant pas surfaire l'importance.

4. Voy. Ammien, 30, 5.

5. Voy. Hudemann, *Hist. de la poste rom.*, 1878 (all.), et Pauly, art. *Tabellarii* (messagers portant les lettres). Cf. Naudet, *Poste chez les Romains ;* Hirschfeld, *Administr. rom.*, p. 98-108. Établie par Auguste comme moyen de gouvernement, la poste romaine se distingue de la nôtre en ce qu'elle n'est pas un bienfait, mais un fardeau pour les populations, qui en font les frais. Hadrien, l'Empereur voyageur, centralisa la poste comme les autres services ; Septime Sévère, le premier, voulut qu'elle fût à la charge du fisc et non des provinces. Mais cette réforme équitable dura peu, et au iv° s. les plaintes contre le *cursus publicus* augmentent. On ne voit jamais la poste qu'au service des agents de l'Empereur ou des porteurs de ses dépêches, et de quelques rares privilégiés qui obtiennent un *diploma*. Le directeur des postes s'appelle *praefectus vehiculorum* (*C. I. L.*, VI, 1645).

6. Perrot a montré que chaque subdivision de la Galatie romaine (Lycaonie, Isaurie, Pisidie) a son κοινόν particulier. Deux fonctions importantes, confiées par le légat propréteur à des

Curiales[1]. — Comme le sénat municipal ou des *décurions* ne se composait que des riches, son influence devint prépondérante dans les cités et absorba celle des comices. A la fin du troisième siècle, on est décurion ou *curiale* dès qu'on a vingt-cinq arpents de terre, et ce titre, héréditaire comme la propriété, oblige à exercer les fonctions municipales. Mais ces fonctions, non rétribuées, sont très onéreuses. Dès le temps de Trajan, il fallait contraindre les riches à être décurions, édiles ou décemvirs[2]. Les codes interdisent au propriétaire d'émigrer, de vendre sa terre, de se faire soldat ou moine[3]. On était magistrat malgré soi. La fiscalité du Bas-Empire aggrava ces charges, que l'aristocratie municipale avait déjà tant de peine à supporter[4].

Curateurs. — Pendant le premier siècle, de grands travaux exécutés par plusieurs villes[5] avaient compromis la fortune municipale. Sur la demande des cités, l'Empereur nommait alors un *curateur*[6], grand personnage souvent domicilié à Rome, qui prenait sous sa surveillance les finances dilapidées. Ainsi l'autorité centrale reparaissait, mais à la demande des villes elles-mêmes, sans qu'il y eût là rien de semblable à un effort du pouvoir pour confisquer à son profit leur indépendance[7].

Bienfaits de la domination romaine. — Les témoignages sont unanimes, du moins dans les premiers siècles, à nous montrer les provinces jouissant, sous l'autorité de Rome, d'une prospérité et d'une paix qu'elles n'avaient jamais connues[8]. L'indépendance avait été la guerre perpétuelle ; l'Empire romain fut la paix. Pour dési-

---

candidats choisis sur la liste présentée par le *koinon* des Galates, sont celles du *Galatarque*, qui préside aux jeux quinquennaux en l'honneur d'Auguste, et du grand prêtre de Galatie, nommé à vie, préposé au culte de Rome et des Empereurs. (R. C., III, 397.) — Au IV° siècle, l'archevêque chrétien succédera à cet ἀρχιερεύς, et le concile provincial à l'assemblée de la province (Duruy, *Hist. Rom.*, V, 216). Voy. la liste de ces assemblées dressée par Marquardt, *Ephemeris epigraphica*, 1872, p. 200-214.

1. Voy. Houdoy, *Condit. des villes chez les Romains*, 1876.
2. Trajan à Pline, 10, 114.
3. Cod. Théodos, XII, 12, 9. Honorius, par l'édit de 418, rétablit officiellement les assemblées, interrompues pendant quelques années de troubles.
4. Il faut ajouter que dès le III° siècle les chrétiens, auxquels leur croyance interdisait d'assister aux sacrifices et par suite d'être magistrats, se dérobaient par tous les moyens aux charges de la cité ; le gouvernement dut alors sévir, pour empêcher la vie municipale de s'éteindre. Quand le christianisme triompha, la cité et l'église se réconcilièrent ; l'évêque remplaça le flamine et présida la curie devenue chrétienne. Ainsi ranimé, le régime municipal survécut même à l'Empire romain. (Fustel, *op. cit.*, p. 162.)
5. Les municipalités exécutaient elles-mêmes beaucoup de travaux. Le pont d'Alcantara fut bâti par une association de plusieurs villes, et l'entreprise de la réfection des routes d'Italie sous Trajan fut conduite par les cités, l'Empereur se chargeant seulement de la dépense de la voie Appienne. (Duruy, *Acad. inscr.*, 24 déc. 1875.)
6. *Curator civitatis.* (Voy. Renier, *Mél. d'épigr.*, p. 41.) Le premier *curator* apparaît dans une inscription de Trajan (Orelli, 3898).
7. C'est l'opinion de Fustel, qui croit peu à la décadence du régime municipal vers la fin de l'Empire. D'autres ont attribué une importance plus grande à cette intervention des curateurs, analogue à celle des officiers royaux lors du déclin de la féodalité en France.
8. Voy. Tac., *Ann.*, 1, 2 ; cf. Velleius, 2, 126 : *Vindicatae ab injuriis magistratuum provinciae.*

gner l'ensemble des peuples soumis à Rome, on disait PAX ROMANA [1]. Les tyrannies locales, les querelles intestines disparurent. Aussi jamais les populations ne se sont révoltées contre ce régime. Les guerres civiles ont eu pour objet de substituer un Empereur à un autre, jamais de renverser l'Empire [2]. La force semblait si peu nécessaire pour faire respecter l'autorité, qu'il n'y avait de garnisons nulle part ; les armées, d'ailleurs, étaient moins dociles que les peuples. Mais qu'on lise les inscriptions, le sentiment qu'elles manifestent est toujours celui de l'intérêt satisfait et reconnaissant [3]. Aucun régime n'a été aussi longtemps et aussi universellement applaudi par les populations qu'il régissait [4].

§ III. — CONDITION DES PERSONNES [5].

Esclaves [6]. — Il faut distinguer d'abord les hommes libres des esclaves, qui appartiennent en principe à l'État, lequel conserve toujours le droit de les affranchir. L'esclave est considéré comme une chose (*res mancipi*) [7]. Le maître a sur lui le droit de vie et de mort [8]. L'esclave ne peut posséder, et son *pécule*

---

1. Fustel de Coulanges, *Instit. polit. de l'ancienne France*, p. 79 sqq. La première moitié de ce beau livre est un tableau de la Gaule sous l'Empire romain.
2. La Gaule, en 260, était détachée de l'Italie et libre de choisir ses institutions : elle se donne un empereur, Postumius. Aucun texte authentique ne montre que la Gaule ait cherché à s'affranchir de Rome.
3. L'Empereur est appelé *pater patriae*, *fundator pacis*, *pacator orbis*, *fundator publicae securitatis*, etc. « Il y a un temps, dit Fustel, où le désir général d'un peuple est de se gouverner lui-même ; il y en a où son unique désir est d'être gouverné. » — Cf. ce qui a été dit plus haut sur le culte public dont les Empereurs étaient l'objet. « Des peuples entiers ne sont pas serviles, et ne le sont pas durant trois siècles.... Ces générations ne subirent pas la monarchie, elles la voulurent. »
4. On aurait tort de se laisser tromper par les déclamations d'un Lactance ou d'un Salvien, qui parlent de l'administration romaine à peu près comme les démagogues de 1871 de la société moderne.
5. Je suis Willems, p. 130 sqq. Cf. Demangeat, *Cours élém. de droit romain*, t. I; Accarias, *Précis*, t. I; Ortolan, *Institutes*, t. II ; Ruben de Couder, *Résumé de droit romain*, p. 40 (manuel commode). Autant que possible, je me borne aux points de droit qu'il peut être utile de connaître pour la lecture des classiques.
6. Wallon, l'*Esclavage dans l'antiq.*, 2ᵉ éd. 1879. Le *servus* (ser=lier, cf. σειρά) est à l'origine un prisonnier de guerre; les deux autres sources de l'esclavage sont : le fait d'être né d'une esclave ; la *capitis deminutio maxima* ou dégradation. Le prisonnier de guerre est vendu publiquement par les questeurs (*sub corona venire*), ou reste la propriété de l'État (*servus publicus*). L'esclave né dans la maison du maître s'appelle *verna*. Dans une grande maison romaine, on distingue la *familia rustica* (esclaves agriculteurs dirigés par le *villicus* ou *actor*) et la *familia urbana* (valets, cuisiniers, secrétaires, lecteurs, pédagogues, musiciens). — Les *servi publici* sont au service des temples, des magistrats chargés de la police (édiles, censeurs), etc.
7. Cicéron (*de Rep.*, 3, 25; *de Off.*, 1, 42, 150 ; 3, 23, 89, etc.) croit, comme Aristote, que l'esclavage est de droit naturel (*Polit.*, 1, 2); les jurisconsultes de l'Empire (Gaius, 1, 52) enseignent qu'il est contraire au *jus naturale*, mais légitimé par le *jus gentium*. Ce changement d'opinion est dû à l'influence du stoïcisme.
8. Le plus souvent par la croix. En 10 après J.-C., le *senatusconsultum Silianum* ren-

même n'appartient *en droit* qu'à son maître[1]. Il ne peut être témoin en justice.
— Les lois romaines montrent une tendance continue à améliorer la condition de l'esclave[2].

2. L'affranchissement[3] devint, à la fin de la République, une cause d'abus tels[4], que l'État dut intervenir. Les lois *Aelia Sentia* (4 apr. J.-C.) et *Furia Caninia* (an 8)[5] eurent pour but d'empêcher que des maîtres cupides ou étourdis ne remplissent Rome de citoyens indignes.

Citoyens, Latins, pérégrins[6]. — Les hommes libres jouissent de droits différents, suivant qu'ils sont citoyens romains, ou étrangers, ou dans une position intermédiaire (*Latins*). Nous allons indiquer rapidement ces droits[7].

Citoyens, droit de cité. — 1. On est citoyen par naissance[8] ou par natura-

---

dit obligatoire la peine de mort contre tous les esclaves d'une maison, si le maître était tué. Tac., *Ann*., 13, 32; 14, 42.) Le christianisme abolit le supplice de la croix. (Saint Augustin, *in Psalm.* 26.)

1. L'union entre esclaves ne s'appelle pas *matrimonium*, mais *contubernium*, et ne produit pas les liens légaux de la parenté.

2. L'Empire mit une borne au pouvoir arbitraire du maître. Une loi *Petronia* (sous Tibère?), des lois d'Hadrien (Spartien, 18) et d'Antonin (Gaïus, 1, 53) restreignirent le droit de vie et de mort dont quelques misérables abusaient horriblement. Sénèque (*de Ira*, 3, 40) parle d'un Vedius qui fit donner en pâture à ses murènes un esclave coupable d'avoir cassé un verre. — Enfin, Constantin assimila le meurtre d'un esclave à tout autre homicide, défendit de séparer les enfants de leurs parents, les frères des sœurs, l'époux de l'épouse.

3. *Manumissio*. La *manumissio* est ou *justa* ou *minus justa*. Dans le premier cas, elle a lieu : 1° *vindicta*, c.-à-d. par un procès fictif en revendication. Un tiers, citoyen romain, touche l'esclave avec une baguette dite *vindicta*, en présence d'un magistrat et du maître; le maître, qui tenait l'esclave, le laisse aller, et le magistrat lui adjuge (*addicit*) la liberté. Sous l'Empire, il suffit d'une déclaration du maître au magistrat, qui adjuge la liberté même en passant, *in transitu*; 2° *censu*; le maître fait inscrire l'esclave par le censeur sur la liste des citoyens; 3° *testamento*, par le testament même ou par un fidéicommis que l'héritier doit exécuter. — Constantin introduisit la *manumissio* par déclaration du maître en présence de l'évêque et des fidèles (*in sacrosanctis ecclesiis*); l'antiquité connaissait déjà ce mode d'affranchissement, par la vente des esclaves à la divinité d'un temple. (Voy. Foucart et Wescher, *Inscr. de Delphes*.) La *manumissio minus justa* se fait entre amis, par lettre, ou en invitant l'esclave à la table du maître, etc. — L'affranchissement des *servi publici* a lieu par l'entremise d'un magistrat, sur l'ordre d'un sénatus-consulte. — Sous l'Empire, sont affranchis de droit : 1° l'esclave exposé malade dans l'îlot d'Esculape sur le Tibre, s'il revient à la santé (Suét., *Claude*, 25); 2° l'esclave qui dénonce certains criminels, etc.

4. Denys, 4, 24.

5. La première loi exige : 1° que l'affranchi soit âgé de 30 ans; 2° que pendant le cours de son esclavage il n'ait pas subi de peine infamante. La deuxième loi limite le nombre d'esclaves qu'un maître peut affranchir par testament. Justinien supprima ces restrictions.

6. Après Constantin, on trouve dans l'Empire une classe particulière d'hommes, différents des esclaves et des hommes libres, les COLONS, attachés à la terre par des lois sévères comme les curiales à leur cité, ne pouvant être transportés même par leurs maîtres, et vendus avec la terre. On les appelle aussi INQUILINI. C'est le commencement de la transformation de la servitude personnelle des esclaves employés à la culture des terres en servitude territoriale, le passage de l'esclavage antique au servage du moyen âge. Les barbares vaincus étaient souvent attachés à des terres de l'Empire sous la condition du colonat. (*Cod. Théod.*, 5, 4, constitution 3 d'Honorius.)

7. Voy. sur le *jus civitatis, Latii, Italicum*, Naudet, *Journ. des savants*, 1877.

8. En cas d'union entre pérégrin et Romaine, contrairement à la règle que l'enfant né en dehors des *justae nuptiae* suit la condition de la mère, une loi dite *Mensia* (Puchta it *A. Sentia*) statue que le fils suit la condition *deterioris parentis*. (Ulpien, V, 8. Cf. Accarias, *Précis de droit romain*, p. 88.)

lisation. Les lois *Julia* (90) et *Plautia Papiria* (89) donnèrent le droit de cité à tous les Italiques, et Caracalla[1], par mesure fiscale, l'accorda à tous les hommes libres dans l'Empire.

2. Le droit de cité[2] se compose de droits privés : *jus connubii*[3] et *jus commercii*[4], et de droits publics, qui sont les droits ou les charges de la vie politique[5]. Les citoyens jouissant de l'ensemble des droits civils et politiques sont dits *cives optimo jure*, c'est-à-dire avec la plénitude des droits[6].

[1]. Le grand art de la politique romaine fut de faire désirer par tout l'univers le droit de cité et de ne point l'avilir en le prodiguant. Ainsi « le Sénat donnait un appât à toutes les ambitions, et c'est un trait caractéristique des mœurs de l'antiquité que ce désir général non de détruire le privilège, mais de compter au nombre des privilégiés. Dans la cité non moins que dans l'État, les révoltés ou les mécontents ne cherchaient pas, comme dans nos sociétés modernes, à renverser, mais à parvenir. » (Napoléon III.)

[2]. Le droit de cité, d'abord donné par les Rois, ne peut être accordé, sous la République, que par un plébiscite ou une loi spéciale; sous l'Empire, il dépend de l'Empereur. — Il était donné soit *viritim*, soit à des villes entières, avec ou sans suffrage. Le premier municipe sans suffrage (d'où l'expression *jus Caeritum*) fut Caere, 353. (Aulu-Gelle, 16, 13, 7.)

[3]. Le *connubium* est le mariage valable d'après le *jus civile*, qui donne la puissance paternelle et le droit de parenté civile, *agnatio*. Le *connubium* entre patriciens et plébéiens fut admis par la loi *Canuleia*, 445, et entre *libertini* et *cives ingenui* (excepté les sénateurs) par les lois *Julia* et *Papia* sous Auguste.

[4]. Droit d'acquérir la propriété romaine, *dominium ex jure Quiritium* (propriété quiritaire) et de faire tous les actes qui s'y rapportent, comme d'acheter ou de vendre. Du *dominium*, le droit romain distingue la propriété *ex jure gentium* et la simple *possessio*, qui n'est qu'un fait (*corpore possidere*). La loi ne protège que la propriété quiritaire. — Du *jus commercii* découle le *jus testamenti factionis et haereditatium*, droit de tester et d'hériter.

[5]. DROITS PROPREMENT DITS : *jus provocationis*, droit d'en appeler aux comices centuriates des sentences capitales, aux comices tributes des amendes, prononcées par le magistrat; *appellatio* (d'un magistrat à son collègue ou à un magistrat supérieur); *auxilium tribunicium* ; droit de se soustraire par l'exil (*justum exsilium*) à une condamnation capitale ou infamante ; *jus suffragii et honorum* (droit de participer aux comices et d'aspirer aux magistratures). — DROITS ET CHARGES : *jus sacrorum*, *jus censendi* (d'être classé par le cens), *jus tributi*, *jus militiae* (droit de servir comme chevalier ou d'être enrôlé dans la légion par le *delectus*).

[6]. Les personnes suivantes ne jouissent pas du droit de cité complet : 1° les femmes, qui n'ont pas de droits politiques; 2° les fous (*furiosi*); 3° les impubères; 4° les fils de famille sous la *potestas* paternelle : le père est maître absolu de ses enfants et de ce qu'ils acquièrent, du moins en droit; l'Empire abolit le *jus necis* et assimila l'exposition de l'enfant au meurtre; 5° les enfants donnés en *mancipium* par leur père (vendus comme esclaves); 6° les *addicti* et *nexi*, prisonniers pour dettes; 7° les *opifices*, *sellularii*, *proletarii*, *capite censi*, qui n'ont qu'un *jus suffragii* restreint et sont privés, jusqu'à Marius, du *jus militiae*; 8° les *aerarii*, citoyens exclus des tribus locales et privés du droit de suffrage à la suite d'une condamnation infamante ou d'une *note* du censeur, etc. On les confond souvent avec les *Caerites*; 9° les *cives libertini*, affranchis; la *manumissio justa* leur confère la *civitas*, mais jusqu'à Auguste les affranchis sont privés du *connubium* avec les *ingenui*, et restent toujours exclus de la légion, du *jus honorum*, des *sacerdotia* et du Sénat. Cette infériorité atteint, en général, les fils d'affranchis. L'affranchi est tenu à certaines obligations envers son patron (*praestare obsequium*, *alimenta pro modo facultatum suarum*; il ne peut lui intenter un procès ni déposer contre lui). Les *jura patronatus* passent aux enfants du patron, et le *libertus ingratus* peut être *revocatus in servitutem*. Si le patron perd le droit de cité, ou refuse les *alimenta* à un *libertus* dans l'indigence, etc., les *jura patronatus* cessent. L'Empereur peut conférer l'ingénuité à un affranchi en l'élevant à l'ordre équestre (*jus annuli*) et par la *natalium*

La perte du droit de cité s'appelle *capitis deminutio*. Elle est complète (*maxima*) pour les prisonniers de guerre[1], les citoyens livrés à un peuple étranger par les féciaux, les prisonniers pour dettes vendus *trans Tiberim*, les voleurs *manifestes*, ceux qui se sont soustraits au cens ou au service militaire[2]. Elle est dite *minor* ou *media* si le citoyen romain se fait inscrire dans une autre cité[3]; dans le cas d'*interdiction de l'eau et du feu*[4], ou si le citoyen se rend volontairement en exil[5], ou s'il est déporté dans une île[6]. Elle est *minima*, en général, quand un citoyen subit une *mutatio familiae*[7].

DE LA NOBLESSE[8]. — On a déjà parlé des plébéiens et de l'ordre équestre : il faut ajouter quelques mots sur la *nobilitas*. Elle a pris naissance, comme classe privilégiée, lors de l'admission des plébéiens au consulat, admission qui, en effaçant une distinction politique, introduisit une distinction sociale. Les familles comptant parmi leurs membres des magistrats curules, dont leur atrium gardait les images en cire[9], eurent le *jus imaginum* et furent dites *nobiles*, par opposition aux *ignobiles* et aux *hommes nouveaux*[10], qui exerçaient pour la première fois une magistrature curule. En face de la *nobilitas*, qui s'isolait de plus en plus, se formèrent le parti des *optimates*[11], dont l'organe est le Sénat et qui recrute des adhérents dans toutes les classes, et celui des *populares*, dont les chefs sont les tribuns, et qui cherche ses appuis dans le bas peuple[12]. C'est pour diviser le parti des *optimates* que Caïus Gracchus porta la loi *Sempronia*, qui, en réservant aux chevaliers tous les sièges dans les *questions perpétuelles*, créa un ordre nouveau, l'*ordre équestre*[13].

---

restitutio, qui efface toute trace de naissance servile et exempte l'affranchi des *jura patronatus*. — Justinien accorda à tous les *libertini* l'*ingenuitas*, mais en laissant subsister les *jura patronatus*.

1. Quand le citoyen rentre sur le territoire romain, il est réintégré dans ses droits par le *jus postliminii*, fiction légale qui annule l'effet de la captivité.
2. En s'estropiant (*pollice trunci*), en ne se rendant pas au *delectus* (*tenebriones*), ou à leur corps d'armée (*infrequentes*), ou en désertant (*desertores*). Ces délinquants sont vendus comme esclaves. Les transfuges sont mis en croix, jetés aux bêtes, brûlés vifs, etc. — Le droit impérial introduit trois nouvelles causes de *capitis deminutio maxima* : 1° la *servitus poenae*, qui atteint ceux qu'a frappés une peine infamante; 2° la *revocatio in servitutem* (pour le *libertus ingratus*); 3° la *servitus senatusconsulti Claudiani*, asservissant les femmes libres unies furtivement à des esclaves.
3. *Rejectio civitatis*.
4. Peine politique équivalant à l'exil.
5. *Justum exsilium*.
6. Sous l'Empire. L'exilé rappelé est réintégré dans ses droits. La *relegatio*, forme adoucie du bannissement (Ovide), n'entraîne pas la perte du droit de cité. Cf. Ovide, *Trist.*, 2, 137.
7. *Adrogatio, adoptio, emancipatio*, etc. Cf. Willems, p. 111.
8. Naudet, *Noblesse chez les Romains*, 1863 ; Willems, p. 112.
9. C'étaient des masques pouvant être adaptés à des bustes, que l'on plaçait dans des *armaria*, suspendus aux parois des *alae* de l'*atrium* : sous chaque *armarium* était inscrit un *elogium*, comme ceux que nous a conservés Aurélius Victor. Ces inscriptions, réunies au moyen de lignes généalogiques, formaient le *stemma*. Aux funérailles, les masques surmontant les bustes accompagnaient le cortège. (Tacite, *Ann.*, 3, 17, 6.)
10. *Homo novus, auctor generis*.
11. Cicéron, *pro Sest.*, 45. C'est, à vrai dire, le parti des honnêtes gens.
12. Nous dirions aujourd'hui : parti aristocratique, parti conservateur libéral, parti démocratique ; l'*ordo equester* représente notre aristocratie d'argent.
13. Voyez plus haut.

Latins[1]. — Après la soumission du Latium, 338, Rome laissa aux cités la condition qu'elles avaient dans la Confédération latine, dont Rome avait fait partie depuis la destruction d'Albe-la-Longue. Plus tard, beaucoup de colonies romaines furent assimilées au *nomen Latinum*. Les cités latines sont considérées comme *fédérées*[2]; les Latins ont le *jus commercii*[3], servent parmi les *socii* dans l'armée, et acquièrent facilement le droit de cité romaine (s'ils s'établissent à Rome en laissant des enfants chez eux[4], s'ils exercent une magistrature annuelle dans une ville latine, s'ils accusent et font condamner un magistrat romain dans un procès de concussion)[5]. Des provinces non latines peuvent obtenir le *droit latin*; ainsi la Gaule transpadane en 89 avant Jésus-Christ, l'Espagne sous Hadrien[6]. On appelle LATINS JUNIENS, depuis la loi *Junia Norbana* sous Tibère, les affranchis qui ont bénéficié de la *manumissio minus justa*; leur condition est celle des Latins non italiques, sauf qu'ils ne peuvent tester ni recueillir un héritage[7]. Ils obtiennent facilement le droit de cité.

Pérégrins. — 1. Appelés autrefois *hostes*[8], les étrangers ou pérégrins se divisent en *déditices* (ayant fait leur soumission à discrétion), en alliés libres (*socii liberi*) et en fédérés. Julien, en proclament citoyens tous les Latins et déditices, supprima la condition d'étranger, dont il n'est plus parlé dans les codes du Bas-Empire[9].

2. Autrefois, l'étranger n'avait aucun droit proprement dit : c'est par crainte de Jupiter Hospitalier et par respect humain que le Romain l'épargne[10]. Il n'a d'autre protection que le droit des gens, et doit toujours être représenté en justice par un *patron* romain. Avec le temps, les édits des préteurs fondèrent, à côté du droit civil qui ne concerne que les citoyens, un droit naturel et international, *jus gentium*, qui assura au pérégrin la protection de l'État[11].

§ IV. — HISTOIRE DU DROIT ROMAIN [12].

Ancien droit. — 1. D'anciennes traditions mentionnent, à l'époque

---

1. Leur condition juridique s'appelle *Latinitas*, *jus Latii*, ou *Latium*.
2. Ayant des magistrats indépendants et le droit de battre monnaie.
3. On ne sait s'ils avaient le *jus connubii*. (Voy. la discussion dans Willems, p. 126.)
4. On prévenait ainsi la dépopulation des petites villes.
5. Un siècle avant la guerre sociale, le Latium jouissait de la *civitas* complète.
6. Les *Latini coloniarii* sont inférieurs aux Latins italiques en ce qu'ils payent le tribut du sol et la capitation.
7. *Vivunt quasi ingenui et moriuntur ut servi.* (Salvien, *Adv. avar.*, 3, 95.) Leurs biens, à leur mort, retournent à leurs maîtres.
8. Cicéron, *de Off.*, 1, 12, 37, qui cite la loi des XII Tables : *Adversus hostem aeterna auctoritas esto*. Cf. Varron, *L. L.*, 5, 3, et Plaute, *Trinum.*, 1, 2, 65 : *Hostisne an civis comedis, parvi pendere*. La condition des pérégrins à Rome est analogue à celle des métèques à Athènes. — *Hostis* est le même mot que l'allemand *Gast*, et a dû signifier à l'origine hôte, étranger, d'où ennemi. *Hostis* ne signifie jamais *ennemi privé*.
9. On appelle aussi *pérégrins* les peuples soumis à Rome, qui n'ont pas obtenu la *civitas*.
10. Plaute, *Poen.*, 5, 2, 71 : « *Servum hercle te esse oportet et nequam et malum — Hominem peregrinum atque advenam qui irrides.* »
11. On lui permet le *matrimonium ex jure gentium*, la *possessio*, le *mutuum*, l'*emptio*, la *locatio*.
12. J'ai essayé d'introduire dans ce chapitre les notions de droit romain nécessaires à la

des Rois, un droit pontifical et patricien, ainsi qu'une prétendue collection de lois royales faites par Papirius sous Tarquin le Superbe [1].

2. Ce droit coutumier [2], empreint d'un caractère religieux, était mal connu des Romains eux-mêmes. Le Roi rendait la justice, sur son tribunal, aux jours fastes ; dans chaque famille, le père était juge des siens. L'État intervient dans les cas de *proditio*, de *perduellio*, ou de crimes très graves contre les mœurs : la procédure est dirigée, sous la surveillance du Roi, par les *IIviri perduellionis* et les questeurs de parricide ; le coupable peut en appeler au peuple [3]. — La propriété, inaliénable à l'origine, peut être cédée *per aes et libram*, cérémonie religieuse d'où est sortie la vente [4]. — Le débiteur est responsable de sa personne, et, s'il est insolvable, son créancier peut le vendre ou le tuer. — Pour tester, il faut au patricien l'autorisation des comices curiates ; mais le plébéien peut tester également en *mancipant* ses biens à un ami, qui les répartit après sa mort [5].

---

lecture des auteurs ; mais je renvoie pour un exposé méthodique aux manuels cités, Ruben de Couder, Accarias, etc. On trouvera, dans les notes, l'essentiel sur la procédure et sur le droit criminel. — BIBLIOGRAPHIE. Savigny, *Histoire du droit romain au moyen âge*, trad. fr. 1835 ; Rudorff, *Histoire du droit romain*, 1857-59 (all.) ; Ihering, *Esprit du droit romain*, 1866-1871 (all.) ; Walter, *Histoire du droit romain*, 5ᵉ édit., 1860-61 (all.) ; Zachariae, *Histoire du droit privé romain*, 1856-64 (all.) ; Hugo, *Histoire du droit romain*, trad. Jourdan, 1825 ; Rein, *Droit privé des Romains jusqu'à Justinien*, 1858 ; Huschke, *Jurispr. antejustinianae quae sup.* 2ᵉ éd. 1867 ; Giraud, *Jurispr. antiq monumenta*, 1872 ; Bruns, *Fontes juris Romani*, 6ᵉ éd. 1879. Un *Corpus juris* très commode, en 1 vol., a été réédité à Paris, 1879. Ce qui suit est dû surtout à Ortolan, *Explication des Institutes*, t. I, 1870. — Les Romains sont le peuple jurisconsulte par excellence. Ils n'avaient pas encore de prose littéraire, que déjà les décemvirs trouvaient, pour les XII Tables, le secret d'une langue ferme et sobre, où les idées et les mots se détachent en pleine lumière comme les figures d'un relief. Plus tard, quand une décadence précoce eut tout envahi, littérature, philosophie et arts, la jurisprudence resta comme le dernier indice de l'activité du génie romain, retrouvant, après avoir imité la Grèce, sa direction particulière ; et tant est grande la corrélation de la forme et du fond, que lorsque toute la littérature latine parle jargon, les jurisconsultes s'expriment encore dans une langue forte, simple et majestueuse.

1. A Numa remonte la première institution de droit international, le collège des *féciaux*.
2. *Jus Papirianum*. (Pomponius, dans le *Dig.*, 1, 2. Cf. Macrobe, 3, 11 ; Tite Live, 6, 1.) Granius Flaccus, contemporain de Cicéron, avait commenté le droit Papirien ; ce n'est probablement qu'un droit pontifical, connu aux anciens par des remaniements postérieurs.
3. Tite Live (3, 55) fait dater le droit d'appel de la loi *Valeria* : il est contredit par Cicéron (*de Rep.*, 2, 31). A l'armée et pour les étrangers, le droit d'appel n'existe pas : il s'arrête devant la puissance paternelle. — Voy. Zumpt, *Droit criminel des Romains*, 1865 (all.) ; Rivière, *Législ. crimin. des Rom.*, 1844.
4. La *mancipation*, vente fictive accompagnée de gestes et de paroles sacramentelles, exige la présence d'un porte-balance (*libripens*) pour peser l'argent, et de cinq témoins. Le prêt comporte les mêmes formalités. (Couder, p. 129.)
5. La *mancipation* est une fiction à l'usage des plébéiens. Ainsi, tandis que la femme patricienne passe sous la main de son mari par une cérémonie religieuse, la *confarreatio*, le plébéien *acquiert* sa femme *per aes et libram*, ou par l'*usus* d'une année, comme une chose mobilière.

3. Après le mouvement aristocratique qui renversa la royauté, les patriciens cherchèrent à confisquer les droits acquis par la plèbe: grâce aux lois sur les débiteurs, ils devenaient ses créanciers et la réduisaient peu à peu en esclavage [1]. La sécession sur le mont Sacré fit adopter un *modus vivendi*, et la loi des XII Tables essaya une conciliation [2]. Cette loi marque un grand progrès dans le sens de l'humanité ; en même temps, le droit y perd son caractère religieux pour devenir civil [3].

Droit décemviral [4]. — 1. Le magistrat déclare la loi (*jurisdictio*) et la fait exécuter : le juge prononce sur toutes les contestations que le magistrat lui renvoie [5]. Les arbitres, les *récupérateurs* (juges, ainsi que le préteur pérégrin plus tard, dans les procès avec les étrangers) [6], le tribunal des centumvirs (juges dans les causes de propriété, élus annuellement) [7], partagent les fonctions judiciaires avec les juges ordinaires, choisis parmi les sénateurs. Le juge siège au Forum, jusqu'au coucher du soleil. Si l'accusé n'obéit pas à la sommation du demandeur de le suivre au tribunal (*vocatio in jus*), le demandeur peut l'y contraindre de force; mais le domicile est inviolable [8]. Le défendeur peut d'ailleurs se décharger sur un *vindex*, qui fait le procès sien.

2. La procédure a lieu suivant un code rédigé par les pontifes

---

1. Même état de choses à Athènes avant Solon. Quand un législateur ancien supprime les dettes, ce n'est pas une mesure de spoliation, mais de salut populaire.
2. Toutefois, patriciens et plébéiens sont encore regardés comme deux races à part, puisque le *connubium* entre eux est prohibé (*Table* XI).
3. Les Romains faisaient apprendre par cœur aux enfants le texte des XII Tables. Le Digeste en contient vingt fragments. La première restitution de ce code est due à Godefroy 1616. Voy. l'édition de Schœll, 1866.
4. Trois patriciens, envoyés en Grèce, rapportent à Rome les lois attiques, où Hermodore, exilé d'Éphèse, les explique. (Tite Live, 3, 31.) Depuis Vico, on conteste cette légation en Grèce.
5. Ainsi le magistrat qui a l'*imperium* est distinct du juge ou arbitre ; cette séparation des pouvoirs est essentielle dans le droit romain et durera jusqu'à Dioclétien.
6. Dans le droit romain, le juge n'est pas élu annuellement, comme le magistrat, mais désigné ou au moins agréé par les parties. Pendant longtemps, le *judex* ou *arbiter* dut être un sénateur. Les *récupérateurs* peuvent être choisis, séance tenante, par le magistrat, parmi tous les citoyens assistants, et jugent d'une manière sommaire. (Cic., *pro Tull.*, 2 ; *de Divin.*, 17.) Employés d'abord à juger expéditivement les différends entre Romains et étrangers, on les trouve plus tard dans les provinces à la place des *judices*.
7. Au lieu d'être spécialement désignés, ils forment un tribunal permanent, dont les membres sont choisis dans chaque tribu. Octave lui donna comme président le *decemvir stlit. judicandis*. Sa compétence (Cic., *de Oratore*, 1, 38) porte sur les questions d'état, la propriété quiritaire et les successions. S'il s'agit d'obligation ou de possession, le magistrat renvoie les plaideurs devant un juge ou devant des arbitres.
8. La Table VII, *de delictis*, prescrit la peine du talion en cas de blessure, ou un *wehrgeld* de 300 as pour un homme libre, de 150 pour un esclave ; celui qui détruit des récoltes est mis à mort, l'incendiaire brûlé vif, etc. Le juge corrompu est puni de mort. Ceux qui, par des charmes magiques, transportent une récolte d'un champ dans un autre, sont punis de mort.

(legis actiones) [1]. Chaque partie dépose le *sacramentum* [2], analogue à la *prytanie* athénienne; s'il s'agit d'un objet contesté, demandeur et défendeur le revendiquent solennellement en y apposant les mains ou en le touchant avec la baguette (*vindicta*). Le préteur attribue à l'une des parties la possession provisoire [3], moyennant garanties données à l'autre.

Quand le juge a été désigné par le préteur, les parties s'engagent, en se donnant des répondants (*vades*), à comparaître le troisième jour (*comperendinus dies, comperendinatio*). — Le débiteur avait trente jours pour s'acquitter envers le créancier reconnu tel par le juge; après quoi, le créancier, en présence du magistrat, *mettait la main* [4] sur le débiteur, qui lui était attribué (*addictus*) [5] comme esclave. Après soixante jours, si ses parents et amis ne payaient pas, le débiteur perdait ses droits de citoyen et était vendu à l'étranger ou même mis à mort [6].

3. La procédure, comme le calendrier, resta longtemps un secret aux mains des patriciens : en 323, le scribe Flavius publia la liste des jours néfastes et les formules des actions, dont l'ignorance mettait la plèbe sous la dépendance des patriciens, dépositaires du droit. Le livre du scribe prit le nom de *Droit civil Flavien:* c'était une sorte de manuel pratique sur les actions [7].

4. SOCIÉTÉ CIVILE. — L'esclave affranchi peut devenir citoyen, mais non *ingénu :* il entre dans la clientèle de son maître. — Les XII Tables instituèrent le mariage légal (*justae nuptiae*) entre plé-

---

1. Dig., I, 2. Il y a quatre actions : 1° *Actio sacramenti*, chaque plaideur remettant le *sacramentum* au préteur; 2° *Judicis postulatio*, demande d'un juge-arbitre faite au magistrat; 3° *Manus injectio*, mainmise par laquelle le débiteur est *addictus*; 4° *Pignoris capio*, saisie de la propriété du débiteur. — Voy. Walter, *Hist. de la procédure civile chez les Romains*, trad. Laboulaye, 1841; cf. l'art. *Actio* dans Saglio, *Dict. des Ant.*, et surtout de Keller, *Traité des actions*, trad. Capmas, 1870.

2. Voy. Huschke, *Multa et sacramentum*, 1874.

3. *Vindiciae*. Dans le cas d'une réclamation de la liberté, la possession est toujours donnée dans le sens de la liberté. Cf. le procès de Virginie (Tite Live, 3, 47, 5).

4. *Manus injectio.*

5. La moindre erreur de forme suffisait à faire perdre un procès, par exemple, si, dans une cause relative à des vignes, le plaideur disait *vites* au lieu de *arbores*, terme sacramentel de la loi. (Gaïus, *Instit.*, 4, 11 et 30.) Aussi les patriciens ont-ils le dernier mot toutes les fois qu'ils le veulent.

6. Dans le cas de plusieurs créanciers, le débiteur peut être partagé en morceaux (*partes secanto*). La loi règle le poids des chaînes du débiteur, sa nourriture, etc., toutes dispositions inspirées par l'intérêt du débiteur, que les mœurs suffisaient d'ailleurs à préserver du dernier supplice inscrit dans les Tables.

7. Ce *manuel* fut très désagréable à ceux qui voulaient tenir leur science cachée (Cic., *Muren.*, 11). Ils imaginèrent, dit-on, de nouvelles lois qu'ils écrivirent avec des abréviations *per siglas*); mais Sextus Aelius, consul en 198, les divulgua dans son *Tripertita*, édition de la loi des XII Tables, avec une interprétation et les actions de loi au complet. Le livre de Sextus s'appela *Jus Aelianum*.

béiens [1]: la femme est mancipée au mari par une vente fictive (*per aes et libram*) qui la fait entrer dans la famille. A défaut de cette vente, la cohabitation pendant une année (*usus*) mettait la femme en puissance du mari (*in manu*) [2]; elle perdait tous liens avec sa famille et ne pouvait hériter. La dot qui, en Grèce, est une concession faite au sentiment naturel par le droit primitif, est inconnue des XII Tables [3]. Le divorce peut être réclamé par le mari pour infidélité, stérilité, etc., et accordé ou refusé par un tribunal de sept parents pubères [4].

5. Le père peut juger, vendre, condamner à mort son fils. Quand le père meurt, le fils s'appartient (*sui juris fit*), mais la femme est toujours en tutelle. — Il y a deux sortes d'*adoptions* : l'*adrogation* [5], qui s'applique aux chefs de famille *sui juris*, et l'*adoption*, qui s'applique aux enfants en puissance (*alieni juris* [6].) — Le chef de

1. *Coemptio.*
2. La puissance maritale s'acquiert par trois moyens : la confarréation (patricienne), la coemption et l'usage. — Voy. Gide, *Condition de la femme dans le droit ancien*, 1867; Fustel de Coulanges, *Cité antique*, p. 368-399.
3. Tout au moins peut-on dire que la législation romaine sur la dot est postérieure à cette époque; jusque-là, les biens, meubles, etc., de la femme appartenaient au mari par le fait même du mariage. Le droit romain postérieur définit la dot : tout ce qui est apporté par la femme au mari *ad ferenda matrimonii onera;* on l'appelait aussi *res uxoria*. Ulpien dit (Regul., 6, 1) : « *Dos aut datur* (dation immédiate), *aut dicitur* (stipulation), *aut promittitur* (promesse).» Depuis les lois d'Auguste pour encourager le mariage, les filles eurent une action pour forcer leur aïeul où leur père à les doter. Peu à peu, par le progrès des idées, du mariage accompagné de la *manus* maritale, où la personnalité de la femme est absorbée par le mari et où tout ce qu'elle a est acquis irrévocablement à celui-ci, comme si elle devenait sa fille (*filiae familias loco*), on arriva au système du *régime dotal*, où la dot apportée par la femme, pour soutenir les charges communes, lui est conservée et garantie. Sous Auguste, la loi Julia *de fundo dotali* défend d'hypothéquer le fonds dotal de la femme, même avec son adhésion, et de l'aliéner sans qu'elle y consente; Justinien constitua sans restriction l'inaliénabilité des immeubles dotaux, et le principe que *le mari est propriétaire de la dot* cessa d'être une vérité. Si la femme meurt, sa dot passe à ses ascendants paternels ou à ses héritiers; en cas de divorce, la femme ou son père peuvent introduire une action pour la restitution de la dot. Si le mari est déclaré insolvable, la femme peut réclamer la dot. S'il meurt, ses héritiers doivent rendre la dot. — Quand les divorces devinrent fréquents à Rome, l'institution de la dot fut l'une des causes de l'influence prise par les femmes; la *dotata uxor*, en menaçant son mari de divorcer, le faisait agir à sa volonté. La femme honnête *socialement émancipée* est une nouveauté dans l'antiquité, et cette nouveauté se produisit à Rome au II° siècle av. J.-C.; c'est ce qui fait l'intérêt de la lutte de Caton contre les femmes, et de plusieurs comédies latines de ce temps.
4. Res mancipi et res nec mancipi. — Les XII Tables distinguent les choses *mancipi* (nécessaires à l'agriculture), plus difficiles à aliéner que les autres, pour lesquelles la simple tradition suffit. La femme ne peut aliéner que les choses *nec mancipi*.
5. Elle doit être approuvée par les pontifes et sanctionnée par les comices curiates, ou (plus tard) par trente licteurs qui les représentent. On demandait le consentement de l'adrogeant, de l'adrogé et du peuple (d'où le nom d'*adrogatio*). Comme il s'agit là d'une famille, et, par suite, d'un culte qui disparaît, on comprend l'intervention de l'État et de la religion.
6. L'adoption comprend deux éléments : la vente (*mancipatio*), qui dissout la puissance paternelle, et la cession en justice (*cessio in jure*), qui reconstruit la puissance paternelle au profit de l'adoptant. Il fallait trois ventes successives. — L'*émancipation* avait lieu éga-

famille paraît absolument libre de disposer de tous ses biens[1].

Droit prétorien.—On appelle ainsi l'ancien droit modifié et élargi, par la continuelle tendance du droit civil à se rapprocher du droit naturel ; ce rapprochement est l'œuvre des préteurs, dont les édits, publiés annuellement, formèrent peu à peu, en se transmettant dans leurs parties essentielles, un droit nouveau intermédiaire entre les XII Tables et la jurisprudence de l'Empire[2]. Cette trans-

---

lement par trois ventes, qui annulaient la puissance paternelle ; le père de famille peut ainsi rendre *sui juris* une personne soumise à sa puissance. Après trois ventes, l'enfant tombe dans une condition analogue à l'esclavage, *in mancipio* : l'acheteur (fictif) l'affranchit, tout en s'obligeant, par le contrat de fiducie (*contracta fiducia*), à retransférer au père le patronage de l'enfant (droit de tutelle et de succession sur ses biens).

1. Je résume ici toute la législation romaine sur le TESTAMENT. I. L'hérédité est déférée : 1° par la volonté du testateur ; 2° *ab intestat*. Dans l'ancien droit, le testament ne peut se faire que *calatis comitiis* ou *in procinctu* : le citoyen prêt à combattre exprime sa dernière volonté devant l'armée qui remplit l'office du peuple. Les XII Tables admirent le testament *per aes et libram*, par lequel le citoyen vend son hérédité, avec les formalités de la mancipation. [Généralement, l'hérédité est mancipée à un acheteur fictif qui s'engage, par un contrat de fiducie, à restituer l'hérédité à celui dont le nom était désigné dans un écrit que le testateur présentait comme son testament.] — II. Le testament *nuncupatif* était une simple déclaration faite devant sept témoins ; le *testament du droit prétorien* est un testament écrit certifié par les cachets de sept témoins ; le testament *tripartite*, introduit par Théodose le Jeune et Valentinien III, est un testament écrit, signé par le testateur et sept témoins et revêtu de leurs cachets. — III. Quand une personne peut tester, hériter et servir de témoin, elle a la *testamenti factio* complète. Un impubère, un esclave, un fou, ne peuvent pas tester, mais peuvent hériter. Pour avoir le droit de tester, il faut avoir le *jus commercii* et être *sui juris* : le Latin junien, le pérégrin déditice, l'esclave (plus tard les apostats, les manichéens) ne peuvent tester. Par un sénatus-consulte d'Hadrien, les femmes peuvent tester sous le contrôle de leur tuteur. — Les pérégrins, les déportés, les déditices, les esclaves sans maître, les personnes *incertaines* [l'institution est incertaine, par exemple si le testateur a institué *le premier qui viendra à ses funérailles*], les municipalités ou collèges, les temples [depuis Constantin, une église peut hériter], les femmes (loi *Voconia*, 585), ne peuvent être institués héritiers. — IV. La loi des XII Tables permettait au chef de disposer de son patrimoine sans restriction ; pour limiter les abus, on établit que le citoyen devait instituer ou exhéréder formellement ses héritiers naturels, et l'on donna aux ascendants, descendants, frères et sœurs le droit de demander l'infirmation du testament (*querela inofficiosi testamenti*) contraire aux devoirs de famille. Si l'annulation est prononcée, la succession est ouverte *ab intestat* au profit des héritiers naturels (héritiers *siens*, puis *agnats*, puis *gentiles*). — V. La loi des XII Tables donnait également au testateur le droit de distribuer son patrimoine entier à des légataires (*erogare*) ; il en résultait que l'héritier répudiait la succession et que les legs ne recevaient pas leur exécution. Après la loi *Furia testamentaria* (571), qui défendait d'accepter un legs de plus de 1000 as, et la loi *Voconia* (585), qui défendait de faire un legs dépassant ce qui était laissé à l'héritier, la loi *Falcidia* (49) accorda à l'héritier au moins un quart de sa part héréditaire franche de legs (*quarte Falcidie*). — VI. Selon les XII Tables, la mère ne pouvait hériter *ab intestat* de ses enfants : Claude, le premier, accorda à une mère qui avait perdu tous ses enfants le droit de recueillir toute leur succession. Sous Antonin le Pieux, le sénatus-consulte Tertullien appela à la succession de ses enfants la mère qui possédait le *jus liberorum*, c'est-à-dire qui avait mis au monde trois enfants. Réciproquement, le sénatus-consulte Orphitien appela les enfants à l'hérédité maternelle, en premier ordre avant tous les agnats.

2. Les magistrats investis de l'*imperium* et particulièrement les magistrats judiciaires (préteurs, édiles) pouvaient publier des édits et des règlements, dont l'ensemble forma le *droit honoraire* (parce que leurs auteurs *honores gerebant*) La loi *Cornelia* (686) ordonna

formation est due également à l'influence croissante que prirent à Rome les consultations publiques des jurisconsultes[1] (*responsa prudentum*) qui, accessibles à l'influence des mœurs et des idées, éclairés aussi par la philosophie stoïcienne, s'efforcèrent de mettre leurs décisions en harmonie avec le progrès moral[2].

2. En 428, la loi *Petilia Papiria de nexis* défendit aux débiteurs de manciper leurs personnes à leurs créanciers; les biens seuls purent être engagés *per aes et libram*. La loi *Hortensia* (468) confirma l'autorité des plébiscites, qui devinrent, avec les lois des comices centuriates et les sénatus-consultes, la source principale du droit nouveau.

que les préteurs jugeraient toute l'année d'après l'édit dit *perpétuel* qu'ils promulguaient à leur entrée en fonction. Le fond commun de tous les édits annuels (*edictum translaticium*) forma le droit civil nouveau. Quand le droit civil ne donne point d'action, quoique l'équité l'exige, le préteur donne une action dite *prétorienne* ou *honoraire*; inversement, dans les cas où le droit strict donne des actions contraires à l'équité, le préteur accorde, pour les repousser, des moyens nommés *exceptions*, qui sont des restrictions mises par lui, dans la formule, à l'ordre de condamner. — Les édits forment « la partie vivante et mobile du droit » (*viva vox juris civilis*), comme dit Marcien, Dig., I, 1. « *Jus praetorium est, quod praetores introduxerunt, adjuvandi, vel supplendi, vel corrigendi juris gratia, propter utilitatem publicam.* » (Papinien.)

1. Le caractère juridique et processif des Romains fit accorder une considération particulière aux citoyens voués à l'étude du droit. C'est par les *prudents* que le droit sortit de la caste patricienne; comparez ce qui s'est passé en France au XIVᵉ siècle. — Tib. Coruncanius, le premier plébéien parvenu à la dignité de grand pontife, fut aussi le premier à professer le droit. (Cic., *Brut.*, 14.) Cicéron (*de Orat.*, 1, 48) résume en quatre mots l'office du jurisprudent : *respondere, cavere* (indiquer les précautions à prendre et les formes à suivre), *agere* (intervenir devant le magistrat), *scribere* (commenter). A. Mucius Scaevola, consul en 95, constitua le premier le *jus civile*, droit fondé sur la jurisprudence, qu'il rédigea, dans son ensemble, en dix-huit livres. (Dig., I, 2.) Cicéron lui-même avait commencé un manuel de droit civil (Aulu-Gelle, 1, 22), et César avait eu la pensée de faire rédiger un code (Suét., *D. Jul.*, 44).

2. En 246, création du *préteur pérégrin*, qui juge entre Romains et étrangers d'après le *jus gentium*. Discrédit des *legis actiones*, qui, par leurs formalités, appartiennent à l'enfance du droit; la loi *Aebutia* (170?), confirmée par deux *leges Juliæ* sous Auguste, les supprime et institue la *procédure formulaire*. (Aulu-Gelle, 16, 10; Gaïus, 4, 30.) Le caractère essentiel de cette procédure consiste dans la rédaction d'un écrit délivré par le magistrat, dans lequel il trace la conduite que le juge doit suivre, indiquant, suivant les résultats de l'enquête, la sentence à rendre ou l'absolution à prononcer. Cet écrit, nommé *formula*, a pour modèle : *Quod Aulus Agerius Numerio Negidio hominem vendidit — si paret Numerium Aulo c. us. dare oportere — judex, Numerium Aulo c. us. condemnato; si non paret, absolve*. Ces trois parties de la formule se nomment *demonstratio, intentio, condemnatio*. Une exagération dans l'*intentio*, dite *plus petitio*, absout le défendeur. — Au fond, cette procédure a pour but de constituer un jury civil, le magistrat n'examinant que la cause de fait, et prononçant d'après une formule qu'il peut aussi peu changer que notre jury les articles du Code. — Si le magistrat statue lui-même sans renvoyer au juge, la cognition est dite extraordinaire. La procédure du *sacramentum* subsista pour le tribunal des centumvirs. — En 148 paraissent les *questions perpétuelles*, commissions permanentes du genre de celles qu'instituaient, en matière criminelle, les Rois, les comices et le Sénat, pour instruire l'affaire. Tout citoyen peut être accusateur devant ces *quaestiones* : le jury prononce sans circonstances atténuantes. Au revers de la *lex Thoria* est inscrite une *lex Servilia repetundarum* de 99, qui nous renseigne sur l'organisation de ces questions. [Les premières furent celles *de repetundis* (concussions dans les

Les Jurisconsultes sous l'Empire. — Le développement des intérêts matériels, joint à l'assoupissement de la vie politique, attira de plus en plus les jurisconsultes vers l'étude du droit privé[1]. Auguste, désireux de s'assurer leur docilité, décréta qu'ils répondraient en vertu de son autorisation [2]. Les *prudents* devinrent les conseillers favoris des princes et commencèrent à coordonner leur science au profit de l'autorité impériale. Les *constitutions*[3] de l'Empereur (édits, décrets et jugements, réponses et lettres aux fonctionnaires ou *rescrits*), eurent dès lors force de loi. Depuis Hadrien, le prince tend à accaparer le pouvoir législatif par le développement des appels, qu'il juge en dernier ressort[4]. D'Hadrien à Septime Sévère, le droit

provinces), *de ambitu, peculatus, majestatis, de vi, de civitate, de plagio, de falso,* etc.].
— En 121, la *lex Sempronia judiciaria* enleva l'aptitude judiciaire aux sénateurs pour la transporter aux chevaliers : le préteur urbain dresse annuellement la liste des *judices selecti*. Après la loi *Pompeia* (54), qui partagea le pouvoir judiciaire entre les deux ordres, cette liste comprit trois décuries, une de sénateurs, une de chevaliers, une des tribuns du trésor. Ce système fut maintenu dans son ensemble, mais le chiffre des juges inscrits s'éleva de 300 à 4000 (sous Auguste).

1. Avant l'Empire, les sénatus-consultes touchant le droit privé sont très rares. Ils se multiplient sous les Empereurs, surtout sous Claude. [S.-C. MACÉDONIEN, portant que celui qui aura prêté de l'argent à un fils de famille sans le consentement du père n'aura aucune action ni contre le père ni contre le fils ; S.-C. VELLÉIEN, rendu sur la proposition des consuls Marcus Silanus et Velleius Tutor, défendant aux femmes de s'obliger pour la dette d'autrui, c'est-à-dire d'*intercéder* pour autrui. Ce S.-C. fut rendu *contre* les femmes pour restreindre leur capacité et réprimer leur influence, sans cesse accrue depuis Caton l'Ancien.]

2. Dig., I, 2. C'était, selon Auguste, pour donner plus d'autorité à la jurisprudence ; au lieu d'être des attestations venant de simples particuliers, les réponses des *prudents officiels* seraient comme une émanation de sa propre puissance. — Sous Auguste, prirent naissance deux écoles ou *sectes* célèbres de jurisconsultes : les Proculiens ou Pégasiens, dont Labéon était le chef, et les Sabiniens ou Cassiens, qui se rattachaient à Capiton — le premier, républicain inflexible, novateur et hardi dans la jurisprudence ; le second, courtisan d'Auguste, plus attaché au droit strict et traditionnel. Proculus et Pégasus, élèves de Labéon, Sabinus et Cassius, disciples de Capiton, donnèrent leurs noms à ces deux sectes, dont les principes sont d'ailleurs assez mal connus. Les principaux Sabiniens, jusqu'à Antonin le Pieux, sont Capiton, Sabinus, Javolenus, Fuscianus et Salvius Julianus : Gaïus se rattache à la même école. Parmi les Proculiens, on cite Labéon, Nerva le père, Proculus, Nerva le fils, Pegasus, Juventius Celsus père et fils, Neratius Priscus.

3. La plus ancienne *constitution* connue est d'Hadrien.

4. *Principales lois des premiers siècles* : LEX JULIA *de maritandis ordinibus*, adoptée l'an 4 après J.-C., complétée par la loi PAPPIA POPPAEA (9), le monument législatif le plus considérable depuis les XII Tables, tendant à multiplier les mariages ; le *caelebs*, célibataire, veuf ou divorcé non marié, et l'*orbus*, personne sans enfants, sont privés des héritages ou legs qu'on leur laisse, le premier entièrement, le deuxième à moitié ; un délai de cent jours est accordé au célibataire pour se marier, afin de profiter du testament. Ces lois, qui rendaient *caduques* certaines dispositions testamentaires, furent dites *caducaires*, et produisirent une sensation profonde dans la société. L'héritage caduc est attribué par la loi aux héritiers ou légataires ayant des enfants compris dans le même testament, ou, à leur défaut, à l'*aerarium*. Justinien abrogea les lois caducaires. — Auguste voulut que l'autorité des consuls intervînt pour protéger la volonté du testateur lors même qu'elle n'était consignée que dans des écrits sans solennité (*codicilli*) ou confiés à la bonne foi d'un héritier (*fidei commissa*). — Lois AELIA SENTIA et FURIA CANINIA sur les affranchis (voy. plus haut). — Loi JULIA NORBANA, distinguant les affranchis en deux classes (voy. plus haut)

romain se rédige : Salvius Julien publie, sous le titre d'édit perpétuel, un résumé du droit prétorien[1], Gaïus écrit ses Commentaires. Après Alexandre Sévère, la période de la compilation commence[2], pour finir avec Constantin. Sous Dioclétien, la procédure devient autocratique : les *cognitions extraordinaires*, où l'Empereur juge lui-même ou par délégation, remplacent le système formulaire, et l'office du magistrat se confond avec celui du juge[3]. Par une constitution de 294, Dioclétien ordonne aux présidents des provinces de connaître eux-mêmes de toutes les causes, sauf à désigner des juges subalternes (*pedanei*) quand le nombre des affaires serait trop grand.

Les Codes. — Le droit prétorien résumé par Salvius n'était qu'un droit coutumier[4] greffé sur le droit des XII Tables. Le grand nombre de rescrits, lettres et constitutions impériales, rendit nécessaires d'autres compilations[5] de ce genre, comme le CODE GRÉGORIEN et le CODE HERMOGÉNIEN, dont il ne reste que quelques fragments.

---

1. Ofilius, un ami de César (Dig., 1, 2,) avait fait un ouvrage analogue ; mais celui de Salvius fut commandé par l'Empereur et sanctionné par un sénatus-consulte. Un disciple de Salvius, Africain, avait écrit neuf livres sur les questions difficiles du droit. — Voy. Rudorff, *Edicti perpetui quae supersunt*, 1869.

2. Un rescrit d'Hadrien (Gaïus, 1, 7) donne force de loi aux sentences et opinions des jurisconsultes autorisés. (Voy. la discussion de ce point obscur dans Ortolan, I, p. 509.) — Gaïus a vécu sous Antonin et Marc-Aurèle ; c'est un jurisconsulte très érudit, qui avait écrit l'histoire du droit à Rome. Chose étrange, ses contemporains ne le mentionnent pas. Après 426, il figure comme l'un des cinq grands jurisconsultes : la *loi des Citations*, de cette date, est le premier document où l'on trouve son nom. Aussi pense-t-on que Gaïus a professé modestement en Orient, peut-être en Asie Mineure. Ses *Institutiones*, classiques dans les écoles avant Justinien, ont été retrouvées en 1816 par Niebuhr sur un palimpseste de Vérone, et publiées par Gaeschen, Bekker et Bethmann Hollweg, aux frais de l'Académie de Berlin (1820). La meilleure édition est de Huschke, *Jurisprud. antejust.*, etc., 1867.
Sous Septime Sévère, on trouve PAPINIEN, le plus respecté des jurisconsultes, dont il reste beaucoup de fragments dans le Digeste. Il eut pour assesseurs ULPIEN et PAUL, ses rivaux de talent et de gloire. (Ulpien, *Liber Regularum*, édit. Krueger, 1878 ; Paul, *Sententiae*, éd. dans Huschke, *Jurisprud. antejust. quae supersunt*, p. 419-523.)

3. C'était la séparation du *jus* et du *judicium* qui constituait la garantie de la procédure formulaire.

4. Pendant toute la durée du haut Empire, le droit privé s'éloigne du droit primitif pour se rapprocher du droit naturel. Le droit de mort sur l'esclave a été retiré au maître ; l'esclave maltraité peut se plaindre au magistrat. Le père ne peut ni tuer ni vendre ses enfants ; le fils est entièrement propriétaire de son *peculium castrense*, c'est-à-dire des biens qu'il a acquis à l'armée. La puissance maritale n'existe presque plus, l'usage n'est plus un moyen de l'acquérir, la coemption et la confarréation sont rares. La gentilité n'existe plus et les droits de succession s'accordent aux parents naturels, même à la mère qui a perdu ses enfants. Enfin, le droit quiritaire tombe en oubli, et l'on voit paraître le terme philosophique de *proprietas*, marquant la constitution de la propriété individuelle. L'ancienne conception de la cité s'efface, et, avec elle, toutes ses conséquences.

5. D'Hadrien à Septime Sévère, dix-sept grands jurisconsultes, parmi lesquels Pomponius, Scaevola, Gaïus, Papinien, Ulpien, Paul, Marcien et Modestin. Dès lors, on commence à vivre sur le passé, et à mettre sans cesse en présence et en conflit l'autorité des anciens prudents. De là, la nécessité d'un travail de coordination.

Le premier code dû à l'initiative impériale[1] est le CODE THÉODOSIEN, que Théodose II fit paraître en 438[2]. Peu après, on trouve un recueil formé en partie d'extraits de la Bible, *Mosaïcarum et Romanarum legum collatio*, nommé au moyen âge *lex Dei*[3], et, vers la même époque, la *Consultatio veteris cujusdam jurisconsulti*, très-précieuse par les fragments de Paul, Modestin, Ulpien et Gaïus, qu'elle a conservés[4]. Une compilation plus complète que les précédentes, le CODE JUSTINIEN, en 12 livres, parut en 529[5], et devint la seule loi de l'Empire[6].

De nouvelles décisions impériales[7] firent bientôt réclamer une seconde édition, que dirigea Tribonien, et qui seule nous est parvenue (539)[8]. Deux ouvrages capitaux servirent de commentaires au droit de Justinien : le DIGESTE[9] et les INSTITUTES. Le *Digeste*

---

1. Au moment où l'ancien droit se codifie, il se transforme et perd son caractère. Ainsi Constantin (342) prononce l'abolition des formules juridiques, qui jouent un si grand rôle dans le vieux droit romain : désormais, dans un acte, c'est la pensée et non la lettre qui importe. On peut reconnaître là l'influence du christianisme, qui cherche partout l'esprit et non la lettre de l'antique loi. (Paul, *ad Rom.*, VI, etc.)

2. La commission qui rédigea cette vaste compilation était présidée par le consulaire Antiochus ; le travail dura neuf ans. Le code Théodosien contient, en seize livres, toutes les constitutions classées par ordre de matières. Les cinq premiers livres, qui manquaient, ont été retrouvés en partie par Clossius et Peyron (1814) ; ils traitent du droit civil. — Par la *loi des Citations* (Code Théod., 1, 4), Théodose et Valentinien avaient donné une autorité officielle aux écrits des cinq *prudents* Papinien, Paul, Gaïus, Ulpien et Modestin, dont on devait toujours balancer les opinions comme des suffrages. Le code Théodosien est postérieur de trois ans à cette décision singulière, qui marquait du moins la nécessité de mettre un terme à l'accumulation de livres contradictoires.

L'édition ancienne la meilleure est celle de Jacques Godefroy, 6 vol., avec de précieux commentaires ; parmi les modernes, celle de Haenel (1842,) qui, en 1844, a donné les *Novelles* postérieures au code Théodosien.

Les *Fragmenta Vaticana*, découverts et publiés par Maï, 1823, sont une collection de matériaux dus peut-être à Hermogène. (Ortolan, p. 408.)

3. Selon Haubold, cet ouvrage serait postérieur à la chute de l'Empire d'Occident. Le code Théodosien y est bien cité une fois, mais le texte de la citation est contesté.

4. Publiée en 1557 par Cujas, d'après un manuscrit qui s'est perdu. C'est un spécimen d'une consultation érudite, où la *loi des Citations* est appliquée.

5. La rédaction en avait été confiée à Jean, consulaire, qui présida la commission, à Tribonien, Théophile, etc.

6. Après la chute de l'Empire d'Occident, les rois barbares publient des lois ou des codes imités du droit romain, et qui nous ont transmis beaucoup de fragments des anciens jurisconsultes : la *loi romaine des Visigoths* (bréviaire d'Alaric ou d'Anien), la *loi romaine des Burgondes* (*Papiani responsa*), l'*édit de Théodoric*. Le nom de *Papiani responsa* donné à ce recueil provient d'une erreur de Cujas, et date du XVe siècle. (Voy. le recueil de Canciani, *Lois Barbares*, 1781-82 ; la *Lex Salica* dans l'éd. Behrend, 1874, ou avec les commentaires de Pardessus, 1843.)

7. Les plus importantes sont les cinquante *Décisions*, rendues sur le conseil de Tribonien au sujet des controverses principales auxquelles donnait lieu le texte des cinq jurisconsultes. Ce recueil ne nous est pas parvenu.

8. *Codex repetitae praelectionis*. Les constitutions sont placées sous différents titres, avec l'indication des Empereurs à qui elles appartiennent. (*Codex Justinianeus*, recogn. Krueger et Mommsen, 1873.)

9. *Digesta*, éd. Mommsen, 2 vol. 1873. « La critique du Digeste est morte avec Cujas ;

fut rédigé entre la première et la deuxième édition du Code : il parut en 533 sous le titre de *Digesta sive Pandecta*[1] *juris*. C'est une compilation en cinquante livres et sept parties des ouvrages des meilleurs jurisconsultes[2]. Les *Institutes* (533), œuvre de Tribonien, Théophile et Dorothée, sont un ouvrage élémentaire destiné à servir de base à l'enseignement du droit, et dans lequel ont été fondus, sans beaucoup d'ordre, les travaux de Gaïus, Florentin, Callistrate, Paul, Ulpien et Marcien.

On appelle NOVELLES ou AUTHENTIQUES[3] le recueil des constitutions publiées par Justinien après la promulgation de son code[4]. Elles sont souvent en contradiction avec le Code et le Digeste. — La plus importante (CXVIII) abolit le principe fondamental du droit antique, en faisant disparaître les privilèges autrefois attachés à l'agnation[5].

Cujas est resté non pas le premier, mais l'unique maître de cette science. » (Mommsen, Préf. du *Digeste*.)

1. πᾶν δέχομαι. Le Digeste se désigne en abrégé par *ff* (corruption de Π ?).

2. Malheureusement, ces textes ont été souvent défigurés par Tribonien même, auquel Justinien avait prescrit de les accommoder au nouveau droit. Le texte du Digeste nous est parvenu dans une vulgate très altérée datant du xiie siècle : le manuscrit de Florence, qui semble remonter au sixième siècle, n'a été publié qu'en 1553.

3. Le deuxième titre est postérieur. Ces documents étaient pour la plupart en grec.

4. Le *Nomokanon* de Jean d'Antioche, patriarche de Constantinople en 564, est une comparaison des sacrés canons et des *Novelles;* Julien, professeur de droit à Constantinople, donna, en 570, un *Epitome* des Novelles, en deux livres. Les Novelles mêmes nous sont parvenues dans deux collections, l'une latine et l'autre grecque. — La réunion des Institutes, du Digeste, du Code et des Novelles, forme le *Corpus juris civilis*. (Voy. Zachariae de Lingenthal, *Hist. du droit gréco-romain*, all.)

5. DESTINÉE DU DROIT ROMAIN APRÈS JUSTINIEN. — En Orient, l'enseignement du droit languit après le vi[e] siècle. Les empereurs Léon l'Isaurien, Basile, Léon le Philosophe surtout, composèrent des codes ou manuels; celui de Léon, les *Basiliques*, est une immense compilation publiée de 906-911. (Voy. Mortreuil, *Hist. du droit byzantin*.) La jurisprudence grecque prit alors une nouvelle vie, et de nombreux scholiastes commentèrent les *Basiliques*. Un des derniers livres de droit grec, l'*Hexabiblos* de Constantin Harménopule, 1345, se répandit dans tout l'Orient et en Occident. Dès 1540, on le publiait à Paris. — En Italie, Narsès avait introduit le nouveau droit de Justinien, qui se maintint même après l'expulsion des Grecs. Bologne, Pise et Amalfi, qui restèrent le plus longtemps rattachées à l'Empire, se livrèrent avec ardeur à l'étude de cette législation. Avec les lois canoniques, le droit de Justinien subsista dans toute la péninsule comme loi commune régnante. En France, l'œuvre de Justinien est connue au xie siècle, époque où l'enseignement d'Irnérius inaugura la période glorieuse de l'école de Bologne, sous la protection de la grande comtesse Mathilde ; Placentinus, Vacarius, allèrent porter la science bolonaise à Montpellier et à Oxford. On répétait jadis, sur la foi de Sigonius, que le ms. original des Pandectes, envoyé à Amalfi par Justinien, avait été retrouvé par les Pisans lorsqu'ils firent le sac de cette ville en 1137, et que de cette époque datait la renaissance des études du droit de Justinien. Cette tradition est fausse, puisque Irnérius enseignait avant 1118 ; mais il est très vrai que ce ms. des Pandectes, transporté depuis à Florence en 1406 (*Pandectae Florentinae*), donne un texte beaucoup plus exact que la Vulgate. — Après l'école des *glossateurs*, parut celle des grands jurisconsultes, Accurse, Bartole, Alciat, Cujas, hommes de génie dont le dernier fit passer d'Italie en France l'étude et le culte de la jurisprudence romaine. Depuis, avec Savigny, Zachariae, Puchta, Mommsen, l'Allemagne est devenu le centre de ces travaux.

§ V. — LES FINANCES ROMAINES [1].

L'étude de la fiscalité romaine comprend quatre périodes : 1° jusqu'à l'abolition du tribut en 167 ; 2° de 167 à la fin de la République ; 3° d'Auguste à Dioclétien ; 4° sous le Bas-Empire d'Occident [2].

Revenus de l'État. *Première période.* — La République a deux revenus principaux : 1° le produit du domaine public ; 2° le tribut. Le domaine public (un tiers des terres conquises) était en partie affermé par les censeurs, et les redevances des fermiers (*vectigal*) formaient le seul revenu régulier de l'État. Les sommes provenant de la vente du territoire conquis servaient pour les besoins extraor-

---

1. POIDS ET MESURES. — L'unité de poids est la *libra*, appelée aussi *as* (εἷς, vieux dor., ἧς ; signifiant unité, selon Mommsen : l'étym. *aes* semble préférable), parce que l'*as*, unité monétaire, était dans e principe le poids d'une livre de cuivre. L'*as* (327 grammes) valait 12 *onces* (27ᵍʳ,2) et chaque once 24 *scrupules* (1ᵍʳ,136). Les principaux sous-multiples et multiples de l'once sont : la *semuncia* (1/2), le *sicilicus* (1/4) ; le *deunx* (11 onces), le *dextans* (10), le *dodrans* (9), le *bes* (ancienne forme *des* = *di-as*, c'est-à-dire deux tiers de l'as, en grec δίμοιρον) valant 8 onces ; le *semis* (6), le *triens* (5), le *quadrans* (4), etc. — L'unité de longueur est le *pied* (0ᵐ,2958) qui comprend 4 *palmes* (0ᵐ,0739) et 72 *sextules* (0ᵐ,0041). Le doigt contient 4 sextules, 2 pieds 1/2 font un *gradus* (0ᵐ,739) et 5 pieds un pas double (1ᵐ,48). Le *mille*, mesure itinéraire, égal à 8 stades olympiques, équivaut à 1000 pas ou 1481 mètres. [La colonne Antonine a 100 pieds = 29,6 mètres de haut : donc le pied romain = 0,296, le pas = 0,296 × 5 = 1,481, et 1000 pas = 1481 mètres. Donc 3 milles romains valent exactement 4444 mètres, c'est-à-dire l'ancienne lieue française.] — L'unité de superficie, pour les mesures agraires, est le *jugère*, c'est-à-dire un rectangle de 120 pieds de large sur 240 de long (25ᵃʳ,20) ; il contient 28 800 pieds carrés. — L'unité de capacité est le *conge* (3ˡⁱᵗ,23) qui contient 12 *hémines* ou *cotyles* (0ˡⁱᵗ,26) et 6 *sextarii* (0ˡⁱᵗ,53). Le *modius*, employé pour mesurer les matières sèches, vaut 32 *hémines* (8ˡⁱᵗ,63), l'*urne* 48 (12ˡⁱᵗ,94), l'*amphora* ou *quadrantal* 96, et le *culeus* 1290 hémines (317ˡⁱᵗ,90). — L'unité monétaire est l'*as* (5 centimes au temps de César) qui contient 2 *semis*, 3 fois le *triens*, 4 fois le *quadrans* et 12 fois le *stips*. Les monnaies d'argent principales sont : le *denier* (16 as = 0ᶠ,82) ; primitivement il ne contenait que 10 as, d'où son nom ; selon l'empreinte, il s'appelle aussi *quadrigatus*, *bigatus*) ; le *quinaire* (8 as, aussi nommé *victoriatus*), le *sesterce* ou *nummus* (4 as = 20 centimes) et la *libelle*, égale en valeur à l'as, créée au troisième siècle av. J.-C. pour le remplacer. La principale monnaie d'or était l'*aureus*, valant 400 as = 20ᶠ,38. Constantin le remplaça par le *solidus* = 13 francs, qui se divise en 12 *argentei* et 24 as de cuivre. — Le sesterce s'indique, dans les mss et les inscriptions, par H. S., c'est-à-dire L(*ibra*), L(*ibra*), S(*emis*) = 2 livres 1/2 (le sesterce valait primitivement 2 as 1/2). L'emploi d'expressions telles que *septem millia sestertiorum* ou *sestertiûm*, par abréviation *septem sestertiûm*, donna naissance au neutre *sestertium, ii*, qui signifia *grande sesterce*, c'est-à-dire 1000 H. S. Donc *duodecim millia sestertia* signifie 12 millions de sesterces. De même, les adverbes numéraux en *es* joints à *sestertium* désignent les centaines de mille de sesterces ; ainsi *decies sestertium* = 1 million de H. S. Dans un ms., H. S. M. C. peut désigner également 1100 sesterces et *millies centies*, c'est-à-dire 110 millions de sesterces. — Quand les chiffres romains qui suivent H. S. sont surmontés d'un trait, on sous-entend *decem millia*. (Voy. Madvig, *Gramm. lat.*, à la fin, et Lebaigue, *Dict.-lat. fr.*, p. 1368).

2. Burmann, *Vectigalia populi Romani*, 1734 ; Hegewisch, *Finances romaines*, 1864 (all.) ; Savigny, *Système d'impôts sous l'Empire romain*, 1864 (all.) ; Dureau de la Malle, *Économie politique des Romains*, 1840 (bon travail) ; Bouchard, *Administration des finances sous l'Empire romain*, 1871 ; Naquet, *Impôts indirects chez les Romains*, 1875.

dinaires. — Le tribut était un impôt sur le capital, destiné à couvrir les frais de la guerre, et qui fut établi en 406, quand on commença à solder les troupes. Lorsque les redevances des fermiers ne suffisaient pas, les citoyens avançaient la somme qui manquait jusqu'à la fin de la guerre, et cette somme était ensuite levée comme indemnité de guerre sur le peuple vaincu, ou retenue sur le butin. Le tribut était donc une sorte d'emprunt forcé, prélevé proportionnellement (*ex censu*)[1] au taux d'un pour mille (tribut *simple*), d'après les listes du cens. Le recouvrement de cet impôt appartenait aux tribuns du trésor.

2. Pour les besoins exceptionnels, une loi du consul Manlius Capitolinus avait établi en 357 un impôt de 5 p. 100 sur le prix des esclaves affranchis (*vicesima manumissionum*), dont le produit forma un fonds de réserve conservé en or dans l'*aerarium sanctius*. Quand on y mit la main, en 209[2], il s'élevait à 400 livres d'or en barres[3].

Deuxième période. — Les réductions successives du domaine public, par l'effet des lois agraires, font décroître les revenus réguliers de l'État ; mais, d'autre part, la conquête de la Macédoine par Paul-Émile (167) enrichit tellement le trésor, qu'il peut supprimer définitivement le tribut[4]. Les revenus ordinaires furent désormais le produit des domaines provinciaux, des restes du domaine public, des pâturages, des mines (*metalla*), des impôts annuels payés par les provinciaux (*stipendia* ou *decumae*), des douanes, des fleuves, ports et canaux. Les revenus extraordinaires consistaient en amendes, en confiscations, surtout en butin : la conquête de l'Asie livra à Rome des richesses prodigieuses.

Troisième période. — Auguste fit exécuter un nouveau cadastre, un nouveau cens, et réforma le système des impôts. Les *revenus ordinaires* furent désormais : 1° l'impôt foncier et mobilier ; 2° la capitation (*tributum capitis*) ; 3° le produit des domaines, des monopoles (sel, cinabre, baume) et des monnaies ; 4° les douanes ; 5° un droit de 1 pour 100 sur le prix des objets vendus (*centesima rerum venalium*) ; 6° des droits sur l'étalage et le transport des marchandises[5] ; 7° un cinquantième et plus tard un vingt-cinquième sur le prix des esclaves[6]. — Les *revenus extraordinaires* étaient :

---

1. Varr., *L. L.*, 5, 181 : « Tributum dictum a tribubus, quod ex pecunia, quae populo imperata erat, tributim a singulis pro portione census exigebatur. »
2. Tite Live, 27, 10, 11.
3. Valant 26 millions de sesterces.
4. Cic., *de Off.*, 2, 21, 6.
5. *Vectigal ansarii et foriculiarii promercalium*.
6. *Quinquagesima, quinta et vicesima venalium mancipiorum*.

1° un vingtième des legs et des héritages [1]; 2° un vingtième de la valeur des esclaves affranchis; 3° les amendes et confiscations; 4° les biens *caducs*, c'est-à-dire les héritages revenant à l'État en vertu de la loi *Pappia Poppaea;* 5° les biens *vacants* (successions *ab intestat*); 6° les legs faits à l'Empereur par les riches : selon Suétone, pendant les dernières années du règne d'Auguste, ces legs s'élevèrent à 1400 millions de sesterces; 7° l'or coronaire (*aurum coronarium*), présents d'honneur offerts à l'Empereur à l'occasion de victoires, d'anniversaires, etc.

Quatrième période [2]. — Les principaux impôts sont : 1° l'impôt foncier (cens, tribut, *capitation de la terre*); 2° la *capitation humaine*, portant sur les non-propriétaires (colons, serviteurs et fermiers), correspondant à la taille du moyen âge; 3° le *chrysargyre*, impôt des patentes (*collatio lustralis*, se payant tous les 4 ans), supporté par les commerçants et les industriels; 4° l'impôt sur les legs, successions et donations; 5° l'impôt sur les ventes publiques et les péages (*telonea*), qui ont subsisté au moyen âge; 6° le monopole du sel; 7° les prestations en nature (*annonae*), vivres pour l'armée, chevaux, fourrages pour l'armée et la poste; 8° le logement des soldats, de l'Empereur et de sa suite (droit de gîte); 9° les *corvées*, journées de travail exigées du contribuable.

La règle générale est que les impôts soient proportionnels. Grâce au renouvellement fréquent du cadastre, l'impôt foncier était exactement en rapport avec la valeur du sol. Quand le déclamateur Lactance [3] se plaint de ce que les agents du fisc comptent les mottes de terre et les arbres, il se plaint de ce qu'il y avait le plus à louer dans la fiscalité romaine [4]. En somme, les sujets de l'Empire payaient moins d'impôts que les Athéniens du temps de Démosthène, moins surtout que les Français n'en payent aujourd'hui.

Les Dépenses. — 1. L'administration des finances passa des Rois au Sénat, qui seul put déterminer le *tribut* des citoyens et celui des populations vaincues (*stipendium*), le peuple lui-même n'ayant aucune part à la fixation des impôts. Les questeurs ne devaient faire

---

1. *Vicesima hereditatium et legatorum.* Voy. Hirschfeld, *Admin. rom.*, p. 62-68.
2. Fustel de Coulanges, *Institutions de la France*, p. 172 sqq.
3. *De morte Persecut.*, 33. Voy. Fustel, *Cité antique*, p. 178.
4. Les procédés, toutefois, laissaient à désirer. Les *répartiteurs* assemblaient les habitants d'un canton, chacun déclarait en public sa fortune, et l'agent du fisc mettait en avant une évaluation plus forte : d'où un débat contradictoire, qui mettait en conflit la population et le gouvernement. En outre, on peut blâmer le grand nombre d'impôts exigés en nature, qui enlèvent non seulement les produits, mais aussi trop souvent les instruments du travail. — Comme c'étaient les principaux négociants qui répartissaient entre tous le chrysargyre, on croyait, dans le peuple, que les riches s'entendaient pour rejeter les charges sur les pauvres. (Cf. Salvien, *de Gubern. Dei*, liv. IV et V.)

aucun payement sans un ordre du Sénat. Les magistrats provinciaux qui imposaient leurs administrés de leur propre autorité étaient passibles d'une accusation *repetundarum*. Le recouvrement des divers impôts ne se faisait pas par les agents du fisc, mais par des fermiers ou publicains, presque tous chevaliers, qui formaient de grandes sociétés par actions [1], dont le directeur [2] était nommé annuellement et résidait à Rome pour tenir les comptes.

2. A côté du trésor (*aerarium*), qui dépendait du Sénat [3], Auguste créa le *trésor militaire*, dont il disposait seul en qualité d'*imperator*, et le trésor impérial ou *fisc*, qui dépendait également de lui. Le système des fermes fut soumis à la même surveillance directe de l'État, et les *decumani* supprimés. Chaque province eut un bureau central (*tabularium*), où se conservaient les registres du cadastre et les listes de la capitation.

3. Sous le Bas-Empire, on trouve des répartiteurs, des inspecteurs, des contrôleurs ; mais la perception n'est pas faite directement par les agents de l'État. Chaque cité lève elle-même ses impôts et en livre les produits aux fonctionnaires supérieurs. Aussi les *curiales*, chargés dans chaque cité de faire rentrer les contributions, étaient détestés comme autant de tyrans [4]. Ils étaient d'ailleurs responsables du payement intégral de l'impôt ; un fléau subit, une invasion qui appauvrissait les petits propriétaires, les ruinaient eux-mêmes. On a signalé avec raison, dans cette misère croissante des curiales entraînant la disparition de la riche bourgeoisie des provinces, une des causes principales de la chute de l'Empire romain [5].

§ VI. — L'ARMÉE ROMAINE [6].

L'armée romaine a été une armée de citoyens jusqu'à Marius,

---

1. *Societates publicanorum ;* les sociétaires s'appelaient, suivant la valeur de leurs parts, *socius ex triente, ex besse*, etc.

2. *Magister societatis.* En Sicile et en Asie, les fermiers de la *decuma* s'appellent *decumani*. (Cic., Verr., 2, 71, 115 : « Decumani, hoc est principes et quasi senatores publicanorum ». Les fermiers de la *scriptura* (impôt de pacage) s'appelaient *pecuarii* ou *scripturarii ;* ceux des douanes (*portoria*), *conductores*, et les douaniers *portitores ;* ceux des mines, *publicani metallorum*.

3. Voy. l'art. *Aerarium* dans Saglio, *Dict. des Antiquités*.

4. Salvien, *de Gubernatione Dei*.

5. BUDGET DES DÉPENSES. — Comme il n'y avait pas de dette publique, que les municipalités faisaient presque toutes leurs affaires elles-mêmes et que l'administration était relativement très peu nombreuse, on est probablement au delà de la vérité en évaluant à 1500 millions (la moitié de ce que paye la France aujourd'hui) le budget des dépenses et des recettes de l'Empire romain, dix fois plus étendu que notre pays.

6. Juste Lipse, *de Militia Romana libri* V, 1596 ; Saumaise, *même sujet,* dans Graevius ;

une armée de mercenaires de Marius à Auguste; sous l'Empire, elle a été une armée permanente.

Première période. — 1. L'armée de Romulus comptait 500 cavaliers (*celeres*) sous la conduite d'un tribun (*tribunus celerum*) et 3000 fantassins, chaque tribu fournissant 1000 hommes de pied avec un tribun militaire. Le noyau de l'armée était formé par les 300 cavaliers patriciens. Servius fit de l'infanterie, de la légion, le noyau de l'armée romaine. Sa constitution imposait le service militaire aux cinq premières classes, aux frais des citoyens eux-mêmes; les prolétaires, exempts de tout service, étaient armés par l'État en cas d'extrême besoin. Les *jeunes* (de 17 à 45 ans) étaient réservés pour le service actif, les plus âgés (46 à 60 ans) pour la garde de la ville. — L'ordre de bataille était la phalange, analogue à la phalange macédonienne, formant une seule ligne ininterrompue[1]. Camille, sous qui fut instituée la solde, abandonna l'ordonnance de la phalange, et introduisit (?) celle des manipules, qui subsista jusqu'à Marius. La légion comptait 4200 fantassins[2] et 300 cavaliers, divisés en quatre classes non plus d'après le cens, mais d'après les états de service et la valeur des légionnaires[3]. Les trois premières classes (grosse infanterie) se divisaient en 30 manipules[4] de 100 hommes chacun, identiques par suite aux centuries. Plus tard, pour obtenir une mobilité plus grande, on divisa le manipule en deux centuries[5].

2. En bataille, la légion se tenait sur trois rangs, ayant en première ligne les *hastaires*, en seconde les *princes*, en troisième les *triaires*. Les trente manipules de la légion étaient disposés en quinconce, comme les cases de même couleur d'un échiquier. Quand les triaires devaient reculer, ils se retiraient dans les intervalles ménagés entre les *princes*, tandis que les princes avançaient au premier rang, les triaires restant en place, genou en terre, couverts de leurs boucliers.

Lange, *Organisation militaire sous l'Empire jusqu'à Constantin*, 1846; Rüstow, *l'Armée et la Stratégie de César*, 1862 (all.). [En somme, l'histoire de l'armée romaine, sous l'Empire surtout, reste à faire : les inscriptions en fournissent peu à peu les matériaux. L. Renier a consacré à cette étude plusieurs années de son cours au Collège de France, resté inédit.]

1. Le premier et le deuxième rang étaient occupés par les soldats de la première classe, qui portaient un casque, une cuirasse, un bouclier rond d'airain (*clypeus*), et des jambières (*ocreae*); au troisième et au quatrième rang se tenait la deuxième classe, sans armure, mais avec casque, jambières, et un long bouclier carré (*scutum*) qui protégeait la poitrine; aux cinquième et sixième rangs, la troisième classe, sans *ocreae*; aux septième et huitième, la quatrième classe, avec le *scutum* seulement. Les quatre classes avaient des lances (*hastae*) et des glaives (*gladii*). La cinquième n'avait pas de place marquée dans la phalange, mais formait, armée de la *haste* seulement, le corps des *rorarii*, troupes légères qui, après avoir ouvert le combat, se retiraient en arrière de la phalange. Les *accensi velati*, armés des frondes, leur étaient adjoints comme *adscriptitii*.

2. Chiffre élevé parfois à 6000 et 6200.

3. Cf. Tite Live, 8, 8, 5. Du temps de Polybe, la légion se divisait ainsi : 1° 1000 *hastati* (*flos juvenum pubescentium*); 2° 200 *principes* (*robustior aetas*); 3° 600 *triarii* (*veteranus miles spectatae virtutis*); 4° 1200 *velites* (*rorarii, minus roboris aetate factisque*).

4. *Manipulus*, primitivement *botte de foin*, signifie : ce qu'on prend dans une main; cf. le français une *poignée* d'hommes, une *main* de papier.

5. Vingt vélites étaient ajoutés à chaque centurie à titre de troupes légères.

Si les princes devaient reculer, aussi, les triaires avançaient à leur tour : c'était la marque d'un grand péril (*res ad triarios redit*) [1].

3. Les 300 cavaliers de la légion se distribuaient en 10 *turmes* [2] de 30 hommes, chacune sous 3 décurions et 3 options ou adjudants [3]. — Outre les soldats-citoyens, les légions de la République comprenaient des alliés [4] et des auxiliaires, qui doublaient environ l'effectif de la légion. Il y avait en outre un corps d'élite [5], sorte de garde d'honneur du général, qu'on appela, depuis le jeune Scipion, *cohorte prétorienne*.

Deuxième période. — 1. Pour occuper la population pauvre, et surtout parce que les riches se refusaient à servir, Marius admit les prolétaires [6] dans les légions. A la fin de la République, on reçut dans l'armée de terre les affranchis, qui ne servaient jusque-là que sur la flotte, et pendant les guerres civiles, on forma des légions de provinciaux [7]. On alla jusqu'à recruter des corps avec des esclaves et des gladiateurs [8], ce qui ne s'était fait auparavant qu'après Cannes.

2. Cette réforme entraîna la presque disparition de la cavalerie, qui a toujours représenté l'élément aristocratique dans les armées [9]. La légion ne se composa plus dès lors que de fantassins, et les chevaliers ne servirent plus désormais que dans la cohorte prétorienne, comme tribuns des légions, préfets des cohortes, ou chargés de missions spéciales. Le service de la cavalerie fut confié aux alliés latins ; dans l'armée de César, la plupart des cavaliers étaient des auxiliaires, gaulois, espagnols et germains. Cette cavalerie, très nombreuse (1000 chevaux par légion), était commandée par un officier romain. Elle était

---

1. L'armement des trois classes qui avaient la *panoplie* était à la fois défensif et offensif ; il comprenait : 1° le casque d'airain, *cassis* (la *galea* était en cuir), avec un plumet rouge ou noir (*crista*) ; 2° le *scutum*, bouclier long de 4 pieds sur 2 1/2, formé de planches recouvertes de peaux, convexe au milieu, avec une saillie (*umbo*) pour repousser les traits ; 3° les jambières (*ocreae*), montant jusqu'aux genoux (plus tard, seulement à la jambe droite, celle que l'on avançait en combattant) ; 4° la *lorica*, cotte de mailles, au-dessous de laquelle se trouvait une plaque de fer protégeant la poitrine. — Les armes offensives étaient 1° l'épée espagnole à deux tranchants (*gladius hispanus*, μάχαιρα), suspendue à un *balteus* (baudrier) de cuir par-dessus l'épaule, ou à une ceinture (*cingulum*) au côté droit, en face du bouclier ; généraux et officiers, qui ne portaient pas de bouclier, portaient le *balteus* à gauche ; 2° le *pilum*, javelot, arme des hastaires et des princes, comme l'*haste* était l'arme des triaires (c'était primitivement l'inverse). Depuis Marius, tous les légionnaires furent armés du *pilum*. Les vélites portaient des casquettes en peau ou en cuir, un petit bouclier rond, une épée, et plusieurs armes de trait légères (*hastae velitares, missilia*).

2. *Turma* = *Tor-uma*, *terima*, formé comme *pra-ima*.

3. *Administri*. Les *equites* étaient armés de la *cassis*, du *scutum*, des *ocreae*, de la *lorica* et d'une longue *haste*.

4. *Socii* des villes fédérées et des colonies latines.

5. *Delecta manus imperatoris*.

6. *Capite censi*. Voy. Sall., *Jug.*, 86, 2.

7. *Legiones vernaculae*.

8. Sous Marius et Pompée.

9. L'équipement du cheval comprenait généralement une selle de cuir (*ephippium*) ; les étriers n'étant pas connus, on dressait les chevaux à s'agenouiller sur l'ordre du cavalier. (Sil. Italic., 10, 465.) On a cru longtemps qu'ils n'étaient pas ferrés, mais *chaussés;* toutefois, on a retrouvé récemment en Allemagne (1878) un squelette de cheval remontant à l'époque romaine, avec des traces de ferrure.

divisée en ailes sous des *préfets de cavalerie*, et les ailes en *turmes* et décuries.

3. Marius fit disparaître toutes les différences entre les hastaires, les princes et les triaires. Il n'y eut plus que des soldats d'une seule arme. Cette réforme lui était imposée à la fois par le nouveau mode de recrutement et par les changements de tactique nécessités par la guerre contre les Cimbres. Il renonça à l'ordonnance manipulaire, qui, par les intervalles qu'elle laissait, permettait à un ennemi impétueux de rompre la ligne de bataille, et introduisit l'ordonnance par cohortes, qui subsista. La légion comprit 10 cohortes, la cohorte 3 manipules, le manipule 2 centuries. Les soldats étaient rangés sur une profondeur de 10 hommes[1]. Les intervalles étaient égaux en longueur à la ligne de front d'une cohorte. Les auxiliaires formaient la cavalerie et fournissaient des soldats avec leurs armes nationales[2].

4. Les officiers[3] étaient : 1° le général, *dux belli*; 2° les *légats*, nommés par le Sénat, généralement au nombre de 3; César en avait 10 en Gaule; 3° le questeur, intendant général, pouvant remplacer le légat; 4° les tribuns militaires, officiers divisionnaires, au nombre de 6 par légion, exerçant chacun ses fonctions pendant deux mois. D'abord nommés par les consuls, puis par le peuple, ils le furent ensuite à la fois par les deux pouvoirs[4]. César choisissait les siens lui-même; 5° les centurions, 60 par légion, nommés par le général[5]; 6° les préfets de la cavalerie[6].

Troisième période. — 1. L'Empire romain, militaire d'origine et d'esprit, accrut l'armée et la rendit permanente[7]. Auguste fit prêter serment à sa personne comme à l'unique *imperator*, d'après une formule qu'il rédigea lui-même, et qui resta en usage.

2. Le commandement de la légion appartint à un légat. Les gouverneurs des provinces impériales avaient autant de légats que de légions. C'étaient des sénateurs, ordinairement prétoriens; ils pouvaient être remplacés temporairement par les préfets des légions. Les tribuns de la légion ou des soldats étaient choisis par les Empereurs parmi les jeunes gens aspirant à la carrière des honneurs; leurs fonctions se bornaient en général à la confection de listes; aux propositions pour l'avancement et les congés, etc.

---

1. On adoptait le plus souvent la *triplex acies*, avec quatre cohortes au premier rang, trois au deuxième et au troisième (total, dix cohortes).
2. *Funditores, sagittarii, scutati*, etc.
3. Il y eut de tout temps, dans les légions romaines, deux classes d'officiers distinctes. Elles ne formaient point une seule et même hiérarchie, qu'on pût parcourir tout entière, en montant des degrés inférieurs aux plus élevés. C'étaient les officiers supérieurs, les tribuns militaires, d'une part, qui tous avaient la condition de sénateur ou de chevalier; et, de l'autre, les officiers subalternes ou centurions, qui, sortis des rangs des simples soldats, ne pouvaient pas s'élever au rang de tribun. Dans toute l'histoire romaine, avant la guerre civile entre César et Pompée, Madvig a prouvé qu'il n'y a pas un seul exemple d'un tribun qui ait d'abord été centurion.
4. Les élus du peuple s'appelaient *tribuni comitiati*, ceux des consuls *tribuni rufuli*.
5. Le centurion de la première centurie des *triarii* s'appelait *primi pili centurio*, ou *primipilus*.
6. *Praefecti equitum*.
7. Septime Sévère disait à ses fils : τοὺς στρατιώτας πλουτίζετε, τῶν ἄλλων πάντων καταφρονεῖτε. (Dion, *Epit.*, 76, 15.)

3. Depuis Caracalla, les auxiliaires sont citoyens romains; leur nombre est égal à celui des légionnaires[1]. — Les cohortes prétoriennes forment la garde impériale à Rome, et la garnison des villes de l'Italie. On sait la part prépondérante que prit cette milice dans les révolutions de palais qui ébranlèrent l'Empire. — Des neuf cohortes prétoriennes au temps d'Auguste, trois se tenaient à Rome, et les six autres étaient répandues en Italie auprès des villes où l'Empereur séjournait (p. ex. à Albe). Elles étaient sous les ordres des préfets du prétoire[2]. Sous Tibère, Séjan leur construisit à Rome une caserne fortifiée entre la porte Viminale et celle de Tibur. Constantin les supprima.

4. Hadrien réorganisa la légion. Elle se composa non plus de cohortes égales, mais de 10 cohortes dont la première comptait 10 centuries (1100 hommes) et les suivantes 5 (555 hommes). Chaque centurie fut divisée en 10 groupes (*contubernia*, chambrées), chacun sous un dizenier (*decanus*). En même temps, Hadrien revint à l'ordonnance primitive en phalange, tandis que l'armement admettait de nouveaux éléments barbares[3]. Enfin, il rétablit la cavalerie des légions; chaque légion eut 726 cavaliers, répartis en 22 *turmes* de 31 hommes et 3 officiers, dont le premier s'appelait *décurion*, le deuxième *duplicaire*, et le troisième *sesquiplicaire*. Chaque turme avait une bannière rouge (*vexillum*), dite guidon ou *flammula*.

5. Les Empereurs du Bas-Empire commirent la faute irréparable de négliger l'armée, où les Barbares devinrent prédominants. Le *dernier des Romains*, Stilicon, est un Vandale. — Constantin, pour réagir contre la domination des armées, avait relégué les chefs des soldats au dernier rang de sa noblesse nouvelle; c'était faire de l'armée un lieu de disgrâce; à cette époque, les désertions sont si fréquentes parmi la tourbe qui recrute les légions, qu'on doit marquer les soldats, comme des esclaves, d'un stigmate indélébile au bras ou à la jambe.

6. L'Empire avait vécu longtemps presque sans armée. Sauf en Italie, il n'y avait de troupes que sur les frontières, et là l'épigraphie nous montre des légions restant établies pendant plusieurs siècles, affermissant peu à peu autour d'elles l'influence romaine, et *romanisant* les pays limitrophes où les légionnaires se marient et font souche[4]. Dans les villes de l'intérieur, il n'y a qu'une

---

1. On distinguait, parmi les auxiliaires : 1° Les *vexilla veteranorum* ou *vexillarii*, corps de 500 vétérans que l'on employait seulement dans la bataille; 2° Les *cohortes Italicae civium Romanorum voluntariorum*, ou *cohortes ingenuorum civium Romanorum*; elles étaient au nombre de 32.

2. Hirschfeld a dressé la liste des préfets du prétoire d'Auguste à Dioclétien, *Admin. rom.*, p. 219. On en trouve tantôt un (sous Tibère), tantôt deux ou plus.

3. Les 5 premières cohortes ont, par soldat, deux espèces de *pila* : le *spiculum*, plus grand, et le *verutum*. Les 5 dernières cohortes avaient des *lanceae* (arme non romaine); de même les longues épées, dites *spathae*, furent empruntées par les légions aux auxiliaires. Au lieu du casque, ils portèrent des chapeaux pannoniens, *pilei*. Les enseignes des cohortes, ou *dracones*, étaient portées par les *draconarii*. Le drapeau de la centurie est le *signum*, celui de la légion s'appelle *aquila*. Les *imaginarii* portent les images de l'Empereur.— D'après Lebeau (*Mém. sur la légion*) et d'autres, dont le sentiment semble contredit par Tacite, 1, 34, et Ammien, 21, 13, 9, les manipules n'existaient plus sous l'Empire comme division de la légion. Leurs drapeaux s'appelaient *vexilla*.

4. Voy. à l'Index, *Canabae*, *Honesta missio*.

sorte de garde nationale sédentaire, commandée par les *tribuni militum a populo*, officiers dont le nom, conservé par l'épigraphie, a été récemment expliqué par Victor Duruy[1].

Camps, machines. — Je ne peux entrer ici dans les détails de la stratégie romaine[2], assez bien connue d'ailleurs par Polybe, Hygin, Végèce[3], etc. Polybe (6, 31, 10) décrit avec précision le *camp*, tel que les légions l'établissaient tous les soirs, vaste rectangle entouré d'un *vallum*, dont le point dominant est occupé par la tente du général, placée elle-même au milieu d'un carré intérieur dit *prétoire*; à droite et à gauche du prétoire sont le *forum* ou marché, et le *quaestorium*, trésor et arsenal. Les deux entrées s'appellent *porte prétorienne* (le plus proche du prétoire) et *porte décumane*, sur la même médiane, à l'autre bout[4]. — Les Romains ont construit avec beaucoup d'art des machines de guerre (*tormenta*)[5] : la BALISTE, servant à lancer des traits, des javelots, des pierres; la CATAPULTE, machine de campagne ou de siège, inventée à Syracuse du temps de Denys l'Ancien, et dont le plus fort modèle, installé à terre, pouvait lancer à la distance de 1550 mètres des pierres pesant 81 kilogrammes. — En campagne et surtout dans les assauts, une des manœuvres les plus usitées était la TORTUE : la grosse infanterie, armée du *scutum*, se plaçait au premier rang un genou en terre, chaque soldat tenant le *scutum* devant soi : les autres rangs portaient le *scutum* au-dessus de leur tête. Ainsi protégée, comme par une carapace, l'infanterie marchait à l'ennemi pour forcer le passage d'un fleuve, s'approcher des portes d'une ville, etc. — On appelait aussi TORTUE une galerie mobile en charpente servant à abriter les mineurs, ou le BÉLIER, immense poutre armée de fer qui battait les mu-

---

1. Suivant Duruy, à l'avis duquel s'est rangé Léon Renier (*Acad. inscr.*, 1875), ce sont les commandants, nommés par les habitants, des milices municipales. Cette opinion, contredite par Giraud, semble néanmoins devoir être acceptée. (Voy. Duruy, Appendice au tome V de l'*Hist. des Romains*.)

2. Voy. en général Napoléon Ier, *Correspondance*, t. XXXII, p. 33; Thiers, *Consulat et Empire*, t. XX, p. 732, et l'*Histoire de César* par Napoléon III, t. II.

3. Polybe est l'autorité capitale en ces matières. Élien, dans son περὶ στρατηγικῶν τάξεων Ἑλληνικῶν, donne un aperçu inexact de l'armée romaine à son époque (Nerva). La τέχνη ταχτική d'Arrien, gouverneur de Cappadoce sous Hadrien, décrit avec précision les manœuvres de la phalange et de la cavalerie; Hygin, *gromaticus* du temps d'Hadrien, a laissé un mémoire savant sur la castramétation. Les *scriptores Latini de re militari* sont Frontin, Modeste et Végèce : le premier, contemporain de Vespasien, a laissé, sous le titre de *Stratagèmes*, un recueil d'anecdotes militaires; le deuxième est l'auteur d'un *Libellus de vocabulis rei militaris*, sorte de lexique adressé à l'empereur Tacite, défiguré par des interpolations; enfin Végèce, dont les *Rei militaris instituta* sont dédiés à Valentinien le Jeune, doit être consulté avec la plus grande réserve, parce qu'il a mêlé à la description des institutions militaires de son temps des renseignements copiés sans critique dans Caton l'Ancien ou Cornelius Celsus, et par suite tout à fait inexacts pour l'époque où il écrit. (Cf. Ramsay, art. *Exercitus*, dans Smith, *Dict. des Ant.*)

4. Le camp décrit par Hygin diffère beaucoup de celui de Polybe. C'est un rectangle allongé, divisé en 3 segments par la *via Principalis* et la *via Quintana*, et défendu par plusieurs ouvrages, *fossa*, *vallum*, *cervoli* (chevaux de frise); quand le terrain ne permettait d'établir ni *vallum*, ni *cervoli*, on entourait le camp de quatre rangées de soldats (*arma*), protégés par des détachements de cavalerie faisant des patrouilles.

5. Des modèles de ces machines, exécutées pour Napoléon III, existent au musée gallo-romain de Saint-Germain.

railles en brèche. — Les bas-reliefs de la colonne Trajane sont une source inépuisable de renseignements sur ces problèmes d'archéologie militaire[1].

§ VII. — LA FAMILLE ET LA VIE PRIVÉE[2].

Fiançailles, mariage. — Le consentement du père de famille était nécessaire pour le mariage légal ; la loi interdisait les alliances entre l'oncle et la nièce, la tante et le neveu, et même, à l'époque impériale, entre cousins germains. — Les fiançailles n'étaient pas, comme chez les Grecs, une cérémonie indispensable. La fiancée recevait du fiancé un anneau, et le fiancé un cadeau de la fiancée. Le fiancé n'était pas lié par les fiançailles : mais, depuis Sévère, l'infidélité de la fiancée fut assimilée à l'infidélité de la femme. — Le mariage peut se faire avec ou sans la *in manum conventio*. Dans le premier cas, la jeune fille sortait de la *potestas* de son père, et passait dans la famille de son mari ; sa dot appartenait à son mari. Dans le second cas, elle restait en puissance de son père et conservait la disposition de sa fortune. La *conventio in manum* s'effectue de trois manières : 1° par *confarreatio*, le mode le plus ancien et le plus solennel ; 2° par *usus;* 3° par *coemptio*. La confarréation tirait son nom de la farine dont étaient faits le *farreus panis* et le *farreum libum* dont mangeaient les jeunes époux. La présence de dix témoins était nécessaire. [Pour les autres modes, voyez plus haut.]

Outre les auspices et le sacrifice, la cérémonie du mariage comprenait la *deductio*. La fiancée était conduite de la maison de son père chez son fiancé par un simulacre d'enlèvement, qui se faisait le soir, sous la protection de Junon *Domiduca*, à la lueur des torches et au son du vieux chant aulique de *Talasio*[3]. La fiancée mettait une tunique blanche et un voile jaune, et plaçait dans ses cheveux, séparés en six boucles sur le devant, un bouquet de fleurs qu'elle

---

1. Cf. Froehner et d'Aroza, *Bas-reliefs de la colonne Trajane*, 1873. — En ce qui concerne l'armement des soldats, Genthe pense (*Congrès de Wiesbaden*, 1878) qu'on a attaché trop de valeur aux représentations de la colonne Trajane, qui ne s'accordent pas avec les armes découvertes dans les *castella* romains en Germanie. Les proportions ont été altérées sur la colonne pour les besoins de la perspective. — Il y a de très bons modèles de légionnaires en armes aux musées de Mayence et de Saint-Germain.

2. Voy., plus haut, l'essentiel sur le droit privé chez les Romains, la puissance paternelle, l'affranchissement, les formes diverses du mariage, etc. D'autres questions touchant à celles-là m'ont semblé pouvoir être laissées de côté dans un ouvrage classique. — Voy. en général Guhler et Koner, *Vie des Grecs et des Romains*, trad. angl., 1877 ; Friedlaender, *Mœurs romaines sous l'Empire*, excellente trad. fr., 1865 ; Dézobry, *Rome au siècle d'Auguste*, 4 vol., 1846, souvent réimprimé (4ᵉ éd., 1874), et traduit en all. (généralement exact):

3. Selon Robiou, *Mém. de la Soc. Linguist.*, t. I, ce mot est l'étrusque *Thalna Lasa* = Junon Reine. Dans les religions italiques, Junon est la divinité tutélaire des femmes (*Juno matrona*). Cf. Festus, p. 343, Müller ; Tibulle, 4, 6, 13, etc.

avait elle-même cueillies. On portait à sa suite une quenouille, symbole de l'activité domestique. Arrivée à la maison du fiancé, elle enduisait elle-même la porte d'huile [1] et l'encadrait de rubans de laine; puis on la portait par-dessus le seuil, sans doute pour éviter qu'elle ne se heurtât les pieds (ce qui eût été de mauvais augure), ou pour rendre plus sensible la fiction de l'enlèvement; le fiancé la recevait dans l'atrium *en la communion de l'eau et du feu*. Le lendemain du mariage, elle faisait un premier sacrifice aux dieux de son nouveau foyer.

Les Enfants. — 1. Si le père n'éprouvait pas de *capitis deminutio*, le fils restait sous sa puissance jusqu'à sa mort[2]. La *patria potestas* n'était suspendue que si le fils devenait *flamen* de Jupiter, si la fille se mariait *cum manu* ou devenait vestale. Par l'adoption, le fils pouvait passer sous une autre *potestas*; il est affranchi complètement par l'émancipation.

2. Selon Denys, le droit d'*exposition* fut limité dès Romulus par une loi ordonnant que tous les fils et toutes les filles premiers-nés fussent élevés par leurs parents. Les enfants contrefaits étaient encore exposés du temps de l'Empire.

3. Le père de famille pouvait vendre ses enfants[2]; mais Numa défendit de vendre le fils marié, et les lois des XII Tables prescrivirent que le père ne pourrait vendre son fils plus de trois fois. Dioclétien interdit la vente des enfants, mais Constantin l'autorisa dans le cas d'une extrême pauvreté.

4. Quand le père avait soulevé de terre le nouveau-né que l'on y plaçait, manifestant ainsi le désir de l'*élever*, l'enfant recevait son nom au *dies lustricus* (9e pour les garçons, 8e pour les filles), et en même temps s'accomplissait la *lustratio*, par un sacrifice dans la maison paternelle et la présentation de l'enfant au temple, suivie d'un repas solennel. Contre les effets du mauvais œil (*fascinum*), on lui donnait une bulle[3], généralement ronde ou en forme de cœur, avec un amulette que le jeune garçon portait au cou jusqu'au jour où, revêtant la toge virile, il l'offrait aux dieux lares. La jeune fille la portait jusqu'à son mariage. — Sous la République, les jeunes gens n'étaient inscrits sur les listes civiques que le jour où ils prenaient la toge virile. Marc-Aurèle seulement institua des registres d'état civil : jusque-là, l'inscription dans la

---

1. On a fait venir de cet usage le mot *uxor* (*ungere*). Je crois pour ma part que *uxor* est un doublet de *auctor* (ombrien *utur*) et signifie *celle qui augmente*. Le Romain se marie *liberorum creandorum causa*. *Aucsor* est à *uxor* comme *claudere* à *cludere*.

2. Sur le droit de vie et de mort, voy. plus haut.

3. *Bulla aurea*, chez les nobles et les riches. Cet usage vient des Étrusques.

tribu, à l'époque de la majorité, suffisait pour fixer le *status personae*.

L'Éducation[1]. — 1. La mère romaine nourrissait elle-même son enfant; il n'y avait pas de nourrices, comme chez les Grecs, du moins avant la décadence. L'éducation, dont Quintilien a tracé le programme détaillé[2], commençait de bonne heure pour les garçons. Le maître élémentaire qui enseignait à lire[3] était un esclave ou un affranchi. On le payait pour huit mois[4] et on lui faisait en outre des cadeaux à certaines fêtes. En même temps que la lecture, l'élève apprenait par cœur les lois des XII Tables et les vers des anciens poètes latins, Livius Andronicus surtout (l'*Odyssée latine*)[5]. — Pour l'enseignement de l'écriture, on se servait de tablettes de cire; le maître assis à côté de l'élève conduisait sa main.

2. Vers 240, la jeunesse commença à recevoir un enseignement plus élevé dans les écoles des *grammatici* grecs. Le fond de cet enseignement était l'explication et le commentaire d'un auteur célèbre. De très bonne heure, les enfants apprirent à parler le grec. Homère, Hésiode, avec Livius Andronicus, Horace et Virgile[6], restèrent, jusqu'à la fin de l'Empire, inscrits au *programme* de l'enseignement scolaire.

3. La musique et la gymnastique, si importantes dans l'éducation grecque, n'étaient pas considérées comme essentielles à Rome; l'oisiveté des gymnases ne semblait pas sans péril pour la moralité des jeunes gens. Plus tard, sous l'Empire, la musique prit une place dans l'*éducation complète;* mais la danse, enseignée aux jeunes filles dès le siècle d'Auguste, fut toujours sévèrement réprouvée par les moralistes.

4. A dix-sept ans, le Romain quittait l'école : le 17 mars, à la fête des *Liberalia*, il déposait devant les lares de sa maison les *insignes de l'enfance*, la toge prétexte et la bulle qu'il portait au cou; il revêtait la tunique droite et la toge virile. Après un sacrifice, il était conduit au Forum par son père ou tuteur en compagnie de ses parents ou amis, inscrit sur le registre des citoyens (le *Tabularium* du Capitole), et il recevait alors son nom complet. Un sacrifice au Capitole et un banquet terminaient la fête; les grands personnages et les princes faisaient à cette occasion des distributions au peuple.

L'éducation des jeunes filles était très négligée; les Romains, comme les Grecs, ne pensaient pas qu'une jeune fille pût sortir de chez elle pour fréquenter une école publique.

---

1. Naudet, *Instr. publ. chez les Anciens*, 1831; Egger, *Éducation chez les Romains*, 1833; Krause, *même sujet*, 1851 (all.).
2. *Inst. orat.*, liv. I.
3. *Litterator*, γραμματιστής, différent du maître de langue grecque, *grammaticus*.
4. Ceci est très douteux, et résulte de l'interprétation, fort contestée, du vers connu d'Horace : *Ibant octonis referentes Idibus aera.* (*Sat.*, 1, 6, 75.) Les vacances auraient duré de juillet à octobre.
5. Il semble que ce soit là un de ces ouvrages partout répandus que l'on peut espérer voir sortir un jour des décombres d'Herculanum.
6. Horace et Virgile étaient déjà *classiques* du temps de Juvénal (*cum totus decolor esset — Flaccus, et haereret nigro fuligo Maroni* [*Sat.*, 7, 226]). Ceux qui prétendent que le texte d'Horace est très altéré doivent supposer que ces altérations datent du premier siècle; ce qui rend leur thèse difficile à soutenir.

Les Noms romains[1]. — L'esprit de famille des Romains, l'importance qu'ils attachent à une descendance pure et glorieuse, se peignent dans la constitution même de leurs noms, à la fois complexes et parfaitement articulés.

1. Dès les premiers temps de la République, les Romains libres reçurent un triple nom : le prénom, le nom de famille ou *gentilice*, et le surnom (*cognomen*)[2]. Dans le style officiel, on ajoutait le prénom du père, du grand-père, du bisaïeul et de la tribu; ainsi : « M. Tullius, M. F. M. N. M. PR. COR.[3] Cicero.» Les monnaies et les inscriptions ne portent souvent que le prénom et le surnom : *M. Agrippa* (sans *Vipsanius*); *M. Brutus* (sans *Junius*). Le nom de famille n'est jamais abrégé; il ne faut donc pas écrire *J. César*, *T. Cicéron*, *Julius* et *Tullius* n'étant pas des prénoms[4].

Les enfants, les femmes et les esclaves ajoutaient anciennement à leur nom (au génitif) celui de leur père, de leur époux ou de leur maître : *Marcus Marci*, *Caecilia Metelli*, *Marcipor*[5]. En général les filles portaient le nom de famille de leur père : *Cornelia*, *Tullia*. On y ajoutait quelquefois un prénom : *Secunda Albutia*, *Dindia Macolnia*. Sous l'Empire, on trouve des femmes avec trois noms et davantage : *Julia Soemias Bassiana*. — L'affranchi recevait le nom de famille de son maître et un prénom; un siècle avant J.-C., il prenait le prénom du maître, et son ancien nom comme surnom : Livius Andronicus, affranchi de M. Livius Salinator. Quelquefois, le maître donnait à l'affranchi le nom d'un ami : ainsi Cicéron, ayant affranchi Dionysius, le précepteur de son fils, l'appela M. Pomponius Dionysius, en lui attribuant son propre prénom et le nom de famille d'Atticus[6]. — Les descendants d'affranchis renonçaient à leur nom servile comme à celui de leur patron[7].

Sous l'Empire, on trouve un nombre croissant de noms étrangers, surtout grecs, syriens et égyptiens, et, à l'époque de saint Augustin, on rencontre des noms barbares de formation nouvelle comme *Deogratias*, *Deusdedit*, *Adeodatus*, *Quodvultdeus*[8].

---

1. Mommsen, *Mus. rhén.*, 1860; *Étude sur Pline le Jeune*, p. 43 de la trad. fr., 1873. — Varron, Appien et d'autres prétendent qu'à l'origine les Romains avaient un seul nom : Romulus, Rémus. Les Sabins avaient toujours un *praenomen* et un *gentilicium*. (Val. Max., *de Nominum ratione*.) Ce sont les Latins qui, en général, ne portaient qu'un nom. Après l'union des 3 tribus primitives, l'usage sabin prévalut. (Schmitz, dans Smith, *Dict. des Ant.*)
2. On trouve encore un *cognomen secundum*, ou *agnomen*, accordé comme distinction honorifique : *Africanus*, *Macedonicus*.
3. *Marci filius*, *Marci nepos*, *Marci pronepos*, *Cornelia tribu*.
4. Dans le langage familier, on choisissait le prénom ou le *cognomen* (*Tulli* ou *Cicero*).
5. C'est-à-dire *Marci puer*. On trouve aussi Marpor, Quintipor, Gaipor, Lucipor, Publipor, Olipor (i. e. *Auli puer*). — Vers l'époque des guerres puniques, on commença à donner aux esclaves des noms mythologiques, historiques ou géographiques (Syrus, etc.).
6. Grotefend a prouvé (*Zeitschr. f. Alterthumswissenschaft*, 1834, t. XXII) que, si Horace portait le nom des Horatii, éteints depuis longtemps, c'est que les esclaves publics d'une ville prenaient, lors de leur affranchissement, le nom de la tribu dont cette ville faisait partie. Or Venouse faisait partie de la tribu *Horatia*.
7. L'adopté prend les prénom, nom et surnom de son père adoptif, plus celui de son ancienne *gens* avec la terminaison *anus* : C. Julius Caesar Octavianus, P. Cornelius Scipio Aemilianus. (Par exception, on dit *Antoninus* et *Flamininus*.) Le grand nombre des noms en *anus* sous l'Empire prouve la stérilité des mariages et la fréquence des adoptions.
8. Anciennement, après l'adoption, l'ancien prénom et l'ancien *gentilicium* ne subsis-

Les Esclaves[1]. — Le mot *servus* rappelle que l'esclave fut d'abord un prisonnier de guerre[2], comme celui de *mancipium* indique le rapport qui lie l'esclave au maître en tant que *res mancipi*, c.-à-d. utile pour l'exploitation agricole. *Famulus* et *familiaris* attestent la place, de plus en plus importante, que l'esclave romain occupe dans la famille. — Les esclaves sont des *hommes*, mais non pas des *personnes*; ils n'ont ni droits ni même noms à eux; la puissance du maître est absolue jusque sous l'Empire. Le maître est responsable du dommage causé par l'esclave, mais il peut le livrer comme indemnité. — Les riches Romains possédaient plusieurs milliers d'esclaves, dressés à toutes les occupations, l'enseignement, la musique, l'agriculture, l'industrie, la comptabilité, etc. L'impossibilité où se trouvait en conséquence l'ouvrier resté libre de soutenir la concurrence d'esclaves logés et nourris par un maître est une des grandes causes de l'irrémédiable abjection où tomba, bien avant l'Empire, la plèbe romaine, condamnée à l'oisiveté et à la misère.

La Maison romaine. — La maison romaine comprend les parties suivantes :

1° Le Vestibule[3]. Dans les grandes maisons, il s'élève au-dessus de la rue sur un soubassement de plusieurs marches; il est décoré d'armes, de statues, de quadriges, etc. C'est là que les clients attendaient le patron pour la *salutation* du matin.

2° La Porte d'entrée (*ostium, janua*, c.-à-d. celle qui admet la lumière).

3° L'Atrium[4]. De la porte d'entrée on arrivait, par une petite cour où se tenait le chien de garde et où le portier avait sa loge, à l'*atrium*, partie essentielle de la vieille maison romaine; la lumière y descendait par une ouverture dans le toit (*compluvium*). Là se rassemblait la famille, là étaient le foyer, la caisse, et autrefois le lit du père de famille. La fumée sortait par l'ouverture supérieure du toit, à travers laquelle la pluie tombait dans l'*impluvium*, d'où on la distribuait ensuite dans le reste de la maison. Jusqu'au IV° siècle avant J.-C., on voyait à l'entrée de l'atrium le *lar* ou *tutela* de la maison. Dans les maisons des nobles, les *images* occupaient les ailes de l'atrium.

---

taient pas; mais, dès la fin de la République, les anciens noms éliminés par l'adoption persistent dans le langage ordinaire, et, sous l'Empire, dans les titres officiels. Ainsi Pline le Jeune, avant d'être adopté par le Naturaliste, s'appelait *P. Caecilius L. f. Ouf. Secundus*; après l'adoption, il s'appela *C. Plinius L. f. Ouf. Caecilius Secundus*, abandonnant ainsi son prénom et plaçant son ancien *gentilicium* parmi ses *cognomina*. — A partir des Flaviens, on accumule les noms de ses père, oncles, parents adoptifs, etc., ce qui donne des noms interminables, comme celui d'un personnage cité C. I. L., II, 1282, 1283 : *M. Cutius M. f. Gal. Priscus Messius Rusticus Aemilius Papus Arrius Proculus Julius Celsus*. Tandis que le système des noms républicains, dit Mommsen, permet, avec ses règles sévères, d'établir la généalogie de la plupart des grandes familles de la République, il semble qu'on doive renoncer à faire un pareil travail pour l'époque impériale.

1. Voy., plus haut, les détails complémentaires sur les esclaves et l'affranchissement.
2. Hovelacque (*la Linguistique*, p. 18) rapproche *servus* du zend *haurvô*, gardien.
3. *Ve-stabulum?* La connexion avec *Vesta* lui est improbable.
4. L'étymologie est probablement *ater : quia atrum fumus facit*.(Cf. Sén., *Ep.*, 44, 51, qui parle des *fumosae imagines* de l'atrium.) Scaliger fait venir le mot de αἴθριον. Varron (*L. L.*, 6, 161) : « Cavum aedium dictum, qui locus tectus intra parietes relinquebatur patulus, qui esset ad communem omnium usum.... Tuscanicum dictum a Tuscis, posteaquam illorum cavum aedium simulare coeperunt. Atrium appellatum ab Atriatibus Tuscis; illinc enim exemplum sumptum. »

Les familles nouvelles ornaient le leur de médaillons en bronze et en argent.

4° Le CHARTRIER, *tablinum*, près de l'atrium, renfermant les archives de la famille.

5° Les CORRIDORS (*fauces*) conduisant au

6° PÉRISTYLE, cour entourée de colonnes, dont l'intérieur (*area*) était disposé en jardin. A droite était le sanctuaire de la famille (*sacrarium*).

Les Meubles. — Les meubles étaient peu nombreux, et un appartement romain nous semblerait aujourd'hui presque vide. Ni tables pour écrire, ni commodes, ni armoires; tout le mobilier se composait d'un divan, de chaises et de fauteuils. Pour l'éclairage, très brillant chez les riches, on employait des lampes et de grands candélabres. — [Voyez ce qui concerne les coupes, amphores, etc., au livre IV de ce Manuel.]

Les Vêtements. I. *Habillement des hommes.* — 1. Anciennement, une tunique et une toge jetée par-dessus composaient l'habillement des Romains [1]. La tunique était une chemise de laine, sans manches ou avec demi-manches [2], qui, ceinte autour des hanches, descendait jusqu'aux genoux. Dès le temps de Plaute, on portait sous la tunique une seconde chemise également de laine [3]; les chemises de lin ne furent usitées qu'au quatrième siècle. La toge, vêtement romain par excellence, était en laine blanche, découpée en ellipse [4], le grand axe ayant 15 pieds de long et le petit 10. Autrefois, comme la toge servait à protéger du froid, on la faisait d'une grosse étoffe que l'on serrait autour du corps. Quand le luxe s'introduisit dans la parure, on porta des toges transparentes ou très fines, fabriquées à Tarente, et il fallait tant de soins pour s'en entourer artistement [5], que l'on évitait de froisser les passants, crainte d'en déranger les plis. Les élégants la laissaient descendre jusqu'à terre et lui donnaient une largeur énorme; mais Caton d'Utique, au dire de Lucain, portait une toge rude et étroite. Horace se moque (*Épod.*, 4, 7) de la toge d'un affranchi qui avait 12 pieds sur 15 de surface.

2. Les enfants étaient vêtus de la toge prétexte, rayée de rouge, tandis que celle des hommes libres était blanche. César porta le premier la toge de pourpre, qui devint, après lui, le vêtement des Empereurs.

3. Les vieux Romains, en temps de guerre, mettaient la toge d'une manière particulière : c'est le *cinctus* des Gabiens, qui consistait à jeter un pan sur la tête et à passer l'autre par derrière autour des reins. Les soldats adoptèrent plus tard la casaque militaire ou sayon, et la toge devint le vêtement pacifique [6], symbole des arts de la paix. Le *cinctus* des Gabiens subsista dans quelques vieilles cérémonies. — Le sayon était une large casaque de drap, vêtement national des Espagnols, Gaulois, Ligures et Germains. Le sayon

---

1. Très anciennement, ils ne portaient que la toge. Aulu-Gelle, 7, 12, 3 : *Sine tunicis toga sola amicti fuerunt.* — Au lieu de la tunique, on trouvait souvent l'habit militaire, *subligaculum campestre, cinctus.*

2. La *tunica manicata*, χειριδωτός, était laissée aux efféminés.

3. *Tunica interior, subucula.*

4. Tandis que le manteau grec était carré, τετράγωνον ἱμάτιον.

5. Sur la manière de *jeter* la toge, voyez un passage assez obscur de Quintilien, 11, 3. Le *sinus* avec l'*umbo* (bouffant) et le *nodus* exigeaient une attention particulière.

6. ἐσθὴς εἰρηνική. Cf. Cic., *de Off.*, 1, 22, 77 : *Cedant arma togae.*

romain avait la forme de la chlamyde macédonienne, retenue sur l'épaule droite par une agrafe[1].

4. Les Romains ne se couvraient pas la tête ; contre la pluie, ils se protégeaient en ramenant leur toge sur le devant, et, en voyage, ils ajoutaient un capuchon à leurs manteaux. On trouve des parasols, comme chez les Grecs ; mais le parapluie est inconnu. En voyage et au spectacle, on se préservait des coups de soleil par des chapeaux à larges bords (*pileus, causia, petasus*).

5. Les *braies* des Barbares, culottes larges attachées au-dessus du pied, ne s'introduisirent dans le costume romain qu'à la fin de l'Empire[2]. — Beaucoup de Romains portaient des ceintures de laine et des foulards[3], bien que cette dernière mode passât pour efféminée.

6. Les chaussures[4] étaient de diverses sortes[5]. On distinguait les brodequins en cuir rouge[6], réservés à ceux qui avaient exercé une magistrature curule ; la chaussure des sénateurs[7] en cuir noir, avec une agrafe en lunule ; les chaussures de l'ordre équestre et celles des simples citoyens étaient noires. — Les paysans et les esclaves mettaient des bottes en cuir remontant jusqu'aux mollets[8], et plus souvent des sabots[9].

7. Pendant les premiers temps, les Romains portaient les cheveux longs et la barbe pleine[10]. En 300, le premier barbier vint de Sicile à Rome[11]. Selon Pline, le deuxième Africain est le premier Romain qui ait fait usage d'un rasoir[12]. — Les jeunes gens offraient aux dieux la première chevelure qu'on leur coupait. Depuis le premier siècle, porter une barbe longue fut considéré comme un signe de deuil[13] ; les accusés, les hommes de l'opposition stoïcienne

---

1. Le manteau de guerre appelé *paludamentum*, usité plus anciennement que le *sagum*, était du même genre. — Différentes variétés du *sagum* : le *byrrhus* (étoffe grossière et raide) ; la *lacerna* (étoffe élégante et légère, avec un capuchon) ; la *laena* (laine très épaisse et à longs poils) ; l'*abolla*, double manteau, vêtement militaire, en pourpre dans le costume des princes et des grands ; la *synthesis*, habit commode pour les repas, portée aux Saturnales ; la *paenula*, manteau des esclaves, muletiers, voyageurs, etc., et même des femmes en temps de pluie, fait de *gausape* ou en cuir, et se boutonnant par-devant comme nos *waterproofs*. — Voy. ces différents mots dans Rich, *Dict. des Ant.*

2. Les Romains entouraient leurs cuisses de bandes d'étoffe ou *fasciae*, qu'on appelait *feminalia, cruralia, tibialia*.

3. *Focalia* (de *fauces*). Les auteurs s'en enveloppaient la veille d'une *récitation*

4. *Calcei, sandalia, soleae*.

5. Un édit de Dioclétien distingue les *calcei patricii, senatorum, equestres*.

6. *Mullei, calcei patricii*.

7. *Calceus senatorius*.

8. *Pero*. Une enluminure du Virgile du Vatican représente un berger *peronatus*.

9. *Sculponeae*. — Il y avait un grand nombre de variétés de *socci*, de *crepidae* grecques, de *soleae* babyloniennes. A l'époque impériale, on trouve les *caligae*, chaussures militaires, couvrant entièrement le pied.

10. *Intonsi avi, incomptis Curius capillis*.

11. Varr., *R. R.*, 2, 11, 10 : « Olim tonsores non fuisse significant antiquorum statuae quod pleraeque habent capillum et barbam magnam. »

12. *Novaculum* (Pline, 7, 216 ; il ajoute : *Divus Augustus semper cultris usus est*). — On s'épilait avec la *volsella* (de *vellere*) et le ψίλωθρον (Mart., 3, 74 ; 6, 93).

13. César, dans la guerre des Gaules, après la défaite de son lieutenant Titinius ; Caton, pendant la guerre civile (*Luc.*, 2, 372 ; Antoine, après Mutine ; Octave, dans la guerre contre Sex. Pompée et après le désastre de Varus, laissèrent pousser leur barbe (*intonsam crescere barbam*).

sous l'Empire, et les philosophes sévères dont parle Juvénal (*Sat.*, 2, 4), laissaient croître leur barbe pour témoigner leur affliction. Hadrien, amateur déclaré des vieux usages, ramena la mode des longues barbes; mais de Constantin à Maurice, tous les empereurs, à l'exception de Julien[1], paraissent sur les médailles complètement rasés.

8. Comme les Latins et les Étrusques, les Romains portaient une bague avec un sceau au quatrième doigt de la main gauche. C'était d'abord un cercle de fer, puis un anneau d'or, insigne des sénateurs et ensuite des chevaliers. Les plébéiens qui se distinguaient à la guerre recevaient des magistrats le droit de porter l'anneau d'or, privilège que Sévère et Aurélien accordèrent à leurs vétérans, et Justinien à tous les citoyens libres.

II. *Habillement des femmes.* — 1. Le vêtement des femmes se composait d'une chemise ou vêtement de dessous[2], et de la robe[3], sur laquelle on jetait, pour sortir, une longue tunique[4] analogue au péplum des Grecques. La robe, munie de demi-manches, serrée à la taille et terminée par une bande large ou volant[5], descendait jusqu'aux pieds. Les femmes se couvraient anciennement la tête d'une sorte de voile nommé *ricinium*, déjà mentionné dans la loi des XII Tables, et qui subsista comme signe de deuil et dans les solennités religieuses. Pour l'usage courant, elles adoptèrent la tunique longue et large nommée *palla*[6].

2. Les femmes portaient anciennement les cheveux plats, avec un simple nœud par derrière; mais au commencement de l'Empire, hommes et femmes commencèrent à abuser des faux cheveux[7], principalement des cheveux blonds venant, comme aujourd'hui, de Germanie. De là, les coiffures énormes de certains bustes de Romaines, et l'importance donnée à cet artifice de toilette contre lequel s'élevait, vainement sans doute, l'éloquence des Pères.

3. Les femmes faisaient usage d'éventails en plumes de paon[8] et d'ombrelles[9] contre le soleil. Leurs chaussures étaient analogues à celles des hommes, mais plus riches et de couleurs éclatantes.

Repas des Romains. — 1. Anciennement, il n'y avait que deux repas par jour : le *déjeuner* à la troisième ou quatrième heure[10], et le repas principal[11] à midi. Le déjeuner se composait de pain trempé dans du vin ou pris avec du miel, des dattes, des olives ou du sel. Le dîner, d'abord fixé à midi, vers la sixième ou septième heure, fut ensuite reculé jusqu'à la neuvième ou dixième, à cause de la durée des affaires : cela rendit nécessaire un second déjeuner[12]

---

1. Voy. le *Misopogon*, trad. Talbot.
2. *Tunica interior, subucula, interula.*
3. *Stola.*
4. *Palla.*
5. *Instita.* La nature de l'*instita* est douteuse. (Hor., *Sat.*, 1, 2, 29; Ov., *Ars am.*, 1, 32.)
6. L'édit du maximum de Dioclétien, 301, mentionne la *dalmatica* (*tunica manicata*), et le *colobium* (*tunica* sans manches), ainsi qu'une sorte de capuchon (*caracallae*).
7. Juv., 9, 50; Prop., 2, 18, 59.
8. *Flabella.* D'autres éventails étaient en feuilles de lotus.
9. *Umbellae.* (Mart., 14, 28; 11, 73.)
10. *Jentaculum a jejunio solvendo*, dit Isidore.
11. *Cena.*
12. *Prandium.* La *merenda*, ancien nom de la *vesperna* des artisans, désigna plus tard tout repas léger comme le *prandium* et le *jentaculum.*

vers midi. Après ce repas commençait la sieste[1], puis, à la huitième ou neuvième heure, le bain. Une heure après (en hiver à 1 heure 1/2, en été à 2 heures 1/2), on prenait le dîner, qui se composait autrefois principalement du plat national romain, la purée de froment[2] et de légumes ; la viande ne faisait pas partie du régime ordinaire. Vers le deuxième siècle, le luxe de la cuisine grecque, que les Romains de l'Empire poussèrent à des raffinements incroyables, relégua dans les cabarets les anciens mets nationaux.

2. Je n'entre pas dans les détails de la gourmandise romaine ; on en trouvera dans Pétrone quelques écœurantes peintures. — L'usage des nappes est postérieur à Domitien ; mais les serviettes (*mappae*, mot punique) étaient connues dans la société élégante dès le temps d'Horace (*Sat.*, 2, 8, 63). Les invités en avaient sur eux, pour envelopper les friandises et les petits cadeaux qu'ils emportaient. — Les Romains faisaient usage d'une petite cuiller[3] et d'une grande[4] ; couteaux et fourchettes étaient inutiles, parce que les mets étaient servis tout découpés[5]. — La salière ne devait pas manquer sur la table ; elle était d'argent même chez les plus pauvres[6]. Le sel servait surtout au gâteau salé du sacrifice (*mola salsa*).

3. A table, l'on portait des sandales commodes[7], et un vêtement de table, léger et d'une couleur vive. L'usage d'être couché à table (*accumbere*, *discumbere*) est relativement récent. Les femmes ne l'adoptèrent jamais, du moins dans la bonne compagnie[8]. — On dînait à une table carrée, entourée de trois côtés par des lits[9], chacun disposé pour trois personnes ; le quatrième côté restait libre pour le service. Le lit d'honneur était le *medius*, puis le *summus*, tous deux réservés aux hôtes ; enfin l'*imus*, qu'occupaient le maître, sa femme et un enfant. Quand on introduisit, à la fin de la République, les fameuses tables de bois de citronnier (*menses citreae*) qui étaient rondes, on se servit d'un seul lit demi-circulaire en C, nommé, à cause de sa forme, *sigma* ou *stibadium*[10].

4. Le repas principal comprenait trois parties : les entrées (*gustus* ou *promulsis*), ainsi nommées du *mulsum*, vin mêlé de miel que l'on y buvait ; le dîner proprement dit (*cena*), et le second service (*mensae secundae*). Dans le *gustus* (entrées), on servait des crustacés et des œufs, et le dessert comprenait souvent des pommes[11] : d'où l'expression proverbiale : *ab ovo usque ad mala*. Anciennement, dit Servius, le dîner ne comprenait que deux services

---

1. *Meridiatio*.
2. *Pulmentum*. (Plaute, *Pseud.*, 1, 2, 84.)
3. *Cochlear*. Le large bout servait de coquetier. (Pétr., *Satyr.*, 33, 6.)
4. *Ligula* (petite langue).
5. Par le *scissor*. Voy. Bulengerius, *de Conviviis*, dans Graevius, monographie remarquablement complète.
6. Chez les Aryens, qui ne brûlent pas les corps (du moins à l'origine), mais essayent de les garder, le sel, qui conserve les chairs, est regardé comme sacré.
7. *Soleae*. Le *tribulis* invité, dans Horace (*Ep.*, 1, 13, 19) porte ses *soleae* sous le bras.
8. Serv., ad Aen., 7, 176 : « Majores nostri sedentes epulabantur, ut Varro docet in libris de gente populi Romani. » Cf. Isid., *Orig.*, 20, 11, 9. Columelle (11, 49) exige du bon *villicus* que *non nisi sacris diebus accubans cenet*.
9. *Triclinium*. Voy. Servius, ad Aen., 1, 698 ; Horace, *Sat.*, 2, 8, 20.
10. Les places d'honneur étaient les coins, *cornua*.
11. Aussi des pâtisseries (*bellaria*) et des fruits divers.

(*ferculae*); ce nombre s'éleva à trois, puis, sous l'Empire, à sept et huit. Après le repas, on offrait aux lares le sacrifice, la farine mêlée de sel.

5. Le souper[1] différait complètement du dîner, et avait lieu fort avant dans la soirée, souvent dans un tout autre local[2]. C'est l'équivalent du *symposium* des Grecs ; on y buvait *more graeco* après avoir choisi au sort un *président* ou *roi*[3], qui déterminait la proportion de l'eau et du vin, et le nombre de coupes[4] que chacun devait boire. Des musiciennes, des bouffons, des danseurs ou des danseuses, venaient égayer les soupers des riches, où le manteau court du stoïcien ne devait point paraître. (Juvén., *Sat.*, 11, 160.)

Occupations des Romains. — L'agriculture et l'économie domestique[5] étaient les occupations les plus estimées chez les Romains[6]. Mais le commerce se développa de bonne heure chez ce peuple qui aimait par-dessus tout l'argent. On attribuait à Numa la fondation de neuf corporations d'artisans[7]. Servius Tullius destina chaque neuvième jour à la tenue des marchés, où se rendait en foule le peuple de la campagne romaine[8]. La preuve de l'extension rapide du commerce de Rome est le traité de commerce conclu en 509 avec Carthage, qui nous a été conservé en grec par Polybe[9]. Comme les Grecs, les Romains ne méprisaient pas le grand commerce[10], et quant au petit commerce et même à l'usure, tout en les blâmant en paroles, les hommes les plus éclairés, comme Caton, Atticus, Brutus, ne se faisaient pas scrupule de s'y livrer.

Jeux des Romains[11]. — **1.** Le jeu de la balle[12] était en faveur sur le Champ de Mars, et les plus grands personnages, Caton d'Utique lui-même, venaient y prendre part[13]. On s'y exerçait également dans les bains, les villas et les sphéristères. Un des amateurs les plus passionnés de ce jeu était le grand pontife Scévola ; on cite, comme ayant partagé le même goût, Auguste, Spurinna, l'ami de Pline, et l'empereur Alexandre Sévère.

2. Le jeu de dés[14], auquel l'on s'amusait après dîner, se jouait à peu près comme en Grèce[15]. Le meilleur coup, dit *Venus* ou *jactus Venereus*, était le triple six ; le triple un était le plus mauvais (*canis, damnosa canicula*). Les

---

1. *Comissatio.*
2. Tite Live, 40, 7, 5 : *Quin comissatum ad fratrem imus?*
3. *Quem Venus arbitrum — dicet bibendi?* (Horace, *Carm.*, 2, 7, 25.)
4. *Cyathi.*
5. Rougier, *Hist. de l'agriculture chez les Romains*, 1854.
6. Cic., *de Off.*, 1, 42, 151.
7. Plutarque les énumère (*Numa*, 17).
8. Macrobe, *Saturn.*, 1, 16.
9. Polybe, 3, 22.
10. Cic., *de Off.*, 1, 47, 151 : « Mercatura, si tenuis est, sordida putanda est ; sin magna et copiosa, multa undique apportans.... non est admodum vituperanda. »
11. Becq de Fouquières, *Jeux des Anciens*, 1869 (très curieux). Voy. aussi une dissert. de Hertz, *De ludo Talario*, 1873. On croyait jusque-là que ce jeu était une sorte de jeu de hasard, joué avec des dés (*tali*) ; Hertz a prouvé qu'il s'agit d'une danse efféminée (*talaris*). Cet exemple montre l'incertitude de nos connaissances archéologiques. — Il y avait, à Rome, des traités sur les jeux, par Claude, Suétone, etc.
12. *Pilae, ludus pilarum.*
13. Sénèque, *Epist.*, 104, 33.
14. *Alea, tesserae, tali.*
15. Aux κύβοι répondaient les *tesserae*, et aux ἀστράγαλοι les *tali*.

enfants et les jeunes filles aimaient beaucoup à jouer aux dés. (Perse, 3, 48.)

3. Il y avait à Rome deux sortes de jeux d'échecs, dont il n'est pas aisé de connaître les règles : le *ludus latrunculorum* et le *ludus duodecim scriptorum*. Le premier se jouait avec de petites pièces[1] de couleurs différentes[2], dont il y avait 30 de chaque côté et qui se mouvaient tout droit ou en biais. Les pièces mises dans l'impossibilité de bouger étaient dites *ad incitas*, c'est-à-dire, sans doute, sur le point d'être prises. — Le jeu des *duodecim scripta* était joué sur un échiquier contenant douze lignes, où l'on avançait ou reculait ses pièces suivant le coup de dé obtenu. C'est quelque chose comme le *jeu de l'oie* chez les modernes.

La Maladie et la mort[3]. — Médecins. Malgré la résistance des vieux Romains, comme Caton[4], les médecins grecs s'établirent à Rome et y firent école. A la fin de l'Empire, on trouve des médecins des pauvres (*archiatri populares*), élus dans chaque municipe par le conseil des décurions ; l'enseignement était donné à Rome dans une *scola medicorum*, où des médecins salariés par l'État faisaient des cours publics[5].

La mort. — 1. Le dernier soupir du mourant était recueilli sur sa bouche par son parent le plus proche[6], qui lui fermait la bouche et les yeux. Puis on l'appelait plusieurs fois par son nom en répétant *ave* ou *vale*[7]. Le corps, lavé et parfumé, était revêtu d'une robe blanche et porté sur un lit dans le vestibule de la maison, les pieds en dehors de la couche : alors on faisait entendre des lamentations et l'on jetait sur le mort des fleurs et des feuilles. Devant la maison, on plaçait une branche de cyprès, afin d'avertir le grand pontife, qui ne pouvait pas, sans souillure, regarder un mort[8]. Le décès était inscrit sur les registres du temple de Vénus Libitina, dont l'administration se chargeait des funérailles[9].

2. Les anciens Romains enterraient les morts[10] ; mais les XII Tables mentionnent déjà la crémation. Sylla fut le premier patricien de la gens Cornelia qui fut mis sur un bûcher ; cet usage devint universel sous l'Empire[11], jusqu'au moment du triomphe du christianisme qui le fit disparaître[12].

3. Les funérailles publiques étaient appelées *indictivum funus*, parce qu'on

---

1. πεσσοί, *latrunculi, milites, calculi vitrei*.
2. *Discolor miles*.
3. Adam, *Antiq. romaines*, t. II, p. 525 sqq. de la traduction française, 1826.
4. A la médecine scientifique des Grecs Caton opposait un empirisme superstitieux : il guérit les luxations à l'aide de formules magiques inintelligibles.
5. Lampride, *Alex. Sev.*, 44 ; cf. Briau, dans Saglio, *Dict. des Ant.*, au mot *Archiatri*.
6. Cic., *Verr.*, 5, 45.
7. Catulle, 98, 10 ; Lucain, 2, 23. Faire cet adieu funèbre s'appelle *conclamare* : d'où l'expression *conclamatum est* = tout est perdu.
8. L'idée de souillure attachée à la mort est surtout vivace en Italie : c'est un reste des religions pré-aryennes. (Voy. p. 210.)
9. Suét., *Ner.*, 39 ; Denys, 4, 15 ; Hor., *Sat.*, 2, 6, 19.
10. Cic., *de Leg.*, 2, 22 ; Pline, 7, 54.
11. Tac., *Ann.*, 16, 9.
12. Macrobe, 7, 7. Là encore le christianisme, avec la croyance à la résurrection des corps, se montre à nous comme une renaissance de l'esprit aryen, qui, toujours mélangé dans les sociétés antiques, avait admis à côté des pratiques aryennes celles des peuples inférieurs que les Aryens ont subjugués.

y convoquait le peuple par un crieur : telles étaient celles des grands personnages et des serviteurs de l'État, dont le trésor faisait souvent les frais. Les funérailles particulières étaient dites *funus tacitum*. Le mot *sepultura* désigne l'acte d'ensevelir, *justa* les solennités funéraires, et *exsequiae* le convoi et la pompe funèbre.

4. Le mort était porté au bûcher sur un lit funéraire (*lectica*), ou dans un cercueil (*sandapila, arca*), par quatre mercenaires nommés *vespillones* [1]. L'ancien usage était de célébrer les funérailles pendant la nuit pour ne pas rencontrer de magistrats ou de prêtres que la vue du mort souillerait [2]. Plus tard, on ensevelit aussi en plein jour, mais on continua de se servir de torches. Des joueurs de flûte, des trompettes, des pleureuses (*praeficae*), les affranchis du mort, les images de ses ancêtres, s'il était noble, précédaient ou suivaient le convoi. La loi des XII Tables limita à dix le nombre des joueurs de flûte, restreignit le luxe des funérailles et les démonstrations de la douleur [3]; mais ces prescriptions furent mal observées. Les premiers jeux de gladiateurs furent donnés par les fils de Decimus Brutus pour apaiser les mânes de leur père (264) : ces spectacles cruels, venus d'Étrurie, passèrent dans les mœurs.

5. Les XII Tables défendaient d'ensevelir dans l'intérieur de la ville ; on plaçait les tombeaux sur les routes, afin que les mânes ne fussent pas isolés après la mort et pussent recevoir les bonnes paroles des passants, dont les épitaphes appelaient l'attention (*siste, viator; aspice, viator*). Les *puticulae* étaient une sorte de fosse commune située sur le champ Esquilin, où l'on enterrait les pauvres et les esclaves [4] : Mécène fit assainir ces lieux et les transforma en jardins [5]. On appelait *bustum*, par opposition à l'*ustrinum* ou terrain public, une place vide, située dans l'enceinte de la tombe, où l'on brûlait les morts d'une même famille.

6. Le bûcher (*rogus, pyra*) s'élevait en forme d'autel [6] à 60 pieds de distance de tout édifice [7] : on y plaçait le corps et le lit, on ouvrait les yeux du mort [8], et les parents allumaient le bûcher avec une torche en détournant les yeux (*aversi*). On brûlait avec le mort ses vêtements et ses insignes, des parfums, de l'huile, des mets (*dapes*) [9], parfois ses animaux favoris. Les gladiateurs, victimes *substituées* aux prisonniers et aux esclaves qu'on immolait autrefois, s'appelaient *bustuarii* [10].

7. Les ossements et les cendres étaient recueillies dans une urne, faite de terre, d'airain, d'argent ou d'or, et déposés (*compositi*) dans le tombeau [11].

---

1. *Quia vespertino tempore mortuos efferebant*. (Festus.)
2. Serv., *ad Aen.*, 11, 143 : de là, le mot *funus*, de *funes, funiculi accensi*.
3. *Mulieres genas ne radunto, unguibus ne scindunto*.
4. Hor., *Sat.*, 1, 8, 8.
5. Suét., *Ner.*, 28. — Les lettres H. M. H. N. S. sur les tombeaux signifient *Hoc monumentum heredes non sequitur*, et équivalent à l'expression française : *Concession perpétuelle*.
6. *Ara sepulcri*. (Virg., *Aen.*, 6, 177.)
7. Cic., *de Leg.*, 2, 24.
8. Pline, 11, 37; c'est peut-être l'explication du vers de Virgile, *Aen.*, 6, 223.
9. Virg., *Aen.*, 2, 223.
10. Serv., *ad Aen.*, 10, 519.
11. *Sepulcrum, tumulus, monumentum, conditorium*.

Quand le corps n'était pas brûlé, on le renfermait avec ses ornements dans un cercueil (*arca, loculus*), ordinairement de pierre[1] : puis un prêtre faisait trois aspersions d'eau lustrale sur les assistants avec une branche d'olivier ou de laurier : les assistants répétaient *vale*[2] et souhaitaient au mort que la terre lui fût légère[3]. Les personnes qui avaient suivi le convoi devaient se purifier avec de l'eau et *en passant par-dessus le feu*; il fallait aussi purifier la maison du mort et sa famille. Après neuf jours de deuil, un sacrifice nommé *novemdiale* mettait fin aux cérémonies funèbres, qui se renouvelaient à certains jours de l'année (*inferiae, parentalia*) sous forme de sacrifices et de libations offerts sur la tombe du mort. Le deuil, pour les femmes, était fixé à dix mois : après Cannes, le sénat en limita la durée à trente jours[4].

§ VIII. — ANTIQUITÉS RELIGIEUSES DES ROMAINS[5].

Édifices du culte. — Les temples romains se divisent en temples proprement dits, en sanctuaires et en chapelles.

Le TEMPLE[6] est l'espace tracé dans le ciel ou sur la terre par le bâton de l'augure. — L'AEDIS est primitivement le foyer, autour duquel s'élève une maison ou un temple[7]. — Les CHAPELLES (*aedicula*), contenant une image du dieu, sont isolées, ou jointes à un temple. — Les SACELLA sont de petits sanctuaires avec un autel et sans toit[8]. — Le FANUM est un lieu couvert consacré à quelque divinité[10]. — DELUBRA est une désignation plus générale embrassant les *fana* et les *templa*[9]. — Les AUTELS s'appellent *altaria*, s'ils sont voués aux dieux supérieurs ; les *arae* sont des autels moins élevés qui se trouvent dans la *cella* des temples, tournés vers l'Orient, et sur lesquels on n'offre que des présents non sanglants et de l'encens.

Prières, sacrifices, fêtes. — 1. Les prières, auxquelles les Romains attribuaient une grande puissance[11], étaient précédées d'ablutions puri-

---

1. Les cercueils faits avec une pierre d'Assos en Mysie avaient la propriété de *dévorer les chairs* au bout de quarante jours : de là, le nom de *sarcophage*. (Pline, 2, 98.)
2. *Novissima verba*.
3. *Sit tibi terra levis* (S. T. T. L., dans les épitaphes).
4. Tite Live, 22, 56.
5. Constant, *du Polythéisme romain dans ses rapports avec la philos. grecque et la religion chrétienne*, 1833. — Ambrosch, *Rituels romains*, 1843 (all.). Voy. les autres ouvrages (Boissier, Hartung) cités au livre XII.
6. Rac. τεμ, ταμ, *templum* = τέμενος, enceinte délimitée. Serv., *ad Aen.*, 1, 92 : « Templum dicitur locus manu auguris designatus in aere. » Varron enseignait (*ap.* Gell., 14, 7, 1) : *Non omnes aedes sacras templa esse*. Comme ex. du sens primitif de *templum*, voy. T. Live, 1, 6, 4 : « Palatium Romulus, Remus Aventinum ad inaugurandum templa capiunt. »
7. Serv., *ad Aen.*, 2, 512 : « Omne aedificium aedes dicuntur, sed Varro locum IV angulis conclusum aedem docet vocari debere. » Cf. *ad Aen.*, 9, 408 : « Aedes autem rotundas tribus diis dicunt fieri debere, Vestae, Dianae, vel Herculi, vel Mercurio.
8. Aulu-Gelle, 7, 12, 15. Cf. Festus : « Sacella dicuntur loca diis sacrata sine tecto. »
9. Rac. ϕα, ϕη-μί; cf. *donum* de da, *plenum* de ple. Voy. Festus, p. 88 (Müller) : « Fanum a fando, quod, dum pontifex dedicat, certa verba facit. »
10. Rac. *lu*, purifier; cf. *lustrum*. Voy. Cic. *pro Rabir.*, 10, 30 : « Pro patriis fanis et delubris propugnandum. »
11. Pline, 28, 13 : « Vestales nostras hodie credimus nondum egressa urbe mancipia fugitiva retinere in loco precatione. »

fiantes[1]. Le Romain priait la tête enveloppée[2], afin de ne pas être distrait, debout, tourné vers l'Orient, et les mains levées au ciel.

2. Les sacrifices sanglants ne datent que des derniers rois[3]. Les *victimes* étaient surtout des taureaux, et les *hosties* des moutons[4]. La victime était consacrée au dieu devant l'autel, et l'on répandait la farine sacrée sur sa tête[5].

Les Jeux publics. — 1. Les jeux à Rome ont tous un caractère religieux très marqué. Les combats de gladiateurs étaient, à l'origine, de véritables sacrifices humains offerts pour apaiser les mânes des morts.

2. Les jeux étaient donnés soit par l'État, soit par des particuliers, pour honorer les dieux[6], pour détourner leur colère[7], ou pour les remercier[8]. Certains jeux n'avaient lieu qu'une fois[9]; d'autres étaient annuels et ordinaires[10]. Sous la République, l'organisation des jeux publics appartenait aux édiles; Auguste transporta une partie de leurs attributions aux préteurs. Sous l'Empire, les Empereurs donnaient eux-mêmes la plupart des jeux, organisés sous leur direction par un fonctionnaire impérial[11]. Les édiles et les préteurs faisaient des dépenses énormes pour subvenir à l'éclat toujours croissant des fêtes. Auguste[12] autorisa les préteurs à dépenser pour les jeux le triple de la somme qu'allouait l'État. Les Empereurs firent de fréquents règlements pour restreindre des prodigalités dont ils donnaient l'exemple, mais désiraient le privilège. La plupart des jeux étaient suivis de distributions, souvent de grands banquets publics[13], comme ceux qui eurent lieu plusieurs jours durant, après le triomphe de César[14]. Parfois on jetait parmi la foule des fruits et des friandises[15], plus souvent des *tes-*

---

1. Tib., 2, 1, 15; Ov., *Fast.*, 4, 778 : *Vivo perlue rore manus*.
2. Le Grec priait la tête découverte.
3. Pline, 18, 7 : « Numa instituit deos fruge colere et mola salsa supplicare. » On offrait aussi des *placentae sacrae*, du lait, du vin, des prémices.
4. Le sexe, la couleur des victimes, étaient minitieusement fixés dans les rituels. Cf. Cic., *de Leg.*, 2, 12, 29 : « Illud ex institutis pontificum et haruspicum non mutandum est, quibus hostiis immolandum cuique Deo, cui majoribus, cui lactentibus, cui maribus, cui feminis. »
5. Fest., p. 110 : « Immolare est mola, id est farre mollito et sale perspersam sacrare. »
6. Comme les *Megalesia*, lors de l'introduction du culte de la Mère des dieux.
7. Tels furent les *ludi scenici* (Tite Live, 7, 2) et les *ludi Apollinares*, institués après Cannes (Tite Live, 25, 12).
8. *Ludi romani*, après la défaite des Latins; *ludi plebei*, après la réconciliation du patriciat et de la plèbe.
9. *Ludi votivi*.
10. *Ludi annui, solemnes, stati, ordinarii*.
11. Le *curator ludorum*. (Tac., *Ann.*, 13, 12.)
12. Dion Cass., 54, 17.
13. *Epulum*.
14. Vell. Paterc., 2, 56. On connaît le mot de Juvénal, résumant les désirs et les besoins du peuple romain : *Panem et circenses*.
15. *Bellaria*. (Stace, *Silves*, 1, 6, 9.)

sères, qui servaient comme billets de loterie. Agrippa, étant édile [1], fit une distribution [2] de ce genre.

3. Les jeux étaient de trois sortes : les jeux du cirque, les jeux scéniques, les jeux de l'amphithéâtre (combats de gladiateurs, chasses, naumachies). — Les JEUX DU CIRQUE [3] (*circenses*) étaient déjà en faveur sous les Rois [4]. C'étaient principalement : 1° des *courses de chars;* 2° des *jeux gymniques* (pugilat, courses); 3° le *jeu de Troie*, ancien exercice patricien de jeunes gens armés, à cheval, disposés en turmes, dont Virgile a donné un tableau au liv. V de l'*Énéide;* 4° les *jeux séviraux*, manœuvres exécutées par 6 turmes de chevaliers sous la conduite de leurs sévirs et sous la direction du prince de la jeunesse [5]; 5° des *manœuvres* et la pyrrhique militaire [6].

Les JEUX SCÉNIQUES furent introduits à Rome en 264 par les pantomimes étrusques, et Livius Andronicus donna la première pièce de théâtre en 250. L'importance des représentations théâtrales, qui paraît avoir été fort grande au temps de Plaute, déclina très-rapidement après Térence, par suite de la divergence de plus en plus grande qui se produisit entre les goûts d'une plèbe brutale et ceux d'une aristocratie polie et tout hellénisée. Plaute, qui écrivit le plus souvent pour la plèbe, n'était point goûté des délicats; et Térence, qui écrivait pour les délicats, ne se faisait guère écouter de la canaille. Aussi la comédie s'abaissa-t-elle jusqu'aux mimes les plus ignobles, tandis que la tragédie, dédaigneuse des acclamations vulgaires, se renfermait dans les salons et se faisait applaudir à huis clos. Ce n'est pas le théâtre qui a manqué au public romain : c'est le public qui a manqué au théâtre; ou plutôt, c'est faute d'un public homogène, réuni par une communauté de sentiments et de goûts élevés, que le théâtre à Rome était condamné à disparaître [7].

---

1. Dion Cass., 49, 43.

2. *Sparsio.* — L'usage des distributions de blé (*congiaria, missilia*) se répandit de plus en plus sous l'Empire ; on les confiait à de hauts fonctionnaires de la carrière sénatoriale, les *praefecti frumento populo dando*. Trajan fit rédiger des listes où les citoyens pauvres furent inscrits par tribus avec leurs enfants, et cette inscription constitua désormais un droit. — Sur la question de l'alimentation du peuple romain, voy. Hirschfeld, *Philologus*, 1870, et Boissier, *R. D-M.*, 1878, p. 641.

3. Le plus ancien cirque de Rome, le Cirque Maxime, était situé entre le Palatin et l'Aventin ; en 220, on éleva le cirque Flaminius sur les prés Flaminiens.

4. C'étaient alors des courses de chevaux et de chars, parfois des luttes de pugilat. Les CONSUALIA et les EQUIRIA remontaient à Romulus. Les JEUX ROMAINS (*ludi Romani, magni, maximi*) avaient été institués sous les rois en l'honneur des trois divinités du Capitole, Jupiter, Junon et Minerve.

5. Sous l'Empire, c'est toujours l'héritier présomptif du trône.

6. Spart., *Hadr.*, 19. Sur l'*armatura* (danse en armes), voy. Végèce, 2, 23.

7. Voy. le liv. VII. Je rappelle ici quelques détails. On se servit d'abord, comme scène,

Les JEUX DE GLADIATEURS, autrefois donnés par les héritiers d'un particulier en exécution de son testament, remplacèrent en 42 les jeux du cirque, comme spectacle officiel. L'usage en devint général sous l'Empire, où on les célébrait pour le salut du Prince, aux grands anniversaires, etc.[1]. Les combats se donnaient sous la République au *Forum Boarium* et au *Forum Romanum;* le peuple se pressait alentour dans des loges provisoires. Le premier amphithéâtre de pierre, construit en 29, fut détruit lors de l'incendie de Néron : un second, l'amphithéâtre Flavien, fut construit par Vespasien entre le Cælius, l'Esquilin et la Vélia. Dédié en 80 par Titus, il fut achevé par Domitien. C'est aujourd'hui le Colisée : dans ses quatre étages, il pouvait contenir 87 000 spectateurs. — L'arène des amphithéâtres pouvait être convertie en lac pour la célébration de naumachies, figurant quelque bataille célèbre. En 52, Claude offrit au peuple, sur le lac Fucin, le simulacre d'une bataille entre les Rhodiens et les Siciliens ; 25 000 hommes y prirent part. La première *chasse* fut donnée en 186, aux jeux de Fulvius Nobilior[2]. Les *bestiaires* ou *chasseurs* étaient groupés en familles, et dressés dans des écoles spéciales. Les chasses consistaient soit en luttes de bêtes entre elles, soit en spectacles de bêtes apprivoisées, soit en véritables chasses où des bêtes féroces étaient poursuivies dans l'arène par des chasseurs bien armés[3]. Enfin, des condamnés

---

d'un plancher provisoire, et le public s'entassa dans un espace sans sièges et sans séparations (*cavea*). En 174 seulement, les censeurs construisirent une scène en pierre. Le premier théâtre de pierre fut bâti par Pompée pendant son 2e consulat, 55. Corn. Balbus, en 13 av. J.-C., bâtit un deuxième théâtre de pierre, et la même année fut dédié celui de Marcellus, dont les ruines subsistent. Rome n'a jamais eu que trois théâtres permanents. — Le théâtre romain comprenait, outre la *cavea* en demi-cercle qu'occupaient les spectateurs et dont la scène formait le diamètre, un demi-cercle nommé *orchestre*, placé au milieu et réservé aux sénateurs : les autres gradins (*gradus, subsellia*) s'élevaient à l'entour, partagés en étages ou *précinctions*, et en sections par des escaliers rayonnants. Sur l'étage supérieur s'élevait une colonnade demi-circulaire qui passait pour contribuer à l'acoustique. Devant la scène était l'estrade (*pulpitum*), plus longue et plus profonde qu'en Grèce, parce que l'orchestre, en Grèce, servait aux évolutions du chœur. Elle était limitée de part et d'autre par des pans de murs (*versurae procurrentes*). Le tout pouvait être recouvert d'une toile (*vela*), soutenue par des mâts. Pour combattre la chaleur, Pompée fit amener de l'eau dans le théâtre ; après lui, on imagina de faire tomber en pluie fine sur l'assistance de l'eau parfumée de safran. — Les sénateurs siégeaient aux premiers rangs dans l'orchestre ; les 14 bancs suivants étaient destinés aux chevaliers (privilège confirmé par les lois *Roscia theatralis* et *Julia theatralis* d'Auguste). Auguste réserva aux femmes et aux prêtresses des places en haut du théâtre. Les représentations commençaient le matin ; l'entrée était gratuite, mais il fallait, pour trouver une place, être muni d'une tessère avec l'indication du rang et de la section (la tessère souvent citée de *Casina* est apocryphe).

1. A l'époque d'Auguste, les seules fêtes périodiques où figurent des combats de gladiateurs sont les *Quinquatrus* (20-23 mars). Plus tard, il y en eut aux Saturnales, aux jeux Consulaires, etc.

2. Tite Live, 39, 22, 2 : « Venatio data leonum et pantherarum. »

3. Les gladiateurs, d'après leur armement et leur manière de combattre, s'appelaient

à mort étaient jetés sans armes dans l'amphithéâtre; et c'est là que, de Décius à Dioclétien, les martyrs de la foi nouvelle vinrent chercher la mort sous la dent des fauves, héroïques, obscurs et confiants[1].

Les Prêtres et les prêtresses. — Les collèges des prêtres à Rome se distinguaient en trois classes :

1° Les grands collèges[2] (sacerdoces publics), d'abord au nombre de cinq : les pontifes, les décemvirs des sacrifices[3], les augures, les saliens, les féciaux. Les pontifes étaient les prêtres des dieux de la patrie et du rit romain, les décemvirs ceux des dieux étrangers et du rit grec, et les augures étaient chargés de la divination. Ce n'est que plus tard que les septemvirs épulons[4] (d'abord serviteurs du grand pontife, puis chargés du *festin de Jupiter* au Capitole) s'élevèrent au rang d'un grand collège.

Le grand collège des pontifes comprenait : 1° les pontifes ; 2° le roi des sacrifices[5]; 3° les flamines ; 4° les vestales.

Les PONTIFES[6], ainsi nommés parce qu'ils dirigèrent la construction du pont Sublicius[7], furent institués pour accomplir les actes extérieurs du culte, veiller à l'observation des lois religieuses (*fas*), annoncer les fêtes et régler le calendrier[8]. Leurs commentaires, secs et précis, où la politique se mêlait à la

---

retiarii, secatores, Galli, Myrmidones, Samnites, Thraces, velites, dimachaeri, essedarii, andabatae, etc.

1. Ces spectacles hideux, de moins en moins sanglants, il est vrai, subsistèrent jusqu'au temps de Cassiodore (*Variar. epp.*, 5, 42).
2. *Maxima* ou *amplissima collegia*.
3. *Xviri sacris faciundis*.
4. Portés à 10 par César, en 44.
5. *Rex sacrificulus*. C'était un patricien, élu à vie, incapable d'exercer aucune autre fonction, mais chargé des sacrifices qui incombaient autrefois au Roi. Il était nommé aux comices calates, sous la présidence des pontifes.
6. Thèse de Bouché-Leclerq, 1871.
7. Sous Ancus Martius, lorsque les besoins de la défense du Janicule rendirent nécessaire la construction d'un pont, le dieu Tibre effraya les Romains qui tentaient de lui imposer un joug; alors les pontifes construisirent un pont de bois, sans fer ni airain, tout prêt à céder à la colère du dieu. — La tradition qui attribue à Numa l'institution de 4 pontifes patriciens est incompatible avec cette étymologie, donnée par Varron, Festus, etc., et qui paraît plausible. La construction d'un pont a dû sembler d'abord une atteinte portée à la majesté des éléments (*pontem indignatus Araxes*) ; et il était naturel, dans les idées des Anciens, que la religion intervint pour les fléchir.
8. D'abord présidé par le roi, le collège des pontifes, qui se recrutait par cooptation, le fut dans la suite par le pontife maxime, chargé de sacrifier pour l'État, de choisir et de surveiller les vestales, et de rédiger les *Grandes Annales*. — Le grand pontife, nommé à vie, logeait dans un édifice public, *Regia*, et ne pouvait sortir d'Italie. Élu par le collège jusqu'en 104, il le fut par les comices de tribus jusqu'à Sylla, qui rendit ses droits au collège; César, dictateur, rendit l'élection aux comices, et quand Tibère supprima ces assemblées, elle passa naturellement au Sénat. — Le grand pontife, qui n'est pas sans analogie avec le dictateur, avait une certaine autorité civile et pouvait présider les comices. De 4, la loi *Ogulia* (452) porta le nombre des pontifes à 8, dont la moitié *plébéiens* ou *mineurs*. Sylla éleva ce nombre à 16. Depuis Auguste jusqu'à Gratien, tous les Empereurs furent grands pontifes. Aurélien créa un collège des pontifes du soleil; Constantin fut à la fois pontife païen et chef du christianisme. (Voy. Aubé, *de Constantino pont. max.*, 1859.)

religion, ont été consultés par Tite Live; leurs *décrets* distinguaient ce qui appartenait aux dieux de ce qui était profane dans le territoire de Rome. La loi *Papiria* (304) défendit de consacrer un lieu quelconque sans la permission du Pontife. Le collège a pour province particulière les divinités de la terre, le culte de Vesta et les sacrifices des Argées : le jour des Argées, les vestales précipitaient dans le Tibre trente mannequins d'osier, en expiation de l'ancienne coutume des peuples de cette contrée qui jetaient les étrangers dans le Tibre[1]. — Par la nature de leur pouvoir régulateur, qui faisait d'eux les gardiens de la religion et de ses formes, les pontifes ressemblent au *Sacré-Collège* actuel, et leur chef au chef spirituel que l'on appelle aujourd'hui *Souverain Pontife*.

Les FLAMINES sont des prêtres institués par Numa. On distingue les flamines *majeurs* (flamine dial ou de Jupiter, martial ou de Mars, quirinal ou de Romulus), nommés par le collège lui-même, et les *mineurs*, élus par le peuple. Ils portaient la prétexte et un casque surmonté d'un petit cône (*apex*) que l'on remplaçait en été par un ruban de fil (*filum*)[2]. Le flamine dial ne pouvait ni monter à cheval ni sortir de Rome : il avait la chaise curule et entrait au Sénat.

Les VESTALES, collège de six jeunes filles de naissance libre, chargées d'entretenir le feu sacré sur l'autel de Vesta ; elles entraient dans l'ordre entre six et dix ans et y restaient trente ans, sans pouvoir contracter d'hymen. La vestale coupable était enterrée vive dans un caveau près de la porte Colline[3]. Soumises à l'autorité sévère du pontife, les vestales étaient soustraites à la puissance paternelle et à la tutelle ; elles occupaient les places d'honneur dans les jeux, et sauvaient la vie au condamné qu'elles rencontraient par hasard sur leur chemin. Théodose les supprima.

2° Le COLLÈGE DES QUINDÉCEMVIRS fut institué par Tarquin le Superbe après l'achat des livres sibyllins[4]. Le nombre des XVvirs, fixé à cinq de chaque ordre par les lois Liciniennes, fut élevé à quinze par Sylla.

---

1. C'est plutôt un curieux exemple de substitution. La substitution, dans les cultes des Anciens, est l'équivalent des fictions légales dans leur jurisprudence.

2. D'où *filamen, flamen*. Cette étymologie, donnée par les Anciens, est sans valeur. Je vois dans *flamen* (comparez *mo-men, ag-men*) une sorte de participe passif signifiant *inspiré* (de *flare*). Burnouf pensait que *flamen* et *brahmane* sont identiques.

3. Ce supplice fut infligé 13 fois pendant la durée de l'histoire de Rome.

4. Les exemplaires achetés par Tarquin furent brûlés au Capitole en 82 ; une nouvelle collection, formée surtout en Asie par ordre du Sénat, fut remaniée par Auguste, qui la fit recopier sur des livres de lin (*libri lintei*), placés dans la base de la statue d'Apollon Palatin. Julien les consulta en 363 et Honorius en 403. D'après Rutilius, ils furent détruits par Stilicon : le poète païen ne dit pas sous quel prétexte, mais il n'est peut-être pas impossible de le deviner. Claudien et plusieurs contemporains font allusion à une prédiction qui courait à Rome, d'après laquelle la durée de l'Empire avait été fixée à 12 siècles par les 12 vautours qu'aperçut Romulus au Palatin. Cette prophétie a pu prendre naissance en Orient, chez des peuples étonnés de la grandeur romaine, et cherchant, dans les légendes de son origine, l'énigme de sa destinée. Stilicon, si profondément Romain malgré sa naissance vandale, aura voulu faire disparaître une prophétie qui avait sans doute découragé Honorius : elle s'est accomplie avec assez d'exactitude. — Malgré la destruction par Auguste de 2000 recueils sibyllins apocryphes, ces ouvrages continuèrent à pulluler sous l'Empire : il nous reste 14 livres d'oracles sibyllins en vers grecs, écrits en général dans une pensée hostile au paganisme, très bien publiés et traduits par Alexandre (1856).

3° Le COLLÈGE DES AUGURES, avec les ARUSPICES. Les augures [1], d'abord au nombre de trois, puis de neuf et de quinze, étaient en général de grands personnages : jusqu'en 301 (loi *Ogulnia*), les patriciens seuls purent entrer dans ce collège, qui se recrutait par cooptation, et plus tard, en partie, par élection (104). Les augures étaient à vie; ils portaient la prétexte et un *lituus* dans la main droite. — Les aruspices interprétaient les signes célestes et lisaient l'avenir dans les entrailles des victimes; de là sans doute leur nom, *hira*, en sanscrit, signifiant intestin [2].

4° Les SALIENS, flamines de Mars, au nombre de douze, étaient chargés de garder les *anciles* ou boucliers sacrés, dont le premier, modèle des douze autres, était tombé du ciel dans le palais de Numa. Au mois de mars, ils faisaient une procession qui durait quatorze jours et dansaient en frappant leurs boucliers [3] et en chantant le chant des saliens.

5° Les FÉCIAUX, hérauts sacrés, chargés de déclarer la guerre, de juger les insultes faites aux ambassadeurs et de prononcer sur la validité des traités. Ils composaient un collège de vingt membres tous patriciens : Ancus leur donna un code, le *droit fécial*, sorte de formulaire diplomatique. Leurs ambassades se composaient de neuf membres, sous la conduite du *père Patrat*.

Collèges, confréries. — Les confréries en *sodalitates* étaient très nombreuses à Rome et dans les provinces [4]; les principales étaient les *lu-*

---

1. *Avium garritus? avi-gur* (*gurere = gustare*, Bréal) ? Les augures se prenaient à minuit, dans l'enceinte du pomoerium, généralement en compagnie d'un magistrat.

2. D'après cette étymologie, presque certaine, il n'est pas exact de dire que l'aruspicine soit d'origine étrusque. Les Étrusques racontaient qu'ils avaient appris cette science du dieu Tagès, qui vint au monde avec des cheveux blancs.

3. *Tripudiatio*.

4. On distingue les collèges légalement autorisés (*quibus coire licebat*) et les autres, illicites ou seulement tolérés. — Choisy (*Art de bâtir chez les Romains*, 1873 ; cf. Caillemer, *R. C.*, 15, 335) a étudié les collèges d'ouvriers romains. Ils étaient autorisés et furent épargnés ou protégés par tous les hommes d'État, Cicéron, César, Auguste, Claude, Trajan, qui frappèrent les autres corporations ou clubs (*collegia contra leges*). Hadrien, trouvant dans les corporations ouvrières un instrument pour ses grands projets de travaux publics, les organisa militairement. (Aurel. Vict., *Epitome*, 14, 5.) Elles durent travailler pour l'État, et les associés, sous peine de mesures rigoureuses, ne purent plus s'éloigner du siège du collège. L'assujettissement des *opifices* était une sorte de servitude personnelle, transmise de père en fils, et comme l'État fixait le prix du travail à un taux beaucoup trop bas, leur condition était misérable. L'institution des collèges officiels assura la régularité des travaux publics; mais les collèges adoptèrent des types invariables dont ils ne s'écartèrent plus, et l'art devint immobile. En outre, écrasés par des obligations de plus en plus rigoureuses, les membres des collèges fuyaient leurs corporations, et, dès 331, Constantin se plaignait de ne plus trouver d'architectes. Le jour où les ouvriers disparurent et où les collèges furent désorganisés, l'architecture antique disparut. — Toutes les corporations ouvrières du moyen âge dérivent des corporations ouvrières des cités romaines, qui avaient leur culte particulier, leurs prêtres, appelés *sevirs*, etc. (corporations des mariniers de la Saône à Lyon, des vitriers, des fabricants d'outres, des mariniers de la Seine dits *nautae Parisienses*, etc.). Les sévirs formaient aussi un conseil de prud'hommes, qui réglaient les différends des corporations. Le crime d'association illicite était assimilé à celui de lèse-majesté, et puni de la décollation : les *humiliores* étaient jetés aux bêtes ou brûlés vifs. Au temps de Tertullien, les chrétiens formaient de ces *collegia tenuiorum*, alors nombreux dans l'Empire (Tertull., *Apolog.*, 39), et alimentés par les *stipes* des fidèles; celui d'Euménie en Phrygie s'appelait κοινὸν τῶν ἀδελφῶν (*C. I. G.*, IV, 9266). Sous Nerva parurent les collèges des *cultores deorum*, dont les fonds, provenant de contribu-

perques[1], les *sodales Titi*, les *frères Arvales*[2] et les *sodales Augustales*. Il a été parlé de ces derniers dans le courant de ce livre. Mais il faut dire ici quelques mots de la confrérie des Arvales, dont nous pouvons aujourd'hui, grâce aux découvertes de l'épigraphie, suivre l'histoire pendant deux siècles et demi[3]. — Les frères Arvales, qui remontaient à Romulus[4], sont restés assez obscurs sous la République; Auguste les réorganisa, et c'est d'Auguste à Gordien que datent les procès-verbaux de leurs cérémonies annuelles, que nous avons conservés. Ils étaient institués pour demander au ciel la fécondité des champs[5], et leurs prières s'adressaient à une vieille divinité d'ailleurs inconnue, la *dea dia*, sans doute une simple personnification de la lumière, un doublet de Jana, de Juno et de Diana. Tous les trois ans, le 3 janvier, les Arvales faisaient des vœux pour l'Empereur. En 69, les Arvales font à la date accoutumée des vœux pour Galba; à la fin du même mois ils les recommencent pour Othon, et en avril de la même année pour Vitellius. La fête de leur culte, qui durait trois jours, était très compliquée et nous est connue fort exactement. Dans un banquet solennel, à Rome, les Arvales bénissaient les fruits nouveaux de l'année. Puis ils s'assemblaient dans leur sanctuaire, à cinq milles de la ville, auprès d'un bois; c'est entre ce bois et la rive droite du Tibre que l'on a retrouvé les restes de leur temple, nommé *Caesareum* ou *tetrastylum*, ainsi que leurs précieux procès-verbaux[6]. Retroussant leurs robes et répétant les chants sacrés qu'ils ne comprenaient plus, mais que la linguistique comparée explique, les Arvales dansaient dans le bois à la façon antique. Enfin, on leur servait un banquet au *tetrastylum* et des jeux étaient célébrés dans un cirque voisin. Ces rites, datant de Numa, se conservèrent presque sans altération jusqu'au troisième siècle de l'ère chrétienne.

tions mensuelles, devaient servir à la sépulture de leurs membres. En dépit de la loi, il est certain qu'ils employaient aussi leurs ressources à d'autres œuvres, par exemple à payer les frais de voyage des associés. (Mommsen, *de Collegiis et sodaliciis Romanorum*; Boissier, *Rev. archéol.*, XXIII, 81.)

1. Flamines de Pan, institués par Évandre, et formant deux collèges. Le 15 février (jour des Lupercales ou fête de Pan) ils parcouraient la ville avec des peaux de victimes coupées en lanières, frappant tout le monde sur leur passage et particulièrement les femmes, dans la pensée que ce contact les rendait fécondes. On retrouve les Lupercales jusqu'au vi[e] siècle.

2. Niebuhr croit que les Arvales représentent l'élément latin et les *sodales Titii* l'élément sabin; de même, des deux collèges des luperques, les *Fabii* et les *Quinctilii*, le premier paraît être d'origine sabine.

3. Marini, *Atti dei Fratelli Arvali*; Henzen, *Scavi nel bosco sacro dei Arvali*, 1868 (fouilles de 1866). Cf. Boissier, *Relig. rom.*, I, 362, sqq. et Saglio, *Dict. Ant.* Les Arvales dont les noms nous sont connus sont de grands personnages, en général patriciens.

4. Ils devaient leur origine à l'association que ce prince aurait formée avec les fils d'Acca Laurentia. — Une preuve de leur très haute antiquité est qu'ils ne pouvaient introduire dans leur bois sacré des instruments de fer; leur institution et leurs rituels remontaient donc à l'âge de bronze, dont on trouve d'ailleurs beaucoup de vestiges dans les terrains de la haute Italie dits *terramara*.

5. Les sacrifices accomplis par les Arvales s'appelaient *Ambarvalia*. (Strabon, 5, 3.)

6. On les a découverts en 1776, à Rome, gravés sur une table de marbre (C. I. L., I, 28). Notre texte date de 218 ap. J.-C. Les prêtres le récitaient sans le comprendre, comme les Parses de Gudjérat leurs livres zends. Voy. Bréal, *Acad. des inscr.*, 30 janv. 1880.

LIVRE XII

MYTHOLOGIE [1].

Je suppose connu du lecteur l'ensemble de la mythologie élémentaire, c'est-à-dire les généalogies des dieux et des héros, et les principales légendes dont ils ont été l'objet. Les questions traitées ou esquissées dans ce qui suit sont l'histoire de l'exégèse mythologique, la mythologie comparée et la mythologie italique, enfin la genèse de la religion nouvelle qui a transformé le monde ancien.

---

[1] BIBLIOGRAPHIE. — Les sources anciennes sont la *Biblioth. mythologique* d'Apollodore, Antoninus Liberalis (συναγωγὴ μεταμορφώσεων), Pausanias, les petits écrits rassemblés par Westermann sous le titre de Μυθογράφοι, 1843, les poètes (Homère, Hésiode, Pindare) et les lexicographes; en latin, Hygin, affranchi d'Auguste (*Fabularum liber*); deux collections : *Mythographi Latini*, 1742, et *Mythographi Vaticani*, éd. Bode 1834; les poètes, surtout Ovide, Stace, Valérius, Claudien, et les premiers auteurs chrétiens (saint Augustin, Tertullien, Arnobe). — OUVRAGES D'ENSEMBLE RÉCENTS : Les Dictionnaires nommés plus haut de Smith et Pauly; les *Dict. de la Fable* de Jacobi, 1830-35 (all.), et Noël, 1801 (médiocre, mais commode); Creuzer, *Symbolique et Mythol. des peuples anciens*, traduit par Guigniaut, 1825-51 (épuisé); Gerhard, *Mythol. grecque*, 1854 (all.); Maury, *Religions de la Grèce antique*, 1856-59 (3 vol. très riches en faits); Preller, *Mythol. grecque*, 3ᵉ éd. par Plew, 1872-75 (excellent manuel); Preller, *Mythol. rom.*, 2ᵉ éd. par Köhler, 1865, (all.); trad. fr. médiocre par Dietz; Hartung, *Relig. des Romains*, 1836 (all.), complète Boissier; Welcker, *Science des divinités grecques*, 1857-63 (all.); Cox, *Mythol. des peuples aryens*, 1870, trad. fr. par Baudry, 1880. Un bon *Manuel populaire de Mythol. grecque et romaine* a été donné par Stoll, 6ᵉ éd. 1875 (all.). Decharme, *Mythol. de la Grèce antique*, 1879 (très agréable à lire et bien au courant). Boissier, *Relig. romaine*, 2ᵉ éd., 1878 (n'est développé que d'Auguste aux Antonins : ouvrage capital).

Sur la MYTHOLOGIE COMPARÉE, voy. surtout les livres de Max Müller (*Mythol. comparée*, 1859; *Hist. des religions*, 1872; *Science de la religion*, 1875; *Origine des religions*, 1873; tous traduits en français); la thèse de Bréal, *Hercule et Cacus*, 1863; Darmesteter, *Ormuzd et Ahriman*, 1878 (capital); Girard de Rialle, *Mythol. comparée*, t. I, 1878 (traite du fétichisme); Renan, *Études d'Histoire religieuse*, 1856.

MONOGRAPHIES : L'art. *Pallas-Athéné* de K. O. Müller dans Ersch et Gruber, 1838; Layard, *Culte de Mithra*, 1867; Kuhn, *La descente du feu*, 1859 (all.), a fait époque; Gubernatis, *Mythol. zoologique*, 1872 (angl.); Mannhardt, *Culte des arbres*, 1875 (all.); Tournier, *Némésis ou la Jalousie des Dieux*, 1863 (d'une très haute portée); Klausen, *Énée et les Pénates*, 1839 (all.). — D'autres ouvrages importants sont cités dans les notes de ce livre.

§ I. — MYTHOLOGIE COMPARÉE.

Objet de la mythologie comparée[1]. — 1. Les Grecs et les Romains n'ont pas inventé leurs mythologies, non plus que leurs langues. ils les ont reçues l'une et l'autre, en même temps que les Perses, les Celtes, les Slaves et les Germains, de leurs ancêtres communs, les Aryas de l'Inde[2]. De même que la grammaire comparée étudie les familles de langues, la mythologie comparée étudie les familles de religions, et cherche à retrouver dans les *Vedas* la religion primitive de la race aryenne, source du polythéisme grec et romain, comme des mythologies des cinq familles congénères[3].

2. La mythologie comparée va plus loin encore. Après avoir ramené le polythéisme à sa source la plus haute, elle cherche le secret même de son origine dans les formes du langage et les confusions auxquelles il donne lieu[4]. Cette méthode originale, qui considère la mythologie comme *une maladie du langage*, a été résumée par Max Müller dans le fameux axiome qu'Eugène Burnouf aimait déjà à répéter : *Nomina numina*.

Nécessité de l'exégèse chez les Anciens. — Dans l'antiquité, la mythologie et la religion sont choses distinctes, souvent même contradictoires[5]. Le sentiment religieux, né de la conscience mo-

---

1. Je dois beaucoup pour ce qui suit à un bel essai de Léo Joubert, *Rev. Europ.*, fév. 1860.
2. La mythologie aryenne est double. Elle est l'œuvre du sens interne et de la perception extérieure, facultés distinctes qui ont produit des ordres d'idées tous différents. Du sens intérieur est née la religion des morts, fondement de la famille et de la cité ; de la perception extérieure dérive la mythologie naturaliste, qui prête une forme humaine aux forces personnifiées de la nature. Il y a là pour ainsi dire deux mythologies, dont l'une répond à l'énigme de la mort, l'autre à l'énigme de la vie universelle. Pendant toute l'antiquité, elles ont coexisté sans se confondre : le christianisme les a conciliées. — Cf. Fustel, *Cité antique*, liv. I, et l'analyse de cet ouvrage, liv. X, p. 196.
3. Sur la mythologie germanique et scandinave, voy. Geffroy, *Rome et les Barbares*, qui donne une bibliographie très complète.
4. « Nous croyons que, s'il était possible de connaître l'idiome parlé par le premier groupe d'hommes de chaque race, la nature des dieux qu'ils adoraient nous serait révélée par les noms qu'ils leur donnaient, et le simple énoncé des mythes en serait en même temps l'explication.... Combien a dû être grand l'empire du langage dans le temps où chaque mot était une image, chaque substantif un être animé, chaque verbe un acte physique ? Les phénomènes de la nature, reflétés par la langue, prenaient l'aspect de scènes dramatiques. » (Bréal.) Il est bien entendu qu'on ne peut expliquer ainsi que les *attributs* des divinités et leurs généalogies : le sentiment du divin, qui est comme la matière dont la mythologie est la forme, n'a pu être donné à l'homme ni par l'impression du monde extérieur ni par les imperfections de son langage. Ce sentiment ne vient pas du dehors, mais du dedans.
5. Ce point a été développé avec beaucoup de force par Max Müller, *Science du langage*, Nouv. Leç., t. II, p. 147 sqq.; Ménard, *La morale avant les philosophes* ; Havet, *Le christianisme et ses origines*. Cf. le beau livre de Girard, *Le sentiment religieux chez les Grecs d'Homère à Eschyle*, 1859. — Xénophane, pour ne citer que lui, a écrit ces lignes dignes de la Bible : εἷς θεὸς ἔν τε θεοῖσι καὶ ἀνθρώποισι μέγιστος ; — οὔ τι δέμας θνητοῖσιν ὁμοίιος οὐδὲ νόημα (ap. Clem. Alex., *Strom.*, 5, 14, § 110).

rale, a bientôt atteint une élévation et une fixité singulières ; la mythologie naturaliste, fille de la perception extérieure, reflète dans ses conceptions plastiques les caprices des phénomènes naturels. De là ces légendes poétiques où l'homme prête à la Divinité ses passions, ses vices, son orgueil et ses faiblesses. Les premiers penseurs grecs s'aperçurent de cette contradiction entre la mythologie et le sentiment religieux, et traitèrent sévèrement les récits mythologiques qui révoltaient leur instinct moral. Toutefois, ne pouvant sacrifier ni le témoignage de la tradition[1] ni celui de leur conscience, ils cherchèrent une méthode pour les concilier : ainsi naquit l'exégèse mythologique.

Systèmes d'exégèse. — L'antiquité a connu l'exégèse sous une double forme : 1° Le SYSTÈME DE L'ALLÉGORIE, le plus ancien de tous, qui nie le sens littéral des mythes, et suppose dans chacun un sens caché, une vérité de politique ou de morale : c'est le système favori des néoplatoniciens ; 2° Le SYSTÈME HISTORIQUE, qui considère la mythologie comme de l'histoire poétisée, et substitue aux faits merveilleux des faits raisonnables. C'est la prosaïque méthode d'Évhémère[2], suivie par les Stoïciens et très en faveur à Rome[3]. Les controversistes chrétiens empruntèrent à l'évhémérisme ses arguments contre le surnaturel païen ; les apologistes du paganisme défendirent leurs dieux du reproche d'immoralité au moyen d'interprétations allégoriques.

---

1. Pythagore, Xénophane, Thalès, Empédocle, essayèrent de déraciner les vieilles légendes en accusant d'imposture Homère et Hésiode; mais la mythologie était déjà trop forte, et il fallut transiger avec elle. [Voy. Xénophane, *ap.* Sext. Emp., *adv. Math.* 1, 289, 9, 193 ; Héraclite, *ap.* Diog. Laërce, 9, 1, 2; cf. Diog. Laërce, 8, 19 21. Les principaux textes indiquant une conception toute morale de la divinité chez les anciens sont Eurip., *Ion*, 448 ; *Héracl.*, 1341 ; *Belléroph.*, 308 (εἰ θεοί τι δρῶσιν αἰσχρὸν, οὐκ εἰσὶν θεοί); Pind., *Olymp.*, 1, 64 ; 9, 28 ; *Pyth.*, 1, 41 ; Esch., *Fragm.*, 350; Sophocle, *Él.*, 168; *Ajax*, 127. Max Müller relève particulièrement *Odyss.*, 14, 443, et 10, 306.]

2. Évhémère, chargé par Cassandre d'un voyage d'exploration, racontait que dans sa navigation à travers l'Océan Indien il avait abordé à l'île de Panchaïa, où il avait découvert des inscriptions attestant que les dieux des Grecs n'étaient que des princes ou des philosophes divinisés après leur mort par l'admiration de leurs semblables. Son livre avait été traduit par Ennius. (Voy. Block, *Évhémère*, 1866.) Herbert-Spencer, qui voit dans les premiers cultes l'adoration des ancêtres divinisés, revient à l'évhémérisme ; la même tendance se constate parfois même chez un très grand esprit comme Renan. On peut voir, dans la *Revue philosophique* de déc. 1879, un article de Guyau sur ces hautes questions ; j'y renvoie sans accepter aucune des conclusions de l'auteur, pour qui la religion à l'origine est « la science naissante », et aujourd'hui « l'ennemie même de la science. »

3. « L'allégorie changeait la mythologie en vides abstractions, l'évhémérisme en contes prosaïques ; l'une lui ôtait le corps, l'autre l'esprit. » (Léo Joubert.) L'évhémérisme avait encore cet inconvénient, qu'il permettait de fabriquer de l'histoire avec des récits dénués de fondement : rien n'est moins vrai et plus vain que le vraisemblable obtenu à ce prix.
— « Les anciennes explications des mythes se touchent toutes par un point ; elles séparent l'idée de son expression, elles placent à l'origine de la mythologie la distinction du sens propre et du sens figuré. » (Bréal.) C'est évidemment tout l'opposé de l'ordre naturel des choses, où cette distinction ne se fait que tard.

Pour beaucoup de Pères, comme saint Augustin, les dieux du paganisme sont des démons qui ont une existence réelle : cette opinion prévalut au moyen âge. La Renaissance vit refleurir le système allégorique, sous l'influence des néo-platoniciens; mais l'évhémérisme, protégé par les traditions de l'apologétique chrétienne, redevint bientôt dominant. On fit de mauvaise histoire avec de belles légendes. Un des premiers, Dupuis[1] revint à l'allégorie et expliqua le polythéisme, ainsi que le christianisme lui-même, comme l'expression symbolique des forces naturelles. L'allégorie fut remise à la mode par cette renaissance poétique et mystique du dix-neuvième siècle, que l'on a nommée *le Romantisme*. Plus impartial et surtout plus savant que Dupuis, Creuzer considéra le polythéisme comme l'expression populaire, accommodée par les prêtres à l'intelligence du vulgaire, des plus hautes vérités morales et religieuses, qui formaient, avant Abraham, les croyances des patriarches[2]; ces vérités pures, selon Creuzer, étaient communiquées sous le sceau du secret aux initiés des mystères d'Éleusis. Le système de Creuzer, développé dans sa *Symbolique*, 1810-12, fut réfuté par Voss (*Antisymbolik*) et surtout par le sceptique Lobeck (*Aglaophamus*); il ne s'est pas relevé depuis.

Otfried Müller, par ses *Prolégomènes à une mythologie scientifique*, 1825, jeta les fondements d'une méthode nouvelle : là où ses prédécesseurs n'avaient vu que les dogmes mystérieux d'une caste ou les inventions des poètes, il reconnut l'œuvre naïve de l'humanité dans son enfance. Le mythe lui apparut comme un acte inconscient par lequel l'esprit de l'homme, encore incapable d'abstraction, envisage les choses sous une forme concrète et vivante[3]. Comme

---

1. *Origine de tous les cultes*, 1795; un abrégé a paru en 1796. C'est un livre de sectaire, avec beaucoup de demi-science. Mais, en cherchant à établir l'identité primitive de l'Astronomie et de la Fable, la seconde n'étant qu'un commentaire, et, comme il dit, *le luxe*,de la première, Dupuis a pressenti quelques idées de Max Müller.

2. Le système qui rattache la mythologie à la Bible, et fait du polythéisme une corruption de la plus ancienne religion juive, a été exposé, avant Creuzer, par Gérard-Jean Vossius, Bochart et Huet; il est encore défendu par Gladstone. Welcker et Gerhard ont soutenu l'hypothèse d'un monothéisme primitif. — En France, le premier travail sur la mythologie où l'esprit historique se laisse entrevoir est le livre de Benjamin Constant, *de la Religion*.

3. Decharme, *Mythol. des Grecs*, p. XI. — Otfried Müller cite l'exemple suivant de la création d'un mythe historique : une colonie grecque de Minyens, originaires de Thessalie, part, sur l'avis d'Apollon Pythien, pour s'établir en Libye. Cet événement donne naissance à un mythe où Cyrène est représentée comme une vierge thessalienne, qu'Apollon enlève pour la transporter sur la côte libyenne. — Forchhammer, dans son *Daduchos* (1877), où il réagit contre les excès de la mythologie comparée, a développé une méthode d'exégèse nouvelle. Comme O. Müller, il cherche l'explication des mythes helléniques (qu'il ne croit nullement *aryens*) dans l'observation des phénomènes généraux, mais locaux. Les mythes s'expliquent non par l'histoire, non par le langage, mais par la topographie. C'est à Delphes qu'il faut aller pour comprendre le combat d'Apollon contre le serpent Python. Au temps

Otf. Müller recommandait d'étudier le détail des mythes, pour distinguer ce qui était primitif des broderies ajoutées par les poètes, les savants allemands répondirent à son appel par des travaux partiels fort nombreux, qui ont seuls rendu possibles les grands ouvrages de Hartung, de Welcker, de Preller et de Maury.

Mythologie comparée. — 1. La mythologie comparée a été fondée, vers 1840, par Adalbert Kuhn [1], et développée par Max Müller, qui l'a mise à la portée du public dans les charmants ouvrages cités plus haut. En France, Baudry, Bréal, Ploix, Burnouf, Darmesteter, etc., ont contribué, par d'importants travaux, à l'avancement de cette science nouvelle.

2. D'après la mythologie comparée, les phénomènes atmosphériques, surtout l'alternance des jours et des nuits, les orages et les éclairs, sont les facteurs des créations mythiques, que les analogies fortuites du langage viennent ensuite diversifier à l'infini [2]. Mais, tandis que Müller considère les phénomènes réguliers et périodiques, notamment le lever et le coucher du soleil, comme la source principale des légendes mythologiques [3], Kuhn attribue une importance prépondérante aux phénomènes passagers, tels que le tonnerre, l'éclair, la pluie, etc [4]. Kuhn et Müller ont sans doute raison l'un et l'autre, mais dans des cas différents ; il n'y a pas une *source unique* des mythes, et, si celui de Prométhée s'explique par le feu, celui

---

des grandes pluies d'hiver, un torrent rapide passe entre les deux roches de Nauplia et d'Hyampéia, et se précipite avec fracas dans la vallée de Pleistos : ce torrent sinueux et destructeur n'est autre que le serpent. Au printemps, sous l'ardente action du soleil, ses eaux diminuent, tarissent et s'évaporent : Apollon a vaincu le serpent. Cette même légende, pour Max Müller, est la victoire d'un dieu lumineux sur le démon de l'orage ; pour les symbolistes, le triomphe de la beauté sur la laideur brutale. — Au fond de presque tous les mythes grecs, Forchhammer découvre l'expression du phénomène des eaux, dont l'importance aurait été très grande dans la Grèce primitive ; pour lui, tous ces monuments encore problématiques, la *prison de Socrate*, les *trésors*, les *labyrinthes*, étaient des réservoirs construits pour recevoir les eaux de l'hiver et les rendre au sol desséché pendant l'été. Il décompose θήσαυρος en θητα-υρος ; (racine υρ — eau, qu'on retrouve dans ὕω), et signale dans Procope (*de Aedif.*, p. 26) θήσαυρος employé dans le sens de réservoir. Tout cela est sans doute ingénieux, mais les conclusions de l'auteur sont excessives. (Cf. R. C., XX, 56.)

1. Dans le *Journal de grammaire comparée*. Il ne faut pas oublier qu'Eugène Burnouf, en même temps qu'il ressuscitait la langue zende, a fourni à la science des religions des matériaux d'une immense valeur, par son admirable commentaire sur le Yaçna (un des livres de Zoroastre ; Yaçna, en zend, signifie *sacrifice*).

2. « La mythologie n'est qu'un dialecte, une ancienne forme du langage. » (Max Müller.)

3. Pour Max Müller, les dieux sont presque tous solaires. « Que ne devait pas être le soleil pour un peuple nomade, sans moyens assurés de subsistance, sans connaissance du pays qu'il parcourait, livré aux dangers que chaque nuit amenait avec elle, désarmé devant l'hiver comme devant la chaleur de l'été ? » (Bréal.) — Lorsque nous disons : *le soleil se lève, il se couche*, ces simples paroles renferment un mythe ; et c'est le soleil disparu que pleuraient les femmes grecques, sous les noms de Linus, d'Atys, d'Adonis, d'Hyacinthe.

4. Kuhn, auquel est due l'explication du mythe de Prométhée, place au sommet de la mythologie la production du feu par les hommes, assimilée à la production de la vie.

d'Œdipe par le soleil, il est incontestable que celui de Proserpine, par exemple, se rapporte aux phénomènes de la végétation [1].

Naissance des mythes[2]. — Nous pouvons assister dans les *Védas* à l'éclosion des mythes. L'attribut et le nom, la métaphore et le sens propre, ne sont pas encore distincts. Mais nous voyons par les *Védas* que les poètes indous savaient la signification des fables qu'ils répétaient. Il n'en fut pas de même à l'époque suivante. A mesure que certains termes vieillissaient, que le sens étymologique des mots s'oblitérait, la langue perdait de sa transparence; les noms des forces de la nature devenaient des noms propres; et dès lors certains personnages mythiques commencent à paraître. *Dyâus* est le ciel pour l'époque védique; *Zeus*, en Grèce, est un nom propre. On peut dire en général que, pour qu'un dieu prenne de la consistance dans l'esprit d'un peuple, il faut que son nom soit sorti du langage usuel. *Ouranos* n'est jamais devenu une divinité

---

1. La mythologie comparée n'a pas toujours su se préserver de très grandes exagérations, qui lui ont valu d'acerbes critiques. Le danger de l'interprétation max-müllérienne, c'est que tout demi-dieu, tout héros, passe par les états successifs de l'enfance, de l'âge mûr et de la mort; et comme le soleil, lui aussi, se lève, atteint le zénith et se couche, il devient par trop facile de retrouver le soleil sous tous les demi-dieux de l'antiquité. On a remarqué qu'il serait fort simple d'expliquer par un mythe solaire la merveilleuse carrière de Napoléon Ier, avec son cortège de douze maréchaux, la splendeur du milieu de son règne, ses luttes contre les nuages grossissants, les régions glacées où il pénètre à son déclin, le point de l'Océan où il finit par disparaître.

Il est d'ailleurs évident qu'avec des phénomènes d'un caractère très général il ne faut rendre compte que de mythes d'un caractère très général, et si l'on veut justifier tous les détails d'un mythe en les rapprochant des détails physiques d'un phénomène, on tombe infailliblement dans l'arbitraire. « De même qu'au berceau des idiomes les plus riches nous rencontrons un groupe peu nombreux de racines qui donnent naissance à la langue, les mythologies les plus exubérantes peuvent être ramenées d'une façon régulière à quelques conceptions mères de toutes les autres. » (Bréal.) Ce sont ces conceptions ou types que l'on peut rattacher aux phénomènes lumineux : la faculté poétique et créatrice de l'homme a fait le reste. — On a également signalé, non sans raison, la tendance exclusivement naturaliste de la mythologie comparée; l'élément intérieur et moral semble ne pas exister pour elle, et c'est là même, si l'on peut dire, son πρῶτον ψεῦδος.

On ne saurait trop, en effet, insister sur ce point, que le sentiment religieux a précédé toutes les formes religieuses, qui n'en sont que les traductions plus ou moins grossières, plus ou moins anthropomorphiques, et que toute théorie qui ne rend pas compte de ce sentiment ne saurait prétendre, sans scandale, à expliquer la genèse des religions. Pour nous, le sentiment du divin n'est ni la crainte, ni l'étonnement, ni l'ignorance : il est le produit et comme la résultante de deux facteurs, le sentiment de notre imperfection, qui nous vient de a conscience, et l'idée de la perfection suprême, imprimée dans notre esprit par le souvenir de ce que nous avons perdu, et le pressentiment de ce que nous devons atteindre. C'est de là seulement que peut naître ce mélange d'espoir et de crainte, d'humilité et de confiance, sans lesquels il n'est pas de sentiment religieux dans le cœur des hommes.

2. Je dois mentionner en passant une nouvelle méthode d'exégèse dont Clermont-Ganneau (*R. C.*, 1878) a donné un brillant modèle; l'hypothèse de la naissance des mythes par la transmission de monuments figurés mal compris. Par exemple, C. Ganneau croit que les figures égyptiennes d'Horus enfant tenant par le cou deux vipères ont inspiré à l'imagination grecque la légende d'Hercule enfant, étranglant dans son berceau les deux serpents envoyés par Junon. Aujourd'hui encore, des légendes naissent sous nos yeux de cette manière. — Les maîtres de la mythologie figurée sont Gerhard et Overbeck (*Mythologie de l'art grec*, en cours de publication). Cf. le très intéressant essai de Collignon, *le Mythe de Psyché*, 1878, où il prouve que l'allégorie de Psyché n'est devenue un mythe qu'en prenant place sur les sarcophages gréco-romains.

bien distincte, parce que son nom est resté un appellatif. — La surabondance de sève qui caractérise les idiomes jeunes leur fait employer pour désigner un même objet une quantité souvent surprenante de synonymes. Le soleil, dans les *Védas*, est nommé de plus de vingt façons différentes. Cette *polyonymie* est une des grandes sources de la mythologie[1]. Quand il fallut réduire cette abondance d'expressions, désignant et personnifiant les forces naturelles, comme toutes ces figures avaient entre elles un air de parenté, on se tira d'embarras en les réunissant dans une même famille[2], suivant certains rapports généalogiques. C'est ainsi que naquit la *théogonie*[3], dont Hésiode en Grèce passait pour le créateur[4].

L'étymologie a été, de son côté, la source d'un grand nombre de mythes. Le peuple est un philologue naïf qui veut se rendre compte des noms qu'il entend et qui trouve aisément une histoire pour expliquer un nom propre[5]. Ainsi, chez les Grecs, Minerve s'appelle *Tritogénéia*. Le dieu Triton, qui a disparu de la mythologie grecque (il se retrouve dans le composé *Amphitrite*), est identique à *Trita*, qui règne sur l'air dans les *Védas*. Or les Éoliens appelaient dans leur dialecte *tritô* la tête : quand Tritogénéia devint intelligible, on imagina le mythe d'Athéné sortant de la tête de Jupiter[6].

Panthéon indo-européen[7]. — Le nombre des identifications certaines de divinités gréco-latines avec les divinités védiques correspondantes est encore assez restreint. Le ciel, dans les *Védas*, s'appelle *dyâus* (Ζεύς, *deus*[8]). Les génies

---

1. Kuhn : « La polyonymie et l'homonymie sont les facteurs les plus essentiels de la mythologie. »
2. Bréal dit que « les *Métamorphoses* d'Ovide pourraient être appelées le répertoire des homonymes mythologiques. »
3. Quelquefois, c'est l'*arme* d'un personnage qui devient son fils : ainsi l'éclair *atâr*, paraît comme le fils d'Ahura-Mazda (Ormuzd) ; la massue, ῥόπαλον, est, dans Ptolémée Héphestion, le fils d'Hercule (Clermont-Ganneau, *R. C.*, XXII, 407.)
4. Dans la Grèce primitive, il n'y a pas d'autre activité intellectuelle que la création des mythes. Dans la Grèce sur le déclin, à Byzance, cette tendance reparaît ; c'est encore l'activité religieuse qui hérite de toutes les autres.
5. Bréal, *Hercule et Cacus*. Voy. des exemples amusants, empruntés à notre temps, dans Max Müller, *Nouv. Leçons*, t. II. Le peuple anglais appelle *beef-eaters* (mangeurs de bœuf) les gardiens de la Tour de Londres, dont le nom historique est le français *buvetier*. En 1871, on entendait dire en France, *cachemates* pour *casemates*, *langues vertes* pour *landwehr*, etc.
6. D'autres voient dans Athéné l'éclair qui déchire le crâne du ciel. — Le verbe ἀἴσσω, *s'élancer*, a produit d'une part le substantif αἴξ, *chèvre* ; de l'autre καταἰξ, *tempête*. De là, une série de fables où la chèvre joue le principal rôle. *L'égide*, avant d'être un bouclier fait en peau de chèvre, était le ciel au moment de l'orage ; Jupiter αἰγίοχος était le dieu qui envoie la tempête, avant d'être le dieu qui porte l'égide. — Prométhée est, selon Kuhn, le védique *Pramantha*, c'est-à-dire celui qui introduit et tourne un bâton dans le creux d'une pièce de bois pour produire le feu par le frottement. Mais la racine *math*, *manth*, qui désigne un mouvement physique, a été détournée de son sens pour marquer le mouvement de l'esprit (cf. *cogitare* = *agitare consilia*). Une fois que μανθ, μηθ, signifia *penser*, *savoir*, Prométhée devint le dieu qui connaît l'avenir, le Titan prophète d'Eschyle. Voy. Baudry, *Revue germanique*, 1861.
7. Voy. le cinquième volume des *Textes sanscrits* de Muir, 1870 (angl.), admirable publication qui place son auteur au nombre des bienfaiteurs de la science.
8. La racine *div*, selon Ch. Ploix (*Soc. Linguist.*, t. II), a donné presque toutes les divinités latines (*Janus*, *Juno*, *diana*, etc.). — Un des surnoms du *dyâus* védique, *sthatâr* (celui qui se tient debout sur son char), a passé dans le latin *stator*, épithète de Jupiter

des éléments s'appellent *Indra* (l'air), *Agnis* (le feu), *Varunas* (le ciel)[1]. Le jour (plus tard le soleil) se nomme *Mitra*, la terre *Prithivi*. Toutes les divinités lumineuses, ou *dêvas*, ont pour mère *Aditi* (l'Infini, selon Max Müller), et sont en lutte avec les *Asuras*, ou démons des nuages. Les divinités de la tempête sont les *Maruts*, au nombre de 180. — On a proposé d'identifier Hermès et *Saramêyas*[2], Athéna et *Ahânâ*[3], Erinys et *Saranyûs*[4], Bellérophon et *Vritrahân*[5], les Centaures et les *Gandharvas*[6], etc.

Dans ce qui suit, je donne quelques exemples de mythes expliqués par la mythologie comparée; le lecteur jugera où la science certaine finit, et où la fantaisie commence.

Hercule et Cacus. — Dans les *Védas*, Indra est le berger d'un troupeau de vaches célestes de couleur éclatante. Vritra, monstre à trois têtes, à forme de serpent[7], attire à lui le troupeau et l'enferme dans son antre. Indra, s'apercevant de la fraude, poursuit le brigand, force l'entrée de la caverne, la frappe des coups répétés de la foudre, et ramène au ciel les vaches dont le lait tombe à flots sur la terre[8]. Tel est le drame védique de l'orage, et l'origine du mythe italique de Cacus rapporté par Virgile. Aristote, cité par Aulu-Gelle, parle d'un vent nommé Caecias, qui a la propriété d'attirer à lui les nuages par une

---

que les Romains expliquaient par un événement supposé du règne de Romulus. — Héra, la Junon grecque, ne se rattache pas étymologiquement au latin *hera*, ni à ἔρα, terre, ni à ἀήρ, mais au sanscrit *svar*, ciel.

1. C'est le grec οὐρανός. Hésiode dit de lui (*Théog.*, 127) qu'il *couvre tout*, πάντα καλύπτει. Or, *Varunas* vient de *var*, couvrir. Dans les Védas, *Varunas* est surtout le firmament nocturne, opposé au jour, *Mitra*. — Bergaigne (*R. C.*, XIII, 404) met en doute l'identification de *Varunas* et d'οὐρανός.

2. Quand Indra s'aperçoit que les vaches célestes lui ont été dérobées, il envoie à leur recherche la chienne *Saramâ* (le vent qui hurle dans la tempête). *Saramâ* a deux petits, les *Saramêyau*, dont l'un s'appelle *Çabalas* (le tacheté). Kuhn a reconnu dans le chien *Saramêyas*, qui découvre les retraites cachées, conduit les âmes aux enfers, préside au sommeil et guérit les maladies, le dieu grec Hermès. Quant à *Çabalas*, il se retrouve sous le nom de Cerbère dans le royaume de Pluton. — Welcker avait déjà rapproché ἑρμῆς de ὁρμή, et Kuhn voit dans *Saramâ* l'orage; mais Max Müller veut y reconnaître l'Aurore.

3. *La brûlante*, dans les *Védas*, épithète de l'Aurore. (Max Müller, *Nouv. leç.*, II, p. 252.)

4. L'Aurore qui *fait paraître* les crimes, selon Max Müller.

5. Le meurtrier de Vritra, c'est-à-dire Indra. Max Müller explique : celui qui tue le (monstre) velu (βίλλερος = velu).

6. Les *Gandharvas*, êtres velus et voluptueux, séduisant les femmes mortelles, comme les Centaures; mais l'identification est très contestée. (Muir, *op. cit.*, t. V, p. 309.)

7. Le serpent védique, *Ahi*, se retrouve dans les livres persans sous le nom d'*Aji*, où il donne naissance au principe du mal, Ahriman, qui attaque et tue Gayomert, le premier homme. Ormuzd est la forme iranienne de Varuna, de Zeus, de Jupiter. — Bréal et d'autres mythologues reconnaissent dans le troisième chapitre de la Genèse une infiltration des idées iraniennes : le serpent, le paradis, l'arbre de la vie, sont des représentations familières aux livres zends, et étrangères au reste de l'Écriture. Cf. Darmesteter, *op. cit.*

8. *Gô*, en sanscrit, signifie à la fois *vache* et *nuage*. Les écuries d'Augias (Αὐγείας, nom du soleil = brillant), qu'un fleuve détourné nettoie, ne sont autres que le ciel chargé de nuages qui redevient pur après la pluie. Bien des légendes sont le produit de confusions plus évidentes encore : ainsi la fable des tables dévorées par les compagnons d'Énée (*Aen.*, 7, 116) s'explique parce que le mot *mensae* en ombrien signifie une sorte de gâteau. (Bréal.) — Le mot *arktas* (de *ar*, briller) désignait à l'origine l'ours (aux yeux brillants?) et les étoiles, particulièrement la Polaire : de là cette idée qu'il y a des ours dans le ciel, et leur représentation sur les cartes célestes. (Max Müller.)

sorte de remous : ce vent est identique au brigand Caecius[1], qui attire les bœufs de Jupiter[2]. Virgile a raconté l'histoire d'Hercule et de Cacus, comme l'aurait pu faire un poète védique : il n'est pas jusqu'au grondement des nuages qui ne soit rendu dans le vers : *discessu mugire boves*[3].

Le Mythe d'Œdipe. — 1. Le sphinx de la fable d'Œdipe est une variété locale de l'espèce des génies orageux dont Typhon est le principal représentant : en se précipitant de son rocher et en se brisant, ce monstre figure le nuage qui éclate et tombe en pluie sur la terre[4]. Œdipe est un héros lumineux, comme Zeus, Apollon, Héraclès, Bellérophon : *Œdipe a tué le sphinx* est l'expression populaire et locale qui marque cet événement de l'atmosphère.

2. En outre, dans le nom d'*Oidipous* le peuple a cru reconnaître le verbe *je sais* (οἶδα)[5], et pour expliquer la seconde partie du mot, il a fait entrer dans la légende une énigme qui circulait sans doute depuis longtemps : « Quel est l'animal qui a quatre *pieds* le matin, deux à midi, trois le soir ? » *Œdipe devint ainsi l'homme qui connaît le mot de l'énigme des pieds.*

3. Pourquoi Œdipe est-il le meurtrier de Laïus ? C'est que le nom de Laïus n'est autre qu'une altération de δάϊος[6], signifiant l'*ennemi*, le *dasyus* védique. La lutte du dieu lumineux contre le démon s'est conservée sous une double forme dans l'histoire d'Œdipe, puisqu'il est successivement vainqueur du sphinx et de Laïus.

4. Un des incidents ordinaires de la lutte d'un dieu védique contre le démon des ténèbres est la délivrance des nuées qui sont figurées comme des jeunes filles[7]. Pendant leur captivité, elles s'appellent *dâsapatnîs*, les *femmes de*

---

1 Ce nom est devenu Cacus par l'analogie avec le grec κακός, et Évandre a été créé de toutes pièces (εὖ ἀνήρ) pour faire le pendant de Cacus.

2. Cette conception a produit des mythes dans toutes les mythologies. Vritra enlève les nymphes célestes (les eaux) et les renferme dans sa caverne (le nuage) : Indra les délivre en tuant Vritra. De là, Andromède, Perséphone, Hélène ; si le célèbre enlèvement de Sîtâ, l'épouse de Râma, par le géant Râvana, qui fait le sujet de l'épopée de Valmiki, n'est que la vieille légende védique déguisée en événement historique, les Indous auraient pris pour sujet de l'un de leurs anciens poèmes la même fiction qui a fourni aux Grecs leur *Iliade*. (Bréal, *op. cit.*)

3. Ainsi, les phénomènes célestes ont commencé par prendre la forme et les attributs d'animaux. L'anthropomorphisme n'est qu'un cas du zoomorphisme. (Voy. Bergaigne, *R. C.*, XIII, 209, à propos de la *Mythologie zoologique* de Gubernatis, 1873.) Les positivistes veulent voir dans le fétichisme la religion primitive : mais Max Müller leur répond justement : « Les religions ne commencent pas par le fétichisme ; il est plus juste de dire qu'elles y aboutissent. » Par cela seul que la forme supérieure des religions est un *monothéisme conscient*, on peut inférer que leur forme primitive a dû être un *monothéisme inconscient et vague*, une adoration sans objet précis et personnifié. Ainsi comprise, la thèse creuzérienne du monothéisme originel semble parfaitement acceptable, et peut se soutenir indépendamment de toute croyance à une révélation primitive.

4. Le nuage fait entendre de sourds grondements qui sont regardés comme une voix prophétique. De là les énigmes attribuées au sphinx. — Le récit du *Vendidad* appelé *Tentation de Zoroastre* est une lutte par énigmes entre Ahriman, le démon ténébreux, et le sage. Or on lit dans le *Rig-Véda* : « Indra, de sa voix, couvre la voix furieuse du démon *qui réplique*. » Il y a un Œdipe dans Zoroastre (héros lumineux, selon Darmesteter), ainsi qu'un sphinx, un logicien ténébreux dans Ahriman. — Pour Dante, Satan aussi est un logicien : *Tu non pensavi ch'io loico fossi.* (*Inferno*, 27.)

5. Nous avons encore ce jeu de mots dans Sophocle : ὁ μηδὲν εἰδὼς Οἰδίπους.

6. Comme λαός; de δαός; le latin *lingua* de *dingua* (tongue), etc.

7. Andromède, Perséphone, Hésione,

l'ennemi; délivrées, elles deviennent *dêvapatnîs*, les *femmes du dieu*. On comprend dès lors ce que voulait dire le langage populaire, quand il parlait de Jocaste, la femme de Laïus qu'Œdipe avait épousée.

5. Œdipe est devenu aveugle, disait le peuple quand le soleil avait disparu; le même mot qui marque l'obscurcissement sert aux idiomes primitifs pour désigner la cécité[1]. Le nom même d'Œdipe vient peut-être de l'idée qu'un peuple enfant se faisait du soleil couchant, dont le volume semble augmenter[2] à son déclin, par l'effet des vapeurs qui flottent dans les couches inférieures de l'atmosphère.

6. Les crimes qui rendent l'histoire d'Œdipe si tragique appartiennent à l'inspiration du second âge de la Grèce, qui voulut tirer un enseignement de la légende et expliquer un châtiment dont on ne pouvait comprendre les motifs[3].

§ II. — IDÉE GÉNÉRALE DU POLYTHÉISME GREC [4].

1. Le caractère essentiel de la mythologie grecque est l'anthropomorphisme[5]. Le Grec fait les dieux à son image et ne connaît pas les puissances abstraites (*numina*) qui encombrent la mythologie latine. Les divinités helléniques ont en général un caractère souriant, une auréole de beauté et de jeunesse, qui les distinguent de celles de l'Asie et de l'Italie, et des créations congénères de l'Inde[6]. Chaque peuple aryen a modifié le fonds mythologique commun suivant l'idéal et le génie qui lui sont propres. La mythologie comparée, en insistant sur les ressemblances, ne doit pas empêcher de reconnaître l'originalité poétique du polythéisme grec, qui lui doit sa durée et son éternelle fraîcheur.

2. Quoique moins hospitalier que le Panthéon romain, le Panthéon grec

1. *Caecus*, en sanscrit *andha*.
2. οἰδέω.
3. Voy. une critique de l'ingénieux essai de Bréal par Comparetti, *Edipo e la Mitologia comparata*, 1867, et la réponse de Bréal, *R. C.*, IX, 48.
4. Je me contente de quelques indications sur l'esprit de la mythologie hellénique et les principales étymologies proposées aux noms des divinités.
5. C'est cet anthropomorphisme qui blessait le sens religieux des philosophes grecs : « Si les bœufs, disait Xénophane, avaient des mains, ils feraient des dieux à leur image. » On racontait que Pythagore avait vu aux enfers l'âme d'Homère pendue à un arbre et déchirée par des serpents, en punition des fables qu'il avait débitées sur les dieux.
6. Bréal a fait remarquer combien la Grèce a su transformer et purifier les sombres visions de l'Orient. A la fois inventive et fidèle, elle n'a pas oublié le chien *Çabalas*, mais elle l'a relégué au plus profond du Tartare. Elle a conservé *Saraméyas*, le fils de la Tempête, mais elle en a fait un dieu. Pendant que les Indous et les Perses amènent un chien au lit des mourants, pour qu'il les escorte dans le noir séjour, les Grecs ont confié la conduite des âmes à la figure ailée et souriante d'Hermès psychopompe. — L'idée de l'immortalité de l'âme, tel est le patrimoine de la race hellénique, son apport dans l'œuvre collective de la civilisation antique, la source la plus haute de ses supériorités incontestées. C'est elle qui a fondé la morale, qui a ouvert les yeux des Grecs à la splendeur de l'éternelle beauté, qui a sanctifié et ennobli jusqu'à la souffrance, jusqu'à la mort.

s'est enrichi et altéré au contact des races étrangères[1]. Sur le sol même de la Grèce, l'Aryen a trouvé les vieilles divinités pélasgiques, auxquelles il a dû créer une place à côté des siennes. La grande invasion des dieux de l'Asie en Grèce ne date que du quatrième siècle; mais elle s'est annoncée de très bonne heure, et l'âge d'or du polythéisme grec est l'époque d'Homère. La mythologie d'Hésiode est déjà savante : l'esprit d'abstraction a construit des généalogies, tracé des cadres fixes et rempli par des noms nouveaux les vides laissés par le silence de la tradition[2].

Dieux et déesses[3]. — 1. Zeus-Jupiter (rac. *div*, briller) n'est pas seulement la plus puissante des forces naturelles : il est le principe d'ordre et d'équité dans le monde. Son plus ancien sanctuaire est Dodone. — 2. Héra (Junon), dont le nom dérive du sanscrit *svar*, ciel. — 3. Héphaistos (Vulcain), dérivé tantôt de φάω, φαίνω, tantôt de ἅπτω. — 4. Athéné (Ahânâ, Minerve) a pour demeure l'Acropole d'Athènes : il y avait deux traditions sur sa naissance. Les uns la faisaient naître de l'Océan, d'où le culte particulier dont elle était l'objet sur le bord des fleuves et des lacs, comme à l'ancienne Alalcomène, sur le lac Copaïs. La deuxième légende, qui la fait naître de Jupiter, est racontée dans Hésiode et surtout dans l'hymne homérique à Minerve. — 5. Apollon (forme archaïque Ἀπλοῦν, en Thessalie) est le dieu de la lumière et diffère de Hélios (rac. *us*, brûler), le dieu du soleil, avec lequel il s'est bientôt confondu[4]. Ἀπέλλων est probablement synonyme de Ἀλεξίκακος (ἀπέλλω = ἀπείργω). Φοῖβος se rattache à la racine de φῶς, lumière. Les Romains reçurent cette divinité des Grecs, et le premier temple d'Apollon ne fut élevé à Rome qu'en 430 (Tite Live, 4, 25, 29). — 6. Poséidon (Neptune) est identique au sanscrit *idaspati* = le maître des eaux. — 7. Déméter (Cérès) est la Terre-Mère = γῆ μήτηρ : elle appartient au culte pélasgique. — 8. Artémis (Diane), d'un caractère lunaire à l'origine; le nom ne semble pas aryen[5]. — 9. Arès, dérivé de *ar*, atteindre (?), parent du

---

1. On considère le Panthéon grec, tel qu'il est connu des mythologues, comme la réunion des différents cultes particuliers aux tribus helléniques. Mars est le dieu thrace, Apollon est dorien, Hermès est arcadien, Junon argienne. — Voy. Alex. Bertrand, *les Dieux protecteurs dans l'Iliade*, 1858. Le système unitaire de l'Olympe s'est peut-être formé sous l'influence de l'amphictyonie de Delphes. (Otfr. Müller.)

2. Homère ne connaît que deux Titans, Japet et Cronos, et ne les nomme qu'une fois (*Il.*, 14, 278); Hésiode en connaît douze. Les Cyclopes ne sont pour Homère qu'un peuple de géants pasteurs, sans rapports avec Vulcain. Mnémosyne, la Victoire (Niké), Némésis, la Pudeur, divinités d'un caractère un peu vague, n'existent pas pour Homère ou ne sont encore que des abstractions. Il ne sait pas les noms des Heures, des Grâces, des Moïres, des Parques, etc. Voy. Naegelsbach, *Théologie homérique*, 2ᵉ éd., 1861 (all.).

3. Il y a douze grands dieux et déesses, mais on n'est pas d'accord sur leurs noms. L'autel Borghèse, dont l'original peut remonter aux guerres médiques, les représente groupés par couples comme il suit : Jupiter et Junon, Neptune et Cérès, Apollon et Artémis, Vulcain et Minerve, Mars et Vénus, Hermès et Hestia.

4. Suivant Otfr. Müller; on a soutenu depuis que la nature primitive d'Apollon était solaire. En ce cas, Lycurgue (λυκ-Fεργος), héros lumineux, serait à Apollon ce que Zoroastre est à Ormuzd, c'est-à-dire un doublet. — Latone enfante Apollon près d'un palmier (φοῖνιξ); mais ce mot signifie aussi *rouge*, ainsi que la teinte purpurine dont le ciel se colore à l'Orient. (?) Le jeune dieu s'avance sur les rochers comme la lumière du soleil levant sur les cimes, etc.

5. Je crois, avec Donaldson (*Varronianus*, p. 59-63), qu'on peut l'expliquer par le scythique. Ἄρτιμις = Ἀρτίμπασα, la Vénus scythique selon Hérodote, 4, 59; or *tami* doit signi-

scr. *aris*, ennemi. — 10. *Aphrodite*¹, divinité asiatique, la même qu'Astarté.
— 11. Hermès (Mercure) = *Saramêyas*. La ressemblance fortuite de son nom avec la racine de ἕρκος lui fit attribuer le caractère de Dieu-Terme, protecteur de la propriété. — 12. Hestia (Vesta), de la racine *vas*, brûler, est la plus jeune des divinités de l'Olympe; inconnue à Homère², elle apparaît dans Hésiode comme fille de Cronos et de Rhéa. Vierge tutélaire du foyer et de la propriété domestique, elle habite au centre de la maison.

Les héros³ sont dans Homère des hommes d'autrefois, supérieurs en valeur à ceux que connaît le poète. Dans Hésiode, ce sont déjà des demi-dieux, ἡμίθεοι, formant une classe d'êtres à part; Pindare les place de même entre les hommes et les dieux⁴.

§ III. — MYTHOLOGIE ET RELIGION ROMAINE⁵.

Caractères généraux. — 1. Le caractère de la religion romaine est une sérieuse répugnance à l'anthropomorphisme et un grand penchant à l'abstraction⁶. Ses divinités sont plutôt des puissances (*numina*) que des personnes, sans généalogie, sans légendes⁷, sans formes précises. C'est une sorte de panthéisme vague et prosaïque opposé au polythéisme vivant et poétique des Grecs.

2. Cette extrême pauvreté de formes et de légendes, qui ne donne à ces dieux abstraits aucune prise sur l'imagination, leur rendait impossible toute lutte contre le polythéisme hellénique. Parmi

---

fier mer (puisque Pline dit que *Temarunda* = *mater maris*; cf. *Tam-is-is*) et *ara* vierge (puisque Plutarque, *de Rivis*, c. 23, 2, dit que ἀράξα = μισοπάρθενος): donc Ἀρ-τιμ signifierait *vierge de la mer*. Donaldson pense que ἄρα, vierge, se trouve dans Ἄρης. La langue scythique est d'ailleurs aryenne, et non mongole, comme le pensait Niebuhr.

1. ἀφρός, = écume. Max Müller voit dans le mythe de la naissance d'Aphrodite une personnification de l'Aurore sortant de la mer: mais où Müller ne voit-il pas l'Aurore?

2. Hestia appartient aux divinités de la première mythologie aryenne, divinités intimes attachées à chaque famille et qui ne pouvaient figurer dans une épopée à côté des dieux représentant les forces naturelles. Hestia existait sans doute au temps d'Homère, mais il n'aurait pas commis l'erreur de la faire émigrer du foyer dans l'Olympe.

3. Ἥρως, parent du sanscrit *viras*, du latin *vir*. (Curtius, *Étymol. gr.*, p. 538.)

4. Le héros de l'*Odyssée*, Ulysse, diffère complètement des héros de l'*Iliade*, et pourrait bien appartenir à une mythologie différente. Ὀδυσσεύς, en étrusque, paraît s'appeler *Nanus*, le nain; or Eustathe dit (p. 289, 38) que son vrai nom grec est Ὀλυσσεύς, et l'on a remarqué (Kenrick, *Comment. sur Hérodote*; Donaldson, *Varronianus*) que Ὀλυσσεύς peut s'expliquer par ὁ λιτός et signifierait alors *le petit*, comme le Nanus étrusque. Ulysse le rusé serait un de ces merveilleux petits hommes, audacieux et sagaces tout ensemble, comme on en trouve tant dans les mythologies du Nord. — Je rappelle cette ingénieuse hypothèse, mais à titre de *curiosum*, sans y souscrire.

5. Complétez avec ce qui a été dit au livre XI.

6. La tendance à l'abstraction subsiste même sous l'Empire, où l'on élève des autels à la *Sécurité du siècle*, à l'*Indulgence du maître*, etc.

7. Presque toutes les légendes se ressemblent. C'est un enfant merveilleux qui vient au monde miraculeusement, devient un héros sage et pieux, et disparaît soudain on ne sait comment (*non comparuit*). — Boissier, *op. cit.*, p. 3.

les vieilles divinités italiques, les unes furent assimilées tant bien que mal aux dieux de la Grèce, les autres disparurent ou ne subsistèrent que dans les rituels. La politique romaine favorisa une sorte d'éclectisme mythologique et religieux, qui fit affluer en Italie, sous l'Empire, les cultes et les fétichismes de tout l'univers[1]. Cette invasion eut une part prépondérante dans la corruption précoce et irrémédiable dont la société romaine a péri.

Histoire de la religion romaine. — Cette histoire comprend quatre périodes : des origines aux Tarquins, des Tarquins à la guerre punique, de la guerre punique à la conquête du monde, et de l'Empire au triomphe du christianisme.

Première période. — 1. Les divinités nationales des Romains s'unissent aux divinités sabines, privées comme elles de tout ornement poétique, sans formes plastiques, et pour la plupart champêtres. Cette religion agricole fut bientôt exposée au contact des sombres croyances de l'Étrurie[2] : mais le caractère général des vieux cultes resta empreint d'une grande sérénité, qui atteste leur origine rustique[3].

2. Pendant deux siècles, les Romains ne connurent pas d'images ; ils se contentaient de symboles. Une épée plantée en terre représentait Mars, une pierre était adorée comme Jupiter[4]. La théogonie n'existait pas ; la religion était remplie de cérémonies minutieuses et à la portée de tout le monde[5]. Le rituel était contenu dans les *livres Pontificaux* et dans les *Indigitamenta*[6], sorte

---

1. La Campanie, dit Pétrone, est si peuplée de divinités qu'il est beaucoup plus facile d'y rencontrer un dieu qu'un homme.

2. Les morts, autrefois regardés comme des génies protecteurs (*manes*, les bons ; cf. *immanis*), passèrent alors pour aimer le sang ; on leur offrit, pour les apaiser, des combats de gladiateurs. — Je croirais volontiers que le mot *Manes*, s'il dérive de *manis*, est un euphémisme comme Euxinus, Euménides, εὐώνυμος; ; on pourrait aussi le rapporter à la racine *man*, penser (*Manes* = les esprits).

3. Tel était le culte d'Hercule, célébré à l'*Ara Maxima*. Les Grecs étaient frappés de la moralité d'une religion où les dieux champêtres dominaient ; Denys (*A. R.*, 2, 23) et Virgile (*Géorg.*, 2, 140) félicitent la religion romaine de sa pureté presque philosophique, qui contraste avec l'exubérance souvent impure des légendes grecques. — Ce caractère subsista dans le culte et les pratiques, même lorsque la religion romaine fut hellénisée. Darmesteter dit très bien : « Les pratiques survivent toujours, plus ou moins longtemps, au mythe qui les produit et qu'elles expriment. Le culte d'une religion est donc l'expression d'une religion antérieure, et l'on peut lire sous le culte d'une période la mythologie des périodes qui précèdent. »

4. De là l'ancien serment *per Jovem Lapidem*. — C'est à l'imitation de l'Étrurie que Rome plaça au Capitole un Jupiter en bois peint, dont on rafraîchissait les couleurs la veille des fêtes. Vesta, la vieille déesse du foyer, n'eut jamais d'images.

5. A. Gelle, 2, 28, 2 : « Veteres Romani.... in diis immortalibus animadvertendis castissimi cautissimique. » Ce caractère méticuleux et formaliste du culte romain explique la prolixité des rituels. La piété consiste à adorer les dieux dans les formes (*est enim pietas justitia adversus deos*, Cic., *de Nat. Deor.*, 1, 41). Une ville recommence des jeux pour un mot passé dans une formule. *Religio* a la même racine que *diligens* et signifie *régularité*; ce qui dépasse la règle s'appelle *superstitio*. On traite avec les dieux, et, quand on a à la lettre pour soi, on les trompe impunément. — Tout ce formalisme, beaucoup moins embarrassant qu'on ne pense, est le contraire même de la dévotion, qui ne pouvait et ne devait pas exister chez un peuple fait pour agir.

6. Peut-être de *indicitare*, fréquentatif de *indico*.

d'index des dieux reconnus[1]. — Les principaux dieux de cette période sont Janus, Jupiter, Mars, Quirinus, Saturne, Jana, Junon, Ops et Vesta.

DEUXIÈME PÉRIODE. — Cette période, qui s'étend des Tarquins à la guerre punique, est marquée par un premier élargissement de la religion romaine et par les progrès de l'anthropomorphisme sous l'influence de la Grèce. Les livres sibyllins sont apportés de Cumes, le dieu grec Apollon fait son apparition, ainsi que Castor et Pollux, Déméter, etc. Les divinités nouvelles sont identifiées, le plus possible, avec les divinités anciennes, souvent d'après des analogies toutes verbales[2].

TROISIÈME PÉRIODE. — Vers l'époque des guerres puniques commence la décadence de la religion romaine, sous la double action de la philosophie grecque, qui enseigne aux classes élevées le scepticisme[3], et des cultes de la Grèce et de l'Asie[4], croissant en influence à la faveur de la corruption qu'ils augmentent. Cicéron se plaint que les augures ne connaissent plus leur art, et en accuse l'indifférence de la noblesse[5]. L'oracle de Delphes est délaissé, tandis que les astrologues et les Chaldéennes encombrent Rome. Summanus, un dieu romain autrefois puissant, n'est plus qu'un souvenir ; on ne sait plus qui sont Véjovis, Falacer, Furrina, divinités déjà presque disparues quand Varron recueille pieusement leurs noms[6]. — Il y eut bien quelques efforts pour arrêter cette décadence. En 186 de Rome, le Sénat sévit contre la société des Bacchanales, qui célébrait, au milieu d'affreux désordres, le culte de Bacchus, venu d'Étrurie. Sur 7000 affiliés, 3000 furent mis à mort. En 191, des livres apocryphes, attribués à Numa (peut-être un essai de religion philosophique),

---

1. Serv., *ad Georg.*, 1, 21 : « Nomina haec numinum in indigitamentis invenientur, id est, in libris pontificalibus, qui et nomina deorum et rationes ipsorum numinum continent. » — Les dieux des Indigitamenta ont un caractère tout romain : ce sont des dieux spéciaux, créés pour une circonstance particulière, d'une compétence si bornée, que l'action la plus simple donne souvent naissance à plusieurs divinités (*Vaticanus*, le dieu qui fait pousser à l'enfant le premier cri ; *Fabulinus*, celui qui lui fait prononcer la première parole, etc.).

2. L'Hercule du Latium est un dieu champêtre, plus proche du dieu Terme et de l'Hermès grec que d'Héraclès, auquel on l'assimila. Hercules est un diminutif comme *Romulus*, dont la racine est *hercere*, signifiant *enclore, séparer*. De même Περσεφόνη n'est pas Proserpine, ni Στμλη, Stimula, ni Mnémosyne Moneta, ni les Muses les Camènes. (Voy. Bréal, *Mélanges de Mythol.*, p. 48.) Mais les Romains n'y regardaient pas de si près.

3. Le théâtre latin dérive en grande partie du sceptique et raisonneur Euripide. Ennius traduisit en latin l'*Histoire sacrée* d'Évhémère.

4. Le caractère de ces derniers cultes est l'importance donnée au *prêtre*, qui n'est pas *citoyen* comme à Rome, mais esclave du dieu qu'il sert. En outre, les femmes y jouent un grand rôle, inconnu des religions aryennes.

5 *Auspicia quae nunc a Romanis auguribus ignorantur* (*de Divin.*, 2, 245). La noblesse donnait l'exemple de l'abandon des vieilles croyances : Sylla portait sur lui une figurine d'Apollon comme amulette ; César, grand pontife, niait l'immortalité de l'âme en plein Sénat. De son côté, le plébéien Marius se faisait suivre en guerre par une prophétesse syrienne.

6. Varr., *L. L.*, 6, 15 : « Furrina, cujus deae honos apud antiquos : nam et sacra instituta annua et flamen attributus ; nunc vix nomen notum paucis. » Summanus est généralement dérivé de *Summus Manium* : mais on peut rapprocher ce nom de celui du Pluton étrusque, Mantus (d'où Mantua), monstre représenté sur les monuments la bouche béante, et qui a probablement la même racine que *mandere*. — Boissier attribue une grande importance, dans la décadence de la religion romaine, au remplacement de la cooptation par l'élection dans les collèges religieux (loi *Domitia*, 104).

qu'un scribe prétendait avoir découverts dans un coffre de pierre, furent brûlés sur le Forum. Des Gracques jusqu'à César, une école d'érudits, parmi lesquels Stilon et Varron, essayèrent de faire revivre la religion, en fouillant avec un soin pieux dans le passé du vieux culte national[1].

Quatrième période. — Malgré les efforts d'Auguste, secondé par Virgile et tous les grands esprits de son temps[2], la religion romaine disparaît de plus en plus, et les divinités asiatiques montent enfin sur le trône impérial avec le prêtre de la pierre noire d'Émèse, Élagabal[3].

Division des dieux romains. — Les dieux romains se divisent en quatre classes :

1° Les DIEUX PERSONNELS (*dei, dii, divi*), que l'on distingue en *célestes*[4] et en *terrestres*. Les dieux terrestres se subdivisent en *terrestres* et en *infernaux* ; ces derniers habitent l'intérieur de la terre et font fructifier les semences[5]. A un point de vue différent, Varron reconnaît trois classes : 1° les *dii certi*, nommés aussi *perpetui* et *proprii*, dieux primitifs (qui ne l'étaient pas devenus par consécration, comme Castor et Pollux, Liber, Hercule) ; 2° les *dii selecti*, comprenant douze grandes divinités mâles et femelles[6] ; 3° les *dii incerti*, déifiés par une consécration.

2° Les DIVINITÉS PROTECTRICES, Génies, Lares, Mânes, Pénates. — Les Génies,

---

1. Il faut noter aussi des tentatives pour épurer la religion et en isoler les parties fragiles ; le pontife Scévola distinguait la religion du citoyen, toujours respectable, de celle des poètes et des philosophes, dont on est libre de penser ce qu'on veut. Cicéron, qui est du même avis, écrivit lui-même un traité sur la science augurale. Le mot de Caton, qu'il rapporte (*de Divin.*, 2, 24, 51), ne s'applique qu'aux aruspices, serviteurs des augures, et non aux augures, comme on le répète à tort.

2. Boissier a très heureusement mis en lumière cette collaboration d'Auguste et de Virgile. Les malheurs de la fin de la République avaient ramené les Romains à la religion : Auguste profita de ce retour, et Virgile montre en lui le champion de la religion et de la patrie romaine luttant contre l'Orient (*Aen.*, 8, 678). Le titre même d'*Auguste* est emprunté à la langue sacerdotale. Il dépensa vingt millions à construire ou à réparer des temples, et fit revivre les plus anciens rites. D'autre part, les innovations habiles ne manquèrent pas. Le culte tout romain de Vénus Génitrix date de César, celui de Mars Vengeur d'Octave. Les *jeux séculaires*, cérémonies graves et tristes introduites pendant une peste, où l'on sacrifiait la nuit aux divinités infernales, prirent sous Auguste un éclat inconnu : les dieux du jour, Apollon et Diane, y remplacèrent Pluton et Proserpine. Ce qu'Auguste faisait pour la religion, la religion, on le sait, le lui rendait avec usure : il n'est pas de prince qui se soit mieux servi d'un *instrumentum regni* si puissant.

3. Les dieux principaux à cette époque de confusion sont : Isis, Osiris, Sérapis, Mithras, Sabazius, Jupiter Dolichenus, etc. Les pratiques les plus étranges, empruntées à l'Orient, remplacent les vieilles coutumes romaines. Dans le sacrifice du Taurobole (Prudence, *Périst.*, 10, 1011), un prêtre immole un taureau dont le sang dégoutte à travers les ouvertures d'une planche, sur la tête de celui qui offre le taurobole et qui veut se purifier. (Cf. Boissier, *Relig. rom.*, I, 415.) Peut-être que dans le fameux groupe mithriaque du Louvre (n° 569), il serait plus naturel de voir un taurobole qu'une allégorie cosmogonique, comme le veut Froehner ; c'est ce que semble indiquer aussi l'inscription : *Nama Sebesion(n)*.

4. Vulcain et Vesta, dieux du feu, comptent parmi les dieux célestes.

5. Ainsi, trois divisions de la première classe : *dii superi, inferi*, et *terrestres* ou *medioxumi*. (Plaute, *Cist.*, 2, 1, 36.)

6. Le système des douze grands dieux est emprunté aux Grecs et paraît pour la première fois au commencement de la deuxième guerre punique, dans le lectisterne que l'on prépare à l'approche d'Annibal (Tite Live, 22, 10, 9). Les douze dieux (nommés *dii consentes*, conseil des dieux) étaient représentés sur le Forum par des images dorées. La liste en est donnée

souvent confondus avec les autres divinités tutélaires, paraissent toutefois plus étroitement unis aux choses et aux lieux[1], aux femmes depuis le moment de leur naissance, etc.[2]. — Les LARES, analogues aux *héros* grecs[3], et qui sont *publics* ou *domestiques*, paraissent être les mânes des ancêtres élevés au rang de héros et attachés à la maison[4]. — Les MANES[5], esprits des morts considérés comme divinités protectrices de la famille[6], et par suite presque identiques aux lares, habitaient sous terre et sortaient trois fois par an, lorsque l'on ouvrait sur le *comitium* à Rome une fosse appelée *mundus*[7]. D'après saint Augustin[8], le nom de mânes est une désignation générale pour les esprits, les lares désignant les bons et les lémures ou larves les mauvais. — Les PÉNATES[9] sont les dieux du foyer, qui président à l'approvisionnement[10].

3° Les HÉROS, SÉMONES, INDIGÈTES. — Les *sémones*[11] sont des dieux *moyens*[12] : on comptait parmi eux Priape, Hippona, Vertumnus, Pan, Faunus, Fatua, Silvain, Pomone, Flore, Pilumnus, Robigus, Laverna, Vacuna, etc.; les nymphes, les divinités des fleuves, etc. Le *Semo* par excellence (*Semo Sancus*)[13] était une divinité sabine qui avait un temple sur le Quirinal. — Les INDIGETES[14] désignent des dieux inférieurs de création récente, personnages fabuleux tels que Picus, Faunus, Janus, Énée, Évandre, etc., qui passaient pour avoir vécu dans le Latium. En leur qualité de *héros* nationaux et locaux[15], ils ont quelque analogie avec les lares et les pénates.

4° Les DIEUX COLLECTIFS inférieurs de la nature, faunes, silvains, lymphes, virae (*vires*). Ils paraissent surtout au service des dieux supérieurs.

Génèse du christianisme [16]. — Nous avons vu que le paganisme aryen

dans ces deux vers d'Ennius : « Juno, Vesta, Minerva, Ceres, Diana, Venus, Mars — Mercurius, Jovis, Neptunus, Vulcanus, Apollo. »

1. Serv., *ad Georg.*, 1, 302 : « Genius loci, vel rei, vel hominis. » Cf. *ad Aen.*, 5, 95 : « Nullus enim locus sine genio est, qui per anguem plerumque ostenditur. » Ce serpent, personnification du génie local, est décrit par Virgile (*l. c.*).
2. « Le *génie*, dit Hartung, est un *second moi intellectuel*, qui accompagne le moi corporel. » Les femmes appelaient leur génie *Junon*. — Plus tard (Serv. *ad Aen.*, 6, 43) on trouve la croyance à deux génies familiers, un bon et un mauvais. Les génies sont généralement représentés sous la forme de jeunes gens ailés. (Schömann, *de Manibus, Laribus, Geniis*, 1840).
3. L'étrusque *lar* signifie ἥρως. Voy. Hertzberg, *Lares et Pénates*, 1840; Fustel, *Cité antique*, p. 20.
4. Denys, 4, 2, traduit *lar familiaris* par ὁ κατ' οἰκίαν ἥρως.
5. Varr., *L. L.*, 6. 4 : « Bonum antiqui dicebant manum. » Même racine que μάκαρες?
6. *Lois des Douze Tables* : « Sos leto datos divos habento. » D'où la formule inscrite sur les tombeaux : D. M. S. (*dis manibus sacrum*).
7. *Mundus patet*. C'est une croyance étrusque.
8. *Cité de Dieu*, 9, 11. Cet admirable livre est une des sources les plus riches en renseignements sur l'ancienne religion romaine, qu'Augustin avait étudiée dans Varron.
9. De *penu* ou de *penitus*. Voy. Klausen, *Énée et les Pénates*, 1840 (all.).
10. Gerhard pensait que *penates* est le même mot en latin que *lares* en étrusque.
11. *Semihomones*.
12. *Medioxumi*.
13. *Qui sancit*.
14. *Indigena* ou *indu-agere*.
15. δαίμονες ἐγχώριοι. Cf. *Georg.*, 1, 498.
16. Est-il nécessaire d'avertir que dans ce qui suit il ne s'agit que de la genèse *politique et sociale* du christianisme?

n'a presque pas lutté contre l'invasion des cultes orientaux. Les cultes orientaux vainqueurs, soutenus par le paganisme officiel encore debout, se sont-ils mieux défendus contre le christianisme? L'histoire impartiale doit répondre que non, malgré les apparences contraires. Quand les Empereurs romains ont cru nécessaire d'agir, il était trop tard, le *bien* était déjà fait, et les persécutions n'ont pu que hâter, d'un siècle peut-être, le triomphe définitif du christianisme.

1. Les religions anciennes[1] étant toutes locales, les Anciens étaient tolérants hors de leur pays et intolérants chez eux. Cette intolérance était moins vive à Rome que partout ailleurs, à cause du caractère de la politique romaine, qui obligeait tant de races à vivre sous une même domination. Tertullien cite bien une loi défendant d'introduire à Rome une divinité qui n'eût pas été adoptée par le Sénat; mais il ne paraît pas que les infractions à cette règle aient été réprimées avec rigueur. L'attrait que les cultes étrangers exerçaient sur le peuple, ainsi que l'extension progressive du droit de cité, finirent par transformer Rome en un véritable bazar de religions. Toutes les fois que le gouvernement intervint, ce fut pour châtier un culte qui menaçait les institutions de l'État: ainsi il proscrivit les Bacchanales, à cause des débordements dont elles étaient le prétexte, et prohiba en Gaule le druidisme, qui semblait y entretenir ou y rallumer l'esprit d'indépendance. Sous l'Empire, Tibère se servit de la loi citée par Tertullien pour proscrire le culte d'Isis et déporter en une fois 4000 juifs; mais, là encore, il ne s'agit nullement d'une persécution religieuse. Outre cette loi, qui ne nous est pas autrement connue[2], on pouvait invoquer contre les chrétiens la loi de sacrilège, parce qu'ils brisaient les images, et la loi de majesté, parce qu'ils insultaient, disait-on, *à la félicité publique*, se tenant à l'écart, affectant un air triste et soucieux, fuyant les théâtres et les fêtes en l'honneur du prince. Les réunions séditieuses pouvaient être à Rome l'objet de poursuites : or les assemblées des chrétiens, tenues dans des maisons pauvres des quartiers populaires, étaient bien de nature à provoquer les soupçons de la police. Enfin, on accusait les chrétiens de sortilèges et de magie, crimes prévus et punis par l'ancienne législation. Les pouvoirs publics n'étaient donc pas entièrement désarmés en face du christianisme naissant; mais, soit ignorance, soit dédain, ils ne

---

1. Aubé, *Persécutions de l'Église*, t. I, p. 74 sqq., 186 sqq.; Leblant, *Bases juridiques des poursuites dirigées contre les martyrs*, Acad. des inscr., 1866; De Rossi, *Bulletino*, décembre 1868; Boissier, *R. D-M.*, 1878.

2. Cicéron y fait allusion, *de Leg.*, 2, 8.

songèrent pas à faire usage de leur force. Le christianisme put se développer en liberté, pendant quarante ans, dans les bas-fonds de la plèbe romaine. L'incendie de Rome, sous Néron, vint soudain révéler au monde le nom et les projets des chrétiens. Néron, voulant rejeter sur quelqu'un le crime qu'on lui imputait, ordonna une *descente de police* dans les bas quartiers de la ville, et fit périr dans les supplices ceux qu'on lui désigna comme les plus suspects, ces pauvres méditatifs, « ennemis du genre humain [1] », qui se réunissaient en secrets conciliabules et s'appelaient *chrétiens*. Ainsi la *première persécution*, comme on l'a nommée, n'eut pas un caractère religieux ni même légal : toutefois, l'éveil était donné, et Néron avait créé un précédent. On l'imita dans les provinces, les exécutions se multiplièrent, et c'est alors que la colère des chrétiens, voilée sous de sublimes images, paraît avoir éclaté dans l'*Apocalypse* [2], où est prédite la ruine de l'Empire. Dès lors, la persécution générale [3] commença, lente et *continue*, avec des recrudescences passagères, que l'on a appelées *les neuf persécutions*, et dont la plus violente, la seule systématique peut-être, est celle qui s'étend de Décius à Dioclétien. En 112, des chrétiens sont déférés au tribunal de Pline, légat-propréteur en Bithynie; il demande à l'Empereur ce qu'il faut faire, et Trajan répond : « Ne les recherchez pas, mais, si on les amène à votre tribunal, punissez-les [4]. » Trajan et Marc-Aurèle ne sont pas des persécuteurs ; seulement, on a appliqué sous leur règne les lois existantes, et l'on s'est conformé aux précédents, qui étaient défavorables aux chrétiens. Aussi les auteurs païens ne nous entretiennent-ils pas des *persécutions*, qui n'avaient rien d'anormal et n'inquiétaient pas l'opinion publique [5]. En vérité, l'Empire ne se douta du danger qui le menaçait que le jour où il était trop tard pour l'étouffer. Ce jour-là, le christianisme ne pouvait pas être vaincu, et l'Empire ne pouvait plus être sauvé. Entre la so-

---

1. Tacite (*Ann.*, 14, 44) : *Convicti odio generis humani.*
2. Voy. Albert Réville, *R. D-M.*, oct. 1863. Cette explication de l'Apocalypse, due à Reuss, n'est pas admise par la critique orthodoxe.
3. Politique, mais non religieuse. Si l'on veut contraindre les chrétiens à adorer les statues des Empereurs, c'est pour leur arracher un acte de soumission à l'autorité temporelle. Les religions anciennes, ne montrant pas le *salut* comme récompense de la foi, n'avaient pas l'obligation morale d'être intolérantes : un Torquemada est tout à fait impossible à Rome, même sous Décius. Richelieu luttant contre les protestants offre une image assez exacte de la lutte des Empereurs contre le christianisme.
4. La lettre de Pline, beaucoup trop élogieuse pour les chrétiens, semble avoir été fortement interpolée à une époque postérieure. (Opinion de Desjardins, combattue par Boissier.)
5. Dès 1681, Dodwell, dans son *Traité sur le petit nombre des martyrs*, essaya de prouver que la rigueur des persécutions avait été très exagérée. Cela fut même un lieu commun au XVIII° siècle. La critique moderne est arrivée à une conclusion analogue.

ciété antique, fondée sur la conception de la cité, et le christianisme, qui prêche la fraternité humaine, il n'y avait pas d'alliance durable, pas d'union possible; et quand le christianisme aura pris possession du pouvoir suprême, il ne pourra ou ne voudra pas défendre contre les Barbares un Empire sourdement miné par lui depuis deux siècles.

Caractère de la victoire du christianisme. — 1. Depuis Alexandre le Grand et la diffusion de l'hellénisme, le polythéisme aryen est mort. Il subsiste encore dans les arts, dans la littérature, dans les pompes officielles; mais il n'a plus de racines dans l'esprit de la foule. Le mysticisme oriental, sous ses formes les plus grossières, règne partout. Le christianisme n'a donc pas eu à vaincre le paganisme gréco-romain; à moitié oriental lui-même, il a combattu des religions orientales, et, s'il est resté vainqueur, s'il a seul pu devenir une *religion de gouvernement*, c'est qu'oriental et sémitique par son origine, il était aryen et hellénique par l'esprit.

2. Deux races ont rempli de leur bruit le monde antique, les Sémites et les Aryens. A ceux-ci est échue en partage la raison pratique, l'élévation morale qui fait les grands caractères, l'esprit politique qui fait les États durables, le sens du beau qui fait les chefs-d'œuvre. A ceux-là appartient le sens religieux, l'ardeur du prosélytisme, le mysticisme enfin, qui établit un lien direct entre l'homme et Dieu. Dès que le Panthéon aryen, œuvre élégante et froide des poètes, se trouva en présence des cultes de l'Orient, œuvres de prophètes et d'inspirés, il perdit son influence sur l'esprit des hommes; le polythéisme grec n'est déjà plus au moment où Rome conquiert le monde. Mais ces religions de l'Orient, presque toutes sensuelles, dégradantes dans leurs pratiques, avaient pour adversaires implacables les moralistes, les philosophes, si puissants dans l'antiquité classique, dont ils sont la gloire la plus haute. Longtemps, pendant trois siècles, le sens moral et le sentiment religieux restèrent en conflit. Un jour vint, cependant, où une religion orientale, la plus pure, la plus touchante qu'il ait été donné aux hommes de connaître, réconcilia, dans l'adoration du Crucifié, l'instinct religieux et l'instinct moral : ce jour-là s'appelle l'avènement du christianisme.

3. C'est bien en vain qu'on n'a voulu voir dans le christianisme qu'un judaïsme agrandi, une secte juive. A lui seul, avec son esprit d'exclusion, ses rites sévères, le judaïsme ne pouvait ni conquérir ni régénérer le monde. Le christianisme est né de la philosophie gréco-romaine infusée, comme un sang nouveau, dans les formes simples de la plus noble religion de l'Orient, le ju-

daïsme. Aryen par l'esprit qui l'anime, il est aussi aryen par sa base. Le dogme du péché originel, fondement de la Rédemption, est fondé lui-même sur quelques versets du chapitre III de la Genèse, qui répètent une tradition iranienne, c'est-à-dire aryenne. Le christianisme, comme tout progrès, est une synthèse, la synthèse de la philosophie et de la foi, de la conscience et de la croyance, de l'Occident et de l'Orient. « Les Juifs demandent des miracles et les Grecs cherchent la sagesse [1], » disait saint Paul ; et l'apôtre des Gentils ne se lasse pas de répéter « qu'il se doit également aux Juifs et aux Grecs [2] ».

4. Ainsi semble s'expliquer pour nous, par l'avènement définitif de sa propre philosophie devenue une religion, la grande révolution qui a mis fin au monde antique. La victoire du christianisme n'est pas un triomphe de l'esprit sémitique : c'est une renaissance de l'esprit aryen.

1. *I Cor.*, I, 22.
2. *Rom.*, I, 16 ; II, 9 ; *I Cor.*, I, 24, etc.

INDEX GÉNÉRAL ALPHABÉTIQUE

DES MOTS TECHNIQUES ET DES NOMS PROPRES.

AVIS. Les chiffres renvoient aux pages. Si le lecteur a quelque sujet déterminé en vue, il fera bien de chercher à l'Index *deux* articles qui s'y rapportent, et de n'ouvrir le Manuel qu'à une page où ils renvoient l'un et l'autre. — On a cru inutile de signaler tous les passages où sont mentionnés le nom d'un auteur ou le titre d'un ouvrage; mais les éditions des auteurs anciens cités dans l'*Histoire de la Philologie* ou ailleurs ont toujours été l'objet d'un renvoi sous le nom de ces auteurs. De la sorte, le présent Index pourra servir de complément à la partie du Manuel qui traite de la bibliographie classique.

A

Abac, 253.
Abandon, 232, 320.
Abaque, 55.
Abel, 156.
Abella, 129.
Abolla, 325.
About, 68.
Abréviations, 40, 45.
Abstraction, 350.
Académie, 233.
Academy, 28, 29.
Acanthe, 56.
Acatalectique (vers), 178.
Accarias, 295.
Accensi, 262, 272.
Accent, 130, 134.
Accius, 34, 115.
Accurse, 6, 309.
Accusateurs publics, 232.
Acerra, 91, 94.
Achéenne (ligue), 101.
Achille, 76.
Achilléennes (statues), 89.
Açoka, 32, 122.
Acominat, 20.
Acrotères, 58.
Acron, 115, 116.
Acropole, 21, 85.
Acta diurna, 38.
Actes, 192.
Actions, 220, 302, 305.
Adages, 7.
Adam, 329.
Adelung, 117.
Aditi, 345.
Adlectio, 279.
Adler, 74.
Adoption, 198, 229, 303, 322.
Adrogation, 303.

Ἀδύνατος, 216.
Adverbe, 113, 125, 151.
Aèdes, 164.
Aelianum (senatusconsultum), 302.
Aelia Sentia lex, 296.
Aerarii, 262.
Aerarium, 99, 313.
Aes, 99.
Aes et libra, 300.
Aétion, 90.
Affranchis, 213, 281, 297, 322.
Affranchissement, 36, 296.
Africain, 307.
Agamède, 63.
Agamemnon, 64, 207.
Agasias, 89.
Agathœrges, 210, 211.
Agela, 211.
Agéladas, 67, 70.
Ager publicus, 286.
Agésandre, 81.
Agglutinantes (langues), 119.
Agides, 209.
Aglaophamus, 245, 342.
Aglaophon, 67.
Agnation, 198.
Agnis, 345.
Agnone, 129.
Agora, 214.
Agoracrite, 71.
Agoranomes, 217.
Agraires (lois), 286.
Agricola, 7, 283.
Agriculture, 328.
Agrigente, 75, 103.
Agrippa, 84, 89.
Agustin, 8.
Ahânâ, 346.
Ahi, 346.
Ahriman, 346.
Ahrens, 5, 18, 30, 125.
Aicard, 76.
Ailly, 103.
Airain, 66.
Ajax, 79.
Alabastron, 91.

Alalcomène, 349.
Albanais, 151, 206, 207.
Albane, 25, 68.
Albert, 158, 159.
Album, 265.
Alcaïque, 186.
Alcamène, 71, 74.
Alcée, 126.
Alceste, 244.
Alcétas, 35.
Alciat, 6, 309.
Alcibiade, 234.
Alcman, 40, 44, 165.
Alcuin, 45, 46.
Aldes, 7, 29.
Aldobrandines (noces), 90.
Alea, 76, 79.
Alexamène, 39.
Alexandre, 24, 77, 78, 79, 100, 112, 127, 156, 253, 336.
Alexandre d'Aphrodisias, 114.
Alexandrie, 5, 16, 47, 100, 113, 126, 162.
Alexandrins, 15, 82.
Algérie, 32.
Alimentaire (table), 38.
Allard, 20.
Allatius, 10, 24.
Allégorie, 78, 341.
Alliés, 315.
Allitérations, 187.
Alphabets, 52.
Alphabet de l'art, 53.
Altération phonétique, 110.
Alypius, 164.
Amalfi, 309.
Amalthée, 14.
Amazone, 70.
Ambarvalia, 338.
Ambroise, 133.
Ambros, 18, 164.
Ameis, 18.
Amende, 221, 223, 242, 312.
Amendements, 36.
Amharique, 120.
Aminoclès, 226.

Amis du Prince, 280.
Ammonius, 113.
Amphiaraüs, 253.
Amphiclée, 253.
Amphictyons, 227, 228.
Amphidromia, 235.
Amphikupella, 64.
Amphithéâtre, 60, 85, 86, 333, 334.
Amphore, 91, 93, 222, 310.
Ampulla, 91.
Amulette, 254.
Amyclée, 65, 67.
Ἄν, 14, 112.
Anabase, 160, 225.
Anacharsis, 12, 254.
Anaclase (métr.), 189.
Anacréon, 22, 24.
Anacrisis, 220.
Anacruse (métr.), 181.
Anadyomène, 79.
Analogie, 115.
Analyse, 121.
Anapestes, 176, 181, 185.
Anaxagore, 203.
Anaximandre, 204.
Anciles, 337.
Ancre, 45.
Ancyre, 17, 37, 84, 85.
Andréia, 211, 212.
Andromède, 347.
Andronic, 82.
Anetus, 85.
Anglais, 153.
Anguilles, 236.
Annales, 17, 28, 29, 263, 279, 335.
Anneau d'or, 282, 326.
Année de confusion, 256.
Annibal, 157.
Annius de Viterbe, 5.
Annona, 104, 269.
Annonces, 39.
Antée, 88.
Antéfixes, 58.
Anténor, 67.
Antépirrhème, 192.
Antes, 57, 59

Anthema, 172.
Anthestéries, 250.
Anthologie, 12, 24, 47.
Anthon, 160.
Anthropomorphisme, 347, 348.
Antibacchius, 177, 187.
Anticirconflexe, 130.
Antidose, 224.
Antigone, 80.
Antinoéia, 86.
Antinoüs, 89.
Antioche, 100.
Antiochus, 82, 308.
Antispaste, 177.
Antipater, 113.
Antiquités grecques, 195.
Antiquités romaines, 255.
Antistrophe, 190.
Antisymbolik, 12, 342.
Ἀντιτίμησις, 232.
Antomosia, 221.
Antonin, 86.
Antoninus Liberalis, 339.
Aoriste, 151.
Apaturies, 250.
Apel, 176.
Apelles, 79.
Apex, 135, 336.
Aphamiotes, 212.
Aphérèse, 179.
Aphréphorie, 224.
Aphrodite, 70, 71, 76, 79, 350.
Aphye, 236.
Apocalypse, 356.
Apodectes, 218.
Apollino, 25.
Apollodore, 79, 86, 339.
Apollon, 25, 68, 69, 76, 84, 349, 352.
Apollonius, 12, 81, 88, 113, 114.
Ἀποθέται, 210.
Apophonie, 121, 139.
Ἀποφράδες, 247.
Apostasie, 213.
Apostoles, 219.
Apothéose, 89, 278.

Apoxyomène, 70, 78.
Appariteurs, 271.
Appel, 300.
Appien, 12, 137.
Aptère (Victoire), 73.
Apulée, 11.
Arabique, 120.
Araméen, 120.
Arbitres, 301.
Arc, 57, 58, 61, 85.
Arcadie, 103, 208.
Archélaüs, 89.
Archéologues, 2.
Archermos, 66.
Archers, 220.
Archiâtres, 239, 329.
Archiloque, 166, 183, 184, 189.
Archiloquien, 184.
Archinus, 33.
Architecture, 53.
Archithéorie, 224.
Architrave, 55.
Archives, 215, 324.
Archonte, 35, 200, 215, 216, 220, 224, 229.
Ardanion, 91.
Ardée, 83.
Ardettos, 217.
Aréopage, 216, 220, 231.
Arès, 349.
Argées, 336.
Argent, 98.
Argos, 25, 63, 103.
Ariobarzane, 82.
Aristarchus, 9.
Aristarque, 5, 12, 16, 46, 47, 113.
Aristide, 88, 164, 176, 212, 216.
Aristion, 68.
Aristoclès, 68.
Aristodème, 35.
Aristonic, 164.
Aristophane, 5, 46, 113, 126, 131, 159.
Aristophanien, 183.
Aristophon, 220.
Aristote, 6, 17, 18, 19, 22, 110, 112, 162, 165, 168, 203, 220, 222, 231.

Aristoxène, 163, 176.
Armarium, 298.
Armée romaine, 313.
Armement, 208, 262, 314, 315, 319.
Arménien, 120.
Arnold, 18, 160.
Arndt, 40.
Aroza, 86, 319.
Arrezzo, 83.
Arrhes, 230.
Arria, 81.
Arrien, 318.
Arsis, 176.
Art, 53, 60.
Art poétique, 18.
Artaud, 30.
Artémis, 349.
Article, 113, 144.
Arundel, 18.
Arundo, 41.
Aruspices, 337.
Arvales, 19, 278, 338.
Aryballe, 91.
Aryens, 111, 204, 357.
Arystique, 91.
Arytène, 91.
As, 7, 99, 310.
Asclépiade, 188.
Ascoli, 20, 39, 141.
Asconius, 115.
Asile, 242.
Assemblées, 272.
Assidui, 262.
Assimilation, 139.
Assos, 25.
Assurances, 231.
Ast, 18, 162.
Astarté, 350.
Astérius, 43.
Astragale, 54, 258.
Astronomie, 163.
Astu, 208.
Astynomes, 217, 234.
Asuras, 346.
Asynartète (vers), 178.
Atélie, 223.

Athénaion, 29, 31.
Athéné, 346.
Athénée, 8, 12, 16, 88, 165, 236.
Athènes, 16, 25, 82, 86, 103, 212.
Athénis, 66.
Athénodore, 81.
Athos, 24.
Atimie, 222.
Atlantes, 57.
Atrium, 60, 82, 85, 323.
- Attale, 81.
Attidiens, 37.
Attique (dialecte), 127.
Aubé, 39, 158, 335, 355.
Auberges, 61, 239.
Aubigné, 9.
Auctoritas, 260, 275.
Aufrecht, 18, 32, 118, 129.
Augias, 346.
Augment, 147.
Augures, 337.
Auguste, 21, 38, 84, 85, 89, 101, 276, 278, 281, 282, 289, 293, 338, 353.
Augustin, 8, 134, 135, 164, 354.
Aulétique, 165.
Aulu-Gelle, 5, 115.
Aurélius Victor, 57, 298.
Aureus, 99, 310.
Aurispa, 6.
Aurore, 346.
Ausone, 30.
Auspicato, 263.
Autel, 25, 69, 197, 241, 331, 349.
Autel des Douze Dieux, 241.
Authentiques, 309.
Autonomie, 98, 287.
Auxiliaires, 317.
Auxilium, 268.
Avellino, 20.
Avers, 98.
Avezac, 22.
Avocats, 220.
Azara, 78.

B

Babin, 71.
Babrius, 20, 21, 186.
Bacchanales, 26, 38, 93, 136, 352.
Bacchante, 75, 94.
Bacchius, 164, 175, 187.
Bacchus, 76, 103.
Bacchylide, 166.
Bachelet, 27.
Bachofen, 157, 199, 207.
Bacis, 253.
Bactriens, 100.
Bader, 252.
Badham, 19.
Bähr, 15, 24, 158.
Bährens, 18.
Bailly, 112, 138, 162.
Baiter, 16.
Balbus, 85.
Baliste, 318.
Balistique, 225.
Balle, 328.
Balles de fronde, 39.
Balzac, 8, 258.
Bamberg, 24.
Βαναυσία, 257.
Bandeau, 235.
Bandini, 13, 23.
Banduri, 12.
Bankes, 40.
Banque, 238.
Banquets, 236, 332.
Bantia, 33, 38, 129.
Barbe, 325.
Barberini, 84.
Barbitos, 167.
Baret, 127.
Barlaam, 164.
Barnes, 10.
Barras de la Penne, 226.
Bartels, 164.
Barth, 10.
Barthélemy, 12, 117, 234.
Barthélemy Saint-Hilaire, 119.
Bartole, 309.
Bas-Empire, 284.

Basalte, 54.
Base, 54, 181, 189.
Basile, 109.
Βασιλεύς, 207.
Basilique, 84, 86.
Basiliques, 509.
Bassae, 56, 75.
Bassiano, 107.
Bast, 18, 39, 50.
Bataille d'Alexandre, 91.
Bâtard, 198, 229, 254.
Bathyclès, 66, 67.
Bathylle, 173.
Baubo, 249.
Baudry, 118, 121, 339, 343, 345.
Baur, 157.
Bayet, 63.
Bayle, 27.
Beams, 126.
Beaufort, 157.
Becker, 15, 27, 107, 254, 257, 269.
Becq de Fouquières, 238, 328.
Bède, 85.
Beethoven, 170.
Bekker, 15, 48, 113, 137, 307.
Behrend, 308.
Bélier, 318.
Bell, 30.
Bellermann, 18, 164, 165, 170, 171.
Bellérophon, 346.
Belot, 282.
Belvédère, 25, 81, 88.
Bembo, 6, 47.
Bénard, 61.
Bénary, 18.
Bénédictins, 45.
Benfey, 4, 14, 18, 109, 117, 131, 134.
Beni-Hassan, 55.
Benloew, 14, 110, 119, 121, 129, 130, 132, 144, 150, 154, 158, 176, 199, 206, 240.
Benndorf, 244.
Benoist, 13, 16, 114, 116, 160, 194.
Bentley, 10, 47, 132, 156, 175.
Béotie, 102.

Béotiens, 62.
Bergaigne, 122, 153, 346, 347.
Berger, 22, 160.
Bergk, 16, 39, 140, 158, 217.
Berlanga, 288.
Berlin, 24, 26.
Bernard, 293.
Bernardakis, 25.
Bernay, 242.
Bernays, 8, 18, 51.
Berne, 24.
Bernhardy, 3, 4, 16, 112, 158.
Bertrand, 62, 349.
Bessarion, 7, 24.
Bestiaires, 334.
Bethmann-Hollweg, 18, 307.
Beulé, 21, 53, 58, 62, 65, 67, 71, 73, 74, 83, 97, 211.
Bibasis, 173.
Bibliographie, 23, 27.
Bibliothèques, 11, 23, 28, 84, 86.
Bibra, 42.
Bideoi, 210.
Bielchowsky, 211.
Bigati, 103.
Bikélas, 46.
Bilingues (monnaies), 107.
Birch, 92.
Birème, 226.
Bischop, 19.
Bissextile, 256.
Blacas, 97.
Blakesley, 159.
Blanc, 53, 54, 56, 58, 59, 61.
Blandiniens (manuscrits), 47.
Blass, 18, 159.
Blaydes, 19, 159.
Blé, 222.
Bleek, 207.
Bloch, 281.
Block, 341.
Blomfield, 18.
Blondel, 22.
Bloomfield, 19, 160.
Blot, 157.
Blouet, 62, 74.

Blume, 23.
Blümner, 237.
Boarium (forum), 89.
Bobbio, 23, 42.
Boccace, 6.
Bochart, 342.
Bockemüller, 49.
Böckh, 3, 4, 5, 8, 13, 14, 16, 17, 26, 31, 48, 65, 86, 117, 119, 133, 164, 170, 171, 175, 176, 189, 190, 200, 204, 213, 217, 219, 223, 224, 225, 262.
Böcking, 285.
Bode, 339.
Bodléienne, 24.
Boëce, 164.
Böhtlingk, 122.
Boissier, 19, 20, 21, 37, 38, 39, 49, 87, 88, 90, 96, 114, 115, 157, 160, 161, 172, 175, 269, 283, 333, 338, 339, 350, 353, 355, 356.
Boissonade, 20, 21.
Bonald, 109.
Bonaparte, 93.
Bonitz, 17, 162.
Bonstetten, 255.
Bopp, 15, 21, 118, 121, 147, 152.
Borghèse, 25.
Borghesi, 19, 32, 37, 38, 276.
Borromée, 23.
Bos, 11, 116.
Bosphore, 99.
Bossuet, 1, 258.
Botanique, 162.
Bötticher, 74, 241.
Böttiger, 14, 53, 93.
Boua, 211.
Bouchard, 310.
Bouché-Leclercq, 253, 335.
Bouchut, 162.
Bouclier, 102.
Boudroun, 79.
Bouhier, 12.
Bouillet, 27.
Bouillier, 22.

Boulé, 213.
Bourgault-Ducoudray, 164.
Boustrophède, 33, 105.
Boutmy, 53.
Boutroux, 162.
Brachet, 110.
Bractéates, 98.
Brahmanes, 120.
Braies, 325.
Brambach, 18, 114, 189.
Brandis, 18, 162.
Bras nouveau, 25.
Brasse, 178.
Bratuscheck, 14.
Braun, 207.
Bréal, 4, 16, 17, 28, 32, 36, 37, 38, 97, 108, 109, 120, 127, 129, 130, 134, 140, 142, 147, 149, 338, 339, 340, 341, 343, 344, 345, 346, 347, 348, 352.
Brescia, 76.
βρέτας, 63.
Breton, 87.
Briau, 239.
Briques, 54.
Brisson, 8.
Brockhaus, 27.
Brodequins, 235, 325.
Broglie, 158.
Bronsted, 20, 62, 68.
Bronzes, 35, 38, 66, 99.
Brouet, 211, 236.
Brücke, 134.
Brucker, 160.
Brugman, 47, 113, 135.
Brunck, 12.
Brunet, 29.
Brunet de Presle, 21.
Bruni, 6.
Brunn, 18, 26, 61, 65, 71, 74.
Bruns, 300.
Bruppacher, 129.
Brutus, 10, 17.
Bryenne, 163.
Buchanan, 7.
Bucher, 330.

Bücheler, 18, 36, 37, 136, 138, 139, 140, 143.
Bucholtz, 175.
Bucoliques, 172.
Bucranes, 57.
Budé, 7.
Budget, 313.
Bularchos, 67.
Bulengerius, 238 327.
Bulle, 320.
Bulletin, 29, 32.
Bunsen, 15, 84.
Bupale, 66.
Bureaucratie, 280, 284.
Bureaux, 281.
Burette, 163, 169, 170.
Burgon, 93.
Burigny, 12.
Burkhardt, 157.
Burmann, 11, 310.
Bürmann, 229.
Burnell, 122.
Burney, 163.
Burnouf, 20, 30, 64, 73, 118, 121, 158, 160, 340, 343.
Bursian, 18, 29, 77.
Bustes, 89.
Butade, 58, 66.
Buttmann, 14, 112.
Byron, 18, 172.
Bywater, 19.
Byzance, 5, 6, 12, 27, 46, 102, 113, 345.
Byzantine, 14, 15, 30, 63, 104.
Byzantins, 12, 30, 63, 127, 155.
Βωρονίκης, 211.

C

Çabalas, 346.
Cabires, 246.
Cacus, 345, 346.
Cadastre, 312.
Cadran solaire, 255.
Caducaires (lois), 306, 312.
Caecias, 347.
Caelatura, 95.

Caere, 83.
Caesius Bassus, 115.
Caillemer, 36, 211, 215, 216, 217, 228, 229, 230, 337.
Calamis, 95.
Calamus, 41.
Calates (comices), 259.
Calendes, 257.
Calendrier, 37, 204, 255.
Calepin, 6.
Caligae, 325.
Caligula, 75.
Callias, 238, 251.
Callicrate, 72.
Callimaque, 5.
Callion, 67.
Calliope, 171.
Callipe, 205.
Callistrate, 63, 88.
Calmette, 117.
Calomnie, 79.
Calvary, 28.
Camées, 95.
Camérarius, 7.
Camille, 314.
Camp, 318.
Campana, 25, 92.
Campbell, 160.
Campolattaro, 38.
Canabae, 39.
Canachus, 67.
Canciani, 308.
Canina, 20, 78.
Canistres, 91.
Cannelures, 54, 56.
Canthare, 91.
Canticum, 71, 194.
Cantù, 20, 155.
Canuleia (loi), 297.
Capella, 3, 9, 116, 165.
Caper, 115.
Capitale (écriture), 44.
Capitation, 312.
Capite censi, 262.
Capitole, 83, 89.
Capitolin, 25.

Capiton, 306.
Capnion, 7.
Capoue, 76.
Capréa, 173.
Capuchon, 235, 325.
Caracalla, 86, 203.
Carapanos, 31, 36, 252.
Carcères, 59.
Carchésion, 91.
Carey, 117.
Carnies, 251.
Caro, 21.
Carpentier, 45.
Carrare, 53.
Carrières sénatoriale et équestre, 282.
Cartelier, 224.
Carteronus, 107.
Carvilius, 34.
Caryatides, 57, 84.
Cas, 138.
Casaubon, 8.
Casina, 38.
Cassel, 26.
Cassiens, 306.
Castella, 286.
Castor, 352.
Castrucci, 40.
Catalectique (vers), 178.
Catalexe (métrique), 178.
Catalogne, 28.
Catapulte, 318.
Catherine, 117.
Catilina, 21.
Caton, 267.
Catulle, 9, 15, 19, 47, 160, 180.
Cauer, 34, 126.
Caulicoles, 56.
Causia, 235.
Cavaedium, 60.
Cavalerie, 208, 211, 225, 315.
Cavea, 59, 334.
Cavedoni, 20.
Cavino, 107.
Caylus, 12, 62, 93.
Céadas, 210.
Ceccaldi, 52.

Cécilia Métella, 84.
Ceinture, 235.
Celeres, 260, 314.
Cella, 59.
Celsus, 115.
Celtes, 7.
Celtique, 120.
Cens, 223, 262, 267, 288.
Censure, 266, 269.
Centaures, 346.
Centralisation, 280.
Centumvirs, 301.
Centuriates (comices), 272.
Centuries, 262, 316, 317.
Céramique, 25, 91.
Centurions, 316.
Céphalas, 5, 47.
Céphise, 249.
Céramique, 25, 91.
Cerbère, 346.
Cercueil, 240, 330.
Cérès, 349.
Céryces, 254.
César, 11, 21, 47, 101, 115, 157, 160, 161, 256, 352.
Césarée, 99.
Cesnola, 26, 32, 64, 242.
Cestius, 85.
Césure, 180.
Chacon, 8.
Chaignet, 161.
Chalcis, 103.
Chalcondyle, 7.
Chalcus, 100, 222.
Chaldéen, 120.
Chambranle, 57.
Champ, 98.
Champagny, 157.
Chandler, 18, 31.
Chapeaux, 235, 325.
Chapelle, 331.
Chapiteau, 54.
Chappell, 164.
Charades, 237.
Charès, 80.
Charles III, 87, 88.

Chariklès, 15, 234.
Charisius, 116.
Charlemagne, 46.
Charma, 108.
Charta, 40.
Chasles, 162, 232.
Chassang, 112, 113, 127, 131, 138.
Chassant, 40, 45.
Chasse, 334.
Chaudron, 91.
Chaussures, 325, 326.
Chavée, 22.
Chéirotonie, 214.
Chemise, 235, 324, 326.
Chénice, 222.
Chernips, 91.
Chéroboscus, 113, 127.
Chersiphron, 65.
Chéruel, 27, 254.
Chet, 32.
Chevalier, 155.
Chevaliers, 212, 262, 267, 281, 282, 284, 334.
Chevaux de frise, 318.
Cheveux, 325.
Chevrons, 92.
Chiaramonti, 25.
Chiffres, 163.
Childers, 125.
Chimie, 163.
Chinois, 110, 119, 154.
Chios, 98.
Chipiez, 55, 58.
Chiton, 214, 234.
Chitônion, 235.
Chiusi, 93.
Chlamyde, 235.
Chlanide, 235.
Chlaîna, 235.
Chœurs, 189, 191, 192.
Choisy, 61, 337.
Choiseul, 25, 63, 72.
Choliambe, 186.
Chorégie, 223.
Choriambe, 177, 187.
Choricius, 63.

Chouette, 102.
Christ, 18, 171, 172, 176.
Christianisme, 204, 354, 355, 356.
Christine, 9.
Chromatique, 168.
Chrysargyre, 312.
Chrysippe, 113.
Chrysolaras, 6, 113.
Chrysostome, 21, 160.
Chypre, 26, 32, 64.
Cicéron, 5, 6, 7, 10, 15, 16, 18, 20, 22, 30, 42, 43, 47, 89, 116, 157, 160, 161, 353.
Cicéronianisme, 6.
Cicones, 207,
Ciments, 54.
Cimon, 67, 102, 229.
Cinctus Gabinius, 324.
Cinq-Cents, 213.
Cintre, 58.
Cippe de Pérouse, 129.
Circenses, 332.
Cirque, 59, 60, 83, 333.
Ciselures, 70.
Cistes, 83.
Cistophores, 100.
Citations (loi des), 308.
Cité, 199.
Cité antique, 196.
Cithare, 166.
Citoyens, 296.
Civitas, 283.
Clairon, 168.
Clarac, 20, 26, 61.
Clarissimi, 283.
Clarotes, 212.
Clason, 157.
Classement, 50.
Classen, 18, 111.
Classes de verbes, 149.
Classical Journal, 28.
Classification des langues, 111, 119.
Classis, 261, 262.
Claubry, 252.
Claude, 38, 115, 157, 334.
Claudien, 9, 132, 160.

Claveaux, 58.
Clazomènes, 98, 106, 224.
Cléarque, 67.
Clef de voûte, 58.
Clemm, 3.
Cléomène, 89.
Clepsydre, 205, 224, 255.
Clericus, 11.
Clermont-Ganneau, 344, 345.
Clérouquie, 227.
Client, 199, 260, 261.
Clientèle, 201.
Clinton, 19.
Clisthène, 202, 215, 216, 218.
Cloaque, 83.
Çloka, 186.
Clonas, 161.
Clossius, 308.
Cluverius, 10, 156, 253.
Cnide, 36, 76.
Cobet, 13, 15, 19, 20, 28, 29, 40, 47, 48, 49, 52.
Cocheris, 28.
Cockerell, 62.
Codes, 307.
Codex, 41.
Codicilli, 306.
Codrus, 6, 216.
Coemptio, 303, 319.
Coena, 326.
Cœurdoux, 117.
Cognation, 198.
Cognitions, 307.
Cognomen, 322.
Cogordan, 64.
Cogornierus, 107.
Cohen, 97.
Cohors, 280, 315, 316.
Coiffures, 235, 325, 326.
Côla, 178.
Colacrètes, 218.
Colebrooke, 117, 119.
Colisée, 55, 85, 334.
Collation, 49.
Collections de textes anciens, 29.
Collèges, 233, 337.

Collignon, 233, 344.
Cologne, 24.
Colombaires, 61.
Colomban, 23.
Colombes capitoliennes, 91.
Colométrie, 193.
Colonies, 226, 286, 287.
Colonne, 54, 57, 59, 86.
Colons, 296.
Colosse, 80.
Combles, 57.
Comédie, 244.
Comices, 259, 272, 278, 293.
Comiques latins, 194.
Comitium, 259.
Commation, 192.
Commerce, 237, 328.
Comminianus, 115.
Commodien, 96, 183.
Commos, 171, 192.
Communisme, 198, 211.
Comnène, 46.
Cômos, 250.
Comparaison, 141.
Comparatif, 123.
Comparetti, 20, 96, 161, 348.
Comperendinatio, 302.
Compitalia, 262.
Compluvium, 325.
Composite, 57.
Composition des mots, 125.
Comptes publics, 36.
Comites, 285, 292.
Concile, 293.
Conciliabulum, 285.
Concio, 259.
Condillac, 110.
Condyle, 222.
Conestabile, 20, 32.
Confarreatio, 129, 303, 319.
Confiscations, 223.
Confréries, 337.
Conge, 222.
Conington, 19, 160.
Conjonctif, 145.
Conjonctions, 124, 152, 153.

Conjugaisons, 125, 146, 150.
Connubium, 296, 297.
Conquête romaine, 203.
Conscripti, 274.
Conservateurs, 48.
Considérants, 36.
Consilium principis, 280.
Consistorium principis, 280.
Consolation (de Cicéron), 6.
Constant, 342.
Constantin, 157, 296, 308.
Constitutio, 289, 306.
Consualia, 333.
Consul, 264, 279.
Consulaires, 103.
Contraction, 139.
Contrats, 36, 230.
Contrat de fiducie, 304.
Conventio in manum, 319.
Convictores, 280.
Conze, 18, 31, 62.
Copaïs, 256.
Copenhague, 24.
Copistes, 43.
Cora, 66.
Coray, 12.
Corcyréen, 53.
Cordace, 173.
Corèbe, 74.
Corinthe, 69, 102.
Corinthien, 56.
Cornarius, 237.
Corne, 167.
Cornelia (loi), 107.
Corniche, 55.
Cornificius, 103, 115.
Cornwall-Lewis, 19.
Corporations, 337.
Corpus juris, 309.
Correctores, 289.
Corssen, 17, 32, 37, 114, 129, 130, 149, 258.
Cortambert, 155.
Coruncanius, 305.
Corvées, 312.
Corvey, 5, 23.

Corybantes, 245.
Cos, 76.
Cosmoi, 212.
Cothurne, 235, 244.
Coton, 235.
Cotta, 84.
Cottabe, 237.
Cotyle, 91, 222, 310.
Coudée, 222.
Cougny, 12.
Coulonche, 62.
Coupe, 94.
Coupole, 58.
Courcelle-Seneuil, 196.
Courses, 248, 333.
Courtaud-Diverneresse, 112.
Cousin, 21, 30, 60, 162.
Cousinéry, 101.
Coussemaker, 169.
Couteaux, 327.
Cox, 19, 339.
Cramer, 19, 233.
Crase, 179.
Cratère, 33, 91.
Cratès, 5, 13, 115.
Cratinus, 128.
Craton, 67.
Cratyle, 109, 110.
Crayon, 41.
Crémation, 204, 240, 329.
Crète, 212.
Crétique (vers), 176, 187.
Creuzer, 14, 245, 339, 342.
Crevier, 12.
Crinitus, 6.
Crisa, 247.
Critias, 93.
Critique des textes, 10, 47, 62.
Croiset, 160.
Croix, 296.
Crossette, 57.
Crouslé, 30.
Cruphia, 45.
Cruquius, 47.
Crutwell, 158.
Cryptoportique, 60.

Ctésibius, 166, 205.
Cubeia, 238.
Cucheval, 161, 220, 267.
Cuiller, 327.
Cuir, 100.
Cuisine, 236, 327.
Cuivre, 100.
Cujas, 8, 308, 309.
Culte des morts, 197.
Cultes orientaux, 202.
Cultores deorum, 358.
Cumes, 53.
Cunei, 59.
Cunningham, 100.
Curatelles, 282.
Curator ludorum, 332.
Curateurs, 280, 294.
Cùres, 258.
Curia, 259, 275.
Curiales, 294, 315.
Curiates, 259.
Curie, 84, 199, 258.
Curio, 259.
Curios, 229.
Cursive, 44.
Cursus honorum, 264, 281, 283, 284.
Curtius, 17, 29, 31, 71, 74, 111, 112, 118, 119, 126, 138, 145, 147, 155, 206, 208, 214.
Custos urbis, 260.
Cuvier, 12, 162.
Cyathes, 91.
Cycles, 205.
Cyclopaedia, 27.
Cyclopes, 63, 349.
Cymaise, 55.
Cyniques, 203.
Cynosarge, 235.
Cyprien, 169.
Cypsèle, 66.
Cyrrhestes, 82.
Cyriaque, 6, 31, 71.
Cyrille, 116.
Cyrus, 80.
Cyzique, 99.

D

D final, 140, 194.
Dacier, 9, 13.
Dactyles, 63, 177, 179.
Dactyles éoliens, 162.
Dadouquie, 251.
Daduchos, 16.
Damophile, 67, 89.
Daphnis, 74.
Danse, 172, 173, 321.
Dante, 5, 96.
Danville, 14.
Darmesteter, 339, 343, 347.
Dareste, 8, 30, 220, 228, 231.
Daremberg, 22, 27, 163, 239.
Dariques, 99.
Darling, 28.
Darwin, 110.
Daveluy, 22.
David, 22.
Décemvirs, 202, 270, 301.
Decharme, 27, 339, 342.
Décisions, 308.
Déclinaison comparée, 139.
Déclinaison sanscrite, 122.
Décor, 244.
Décrets, 214.
Decumae, 311.
Decumani, 313.
Décurions, 101, 292, 315.
Dédale, 63.
Déditices, 299.
Deditio, 289.
Deductio, 319.
Deeke, 32, 129.
Défenseurs, 292.
Déflexion, 121.
Dehèque, 21, 127.
Déjeuner, 236, 326.
Delaberge, 22, 59, 157.
Delambre, 163.
Delaunay, 253.
Delbrück, 18, 153.
Deliles, 24.

Delorme, 56.
Délos, 51, 75, 241.
Delphes, 31, 252.
Delubra, 331.
Demangeat, 295.
Démarate, 89.
Déméter, 349.
Démétrius, 63.
Deminutio capitis, 298.
Démiurges, 212.
Démocède, 239.
Démocratie, 202.
Démos, 208.
Démosthène, 16, 22, 24, 30, 47, 156, 160, 220.
Denier, 98, 310.
Denis, 28, 161.
Denticules, 56.
Denys, 111, 113, 226.
Dérivation, 125.
Dermatique, 248.
Dernier déterminant, 131.
Dervieux, 107.
Dés, 258, 528.
Deschamps, 29.
Deschanel, 160.
Désertion, 225.
Desgodetz, 85.
Desjardins, 19, 32, 34, 37, 38, 39, 255, 278, 282.
Désinences, 147, 148.
Detestatio sacrorum, 259.
Dettes, 213, 300, 301, 302.
Deuil, 240, 331.
Dêvanâgari, 32, 122.
Deville, 22, 94.
Devins, 253.
Devise, 98.
Devotio, 56.
Deuil, 240, 331.
Dézobry, 22, 27, 319.
Diacriens, 212.
Diadème, 235.
Diadoches, 100.
Diadumène, 70.
Dialectes, 126, 129.

Diamants, 95.
Diamartyria, 221.
Diane, 25, 65, 74, 82, 83, 349.
Diatonique, 168.
Dibutade, 66.
Dicastes, 217.
Dictateur, 270.
Dictionnaires, 112, 122.
Didascalies, 167.
Didymaeon, 74.
Didot, 8, 21, 27, 30, 40, 42, 112, 160.
Didyme, 113.
Dieffenbach, 18.
Diekplous, 226.
Diétètes, 217.
Dietrich, 127.
Dietz, 359.
Dieux romains, 555.
Diez, 118.
Diffamation, 231.
Digamma, 33, 127, 137, 171.
Digeste, 24, 508.
Dikai, 220.
Dindorf, 16, 19, 48, 114, 160, 189.
Dîner, 236, 326.
D:obélie, 219.
Diocèses, 292.
Dioclès, 231.
Dioclétien, 38, 86, 277, 284, 307.
Diodore, 11.
Diogène, 84.
Diomède, 116, 130, 133.
Dion, 75.
Dion Cassius, 30.
Dionysies, 250.
Dioscures, 164.
Dioscuride, 95.
Diphthera, 235.
Diphthongues, 128.
Diplé, 45.
Diplomatique, 9, 40.
Diplômes militaires, 39.
Diplômes pédestres, 39.
Dipodie (mètr.), 182.
Dipoinos, 66.

Diptyques, 37, 40, 95.
Dirae, 36.
Dircé, 81.
Diribitoire, 84.
Discession, 275.
Discobole, 25, 70.
Dissen, 18, 205.
Dissimilation, 139.
Distique alcmanique, 181.
Distique archiloquien, 181.
Distributions, 332.
Dittenberger, 18, 31.
Diverbium, 172, 194.
Divi, 278.
Divination, 252.
Divorce, 229, 303.
Dobrée, 10.
Dochmiaque, 177, 187.
Docimasie, 213, 214, 241.
Döderlein, 5, 115.
Dodone, 31, 36, 252.
Dodwell, 65, 93, 357.
Doigt, 222, 310.
Dol, 231.
Dolet, 7.
Dolichenus, 353.
Dôme, 58.
Domitien, 86.
Dommages-intérêts, 230.
Donaldson, 19, 59, 112, 129, 158, 160, 207, 242, 244, 349, 350.
Donat, 116.
Donations, 229.
Donnegan, 112.
Dora d'Istria, 241.
Dorien, 33, 126.
Doriens, 208.
Dorique, 55.
Dorothée, 309.
Doryphore, 70.
Dosithée, 113.
Dot, 229, 230, 303.
Douanes, 222, 311.
Double, 157.
Doublets, 139.
Doublier, 155.

Dousa, 9.
Douze Tables, 271, 301.
Drachme, 222.
Dracon, 175, 213, 231.
Dräger, 18, 114.
Drakenborch, 11, 160.
Drame satyrique, 244.
Drapeaux, 317.
Dresde, 26, 69.
Dreykorn, 47.
Drobisch, 18, 180.
Droit, 98, 297.
Droit civil d'Athènes, 228.
Droit criminel d'Athènes, 231.
Droit d'ainesse, 201.
Droit décemviral, 301.
Droit Papirien, 300.
Droit de port, 223.
Droit prétorien, 304.
Droit romain, 299.
Droysen, 18, 156.
Drumann, 157, 237.
Dryopes, 65.
Dübner, 19, 21, 133.
Dubois, 74.
Dubois-Guchan, 157.
Duc, 285.
Ducange, 9.
Ducénaires, 282.
Duchesne, 24.
Duel, 14, 126, 140.
Dugit, 216.
Duhn, 36.
Duilienne (colonne), 48, 135.
Dumarsais, 143.
Dumont, 36, 92, 93, 94, 233.
Duncker, 155.
Dunlop, 19.
Duntzer, 47, 113, 158.
Dupond, 258.
Dupuis, 342.
Dupuy de Lôme, 226.
Dureau de la Malle, 310.
Duruy, 13, 86, 156, 157, 208, 276, 280, 282, 284, 318.
Dutrey, 149.

Dux. 292.
Dydus, 344, 345.
Dyer, 155, 214.
Dyscole, 113.

E

Ebert, 18, 28, 161.
Ecdotique, 49.
Échecs (jeu des), 238, 329.
Échine, 55.
Eckhel, 11, 97, 104.
Ekstein, 4.
Ecclesia, 214.
École, 321.
École normale, 24.
Ecphante, 67, 89.
Écritures, 35.
Édit, 305.
Édit perpétuel, 307.
Édiles, 268, 279, 332.
Éditions classiques, 160.
Éducation, 233, 321.
Effigie, 101.
Égaux (à Sparte), 209.
Egger, 4, 13, 20, 21, 31, 34, 35, 36, 40, 42, 44, 111, 118, 127 131, 144, 153, 220, 222, 231, 233, 244, 252, 321.
Ἐγγύησις, 232.
Égide, 345.
Égine, 58, 67, 68, 102.
Egregius, 285.
Eichhoff, 118.
Eichstaedt, 14.
Eichthal, 64, 127.
Einsiedeln, 31.
Eisangélie, 214, 215, 232.
Eisodia, 182.
Eisphora, 223.
Eissner, 207.
Ἐκτημόριοι, 213.
Élagabal, 85.
Électre, 99.
Éléen, 36, 126.
Élégiaque, 181.

Éléphantine, 40.
Éleusinies, 249.
Éleusis, 74, 245.
Elgin, 26, 72, 73.
Élien, 62, 318.
Élis, 70.
Élision, 178, 179.
Ellendt, 18.
Ellipse, 116.
Ellis, 19, 26, 159.
Éloges, 37.
Elpinice, 229.
Émail, 90.
Embatérique, 182.
Emmanuel de Lorraine, 88.
Emmius, 9.
Emméléia, 172.
Empédocle, 245.
Empélores, 210.
Empereur, 276.
Emphythéose, 242.
Empire, 276.
Emprunts, 224.
Encastées (médailles), 107.
Encorbellement, 58.
Encres, 41.
Encyclopédies, 27.
Ἔνδαξις, 220.
Enderis, 129.
Endlicher, 24.
Endoeus, 67.
Énée, 200.
Enfants, 229, 320.
Engelmann, 28.
Enharmoniques, 169.
Ennius, 115.
Énomotarques, 211.
Enseignement, 233.
Entablement, 55.
Enterrement, 240.
Envoûtement, 254.
Éolien, 126, 208.
Épaminondas, 225.
Épéios, 63.
Épeunactes, 209.
Éphèbes, 225.

Éphébie, 235.
Éphéméris, 29, 31, 32.
Éphèse, 18, 31, 63, 74, 98.
Éphètes, 217, 231.
Éphialte, 216.
Éphores, 210.
Épibates, 726.
Ἐπιβολή, 217.
Épicharme, 55.
Épiclère, 230.
Épictète, 75, 94.
Épicure, 40, 162.
Épigraphe, 98, 218.
Épigraphie, 31.
Épimélètes, 218.
Épine, 59.
Épirrhème, 185, 192.
Épiscopes, 218.
Épisodes, 192.
Épistate, 213, 220.
Épistoles, 210.
Épitadée, 209.
Épitaphes, 57, 241.
Épitimes, 214.
Épobélie, 221.
Épodes, 189, 190.
Épopte, 246.
Equiria, 333.
Équité, 196.
Éranes, 246.
Érasme, 7, 127.
Ératosthène, 3, 5, 20, 206.
Ère, 206, 257.
Érechthéide, 25.
Érechthéion, 73.
Ergotime, 93.
Érichthonius, 98.
Érinys, 346.
Ernesti, 11.
Érostrate, 74.
Erreurs, 50.
Ersch, 27.
Eschyle, 10, 11, 14, 18, 19, 22, 23, 30, 40, 46, 160, 171.
Esclaves, 213, 221, 222, 233, 295, 323.

Escurial, 24.
Espagne, 24.
Estienne, 7, 8, 22, 112.
Étacisme, 127.
Étain, 100.
Étalon monétaire, 99.
État, 201.
État civil, 262.
Étéobutades, 251.
Éternité, 104.
Étienne de Byzance, 114.
Étrangers, 299.
Étriers, 238.
Étymologie, 134.
Étymologies populaires, 345.
Etymologique, 18, 114.
Eubée, 65, 227.
Euclide, 33, 164.
Eucratide, 98.
Eudoxe, 40, 205.
Euganéen, 35.
Eugubines, 32, 37.
Eumachia, 87.
Eupatrides, 212.
Euphonie, 122.
Eupompos, 78.
Euripe, 60.
Euripide, 10, 40, 43, 46, 160, 171, 193.
Euripidéen (vers), 184.
Eurypontides, 209.
Eurysthène, 209.
Eustathe, 5, 113.
Euthynes, 219.
Eutrope, 21.
Évandre, 347.
Éventails, 326.
Événète, 102.
Éphémère, 341, 352.
Exception, 305.
Exèdre, 60.
Exégèse, 340.
Exergue, 98.
Exil, 298.
Exodos, 170, 192.
Exonéens, 36.

Expiations, 245.
Explicit, 42.
Exposition, 210, 320.
Exsequiae, 330.
Ex-voto, 36.
Eyssenhardt, 18.

F

Faber, 9.
Fabretti, 10, 31, 32, 129.
Fabricius, 11.
Face, 98.
Facciolati, 6, 12.
Faisceaux, 265, 271.
Falacer, 352.
Falcidie (quarte), 304.
Falerone, 25, 77.
Falisque, 33.
Famille, 196, 232.
Famulus, 323.
Fanum, 331.
Farnèse, 23.
Farrar, 110, 118.
Fastes, 19, 38, 256.
Faunes, 87, 88, 354.
Fausse monnaie, 106.
Faustine, 86.
Fauteuil, 234.
Faydeau, 241.
Fea, 19.
Féciaux, 337.
Fédérées, 287.
Fellows, 18, 26, 31, 62, 68, 80.
Femmes, 229, 232, 235, 303, 326.
Fenêtres, 57.
Fer, 100.
Fermiers, 313.
Ferrarius, 236.
Ferrure, 315.
Festus, 16, 115, 116, 138.
Fétis, 164, 170.
Fétichisme, 347.
Feugères, 7.
Fiançailles, 232, 319.
Fick, 118, 120.

Ficoroni, 83.
Fictions légales, 196.
Figues, 236.
Filleul, 156.
Finances, 217, 310
Finibus (de), 20.
Finlay, 19, 95, 156.
Fioles, 92.
Fiorelli, 20, 29, 87.
Fisc, 313.
Fix, 22.
Flabella, 326.
Flach, 136.
Flamen Augusti, 278.
Flamines, 336.
Flammula, 317.
Flathe, 18, 156.
Flavien, 302.
Flavius, 256, 302.
Fleckeisen, 17.
Flexion, 112, 119.
Florence, 25.
Florus, 17.
Flûte, 166.
Focalia, 325.
Foerster, 225.
Fora, 285.
Forcellini, 12, 115.
Forchhammer, 16, 343.
Forkel, 164.
Format, 42.
Formule, 305.
Formules, 35, 308.
Forschall, 24.
Forster, 117.
Forsyth, 157.
Fortia d'Urban, 255.
Fortlage, 18, 164.
Forum, 86, 89, 318.
Fosse commune, 330.
Foster, 68.
Foucart, 20, 31, 35, 62, 166, 205, 218, 227, 246, 252, 296.
Fouillée, 162.
Fourchettes, 327.
Fourmont, 12, 31.

Fourrées (monnaies), 98, 106.
Foyer, 197.
Fracastor, 6.
François Ier, 25.
François Alexandre, 93.
Franke, 18.
Franz, 18, 51, 54, 55.
Freinshemius, 19.
Freppel, 161.
Fréret, 12.
Fresque, 90.
Freund, 16, 26, 115, 154.
Friedlaender, 18, 68, 105, 158, 280, 319.
Friedreich, 18, 207.
Frise, 55.
Frohberger, 18.
Fröhner, 26, 55, 76, 88, 319.
Fromage, 236.
Frontin, 11, 318.
Fronton, 20, 43, 47, 55, 57, 58.
Fruits, 236.
Fugger, 24.
Fulda, 5, 23.
Fulgence, 116.
Funérailles, 300.
Furia (loi), 304.
Furia Caninia (loi), 296.
Furrina, 352.
Fusaïoles, 64,
Fustel de Coulanges, 156, 185, 196 *sqq.*, 204, 209, 211, 212, 216, 223, 230, 258, 261, 292, 295, 312, 340.
Fût, 54.
Futur, 146, 151, 152.

G

Gabelenz, 149.
Gabies, 25, 82.
Gaeschen, 307.
Gail, 12, 112.
Gaisford, 18, 114, 176.
Gaïus, 14, 42, 43, 307.
Galatarque, 294.

Galien, 15.
Galitzin, 225.
Galles, 245.
Galliae Cisalpinae (loi), 58.
Galliambe, 188.
Gallien, 100, 284.
Galusky, 131.
Gandharvas, 346.
Gantrelle, 22, 161.
Garcin de Tassy, 126.
Garde scythe, 214.
Gardthausen, 18, 27, 40, 43.
Garsonnet, 22.
Garucci, 39, 87, 129.
Gâteaux, 236.
Gaudentius, 163.
Gaule, 295.
Gaulois, 81.
Gaza, 7, 113.
Geel, 19, 24.
Geffroy, 77, 340.
Geiger, 6, 7, 108.
Geminus, 205.
Gemmes, 94.
Genèse, 346.
Geneliva Julia (colonie), 288.
Génies, 353.
Génitif, 139.
Genres, 169.
Gens, 199, 259.
Genthe, 319.
Gentilice, 322.
Géographie, 155, 163.
Géomores, 212.
Georges, 18, 115.
Géphyrismes, 249.
Géranos, 243.
Géraud, 41.
Gerding, 163.
Gerhard, 15, 25, 26, 81, 92, 93, 94, 241, 339, 354.
Gerlach, 81, 157.
Germanicus, 89.
Gérondif, 125, 144.
Gerousia, 209.
Gessner, 11, 29.

Gevaërt, 164, 169, 170.
Gibbon, 12, 156.
Gibon, 22.
Gide, 303.
Gidel, 6.
Giguet, 30.
Gilbert, 208, 250.
Ginzrot, 259.
Girard de Rialle, 339.
Girardin, 64.
Giraud, 288, 292, 300, 318.
Giraud-Teulon, 199.
Gitiadès, 67.
Giustiniani, 69.
Glace, 237.
Gladiateurs, 330, 331.
Gladisch, 162.
Gladstone, 19, 160, 207, 342.
Glaucus, 131.
Glaukôpis, 64.
Glose, 51.
Glossateurs, 309.
Glycon, 25, 78. 88.
Glyconique, 189.
Glyptique, 94.
Glyptothèque, 26.
Gnomon, 204.
Godefroy, 308.
Goguel, 237.
Gomperz, 18.
Gonnet, 142.
Goodwin, 19.
Gorceix, 64.
Gorgasus, 67, 89.
Gorgonéion, 102.
Gori, 95.
Gortys, 65.
Göthe, 5, 14.
Gothique, 44, 57, 120.
Goths, 102.
Göttingue, 24.
Göttling, 18, 259.
Gouttes, 55.
Gracques, 157, 268, 286, 286, 298.
Gradins, 59.
Gräfenhan, 4.

Graevius, 257.
Grafitti, 37, 59, 105.
Grammaire comparée, 4, 108, 117.
Grammaire grecque, 111, 113.
Grammaire latine, 114.
Grammaire sanscrite, 121.
Grammairiens, 2. 113, 114, 116.
Grammaticus, 321.
Gramme, 222.
Granites, 54.
Granius Licinianus, 42, 63.
Grant, 19, 160.
Grassmann, 122.
Gratidianus, 107.
Gratien, 278.
Graux, 24, 28, 40, 41, 222, 225.
Graveurs, 102.
Gravures, 160.
Gréard, 160.
Grèce, 18, 27, 206 sqq.
Greffiers, 214, 219.
Grégoire, 27, 40, 126.
Grégoras, 164.
Grégorien, 25, 307.
Grimm, 108, 118, 134.
Gromatici, 15.
Gronovius, 9, 11.
Gros, 30.
Grote, 15, 68, 155, 162, 208, 241.
Grotefend, 57, 322.
Grotta-Ferrata, 42.
Gruber, 16, 27.
Grue, 175.
Gruppe, 18, 19, 161.
Gruter, 8, 9, 24, 31.
Guardia, 114.
Gubernatis, 20, 241, 339, 347.
Guérard 112, 126.
Guhl, 234, 319.
Guigniaut, 14, 15, 21, 339.
Guilford, 69.
Guillaume, 57, 62.
Guizot, 156, 160, 195.
Guna, 122, 149.
Guttus, 91.
Guyau, 162, 341.

Guyet, 9.
Gymnases, 60, 235.
Gymnasiarquie, 223.
Gymnopédies, 172.
Gynécocratie, 199.

H

Haase, 3, 5, . 10, 19, 153, 206.
Hachette, 13.
Hadrien, 57, 86, 282, 283, 284, 307, 337.
Haenel, 23, 308.
Hagen, 24, 114.
Hahn, 206.
Halicarnasse, 26, 31, 79.
Halimus, 249.
Hallberg, 81.
Halm, 16, 24.
Hamilton, 26, 31, 94.
Hammonias, 79.
Hand, 15.
Hansen, 73, 74.
Harménopule, 309.
Hardouin, 9.
Harless, 11.
Ἁρμοδίου μέλος, 237.
Harmonie, 170.
Harmoniques 164, 165.
Harmostes, 210.
Harmosynes, 210.
Harpagus, 80.
Harpe, 167.
Harpocration, 114.
Harpyes, 68.
Hartung, 18, 339.
Haser, 165, 239.
Hastaires, 314.
Haubold, 308.
Haut-Allemand, 120.
Hautes-Études, 13.
Hauthal, 116.
Havet, 109, 135, 138, 161, 162, 186, 224, 340.
Hébreu, 120.
Hectés, 99, 101, 222.

Heerdegen, 154.
Heeren, 237.
Hegel, 61.
Hegewisch, 310.
Hehn, 111.
Heidelberg, 23, 24.
Heimsöth, 18, 189, 193.
Heinrichsen, 127.
Heinsius, 9, 28.
Heitz, 18.
Helbig, 90, 207.
Hélène, 78, 347.
Hélias, 116.
Héliastes, 2, 7, 220, 251.
Hélices, 56.
Héliodore, 35, 193.
Hélios, 349.
Helladius, 113.
Hellanicus, 208.
Hellanodiques, 247.
Hellènes, 206.
Hellénotames, 218.
Hémines, 310.
Hemsterhuis, 11.
Hendess, 252.
Hennebert, 157.
Henning, 107.
Henry, 19.
Hense, 193.
Henzen, 15, 18, 31, 338.
Héphaïstos, 349.
Héphestion, 176.
Heptachorde, 166.
Héra, 349.
Héraclée, 38, 288.
Héraclite, 19, 110.
Héraut, 8.
Hérault, 210, 272.
Hercher, 18.
Herculanum, 40, 47, 82, 87, 88.
Hercule, 25, 78, 88, 344, 345, 346, 352.
Herder, 108, 110.
Héréens, 36, 127.
Hergenroether, 160.
Héritage, 230.

Hermann, 4, 8, 10, 14, 16, 27, 48, 112, 116, 141, 162, 176, 181, 189, 195, 204, 219, 234, 241.
Hermaphrodite, 25, 82.
Herméneutique, 48.
Hermès, 346, 350.
Hermocrate, 131.
Hermodore, 84, 301.
Hermogène, 109, 154, 308.
Hermogénien, 307.
Hermolaüs, 113.
Hermonax, 126.
Hérode Atticus, 86.
Hérodien, 113.
Hérodore, 168.
Hérodote, 12, 164, 18, 25, 160.
Hérophile, 253.
Héros, 350, 354.
Herrmann, 28, 249.
Hertz, 328.
Hertzberg, 18, 156.
Hervas, 147.
Herwerden, 19.
Hésiode, 16, 19, 137, 160, 345, 349.
Hespérides, 242.
Hestia, 350.
Hestiase, 223.
Hésychius, 113, 114.
Hétérie, 212.
Heures, 204, 256, 349.
Heuzey, 62, 69, 256.
Hexabiblos, 309.
Hexamètre, 179.
Heydemann, 94.
Heyne, 11.
Heyse, 18, 108, 110.
Hiatus, 178, 194.
Hiératique, 32.
Hiéromnémon, 227.
Hiéron, 33.
Hiérophante, 246.
Hillebrand, 3, 4, 8, 13, 14, 158.
Hilotes, 209.
Himation, 235.
Himère, 105.
Hinstin, 225.

Hinzpeter, 255.
Hippagrètes, 211.
Hipparque, 205, 219.
Hippocrate, 126, 239.
Hippodrome, 59.
Hipponactéen (vers), 186.
Hipponique, 258.
Hirschfeld, 74, 269, 276, 280, 281, 282, 293, 317, 333..
Hirschig, 19.
Hirzel, 4, 195.
Hissarlik, 63, 92.
Histoire, 195.
Histoire grecque, 156.
Histoire littéraire, 158.
Histoire politique, 154.
Histoire romaine, 157.
Hittorf, 22, 58, 62.
Hodgkin, 161.
Höfer, 163.
Hoffmann, 28.
Holm, 156.
Homère, 7, 10, 11, 12, 13, 16, 19, 20, 30, 46, 64, 89, 127, 137, 158, 160, 173, 179, 207, 211, 348.
Homolle, 31, 75.
Honestiores, 284.
Honoraire, 279.
Hoplites, 225.
Horace, 7, 10, 15, 16, 19, 20, 30, 39, 43, 47, 49, 116, 161, 185, 194, 321, 322.
Hormos, 174.
Hörschelmann, 113.
Horus, 344.
Hostie, 332.
Hostis, 299.
Hotman, 8.
Houdoy, 294.
Hovelacque, 108, 109, 119, 135, 323.
Hübner, 4, 18, 27, 31, 32, 61.
Hudemann, 293.
Huet, 342.
Hugo, 300.
Hulmann, 237.

Humanisme, 7.
Humboldt, 1, 142, 1081.
Huschke, 261, 300, 302, 307.
Hyacinthies, 251.
Hydrie, 91.
Hygin, 3, 115, 318, 339.
Hymyaritiques (inscriptions), 120.
Hyperbolus, 215.
Hypéride, 40
Hypèthre (temple), 58.
Hypoméons (à Sparte), 209.
Hypogées, 61.
Hypomosia, 221.
Hypothèques, 58, 230
Hyporchème, 166, 171.

I

Ialyse, 79.
Iambe, 177, 183.
Iambé, 249.
Iapyge, 129.
Iconoclastes, 96.
Ictinus, 36, 72, 74, 75.
Ictus, 178.
Idalion, 32.
Ideler, 18, 204, 255.
Ides, 257.
Ieep, 185.
Iéna, 29.
Iguvium, 37.
Ihering, 18, 196, 300.
Ihne, 18, 156.
Ila, 210.
Ilgen, 237.
Iliade, 40, 42, 347.
Illustres, 285.
Images, 24, 323, 351.
Imhof, 18.
Immortalité de l'âme, 197, 348.
Imparfait, 146, 150, 152.
-Impératif, 146.
Imperator, 276.
Imperium, 260, 263, 276.
Impôts, 222, 311.
Impôt sur le capital, 223.

Imprécations, 36, 37.
Inauguratio, 259, 260.
Incorporants (idiomes), 119.
Incuses (médailles), 98, 102.
Index, 28.
Indicatif, 146.
Indigetes, 354.
Indigitamenta, 354.
Indra, 122, 345, 346.
Industrie, 237.
Infinitif, 125, 145.
Inghirami, 19.
Inquilini, 296.
Inscriptions, 31.
Instita, 326.
Institut de Rome, 15.
Institutes, 43, 307, 308.
Instruction (t. de droit), 221.
Instrumental, 139.
Intailles, 94.
Intercessio, 265, 268.
Interjection, 110, 152.
Interroi, 259, 270.
Ionien, 126.
Ionique, 56, 176, 186.
Iota souscrit, 44.
Iotacisme, 127.
Iphitus, 247.
Iriarte, 24.
Irlandais, 144, 149.
Irlandaise (écriture), 45.
Irnérius, 309.
Iroquois (idiome), 119.
Irrationnel, 183, 194.
Isaac, 175.
Isambert, 35, 62, 155.
Ischomaque, 232.
Isée, 220, 228.
Isidore, 5, 116.
Isigone, 80.
Isocrate, 7, 47, 211, 224.
Isodomum (*opus*), 54.
Isolantes (langues), 119.
Isotèles, 213.
Isthmiques, 247.
Italie, 285.

Ithyphallique, 184.
Itinéraires, 255.
Ivoire, 95.

J

Jacobi, 339.
Jacobs, 12, 161.
Jaffé, 24.
Jahn, 16, 43, 92.
Jahresbericht, 29.
Jal, 225, 226.
Janet, 162.
Jelf, 112.
Jentaculum, 326.
Jérôme, 2, 21.
Jésuitisme, 8, 49.
Jeu de Troie, 333.
Jeux, 258, 243, 269, 328, 332, 333.
Jeux séculaires, 353.
Jocaste, 348.
Jolly, 18, 118, 153.
Jones, 117.
Jordan, 18, 255.
Jorio, 40, 171.
Joubert, 157, 340, 341.
Journal des savants, 29.
Journaux, 38.
Jubainville, 119.
Jucundus, 38.
Jugère, 310.
Juges, 301, 306.
Judaïsme, 357.
Julia, 38, 89, 287, 288, 297, 306.
Julien, 157.
Junon, 25, 70, 76, 349, 354.
Jupe, 235.
Jupiter, 22, 70, 74, 82, 84, 96, 252, 349, 351.
Juridici, 289.
Jurien de la Gravière, 225, 226.
Jus commercii, 297.
Jus connubii, 297.
Jus gentium, 297.
Jus imaginum, 298.
Jus Italicum, 290.

Jus liberorum, 304.
Jus provocationis, 297.
Jus suffragii, 297.
Justa, 330.
Juste Lipse, 343.
Justinien, 308.
Juvénal, 17, 18, 47, 116, 160, 161.

K

Kaibel, 56.
Karsten, 18.
Kawie (langue), 14.
Kayser, 28.
Keil, 114.
Kékulé, 18, 25, 66, 77.
Keller, 18, 141.
Kensington, 29.
Key, 118.
Kiepert, 27, 155.
Kionédon, 55.
Kircher, 25, 83, 170.
Kirchhoff, 31, 32, 35, 37, 129, 175.
Kitchin, 24.
Klausen, 339, 354.
Klenze, 55, 73.
Κλίνη, 222.
Klotz, 18.
Klussmann, 28.
Knittel, 42.
Knös, 127.
Köchly, 17, 225.
Kock, 193.
Köhler, 17, 51.
Koner, 234, 319.
Königsmark, 72.
Κοινή, 127.
Κοινόν, 293, 337.
Kopp, 18, 40, 43.
Koppa, 53, 102.
Kourium, 64.
Krause, 18, 156, 172, 233, 321.
Krüger, 17, 18, 112, 131, 307.
Kryptie, 209.
Kugler, 61.
Kuhn, 18, 27, 118, 339, 342, 345, 346.

Kühner, 18, 27, 112, 114, 127, 138, 144, 147.
Kumanudes, 20, 31, 241.

L

Labatut, 265.
Labbé, 116, 271.
Labéon, 306.
Laboulaye, 58, 292, 302.
Labrouste, 68.
Labyrinthes, 65, 343.
Lacédémone, 209.
La Cerda, 10.
Lachmann, 15.
Lactance, 96, 295, 312.
Lacunaria, 57.
Ladewig, 18.
Laërce, 9, 19.
Laeltus, 6.
Laine, 235.
Laïus, 347.
Laligant, 217.
Lallier, 232.
Lambecius, 24.
Lambin, 7.
Lambros, 20.
Lamennais, 109.
Lampadarquie, 223.
Lampadéphorie, 244.
Lange, 18, 217, 257, 314.
Langlois, 122.
Lanuvium, 83.
Lanzi, 37.
Laocoon, 25, 81.
Larcher, 12.
Lare, 323, 354.
Lares Augusti, 278.
Larmier, 55.
Larousse, 27.
La Roche, 115.
Larves, 354.
Lasaulx, 18, 232, 242.
Lascaris, 7, 115.
Lassen, 37, 119.
Laticlave, 281.

Latifundia, 289.
Latins, 287, 299.
Latins Juniens, 299.
Latium, 255.
Latomies, 85.
Latran, 25.
Latrunculi, 329.
Laurion, 222.
Layard, 18, 339.
Leake, 18, 31, 62.
Lébadée, 555.
Lebaigue, 310.
Lebas, 20, 21, 31, 34, 211.
Lebeau, 12, 156.
Leblant, 355.
Lechevalier, 63, 64.
Leclerc, 22, 38, 42.
Lectio senatus, 267.
Lécythe, 91, 92, 93.
Lefèvre, 9.
Légats, 290, 316.
Légende, 98, 104.
Légions, 314, 317.
Législation, 196.
Legouvé, 21.
Legrand, 20.
Legs, 312.
Lehrs, 16, 19, 47, 48, 109, 115.
Lehndorff, 248.
Leibnitz, 109, 117.
Lélèges, 206.
Lemaire, 30.
Lémures, 354.
Lénéennes, 250.
Lenient, 6.
Lennep, 19.
Lenormant, 21, 25, 27, 32, 70, 72, 92, 98, 100, 101, 102, 105, 249, 254.
Lentulus, 103.
Lenz, 18, 115.
Léocharès, 77.
Léon le Philosophe, 509.
Léotychide, 254.
Lepsius, 32.
Leptine, 223.
Leptinienne, 14.

Lesbos, 126.
Lesché, 70.
Lessing, 81.
Letronne, 20, 31, 64, 89, 90, 92.
Lettre de change, 231.
Leucon, 223.
Leucothée, 68.
Leupol, 121.
Leutsch, 18, 175.
Lévêque, 64, 157, 164, 169, 171.
Lévezov, 26.
Lewis, 156, 158, 163.
Leyde, 24.
Lexiarque, 214.
Lexilogus, 14.
Lhomond, 116.
Libanôtris, 91.
Libations, 242.
Libanius, 63.
Liberalia, 321.
Liberti, 201.
Libitina, 329.
Libra, 310.
Libri lintei, 336.
Lichtemberger, 27.
Licnon, 91.
Licteurs, 260, 265.
Ligorio, 31.
Lièvre, 236.
Limbourg-Brouwer, 234.
Linacer, 7.
Lindemann, 114.
Linguistique, 108.
Linteau, 57.
Lion, 116.
Lipse, 9.
Liskovius, 127.
Lissner, 141.
Listels, 54.
Lit, 234, 327.
Λιταί, 243.
Lithuanien, 120, 149.
Littré, 195, 239.
Liturgies, 223.
Lituus, 337.
Livius-Andronicus, 115, 172, 321.

Livrets-poste, 39.
Ljungberg, 19, 49.
Lloyd, 157.
Lobeck, 241, 245, 342.
Locatif, 140.
Lochagoi, 214, 219.
Locres, 94.
Locupletes, 262.
Logaédiques (vers), 189.
Logistes, 219.
Logographes, 220.
Lois, 38, 201.
Lombarde (écriture), 45.
Long, 10, 18, 157, 160.
Longpérier, 39, 55.
Longueville, 112, 178.
Lorenz, 28.
Louage, 36, 231.
Louis XIII, 30.
Louvre, 25.
Lownes, 28.
Loxias, 253.
Lubbert, 18.
Lubbock, 196.
Lübke, 18, 53, 64.
Lucain, 9, 11, 24, 47, 116, 181.
Luceres, 258.
Lucien, 63, 172.
Lucilius, 9, 30, 115.
Lucius Verus, 89.
Lucrèce, 10, 15, 19, 30, 47, 49, 160, 161.
Ludi, 332.
Ludius, 82, 90.
Ludovisi, 25.
Ludwich, 18, 122, 154, 179.
Lugebil, 215.
Lumbroso, 218.
Luna, 54.
Luperques, 338.
Lustratio, 320.
Lustre, 267.
Lutteurs, 25.
Luynes, 32, 58, 92, 102.
Lycie, 18, 22, 26, 52.
Lyciens, 199.

Lycophron, 10, 21.
Lycurgue, 208, 218, 349.
Lymphes, 354.
Lyon, 32, 38.
Lyre, 166.
Lyriques éoliens et doriens, 190.
Lysias, 160, 220.
Lysicrate, 56, 58, 223.
Lysippe, 77, 88.

M

Mabillon, 9, 51.
Macarios Magnès, 22.
Macédoine, 156.
Macédonien (sénatus-consulte), 306.
Machines de guerre, 318.
Machinistes, 244.
Macleane, 19, 161.
Macrin, 85.
Macrobe, 116, 165.
Madrid, 24.
Madvig, 14, 19, 20, 51, 112, 114, 160, 286, 289, 310, 316.
Maeniana, 60.
Maffei, 13, 31.
Magadis, 167.
Magen, 7.
Magistrats, 200, 263.
Mahaffy, 232, 234.
Mähly, 232.
Maï, 19, 42, 43, 308.
Maison, 60, 234, 325.
Maison Carrée, 57, 85.
Maison Dorée, 85.
Maistre, 109.
Maître de cavalerie, 270.
Maître des soldats, 285.
Malaga (tables de), 38, 292.
Malebranche, 1.
Malli, 100.
Mamet, 64.
Mancipi res, 303.
Mancipation, 300.
Mancipium, 323.
Mandroclès, 67.

Mânes, 197, 351, 354.
Manipules, 314, 316.
Mannhard, 359.
Manœuvres, 333.
Manou, 201.
Manso, 208.
Manteau, 235, 325.
Mantinée, 54.
Mantique, 252.
Mantus, 352.
Manuce, 6.
Manuels, 26.
Manumissio, 296.
Manuscrits, 46.
Marathon, 25, 68.
Marbres, 53.
Marc-Aurèle, 22, 43, 86, 89, 160.
Marcellus, 21, 76, 84.
Marchand, 104.
Marchés, 338.
Marchi, 99.
Marcien, 307.
Markland, 10.
Mariage, 197, 229, 302.
Marine, 225.
Marini, 19, 338.
Marius, 102, 315, 352.
Marquardt, 15, 27, 257, 294.
Mars, 84.
Marseille, 26.
Marses, 128.
Martha, 160, 161.
Martial, 43, 47.
Martigny, 27.
Martin, 162, 232.
Maruts, 346.
Masques, 244.
Matériaux, 53.
Mathématiques, 164.
Matthäi, 24.
Matthiae, 18.
Mauch, 53.
Maury, 27, 119, 129, 339.
Mausolée, 18, 26, 54, 76, 77, 79, 84, 86.
Mavortius, 43

Maximum, 38.
Mayence, 319.
Mayor, 27, 161.
Maza, 236.
Mazocchi, 288.
Mazois, 87.
Mécène, 21, 199, 276.
Médailles, 24, 96.
Médecine, 162.
Médecins, 239, 329.
Médicis, 25, 88.
Médimne, 222.
Medioxumi (dii), 353.
Megalesia, 332.
Meibom, 164.
Meier, 15, 217.
Meineke, 15.
Mélanchthon, 7.
Mélange, 253.
Mélas, 66.
Melkarth, 117.
Mellot, 24.
Mélos, 52.
Melpomène, 25.
Ménades, 245.
Ménage, 9.
Ménandre, 160.
Ménard, 162, 340.
Menenia (loi), 97.
Mengs, 11.
Menke, 155.
Ménologes, 37.
Mensae, 346.
Mentor, 95.
Mercenaires, 225.
Mercidinus, 256.
Mercier, 8.
Merenda, 326.
Merguet, 18, 138, 150.
Mérimée, 21.
Merivale, 19, 157, 276.
Merkel, 134.
Mérovingienne (écriture), 45.
Merry, 160.
Mérula, 6.
Mesnil-Marigny, 218.

Mésode, 191.
Mésomède, 171.
Mésopotamie, 18.
Messala, 115.
Messapique (langue), 129.
Messine, 102.
Mesures, 222, 310.
Meta, 60.
Métagène, 65, 74.
Metalla, 311.
Métaplasme, 138, 154.
Métaponte, 21.
Métèques, 213, 222, 224, 237.
Méton, 205.
Métopes, 55.
Mètre, 177, 179.
Métrète, 222.
Métrique, 176.
Métronomes, 217.
Métroon, 34, 215.
Meubles, 234, 324.
Meunier, 22, 137, 142.
Meursius, 9, 172, 238, 241.
Meurtre, 231.
Meyer, 13, 18, 27, 116, 136, 164.
Mézières, 6, 62.
Micciadès, 66.
Michaélis, 18, 71.
Michaud, 27.
Michel, 104.
Michel-Ange, 82.
Michelet, 18, 42.
Micon, 71.
Migne, 30, 63.
Miklosich, 118.
Milices équestres, 283.
Mille, 310.
Miller, 24, 69, 114.
Millin, 21, 61, 62, 93.
Millingen, 26, 62, 93.
Milo, 25, 76.
Miltiade, 70.
Mimique, 173.
Minerva, 116.
Minerve, 69, 70, 71, 72, 73, 76, 82, 235, 345, 346, 349.

Mines, 222.
Mineur, 170.
Ministère public, 231.
Minuscule, 44, 45.
Minutoli, 94.
Minyens, 15.
Mionnet, 97.
Mirandole, 6.
Miroirs, 94.
Misène, 39.
Mistelli, 131.
Mitford, 19.
Mithra, 255, 339.
Mithridate, 117.
Mitylène, 101.
Mnémosyne, 13, 19, 29, 349.
Mnésarque, 95.
Mnésiclès, 73.
Mnôtes, 212.
Modes, 167, 168.
Modeste, 318.
Modestin, 307.
Modestus, 115.
Modillons, 57.
Modius, 310.
Module, 98.
Mœris, 114.
Mœurs oratoires, 220.
Mois attiques, 205.
Mommsen, 15, 17, 27, 29, 31, 32, 38, 39, 97, 100, 105, 129, 149, 156, 157, 255, 257, 261, 262, 273, 281, 308, 322, 338.
Moncourt, 22, 50.
Mone, 18, 42.
Moneta, 97.
Monginot, 160.
Monier-Williams, 121, 125, 135.
Monnaies, 97, 222.
Monnayage, 100, 101.
Monodies, 171, 192.
Monogamie, 232.
Monoptères, 59.
Montaigne, 176, 194.
Mont-Cassin, 42.
Montfaucon, 9, 23, 39, 64.

Montorsoli, 82.
Montucla, 163.
Monuments grecs, 67.
Moraïtnis, 20.
More, 177, 211.
Morée, 62.
Morel, 13, 158.
Morelli, 13, 24, 164.
Morosini, 72.
Mort, 239, 329.
Mortreuil, 309.
Mosaïque, 90.
Moscou, 24.
Moschopule, 176.
Mothaces (à Sparte), 209.
Moy, 228.
Moyen, 148.
Muff, 191.
Muir, 119, 346.
Müldener, 28.
Mullach, 126.
Müllenhoff, 18.
Müller, 3, 4, 5, 9, 13, 15, 16, 18, 19, 25, 26, 37, 53, 61, 62, 64, 78, 108, 110, 111, 115, 117, 118, 119, 120, 123, 129, 145, 154, 156, 158, 164, 171, 176, 191, 192, 194, 208, 209, 211, 339, 340, 342, 343, 344, 345, 347, 349.
Mummius, 83.
Mundus, 353.
Munich, 17, 24, 26, 68, 92.
Municipes, 286, 287.
Municipalités, 294.
Munk, 18, 162.
Munychies, 36, 225.
Munro, 19, 20, 160.
Murat, 87.
Muratori, 31.
Mure, 19, 158.
Muret, 6.
Murr, 40.
Murrhins (vases), 94.
Murs, 57.
Musée, 253.

Musée britannique, 24, 25.
Musée rhénan, 28.
Musée, 25.
Musgrave, 10.
Musique, 164, 321.
Musurus, 7, 22.
Mutinaus, 40.
Mutius, 84.
Mutules, 55.
Mycènes, 65.
Mylasa, 242.
Mynas, 20, 24, 127.
Myrmidons, 206.
Myron, 25, 67, 70, 95.
Myrrhine, 69.
Myrtille, 207.
Mys, 95.
Mysie, 25.
Myste, 246.
Mystères, 245.
Mythes, 344.
Mythologie comparée, 359.
Mythologie romaine, 350.

N

Naber, 19.
Nägelsbach, 18, 114, 207, 241, 349.
Namur, 28.
Naos, 69.
Naples, 24, 25, 32, 94.
Napoléon, 19, 20, 21, 25, 83, 94, 157, 161, 226, 297, 318.
Nappes, 327.
Naquet, 310.
Narcisse, 281.
Narcs, 24.
Nauck, 47, 48.
Naucrares, 218, 222.
Naucraries, 212.
Naudet, 21, 22, 284, 293, 296, 298, 321.
Naumachies, 334.
Nausinique, 223.
Nautodiques, 217.
Navarque, 210.

Naville, 157.
Nébrija, 8.
Nécropoles, 82.
Némésis, 170, 339, 349.
Néocores, 252.
Néodamodes (à Sparte), 209.
Néoptolème, 113.
Nepos, 160.
Neptune, 349.
Néron, 85, 100, 157.
Neue, 18, 114.
Neumes, 170.
Newton, 18, 26, 31, 36, 62, 74, 80, 242.
New-York, 26, 64.
Nicanor, 113.
Nicard, 53.
Nicétas, 63.
Nicias, 90.
Niccolo, 6.
Nickel, 100.
Nicolaï, 27, 112, 158.
Nicomaque, 164.
Nicosthène, 94.
Niebuhr, 10, 14, 43, 157, 258, 259, 261, 262, 307, 338.
Nigidius Figulus, 115.
Nil, 89.
Nîmes, 85, 86.
Niobé, 65.
Niobides, 25, 76.
Nipperdey, 18, 263.
Nisard, 8, 9, 21, 30, 62, 160, 161, 180.
Nissen, 18, 87.
Nitzsch, 15, 157.
Nizolius, 6, 8.
Noack, 162.
Nobilior, 83.
Noblesse, 281, 298.
Noces aldobrandines, 90.
Nodier, 8.
Noël, 339.
Nointel, 25.
Nola, 93.
Nomes, 166.

DES MOTS TECHNIQUES ET DES NOMS PROPRES.

Nomokanon, 309.
Noms à Athènes, 233.
Noms à Rome, 322.
Noms de nombre, 124, 142.
Nones, 257.
Nonius Marcellus, 116.
Nonnus, 21, 180.
Norbana (loi), 209.
Normand, 53.
Nota, 267.
Notation musicale, 170.
Notitia dignitatum, 285.
Nourrices, 321.
Novaculum, 325.
Novelles, 309.
Novi homines, 298.
Nuits attiques, 115.
Numa, 256.
Numismatique, 97.

O

Obèle, 45.
Oberlin, 12.
Obligations, 230.
Obole, 222.
Occasion, 78.
Ocha, 65.
Octavie, 84.
Octonaire, 186.
Odéon, 59, 82, 86.
Odyssée, 15, 201.
Occolampade, 7.
Oedipe, 347.
Oettinger, 28.
Offices, 25, 76.
Offrandes, 242.
Ofilius, 307.
Oisiveté, 201.
Olpé, 91.
Olymos, 242.
Olympéion, 86.
Olympiades, 206.
Olympie, 25, 34, 58, 71, 74, 168, 253.
Olympiques, 247.
Olympiodore, 113.
Olympos, 166.

Ombrelles, 326.
Ombrien, 32, 33, 128, 136, 139, 140, 141, 144.
Onces, 310.
Onciale, 44.
Onomasticon, 114.
Onomatopée, 110.
Onze, 217.
Opisthodome, 59.
Oppert, 121.
Optatif, 146, 147.
Optimates, 298.
Option, 315.
Or, 99.
Oracles, 36, 252.
Orchestique, 172.
Orchestre, 59, 334.
Orcini (sénateurs), 273.
Or coronaire, 312.
Ordre des mots, 135.
Ordre équestre, 281.
Ordre sénatorial, 281.
Ordres d'architecture, 54.
Orelli, 15, 19, 31, 161.
Orgéons, 246.
Orgye, 222.
Orichalque, 99.
Origine du langage, 109.
Orion, 113.
Ormuzd, 339.
Orphiques, 246.
Orphitien (sénatus-consulte), 304.
Ortolan, 22, 295, 300.
Orviéto, 82.
Osann, 31.
Osque, 32, 33, 136, 139.
Osthoff, 136.
Ostie, 88.
Ostracisme, 215.
Osuna, 288, 292.
Othon, 100.
Oudendorp, 11, 160.
Ouranos, 344, 346.
Ouvriers, 237, 337.
Overbeck, 18, 27, 61, 63, 65, 68, 76, 87.

Oves, 56, 57.
Ovide, 11, 19, 39, 161, 180, 298, 345.
Oxford, 24.
Oxydraques, 100.

P

Pachymère, 164.
Pacuvius, 89.
Padeletti, 13.
Padoue, 107.
Paecile, 71.
Paenula, 325.
Paeonios, 71, 74.
Paestum, 55, 58, 68.
Paganalia, 212.
Pagi, 285.
Palatin, 20, 39, 83, 90.
Palatine, 24.
Palémon, 115, 152.
Paléographie, 39.
Palestre, 233.
Paley, 19, 160.
Pâli, 120.
Palimbacchius, 187.
Palimpsestes, 42, 103.
Palla, 326.
Palladium, 86.
Palme, 222, 310.
Palmerius, 8.
Palmettes, 56.
Paludamentum, 325.
Pamphilos, 78.
Panathénées, 72, 93, 248.
Panckoucke, 30.
Pandectes, 309.
Pânini, 122.
Panœnos, 71.
Panofka, 18, 25, 26, 234.
Pandrosion, 57, 73.
Pantarkès, 75.
Panthéon, 84, 88.
Pantomimes, 174.
Pantoufles, 235.

Paparrigopoulo, 46, 80, 156.
Pape, 18, 112.
Papier, 40, 42.
Papier-monnaie, 224.
Papillon, 118, 138.
Papinien, 307.
Papiria, 97.
Papirius, 300.
Pappia Poppaea, 306.
Papyrus, 40.
Parabase, 183, 192.
Parabole, 223.
Paracatabole, 221, 223.
Paracataloge, 172, 191.
Paradol, 157.
Paragraphè, 221.
Paralos, 79.
Paraliens, 212.
Paranymphe, 252.
Parapluies, 235.
Parasols, 235, 325.
Parasites, 252.
Parastasis, 223, 232.
Parchemin, 40.
Pardessus, 308.
Parémiaque, 182.
Parenté, 198.
Parcus, 10.
Parfait, 146, 150, 151, 152.
Paris, 24.
Pâris, 13, 49.
Parlantes, 107.
Parme, 107.
Parodos, 171, 191.
Paros, 53.
Parrhasius, 78.
Parricide, 260.
Parry, 160.
Parthénon, 26, 58, 71.
Participe, 125, 145.
Pas, 222, 310.
Passion, 223, 238.
Pasitélès, 62.
Pasquier, 225.
Passerat, 8.
Passif, 125, 148.

Passow, 15, 179.
Patentes, 222.
Patère, 91, 94.
Paternité, 229.
Pâtes de verre, 90.
Pathmos, 20.
Patin, 21, 160, 161, 244.
Pâtisseries, 327.
Patres, 260, 274.
Patriciens, 259.
Patrologie, 30.
Pattison, 8.
Paul, 164, 307, 358.
Paul-Diacre, 116.
Paul-Émile, 75, 83.
Pauly, 17, 27, 55.
Pausanias, 62, 339.
Pausias, 78.
Pausilippe, 85.
Paysage, 82.
Péages, 312.
Péans, 166.
Pectis, 167.
Pécule castrans, 307.
Pedanei, 307.
Pedarii, 274.
Pédiéens, 212.
Pédonomes, 210.
Peerlkamp, 9, 19, 48, 49.
Pégase, 102.
Pégasiens, 306.
Peignot, 41.
Peinture à Rome, 89.
Peinture sur vases, 92.
Peiresc, 8.
Pélasges, 206.
Peltastes, 225.
Péloponnèse, 21, 31.
Pempadarque, 219.
Pénates, 354.
Penrose, 61.
Pentacosiomédimnes, 212.
Pentamètre, 181.
Pentathle, 243.
Pentécontalitres, 102, 103.
Pentécontores, 226.

Pentécostères, 211.
Pentélique, 53.
Péons, 166, 177, 187.
Peperino, 54.
Péplos, 248.
Père de famille, 198.
Père patrat, 337.
Perduellio, 260.
Pérégrin, 266.
Pérégrins, 299, 301, 305.
Perfectissimi, 283.
Pergame, 5, 40, 80, 90.
Périclès, 156.
Périégètes, 62.
Périèques, 209.
Période, 178.
Périodiques, 29.
Péripatos, 59.
Péripoles, 225.
Péripière, 59.
Péristyle, 60.
Périzonius, 158.
Perles, 56.
Permutation (de lettres), 139.
Pero, 325.
Perotti, 8.
Perrault.
Perrot, 9, 26, 37, 55, 62, 63, 64, 90, 92, 108, 160, 195, 222, 225, 232, 238, 293.
Perse, 8, 17, 47, 116.
Persécutions, 356, 357.
Perséphone, 347.
Perspective, 91.
Pertz, 24, 43.
Peschel, 163.
Peschito, 120.
Πεσσοί, 329.
Pesth, 32.
Pétalisme, 215.
Pétase, 235, 325.
Petersen, 80, 248.
Petau, 9.
Peter, 18, 157.
Peter sen, 80.
Petit, 228.

Petit de Julleville, 156.
Petilia Papiria (loi), 305.
Pétrarque, 5, 6.
Pétrone, 90.
Petteia, 238.
Petzhold, 27.
Peutinger, 7, 255.
Peyron, 43, 308.
Phalange, 314.
Phalaris, 10.
Phalère, 225.
Phare, 80, 97.
Φαρμακοί, 256.
Pharsale, 65.
Phasis, 220.
Phèdre, 8, 47.
Phémonoé, 179, 252.
Phérécratien (vers), 189.
Φι, 141.
Phiale, 91.
Phidias, 21, 67, 69, 72, 95.
Phidon, 98.
Phigalie, 26, 56, 75.
Philelphe, 6.
Philémon, 126.
Philippi, 18.
Philochore, 34.
Philodème, 40.
Philologie, 1, 4.
Philologus, 29.
Philosophie, 161.
Philosophumènes, 20.
Philostrate, 63, 86.
Philoxène, 116.
Phoebas, 252, 549.
Phocée, 101.
Phonétique, 134.
Phorminge, 167.
Φόροι, 223.
Photius, 5, 114, 160.
Phratrie, 199, 208, 212.
Phryné, 76.
Phrynichus, 14, 114.
Phrynis, 167.
Phylarque, 219.
Phyles, 208.

Pictet, 111.
Pictor, 89.
Pie-Clémentin (musée), 25.
Pied, 177, 222, 310.
Piedroits, 57.
Pierre-ponce, 41.
Pierron, 22, 30, 47, 113, 137, 158, 160, 244, 245.
Pilastres, 54.
Pilier, 54.
Pileus, 325.
Pilos, 235.
Pindare, 14, 160, 166, 171, 176, 190.
Pinder, 243.
Pingaud, 6.
Piranesi, 25.
Pirée, 216, 225.
Piscine, 60.
Pithou, 8.
Pitra, 134.
Pittakis, 20, 73.
Planche, 112.
Plancher non balayé (mosaïque), 91.
Platées, 70.
Platner, 84.
Platon, 3, 6, 8, 15, 16, 17, 18, 21, 47, 109, 112, 127, 128, 160, 162, 168.
Plâtre, 66.
Plaute, 7, 16, 17, 22, 23, 43, 47, 115, 160, 176, 183, 194, 333.
Plautia Papiria (loi), 288.
Plèbe, 201, 261.
Plébéiens, 259, 260.
Plébiscite, 32, 273.
Plein cintre, 73.
Plémochoé, 91.
Plèthon, 7.
Plèthre, 222.
Pline, 40, 47, 61, 62, 87, 90, 161, 283, 356.
Plinthe, 56.
Ploix, 346.
Plomb, 35.
Plotin, 6, 14.

Plumes, 41.
Plus-que-parfait, 150, 151, 152.
Plutarque, 11, 22, 160, 164.
Pluygers, 19.
Pnîgos, 192.
Pnyx, 62, 214.
Pococke, 31.
Podium, 60.
Poète, 88.
Pogge, 6.
Poids, 222, 310.
Poinsignon, 289.
Pola, 85.
Polaire, 346.
Polémarque, 210, 211.
Polémon, 34, 62.
Polètes, 218, 222.
Politien, 6.
Politique (vers), 187.
Pollion, 85, 115.
Pollux, 114, 352.
Polubrum, 91.
Polybe, 12, 318.
Polybiblion, 29.
Polychromie, 58.
Polyclès, 88.
Polyclète, 67, 70.
Polycrate, 95, 106.
Polydore, 80, 81.
Polygnote, 70.
Polymneste, 167.
Polymnie, 25.
Polyonymie, 345.
Polyphonie, 170.
Polythéisme grec, 348.
Pomoerium, 275.
Pompée, 84, 96, 103.
Pompéi, 20, 25, 38, 44, 82, 87, 90, 94, 129, 174.
Pompéia, 306.
Pomponius, 141, 307.
Ponctuation, 35, 45.
Pons, 117.
Pont, 222, 236.
Pontanus, 6.
Pontifes, 355.

Poppo, 14.
Populonia, 104.
Poriste, 218.
Porphyre, 164.
Porphyrion, 115, 116.
Porson, 10, 183.
Porte, 57, 323.
Porte des Lions, 65.
Portique, 60, 71, 84.
Portland, 94.
Porto d'Anzo, 88.
Port-Royal, 139.
Portraits, 89.
Poséidon, 349.
Possessio, 290.
Possession, 230.
Post, 160.
Postes, 22, 280, 293.
Poteries, 92.
Potestas, 297, 320.
Pott, 16, 118, 121, 143, 206.
Potter, 10.
Potthast, 28.
Pourpre, 41.
Poussin, 90.
Pouzzoles, 85.
Pràcrit, 120.
Practores, 218.
Praefectus urbis, 260, 279, 285.
Praenomen, 322.
Praepositus, 285.
Praeses, 291.
Praetextatus, 3, 5, 115.
Praetorii, 291.
Prandium, 326.
Prantl, 18, 162.
Pratinas, 184, 244.
Praxitèle, 76.
Précepteurs, 233.
Préfecture des mœurs, 277.
Préfectures, 292.
Préféricule, 91.
Préfets, 292.
Préfet du prétoire, 279, 285, 317.
Préfet des vigiles, 279.
Préfet des vivres, 279.

Préfet du trésor, 279.
Preller, 16, 161, 339.
Préneste, 37.
Prépositions, 125, 152.
Prérogative, 273.
Prescription, 230.
Présent, 146.
Prêt, 231.
Préteur, 264, 332.
Prétexte, 321, 324, 337.
Prétoire, 318.
Prétorien, 304.
Prétoriens, 317.
Prêtre, 200, 251, 335.
Prêtresse, 251, 335.
Préture, 265, 279.
Priam, 64.
Priapéen (vers), 189.
Prien, 18.
Prières, 243, 331.
Primicerius, 285.
Princes, 314.
Priscien, 116.
Prison de Socrate, 343.
Prithivi, 345.
Probouleuma, 214.
Procédure, 221, 231, 232, 301, 305.
Procéleusmatique, 177, 182, 194.
Prochoûs, 91.
Proclès, 209.
Proclus, 21, 114.
Proconsulat, 276.
Proconsuls, 290, 291.
Procope, 16, 102.
Proculiens, 306.
Procurateurs, 280, 281, 283, 291.
Proèdres, 35, 213.
Proeisphora, 224.
Prokesch, 95.
Prolégomènes, 9.
Prolétaires, 315.
Proserpine, 344.
Prologue, 192.
Promachos, 70, 73.
Prométhée, 345.
Prompsault, 37.

Pronaos, 59.
Pronoms, 113, 124, 143.
Prononciation du grec ancien, 127.
Proode, 191.
Properce, 39.
Propéteurs, 290.
Propriété, 198, 230, 297, 300, 307.
Propylées, 72, 73, 87.
Proserpine, 344.
Prosodie, 178.
Prosodiaques (vers), 181.
Protectionnisme, 222.
Protogène, 79.
Provinces romaines, 289, 291.
Provinciaux, 293.
Provocatio, 272.
Proxène, 211.
Proxénie, 226.
Prudence, 44.
Prudents, 305, 306, 308.
Prytane, 35, 200, 213, 214.
Prytanie, 213, 221, 223.
Pséphisma, 214.
Pseudisodomum opus, 54.
Psyché, 344.
Psyctère, 91.
Ptolémée, 103, 164, 226, 255.
Publicains, 313.
Pudeur, 349.
Puissance paternelle, 198.
Pulmentum, 327.
Pulpitum, 334.
Purifications, 245.
Putsch, 114.
Pylade, 174.
Pylagores, 227.
Pyramide, 85.
Pyrgotèle, 95.
Pyrrhique, 166, 173, 177, 211.
Pythagore, 348.
Pythiens, 210.
Pythiques, 170, 247.
Pythis, 79.
Pythius, 88.
Pythoclès, 88.
Pyxis, 93.

Q

Quadrirème, 226.
Quaestiones perpetuae, 266, 282, 305.
Quaestorium, 318.
Quantité, 130.
Quatremère, 55, 58, 75, 76.
Quatuorvirs, 271, 292.
Quenstedt, 241.
Questeur, 88, 260, 269, 290.
Queux de Saint-Hilaire, 127.
Quicherat, 116, 132, 176, 178, 194.
Quindécemvirs, 336.
Quinquennales, 287.
Quinquérème, 226.
Quintilien, 6, 12, 16, 47, 48, 116, 161, 321.
Quiritaire, 297.
Quirites, 258.
Quirium, 258.

R

Rabirius, 40, 45.
Racines, 119, 122, 158.
Radical, 138, 147.
Râma, 347.
Rambaud, 46, 156.
Rameau, 170.
Ramnes, 258.
Ramsay, 318.
Ramshorn, 18.
Rangabé, 20, 31, 42, 63, 127.
Ranke, 15.
Rasénas, 129.
Rask, 134.
Rasoir, 325.
Ravaisson, 62, 68, 75, 77, 162.
Rayet, 62, 74.
R. C. = Revue critique.
R. D-M. = Revue des Deux-Mondes.
Reber, 84.
Recensions, 43.
Réclame, 43.
Recognitio equitum, 267.
Récupérateurs, 288, 301.
Redoublement, 147.

Regia, 58, 277.
Régions, 289.
Registre civique, 229, 320.
Régnier, 122.
Reichenau, 5.
Reifferscheidt, 18.
Rein, 258, 300.
Reinesius, 51.
Reinisch, 207.
Reisig, 114, 153.
Reiske, 11.
Relatio, 275.
Relegatio, 298.
Religion romaine, 350.
Rémouleur, 25.
Renan, 87, 108, 109, 118, 121, 158, 246, 339, 341.
Rendall, 157.
Rênes, 238.
Renforcement, 159.
Renier, 27, 52, 59, 276, 278, 284, 292, 293, 294, 314, 318.
Rénieris, 127.
Rennell, 18.
Rennes, 94.
Renouvellement dialectal, 110.
Répartiteurs, 312, 313.
Repas communs, 211.
Répertoires, 26.
Repetundarum (quaestio), 290.
République, 19, 43.
Rescrits, 306.
Résina, 87.
Reticulatum opus, 54.
Reuchlin, 7, 127.
Reuss, 13, 356.
Revendication, 230.
Revenus, 222.
Revers, 98.
Revett, 62.
Réville, 356.
Révolutions, 201.
Revues, 29.
Revue archéologique, 28, 29.
Revue critique, 13, 29.
Revue des Deux-Mondes, 28.

Revue d'Édimbourg, 28.
Revue des Revues, 28.
Reynaud, 119.
Rhapsodes, 165.
Rhège, 102.
Rhétien, 33.
Rhodes, 80.
Rhoecus, 66.
Rhotacisme, 138.
Rhyparographie, 82.
Rhythme, 176.
Rhyton, 91.
Ribbeck, 10, 18, 50, 161.
Rich, 27, 234.
Riches et Pauvres, 203.
Ricinium, 326.
Riemann, 114.
Riese, 18.
Rigault, 10.
Rinceaux, 57.
Ritschl, 16, 20, 31, 33, 41, 42, 133, 141, 172, 194.
Ritter, 18, 161, 162.
Rituels, 37.
Rivière, 300.
Robert, 32.
Roberto de Nobili, 117.
Robinson, 234.
Robiou, 319.
Robur, 83.
Roby, 19, 114.
Rochas, 225.
Rochette, 21, 58, 61, 96, 102, 226.
Rogations, 272.
Rohde, 18, 160.
Roi, 200, 207, 209, 259.
Roi des sacrifices, 335.
Rollin, 12.
Roma quadrata, 83.
Romain (*art*), 82.
Romain (*caractère*), 258.
Romaïque, 127.
Rome, 25, 255, 258.
Romulus, 258.
Ronchaud, 69.
Rosa, 20, 83, 86.

Rose, 18.
Ross, 31, 32, 62, 73.
Rossbach, 18, 164.
Rossi, 20, 29, 90, 355.
Rossignol, 63, 99, 187.
Rosso antico, 54.
Roth, 18, 122, 162, 207.
Rothschild, 74.
Rougier, 328.
Roulez, 22.
Routes, 238.
Rousseau, 109.
Rubria (loi), 288.
Rudentures, 57.
Rudorff, 18, 300, 307.
Ruelle, 158, 164, 204.
Rufin, 21.
Ruggiero, 87.
Ruhnken, 11, 117.
Rumon, 258.
Rumpel, 185.
Rumpelt, 134.
Ruperti, 257.
Ruprecht, 28.
Rupya, 97.
Rüstow, 17, 225, 314.

S

Sabellique, 33, 129.
Sabiniens, 306.
Sacella, 331.
Sacerdos, 115.
Sacken, 26.
Sacramentum 302.
Sacrarium, 324.
Sacrifice, 200, 242, 332.
Sadolet, 6.
Sadous, 155.
Saglio, 27.
Saint-Ange, 86.
Sainte-Beuve, 21, 63, 161.
Sainte-Croix, 12, 227.
Saint-Évremond, 258.
Saint-Gall, 5, 24.

Saint-Germain, 319.
Saint-Marc-Girardin, 7.
Saisons, 205.
Sakadas, 165.
Sakkhélion, 20, 24.
Saliens, 337.
Salière, 327.
Sallet, 18, 97, 102.
Salluste, 22, 30, 47, 160.
Salpensa (tables de), 38, 292.
Salvien, 295, 312.
Salvius Julien, 307.
Sambuca, 167.
Samnium, 129.
Samothrace, 25, 82.
San, 33.
Sanchez, 116.
Sanctuaires, 241.
Sandales, 235.
Sangarius, 85.
Santo-Bartolomeo, 117.
Santorin, 64.
Santra, 114.
Sapinda, 198.
Sappho, 126.
Saramâ, 346.
Saramêyas, 346.
Saranyûs, 346.
Sarcophage, 331.
Sassetti, 117.
Sathas, 20.
Satura, 38, 275.
Saturnales, 116.
Saturnia, 82.
Saturnin, 186.
Satyre, 25, 76.
Satyros, 79.
Saucées (monnaies), 99.
Saulcy, 104.
Saumaise, 313.
Sauppe, 16.
Sauroctone (Apollon), 76.
Saussure, 135, 149.
Savelsberg, 18, 32, 129, 137, 141.
Savigny, 18, 300, 310.
Sayce, 19, 118, 130.

Sayon, 324.
S.-C. = sénatus-consulte, 100, 265, 275, 289, 295, 306.
Scaevola, 305, 307.
Scaliger, 7, 9, 24, 31, 49, 204.
Scalptura, 94.
Scapté-Hylé, 222.
Scarabées, 64, 95.
Scazon (vers), 186.
Sceaux, 94.
Scène, 244.
Sceptre, 207.
Scévola, 353.
Schaarschmidt, 162.
Schaefer, 18, 40, 156.
Schanz, 18.
Schaubert, 73, 74.
Schiller, 148.
Schlegel, 117, 147.
Schleicher, 18, 109, 118, 119, 120.
Schleiermacher, 14, 48, 51.
Schlosser, 18, 155.
Schliemann, 18, 63, 64.
Schmidt, 18, 112, 113, 114, 156, 160, 176.
Schneider, 6, 12.
Schneidewin, 16.
Schöll, 218.
Schömann, 15, 195, 207, 209, 217, 354.
Schöne, 31, 68.
Schorn, 102.
Schottmüller, 16.
Schubart, 50.
Schuchardt, 18, 114.
Schütz, 11.
Schwabe, 18.
Schwegler, 18, 157.
Schweiger, 28.
Schweighaeuser, 12.
Schweizer-Sidler, 18, 104.
Scioppius, 10.
Scipion, 25.
Scolae, 60.
Scoliastes, 114.
Scolies, 237.

Scopas, 75, 76, 79.
Scortei (nummi), 100.
Scotie, 56.
Scribes, 43, 51.
Scrupule, 310.
Scrutin, 221.
Scyllis, 66.
Secrétaire, 35, 214.
Sécurité, 104.
Sedan (école de), 8.
Seeley, 160.
Séguier, 12.
Seidler, 188.
Sel, 111, 327.
Sélinonte, 68, 103.
Sellar, 19, 161.
Selle, 258.
Semaine, 205.
Sémasiologie, 153.
Séméiographie, 170.
Sémites, 357.
Sémitiques (langues), 120.
Semones, 354.
Sempronia (loi), 282, 298, 306.
Sénaire (vers), 184.
Sénat, 209, 213, 260, 274, 281, 334.
Sénèque, 9, 47, 160, 161, 182.
Sepultura, 330.
Serfs, 213.
Serpent, 346.
Serra di Falco, 20, 62.
Serrati nummi, 103.
Serviettes, 327.
Servitudes (en t. de droit), 230.
Servius, 116.
Servius Tullius, 202, 261, 314.
Servus, 295, 323.
Sesquialtère (genre), 179.
Sesterce, 98, 310.
Sestini, 20, 111.
Sévère, 85, 284.
Sévirs, 333.
Sextus Empiricus, 127.
Seyffert, 18.
Shilleto, 19.
Sibylles, 253.

Sibyllins (livres), 21, 336.
Sickel, 40.
Sicile, 20, 103.
Sicyone, 66, 67, 103.
Sièges, 225, 234.
Siegfried, 217.
Sievers, 133.
Sigles, 45, 105.
Sigma, 32, 35, 44.
Signature, 45.
Sigonius, 6, 8, 309.
Sikinnis, 174.
Silianum (senatusconsultum), 295.
Sillig, 61.
Silvains, 354.
Silvestre, 40, 45.
Simart, 72.
Simon, 162.
Simone, 129.
Simonide, 33, 166, 243.
Simpulum, 91.
Sipyle, 65.
Sirène, 25.
Sirmond, 8.
Sità, 347.
Sitophylaques, 217.
Sixte-Quint, 86.
Slaves (langues), 120.
Sloane, 26.
Smet, 31.
Smilis, 67.
Smith, 18, 24, 27, 52.
Socci, 325.
Socher, 162.
Socrate, 162, 203.
Soie, 235.
Soleae, 325.
Solidus, 310.
Solin, 17.
Solon, 202, 212, 224.
Soma, 197.
Sommer, 22.
Songes, 254.
Sophocle, 10, 12, 18, 22, 30, 46, 160.
Sophocles, 112, 127, 191.

Sorbonne, 24.
Sortilèges, 37.
Sosias, 94.
Sosigène, 256.
Sosus, 91.
Sotadéen, 188.
Souper, 328.
Spalding, 12.
Spanheim, 10.
Sparte, 208.
Spartiates, 209.
Spengel, 16, 186.
Spectabiles, 285.
Spectacles, 332.
Spencer, 341.
Sphinx, 347.
Spitzner, 18.
Spon, 2.
Spondées, 177, 179.
Spondios, 253.
Sportule, 261.
Spruner, 155.
Sraddha, 197.
Stabies, 87.
Stace, 96, 180.
Stackelberg, 62, 68, 241.
Stade, 5, 9, 222.
Stahr, 18, 157.
Stallbaum, 15, 114.
Stanley, 10.
Stark, 14, 18, 53, 195.
Stasima, 171, 191.
Statères, 9, 222.
Statilius Maximus, 45.
Statius, 8.
Stator, 346.
Stegeren, 232.
Stein, 18, 210, 211.
Steinthal, 18, 108, 109.
Stemmata, 282, 298.
Stésichore, 190.
Stichométrie, 41.
Stichomythies, 192.
Stiévenart, 22.
Stilicon, 21, 157, 336.
Stilistique, 114.

Stilon, 115, 353.
Stipendia, 311, 312.
Stique, 180.
Stobée, 18.
Stoichédon, 35.
Stoïciens, 112.
Stoïcisme, 162.
Stola, 326.
Stoll, 339.
Strabon, 11, 43.
Strack, 80.
Stratèges, 210, 214, 219, 225.
Stratford, 79.
Stratonice, 80.
Stroganoff, 81.
Strophe, 190.
Strübing, 160.
Stuart, 26.
Studemund, 18, 194.
Stuhr, 241.
Style, 40.
Stylobate, 57.
Subjonctif, 124, 146.
Subligaculum, 324.
Succession, 198, 229.
Suétone, 11, 114.
Suétrius Sabinus, 283.
Suffectus, 265, 279.
Suffixes, 138.
Suggestus, 60.
Suidas, 5, 16, 18, 113, 114.
Summanus, 352.
Sumner-Maine, 196.
Σύνδικος, 220.
Συνήγοροι, 232.
Συντάξεις, 223.
Superlatif, 124.
Supin, 145.
Supports, 54.
Suringar, 114.
Suscriptiones, 43.
Süsemihl, 18, 162.
Süssmilch, 109.
Sycophante, 222.
Sylla, 329, 352.
Sylloge, 218.

Symbolique, 14, 21.
Symétrie, 193.
Symmaque, 43.
Symmories, 224.
Symposium, 236, 328.
Symproèdres, 35.
Synalèphe, 179.
Syndics, 218.
Synésius, 182.
Synizèse, 179.
Syntaxe comparée, 153.
Syntélies, 224.
Synthèse, 121.
Syriaque, 120.
Syringe, 167.
Syssities, 214.

T

Tabellarii, 39, 284.
Tables, 28, 327.
Tablinum, 324.
Tabulae honestae missionis, 59.
Tabularium, 321.
Tacite, 9, 15, 50, 161.
Tactique, 225.
Tailloir, 55.
Taine, 61, 62, 161.
Talaris, 328.
Talassio, 319.
Talbot, 112.
Talent, 222.
Talisman, 254.
Talmud, 120.
Talthybios, 210.
Tanagra, 25, 66.
Tapis, 254.
Targums, 120.
Tarpeia (loi), 97.
Tarquinii, 93.
Tauchnitz, 30.
Taureau Farnèse, 81.
Tauriscus, 81.
Taurobole, 353.
Taylor, 19, 130.
Taxiarques, 219.

Tégée, 76.
Teiens, 36.
Télamons, 57.
Telchines, 63.
Téménos, 207, 254.
Témoins, 221.
Temples, 59, 219, 241, 242, 331.
Ténéa, 68.
Ténia, 55, 235.
Tennemann, 18, 162.
Tenue, 178.
Tenuiores, 284.
Tepidarium, 60.
Térence, 17, 47, 116, 160, 176, 333.
Terentianus Maurus, 47, 116, 176.
Terentius Scaurus, 115.
Terme, 198.
Termes, 36.
Terpandre, 166, 184, 210.
Terramara, 338.
Terre cuite, 66.
Tertullien, 96, 161.
Tessères, 36, 38, 61.
Tessieri, 99.
Testament, 198, 229, 300.
Tétaz, 73.
Tétramètre anapestique, 183.
Tétrachorde, 166.
Teubner, 30.
Teuffel, 17, 27, 158, 162.
Texier, 22, 62, 63.
Θάπτω, 240.
Thalamites, 226.
Thalétas, 166, 170, 187.
Thamugas, 278.
Thargélies, 256.
Thasos, 69, 102, 222.
Théâtre, 59, 80, 84, 244, 333.
Thébains, 232.
Theil, 16, 112, 114, 115.
Thémistes, 196, 208.
Théoclès, 67.
Théocrite, 11, 19, 126.
Théodebert, 102.
Théodore, 66, 95, 113.
Théodose, 127.

Théodosien, 308.
Théodote, 102.
Théognis, 14.
Théogonie, 345.
Théon, 165.
Théophile, 309.
Théophraste, 8.
Théopompe, 210.
Théorique, 218.
Théra, 32.
Thermaüstris, 174.
Thermes, 54, 60, 84, 85.
Thermesse, 38, 289.
Thésée, 78, 199, 212.
Théséion, 25, 71.
Thèses, 28.
Thésis, 177.
Thesmophories, 249.
Thesmothètes, 215, 216.
Thètes, 212, 225.
Thiases, 246.
Thierry, 21, 156, 160, 161.
Thiers, 225, 318.
Thiersch, 14.
Thirlwall, 19.
Tholos, 213.
Thomas, 16, 68, 114, 253.
Thompson, 160.
Thonissen, 22, 228.
Thoria (loi), 38, 286.
Thorigny, 293.
Thorwaldsen, 68.
Thoutmès, 64.
Thranites, 226.
Thucydide, 15, 18, 22, 30, 46, 127, 128, 160.
Thurot, 5, 10, 11, 13, 19, 20, 114, 116, 118, 134, 146, 158, 191.
Thymèle, 59, 244.
Thymiatérion, 91.
Tibère, 157, 281.
Tibre, 25, 89, 258.
Tibulle, 15.
Tillemont, 12, 157.
Timée, 34, 206.
Τιμωρία, 242.

Timoclès, 88.
Timomaque, 90.
Timothée, 161, 166, 167.
Tirage au sort, 200, 216.
Tironiennes (notes), 43, 45.
Tirynthe, 63, 65.
Tischendorf, 18, 40.
Tissot, 226.
Titans, 349.
Tite Live, 11, 20, 43, 44, 47, 114, 160, 161, 172.
Tities, 258.
Titus, 57, 85, 158.
Toge, 321, 324.
Tombeaux, 61, 65.
Ton, 169.
Tonneaux, 91.
Tooke, 146.
Torches nuptiales, 232.
Tore, 56.
Torelli, 6.
Toreutique, 94, 95.
Torse, 57, 88.
Tortue, 102, 318.
Torture, 221.
Toscan, 57.
Toscane, 207.
Toscanella, 129.
Tour, 66.
Touraniens, 111, 119.
Tour des Vents, 56, 82, 205.
Tournier, 19, 28, 47, 48, 49, 50, 52, 160, 339.
Townsley, 26.
Toxarques, 220.
Trabée, 260.
Traductions, 30.
Tragédie, 244.
Trajan, 22, 37, 38, 57, 60, 86, 157, 319.
Traités, 36.
Transitio ad plebem, 259.
Trapezuntius, 7.
Travertino, 54.
Trébatius, 42.
Trébizonde, 24.

Trente, 217.
Trépied, 223.
Trésor, 7, 8, 9, 21, 63, 65, 343.
Tresses, 56.
Trêve sacrée, 247.
Triaires, 314.
Tribon, 211, 235.
Tribonien, 308.
Tribraque, 177.
Tribunat consulaire, 271.
Tribunaux, 221.
Tribune, 25.
Tribuni militum a populo, 318.
Tribuns, 202, 259, 267, 279, 283, 316.
Tribunus celerum, 260.
Tribus, 35, 199, 212, 223, 258, 261.
Tribut, 311.
Triclinium, 60, 327.
Triennium, 16.
Triérarchie, 224.
Trière, 226.
Triglyphes, 55.
Trilogies, 244.
Triobole, 217.
Tripertita, 302.
Tripudia, 174.
Tripudiatio, 337.
Triptolème, 25.
Trirème, 226.
Trittyes, 212.
Triumvirs capitaux, 271.
Triumvirs monétaires, 101, 271.
Triumvirs nocturnes, 271.
Trochée, 177, 183.
Troie, 63.
Trompette, 168.
Trophonius, 63, 253.
Tsviétaïef, 129.
Trulla, 91.
Tryphon, 113.
Tuiles, 57.
Tuniques, 235, 324.
Turc, 119, 154.
Turma, 315.
Turnèbe, 7.

Turpilius, 90.
Turribule, 91.
Tursellinus, 15.
Tuteur, 229.
Tympan, 58.
Type, 98.
Types monétaires, 104.
Typhon, 347.
Tyran, 203.
Tyrannion, 113, 117.
Tyrrhéniens, 207.
Tyrtée, 182.
Tzetzès, 5, 114, 164, 176.

U

Ὕβρις, 231.
Uberweg 18, 27, 160.
Ulphilas, 41, 42.
Ulpien, 144, 307.
Ulpienne, 86.
Ulrici, 158.
Ulrichs, 31, 62, 225.
Ulysse, 79, 350.
Umbilicus, 42.
Unions monétaires, 101.
Upsal, 41.
Urlichs, 84.
Urnes, 91, 310, 330.
Usure, 238, 328.
Usucapion, 230.
Usus, 303, 319.
Uxor, 320.

V

Vache, 70.
Vacherot, 162.
Vades, 302.
Vahlen, 18.
Vaisseau Panathénaïque, 249.
Valckenaer, 11.
Valentinelli
Valerius Flaccus, 180.
Valerius Probus, 5, 115.
Valla, 6.

Vallum, 318.
Valois, 9.
Valvae, 57.
Van Dale, 253.
Van, 91, 250.
Vanicek, 29, 115, 120.
Varinus, 6.
Varron, 5, 16, 90, 114, 115, 161, 352, 353.
Varuna, 345.
Vases, 26, 39, 64, 90, 92.
Vases panathénaïques, 248.
Vast, 7.
Vaticane (bibliothèque), 23.
Vectigal, 310.
Védas, 122, 344.
Védius, 296.
Végèce, 318.
Vejovis, 352.
Véleia, 88.
Vélin, 41.
Vélites, 314.
Velius Longus, 115,
Velléien (sénatus-consulte), 306.
Velleius 47.
Venise, 24.
Vente, 230.
Vénus, 21, 25, 76, 79, 88, 89.
Verbes, 126, 144.
Vérone, 86.
Verre, 57, 94, 100.
Verrius Flaccus, 5, 115, 116, 136, 137.
Vespasien, 85, 136, 281.
Vesta, 69, 197, 241, 350, 351.
Vestales, 331, 336.
Vestibule, 60, 323.
Vêtements, 234, 324.
Vexillum, 317.
Vicaires, 292.
Vicarello, 39.
Vicesima, 311, 312.
Vici, 262.
Vico, 301.
Victimes, 243, 332.
Victoire, 25, 71, 74, 82, 349.

Victoriat, 98.
Victorinus, 115.
Vidal de la Blache, 86.
Vidularia, 19.
Vienne, 24, 26.
Vigier, 8.
Vigiles, 279.
Vigintivirat, 271, 280.
Vignole, 55, 56.
Villa, 61.
Villa Hadriana, 86.
Villa Publica, 97, 267
Ville, 199.
Villius, 263.
Villemain, 7, 40.
Villoison, 12, 114.
Vin, 236.
Vincent, 164, 187.
Vindicta, 296, 302.
Vinet, 15, 28, 61.
Viollet-le-Duc, 55.
Vires, 354.
Virgile, 9, 11, 13, 17, 19, 20, 21, 43, 44, 47, 81, 96, 160, 161, 180, 321, 353.
Visarga, 122.
Visconti, 19, 25, 26, 61.
Vischer, 227.
Vitellius, 89.
Vitet, 22.
Vitres, 94.
Vitruve, 55, 56, 58, 62, 165.
Vivès, 8.
Vivien de Saint-Martin, 64, 163.
Voconia (loi), 304.
Vogel, 281.
Vogüé, 32.
Voie sacrée, 249.
Voies de fait (droit grec), 231.
Voigt, 4.
Voitures, 238.
Voix, 146.
Vol, 231.
Volets, 57.
Volkmann, 158, 164.
Vollbrecht, 322.

Volquardsen, 18.
Volsque, 129.
Volumina, 24, 44.
Volute, 56.
Vömel, 18, 30.
Vomitoires, 60.
Voss, 342.
Vossius, 9, 342.
Votes, 272.
Voussoirs, 58.
Voûte, 58.
Voyages, 238.
Voyelle thématique, 138, 147.
Vriddhi, 122.
Vritra, 346.
Vritrahân, 346.
Vulcain, 71, 349.
Vulci, 82, 92, 93.
Vulgates, 47.

W

Wachsmuth, 18, 155, 195.
Wackernagel, 108.
Waddington, 20, 31, 64.
Wagner, 10, 18, 141, 160, 194.
Wailly, 40, 45.
Wakefield, 10.
Walckenaer, 20.
Wallon, 233, 295.
Walter, 45, 300, 302.
Ward, 155.
Warren, 101.
Watt, 28.
Wattenbach, 17, 24, 40, 42, 45, 50.
Weidmann, 16, 30.
Weber, 16, 30.
Weil, 13, 14, 40, 130, 132, 154, 160, 176, 181, 186, 188, 189, 192, 220.
Weiss, 236.
Weissenborn, 18.
Weizsaecker, 93.
Welcker, 14, 158, 339, 346.
Wellauer, 273.
Wernsdorff, 18.
Wescher, 31, 205, 225, 228, 230, 246, 252, 296.

Wesseling, 11, 160.
Westermann, 16, 339.
Westphal, 18, 109, 154, 164, 176, 186, 189, 194.
Westropp, 94.
Wey, 84.
Wheler, 62.
Whewell, 163.
Whiston, 160.
Whitney, 19, 118, 121.
Wiener, 93.
Wieseler, 82.
Wilamowitz, 18.
Wilhelm, 18
Wilken, 63.
Wilkins, 117.
Willems, 22, 258.
Willis, 164.
Wilmanns, 18, 31, 37.
Wilson, 117.
Winckelmann, 11, 61, 62, 94.
Winckler, 234.
Windisch, 18, 153.
Wisigothique (écriture), 45.
Witte, 22, 92, 93, 97, 107, 252.
Wolf, 3, 4, 9, 13, 44, 158, 163.
Wölfflin, 18.
Wolowski, 106.
Wood, 18, 31, 62, 74.
Wöpke, 162.
Wörmann, 82.
Wyttenbach, 11.

X

Xanthiens (marbres), 26.
Xanthus, 80.
Xénoclès, 74.
Xénophane, 340, 348.
Xénophon, 160, 222, 232.
Ξόανα, 63.
Xyste, 60.

Y

Yaçna, 343.
Yarborough, 76.

Z

Z latin, 54.
Zachariä, 300, 109.
Zacores, 252.
Zahn, 25.
Zangemeister, 18, 31, 39, 44.
Zell, 18, 37, 239.
Zeller, 17, 162, 276.
Zend, 20, 120.
Zend-Avesta, 204, 240
Zénodote, 47, 113.
Zétètes, 218.
Zeugites, 212.
Zeune, 8.
Zeus, 344, 349.
Zeuss, 118.
Zeuxis, 78.
Zévort, 30.
Zoëga, 11.
Zone, 235.
Zônion, 235.
Zoomorphisme, 317.
Zopyre, 95.
Zoroastre, 347.
Zoster, 235.
Zumpt, 15. 114, 300.
Zygites, 226.

FIN

24533 — TYPOGRAPHIE A. LAHURE
Rue de Fleurus, 9, à Paris.

www.ingramcontent.com/pod-product-compliance
Lightning Source LLC
Chambersburg PA
CBHW051831230426
43671CB00008B/913